感谢海南师范大学文学院资助出版

海南闽语六地
调查报告

张惠英
吴正伟
张珍妮
著

A SURVEY REPORT ON
SIX MIN SPEAKING AREAS
IN HAINAN

中国社会科学出版社

图书在版编目（CIP）数据

海南闽语六地调查报告 / 张惠英等著. -- 北京：中国社会科学出版社, 2024. 10. -- ISBN 978-7-5227-4231-1

Ⅰ. H177

中国国家版本馆 CIP 数据核字第 2024JA5819 号

出 版 人	赵剑英
责任编辑	张　林
特约编辑	张　虎
责任校对	赵雪姣
责任印制	戴　宽

出　　版	中国社会科学出版社
社　　址	北京鼓楼西大街甲 158 号
邮　　编	100720
网　　址	http://www.csspw.cn
发 行 部	010-84083685
门 市 部	010-84029450
经　　销	新华书店及其他书店

印　　刷	北京明恒达印务有限公司
装　　订	廊坊市广阳区广增装订厂
版　　次	2024 年 10 月第 1 版
印　　次	2024 年 10 月第 1 次印刷

开　　本	710×1000　1/16
印　　张	22
插　　页	2
字　　数	351 千字
定　　价	119.00 元

凡购买中国社会科学出版社图书，如有质量问题请与本社营销中心联系调换
电话：010-84083683
版权所有　侵权必究

目　录

前　言 ·· 张惠英（1）

一　六地的语音系统 ··（1）

　（一）六地声韵调系统 ··（1）

　　1. 声母 ···（1）

　　2. 韵母 ···（2）

　　3. 声调 ···（3）

　（二）六地的音系 ···（3）

　　1. 大昌方音 ···（3）

　　2. 博鳌方音 ···（6）

　　3. 东澳方音 ···（9）

　　4. 黎安方音 ···（12）

　　5. 感城方音 ···（14）

　　6. 昌江方音 ···（17）

二　单字 ···（20）

三　词汇 ···（67）

四　语法 ···（169）

五 口头文化 …………………………………………………… (196)

(一) 大昌口头文化 …………………………………………… (196)

大昌其一歌谣　梁山伯与祝英台 ……………………… (196)

大昌其二故事　养生故事 ……………………………… (197)

大昌其三故事　个人经历 ……………………………… (208)

大昌其四故事　牛郎织女 ……………………………… (211)

(二) 博鳌口头文化 …………………………………………… (216)

博鳌其一故事　公道 …………………………………… (216)

博鳌其二故事　乐城 …………………………………… (221)

(三) 东澳口头文化 …………………………………………… (245)

东澳其一故事　春节风俗 ……………………………… (245)

东澳其二故事　东澳中学情况 ………………………… (248)

东澳其三故事　节日风俗 ……………………………… (250)

东澳其四故事　景点风俗 ……………………………… (255)

东澳其五故事　公期 …………………………………… (261)

(四) 黎安口头文化 …………………………………………… (263)

黎安其一歌谣　白龙歌 ………………………………… (263)

黎安其二故事　双女石 ………………………………… (266)

黎安其三故事　龙王公 ………………………………… (272)

黎安其四故事　牛郎和织女 …………………………… (283)

(五) 感城口头文化 …………………………………………… (289)

感城其一故事　飞来婆 ………………………………… (289)

感城其二故事　感城古井 ……………………………… (295)

感城其三故事　关公庙前两棵树 ……………………… (300)

感城其四故事　苏桂新 ………………………………… (305)

感城其五故事　杨名章 ………………………………… (316)

(六) 昌江口头文化 …………………………………………… (322)

昌江故事　关于我和昌化的故事 ……………………… (322)

前　言

2018 年开始，我接受教育部语委、海南省教育厅交给的乐东黎族自治县汉语方言黄流镇点调查任务，接着 2019 年又开始了澄迈县金山镇点调查，还有海口市美兰区大昌村濒危点调查。2021 年又接受教育部语委交办的陵水黎族自治县黎安镇濒危点的调查任务。2022 年 12 月至 2023 年 4 月，我带着吴正伟、张珍妮去万宁市的东澳镇、琼海市的博鳌镇、昌江黎族自治县昌江镇点调查，吴正伟还独自去东方市感城镇点调查。这样，我们三人从琼岛南部的黄流镇开始，到东部的黎安、东澳、博鳌，北部的大昌镇，西部的昌江镇、感城镇，整个海岛转了一圈。这让我们看到了琼岛环海岸海南闽语的千姿百态、万千景象。

由我负责调查的黄流话、澄迈话材料，已经收入冯法强、王旭东主编的《中国语言资源集·海南（汉语方言）》（已在 2023 年 12 月由南方出版社出版），考虑到环岛海南闽语之间比较分析方便起见，其余六点的调查材料，我们编集在此，以方便学界参阅比较。

本书是冯法强、王旭东主编的《中国语言资源集·海南（汉语方言）》的补充，而且集中在海南闽语，内容有声韵调系统及音系特点说明，有 1000 个单字，1200 个词汇，语法举例 50 句，以及口头文化语篇故事转写、注释和翻译。一切按照教育部语保中心要求的各项标准去调查并整理。这些都是对海南闽语的开创性调查，也是研究海南闽语必要的基础资料。

本集关于海南闽语的特点，这里我想简单说一下：

语音上，海南闽语东海岸陵水黎安、万宁东澳、琼海博鳌三点，除了有内爆音 ɓ、ɗ，还有浊音 b（来自古明母微母）。声调上，海口话入声有三个：阴入、阳入、长入。本人调查的八个点都是四个入声（阴入、阳入、长阴入、长阳入）。本人 2016 年为詹伯慧、张振兴主编的《汉语方言学大词典》调查的文昌点（发音人英若若，文城人），也是四个入声。

词汇、语法上看，表示否定、疑问的词只有一个阳入（或长阳入）调的"勿"。海口话则是阳平调的"无"。

从 2018 年 4 月 19 日到黄流调查，到 2023 年 4 月下旬结束昌化镇的调查回京，整整六个年头，调查了八个点，期间还真有些故事，虽不是大风大浪，也算是波澜跌宕，并非一帆风顺。

2018 年 4 月 19 日来到黄流，发音人的选用就很不顺利，明明头天黄流中学退休校长等人一起推选的发音人，当场都同意的，第二天一早工作前一刻，那位发音人就带着老婆来坚辞。没有办法，只好找到一位黄流中学的退休语文老师，他接待了我们，但有孙子孙女需要照看，不能离家工作。我们就决定在他家上班，一边调查记录，一边帮着照看孩子。我们合作得非常愉快，至今有问题还经常联系请教。到了海口郊区大昌镇调查，老男发音人纸笔调查时还是配合的，到了录音录视频前，突然提出不干了。这首先是我缺乏经验，没有先发付发音费，亏得美兰区语委符老师到他家为我说情，替我周旋，才得以继续录音录像。摄录中间他又嫌累多次闹情绪，亏了录音录像的海南籍学生以老乡之情恳求多次，才得以完成录制。到了录制青男音像视频时，更遇到原定的发音人到时不来、临阵脱逃的情况。最后只好从头开始另找发音人。

从我们这支三人团队说起，2018 年我已是一位 78 岁高龄的耄耋老人，吴正伟还是个未毕业的对外汉语专业研究生，正好他是海口人，对方言研究很有兴趣，已经自学国际音标，对电脑技术当然能跟上潮流，朋友推荐给我，他就成了我的小伙伴。一老一少，我负责纸笔调查，小吴负责电脑技术处理。小吴不容易，我们黄流点的工作总算顺利通过验收。小吴研究生毕业了就报考方言专业研究的博士，完全靠的自学，第一次落榜；继续跟我做"语保"，积累经验，刻苦自学，终于第二次成功考上北京语言大学的博士研究生。再说张珍妮，她是北京语言大学硕士毕业，来到海南文昌工作，成了教对外汉语的教师。2021 年，她考上海南师范大学文学院黄思贤教授的博士研究生，于是从 2021 年海南陵水黎族自治县海南闽语黎安濒危点的调查开始，就跟着我一起下去工作。珍妮是山西大同人，来调查海南闽语，自是非常的不容易。但是她刻苦耐劳，专心致志，不只跟我一起调查，还单独以万宁为基地，开启自己的博士学位论文方言调查点。其中艰难困苦，自不待言。三年下来，已经开始博士学位论文的撰写了。

  我个人年老体弱，两位年轻人小吴和珍妮在旁都是照顾着我。还有我老伴有空也陪伴着我，黄流的摄录工作，澄迈大昌的摄录工作，都有老伴在场，他还喜欢给辛苦摄录的年轻人买点心、冰激凌，让他们放松放松。2021年夏，就在我订了8月2日机票去黎安调查前夜，发现老伴手脚有点不便利，就约了语用所何瑞（老伴方言字研究项目的伙伴，她家离我家较近），开车去双桥医院急诊，医生又让去北京医院急诊，因为当时住不了院，我就嘱托何瑞和女儿照顾老伴，8月2日清早我照常飞海南。接着老伴病情加重，8月5日她们送他住院治疗。但我坚持在黎安调查，直到我做完纸笔调查，其他摄录工作由小吴和珍妮继续做完。在我13日离开时，海南省教育厅王奋处长特意从海口赶到陵水来送我。是啊，在我旁边有那么多人在关心我，帮助我，支撑我。我真心感谢！我也真心在此对老伴（张振兴）说一声"对不起"！

  所以这个一老两少的工作团队，六年间调查了八个海南闽语点，现在把六个点合在一起，以海南省汉语方言"资源集"的格式编排，可以看出海南闽语的分布情况和一些特点。供学界同人参考。

  谢谢张林编辑对方言事业一贯的爱重和支持！

  谢谢海南师范大学文学院的热心资助！

张惠英
2024年3月19日于北京康城花园

一 六地的语音系统

（一）六地声韵调系统

1. 声母

大昌(21)	ɓ、m、f、v	ɗ、t、n、l	ts、s、z	tɕ、ŋ、ɕ、ʑ	k、g、ŋ	h、ɦ	∅
博鳌(22)	ɓ、ph、b、m、ɸ、f	ɗ、t、n、l	ts、s、z	tɕ、ɕ、ʑ	k、g、ŋ	h、ɦ	∅
东澳(24)	ɓ、ph、b、m、f	ɗ、t、d、n、l	ts、tsh、dz、s、θ	tɕ、dʑ、ɕ	k、g、ŋ	h、ɦ	∅
黎安(26)	ɓ、ph、b、m、f	ɗ、t、th、n、l	ts、tsh、s、z	tɕ、tɕh、dʑ、ɕ、ʑ	k、kh、g、ŋ	h、ɦ	∅
感城(22)	p、ph、m、v	t、th、n、l	ts、tsh、s、z、θ	tɕ、tɕh、ɕ、ʑ	k、kh、ŋ	h	∅
昌江(24)	ɓ、ph、m、f、v	ɗ、t、th、n、l	ts、tsh、s、z	tɕ、tɕh、ɕ、ʑ	k、kh、ŋ	h、ɦ	∅

2. 韵母

大昌 (51)	a、e、ɔ、ai、oi、au、ɔu、i、ia、ie、iɔ、iau、iu、u、ua、uai、uei； am、ɔm、iam、iəm、an、in、uan、un、aŋ、eŋ、ɔŋ、oŋ、iaŋ、iŋ、ioŋ、uaŋ； ap、iap、iəp、at、et、it、uat、ut、ak、ek、ɔk、iak、ik、uɔk、aʔ、eʔ、ɔʔ、iaʔ
博鳌 (45)	a、æ、ɔ、ai、ɔi、ui、au、ɔu、i、ia、ie、iu、iau、u、ua、uai； am、iam、iəm、an、en、uan、un、aŋ、in、eŋ、oŋ、iaŋ、iŋ、uaŋ； ap、iap、iəp、ip、at、et、it、iat、uat、ut、ak、ek、ɔk、iɔk、ik
东澳 (37)	a、e、ɔ、ai、ɔi、ui、au、i、ia、iɔ、iau、iu、u、ua、ue、uai； in、uan、un、aŋ、eŋ、ɔŋ、iŋ、uaŋ； at、it、uat、ik、ɔk、aʔ、eʔ、iʔ、ɔʔ、iaʔ、ieʔ、iɔʔ、uaʔ
黎安 (55)	a、e、ɔ、ai、ɔi、au、ou、i、ia、ie、iɔ、iau、iu、u、ua、uai、uei； am、om、iem、im、uam、um、an、ian、ien、in、uan、un、aŋ、eŋ、oŋ、iaŋ、ioŋ、uaŋ； ap、op、iap、iep、ip、at、it、et、ot、iat、iet、uat、ut、ak、ek、ɔk、iak、ik、iɔk、ɔʔ
感城 (51)	a、e、o、ai、ei、oi、au、ou、i、ia、ie、iau、iou、u、ua、uo、uai、ui、uau； om、iam、an、ien、in、uan、un、aŋ、eŋ、oŋ、iaŋ、iŋ、ioŋ、uaŋ； aʔ、eʔ、oʔ、aiʔ、eiʔ、auʔ、ouʔ、iaʔ、ieʔ、iʔ、iaiʔ、ieiʔ、iouʔ、uaʔ、uʔ、uoʔ、uaiʔ、uiʔ

续表

昌江 (43)	a、e、o、ai、ɔi、au、ou、ɔu、i、ia、ie、io、iau、iu、u、ua、uo、uai、uei； am、ɔm、an、in、uan、un、aŋ、eŋ、oŋ、iŋ、iaŋ、uaŋ； at、uat、it、ut、ak、ek、ok、ik、aʔ、eʔ、oʔ、iʔ

3. 声调

大昌 (9)	阴平 34	阳平 22	阴上 424	阴去 24	阳去 53	阴入 5	阳入 3	长阴入 55	长阳入 33
博鳌 (9)	阴平 44	阳平 31	阴上 42	阴去 24	高去 53	阴入 5	阳入 3	长阴入 55	长阳入 33
东澳 (9)	阴平 44	阳平 31	阴上 42	阴去 24	阳去 53	阴入 5	阳入 3	长阴入 55	长阳入 33
黎安 (9)	阴平 44	阳平 31	阴上 42	阴去 24	阳去 53	阴入 5	阳入 3	长阴入 55	长阳入 33
感城 (9)	阴平 44	阳平 21	阴上 22	阴去 35	阳去 42	阴入 5	阳入 3	长阴入 55	长阳入 33
昌江 (9)	阴平 44	阳平 31	阴上 42	阴去 24	阳去 53	阴入 5	阳入 3	长阴入 55	长阳入 33

（二）六地的音系

1. 大昌方音

（1）声母（21个，包括零声母）

ɓ 八兵病肥　　m 母门望网　f 派片蜂匹　　v 副味富月
ɗ 多东甜毒竹茶　t 早租字丝　n 脑南软奴　l 老蓝连路

ts 争坐井贞积　　　s 草清事村　　　z 越运炎用
tɕ 张进震上　　　　ȵ 女娘弱　　　　ɕ 祠车手抽　　ʑ 热勤日延
k 高九共县　　　　g 牛舅旧　　　　ŋ 银孽言顽　　h 开轻权好　　ɦ 云趟糖梯希
ø 活安温王药

声母说明：

①有双唇内爆音 ɓ，如"八、飞、爬"。没有双唇清塞音 p。

②有齿唇清擦音 f，如"片"，有齿唇浊擦音 v，如"副"。有 f、v 的清浊对立。

③有舌尖前内爆音 ɗ，如"田"，有舌尖前不送气清塞音 t，如"山"。无清浊对立。

④n、l 不相混。

⑤舌尖音声母有 ts、s、z，舌面音声母有 tɕ、ɕ、ȵ、ʑ。z、ʑ是浊擦音。ts 组声母和开口呼韵母、合口呼韵母相拼，tɕ 组声母和 i（i-）韵母相拼。

⑥舌根音有清塞音 k。有舌根鼻音 ŋ，如"熬硬牙"。有浊塞音 g，如"鹅、牛、旧"。

有清擦音 h（如"讨、权"）和浊擦音 ɦ（如"汤、糖、年、岁、吞"）的对立。

⑦没有送气塞音送气塞擦音。个别词语中有受普通话影响的送气读法，如"气"单字音 huei^{24}，在"落气（咽气）"中就读成 khuei^{24}。"充"读 tshoŋ^{34} 也是模仿普通话而致。

（2）韵母（51 个）

	i 师丝试戏	u 猪灰舅有
a 塔鸭饱	ia 车写谢瓦	ua 山半官辣热活
e 硬争病星	ie 节 五月节 且	
ɔ 歌糖床婆	iɔ 桥笑药茄	
ai 排西知母		uai 低递
		uei 开对快月
oi 鞋赔飞八		

au 走豆脑老　　　　　iau 交孝表条
ɔu 雨苦五土
　　　　　　　　　　iu 油鼠树酒
am 南贪潭暗　　　　　iam 盐杉减占
　　　　　　　　　　iəm 浸心沉寻
ɔm 黶
an 犯难　　　　　　　　　　　　　　uan 完全转选
　　　　　　　　　　in 根新权便品　un 暖船分春
aŋ 东安单兰　　　　　iaŋ 双江窗　　uaŋ 王旺欢惯弯
eŋ 升证绳剩
　　　　　　　　　　iŋ 灯凳冰秤
ɔŋ 讲能僧更
oŋ 猛棚通冻　　　　　ioŋ 凶
ap 盒鸽十　　　　　　iap 接贴帖汁
　　　　　　　　　　iəp 立粒习集
at 法一节　　　　　　　　　　　　　uat 刮发挖刷
et 捏
　　　　　　　　　　it 热七橘别列　ut 出骨脱滑
ak 壳北刻塞　　　　　iak 绿粟烛赎曲
ek 色测息式策历
　　　　　　　　　　ik 直特得极滴
ɔk 国局霍握或　　　　iɔk 肉竹石尺雀
aʔ 搭杂拉踏　　　　　iaʔ 食摘壁锡
eʔ 客格麦
ɔʔ 学勿

韵母说明：
①没有撮口呼韵母 y（y-）。
②鼻音尾韵母有 -m、-n、-ŋ 的对立。
③入声韵母韵尾有 -p、-t、-k、-ʔ的对立。
④uei 韵中，唇音声母"煤梅皮被沸尾门问"后的 u 介音很微弱。

(3) 声调（9个）：

阴平　　34　　东该灯风，通天开春光，路乱树
阳平　　22　　门龙牛油，铜皮糖红，硬
阴上　　424　 懂古鬼九，统苦讨草，老买，马武
阴去　　24　　冻怪半四，痛快寸去，帕卖
阳去　　53　　洞地，有，罪币弟递卫地类柜位动义校验
阴入　　5　　 谷_粟拍毒盒，立集习汁及壁急劈踢击锡郭吃_食福服竹歇
阳入　　3　　 罚麦六，十入历读族育浴目肉阿
长阴入　55　　百白盒锡八鸭
长阳入　33　　塔月叶活学辣玉

声调说明：

①阴平是中升调34。有一些古浊上浊去的字也读入34调。

②阳平是低平调22。

③阴上424调，降升明显；"火、马、假"等几个字，有中间断裂的感觉。

④阴去24调。起点比阴平低。

⑤阳去调是高降53调，古浊上浊去的字多数读53调，也有读阴平34调。

⑥阴入阳入分别是带有辅音韵尾或喉塞音尾的促声5和3。

⑦长阴入长阳入分别是失去辅音韵尾或喉塞音尾的舒声55和33.。

⑧入声的促声和舒声随语境有时可以变换，如"做（作）"单字音长阴入 tɔ^{55}，"作寿"中读促声 tɔk^{5}。

2. 博鳌方音

(1) 声母（22个）（包括零声母）

6 把布步贝	ph 婆簿曝破派皮	b 马买卖米味	m 骂雾危母
	ɸ 谱铺配费飞富		f 破
ɗ 茶大达带猪	t 多斜写左蛇	n 奴女脑	l 螺路吕雷儿
ts 坐姐	s 柴祠吹紫	z 爷野裕	

tɕ 制指治　　　ɕ 树刺取试　　　ʑ 治余二遇

k 果国过该古　　g 鹅饿牙吴　　ŋ 五义熬系　　h 图苦裤去　　ɦ 雨虾夏海

ø 火货华外戏希户蚁喜位

声母说明：

①有全浊塞音 b、d、g，有全浊塞擦音 dz、dʐ，有全浊擦音 ɦ。

②有内爆音 ɓ、ɗ。

③有双唇送气塞音 ph。有双唇擦音 ɸ。也有唇齿擦音 f。三者常有变读。

④有舌尖浊擦音 z，有舌面浊擦音 ʑ。发音人常不稳定，使劲大一些，听着就分别像浊塞擦音 dz 和 ʑ。现在都标作浊擦音。

⑤有 h、ɦ 的清浊对立。"天 hi^{44}" 和 "年 ɦi^{31}" 单字音清浊对立，语流中常读零声母 ø。

⑥h 声母有些字在 i 音前有时有读同 ɕ 声母的现象。

(2) 韵母（45 个）

　　　　　　　　　　i 希喜次刺起李　　u 图赌去儿祠

a 鸭早饱猫苔踏杂　　ia 火瓦赔煤背快岁皮　　ua 拖大华挂寒跛

æ 爷野暝嫁牙下隔柄病井

　　　　　　　　　　ie 瓜花郭月缺话关

ɔ 左可错号嫂作敲汤

ai 台来菜财知使前　　　　　　　　uai 怀坏块拐

ɔi 鸡街改鞋矮犁溪

ui 杯配碎雷贝屁

　　　　　　　　　　iu 酒修袖抽绸幼

au 抄头楼偷走狗　　iau 交要条箫料

ɔu 古裤涂初雨芋

am 甘感含蓝喊　　　iam 咸减签占验

	iəm 品林浸心深沉（沉着）	
an 安难兰弹办		uan 欢完惯全选
en 劲		
	in 因烟瘾信新根	un 暖闷船卷匀
aŋ 蠓党帮忙放侬	iaŋ 张匠亮厂尝	uaŋ 壮慌王筐旺
eŋ 能凳僧灯冰清	iŋ 称兴升蝇肯	
oŋ 讲荣永蓬懂		
ap 十盒鸽	iap 业帖协夹接	
	iəp 立集习吸	
	ip 入急及	
at 法达扎节袜别（识别）		uat 末夺挖刷罚越
et 撤杰息测侧		
	it 七日实侄逼直	ut 佛卒骨律出
ak 目落鹤缚剥	iak 吓鹿栗缩曲	
ek 色式策益		
ɔk 恶国或木粥	iɔk 竹	
	ik 得特极	

韵母说明：

①没有撮口呼 y 韵母。

②有单独的 æ 韵母，相当于海口方言的 e 和 ɛ。

③古阳声韵尾 m、n、ŋ 都有保留，古入声韵尾 p、t、k 也全部保留。

④en 韵至今还只有"劲"一个例字。

（3）声调（9个）

阴平	44	拖歌沙乌书，树下上被，大路代卖
阳平	31	螺河牙财骑
阴上	42	矮买主古火

阴去	24	课四裤菜贝
高去	53	事治败艺道右，犯件，够付震俊壮
阴入	5	各恶雀削约霍策
阳入	3	鹤落缚镯读族木
长阴入	55	作托索郭桌百
长阳入	33	薄落药勺着食

声调说明：

①阴平调44，有时读成上扬的45。古清音声母字今读阴平调。古全浊声母上声和去声的部分字读入阴平调。如"树下上被（上声），大路代卖（去声）"。

②阳平调为31，有时读低平22调。古浊音声母平声字今读阳平调。

③阴上调42，古清音声母上声字今读阴上调。

④阴去调24，古清音声母去声多数字今读阴去调。

⑤高去调53，古全浊声母上声、去声的部分字，以及古清音声母去声的部分字，都读高去调。

⑥阴入调促声5，古清音声母入声的部分字，保留辅音尾，读短促的阴入调。

⑦阳入调促声3，古浊音声母入声的部分字，保留辅音尾，读短促的阳入调。

⑧长阴入调55，古清音声母入声的部分字，失落辅音尾，读长阴入调。

⑨长阳入调33，古浊音声母入声的部分字，失落辅音尾，读长阳入调。

3. 东澳方音

（1）声母（24个）（包括零声母）

ɓ 把布步壶贝	ph 婆破铺	b 马爬买卖米	m 骂雾危	f 负欺负
ɗ 茶大达带	t 多斜左使	d 谢蛇裕	n 奴女莲	l 螺路吕
	θ 写锁沙车算数世西吹			
ts 坐姐租祠	tsh 搋	dz 余延爷	s 柴徐错竖资	

tɕ 制指治　　　　dʑ 遇输用染　　ɕ 树紫刺
k 果国过该古　　　g 个鹅饿茄　　ŋ 五义熬　　　h 图苦裤　　　ɦ 虾夏土
ø 污户蚁喜位

声母说明：

①有全浊塞音 b、d、g，有全浊塞擦音 dz、dʑ，有全浊擦音 ɦ。
②有内爆音 ɓ、ɗ。
③有双唇送气塞音 ph。
④有齿间清擦音 θ。
⑤有 h、ɦ 的清浊对立。

（2）韵母（37 个）

　　　　　　　　　　i 区遇艺弟犁铁　　　　　u 堵壶图徐猪鱼儿祠
a 柴早猫饱搭踏　　　ia 写车斜野瓦　　　　　ua 拖大破磨动沙徙
e 螺坐把马茶配歇爷　　　　　　　　　　　　ue 过果火背赔月
ɔ 磨名河躲错宝罩　　 iɔ 借茄烧桥腰
ai 来菜爱知使蚕板　　　　　　　　　　　　　uai 坏块话怪缺血
ɔi 改买卖矮鸡八糜
ui 低梯对卫肺
au 初裤步古租　　　　iau 交孝校票笑手
　　　　　　　　　　iu 抽州修绸寿右

　　　　　　　　　　　　　　　　　　　　　uan 算完惯全
　　　　　　　　　　in 变骗棉浅连善　　　　un 船隐盆温粉

aŋ 贪含甘喊岩岸　　　　　　　　　　　　　　uaŋ 翻转王筐风
eŋ 延验险炎盐针
　　　　　　　　　　iŋ 品林浸深
ɔŋ 朋农公分春
at 袜虱　　　　　　　it 匹笔密失七　　　　　uat 罚越决
　　　　　　　　　　ik 式极击
ɔk 国或服福

aʔ 落盒鸽闸鸭插　　iaʔ 跌赎缩菊壁　　　uaʔ 挖
eʔ 叶ᵧ接立汁　　　ieʔ 协集
ɔʔ 属局粥各窟　　　iɔʔ 浴育竹
　　　　　　　　　iʔ 习贴踢惜

韵母说明：

①没有撮口呼 y。

②古过摄假摄有合并，古遇摄并入古效摄。

③古阳声韵大量合并，古-m 尾韵并入-n、-ŋ 尾韵，古山摄宕摄江摄曾摄梗摄大量合并。只有通摄基本独立。

④古入声-p 尾韵并入-ʔ 尾韵。

⑤古入声-t、-k 尾韵留存只是不明显的痕迹，实际上正在并入-ʔ 尾的过程中。

（3）声调（9 个）

阴平　　44　花衫灯胸第便ᵣ便面ᵣ面孔善
阳平　　31　时螺长棉
阴上　　42　碗卷五引
阴去　　24　试意凳见喊
阳去　　53　杜下币剃验念健
阴入　　5 　塔鸭插跌节
阳入　　3 　腊夹达目热
长阴入　55　折擦渴割八杀
长阳入　33　叶列热歇捏绝

声调说明：

①古浊去有些字读同阴平调。

②古清去、浊上、浊去有些字合并为阳去调 53 调。

③古入声今读分四类：阴入 5（部分古清入字）
　　　　　　　　　阳入 3（部分古浊入字）
　　　　　　　　　长阴入 55（部分古清入字）
　　　　　　　　　长阳入 33（部分古浊入字）

4. 黎安方音

（1）声母（26个）（包括零声母）

ɓ 八兵佛　　　b 物勿武买　　ph 派片肥浮　　m 明问糜　　　f 副富妇坟
ɗ 东毒竹赢　　t 世早租　　　th 头　　　　　n 脑南泥软　　　　　　　　l 老蓝连入
ts 坐争浸　　　tsh 蚕　　　　s 草寸初春床　　z 热用裕
tɕ 制酒张　　　tɕh 师祠舌石　dʑ 二染　　　　ɕ 刺抽事　　　ʑ 遇余玉
k 高九月　　　g 旧牛钢　　　kh 统动　　　　ŋ 系义严　　　h 拆柱开　　　ɦ 祸夏糖
ø 熬灰响活安温王药下坏唇

声母说明：

①有内爆音ɓ，有全浊音b（多数来自古明母微母：麦米马买武味勿），所以ɓ和b从口耳感受看，两者形成明显的清浊对立。

②有内爆音ɗ，和清塞音t，从口耳感受看，都是清音塞音。是闭塞程度有轻重之别。

③有送气塞音 ph-（派片肥浮肥屁妇）、kh-（统通孔动击），和送气塞擦音声母 tɕh-"师祠寺治浅煎舌石"，还有模仿普通话的 th-"（馒）头、堂（兄弟）"、tsh-"蚕"。

④有舌根浊塞音g(旧牛月钢极)，来源复杂，有古群母疑母见母等。

⑤有喉部浊流音ɦ(天灰祸夏糖)，和喉部清擦音 h 对立。语流中都常和零声母混同。

（2）韵母（55个）

	i 米师丝二年见	u 猪铺图书去儿
a 饱塔鸭三胆蜡衫	ia 野写瓦兄寄	ua 外官山半伞肝
e 坐茶短硬争病	ie 牙惜业向	
ɔ 歌宝糖床学作索	iɔ 笑桥尺药表票庙照	
ai 排胎菜海派牌板		uai 花横怪块怀
ɔi 鞋赔快郭买街		
		uei 化多开对醉碎门
au 奴芋豆钩脑老	iau 交孝要条料校朝焦	

一 六地的语音系统

ou 芋_{芋头}藕_{2词汇部分}

iu 修抽州寿优右出₁

am 南感暗蓝班奸慢   uam 翻原
       iem 咸减占盐占染险
       im 心变便棉面连   um 浸深坟
om 盆
an 判万   ian 杉   uan 欢弯惯选全传
       ien 签咸减尖店
       in 根新铅恩姊酒油   un 寸滚春云船吞任
aŋ 东帮放封动孔   iaŋ 响双龙张章厂   uaŋ 王壮桩撞网
eŋ 灯升平庆顶延
拎
oŋ 抱讲用容朋统   ioŋ 熊雄凶拥
ap 盒法十达鸽贼   iap 贴
op 出律佛物入
       ip 夹急橘习汁
       iep 接协业粒
at 盒刻节虱塞贼鸽 iat 跌一协   uat 袜越决罚夺
it 七直笔密侄立集   ut 骨滑脱出
et 撤切   iet 协
ot 入
ak 北壳六角读目落 iak 锡食粟绿熟浴曲
       ik 烛杰得孽
ek 色益踢击
ɔk 国或局握木福服   iɔk 肉竹疟约
ɔʔ 托薄

韵母说明：

①鼻音尾韵母-m -n，常有互读不分的情况。如"咸"，单字部分读 kien³¹，词汇部分读 kiem³¹。古山摄字"权变浅"老男读-m 尾韵，青男则读-n 尾韵。

②古遇摄、效摄、流摄有几个字，今读鼻音尾，如"鼠 ɕin⁴²、兔

hoŋ^{53}、炮（~仗）phoŋ^{24}、抱ɓoŋ^{44}、油 in^{31}/iu^{31}、球 hin^{31}"等。

③老男的"坐茶短硬争病星井柄"等字读 e 韵母，青男则读ɛ韵母。老男有 ie 韵母，青男没有相应的iɛ韵母。

（3）声调（9个）

阴平	44	东该灯风，通开天春，五硬路乱骂卖，祸罪近后树
阳平	31	门龙牛油，铜皮糖红
阴上	42	懂古鬼九，统苦讨草，买老有马
阴去	24	怪半四，痛快寸去
阳去	53	事柿地凤洞动嫩，冻碎借，饲具被桶电帽
阴入	5	粟节急甲接塔法刻
长阴入	55	鸭惜拍，姐$_{称调}$
阳入	3	夹毒罚盒
长阳入	33	百白石，腊叶月麦

声调说明：

①黎安话今阴平调，有古浊上浊去字混入，如"五祸罪近后、树硬路乱骂卖"，和其他海南闽语有共通处。

②黎安话阳去调有古浊去字，如"事柿地凤洞嫩饲电帽具"等，也有一些古浊上字和清去字混入，如"被桶动、冻碎借战镇震"等。

③黎安话入声有四个调类：阴入、阳入、长阴入、长阳入。阴入阳入是带有-p、-t、-k 尾的促声，长阴入长阳入是不带-p、-t、-k 尾的舒声。古清入多为今阴调，古浊入多为今阳调，基本分明。

5. 感城方音

（1）声母（22个）（包括零声母）

p 波排宝八	ph 爬品判服	m 模满舞牧	v 梅府位麦
t 岛胆重笛	th 拖讨烫析	n 奴软忍纳	l 炉览辆力
			θ 锁死是缩
ts 船左注杂	tsh 叉且畅刷		s 西垂旬式	z 然永院辱
tɕ 支成浸石	tɕh 齿秤		ɕ 车丑臭七	ʑ 于惹尿入

k 阶狗咬劲　　kh 科权概霍　　ŋ 鹅完雁逆　　h 河虎盔肉
ø 乌椅后药

声母说明：

感城方言舌尖声母 ts、tsh、s、z 和舌面声母 tɕ、tɕh、ɕ、ʑ 呈互补关系，tɕ、tɕh、ɕ、ʑ 只拼齐齿呼韵母，ts、tsh、s、z 只拼开口呼和合口呼韵母。

（2）韵母（51 个）

	i 居李币视	u 孤普有事
a 叉豹胆敲	ia 嘉雅夏	ua 夸华卦祸
e 加马债坐	ie 瓜写酱象	
o 歌所床索		uo 和尾炭舵
ai 个前屎纳		uai 乖怀帅疫
ei 批美贝		ui 吹腿钻誉
oi 初买替鸡		
au 袍口靠厚	iau 交超数秒	uau □ 芦苇
ou 墓祖咒复重~	iou 树流守秀	
	iam 砧	
om □痒圆		
an 南版暗万		uan 端管冠判
	ien 廉品变杏	
	in 严审荐尽	un 暖隐粉训
aŋ 参谈产粽	iaŋ 钟常种~类奖	uaŋ 观广矿怨
eŋ 兼然省静	iŋ 钦兵靖	
oŋ 宏讲冻用	ioŋ 穷雄凶	
aʔ 搭蜡壳毒	iaʔ 跌摘熟曲	uaʔ 括刮
eʔ 压捏说客	ieʔ 迹赤	
	iʔ 渠直入寂	
		uʔ 拄
oʔ 作薄学		uoʔ 割泼活血

aiʔ 答别漆力　　　　　　iaiʔ 夹陕帖汁　　　　　　uaiʔ 末劣发阅
eiʔ 杰逼雪色　　　　　　ieiʔ 协歇测石
　　　　　　　　　　　　　　　　　　　　　　　　uiʔ 脱突出役
auʔ 浩
ouʔ 各谷恶浴　　　　　　iouʔ 抽雀却觉

韵母说明：

①o 韵有动程，收音时衍生后滑音，实际音值接近 oʌ，有时比 ʌ 还要低一些。

②部分假摄、蟹摄合口二等字读成细音，如：瓜 kie⁴⁴｜花 hie⁴⁴｜话 ie⁴⁴｜画 ie⁴⁴｜快 khie³⁵。

③韵母 iou 在发音时主要元音经常会弱化为 ə，实际音值是 iəu。

④韵母 -an、-aŋ、-iaŋ、-uan、-uaŋ 在读单字时发音不稳定，会自由变读为 -am、-iam、-uam，在词汇或语流中则不会出现 -am、-iam、-uam 韵母。

（3）声调（9个）

阴平　　44　　沙租支召
阳平　　21　　罗爬吕薯
阴上　　22　　左肚粉卷
阴去　　35　　破嫁变丈
阳去　　42　　后部五胜
阴入　　5　　 哲悉尺竹
阳入　　3　　 适胁习腹
长阴入　55　　扎索迈颈
长阳入　33　　月术疫腊

声调说明：

①感城方言声调共九个，无明显连读变调。

②感城方言阴上调为低平调 22，但有时会读同低降的阳平调 21，如：谱 phu²¹｜股 ku²¹｜启 khi²¹；

③古全浊上字今读同阴去或阳去，如：厦 hia³⁵｜序 ɕi³⁵｜惰 tuo⁴²｜坐

tse⁴²;古次浊上声今读同阴上调 22 或阳去调 42，如：马 ve²² | 买 voi²² | 五 ŋou⁴² | 老 lau⁴²。

6. 昌江方音

（1）声母（24 个）（包括零声母）

ɓ 八病爬	pʰ 破谱配费	m 明问糜㔝	f 蜂法犯	v 马买煤
ɗ 东甜竹	t 多三左作	tʰ 梯剃桃铁	n 南脑软	l 老蓝连路
ts 资坐争	tsʰ 鼠垂草产	s 床初清		z 热用余
tɕ 张酒钱借	tɕʰ 资笑	ɕ 手抽车		ʑ 日炎认蚁
k 高共九县	kʰ 开徛曲靠	ŋ 爱硬牙	h 好讨雨	ɦ 年虾云
∅ 安温药王				

声母说明：

①有内爆音声母 ɓ、ɗ。

②有整套送气声母 pʰ-、tʰ-、tsʰ-、tɕʰ-、kʰ-。这和北部、东部的海南闽语不同，和南部的黄流话接近，比黄流话还多了 tsʰ-、tɕʰ-两个送气声母。这可能受周围军话的影响而致。

③有新生的浊擦音声母 v-、z-、ʑ-、ɦ-。

④在昌江黎族自治县，海南闽语不是主流方言，只是在昌化镇、昌城的一部分及周围个别村落使用，算不上是优势方言。所以不同方言间的互相影响，特别是普通话的影响，是非常明显的。

⑤声母 s/t 有两读现象，如"洗"，单字 164 条读 soi⁴²，而在词汇 849 条，则读 toi⁴²，这让我们看到古心母"洗"正在受普通话影响中出现的两读现象。

⑥声母 ʑ 的留和失，蚁，单字读 ʑi⁴²，"蚂蚁"中读 ma⁴²i⁴⁴，可能又是受普通话的影响而致。又如"弹琴"的"弹"，就出现 han³¹/tʰan³¹ 两读。

⑦又如"笑"，声母有两读：单字读 tɕʰie²⁴，声母是"tɕʰ-"，词汇条目"开玩笑"是"作玩笑"tɔ⁵⁵nam⁴⁴ɕio²⁴，韵母是 ɕ-。

（2）韵母（43个）

	i 是圆吕扇	u 猪杜有
a 阿插拍饱杂	ia 葩隻骑	ua 华祸
e 茶爹歇剥	ie 借团直对	
o 破婆瓦着	io 相两_{量词}	uo 瓜渴博蛇
ai 个海菜母		uai 乖悬怪块拐
		uei 气断话问血
oi 批姐买鞋		
au 讨狗	iau 条绹数	
ou 扣	iu 休又须手	
ɔu 雨簿奴乌		
am 犯南感含		
om 罩痒_{有时读 on 韵}		
an 砍等办间		uan 传选院惯
	in 烟演信藤	un 跟闷伸裙
aŋ 忙工东侬	iaŋ 肿伤筐双	uaŋ 狂桩风旺壮
eŋ 灯能证剩		
	iŋ 冰瓶晴秤	
oŋ 讲碰朋冻		
at 一塞贼力		uat 挖
	it 笔入急得特	ut 骨卒出律
ak 角壳目		
ek 息策踢		
	ik 刻击	
ok 剁恶握族国		
aʔ 拉鸽十		
	iʔ 粒协汁侄剧	
eʔ 额		
oʔ 跋学薄刷		

韵母说明：

①舒声韵有-m、-n、-ŋ 韵尾，入声韵有-p、-t、-k、-ʔ 韵尾。

②韵母 e，开口度较大当是 ɛ，考虑到 ie 韵母中，e 受 i 的影响开口度变小，是个真正的 e，所以单元音韵母也写作 e。

③介音 i 和主要元音 e 之间有相同的长度，不觉得介音和主要元音的主次或长短的区别。这和黄流话有相似之处。

④"话"的韵母有 Øuo^{44}、Øuei^{44} 两读现象，单字 192 条"话 Øuo^{44}"，词汇 918 条"话 Øuei^{44}"。这是海南闽语在不同地点的方言读法，昌化方言中于是有了这两读现象。

⑤"多"一读 toi^{44}，在"几多（多少）"条中读 kuei^{42}tuo^{44}。

(3) 声调（9个）

阴平	44	刚专开三，助大病命亮
阳平	31	时寒鹅穷
阴上	42	古纸粉五
阴去	24	抗唱菜汉世
阳去	53	近是事共定洞动旺
阴入	5	急竹笔七出尺
阳入	3	六读局俗一熟
长阴入	55	铁歇隔格客鹤
长阳入	33	白玉浴席石

声调说明：

①入声有阴入、阳入、长阴入、长阳入四个调类，这和北部和东部多数闽语方言一致。

②第三人称"伊 i"读阴平调 44。其他点多读阳平调。

二　单字

	0001 多	0002 拖	0003 大~小	0004 锣	0005 左	0006 歌	0007 个	0008 可
	果开一平歌端	果开一平歌透	果开一去歌定	果开一平歌来	果开一上歌精	果开一平歌见	果开一去歌见	果开一上歌溪
大昌	ɗoi³⁴	fiua³⁴	ɗua³⁴	lɔ²²	tɔ²⁴	kɔ³⁴	kai²²	hɔ⁵⁵
博鳌	tui⁴⁴ ɗɔ⁴⁴ 名字	hua⁴⁴	ɗua⁴⁴ dai⁴⁴ 人名	lɔ³¹	tɔ⁴²	kɔ⁴⁴ kua⁴⁴	kai⁴⁴	hɔ⁴²
东澳	tui⁴⁴ ɗɔ⁴⁴ 名字	hua⁴⁴	ɗua⁴⁴	lɔ³¹	tɔ⁴²	kɔ⁴⁴	gai³³	hɔ⁴²
黎安	tuei⁴⁴	hua⁴⁴	ɗua⁴⁴	lɔ³¹	tɔ⁴²	kɔ⁴⁴	mɔ³³ 妷	hɔ⁴²
感城	tsoi⁴⁴ 侨 to⁴⁴	thuo⁴⁴	tuo⁴⁴	lo²¹	tso²²	ko⁴⁴	kai²¹	kho²²
昌江	toi⁴⁴	huo⁴⁴	ɗuo⁴⁴	lo³¹	to⁴²	ko⁴⁴	kai³³	kho⁴²

	0009 鹅	0010 饿	0011 河	0012 茄	0013 破	0014 婆	0015 磨动	0016 磨名
	果开一平歌疑	果开一去歌疑	果开一平歌匣	果开三平戈群	果合一去戈滂	果合一平戈並	果合一平戈明	果合一去戈明
大昌	kɔ²²	hun²⁴ 训读（困）	hɔ²²	kiɔ²²	fua²⁴	vɔ²²	vua²²	mɔ²⁴
博鳌	gɔ³¹	gɔ⁴⁴ hun⁴²	hɔ³¹	kiɔ³¹	fua²⁴ phɔ⁴⁴	phɔ³¹	bua³¹	mɔ²⁴ 磨栏
东澳	gɔ³¹	gɔ⁴⁴	hɔ³¹	giɔ³¹	phua²⁴	phɔ³¹	bua³¹	mɔ²⁴
黎安	gɔ³¹	ŋɔ⁴⁴	hɔ³¹	kiɔ³¹	phua²⁴	phɔ³¹	bua³¹	mɔ⁵⁵
感城	ŋo²¹	ŋo⁴⁴	ho²¹	kie²¹	phuo³⁵	pho²¹	vuo²¹	mo²¹
昌江	ŋo³¹	khun²⁴ 训读（困）	ho³¹	gie³¹	pho²⁴	ma³¹ 训读（嬷）	mo³¹	mo³¹

二 单字 / 21

	0017 躲	0018 螺	0019 坐	0020 锁	0021 果	0022 过~来	0023 课	0024 火
	果合一 上戈端	果合一 平戈来	果合一 上戈从	果合一 上戈心	果合一 上戈见	果合一 去戈见	果合一 去戈溪	果合一 上戈晓
大昌	ɗɔ²²	le²²	tse⁵³	tɔ⁴²⁴	kuei⁴²⁴	kuei²⁴	hua²⁴	huei˸⁴²⁴
博鳌	ɗɔ⁴²	læ³¹	tsæ⁴²	tɔ⁴²	kia⁴²	kia²⁴	hua²⁴	ia⁴²
东澳	ɗɔ⁴²	le³¹	tse⁵³	tɔ⁴²	kue⁴²	kue²⁴	hua²⁴	ue⁴²
黎安	ɗɔ⁴²	le³¹	tse⁴⁴	tɔ⁴²	kɔ⁴²	kuei²⁴	hua²⁴	uei˸⁴²
感城	moʔ⁵	lo²¹ le²¹	tse⁴²	θo²²	kuo²²	kuo³⁵	khuo³⁵	huo²²
昌江	moʔ⁵	le³¹	tse⁴⁴	to⁴² so⁴²	kuo⁴²	kuo²⁴	khuo²⁴	huei˸⁴²

	0025 货	0026 祸	0027 靴	0028 把量	0029 爬	0030 马	0031 骂	0032 茶
	果合一 去戈晓	果合一 上戈匣	果合三 平戈晓	假开二 上麻帮	假开二 平麻并	假开二 上麻明	假开二 去麻明	假开二 平麻澄
大昌	huei²⁴	hua⁵³	huei³⁴	ɓe⁴²⁴	ve²²	ve⁴²⁴	me³⁴	ɗe²²
博鳌	ie²⁴	ua⁵³	hie²⁴	ɓæ⁴² ɓa⁴² 把握	bæ³¹	bæ⁴²	mæ⁴⁴	ɗæ³¹
东澳	ue²⁴	ua⁵³	hue⁴⁴	ɓe⁴⁴	be³¹	be⁴²	me⁴⁴	ɗe³¹
黎安	uei²⁴	ua⁴⁴	huei⁴⁴	ɓe⁴²	ɓe³¹	be⁴²	me⁴⁴	ɗe³¹
感城	huo³⁵	hua⁴²	khuo⁴⁴	pe³⁵	phe²¹	ve²²	me⁴⁴	te²¹
昌江	uei²⁴	ua⁴⁴	oi²⁴ 训读（鞋）	ɓe⁴² ɓoi⁴² 拿	ɓe³¹	ve⁴²	me⁴⁴	ɗe³¹

	0033 沙	0034 假真~	0035 嫁	0036 牙	0037 虾	0038 下方位	0039 夏春~	0040 哑
	假开二 平麻生	假开二 上麻见	假开二 去麻见	假开二 平麻疑	假开二 平麻晓	假开二 上麻匣	假开二 去麻匣	假开二 上麻影
大昌	tua³⁴	ke⁴²⁴	ke²⁴	ŋe²²	he³⁴	e³⁴	he²⁴	e⁴²⁴
博鳌	tua⁴⁴	kæ⁴²	kæ²⁴	gæ³¹	fiæ³¹	æ⁴⁴	fiæ⁴⁴ ia⁴⁴	æ⁴²
东澳	θua⁴⁴	ke⁴²	ke²⁴	ge³¹	fie³¹	e⁴⁴	fie⁴⁴	e⁴²
黎安	tua⁴⁴	ke⁴²	ke²⁴	ie³¹	fie³¹	e⁴⁴ lok³	fie⁴⁴	e⁴²
感城	θuo⁴⁴	ke²²	ke³⁵	ŋe²¹	he²¹	e⁴²	hia³⁵	ŋoŋ²²
昌江	tuo⁴⁴	ke⁴²	ke²⁴	ŋe³¹	fie³¹	lo³³ 训读（落）	zo³³ 训读（热）	e⁴²

	0041 姐 假开三 上麻精	0042 借 假开三 去麻精	0043 写 假开三 上麻心	0044 斜 假开三 平麻邪	0045 谢 假开三 去麻邪	0046 车~辆 假开三 平麻昌	0047 蛇 假开三 平麻船	0048 射 假开三 去麻船
大昌	tse⁴²⁴	tɕiɔ²⁴	tia⁴²⁴	tia²²	tia³⁴	ɕia³⁴	tua²²	tia³⁴
博鳌	tsæ⁴⁴	tɕiɔ⁵³	tia⁴²	tia³¹	dia⁵³ / θia⁴⁴	ɕia⁴⁴ / ku⁴⁴	tua³¹	tia⁴⁴
东澳	tse⁵⁵ / tɕi⁴²	tɕiɔ⁵³	θia⁴²	tia³¹	dia⁵³ / θia⁴⁴	θia⁴⁴	dua³¹	θia⁴⁴
黎安	tse⁵⁵	tɕiɔ⁵³	tia⁴²	tia³¹	tia⁴⁴	ɕia⁴⁴	tua³¹	tia²²
感城	tse⁴⁴	tɕiei⁷⁵	θie²²	θie²¹	θie⁴²	ɕie⁴⁴	tsuo²¹	θie⁴⁴
昌江	tsɔi²⁴	tie³³	ɕie⁴²	uai⁴⁴ 训读(歪)	ɕie⁴⁴	tɕhie⁴⁴	tsuo³¹	ti⁷³

	0049 爷 假开三 平麻以	0050 野 假开三 上麻以	0051 夜 假开三 去麻以	0052 瓜 假合二 平麻见	0053 瓦名 假合二 上麻疑	0054 花 假合二 平麻晓	0055 化 假合二 去麻晓	0056 华中~ 假合二 平麻匣
大昌	ze⁴²⁴	ze⁴²⁴	me²² 训读(暝)	kuei³⁴	hia³⁴	huei³⁴	huei²⁴	hua²²
博鳌	zæ³¹	zæ⁴²	mæ³¹ 训读(暝)	kie⁴⁴	ia⁵³	ie⁴⁴	ia²⁴	ua³¹
东澳	dzie³¹ / dze³¹	ia⁴²	me²¹ 训读(暝)	kue⁴⁴	ia⁵³	ue⁴⁴	ue²⁴	ua³¹
黎安	ze³¹	ia⁴²	me³¹ 训读(暝)	kuai⁴⁴	ia⁴⁴	uai⁴⁴	uei²⁴	ua³¹
感城	ze²¹	ze²¹	me²¹ 训读(暝)	kie⁴⁴	hie⁴²	hie⁴⁴	hua³⁵	hua²¹
昌江	koŋ⁴⁴ 训读(公)	(无)	an²⁴ 训读(暗)	kuo⁴⁴	mo⁴²	huo⁴⁴	uei²⁴	hua³¹

	0057 谱家~ 遇合一 上模帮	0058 布 遇合一 去模帮	0059 铺动 遇合一 平模滂	0060 簿 遇合一 上模並	0061 步 遇合一 去模並	0062 赌 遇合一 上模端	0063 土 遇合一 上模透	0064 图 遇合一 平模定
大昌	fu⁴²⁴	ɓɔu²⁴	fɔu²⁴	fɔu⁵³	ɓɔu³⁴	ɗu⁴²⁴	hɔu²² 训读(涂)	hu²²
博鳌	ɸu⁴²	ɓɔu²⁴ / ɓu²⁴ 布置	ɸu⁴⁴	phɔu⁵³	ɓɔu⁴⁴	ɗu⁴² / ɓua⁵ 训读(博)	ɦɔu³¹	hu³¹
东澳	phu⁴²	ɓau²⁴ / ɓu²⁴ 布置	phu⁴⁴ / pau²⁴	phau⁵³	ɓau⁴⁴	ɗu⁴² / ɓue⁵⁵ 训读(博)	ɦau⁴²	hu³¹
黎安	phu⁴²	ɓau²⁴	phu⁴⁴	phau⁴⁴	ɓau⁴⁴	ɓua³³ 训读(博)	hau³¹ 训读(涂)	hu³¹
感城	phu²¹	pou³⁵	phu⁴⁴	phou⁴²	pou²¹	puo⁷⁵ 训读(博)	thou²¹ 训读(涂)	thu²¹
昌江	phu⁴²	ɓɔu²⁴	phu⁴⁴	phɔu⁴⁴	ɓɔu⁴⁴	ɓuo³³ 训读(博)	hɔu³¹ 训读(涂)	hu³¹

二 单字 / 23

	0065 杜	0066 奴	0067 路	0068 租	0069 做	0070 错对~	0071 箍~桶	0072 古
	遇合一	遇合一	遇合一	遇合一	遇合一	遇合一	遇合一	遇合一
	上模定	平模泥	去模来	平模精	去模精	去模清	平模见	上模见
大昌	ɗu⁵³	nɔu²²	lɔu³⁴	tɔu³⁴	tɔ⁵⁵训读(作)	sɔu²⁴	hɔu³⁴	kɔu⁴²⁴
博鳌	ɗu⁵³	nɔu³¹	lɔu⁴⁴	tɔu⁴⁴	tɔ⁵训读(作)	sɔ²⁴	ku⁴⁴ / hau⁴⁴	kɔu⁴²
东澳	ɗu⁵³	nau³¹	lau⁴⁴	tsau⁴⁴	tɔ⁵训读(作)	sɔ²⁴	ku⁴⁴	kau⁴²
黎安	ɗu⁵³	lau³¹	lau⁴⁴	tau⁴⁴	tɔ⁵⁵训读(作)	sɔ²⁴	hau⁴⁴	kau⁴²
感城	tu³⁵	nou²¹	lou⁴⁴	tsou⁴⁴	tsoʔ⁵训读(作)	tsho³⁵	khou⁴⁴	kou²²
昌江	ɗu⁵³	nɔu³¹	lɔu⁴⁴	tɔu⁴⁴ / tsɔu⁴⁴	tso⁵⁵训读(作)	tsho²⁴	khɔu⁴⁴	kɔu⁴²

	0073 苦	0074 裤	0075 吴	0076 五	0077 虎	0078 壶	0079 户	0080 乌
	遇合一	遇合一	遇合一	遇合一	遇合一	遇合一	遇合一	遇合一
	上模溪	去模溪	平模疑	上模疑	上模晓	平模匣	上模匣	平模影
大昌	hɔu⁴²⁴	hɔu²⁴	ŋɔu²²	ŋɔu²²	hɔu⁴²⁴	ɓaŋ²²训读(瓶)	hɔu³⁴	u³⁴
博鳌	hɔu⁴²	hɔu²⁴	gɔu³¹	ŋɔu⁴²	ɦɔu⁴²	ɓaŋ³¹训读(瓶)	ɔu⁴⁴	u⁴⁴ / ɔu⁴⁴
东澳	hau⁴²	hau²⁴	gau³¹	ŋau⁴²	ɦau⁴²	ɓu³¹	au⁵³	u⁴⁴ / au⁴⁴
黎安	hau⁴²	hau²⁴	ŋau³¹	ŋau⁴⁴	hau⁴²	ɓu⁴⁴	ɦau⁴⁴	au⁴⁴
感城	khou²²	khou³⁵	ŋou²¹	ŋou⁴²	hou²²	pan²¹训读(瓶)	hou⁴²	ou⁴⁴
昌江	hɔu⁴²	hɔu²⁴	ŋɔu³¹	ŋɔu⁴²	hɔu⁴²	ɓaŋ³¹ / hu³¹	ɦɔu⁴⁴	ɔu⁴⁴

	0081 女	0082 吕	0083 徐	0084 猪	0085 除	0086 初	0087 锄	0088 所
	遇合三	遇合三	遇合三	遇合三	遇合三	遇合三	遇合三	遇合三
	上鱼泥	上鱼来	平鱼邪	平鱼知	平鱼澄	平鱼初	平鱼崇	上鱼生
大昌	ni⁴²⁴	li⁴²⁴	ɕi²²	ɗu³⁴	su²²	sɔ³⁴	tsɔ²²	tɔ⁴²⁴
博鳌	ni⁴²	li⁴²	ɕi³¹	ɗu⁴⁴	su³¹	sɔu⁴⁴	hu³¹	tɔ⁴²
东澳	nu⁴²	li⁴²	su³¹	ɗu⁴⁴	su³¹	sau⁴⁴年初 / sɔ⁴⁴初中	hu¹ / hua³¹锄草	θɔ⁴²
黎安	ni⁴²	li⁴²	ɕi³¹	ɗu⁴⁴	su³¹	sɔ⁴⁴	hu³¹	tɔ⁴²
感城	nu²²	li²¹	ɕi²¹	tu⁴⁴	tshu²¹	tshoi⁴⁴	thu²¹	θo²²
昌江	ni⁴²	li⁴²	ɕi³¹	ɗu⁴⁴	tshu³¹	so⁴⁴	thu³¹	so⁴²

	0089 书	0090 鼠	0091 如	0092 举	0093 锯名	0094 去	0095 渠~道	0096 鱼
	遇合三平鱼书	遇合三上鱼书	遇合三平鱼日	遇合三上鱼见	遇合三去鱼见	遇合三去鱼溪	遇合三平鱼群	遇合三平鱼疑
大昌	tu³⁴	ɕiu⁴²⁴	ɕin³⁴亲	ki⁴²⁴	ku²⁴	hu²⁴	ki²⁴	hu²²
博鳌	tu⁴⁴ ɕi⁴⁴	ɕiu⁴²	ɕin³¹亲	ki⁴²	ku²⁴	hu²⁴	ki⁵⁵	fiu³¹
东澳	θu⁴⁴	ɕiu⁴²	ɕin³¹亲	ku⁴²	ku²⁴	hu²⁴	ki⁵⁵	fiu³¹
黎安	tu⁴⁴	ɕiu⁴²	ɕin⁴⁴亲	gi⁴²	ku²⁴	hu²⁴	（无）	u³¹
感城	tsu⁴⁴	tshu²²	tɕhin⁴⁴亲	ki²²	ku³⁵	hu³⁵	kiʔ⁵	hu²¹
昌江	tsu⁴⁴	tshu⁴²	（无）	tɕi⁴²伸	ku²⁴	hu²⁴	（无）	hu³¹

	0097 许	0098 余剩~,多~	0099 府	0100 付	0101 父	0102 武	0103 雾	0104 取
	遇合三上鱼晓	遇合三平鱼以	遇合三上虞非	遇合三去虞非	遇合三上虞奉	遇合三上虞微	遇合三去虞微	遇合三上虞清
大昌	hu⁴²⁴ hɔu⁴²⁴	zi²²	fu⁴²⁴	fu³⁴	ɓe³³	vu⁴²⁴	mu⁴²⁴	si⁴²⁴
博鳌	fiu⁴² hɔu⁴²姓	dzi³¹	fu⁴²	fu⁵³	ɓæ³³	bu⁴²	mu⁵³	ɕi⁴²
东澳	fiu⁴² hau⁴²姓	dzu³¹	phu⁴²	fu⁵³	ɓe³³	bu⁴²	mu⁴²	su⁴²
黎安	hau⁴²	zi³¹	phu⁴²	ɓun⁴⁴训读（分）	ɓe³³训读（伯）	bu⁴²	mu²⁴	iɔ⁵³训读（要）
感城	khou²²	zi²¹	vu²²	phu⁴²	pe⁴⁴训读（伯）	vu²²	mu³⁵	ɕi²²
昌江	（无）	zi³¹	phu⁴²	fu²⁴	ɗe⁴⁴训读（爹）	bu⁴²功夫	mɔu²⁴	ɕi⁴² ie⁴⁴训读（要）

二 单字 / 25

	0105 柱	0106 住	0107 数动	0108 数名	0109 主	0110 输	0111 竖	0112 树
	遇合三 上虞澄	遇合三 去虞澄	遇合三 上虞生	遇合三 去虞生	遇合三 上虞章	遇合三 平虞书	遇合三 上虞禅	遇合三 去虞禅
大昌	tu³⁴	tsu³⁴	tiau²⁴	tiau²⁴	tu⁴²⁴	tu³⁴	hia³⁴训读(徛)	ɕiu⁵³
博鳌	hiau⁴²	hia⁴²训读(徛) tɕi˸⁴⁴住房	tiau⁴²	tiau⁴²	tu⁴²	tu⁴⁴	ɕi˸⁴²	ɕiu⁴⁴
东澳	hiau⁴²	hia⁴²训读(徛)	θiau²⁴	θiau²⁴	tu⁴²	θu⁴⁴ dʑi²⁴	su⁴²	ɕiu⁴⁴
黎安	hiau⁴²	hia⁴²训读(徛)	tiau⁴²	tiau⁴²	tu⁴²	tu⁴⁴	hia⁴²训读(徛)	ɕiu⁴⁴
感城	thiau⁴²	tsu³⁵	θiau³⁵	θiau³⁵	tsu²²	θu⁴²	tiʔ³训读(直) θi³⁵	ɕiou⁴⁴
昌江	su²⁴	khie⁴⁴训读(徛)	tiau²⁴	tiau²⁴	tsu⁴²	su⁴⁴	ɗie³³训读(直)	ɕiu⁴⁴

	0113 句	0114 区地~	0115 遇	0116 雨	0117 芋	0118 裕	0119 胎	0120 台戏~
	遇合三 去虞见	遇合三 平虞溪	遇合三 去虞疑	遇合三 上虞云	遇合三 去虞云	遇合三 去虞以	蟹开一 平哈透	蟹开一 平哈定
大昌	ku²⁴	hi³⁴	zi³⁴	hɔu⁴²⁴	ɔu⁴²⁴	zuei³⁴	hai³⁴	hai²²
博鳌	ku²⁴	hi⁴⁴	zi˸⁴²	ɦou⁴²	ɔu⁴⁴	zui²⁴	hai⁴⁴	hai³¹
东澳	ku²⁴	hi⁴⁴	dzi⁴²	ɦiau⁴²	au⁴⁴	dui²⁴	hai⁴⁴	hai³¹
黎安	ku²⁴	hi⁴⁴	zi˸⁴²	hau⁴²	au⁴⁴	zuei⁴⁴	hai⁴⁴	hai³¹
感城	ku³⁵	khi⁴⁴	zi˸⁴²	hou⁴²	i³⁵	zui⁴²	thai⁴⁴	thai²¹
昌江	ku²⁴	khi²⁴	gi²⁴	hɔu⁴²	ɔu⁴⁴	zuei⁴⁴	thai⁴⁴	hai³¹

	0121 袋	0122 来	0123 菜	0124 财	0125 该	0126 改	0127 开	0128 海
	蟹开一 去哈定	蟹开一 平哈来	蟹开一 去哈清	蟹开一 平哈从	蟹开一 平哈见	蟹开一 上哈见	蟹开一 平哈溪	蟹开一 上哈晓
大昌	ɗe³⁴	lai²²	sai²⁴	sai²²	kai³⁴	kɔi⁴²⁴	huei³⁴	hai⁴²⁴
博鳌	ɗæ⁴⁴	lai³¹	sai²⁴	sai³¹	kai⁴⁴	kɔi⁴²	hui⁴⁴	ɦai⁴²
东澳	ɗai⁴⁴	lai³¹	sai²⁴	sai³¹	kai⁴⁴	kɔi⁴²	hui⁴⁴	ɦai⁴²
黎安	ɗe⁴⁴	lai³¹	sai²⁴	sai³¹	kai⁴⁴	kɔi⁴²	huei⁴⁴	ɦai⁴²
感城	te⁴⁴	lai²¹	tshai³⁵	tshai²¹	kai⁴⁴	kɔi⁴²	khui⁴⁴	hai²²
昌江	ɗe⁴⁴	lai³¹	sai²⁴	sai³¹	kai⁴⁴	kɔi⁴²	khuei⁴⁴	hai⁴²

	0129 爱	0130 贝	0131 带动	0132 盖动	0133 害	0134 拜	0135 排	0136 埋
	蟹开一去哈影	蟹开一去泰帮	蟹开一去泰端	蟹开一去泰见	蟹开一去泰匣	蟹开二去皆帮	蟹开二平皆并	蟹开二平皆明
大昌	ai²⁴	ɓoi²⁴	ɗua²⁴	kai²⁴	hai³⁴	ɓai²⁴	ɓai²²	ɗai²² 训读（坮）
博鳌	ai²⁴	ɓui²⁴	ɗua²⁴	hɔk⁵ 训读（匼） kua²⁴ 名词	fiai⁴²	ɓai²⁴	ɓai³¹	ɗai³¹ 训读（坮）
东澳	ai²⁴	ɓui⁴⁴	ɗua²⁴	ha⁵⁵ 训读（匼）	fiai⁴²	ɓai²⁴	ɓai³¹	ɗai³¹ 训读（坮）
黎安	ai²⁴	ɓɔi²⁴	ɗua²⁴	kua²⁴	hai⁴⁴	ɓai²⁴	ɓai³¹	ɗai³¹ 训读（坮）
感城	ai³⁵	pei³⁵	tuo³⁵	kai³⁵	hai⁴²	pai³⁵	pai²¹	mai²¹ tai²¹ 训读（坮）
昌江	ŋai²⁴	ɓoi²⁴	ɗuo²⁴	kuo²⁴	hai⁴⁴	ɓai³¹	ɓai³¹	mai³¹

	0137 戒	0138 摆	0139 派	0140 牌	0141 买	0142 卖	0143 柴	0144 晒
	蟹开二去皆见	蟹开二上佳帮	蟹开二去佳滂	蟹开二平佳并	蟹开二上佳明	蟹开二去佳明	蟹开二平佳崇	蟹开二去佳生
大昌	ke⁴²⁴	ɓa⁴²⁴	fai²⁴	ɓai²²	voi⁴²⁴	voi²⁴	sa²²	fak⁵ 训读（曝）
博鳌	kai²⁴	ɓai⁴²	phai²⁴	ɓai³¹	bɔi⁴²	bɔi⁴⁴	bɔi⁴⁴	phak⁵ 训读（曝）
东澳	ke⁴⁴ kai²⁴	ɓai⁴²	phai²⁴	ɓai³¹	bɔi⁴²	bɔi⁴²	θa³¹	pha⁵⁵ 训读（曝）
黎安	ke⁵³	ɓai⁴²	phai²⁴	ɓai³¹	bɔi⁴²	bɔi⁴²	sa³¹	pha³³ 训读（曝）
感城	kai³⁵ keʔ⁵	pai²¹	phai³⁵	pai²¹	voi²²	voi⁴⁴	tsha²¹	phaʔ³ 训读（曝）
昌江	kɛ⁵³	ɓai⁴²	phai²⁴	ɓai³¹	ɓoi⁴²	ɓoi⁴⁴	sa³¹	pha³³ 训读（曝）

二　单字 / 27

	0145 街	0146 解~开	0147 鞋	0148 蟹	0149 矮	0150 败	0151 币	0152 制~造
	蟹开二平佳见	蟹开二上佳见	蟹开二平佳匣	蟹开二上佳匣	蟹开二上佳影	蟹开二去夬並	蟹开三去祭並	蟹开三去祭章
大昌	kɔi³⁴	kɔi⁴²⁴	ɔi²²	hɔi⁵³	ɔi⁴²⁴	ɓai⁵³	ɓi⁵³	tɕi⁵³
博鳌	kɔi⁴⁴	kɔi⁴²	ɔi³¹	ɦɔi⁴²	ɔi⁴²	ɓai⁵³	ɓi⁵³	tɕi²⁴
东澳	kɔi⁴⁴	kɔi⁴²	ɔi³¹	ɦɔi⁴²	ɔi⁴²	ɓai⁵³	ɓi⁵³	tɕi²⁴
黎安	kɔi⁴⁴	kɔi⁴²	ɔi³¹	ɔi⁴⁴	ɔi⁴²	ɓai⁴⁴	ɓi⁵³	tɕi²⁴
感城	kɔi⁴⁴	kɔi²²	ɔi²¹	hɔi⁴²	ɔi²²	pai⁴²	pi³⁵	tɕi³⁵
昌江	kɔi⁴⁴	kɔi⁴²	ɔi³¹	hɔi⁵³	ɓi⁵³	tɕi²⁴	ɓi⁵³	ni⁵³

	0153 世	0154 艺	0155 米	0156 低	0157 梯	0158 剃	0159 弟	0160 递
	蟹开三去祭书	蟹开三去祭疑	蟹开四上齐明	蟹开四平齐端	蟹开四平齐透	蟹开四去齐透	蟹开四上齐定	蟹开四去齐定
大昌	ti²⁴	ŋi²⁴	vi⁴²⁴	ɗuai³⁴	ɦuei³⁴	i²⁴	ɗi⁵³	ɗuai⁵³
博鳌	ti²⁴	ŋi⁵³	bi⁴²	ɗɔi⁴⁴	hui⁴⁴	hui⁴⁴	ɗi⁵³	ɗɔi⁴⁴
东澳	θi²⁴	ŋi⁵³	bi⁴²	ɗui⁴⁴	hui⁴⁴	hi⁵³	ɗi⁵³	ɗi⁴⁴
黎安	ti²⁴	ŋi⁵³	bi⁴²	ɗɔi⁴⁴	huei⁴⁴	hi⁵³	ɗi⁵³	ɗuei⁵³
感城	θi³⁵	ŋi³⁵	vi²²	tɔi⁴⁴	thui⁴⁴	thi³⁵	ti⁴²	tɔi⁴²
昌江	ti²⁴	ni⁵³	vi⁴²	ɗɔi⁴⁴	thi⁴⁴	thi²⁴	ɗi⁴⁴	ɗuei⁴⁴

	0161 泥	0162 犁	0163 西	0164 洗	0165 鸡	0166 溪	0167 契	0168 系 联~
	蟹开四平齐泥	蟹开四平齐来	蟹开四平齐心	蟹开四上齐心	蟹开四平齐见	蟹开四平齐溪	蟹开四去齐溪	蟹开四去齐匣
大昌	ŋi²²	lɔi²²	tai³⁴	tɔi⁴²⁴	kɔi³⁴	hɔi³⁴	hɔi²⁴	ɓak³ 训读（缚）
博鳌	ɗɔi⁴⁴	lɔi³¹	tai⁴⁴	tɔi⁴²	kɔi⁴⁴	hɔi⁴⁴	hɔi⁴⁴	ŋi⁵³
东澳	ni³¹	li³¹	θai⁴⁴	θɔi⁴²	kɔi⁴⁴	hɔi⁴⁴	hɔi²⁴	i⁵³
黎安	ni⁵⁵	luei³¹	tai⁴⁴	tɔi⁴⁴	kɔi⁴⁴	hɔi⁴⁴	hɔi⁵⁵	hi⁴⁴
感城	ni²¹	lɔi²¹	sai⁴⁴	θɔi²²	kɔi⁴⁴	khɔi⁴⁴	khɔi³⁵	hi³⁵
昌江	ni³¹	lɔi³¹	sai⁴⁴	sɔi⁴²	kɔi⁴⁴	huei⁴⁴kɔu⁴⁴	（无）	ŋi⁵³ ɓak³ 训读（缚）

	0169 杯 蟹合一平灰帮	0170 配 蟹合一去灰滂	0171 赔 蟹合一平灰並	0172 背~诵 蟹合一去灰並	0173 煤 蟹合一平灰明	0174 妹 蟹合一去灰明	0175 对 蟹合一去灰端	0176 雷 蟹合一平灰来
大昌	ɓoi³⁴	foi²⁴	oi²²	oi²⁴	vei²²	moi²⁴	ɗuei²⁴	luei²²
博鳌	ɓui⁴⁴	ɸui²⁴	ɓia³¹	ɓia²⁴	bia³¹	mui⁴⁴	ɗui²⁴	lui³¹
东澳	ɓui⁴⁴	phe²⁴	ɓue³¹	ɓue²⁴	bue³¹	mue⁴⁴	ɗui²⁴	lui³¹
黎安	ɓɔi⁴⁴	phɔi²⁴	ɓɔi³¹	ɓɔi²⁴	bɔi³¹	mɔi⁴⁴	ɗuei²⁴	luei³¹
感城	pei⁴⁴	phui³⁵	puo²¹	pei³⁵	vuo²¹	muo⁴⁴	tui³⁵	lui²¹
昌江	kok⁵ 训读(角)	phoi²⁴	ɓoi³¹	moi⁴⁴ 训读(背) ɓoi⁴⁴ 背部	voi³¹	moi⁴⁴	ɗie⁵³	luei³¹

	0177 罪 蟹合一上灰从	0178 碎 蟹合一去灰心	0179 灰 蟹合一平灰晓	0180 回 蟹合一平灰匣	0181 外 蟹合一去泰疑	0182 会开~ 蟹合一去泰匣	0183 怪 蟹合二去皆见	0184 块 蟹合一去皆溪
大昌	uei⁵³	suei²⁴	u³⁴	ɗuei²⁴ 训读(转)	ua³⁴	uei⁵³	kuai²⁴	huai²⁴
博鳌	tui⁵³	sui⁵²	ui⁴⁴	ɗui³¹ 训读(转)	ua⁴⁴	ui⁵³ 会计	kuai²⁴	huai²⁴
东澳	tui⁵³	sui⁵²	ui⁴⁴ u⁴⁴ uai⁴⁴ 训读(转)	ɗui³¹ 训读(转)	gua⁴⁴	ui⁵³ 会计 ɔi⁵³	kuai²⁴	huai²⁴
黎安	tuei⁵³	suei⁵³	ɦuei⁴⁴	ɗuei⁴² 训读(转)	ua⁴⁴	uei⁴⁴	kuai²⁴	hua⁵³
感城	tsui⁴²	tshui³⁵	hu⁴⁴	tui²² 训读(转)	vuo⁴⁴	hui⁴²	kuai³⁵	khuai³⁵
昌江	tuei⁴⁴	suei²⁴	huei⁴⁴	ɗuei⁴² 训读(转)	huei⁴⁴	ɔi⁴⁴ huei⁵³ 开会	kuai²⁴	khuai⁴⁴

二　单字 / 29

	0185 怀	0186 坏	0187 拐	0188 挂	0189 歪	0190 画	0191 快	0192 话
	蟹合二平皆匣	蟹合二去皆匣	蟹合二上佳见	蟹合二去佳见	蟹合二平佳晓	蟹合二去佳匣	蟹合二去夬溪	蟹合二去夬匣
大昌	huai:22	huai:34	kuai:424	kua:24	sua:424	uei:34	huei:24	uei:34
博鳌	uai:44	uai:44	kuai:42	kua:24	sua:44	ie:44	hia:24	ie:44
东澳	uai:44	uai:44	kuai:42 / tuan:42	kua:24	sua:44	uai:44	huai:24	uai:44
黎安	uai:44	uai:44	kuai:42	kua:24	sua:31	uei:44	huei:24	uai:44
感城	huai:21	huai:44	kuai:21	kua:35	tshuo:22	ie:44	khie:35	ie:44
昌江	huai:31	huai:44	kuai:42	kuo:35	uai:44	uo:44	khuai:24	uo:44

	0193 岁	0194 卫	0195 肺	0196 桂	0197 碑	0198 皮	0199 被-子	0200 紫
	蟹合三去祭心	蟹合三去祭云	蟹合三去废敷	蟹合四去齐见	止开三平支帮	止开三平支並	止开三上支並	止开三上支精
大昌	ɸuei:24	uei:53	fai:24	kuei:24	ɓɔi:34	fuei:22	fei:53	tçi:424
博鳌	ia:24	ui:44	ui:24	kui:44	ɓɔi:44	phia:31	phie:44	tçi:42
东澳	uai:44	ui:44	ui:44	kui:44	ɓui:44	phue:31	phuai:53	çi:42
黎安	huei:24	uei:53	uei:24	kuei:24	uei:44	phɔi:31	phɔi:53	tçi:42
感城	huo:35	vui:35	phei:35	kui:35	phei:44	phuo:21	phuo:42	tçi:22
昌江	huo:24	uei:44	phoi:24	kuei:24	ɓoi:44	phoi:31	phoi:53	tçi:42

	0201 刺	0202 知	0203 池	0204 纸	0205 儿	0206 寄	0207 骑	0208 蚁
	止开三去支清	止开三平支知	止开三平支澄	止开三上支章	止开三平支日	止开三去支见	止开三平支群	止开三上支疑
大昌	sɔk:5 训读(戳)	tai:34	çi:22	tua:424	zi:22	kia:24	hia:22	ia:53
博鳌	çi:24	tai:44 / tçi:44 知识	çi:31	tua:42	lu:31	kia:24	hia:31	ia:53
东澳	çi:24 / biau:44	tai:55	çi:31	tua:42	lu:31	kia:24	hia:31	ia:53
黎安	çi:24	tai:44	çi:31	tua:42	lu:42	kia:24	hia:31	ia:42
感城	çi:35	tsai:44	çi:21	tsuo:22	lu:21	kie:35	khie:21	hie:42
昌江	çi:24	ɓat:5 训读(别)	çi:31	tuo:42	（无）	ki:24	khia:31	zi:42

	0209 义 止开三 去支疑	0210 戏 止开三 去支晓	0211 移 止开三 平支以	0212 比 止开三 上脂帮	0213 屁 止开三 去脂滂	0214 鼻 止开三 去脂並	0215 眉 止开三 平脂明	0216 地 止开三 去脂定
大昌	ŋi⁵³	i²⁴	ɗua⁴²⁴ 训读(徙)	ɓiː⁴²⁴	fi²⁴	fi³⁴	vai²²	ɗi⁵³
博鳌	ŋi⁵³	i²⁴	tua³¹ 训读(徙)	ɓiː⁴²	ɸui²⁴	phi⁴⁴	bai³¹	ɗi⁵³
东澳	ŋi⁵³	i²⁴	θua¹³ 训读(徙)	ɓiː⁴²	phui²⁴	phui⁴⁴	bai³¹	ɗi⁵³
黎安	ni⁴²	i²⁴	tua³¹	ɓiː⁴²	phɔi²⁴	phi⁴⁴	bai³¹	ɗi⁵³
感城	ŋi⁴²	hi³⁵	suo²¹	pi²²	phui³⁵	phi⁴⁴	(无)	ti⁴²
昌江	ŋi⁴²	hi²⁴	i³¹	ɓiː⁵³	phuei²⁴	phi⁴⁴	bai³¹	ɗi⁵³

	0217 梨 止开三 平脂来	0218 资 止开三 平脂精	0219 死 止开三 上脂心	0220 四 止开三 去脂心	0221 迟 止开三 平脂澄	0222 师 止开三 平脂生	0223 指 止开三 上脂章	0224 二 止开三 去脂日
大昌	li²²	tɕi³⁴	ti⁴²⁴	ti²⁴	ɗi²²	ɕi³⁴	tɕi⁴²⁴	zi³⁴ / nɔ⁵³
博鳌	li³¹	su⁴⁴	ti⁴²	ti²⁴	ɗi³¹	su⁴⁴	tɕi⁴²	nɔ⁴²两 / zi⁴⁴
东澳	li³¹¹	su⁴⁴	θi⁴²	θi²⁴	ɗi³¹	ɕi⁴⁴	tɕi⁴²	nɔ⁴²两 / dʑi⁴⁴
黎安	luei³¹	ɕi⁴⁴	ti⁴²	ti⁵³	ɗi³¹	tɕhi⁴⁴	tɕi⁴²	zi⁴⁴ / nɔ⁵³
感城	li²¹	ɕi⁴⁴	θi²²	θi³⁵	ti²¹	ɕi⁴⁴	tɕi²²	no⁴² / zi⁴⁴
昌江	li³¹	tɕhi⁴⁴	ti⁴²	se²⁴ / sɿ / ti²⁴	ɗi³¹	ɕi⁴⁴ / sɿ⁴⁴	tɕi⁴²	dʑi⁴⁴ / nɔ⁴⁴两

二 单字 / 31

	0225 饥~饿	0226 器	0227 姨	0228 李	0229 子	0230 字	0231 丝	0232 祠
	止开三	止开三	止开三	止开三	止开三	止开三	止开三	止开三
	平脂见	去脂溪	平脂以	上之来	上之精	去之从	平之心	平之邪
大昌	ki:34	hi:24	i:22	li:424	kia:424 训读(囝)	tu:34 训读(书)	ti:34	çi:22
博鳌	ki:44	hi:24	i:31	li:42	kia:42 训读(囝) / tçi:42	tu:44 训读(书)	ti:44	su:31
东澳	ki:44	hi:24	i:31	li:42	kia:42 训读(囝) / tçi:42	tu:44 训读(书)	θi:44	çi:31 / çiu:44 hɔ:31 寿堂
黎安	(无)	hi:24	i:55	li:42	tçi:42	tu:44 训读(书)	ti:44	tçhi:31
感城	ki:44	khui:35	i:21	li:22	tçi:22 / su:21	tsu:44 训读(书)	ti:44	su:21
昌江	kun:24 训读(囝)	huei:24	i:31	li:42	kie:42	tu:44 训读(书)	ti:44 / sɿ:44	su:31

	0233 寺	0234 治	0235 柿	0236 事	0237 使	0238 试	0239 时	0240 市
	止开三	止开三	止开三	止开三	止开三	止开三	止开三	止开三
	去之邪	去之澄	上之崇	去之崇	上之生	去之书	平之禅	上之禅
大昌	çi:53	tçi:53	çi:53	çi:53	tai:424	çi:24	ti:22	çi:53
博鳌	ti:53	dzi:53	çi:53	su:53	tai:42 / su:42 大使	çi:24	ti:21	çi:44
东澳	biau:31 训读(庙)	tçi:42	phui:53	çi:44	tai:42	çi:24	ti:21	çi:44
黎安	tçhi:53	tçhi:44	çi:53	çi:44	tai:42	çi:24	ti:31	çi:44
感城	θi:44	tçi:35	tçi:21	çi:42	θai:22	çi:35	θi:21	çi:42
昌江	çi:53	tçi:44	tçhi:53 / sɿ:53	si:53	sai:42	çi:24	ti:31	çi:53

	0241 耳	0242 记	0243 棋	0244 喜	0245 意	0246 几~个	0247 气	0248 希
	止开三	止开三	止开三	止开三	止开三	止开三	止开三	止开三
	上之日	去之见	平之群	上之晓	去之影	上微见	去微溪	平微晓
大昌	hi:424	ki:24	ki:22	hi:424	i:24	kuei:424	huei:24	fii:34
博鳌	i:42	ki:24	ki:31	i:42	i:24	kui:42	hi:24	i:44
东澳	i:42	ki:24	ki:31	i:42	i:24	kui:42	hui:24	i:44
黎安	i:44	ki:24	ki:31	i:42	i:53	kuei:42	çi:24	i:24
感城	hi:42	ki:35	ki:21	hi:42	i:35	kui:22	khui:35	hi:44
昌江	hi:53	ki:24	khi:31	hi:42	i:24	kuei:42	khi:24	hi:44

	0249 衣 止开三 平微影	0250 嘴 止合三 上支精	0251 随 止合三 平支邪	0252 吹 止合三 平支昌	0253 垂 止合三 平支禅	0254 规 止合三 平支见	0255 亏 止合三 平支溪	0256 跪 止合三 上支群
大昌	ta³⁴ 训读(衫)	suei²⁴ 训读(喙)	suei²²	suei³⁴	suei²²	kuei³⁴	u³⁴	kuei⁵³
博鳌	ta⁴⁴ 训读(衫)	sui²⁴	sui⁴⁴	sui³⁴	sui³¹	kui⁴⁴	hui⁴⁴	kui⁵³
东澳	ta⁴⁴ 训读(衫)	sui²⁴	θui⁴⁴	θui³⁴	sui³¹	kui⁴⁴	hui⁴⁴	kui⁵³
黎安	ta⁴⁴ 训读(衫)	suei²⁴ 训读(喙)	suei³¹	suei⁴⁴	suei³¹	kuei⁴⁴	huei⁴⁴	kuei⁵³
感城	ta⁴⁴ 训读(衫)	tshui³⁵ 训读(喙)	tshui²¹	tshui⁴⁴	sui²¹	kui⁴⁴	khui⁴⁴	kui⁴²
昌江	ta⁴⁴ 训读(衫)	suei²⁴ 训读(喙)	suei³¹	ɓun³¹ 训读(喷)	tshuei³¹ ɗiau⁴⁴ 训读(掉)	kuei⁴⁴	khuei⁴⁴	kuei⁵³

	0257 危 止合三 平支疑	0258 类 止合三 去脂来	0259 醉 止合三 去脂精	0260 追 止合三 平脂知	0261 锤 止合三 平脂澄	0262 水 止合三 上脂书	0263 龟 止合三 平脂见	0264 季 止合三 去脂见
大昌	uei²²	luei⁵³	tuei²⁴	tsuei³⁴	huei²²	tuei⁴²⁴	ku³⁴	kuei²⁴
博鳌	kui⁵³	lui⁴⁴	tui²⁴	tsui⁴⁴	sui³¹	tui⁴²	ku⁴⁴	kui²⁴
东澳	mui²¹	lui⁵³	tui²⁴	kua⁴² 训读(赶) tui⁴⁴	hui³¹	tui⁴²	ku⁴⁴	kui²⁴
黎安	uei³¹	luei⁴⁴	tuei²⁴	phin 训读(拼)	huei³¹	tuei⁴²	ku⁴⁴	kuei²⁴
感城	ŋui²¹	lui⁴²	tsui³⁵	tsui⁴⁴	thui²¹	tsui²²	ku⁴⁴	kui³⁵
昌江	uei³¹	luei⁴⁴	tsuei²⁴	tsuei⁴⁴	ɗuei³¹	tsuei⁴²	kuei⁴⁴	kuei²⁴

	0265 柜 止合三 去脂群	0266 位 止合三 去脂云	0267 飞 止合三 平微非	0268 费 止合三 去微敷	0269 肥 止合三 平微奉	0270 尾 止合三 上微微	0271 味 止合三 去微微	0272 鬼 止合三 上微见
大昌	kuei⁵³	uei⁵³	ɓoi³⁴	foi²⁴	ɓuei²²	uei⁴²⁴	vi³⁴	kuei⁴²⁴
博鳌	kui⁴⁴	ui⁵³	ɸui⁴⁴ ɓie⁴⁴	ɸui²⁴	ɓui³¹	bia⁴²	bi⁴⁴	kui⁴²
东澳	kui⁴⁴	ui⁵³	ɓue⁴⁴	phui²⁴	ɓui³¹	bue⁴²	bi⁴⁴	kui⁴²
黎安	kuei⁴⁴	uei⁵³	ɓɔi⁴⁴	phɔi²⁴	ɓɔi³¹	bɔi⁴²	mi³³	kuei⁴²
感城	kui⁴²	vui⁴²	phei⁴⁴ puo⁴⁴	phei³⁵	pui²¹	vuo²²	vi⁴⁴	kui²²
昌江	kuei⁵³	uei⁴⁴	ɓuei⁴⁴	phuei²⁴	ɓuei³¹	uei⁴²	vi⁴⁴	kuei⁴²

二 单字 / 33

	0273 贵	0274 围	0275 胃	0276 宝	0277 抱	0278 毛	0279 帽	0280 刀
	止合三	止合三	止合三	效开一	效开一	效开一	效开一	效开一
	去微见	平微云	去微云	上豪帮	上豪并	平豪明	去豪明	平豪端
大昌	kuei²⁴	uei²²	uei⁵³	ɓɔ⁴²⁴	ɓau⁴²⁴	mɔ²²	mau²⁴	ɗɔ³⁴
博鳌	kui²⁴	ui³¹	ui⁵³	ɓɔ⁴²	ɓoŋ⁵³	mɔ³¹	mau²⁴	ɗɔ⁴⁴
东澳	kui²⁴	ui³¹	ui⁵³	ɓɔ⁴²	ɓoŋ⁵³	mɔ³¹ / mau³¹ 姓	mau²⁴	ɗɔ⁴⁴
黎安	kuei²⁴	uei³¹	uei⁴⁴	ɓɔ⁴²	ɓoŋ⁴⁴	mɔ³¹	mau⁵³	ɗɔ⁴⁴
感城	kui³⁵	vui²¹	vui⁴²	po²²	pie²¹	mo²¹ / mau²¹	mau³⁵	to⁴⁴
昌江	kuei²⁴	uei³¹	uei⁵³	ɓɔ⁴²	pho⁴⁴	mɔ³¹	mau²⁴	ɗo⁴⁴

	0281 讨	0282 桃	0283 道	0284 脑	0285 老	0286 早	0287 灶	0288 草
	效开一	效开一	效开一	效开一	效开一	效开一	效开一	效开一
	上豪透	平豪定	上豪定	上豪泥	上豪来	上豪精	去豪精	上豪清
大昌	hau⁴²⁴	hɔ²²	ɗau⁵³	nau⁴²⁴	lau⁴²⁴	ta⁴²⁴	tau²⁴	sau⁴²⁴
博鳌	hau⁴²	hɔ³¹	ɗau⁵³	nau⁴²	lau⁴²	ta⁴²	tau²⁴	sau⁴²
东澳	hau⁴²	hɔ³¹	ɗau⁵³	nau⁴²	lau⁴²	ta⁴²	tau²⁴	sau⁴²
黎安	hɔ⁴²	hɔ³¹	ɗau⁵³	nau⁴²	lau⁴²	ta⁴²	tau²⁴	sau⁴²
感城	tho²²	thau²¹	tau⁴²	nau²²	lau⁴²	tsa²²	tsau³⁵	tshau²²
昌江	ho⁴²	tho³¹	ɗau⁵³	nau⁴²	lau⁴²	tsa⁴²	tsau²⁴	tshau⁴²

	0289 糙	0290 造	0291 嫂	0292 高	0293 靠	0294 熬	0295 好~坏	0296 号名
	效开一	效开一	效开一	效开一	效开一	效开一	效开一	效开一
	去豪清	上豪从	上豪心	平豪见	去豪溪	平豪疑	上豪晓	去豪匣
大昌	tau³⁴	tau⁵³	tau⁵³	kuai²² 训读(悬)	hau²⁴	ŋau²²	hɔ⁴²⁴	hɔ³⁴
博鳌	tau⁵³	tau⁴²	tɔ⁴²	kuai³¹ 训读(悬)	hau⁵³	ŋau³¹	ɦɔ⁴² / hau⁴²	ɦɔ²⁴
东澳	tau⁵³	tau⁴²	tɔ⁴²	kuai³¹ 训读(悬)	hau⁵³	ŋau³¹	ɦɔ⁴²	ɦɔ²⁴
黎安	sau²⁴	tau⁴⁴	tɔ⁴²	kau⁴⁴ / kuai³¹ 训读(悬)	hau⁵³	ŋau³¹	hɔ⁴²	hɔ⁴⁴
感城	tsau⁴²	tsau⁴²	θo²¹	kau⁴⁴ / kuai²¹ 训读(悬)	khau³⁵	ŋau²¹	ho²²	ho⁴⁴
昌江	tshau²⁴	tsau⁴²	so⁴²	kuai³¹ 训读(悬)	khau²⁴	au²⁴ / ŋe³¹ 熬夜	ho⁴²	hɔ²⁴

	0297 包	0298 饱	0299 炮	0300 猫	0301 闹	0302 罩	0303 抓 用手~牌	0304 找 ~零钱
	效开二平肴帮	效开二上肴帮	效开二去肴滂	效开二平肴明	效开二去肴泥	效开二去肴知	效开二平肴庄	效开二上肴庄
大昌	ɓau³⁴	ɓa⁴²⁴	fau²⁴	miau³⁴	nau²⁴	hɔm²⁴ 训读（罨）	tsua³⁴	ɗuei²⁴ 训读（算）
博鳌	ɓau⁴⁴	ɓa⁴²	phau²⁴	ba³¹	nau²⁴	hom²⁴	lia³³ 掠	ap⁵ 钱
东澳	ɓau⁴⁴	ɓa⁴²	phau²⁴	ba³¹	nau²⁴	tɔ²⁴	na³¹ 拿 dzia⁴²	tɕiau⁴² tɕi⁵ 找钱
黎安	ɓau²²	ɓa⁴²	fau²⁴	ba³¹	nau²⁴	（无）	lia⁵⁵ 掠	tɕau⁴²
感城	pau⁴⁴	pa²²	phau³⁵	miau⁴⁴	nau³⁵	khoŋ³⁵	tsua⁴⁴	ɓou²² 训读（补）
昌江	ɓau⁴⁴	ɓa⁴²	phau²⁴	miau⁴⁴	nau²⁴	khom²⁴	ne⁴⁴	hen³¹ 训读（寻）

	0305 抄	0307 敲	0308 孝	0309 校 学~	0310 表 手~	0311 票	0312 庙
	效开二平肴初	效开二平肴溪	效开二去肴晓	效开二去肴匣	效开三上宵帮	效开三去宵滂	效开三去宵明
大昌	sau³⁴	hau³⁴	iau²⁴	iau⁵³	ɓiau⁴²⁴	fiɔ²⁴	viɔ²⁴
博鳌	sau⁴⁴	ha⁴⁴	iau²⁴	iau⁴²	ɓiɔ⁴²	phiɔ²⁴	ɓiau⁴⁴
东澳	sau⁴⁴	ha⁵⁵	iau²⁴	iau⁴²	ɓiɔ⁴² ɓiau⁴² 表哥	phiau²⁴	ɓiau⁴⁴
黎安	sau²⁴	（无）	iau²⁴	iau⁴⁴	ɓiau⁴²	phiɔ²⁴	biɔ⁴⁴
感城	tshau⁴⁴	kha³⁵	hiau³⁵	hiau⁴²	pie²²	phie³⁵	miau⁵⁵
昌江	sau⁴⁴	kha³³	hiau²⁴	hiau⁴⁴	ɓiau⁴² ɓie⁴² 手表	phie²⁴	biau⁴⁴

二 单字 / 35

	0313 焦	0314 小	0315 笑	0316 朝~代	0317 照	0318 烧	0319 绕~线	0320 桥
	效开三平宵精	效开三上宵心	效开三去宵心	效开三平宵澄	效开三去宵章	效开三平宵书	效开三去宵日	效开三平宵群
大昌	tɕiau³⁴	toi²⁴ 训读（细）	ɕiɔ²⁴	ɕiau²²	tɕiau²⁴	tiɔ³⁴	zau⁴²⁴	kiɔ²²
博鳌	tɕiau⁴⁴	tɔi⁴² 训读（细） niau⁵⁵	ɕiau²⁴	ɕiau³¹	tɕiɔ²⁴	tiɔ⁴⁴	kun⁴² 训读（捆）	kiɔ³¹
东澳	tɕiau⁴⁴	θui⁴² 训读（细） niau⁵⁵	ɕiau²⁴	ɕiau³¹	tɕiau²⁴ tɕiɔ²⁴	tiɔ⁴⁴	dziau⁴²	kiɔ³¹
黎安	（无）	niau⁵⁵ 训读（挲） tuei²⁴ 训读（细）	ɕiɔ²⁴	ɕiau³¹	tɕiɔ²⁴	tiɔ²²	（无）	kiɔ³¹
感城	tɕiau⁴⁴	soi³⁵ 训读（细）	ɕie³⁵	ɕiau²¹	tɕiau³⁵ tɕie³⁵	θie⁴⁴	ziau²¹	kie²¹
昌江	tsau⁴⁴	soi²⁴ 训读（细）	tɕhie²⁴	tshau³¹	tɕie²⁴	ɕie⁴⁴	iau⁵³	kie³¹

	0321 轿	0322 腰	0323 要重~	0324 摇	0325 鸟	0326 钓	0327 条	0328 料
	效开三去宵群	效开三平宵影	效开三去宵影	效开三平宵以	效开四上萧端	效开四去萧端	效开四平萧定	效开四去萧来
大昌	kiɔ³⁴	iɔ³⁴	iɔ⁵³	zau²²	tɕiau⁴²⁴	diɔ²⁴	diau²²	liau³⁴
博鳌	kiɔ²⁴	iɔ⁴⁴	iau²⁴	iɔ⁴⁴	tɕiau⁴²	diau²⁴	diau³¹	liau⁴⁴
东澳	kiɔ⁴⁴ kɔʔ⁵ 训读（阁）	iɔ⁴⁴	iɔ⁵³ iau²⁴	iɔ⁴⁴	tɕiau⁴²	diau²⁴	diau²⁴	liau⁴⁴
黎安	kiɔ⁴⁴	iɔ⁴⁴	iau²⁴	iɔ³¹	tɕiau⁴²	diɔ²⁴	diau²⁴	liau⁴⁴
感城	kie⁴⁴	ie⁴⁴	iau³⁵	ziau²¹	tɕiau²²	tie³⁵	tiau²¹	liau⁴⁴
昌江	kie⁴⁴	ie⁴⁴	ie⁵³	iau³¹	tɕiau⁴²	die²⁴	diau³¹	liau⁴⁴

	0329 箫	0330 叫	0331 母丈~、男~	0332 抖	0333 偷	0334 头	0335 豆	0336 楼
	效开四平萧心	效开四去萧见	流开一上侯明	流开一上侯端	流开一平侯透	流开一平侯定	流开一去侯定	流开一平侯来
大昌	tiau³⁴	kiɔ²⁴	mai⁴²⁴	ɗau⁴²⁴	hau³⁴	hau²²	ɗau³⁴	lau²²
博鳌	tiau⁴⁴	kiɔ²⁴ ham²⁴训读（喊）	mai⁴²	hiu⁴⁴训读（抽） ɗun²⁴训读（拖）	hau⁴⁴	hau³¹	ɗau⁴⁴	lau³¹
东澳	tiau⁴⁴	kiɔ²⁴ aŋ²⁴训读（喊）	mai⁴²	ɗau⁴⁴	hau⁴⁴	hau³¹	ɗau⁴⁴	lau³¹
黎安	tiau⁴⁴	kiɔ²⁴	mai⁴²	ɗun²⁴训读（拖）	hau⁴⁴	hau³¹	ɗau⁵³	lau³¹
感城	θiau⁴⁴	kie³⁵	mai²²	tsun²⁴训读（震）	thau⁴⁴	thau²¹	tau⁴⁴	lau²¹
昌江	ɕiau⁴⁴	ham²⁴训读（喊）	mai⁴²	tun²⁴训读（拖）	hau⁴⁴	thau³¹	ɗau⁴⁴	lau³¹

	0337 走	0338 凑	0339 钩	0340 狗	0341 够	0342 口	0343 藕	0344 后前~
	流开一上侯精	流开一去侯清	流开一平侯见	流开一上侯见	流开一去侯见	流开一上侯溪	流开一上侯疑	流开一上侯匣
大昌	tau⁴²⁴	sau²⁴	kau³⁴	kau⁴²⁴	kɔ²⁴	hau⁴²⁴	ŋau⁴²⁴	au⁵³
博鳌	tau⁴²	tau²⁴（书面）	kau⁴⁴	kau⁴²	kau⁵³	sui²⁴训读（喙） hau³¹海口	ŋau³¹	au⁵³ hau⁵³皇后
东澳	tau⁴²	tau²⁴	kau⁴⁴	kau⁴²	kau⁵³	sui²⁴ hau³¹	ŋau³¹	au⁵³ hau⁵³皇后
黎安	tau⁴²	tau²⁴	kau⁴⁴	kau⁴²	kau²⁴	hau⁴²	ŋau⁴²	au⁴⁴
感城	tsau²²	tshau³⁵	kau⁴⁴	kau²²	kou³⁵	khau²²	ŋou²²	au⁴²
昌江	tau⁵³	tau²⁴	kau⁴⁴	kau⁴²	kau²⁴	suei²⁴	au⁴²	au⁵³

	0345 厚	0346 富	0347 副	0348 浮	0349 妇	0350 流	0351 酒	0352 修
	流开一上侯匣	流开三去尤非	流开三去尤敷	流开三平尤奉	流开三上尤奉	流开三平尤来	流开三上尤精	流开三平尤心
大昌	kau⁵³	vu²⁴	vu²⁴	fu²²	fu⁵³	liu²²	tɕiu⁴²⁴	tiu³⁴
博鳌	kau⁵³	ɸu⁵³	ɸu⁵³	ɸu³¹	ɸu⁵³ bau⁴⁴	lau³ liu³¹黄流	tɕiu⁴²	tiu⁴⁴
东澳	kau⁵³	phu²⁴ bu²⁴	phu⁵³	phu³¹	phu⁵³ bu⁴⁴	lau³¹	tɕiu⁴²	tiu⁴⁴
黎安	kau⁴⁴	fu²⁴	fu²⁴	phu³¹	phu⁵³	lau³¹	tɕin⁴²	tiu⁴⁴
感城	kau⁴²	phu³⁵	phu³⁵	phu²¹	phu³⁵	liou²¹ lau²¹	tɕiou²²	θiou⁴⁴
昌江	kau⁴⁴	fu²⁴	fu²⁴	phu³¹	phu⁵³	lau³¹	tɕiu⁴²	tiu⁴⁴

二 单字

	0353 袖	0354 抽	0355 绸	0356 愁	0357 瘦	0358 州	0359 臭香~	0360 手
	流开三 去尤邪	流开三 平尤彻	流开三 平尤澄	流开三 平尤崇	流开三 去尤生	流开三 平尤章	流开三 去尤昌	流开三 上尤书
大昌	uei:424 训读(袖)	ɕiu34	ɗiau22	zau22	ɗan424 训读(瘦)	tɕiu34	ɕiau24	ɕiu424
博鳌	ɕiu53	ɕiu44	ɗiu31	sau31 mun31 训读(网)	sau31 mun31 训读(网)	tɕiu44	ɕiau24	ɕiu42
东澳	tɕiu53	ɕiu44	ɗiu31	mun31 训读(网)	θaŋ42 训读(瘦)	tɕiu44	ɕiau24	ɕiau42
黎安	（无）	ɕiu53	（无）	sau31	tam44	tɕiu44	ɕiau24	ɕiu42
感城	tɕiou55	ɕiou ʔ5	tiou22	tshou21	θan22	tɕiou44	ɕiau35	ɕiou22
昌江	uei:42 训读(袖)	ɕiu44	（无）	ɗiau24	ɗan42 训读(瘦)	tɕiu44	ɕiau24	ɕiu42

	0361 寿	0362 九	0363 球	0364 舅	0365 旧	0366 牛	0367 休	0368 优
	流开三 去尤禅	流开三 上尤见	流开三 平尤群	流开三 上尤群	流开三 去尤群	流开三 平尤疑	流开三 平尤晓	流开三 平尤影
大昌	ɗiu53	kau424	hiu22	gu53	gu34	gu22	iu34	iu34
博鳌	tiu44	kau42	hiu31	ku53	ku44	gu31	iu44	iu44
东澳	θiu44	kau42	hiu31	ku53	ku44	gu31	iu44	iu44
黎安	tiu53	kau42	hiu31	（无）	gu44	gu44	iu44	iu44
感城	θiou42	kau22	khiou21	ku42	ku44	vu21	hiou44	iou44
昌江	tiu44	kau22	khiu31	ku31	ku44	gu31	hiu44	iu44

	0369 有	0370 右	0371 油	0372 丢	0373 幼	0374 贪	0375 潭	0376 南
	流开三 上尤云	流开三 去尤云	流开三 平尤以	流开三 平幽端	流开三 去幽影	咸开一 平覃透	咸开一 平覃定	咸开一 平覃泥
大昌	ɗu53	ʑiu53	iu22	kaʔ3	iu24	ham34	ham22	nam22
博鳌	u44 dʑu44	dʑiu53	iu21	kak3	iu24	ham44	ham31	nam31
东澳	u42	dʑiu53	iu21	kaʔ3	iu24	haŋ44	haŋ31	naŋ31
黎安	u42	ʑiu44	in31	（无）	iu53	ham44	（无）	nan31
感城	u42	zou42	iou21	veiʔ5	iou35	than44	tan21	nan21
昌江	u42	iu53	iu31	ɓoŋ24	iu24	han44	（无）	nam31

	0377 蚕	0378 感	0379 含 ~一口水	0380 暗	0381 搭	0382 踏	0383 拉	0384 杂
	咸开一平覃从	咸开一上覃见	咸开一平覃匣	咸开一去覃影	咸开一入合端	咸开一入合透	咸开一入合来	咸开一入合从
大昌	sai²²	kam⁴²⁴	kam²²	am²⁴	ɗaʔ⁵	ɗaʔ⁵	uaʔ³	taʔ³
博鳌	sai³¹	kam⁴²	kam³¹	am²⁴	ɗa⁵⁵	ɗa³³	la³³	ta³³
东澳	sai³¹	kaŋ⁴²	kaŋ³¹	aŋ²⁴	ɗaʔ⁵	ɗaʔ³	la⁵⁵	taʔ³
黎安	sai³¹	kam⁴²	kam⁴⁴	am²⁴	ɗa⁵⁵	ɗa³³	la⁵⁵	ta³³
感城	（无）	kaŋ²²	han²¹	an³⁵	taʔ⁵	taʔ³	la⁴⁴	tsaʔ³
昌江	（无）	kam⁴²	kam³¹	an²⁴	ɗa⁵⁵	ɗa³³	laʔ⁵	ta³³

	0385 鸽	0386 盒	0387 胆	0388 毯	0389 淡	0390 蓝	0391 三	0392 甘
	咸开一入合见	咸开一入合匣	咸开一上谈端	咸开一上谈透	咸开一上谈定	咸开一平谈来	咸开一平谈心	咸开一平谈见
大昌	kap⁵	ap⁵	ɗa⁴²⁴	tɕin³⁴	ɗam⁵³	lam²²	ta³⁴	kam³⁴
博鳌	kap⁵	ap³	ɗa⁴²	tɕin⁴⁴ 训读（毡）	ɗam⁴⁴	lam³¹	ta⁴⁴ / tam⁴⁴人名	kam⁴⁴
东澳	kaʔ⁵	ak³	ɗa⁴²	tseŋ⁴⁴ 训读（毡）/tɕia⁴² 训读（苴）	—	laŋ²¹	θa⁴⁴	kaŋ⁴⁴
黎安	kap⁵	ap³	ɗa⁴²	ham³¹	tɕia⁴² 训读（苴）	lam³¹	ta⁴⁴	kam⁴⁴
感城	kaiʔ⁵	aiʔ³	ta²²	than²¹	taŋ⁴²	laŋ²¹	θa⁴⁴	kan⁴⁴
昌江	kaʔ⁵	aʔ³	ɗa⁴²	han⁴²	tɕie⁴² 训读（苴）	lan³¹	ta⁴⁴	kan⁴⁴

	0393 敢	0394 喊	0395 塔	0396 蜡	0397 赚	0398 杉~木	0399 减	0400 咸~淡
	咸开一上谈见	咸开一上谈晓	咸开一入盍透	咸开一入盍来	咸开二去咸澄	咸开二平咸生	咸开二上咸见	咸开二平咸匣
大昌	ka⁴²⁴	ham²⁴	ha⁵⁵	la³³	han²⁴ 训读（趁）	tiam³⁴	kiam²⁴	kiam²²
博鳌	ka⁴²	fiam²⁴	ha⁵⁵	la³³	han⁵³ 趁	kiam⁴⁴	kiam⁴²	kiam³¹
东澳	ka⁴²	fiaŋ²⁴	haʔ⁵	laʔ³	haŋ⁵³ 训读（趁）	saŋ⁴⁴	keŋ⁴²	keŋ³¹
黎安	ka⁴²	ham²⁴	ha⁵⁵	la³³	han²⁴ 训读（趁）	ɗian⁴⁴	kiem⁴²	kien³¹
感城	ka²²	han³⁵	thaʔ⁵	laʔ³	tsuan⁵⁵	sa⁴⁴	kiaŋ²²	kiaŋ²¹
昌江	ka⁴²	han²⁴	ha⁵⁵	la⁵⁵	tuan⁵³	（无）	kin⁴²	kin³¹

二 单字 / 39

	0401 插	0402 闸	0403 夹~子	0404 衫	0405 监	0406 岩	0407 甲	0408 鸭
	咸开二入洽初	咸开二入洽崇	咸开二入洽见	咸开二平衔生	咸开二平衔见	咸开二平衔疑	咸开二入狎见	咸开二入狎影
大昌	sa⁵⁵	a³³ 训读(闸)	kiap³	ta³⁴	kam³⁴	ŋam²²	ka⁵⁵	a⁵⁵
博鳌	sa⁵⁵	a⁵⁵ 训读(闸)	hiap³	ta⁴⁴	kam⁴⁴	ŋam³¹	ka⁵⁵	a⁵⁵
东澳	saʔ⁵	aʔ⁵ 训读(闸)	hieʔ³	θa⁴⁴	kaŋ⁴⁴	ŋaŋ³¹	ka⁵⁵	aʔ⁵
黎安	sa⁵⁵	tsa⁵⁵	hip³	ta⁴⁴	kam⁴⁴	ŋam³¹	ka⁵⁵	a⁵⁵
感城	tshaʔ⁵	aʔ⁵ 训读(闸)	khiaiʔ³	θa⁴⁴	kaŋ⁴⁴	(无)	kaʔ⁵	aʔ⁵
昌江	sa⁵⁵	tsa³³	çiʔ³	ta⁴⁴	kan⁴⁴	ŋan³¹	ka⁵⁵	a⁵⁵

	0409 黏~液	0410 尖	0411 签~名	0412 占~领	0413 染	0414 钳	0415 验	0416 险
	咸开三平盐泥	咸开三平盐精	咸开三平盐清	咸开三去盐章	咸开三上盐日	咸开三平盐群	咸开三去盐疑	咸开三上盐晓
大昌	kɔu²² 训读(糊)	tçiam³⁴	tçiam²⁴	zam³⁴	çiam²²	ŋiam⁵³	hiam⁴²⁴	iam²⁴
博鳌	nun⁴⁴	tçiam⁴⁴	çiam⁴⁴	tçiam²⁴	dziam⁴²	ɡiam³¹	ŋiam⁴⁴	iam⁴²
东澳	tseŋ⁴⁴	tseŋ⁴⁴	seŋ⁴⁴	seŋ⁴⁴	dzeŋ⁴²	ɦieŋ³¹	ŋeŋ⁵³	ɦieŋ⁴²
黎安	(无)	tçien⁴⁴	çien⁴⁴	tçhiem²⁴	ziem⁴²	khiem³¹	niem⁴⁴	iem⁴²
感城	kou²¹ 训读(糊)	tçiaŋ⁴⁴	çiaŋ⁴⁴	tçiaŋ³⁵	ziaŋ²²	khiaŋ²¹	nien⁴²	hien²²
昌江	nin³¹	tçin⁴⁴	çin⁴⁴	tçin²⁴	in⁴²	khin³¹	ŋin⁵³	in⁴²

	0417 厌	0418 炎	0419 盐	0420 接	0421 折~叠	0422 叶树~	0423 剑	0424 欠
	咸开三去盐影	咸开三平盐云	咸开三平盐以	咸开三入叶精	山开三入薛章	咸开三入叶以	咸开三去严见	咸开三去严溪
大昌	iam²⁴	zam²²	iam²²	tçiap⁵	ta²⁴	hiɔ³³	kiam²⁴	hiam²⁴
博鳌	iam²⁴	ziam³¹	iam³¹	tçiap⁵ tçi⁵⁵ 接落来	thi⁵⁵	iɔ³³ iap³ 姓	kiam²⁴	hiam²⁴
东澳	eŋ²⁴	zeŋ³¹	eŋ³¹	tseʔ⁵	thie⁵⁵ tse⁵⁵	iɔ³³ eʔ³ 姓	keŋ²⁴	heŋ²⁴
黎安	iem²⁴	ziem³¹	iem³¹	tçiep⁵	hiak⁵ 训读(拆)	iɔ³³	kiam²⁴	hiem²⁴
感城	iaŋ³⁵	zaŋ⁴⁴	iaŋ²¹	tçiʔ⁵	tseiʔ³	hieiʔ³ 训读(着)	kien³⁵	khien³⁵
昌江	in²⁴	in³¹	in³¹	tçi ʔ⁵	ut⁵	hie³³	kin²⁴	khin²⁴

	0425 严	0426 业	0427 点	0428 店	0429 添	0430 甜	0431 念	0432 嫌
	咸开三	咸开三	咸开四	咸开四	咸开四	咸开四	咸开四	咸开四
	平严疑	入业疑	上添端	去添端	平添透	平添定	去添泥	平添匣
大昌	ŋiam²²	ŋiap³	ɗiam⁴²⁴	ɗiam²⁴	hiam³⁴	ɗiam²²	ȵiam³⁴	iam²²
博鳌	ŋiam³¹	ŋiap³	ɗiam⁴²	ɗiam²⁴	hiam⁴⁴	ɗiam³¹	ŋiam⁴⁴	ɦiam³¹
东澳	ŋiŋ³¹	ŋek³	ɗiŋ⁴²	ɗiŋ²⁴	hiŋ⁴⁴	ɗeŋ³¹	neŋ⁵³	ɦeŋ³¹
黎安	ŋiem³¹	niep³	ɗiem⁴²	ɗien²⁴	hiem⁴⁴	ɗien³¹	ȵien⁴⁴	ien³¹
感城	ŋien²¹	ŋiaiʔ³	tiaŋ²²	tien³⁵	thi⁴⁴	tiaŋ²¹	niaŋ⁴⁴	hiaŋ²¹
昌江	nin³¹	niʔ³	ɗin⁴²	ɗin²⁴	ke⁴⁴ 训读（加）	ɗin³¹	nin⁴⁴	hin³¹

	0433 跌	0434 贴	0435 碟	0436 协	0437 犯	0438 法	0439 品	0440 林
	咸开四	咸开四	咸开四	咸开四	咸合三	咸合三	深开三	深开三
	入帖端	入帖透	入帖定	入帖匣	上凡奉	入乏非	上侵滂	平侵来
大昌	tiap⁵	hiap⁵	ɗiap⁵	hiap⁵	fan⁵³	fat⁵	fin⁴²⁴	lim²²
博鳌	tia⁵⁵ ɓua³³ 训读（跋）	hiap⁵	ɓua³¹ 训读（盘）	iap³	pham⁵³	phat⁵	ɕiəm⁴²	liəm³¹
东澳	θiaʔ⁵	hiʔ⁵	ɓuaʔ³¹ 训读（盘） ɗieʔ⁵	ieʔ³	phaŋ⁵³	phaʔ⁵	phiŋ⁴²	liŋ³¹
黎安	ɗiat⁵	khiap⁵	ɗam⁴⁴ 训读（箪）	iat³	phan⁵³	phat⁵	phin⁴²	lin³¹
感城	θiaʔ⁵	thiaiʔ⁵	teiʔ⁵	hieiʔ³	phaŋ⁴²	phaiʔ⁵	phien²²	lin²¹
昌江	ɓoʔ³ 训读（跋）	thi ʔ⁵	ɓo³³ 训读（体）	hiʔ³	pham⁵³	phat⁵	phin⁴²	lin³¹

	0441 浸	0442 心	0443 寻	0444 沉	0445 参人-	0446 针	0447 深	0448 任贵-
	深开三	深开三	深开三	深开三	深开三	深开三	深开三	深开三
	去侵精	平侵心	平侵邪	平侵澄	平侵生	平侵章	平侵书	去侵日
大昌	tɕiəm²⁴	tiəm³⁴	ɕiəm²²	ɕiəm²²	sam³⁴	tɕiam³⁴	iəm³⁴	ziəm⁵³
博鳌	tɕiəm²⁴	tiəm⁴⁴	hiəŋ³¹ ɗia⁴² 训读（找）	hiam³¹ 训读（潜） ɕiəm³¹ 沉着	sam⁴⁴	tɕiam⁴⁴	ɕiəm⁴⁴	ziəm⁵³
东澳	tɕiŋ²⁴	θiŋ⁴⁴	hiŋ³¹	hiŋ³¹	saŋ⁴⁴	tseŋ⁴⁴	ɕiŋ⁴⁴	dzeŋ⁵³
黎安	tsun²⁴	tin⁴⁴	ɕin³¹	ɗien⁴⁴	sam⁴⁴	tɕin⁴⁴	ɕin⁴⁴	nun⁵³
感城	tɕin³⁵	θin⁴⁴	theŋ²¹	thiaŋ²¹	tshan⁴⁴	tɕiaŋ⁴⁴	ɕin⁴⁴	zin⁴²
昌江	tɕin²⁴	tin⁴⁴	hen³¹	tɕin³¹	san⁴⁴	tɕin⁴⁴	ɕin⁴⁴	zin⁴²

二 单字 / 41

	0449 金	0450 琴	0451 音	0452 立	0453 集	0454 习	0455 汁	0456 十
	深开三平侵见	深开三平侵群	深开三平侵影	深开三入缉来	深开三入缉从	深开三入缉邪	深开三入缉章	深开三入缉禅
大昌	kiəm³⁴	hiəm²²	iəm³⁴	liəp⁵	tɕiəp⁵	tɕiəp⁵	tɕiap⁵	tap³
博鳌	kiəm⁴⁴	hiəm³¹	iəm⁴⁴	liəp³	tɕiəp³	tɕiəp³	tɕiap⁵	tap³
东澳	kiŋ⁴⁴	hiŋ³¹	iŋ⁴⁴	leʔ³	tɕieʔ³	tɕiʔ³	tseʔ⁵	taʔ³
黎安	kim⁴⁴	i³¹训读(弦)	in⁴⁴	lit⁵	tɕit⁵	tɕit³	tɕip⁵	tap³
感城	kin⁴⁴	khin²¹	in⁴⁴	liʔ³	tɕiʔ⁵	tɕiʔ³	tɕiaiʔ⁵	tsaiʔ³
昌江	kin⁴⁴	khin³¹	in⁴⁴	lit³	tɕit⁵	tɕit³	tɕiʔ⁵	tsaʔ³

	0457 入	0458 急	0459 及	0460 吸	0461 单简~	0462 炭	0463 弹~琴	0464 难~易
	深开三入缉日	深开三入缉见	深开三入缉群	深开三入缉晓	山开一平寒端	山开一去寒透	山开一平寒定	山开一平寒泥
大昌	ziəp⁵	kiəp⁵	kiəp⁵	kiəp⁵	ɗaŋ³⁴	hua²⁴	ɗaŋ²²	nan²²
博鳌	zip³	kip⁵	zip³	hip⁵	ɗan⁴⁴ ɗua⁴⁴开单	hua²⁴	han³¹	nan³¹
东澳	dzi³³	ki⁵⁵	kiʔ³	kiʔ⁵	ɗaŋ⁴⁴	hua²⁴	haŋ²¹ haŋ⁴⁴	naŋ³¹
黎安	lut³	kip⁵	kit³	kip⁵	ɗan²²	hua²⁴	tham³¹	nam³¹
感城	ziʔ³	kiʔ⁵	kiʔ⁵	kiʔ⁵	tan⁴⁴	thuo³⁵	than²¹	nan²¹
昌江	hit³	kit⁵	tɕie⁵⁵	tɕiʔ⁵	ɗan⁴⁴	huo²⁴	han³¹ than³¹	nan³¹

	0465 兰	0466 懒	0467 烂	0468 伞	0469 肝	0470 看~见	0471 岸	0472 汉
	山开一平寒来	山开一上寒来	山开一去寒来	山开一上寒心	山开一平寒见	山开一去寒溪	山开一去寒疑	山开一去寒晓
大昌	lan²²	ɗua⁵³训读(惰)	lua³⁴	tua⁴²⁴	kua³⁴	mɔ⁴⁴训读(望)	ŋaŋ⁵³	haŋ²⁴
博鳌	lan³¹	ɗua⁴⁴训读(惰)	nua⁴⁴训读(软)	tua²⁴	kua⁴⁴	mɔ⁴⁴训读(望)	ŋan⁴⁴	fian²⁴
东澳	lan²¹	ɗua⁴⁴训读(惰)	nua⁴⁴训读(软)	tua²⁴	kua⁴⁴	mɔ⁴⁴训读(望)	ŋaŋ⁵³	fiaŋ²⁴
黎安	lam³¹	ɗua⁴⁴训读(惰)	nua⁴⁴	tua²⁴	kua⁴⁴	mɔ⁴⁴训读(望)	ŋam⁴⁴	ham²⁴
感城	lan²¹	tuo⁴²训读(惰)	nuo⁴⁴	suo³⁵	kuo⁴⁴	mo⁴⁴训读(望)	ŋan⁴²	haŋ³⁵
昌江	lan³¹	ɗuo⁴⁴训读(惰)	nuo⁴⁴	tuo²⁴	kuo⁴⁴	o⁴⁴训读(睽)	(无)	han²⁴

	0473 汗	0474 安	0475 达	0476 辣	0477 擦	0478 割	0479 渴	0480 扮
	山开一去寒匣	山开一平寒影	山开一入曷定	山开一入曷来	山开一入曷清	山开一入曷见	山开一入曷溪	山开二去山帮
大昌	kua³⁴	aŋ³⁴	ɗat⁵	luat³	sua⁵⁵	kua⁵⁵	hua⁵⁵	ɓaŋ⁴²⁴
博鳌	kua⁴⁴	an⁴⁴	ɗat³	lua³³	sua⁵⁵	kua⁵⁵	hua⁵⁵	ɓan⁴²
东澳	kua⁴⁴	aŋ⁴⁴	ɗaʔ³	ɓiŋ³¹	sua⁵⁵	kua⁵⁵	hu⁵⁵	ɓaŋ⁴²
黎安	kua⁴⁴	am⁴⁴	ɗap⁵	lua³³	sua⁵⁵	kua⁵⁵	hua⁵⁵	ɓam⁴²
感城	kuo⁴⁴	aŋ⁴⁴	tai⁵⁵	luoʔ³	tshuoʔ⁵	kuoʔ⁵	kho²²	pan⁴²
昌江	kuo⁴⁴	an⁴⁴	ɗaʔ⁵	luo³³	suo⁵⁵	kuo⁵⁵	khuo⁵⁵	ɓan⁴²

	0481 办	0482 铲	0483 山	0484 产 ~妇	0485 间 房~, 一~房	0486 眼	0487 限	0488 八
	山开二去山並	山开二上山初	山开二平山生	山开二上山生	山开二平山见	山开二上山疑	山开二上山匣	山开二入黠帮
大昌	ɓaŋ⁵³	saŋ⁴²⁴	tua³⁴	taŋ⁴²⁴	kaŋ³⁴	mak³ 训读(目)	haŋ⁵³	ɓi⁵⁵
博鳌	ɓan⁴⁴	san⁴²	tua⁴⁴	tan⁴²	kan⁴⁴	mak³ 训读(目)	ɓian⁴²	ɓɔi⁵⁵
东澳	ɓaŋ⁴⁴	saŋ⁴²	tua⁴⁴	θaŋ⁴²	kaŋ⁴⁴	maʔ³ 训读(目)	ɓiaŋ⁴²	ɓɔi⁵⁵
黎安	ɓam⁴⁴	ɕien⁴²	tua⁴⁴	tam⁴²	kam⁴⁴	mak³ 训读(目)	ɓiam⁴⁴	ɓɔi⁵⁵
感城	paŋ⁴²	tshan²²	θuo⁴⁴	tshan²²	kan⁴⁴	maʔ³ 训读(目)	haŋ⁴²	peiʔ⁵
昌江	ɓan⁵³	tshuo⁴²	suo⁴⁴	tshan⁴²	kan⁴⁴	maʔ³ 训读(目)	han⁵³	ɓie⁵⁵

	0489 扎	0490 杀	0491 班	0492 板	0493 慢	0494 奸	0495 颜	0496 瞎
	山开二入黠庄	山开二入黠生	山开二平删帮	山开二上删帮	山开二去删明	山开二平删见	山开二平删疑	山开二入鎋晓
大昌	ta⁵⁵	ɗuai²² 训读(刣)	ɓaŋ³⁴	ɓai⁴²⁴	maŋ³⁴	kaŋ³⁴	ŋaŋ²²	(无)
博鳌	tat⁵⁵	tua⁵⁵	ɓan⁴⁴	ɓai⁴²	man⁴⁴ ɗi³¹ 训读(迟)	kan⁴⁴	ŋan³¹	sa⁴⁴ mæ³¹
东澳	hɔŋ⁴⁴	tua⁵⁵	ɓaŋ⁴⁴	ɓai⁴²	maŋ⁴⁴	kaŋ⁴⁴	ŋan³¹	sa⁴⁴ me³¹
黎安	tsa⁵⁵	tua⁵⁵	ɓam⁴⁴	ɓai⁴²	man⁴⁴	kan⁴⁴	ŋam³¹	(无)
感城	tsa⁵⁵	θuoʔ⁵	pan⁴⁴	pai²²	man⁴⁴	kan⁴⁴	ŋan²¹	(无)
昌江	ɓat⁵ 训读(缚)	suo⁵⁵	ɓam⁴⁴	ɓai⁴²	man⁴⁴	kan⁴⁴	ŋan³¹	se⁴⁴ me³¹

二　单字 / 43

	0497 变	0498 骗欺~	0499 便方~	0500 棉	0501 面~孔	0502 连	0503 剪	0504 浅
	山开三	山开三	山开三	山开三	山开三	山开三	山开三	山开三
	去仙帮	去仙滂	去仙並	平仙明	去仙明	平仙来	上仙精	上仙清
大昌	ɓin²⁴	kun²⁴	ɓin⁵³	mi²²	min³⁴	lin²²	ka³⁴ 训读(铰)	ɕin⁴²⁴
博鳌	ɓin²⁴	phin²⁴ / kun²⁴	ɓin⁴⁴	min³¹	min⁴⁴	lin³¹	ka⁴² 训读(铰)	ɕin⁴²
东澳	ɓin²⁴	phin²⁴	ɓin⁴⁴	min³¹	min⁴⁴	lin²¹	ka⁴² 训读(铰)	hin⁴²
黎安	ɓim²⁴	phin²⁴	ɓin⁵³	min³¹	min⁴⁴	lin²¹	ka⁴² 训读(铰)	tɕhim⁴²
感城	pien³⁵	phien³⁵	pien⁴²	mi²¹	min⁴⁴	lien²¹	ka⁴⁴ 训读(铰)	khin²²
昌江	ɓin²⁴	phin²⁴	ɓin⁴⁴	min³¹ / mi³¹ 木棉	min⁴⁴	lin²¹	ka⁴² 训读(铰)	khin⁴²

	0505 钱	0506 鲜	0507 线	0508 缠	0509 战	0510 扇名	0511 善	0512 件
	山开三	山开三	山开三	山开三	山开三	山开三	山开三	山开三
	平仙从	平仙心	去仙心	平仙澄	去仙章	去仙书	上仙禅	上仙群
大昌	tɕi²²	ɕi³⁴	tua²⁴	ɕin²²	tɕin⁵³	ti²⁴	tin⁵³	kin⁵³
博鳌	tɕi³¹	ɕi⁴⁴ / tin⁴² 朝鲜	tua²⁴	ɕin³¹	tɕin⁵³	ti²⁴	tin⁴⁴	kin⁵³
东澳	tɕi³¹	ɕi⁴⁴	tua²⁴	ɕin³¹	tɕin⁵³	ti²⁴	θin⁴⁴	kin⁵³
黎安	tɕhi³¹	ɕi⁴⁴	tua²⁴	（无）	tɕin⁵³	ti²⁴	tin⁴⁴	kin⁴⁴
感城	tɕi²¹	ɕi⁴⁴	θuo³⁵	tsaŋ²¹	tɕin⁴²	θi³⁵	seŋ⁴²	kien⁴²
昌江	tɕi³¹	ɕi⁴⁴	tuo²⁴	ziau⁴²	tɕin⁵³	ti²⁴	（无）	kin⁵³

	0513 延	0514 别~人	0515 灭	0516 列	0517 撤	0518 舌	0519 设	0520 热
	山开三	山开三	山开三	山开三	山开三	山开三	山开三	山开三
	平仙以	入薛帮	入薛明	入薛来	入薛彻	入薛船	入薛书	入薛日
大昌	ʑin²²	ɓit⁵	mit⁵	lit⁵	ɕit⁵	tɕi⁵⁵	tit⁵	ʑit³
博鳌	dzen³¹	ɓat³ 别依 / ɓit³ 区别	mit³	lit³	set⁵	tɕi³¹	tit⁵	ʑit³ / zua³³
东澳	dzeŋ³¹	ɓit³	mit³	lɔi³³ let³	ɕit³	tɕi³¹ / lai³¹	tit⁵	dzit³ / ɗua³³
黎安	zeŋ³¹	ɓat³	mit³	lit³	set⁵	tɕhi³¹ 训读（钱）	tit⁵	zua³³
感城	zeŋ²¹	pai ʔ³	mei ʔ³	lei ʔ⁵	ɕiei ʔ⁵	tɕi ʔ³	sei ʔ⁵	zuo ʔ⁵
昌江	in³¹	ɓit⁵ / ɓa ʔ⁵ 别依	mit³	lit³	si ʔ⁵	lai³¹ / tɕi³¹ 来钱	tit⁵	zuo³³

	0521 杰	0522 孽	0523 建	0524 健	0525 言	0526 歇	0527 扁	0528 片
	山开三入薛群	山开三入薛疑	山开三去元见	山开三去元群	山开三平元疑	山开三入月晓	山开四上先帮	山开四去先滂
大昌	kit⁵	ŋit³	kin²⁴	kin²⁴	ŋin²²	ke⁵⁵	ɓin⁴²⁴	fin²⁴
博鳌	ket³³	ŋit³	kin²⁴	kin⁵³	ŋin³¹ 训读(讲)	ɦiæ³³	ɓen⁴² ma³³ (打扇)	phin²⁴
东澳	ke³³	ŋit³	kin²⁴	kin⁵³	kɔŋ⁴² 训读(讲)	ɦie³³	ɓin⁴²	phin²⁴
黎安	kik⁵	ŋik³	kim²⁴	kin²⁴	ŋin³¹	he³³	ɓin⁴²	phim²⁴
感城	keiʔ⁵	nei³	kien³⁵	kien³⁵	ŋien²¹	hieiʔ⁵	peŋ²²	phien³⁵
昌江	kit⁵	（无）	kin²⁴	kin²⁴	in³¹	he⁵⁵	ɓin⁴²	phin²⁴

	0529 面~条	0530 典	0531 天	0532 田	0533 垫	0534 年	0535 莲	0536 前
	山开四去先明	山开四上先端	山开四平先透	山开四平先定	山开四去先定	山开四平先泥	山开四平先来	山开四平先从
大昌	min⁵³	ɗin⁴²⁴	ɦi³⁴	saŋ²² 训读(塍)	ɗiam⁵³	ɦi²²	lin²²	tai²²
博鳌	mi⁴⁴	ɗin⁴²	hi⁴⁴	saŋ³¹ 训读(塍) hin³¹ 地名	ɗiam⁴⁴	ɦi³¹	lai³¹	tai³¹
东澳	mi⁴⁴	ɗin⁴²	hi⁴⁴	saŋ³¹ 训读(塍)	hiŋ⁵³	ɦi³¹	nai³¹	tai³¹
黎安	mi⁴⁴	ɗien⁴²	ɦi⁴⁴	sam³¹ 训读(塍)	ɗim⁵³	i³¹	lai³¹	tai³¹
感城	mi⁴⁴	tiaŋ²²	thi⁴⁴	tshaŋ²¹ 训读(塍)	thiaŋ⁴²	hi²¹	lien²¹	tsai²¹
昌江	mi⁴⁴	ɗin⁴²	hi⁴⁴	san³¹ 训读(塍)	hin⁵³	ɦi³¹	lin³¹	tai³¹

	0537 先	0538 肩	0539 见	0540 牵	0541 显	0542 现	0543 烟	0544 噎
	山开四平先心	山开四平先见	山开四去先见	山开四平先溪	山开四上先晓	山开四去先匣	山开四平先影	山开四入屑滂
大昌	tai²²前	kai³⁴	ki²⁴	haŋ³⁴	hin⁴²⁴	hin²⁴	in³⁴	ɓi³³
博鳌	tai⁴⁴	kai⁴⁴	ki²⁴	han⁴⁴	fin⁴²	fin⁴⁴	in⁴⁴	nun⁴²
东澳	θai⁴⁴	kai⁴⁴	ki²⁴	haŋ⁴⁴	fin⁴²	fin⁴²	in⁴⁴	ɓiʔ⁵
黎安	tai²⁴	kai⁴⁴	ki²⁴	ham⁴⁴	im⁴²	im⁵³	ien⁴⁴	（无）
感城	θai⁴⁴	kai⁴⁴	ki³⁵	khan⁴⁴	hien²²	hien⁴²	ien⁴⁴	thaiʔ⁵
昌江	çin⁴⁴	kai⁴⁴	ki²⁴	khan⁴⁴	hin⁴²	hin⁴⁴	in⁴⁴	mun⁴⁴

二 单字 / 45

	0545 篾	0546 铁	0547 捏	0548 节	0549 切动	0550 截	0551 结	0552 搬
	山开四入屑明	山开四入屑透	山开四入屑泥	山开四入屑精	山开四入屑清	山开四入屑从	山开四入屑见	山合一平桓帮
大昌	ɕiaŋ³⁴ 训读（篮）	i⁵⁵	ɗet³	tat⁵	ɕit³	tse³³	kit⁵	ɓua³⁴
博鳌	bi³³	hi⁵⁵	næ³³	tɔi⁵⁵ tat⁵	ɕit⁵ tɔi⁵⁵	hat³ 训读（塞）	kit⁵	ɓua⁴⁴
东澳	toʔ⁵ bai³³	hi⁵⁵	nai³³	tat⁵	ɕit⁵	tɔi³³	kit⁵	ɓua⁴⁴
黎安	（无）	hi²⁴	ɗe³³	tat⁵	set⁵	（无）	kit⁵	ɓua⁴⁴
感城	miʔ⁵	thiʔ⁵	neʔ³	tsaiʔ⁵ tseiʔ⁵	ɕieiʔ⁵	tseiʔ³	keiʔ⁵	puo²¹
昌江	（无）	hi⁵⁵ thiʔ⁵	ne³³	tat⁵	kuo⁵⁵ 训读（割）	mat³ tsat⁵	kit⁵	ɓuo⁴⁴

	0553 半	0554 判	0555 盘	0556 满	0557 端~午	0558 短	0559 断绳~了	0560 暖
	山合一去桓帮	山合一去桓滂	山合一平桓並	山合一上桓明	山合一平桓端	山合一上桓端	山合一上桓定	山合一上桓泥
大昌	ɓua²⁴	faŋ²⁴	ɓua²²	mua⁴²⁴	ɗuaŋ³⁴	ɗe⁴²⁴	ɗuei⁵³	nun⁴²⁴
博鳌	ɓua²⁴	ɸua²⁴	ɓua³¹	mua⁴²	ɗuan⁴⁴	ɗæ⁴²	ɗui⁴⁴ ɗuan⁴⁴	nun⁴²
东澳	ɓua²⁴	phua²⁴	ɓua³¹	mua⁴²	ɗuan⁴⁴	ɗe⁴²	ɗui⁴⁴	nuaŋ⁴²
黎安	ɓua²⁴	phan⁵³	ɓua³¹	mua⁴²	ɗuan⁴⁴	ɗe⁴²	ɗuei⁴⁴	nun⁴²
感城	puo³⁵	phuan³⁵	puo²¹	muo²²	tuan⁴⁴	te²²	tui⁴²	nun²¹ nuan²¹
昌江	ɓuo²⁴	phuo²⁴	ɓuo³¹	muo⁴²	ka⁴⁴ ɗuan⁴⁴	ɗe⁴²	ɗuei⁴⁴	nuan⁴²

	0561 乱	0562 酸	0563 算	0564 官	0565 宽	0566 欢	0567 完	0568 换
	山合一去桓来	山合一平桓心	山合一去桓心	山合一平桓见	山合一平桓溪	山合一平桓晓	山合一平桓匣	山合一去桓匣
大昌	luei³⁴	tuei³⁴	tuei²⁴	kua³⁴	hua⁵⁵	uaŋ³⁴	zuan²²	ua³⁴
博鳌	lui⁴⁴	tui⁴⁴	tui²⁴	kua⁴⁴	hua⁴⁴	uan⁴⁴	zuan⁴⁴	ua²⁴
东澳	nui⁴⁴	sui⁴⁴	tuan²⁴	kua⁴⁴	hua⁴⁴	ua⁴⁴	duan⁴⁴	ua²⁴
黎安	luei⁴⁴	tuei⁴⁴	tuei²⁴	kua⁴⁴	hua⁵⁵ 训读(阔)	huan⁴⁴	zuan³¹	ua⁴⁴
感城	lui⁴⁴	θui⁴⁴	θui³⁵	kuo⁴⁴	khuoʔ⁵ 训读(阔)	huan⁴⁴	ŋuan²¹	uo⁴⁴
昌江	luan⁴⁴	tuei⁴⁴	suei²⁴	kuo⁴⁴	khuo⁵⁵ 训读(阔)	huan⁴⁴	liau⁴²	uo⁴⁴

	0569 碗	0570 拨	0571 泼	0572 末	0573 脱	0574 夺	0575 阔	0576 活
	山合一上桓影	山合一入末帮	山合一入末滂	山合一入末明	山合一入末透	山合一入末定	山合一入末溪	山合一入末匣
大昌	ua⁴²⁴	ɓua⁵⁵	fua³³	mua⁵⁵	hut⁵	ɗua⁵⁵	hua⁵⁵	ua⁵⁵
博鳌	ua⁴²	ɓua⁵⁵	ɸua⁵⁵	muat³	hɔt⁵	ɗuat³	hua⁵⁵	uat³ / ua³³
东澳	ua⁴²	ɓua⁵⁵	phua⁵⁵	mua³³	hɔk⁵	ɗuaʔ³	hua⁵⁵	ua³³
黎安	ua⁴²	uat⁵ 训读(挖)	phua⁵⁵	mua⁵⁵	hut⁵	ɗuat³	hua⁵⁵	ua³³
感城	uo²²	puoʔ⁵	phuoʔ⁵	muaiʔ³	thuiʔ⁵	tuaiʔ³	khuoʔ⁵	uoʔ³
昌江	uo⁴²	ɓuo⁵⁵	phuo⁵⁵	muo⁵⁵	huo⁵⁵	ɗuoʔ³	khuo⁵⁵	uo³³

	0577 顽 ~皮，~固	0578 滑	0579 挖	0580 闩	0581 关~门	0582 惯	0583 还动	0584 还副
	山合二平山疑	山合二入黠匣	山合二入黠影	山合二平删生	山合二平删见	山合二去删见	山合二平删匣	山合二平删匣
大昌	ŋuan²²	kut⁵	uat⁵	sua³⁴	kuaŋ³⁴	kuaŋ²⁴	uaŋ²²	uaŋ²²
博鳌	ŋuan³¹	kut³	uat⁵	sua⁴⁴	kie⁴⁴ / kuan⁴⁴	kuan²⁴	uan³¹	uan³¹
东澳	ŋuaŋ³¹	kuʔ³	uaʔ⁵	sua²⁴	kuai⁴⁴	kuan²⁴	uaŋ³¹	uaŋ³¹
黎安	uan³¹	kut³	uat⁵	sua²⁴	kuai⁴⁴	kuan²⁴	uan³¹	uan³¹
感城	ŋuaŋ²¹	kuiʔ³	uaiʔ⁵	θuan⁴⁴	kuaŋ⁴⁴	kuan³⁵	huan²¹	huan²¹
昌江	uan³¹	kut³	uat⁵	suo⁴⁴	kuei⁴⁴	kuan²⁴	huan³¹	ai³¹

二 单字 / 47

	0585 弯	0586 刷	0587 刮	0588 全	0589 选	0590 转 ~眼，~送	0591 传 ~下来	0592 传 ~记
	山合二 平删影	山合二 入鎋生	山合二 入鎋见	山合三 平仙从	山合三 上仙心	山合三 上仙知	山合三 平仙澄	山合三 去仙澄
大昌	uaŋ³⁴	tuat⁵	kuat⁵	suan²²	tuan⁴²⁴	tuan⁴²⁴	suan²²	tuan⁵³
博鳌	uan⁴⁴	tuat⁵	kua⁵⁵	suan³¹	tuan⁴²	tuan⁴²	suan³¹	tuan⁵³
东澳	uan⁴⁴	sua⁵⁵	kua⁵⁵	suan³¹	suan⁴²	tuan⁴²	suan³¹	tsuan⁵³
黎安	uan⁴⁴	sua⁵⁵	kua⁵⁵	suan³¹	tuan⁴²	tuan⁴²	suan³¹	tuan⁴²
感城	uaŋ⁴⁴	tshuoʔ⁵	kuaʔ⁵	tshuan²¹	θuan²² / θeŋ²¹	tsuaŋ²¹	tsuaŋ²¹	tsuaŋ⁴²
昌江	uan⁴⁴	suoʔ⁵	kuoʔ⁵	tshuan³¹	tuan⁴²	tuan⁴²	tshuan³¹	tuan⁵³

	0593 砖	0594 船	0595 软	0596 卷~起	0597 圈圆~	0598 权	0599 圆	0600 院
	山合三 平仙章	山合三 平仙船	山合三 上仙日	山合三 上仙见	山合三 平仙溪	山合三 平仙群	山合三 平仙云	山合三 去仙云
大昌	tuei³⁴	tun²²	nuei⁴²⁴	kin⁴²⁴	hɔu³⁴ 训读（箍）	hin²²	i²²	zuan⁵³
博鳌	tui⁴⁴	tun³¹	nui⁴²	kun⁴²	hau⁴⁴ 训读（箍）	hin³¹	i³¹	zuan⁴²
东澳	tui⁴⁴	tun³¹	nui⁴²	keŋ⁴² / kui⁵⁵	hau⁴⁴ 训读（箍） / liau³¹ 训读（寨）	hin³¹	i³¹	duan⁵³
黎安	tuei⁴⁴	tun³¹	nuei⁴²	kuei⁴²	hau⁴⁴ 训读（箍）	him³¹	i³¹	zuan⁴⁴
感城	tsuan⁴⁴	tsun²¹	nui²²	khun²² 训读（捆）	khou⁴⁴ 训读（箍）	khien²¹	oŋ²¹	zuaŋ⁴²
昌江	tsuei⁴⁴	tsun³¹	nuei⁴²	kin⁴²	khuan⁴⁴	khin³¹	i³¹ / iuan³¹	zuan⁵³

	0601 铅~笔	0602 绝	0603 雪	0604 反	0605 翻	0606 饭	0607 晚	0608 万 麻将牌
	山合三 平仙以	山合三 入薛从	山合三 入薛心	山合三 上元非	山合三 平元敷	山合三 去元奉	山合三 上元微	山合三 去元微
大昌	in²²	tuat³	toi⁵⁵	faŋ⁴²⁴	ɦuan³⁴	moi²² 训读（糜）	am²⁴ 训读（暗）	vaŋ³⁴
博鳌	in³¹	tuat	tɔi⁵⁵	phan⁴²	uan⁴⁴	mia³¹ 训读（糜）	am²⁴ 训读（暗）	ban⁴⁴
东澳	in³¹	tua³³	tui⁵⁵	phaŋ⁴²	uaŋ⁴⁴	mɔi³¹ 训读（糜）	aŋ²⁴ 训读（暗）	baŋ⁴⁴
黎安	im⁴⁴	tuat³	tɔi⁵⁵	phan⁴²	uan⁴⁴	mɔi³¹ 训读（糜）	am²⁴ 训读（暗）	ban⁴⁴
感城	in²¹	tsuaiʔ³	seiʔ⁵	phan²²	huan⁴⁴	muo²¹ 训读（糜）	an³⁵ 训读（暗）	van⁴⁴
昌江	in³¹	tuat³	toi⁵⁵ / ɕit⁵	phan⁴²	huan⁴⁴	moi³¹ 训读（糜）	an²⁴ 训读（暗）	uan⁵³

	0609 劝	0610 原	0611 冤	0612 园	0613 远	0614 发头~	0615 罚	0616 袜
	山合三 去元溪	山合三 平元疑	山合三 平元影	山合三 平元云	山合三 上元云	山合三 入月非	山合三 入月奉	山合三 入月微
大昌	hin²⁴	zuan²²	in³⁴	ɦuei²²	huei⁴²⁴	huat⁵	huat³	vat³
博鳌	hin²⁴	zuan³¹	in⁴⁴	ui³¹	ui⁴²	mɔ³¹毛	ɦuat³	bat³
东澳	heŋ²⁴	duan³¹	uan⁴⁴	ui³¹	ui⁴²	pha⁵⁵	uat³	bat³
黎安	hin²⁴	zuan³¹	uan⁵³	uei³¹	uei⁴²	uat⁵	uat³	bat³
感城	khien³⁵	zuan²¹	eŋ⁴⁴	hui²¹	hui⁴²	mo²¹训读(毛)	huaiʔ³	vaiʔ³
昌江	khin²⁴	zuan³¹	in⁴⁴	huei³¹	huei⁴²	mo³¹	huat³	uat³

	0617 月	0618 越	0619 县	0620 决	0621 缺	0622 血	0623 吞	0624 根
	山合三 入月疑	山合三 入月云	山合四 去先匣	山合四 入屑见	山合四 入屑溪	山合四 入屑晓	臻开一 平痕透	臻开一 平痕见
大昌	vuei³³	zuat³	koi³⁴	kit⁵	huei⁵⁵	huei⁵⁵	ɦun³⁴	kin³⁴
博鳌	gie³³	zuat³	kuai⁴⁴	kuat⁵	hie⁵⁵	ie⁵⁵	hun⁴⁴	kin⁴⁴
东澳	gue³³	duat³	kuai⁴⁴	kuat⁵	huai⁵⁵	uai⁵⁵	hun⁴⁴	kin⁴⁴
黎安	guei³³	zuat⁵	kuai⁴⁴	kuat⁵	huei⁵⁵	uei⁵⁵	hun⁴⁴	kin⁴⁴
感城	vuo³³ ʑieiʔ⁵	zeiʔ⁵	kuai⁴⁴	keiʔ⁵	khuoʔ⁵	huoʔ⁵	thun⁴⁴	kin⁴⁴
昌江	uei³³	ʑit⁵	kuai⁴⁴	kit⁵	khuei⁵⁵	huei⁵⁵	hun⁴⁴	kin⁴⁴ ki⁴⁴

	0625 恨	0626 恩	0627 贫	0628 民	0629 邻	0630 进	0631 亲~人	0632 新
	臻开一 去痕匣	臻开一 平痕影	臻开三 平真並	臻开三 平真明	臻开三 平真来	臻开三 去真精	臻开三 平真清	臻开三 平真心
大昌	un⁵³	in³⁴	kiaŋ²²训读(穷)	min²²	lin²²	tɕin²⁴	ɕin³⁴	tin³⁴
博鳌	un⁴⁴	in⁴⁴	kiaŋ³¹训读(穷)	min³¹	lin³¹	tɕin²⁴	ɕin⁴⁴	tin⁴⁴
东澳	un⁴⁴	in⁴⁴	kiaŋ³¹训读(穷)	min³¹	lin³¹	tɕin²⁴	ɕin⁴⁴	θin⁴⁴
黎安	un³¹	in⁴⁴	kiaŋ³¹训读(穷)	min³¹	lin³¹	tɕhin⁵³	ɕin⁴⁴	tin⁴⁴
感城	hun⁴²	en⁴⁴	kiaŋ²¹训读(穷)	min²¹	lin²¹	tɕin³⁵	ɕin⁴⁴	θin⁴⁴
昌江	hen⁴⁴	en⁴⁴	kiaŋ³¹训读(穷)	min³¹	lin³¹	hit³	ɕin⁴⁴	ɕin⁴⁴

二 单字 / 49

	0633 镇	0634 陈	0635 震	0636 神	0637 身	0638 辰	0639 人	0640 认
	臻开三	臻开三	臻开三	臻开三	臻开三	臻开三	臻开三	臻开三
	去真知	平真澄	去真章	平真船	平真书	平真禅	平真日	去真日
大昌	tin²⁴	ɕin²²	tɕin²⁴	tin²²	tin³⁴	tin²²	naŋ²²训读(依)	ʑin³⁴
博鳌	ɗin²⁴	ɗan³¹(姓) ɕin³¹	tɕin⁵³	tin³¹	tin⁴⁴	tin³¹	naŋ³¹训读(依)	ʑin⁴⁴
东澳	ɗen⁵³	ɗan³¹ seŋ³¹	tɕin⁵³	tin³¹	tin⁴⁴	tin³¹	naŋ³¹训读(依)	dʑin⁴⁴
黎安	ɗin⁵³	ɗam³¹	tɕin⁵³	tin³¹	tin⁴⁴	tin³¹	naŋ³¹训读(依)	ʑin⁴⁴
感城	tɕin³⁵	tan²¹ ɕin²¹	tɕin³⁵ tsun³⁵	θin²¹	θin⁴⁴	θin²¹	ʑin²¹ naŋ²¹	ʑin⁴⁴
昌江	tɕin⁵³	ɗan³¹	tɕin⁵³	ɗin³¹	tin⁴⁴	ɗin³¹	naŋ³¹训读(依)	in⁴⁴

	0641 紧	0642 银	0643 印	0644 引	0645 笔	0646 匹	0647 密	0648 栗
	臻开三	臻开三	臻开三	臻开三	臻开三	臻开三	臻开三	臻开三
	上真见	平真疑	去真影	上真以	入质帮	入质滂	入质明	入质来
大昌	kin⁴²⁴	ŋin²²	in²⁴	in⁴²⁴	ɓit⁵	fit⁵	mit⁵	tiaʔ⁵
博鳌	kin⁴²	ŋin³¹	in²⁴	in⁴²	ɓit⁵	phit⁵	mit³ bat³	(无)
东澳	kin⁴²	ŋin³¹	in²⁴	in⁴⁴	ɓit⁵	phit⁵	mit³	(无)
黎安	kin⁴²	nin³¹	in⁵³	in⁴²	ɓit⁵	phit⁵	mit⁵	(无)
感城	kin²²	ŋin²¹	in³⁵	in²²	piʔ⁵	phiʔ⁵	miʔ⁵	(无)
昌江	kin⁴²	nin³¹	in²⁴	in⁴²	ɓit⁵	phi³³	mit³	lit³

	0649 七	0650 侄	0651 虱	0652 实	0653 失	0654 日	0655 吉	0656 一
	臻开三	臻开三	臻开三	臻开三	臻开三	臻开三	臻开三	臻开三
	入质清	入质澄	入质生	入质船	入质书	入质日	入质见	入质影
大昌	ɕit⁵	tɕit⁵	tat⁵	tit⁵	tit⁵	ʑit³	kit⁵	zat³ it⁵
博鳌	ɕit⁵	tɕit³	tat⁵⁵	tit⁵	tit⁵	ʑit³	kit⁵	ʑiat³ it⁵ iau⁴⁴
东澳	ɕit⁵	tɕit³	θat⁵⁵	tit³	tit⁵	dʑit³	kit⁵	ʑiat³ it⁵
黎安	ɕit⁵	tɕit³	tat⁵	ɗit³	tit⁵	ʑit³	kit⁵	ʑiat³
感城	ɕiʔ⁵	tseiʔ³	(无)	θiʔ³	θiʔ⁵	ʑiʔ³	kiʔ⁵	iʔ⁵
昌江	tɕhit⁵	tɕit³	tat⁵	ɗit³	tit⁵	ʑit³	kit⁵	zat³ it⁵

	0657 筋	0658 劲~有~	0659 勤	0660 近	0661 隐	0662 本	0663 盆	0664 门
	臻开三平殷见	臻开三去殷见	臻开三平殷群	臻开三上殷群	臻开三上殷影	臻合一上魂帮	臻合一平魂并	臻合一平魂明
大昌	kin³⁴	kin²⁴	ʑin²²	kin⁵³	un⁴²⁴	ɓun⁴²⁴	fun²²	muei²²
博鳌	kin⁴⁴	ken⁵³	hin³¹	kin⁵³	un⁴²	ɓui⁴² / ɓun⁴² 本来	ɸun³¹	mui³¹
东澳	kin⁴⁴	kin⁵³	hin³¹	kin⁵³	un⁴²	ɓui⁴² / ɓun⁴²	phun³¹	mui³¹
黎安	kin⁴⁴	keŋ⁵³	hin³¹	kin⁴⁴	un⁴²	ɓuei⁴²	phun³¹	muei³¹
感城	kin⁴⁴	keŋ⁵⁵	khin²¹	kin⁴²	un²²	pun²² / pui²²	phun²¹	mui³¹
昌江	kin⁴⁴	(无)	khin³¹	kin⁵³	(无)	ɓun⁴² / ɓuei⁴²	phun³¹	muei³¹

	0665 墩	0666 嫩	0667 村	0668 寸	0669 蹲	0670 孙~子	0671 滚	0672 困
	臻合一平魂端	臻合一去魂泥	臻合一平魂清	臻合一去魂清	臻合一平魂从	臻合一平魂心	臻合一上魂见	臻合一去魂溪
大昌	ɗun³⁴	nun²⁴	suei³⁴	sun²⁴	toŋ²²	tun³⁴	kun⁴²⁴	hun²⁴
博鳌	ɗun⁴⁴	nun⁵³	sui⁴⁴	sun²⁴	toŋ³¹	tun⁴⁴	kun⁴²	hun⁵³
东澳	ɗoŋ⁴⁴	iu²⁴ 训读（幼）	sui⁴⁴	soŋ²⁴	toŋ³¹ / ŋaŋ⁴²	θoŋ⁴⁴	koŋ⁴²	hɔʔ⁵ / hoŋ⁵³
黎安	ɗun⁴⁴	nun⁵³	suei⁴⁴	sun²⁴	tun⁴⁴	tun⁴⁴	kun⁴²	hun⁴⁴
感城	tun⁴⁴	nun⁵⁵	tshui⁴⁴	tshun³⁵	ŋom³⁵	sun⁴⁴	kun²²	khun³⁵
昌江	ɗun⁴⁴	nuei⁵³	tshuei⁴⁴	sun²⁴	tun⁴⁴	sun⁴⁴	kun⁴²	khun²⁴

	0673 婚	0674 魂	0675 温	0676 卒棋子	0677 骨	0678 轮	0679 俊	0680 笋
	臻合一平魂晓	臻合一平魂匣	臻合一平魂影	臻合一入没精	臻合一入没见	臻合三平谆来	臻合三去谆精	臻合三上谆心
大昌	ɦun³⁴	ɦun²²	un³⁴	tut⁵	kut⁵	lun²²	tun²⁴	tun⁴²⁴
博鳌	un⁴⁴	un³¹	un⁴⁴	tut⁵	kut⁵	lun³¹	ɗun⁵³	tun⁴²
东澳	un⁴⁴	un³¹	un⁴⁴	tɔʔ⁵	kuʔ⁵	lun³¹	ɗun⁵³	tsoŋ⁴²
黎安	un⁴⁴	un³¹	un⁴⁴	tut⁵	kut⁵	lun⁴⁴	tun⁵³	tun⁴²
感城	hun⁴⁴	hun²¹	un⁴⁴	tsui²⁵	kuiʔ⁵	lun²¹	tsun³⁵	tun²²
昌江	hun⁴⁴	hun³¹	un⁴⁴	tut⁵	kut⁵	lun³¹	(无)	tun⁴²

二 单字 / 51

	0681 准 臻合三 上谆章	0682 春 臻合三 平谆昌	0683 唇 臻合三 平谆船	0684 顺 臻合三 去谆船	0685 纯 臻合三 平谆禅	0686 闰 臻合三 去谆日	0687 均 臻合三 平谆见	0688 匀 臻合三 平谆以
大昌	tun^{424}	sun^{34}	ɗun^{22}	tun^{53}	tun^{22}	zun^{34}	kun^{34}	kun^{34} 均
博鳌	tun^{42}	sun^{44}	tun^{31}	tun^{53}	tun^{31}	zun^{31}	kun^{44}	zun^{31}
东澳	tɔŋ^{42}	sɔŋ^{44}	tɔŋ^{31}	tɔŋ^{53}	sɔŋ^{31}	dun^{31}	kun^{44}	kun^{44} 均
黎安	tun^{42}	sun^{44}	ɗun^{31}	tun^{53}	tun^{31}	nun^{44}	kun^{44}	zun^{31}
感城	tsun^{22}	tshun^{44}	tun^{21}	sun^{42}	tshun^{21}	zun^{44}	khun^{44}	zun^{21}
昌江	tun^{42}	tshun^{44}	tshun^{31}	tun^{53}	sun^{31}	zun^{53}	kun^{44}	kun^{44} 均

	0689 律 臻合三 入术来	0690 出 臻合三 入术昌	0691 橘 臻合三 入术见	0692 分动 臻合三 平文非	0693 粉 臻合三 上文非	0694 粪 臻合三 去文非	0695 坟 臻合三 平文奉	0696 蚊 臻合三 平文微
大昌	lut^{5}	sut^{5}	kit^{5}	ɕun^{34}	fiun^{424}	ɕun^{24}	fun^{22}	maŋ^{34} 训读（蠓）
博鳌	lut^{3}	sut^{5}	kit^{5}	ɕun^{44}	un^{42}	ɕun^{24}	ɸun^{31}	maŋ^{31} 训读（蠓）
东澳	lɔʔ^{3}	suʔ^{3}	kit^{5}	ɕɔŋ^{44}	un^{42}	ɕɔŋ^{24}	fɔŋ^{31}	maŋ^{31} 训读（蠓）
黎安	lut^{3}	ɕiu^{55}	kip^{5}	ɕun^{44}	un^{42}	ɕun^{53}	fun^{42}	maŋ^{31} 训读（蠓）
感城	luiʔ^{3}	tshuiʔ^{5}	kiʔ^{5}	pun^{44}	hun^{22}	pun^{35}	veŋ^{21}	maŋ^{22} 训读（蠓）
昌江	lut^{3}	sut^{5}	kit^{5}	ɕun^{44}	hun^{42}	tai^{42} 屎	mɔu^{42}	maŋ^{31} 训读（蠓）

	0697 问	0698 军	0699 裙	0700 熏	0701 云~彩	0702 运	0703 佛~像	0704 物
	臻合三 去文微	臻合三 平文见	臻合三 平文群	臻合三 平文晓	臻合三 平文云	臻合三 去文云	臻合三 入物奉	臻合三 入物微
大昌	muei³⁴	kun³⁴	kun²²	hun³⁴	ɦiun²²	zun⁵³	ɓut⁵	vut³
博鳌	mui⁴⁴	kun⁴⁴	kun³¹	un⁴⁴	un³¹	zun⁵³	ɓut³	but³ mi³³
东澳	mui⁴⁴	kɔŋ⁴⁴	kɔŋ³¹	baʔ³	un³¹	dɔŋ⁵³	ɓɔt³ phɔ³¹	bɔt³
黎安	muei⁴⁴	kun⁴⁴	kun³¹	hun⁴⁴	un³¹	zun⁵³	ɓut³	but³
感城	mui⁴⁴	kun⁴⁴	kun²¹	hun⁴⁴	hun²¹	zun⁴⁴	phuiʔ⁵	veiʔ³ mi⁴⁴
昌江	muei⁴⁴	kun⁴⁴	kun³¹	hun⁴⁴	ɦiun³¹	zun⁴⁴	vo³³	ut³

	0705 帮	0706 忙	0707 党	0708 汤	0709 糖	0710 浪	0711 仓	0712 钢名
	宕开一 平唐帮	宕开一 平唐明	宕开一 上唐端	宕开一 平唐透	宕开一 平唐定	宕开一 去唐来	宕开一 平唐清	宕开一 平唐见
大昌	ɓaŋ³⁴	maŋ²²	ɗaŋ⁴²⁴	ɦɔ³⁴	ɦɔ²²	laŋ³⁴	sɔ³⁴	kɔ²⁴
博鳌	ɓaŋ⁴⁴	maŋ³¹	ɗaŋ⁴²	hɔ⁴⁴	hɔ³¹	lɔ²⁴	sɔ⁴⁴	kɔ⁴⁴
东澳	ɓaŋ⁴⁴	maŋ³¹	ɗaŋ⁴²	haŋ⁴⁴	bɔ³¹	laŋ²⁴	saŋ⁴⁴	kɔ²⁴
黎安	ɓaŋ⁴⁴	maŋ³¹	ɗaŋ⁴²	hɔ⁴⁴	ɦɔ³¹	laŋ⁵³	sɔ⁴⁴	gɔ⁴⁴
感城	paŋ⁴⁴	maŋ²¹	taŋ²²	thɔ⁴⁴	thɔ²¹	laŋ⁵⁵	tshɔ⁴⁴	kɔ³⁵
昌江	ɓaŋ⁴⁴	maŋ³¹	ɗaŋ⁴²	ho	hɔ³¹	laŋ⁵³	sɔ⁴⁴	kɔ⁴⁴

	0713 糠	0714 薄形	0715 摸	0716 托	0717 落	0718 作	0719 索	0720 各
	宕开一 平唐溪	宕开一 入铎并	宕开一 入铎明	宕开一 入铎透	宕开一 入铎来	宕开一 入铎精	宕开一 入铎心	宕开一 入铎见
大昌	hɔ³⁴	ɓɔʔ⁵	mau²²	hɔ⁵⁵	laʔ⁵	tɔ⁵⁵	tɔ²⁴	kɔ⁵⁵
博鳌	hɔ⁴⁴	ɓɔ³³	mau³¹	hɔ⁵⁵	lak³ lɔ³³	tɔ⁵⁵	tɔ⁵⁵	kɔk⁵
东澳	haŋ⁴⁴ hɔ⁴⁴	ɓɔ³³	mau³¹	hɔ⁵⁵	laʔ³ lɔ³³	tɔʔ⁵	θɔʔ⁵	kɔʔ⁵
黎安	hɔ⁴⁴	ɓɔ³³	mau³¹	hɔ⁵⁵	lak³	tɔ⁵⁵	tɔ⁵⁵	kai⁴⁴↑
感城	khɔ⁴⁴	poʔ³	mou²¹	thoʔ⁵	laʔ⁵ lɔ³³	tsoʔ⁵	θo⁵⁵	kouʔ⁵
昌江	khɔ⁴⁴	ɓɔʔ³	mɔu⁴⁴	thɔ³³	lak³	tɔ⁵⁵	sɔ⁵⁵	kai³³↑

二　单字 / 53

	0721 鹤	0722 恶 形，入声	0723 娘	0724 两斤~	0725 亮	0726 浆	0727 抢	0728 匠
	宕开一 入铎匣	宕开一 入铎影	宕开三 平阳泥	宕开三 上阳来	宕开三 去阳来	宕开三 平阳精	宕开三 上阳清	宕开三 去阳从
大昌	haʔ³	ɔk⁵	n̠iɔ²²	nɔ⁵³	liaŋ³⁴	tɕiɔ³⁴	saŋ³⁴	tɕiaŋ⁵³
博鳌	fiak³	ɔk⁵ hiak⁵吓	niɔ³¹	liɔ³¹	liaŋ⁵³	tɕiɔ²⁴	kia⁵劫	tɕiaŋ⁵³
东澳	fiaʔ³	ɔʔ⁵	niɔ³¹	niɔ³¹	kui⁴⁴光	tɕiaŋ⁵³	saŋ⁴²	tɕiaŋ⁵³
黎安	thak³	ɔk⁵	niɔ³¹	liɔ⁴²	liaŋ²⁴	tɕiɔ⁴⁴	ɕiaŋ⁴²	（无）
感城	houʔ⁵	ouʔ⁵	niaŋ²¹ nie²¹	lie²²	liaŋ³⁵ lie³⁵	tɕie³⁵	ɕiaŋ²²	tɕiaŋ⁵⁵
昌江	he⁵⁵	khieʔ⁵	mai⁴² niaŋ³¹	no³³	lie⁴⁴光	tɕie⁴⁴	kit⁵劫	（无）

	0729 想	0730 像	0731 张量	0732 长~短	0733 装	0734 壮	0735 疮	0736 床
	宕开三 上阳心	宕开三 上阳邪	宕开三 平阳知	宕开三 平阳澄	宕开三 平阳庄	宕开三 去阳庄	宕开三 平阳初	宕开三 平阳崇
大昌	tiɔ⁴²	tiɔ³⁴	tɕiaŋ³⁴	ɗɔ²²	tɔ³⁴	tuaŋ²⁴	sɔ³⁴	sɔ²²
博鳌	tiɔ⁴²	ɕiaŋ²⁴ sut⁵出	tɕiaŋ⁴⁴	ɗɔ³¹ ɕiaŋ³¹长江	tɔ⁴⁴	tuaŋ⁵³	sɔ⁴⁴	sɔ³¹
东澳	tiɔ⁴²	tiaŋ²⁴ tiɔ²⁴	tɕiaŋ⁴⁴	ɗɔ³¹	tɔ⁴⁴	tuaŋ²⁴	sɔ⁴⁴	sɔ³¹
黎安	tiɔ⁴²	tiɔ²⁴相	tɕiaŋ⁴⁴	ɗɔ³¹	tɔ⁵⁵	tuaŋ²⁴	sɔ⁴⁴	sɔ³¹
感城	θiaŋ²²	ɕiaŋ³⁵	tɕiaŋ⁴⁴	tɕiaŋ²²	tso⁴⁴	tsuaŋ³⁵	tsho⁴⁴	tsho²¹
昌江	tiaŋ⁴²	ɕiaŋ⁴⁴ ɕie⁴⁴相片	tsaŋ⁴⁴	ɗo³¹ ɗie⁴⁴量	tsuo⁴⁴	tsuaŋ²⁴	tsho⁴⁴	so³¹

	0737 霜 宕开三 平阳生	0738 章 宕开三 平阳章	0739 厂 宕开三 上阳昌	0740 唱 宕开三 去阳昌	0741 伤 宕开三 平阳书	0742 尝 宕开三 平阳禅	0743 上~去 宕开三 上阳禅	0744 让 宕开三 去阳日
大昌	tɔ³⁴	tɕiaŋ³⁴	ɕiaŋ⁴²⁴	saŋ²⁴	tiaŋ³⁴	tiaŋ²²	tɕiɔ³⁴	zaŋ⁵³
博鳌	ɔ⁴⁴ suaŋ⁴⁴霜降	tɕiaŋ⁴⁴	ɕiaŋ⁴²	saŋ²⁴ ɕiɔ⁵³唱戏	tiaŋ⁴⁴	tiaŋ³¹	tɕiɔ⁵³ ɕiaŋ⁵³上海	dziaŋ⁵³ ziɔ⁴⁴
东澳	suaŋ⁴⁴	tɕiaŋ⁴⁴	saŋ⁴²	saŋ²⁴ ɕiɔ⁵³	tiaŋ⁴⁴	tiaŋ³¹	tɕiɔ⁵³	dziaŋ⁵³
黎安	（无）	tɕiaŋ⁴⁴	ɕiaŋ⁴²	ɕiɔ²⁴	tiaŋ⁴⁴	tiaŋ⁵³	tɕiɔ⁴⁴	iaŋ⁴⁴
感城	θiaŋ⁴⁴ θo⁴⁴	tɕiaŋ⁴⁴	ɕiaŋ²²	tshaŋ³⁵	θiaŋ⁴⁴	ɕiaŋ²¹	tɕie⁴²	zaŋ⁴²
昌江	（无）	tɕiaŋ⁴⁴	ɕiaŋ⁴²	ɕie²⁴ saŋ²⁴	tiaŋ⁴⁴	ɕie²⁴	tɕie⁴⁴	iaŋ⁵³

	0745 姜生~ 宕开三 平阳见	0746 响 宕开三 上阳晓	0747 向 宕开三 去阳晓	0748 秧 宕开三 平阳影	0749 痒 宕开三 上阳以	0750 样 宕开三 去阳以	0751 雀 宕开三 入药精	0752 削 宕开三 入药心
大昌	kiaŋ³⁴	fiau⁴²⁴吼	iɔ²⁴	ɔ³⁴	tɕiɔ⁵³	iɔ⁵³	ɕiak⁵	tiak³
博鳌	kiɔ⁴⁴ kiaŋ⁴⁴姓	iaŋ³¹	iɔ²⁴	ɔ⁴⁴	tɕiɔ⁵³	iɔ⁴⁴	ɕiak⁵	tiak⁵
东澳	kiɔ⁴⁴ kiaŋ⁴⁴姓	iaŋ³¹	iɔ²⁴	ɔ⁴⁴	tɕiɔ⁵³	iɔ⁴⁴	ɕiaʔ⁵	tiau⁴⁴
黎安	kiɔ⁴⁴	kiɔ⁴⁴	iɔ²⁴	ɔ⁴⁴	tɕiɔ⁴⁴	iɔ⁵³	ɕiak⁵	tiak⁵
感城	kie⁴⁴	hiaŋ²²	hiaŋ³⁵ hie³⁵	o⁴⁴	khom³⁵	ie⁴⁴	ɕiouʔ⁵	θiaʔ⁵
昌江	kie⁴⁴	fiaŋ⁴²	hiaŋ²⁴	o⁴⁴	khon²⁴	ie⁴⁴	ɕiak⁵	phau²⁴ kuo⁵⁵

	0753 着火~丁	0754 勺	0755 弱	0756 脚	0757 约	0758 药	0759 光~线	0760 慌
	宕开三入药知	宕开三入药禅	宕开三入药日	宕开三入药见	宕开三入药影	宕开三入药以	宕合一平唐见	宕合一平唐晓
大昌	ɗiɔk³	ɕiak⁵	ɲiɔk³	ha³⁴训读(敨)	iɔk³	iɔk³	kuaŋ³⁴	uaŋ³⁴
博鳌	ɗɔ³³	ɕia³³	niak³	ha⁴⁴	iak⁵	iɔ³³	kui⁴⁴ kuaŋ⁴⁴开光	uaŋ⁴⁴
东澳	ɗɔ⁵⁵	ʑiaʔ³	niɔʔ³	ha⁴⁴	iɔʔ⁵	iɔʔ³	kuaŋ⁴⁴ kui⁴⁴	uaŋ⁴⁴
黎安	ɗɔ³³	ɕiak³	niɔ³³	ha⁴⁴训读(敨)	iɔk⁵	iɔ³³	kuei⁴⁴	uaŋ⁴⁴
感城	tieʔ³	ŋei⁴²	niuʔ³	kha⁴⁴	iuʔ⁵	ieiʔ³	kuaŋ⁴⁴ kui⁴⁴	huaŋ⁴⁴
昌江	ɗo³³	phiau³¹训读(瓢)	niaʔ³	kha⁴⁴训读(敨)	iak⁵	ie³³	lie⁴⁴训读(亮)	huaŋ⁴⁴

	0761 黄	0762 郭	0763 霍	0764 方	0765 放	0766 纺	0767 房	0768 防
	宕合一平唐匣	宕合一入铎见	宕合一入铎晓	宕合三平阳非	宕合三去阳非	宕合三上阳敷	宕合三平阳奉	宕合三平阳奉
大昌	uei²²	kuei⁵⁵	hɔk⁵	faŋ³⁴	ɓaŋ²⁴	faŋ⁴²⁴	ɓaŋ²²	vaŋ²²
博鳌	ui³¹	kie⁵⁵	hak⁵	phaŋ⁴⁴	ɓaŋ²⁴	phaŋ⁴²	ɓaŋ³¹	phaŋ³¹
东澳	ui³¹	kue⁵⁵	kuaʔ⁵	phaŋ⁴⁴	ɓaŋ²⁴	phaŋ⁴²	ɓaŋ³¹	phaŋ³¹
黎安	uei³¹	kuei⁵⁵	hak⁵	phaŋ⁴⁴	ɓaŋ²⁴	phaŋ³¹	ɓaŋ³¹	phaŋ³¹
感城	huaŋ²¹ ui²¹	kuaʔ⁵	khouʔ⁵	phaŋ⁴⁴	paŋ³⁵	phaŋ²¹	paŋ²¹	phaŋ²¹
昌江	uei³¹	kuo⁵⁵	huo⁵⁵	phaŋ⁴⁴	ɓaŋ²⁴	faŋ⁴²	ɓaŋ³¹	phaŋ³¹

	0769 网	0770 筐	0771 狂	0772 王	0773 旺	0774 缚	0775 绑	0776 胖
	宕合三上阳微	宕合三平阳溪	宕合三平阳群	宕合三平阳云	宕合三去阳云	宕合三入药奉	江开二上江帮	江开二去江滂
大昌	maŋ⁵³	ɕiaŋ³⁴	huaŋ²²	uei²²	ɦuaŋ⁵³	ɓak³	ɓaŋ⁴²⁴	ɓuei²² 训读（肥）
博鳌	maŋ⁴²	huaŋ⁴⁴	huaŋ³¹	uaŋ³¹	guaŋ⁵³	ɓak³	ɓak³ 训读（缚）	ɓui³¹ 训读（肥）
东澳	maŋ⁴²	huaŋ⁴⁴	huaŋ³¹	uaŋ³¹	uaŋ⁵³	ɓaʔ³	ɓaʔ³ 训读（缚） ɓaŋ⁴²	phaŋ⁵³ ɓui³¹ 训读（肥）
黎安	maŋ⁴⁴	huaŋ⁵⁵	uaŋ³¹	uaŋ³¹	uaŋ⁵³	ɓak⁵	ɓak⁵ 训读（缚）	ɓuei³¹ 训读（肥）
感城	maŋ⁴²	khuaŋ³⁵	huaŋ²¹	huaŋ²¹ ui²¹	vaŋ⁴² vaŋ⁴⁴	paʔ³	（无）	pui²¹ 训读（肥）
昌江	maŋ⁵³	khiaŋ⁴⁴	khuaŋ³¹	uei³¹	uaŋ⁵³	ɓaʔ⁵	ɓaʔ⁴² 训读（缚）	ɓuei³¹ 训读（肥）

	0777 棒	0778 桩	0779 撞	0780 窗	0781 双	0782 江	0783 讲	0784 降投~
	江开二上江并	江开二平江知	江开二去江澄	江开二平江初	江开二平江生	江开二平江见	江开二上江见	江开二平江匣
大昌	kun²⁴ 棍	tuaŋ³⁴	fɔŋ²⁴ 训读（碰）	ɦiaŋ²⁴ 向	tiaŋ³⁴	kiaŋ³⁴	kɔŋ⁴²⁴	kiaŋ²⁴
博鳌	ɓaŋ⁵³	tuaŋ⁴⁴	tuaŋ⁵³	hiaŋ⁴⁴	tiaŋ⁴⁴	kiaŋ⁴⁴	kɔŋ⁴²	kiaŋ²⁴
东澳	kun²⁴ 棍	tuaŋ⁴⁴	tuaŋ⁵³ phɔŋ²⁴	hiaŋ⁴⁴	tiaŋ⁴⁴	kiaŋ⁴⁴	kiaŋ⁴² kɔŋ⁴²	kiaŋ²⁴
黎安	ɓaŋ²⁴	tuaŋ⁴⁴	phoŋ⁴⁴ 训读（碰）	ɕiaŋ⁴⁴	tiaŋ⁴⁴	kiaŋ⁴⁴	goŋ⁴²	kiaŋ⁴²
感城	（无）	（无）	（无）	tshuaŋ⁴⁴	θiaŋ⁴⁴	kiaŋ⁴⁴	kɔŋ²²	kiaŋ³⁵
昌江	kun²⁴ 棍	tsuaŋ⁴⁴	phoŋ⁵³ 训读（碰）	hiaŋ⁴⁴	tiaŋ⁴⁴	kiaŋ⁴⁴	kɔŋ⁴²	kiaŋ³¹

二　单字 / 57

	0785 项	0786 剥	0787 桌	0788 镯	0789 角	0790 壳	0791 学	0792 握
	江开二上江匣	江开二入觉帮	江开二入觉知	江开二入觉崇	江开二入觉见	江开二入觉溪	江开二入觉匣	江开二入觉影
大昌	haŋ⁵³	ɓe⁵⁵	sɔ²² 训读（床）	tɔ⁵⁵	kak⁵	hak⁵	ɔʔ⁵	ɔk⁵
博鳌	ɦiaŋ⁴⁴	ɓak⁵	tɔ⁵⁵	tɔ³³	kak⁵	hak⁵	ɔ³³ iɔ⁵⁵	ɔk⁵
东澳	ɦiaŋ⁵³ ɦiaŋ²⁴	ɓaʔ⁵	tɔʔ⁵	θoʔ⁵	kaʔ⁵	haʔ⁵	ɔʔ⁵	ɔʔ⁵
黎安	haŋ⁴⁴	ɓe⁵⁵	tɔ⁵⁵	tɔ⁵⁵	kak⁵	hak⁵	ɔ³³	ɔk⁵
感城	haŋ⁴²	paʔ⁵	tshɔ²¹ 训读（床）	θoʔ³	kaʔ⁵	khaʔ⁵	hiu⁵⁵ oʔ³	ouʔ⁵
昌江	haŋ⁵³	ɓe⁵⁵	so³³	khuan⁴⁴	kak⁵	khak⁵	ɔ³³	ok⁵

	0793 朋	0794 灯	0795 等	0796 凳	0797 藤	0798 能	0799 层	0800 僧
	曾开一平登並	曾开一平登端	曾开一上登端	曾开一去登端	曾开一平登定	曾开一平登泥	曾开一平登从	曾开一平登心
大昌	foŋ²²	ɗiŋ³⁴	ɗaŋ⁴²⁴	ɗiŋ²⁴	ɗiŋ²²	lɔŋ²²	ɗiaŋ²² 训读（重）	tsɔŋ³⁴
博鳌	ɸoŋ³¹	ɗeŋ⁴⁴	ɗeŋ⁴² ɗaŋ⁴²	ɗeŋ²⁴	ɗiŋ³¹	neŋ³¹	ɗiaŋ³¹ 训读（重）	tseŋ⁴⁴
东澳	phoŋ³¹	ɗeŋ⁴⁴	ɗeŋ⁴² ɗaŋ⁴²	ɗeŋ²⁴	ɗiŋ³¹	neŋ³¹	thiaŋ³¹ 训读（重）	teŋ⁴⁴
黎安	phoŋ³¹	ɗeŋ⁴⁴	ɗan⁴²	ɗeŋ²⁴	ɗin³¹	neŋ³¹	ɗia⁴⁴	（无）
感城	phoŋ²¹	teŋ⁴⁴	teŋ²² taŋ²²	tin³⁵	tin²¹	neŋ²¹	tiaŋ²¹	tseŋ⁴⁴
昌江	phoŋ³¹	ɗeŋ⁴⁴	ɗan⁴²	ɗin²⁴	ɗin³¹	neŋ³¹	ɗiaŋ³¹ 训读（重）	tiaŋ⁴⁴

	0801 肯	0802 北	0803 墨	0804 得	0805 特	0806 贼	0807 塞	0808 刻
	曾开一上登溪	曾开一入德帮	曾开一入德明	曾开一入德端	曾开一入德定	曾开一入德从	曾开一入德心	曾开一入德溪
大昌	hiŋ⁴²⁴	ɓaʔ³	vaʔ³	ɗik⁵	ɗik³	sai³³	hak⁵	hak⁵
博鳌	çiŋ⁴²	ɓak⁵	bak³	ɗik⁵	ɗik³	sak³	hak⁵	hak⁵ 动词 hek⁵
东澳	hiŋ⁴²	ɓaʔ⁵	baʔ³	ɗiʔ⁵	ɗɔʔ³	saʔ³	haʔ⁵	heʔ⁵
黎安	çim⁴²	ɓak⁵	bak³	ɗik⁵	ɗik³	sap³	hat⁵	hat⁵
感城	khin²²	paʔ⁵	vaʔ³	tiʔ⁵	teiʔ³	tshaiʔ³	saiʔ⁵	kheiʔ⁵
昌江	çiŋ⁴²	ɓak⁵	ak³	ɗit⁵	ɗit³	sat³	hat⁵	khik⁵

	0809 黑	0810 冰	0811 证	0812 秤	0813 绳	0814 剩	0815 升	0816 兴 高~
	曾开一入德晓	曾开三平蒸帮	曾开三去蒸章	曾开三去蒸昌	曾开三平蒸船	曾开三去蒸船	曾开三平蒸书	曾开三去蒸晓
大昌	au³⁴ 训读(乌)	ɓiŋ³⁴	tseŋ²⁴	çiŋ²⁴	seŋ²²	ɗeŋ⁵³	ɗeŋ³⁴	heŋ²⁴
博鳌	au⁴⁴ 训读(乌)	ɓeŋ⁴⁴	tseŋ²⁴	çiŋ²⁴	zeŋ³¹	teŋ⁵³	tiŋ⁴⁴	hiŋ²⁴
东澳	au⁴⁴ 训读(乌)	ɓeŋ⁴⁴	tseŋ²⁴	çiŋ²⁴	ziŋ³¹ θɔ⁵⁵ 训读(索)	θiŋ⁵³	θiŋ⁴⁴	iŋ²⁴
黎安	au⁴⁴ 训读(乌)	ɓeŋ⁴⁴	tseŋ²⁴	çiŋ²⁴	seŋ³¹	ɗeŋ⁵³	teŋ⁴⁴	eŋ²⁴
感城	ou⁴⁴ 训读(乌)	pien⁴⁴	tseŋ³⁵	tçhin³⁵	tsheŋ²¹	θeŋ⁴²	θeŋ⁴⁴	heŋ³⁵
昌江	ɔu⁴⁴ 训读(乌)	ɓiŋ⁴⁴	tseŋ²⁴	çiŋ²⁴	to³³ 训读(索)	ɗeŋ⁵³	tiŋ⁴⁴ siŋ⁴⁴	hiŋ²⁴

	0817 蝇	0818 逼	0819 力	0820 息	0821 直	0822 侧	0823 测	0824 色
	曾开三平蒸以	曾开三入职帮	曾开三入职来	曾开三入职心	曾开三入职澄	曾开三入职庄	曾开三入职初	曾开三入职生
大昌	tiŋ²²	ɓek⁵	lak³	tek⁵	ɗik⁵	tsek⁵	sek⁵	tek⁵
博鳌	tiŋ³¹	ɓit⁵	lat³ lit³	tet⁵	ɗit⁵	set⁵	set⁵	tek⁵
东澳	tiŋ³¹	ɓiʔ⁵	laʔ³	θiʔ⁵	ɗiʔ⁵	çiʔ⁵	çiʔ⁵	θeʔ⁵
黎安	tim³¹	ɓik⁵	lap³	tik⁵	ɗik⁵	sek⁵	sek⁵	tek⁵
感城	θin²¹	peiʔ⁵	laiʔ³	seiʔ⁵	tiʔ³	tshieiʔ³	tshieiʔ³	seiʔ⁵
昌江	tin³¹	ɓit⁵	lat³	tik⁵	ɗit³	sek⁵	sek⁵	tik⁵

二 单字 / 59

	0825 织 曾开三入职章	0826 食 曾开三入职船	0827 式 曾开三入职书	0828 极 曾开三入职群	0829 国 曾合一入德见	0830 或 曾合一入德匣	0831 猛 梗开二上庚明	0832 打 梗开二上庚端
大昌	tse⁵⁵	tɕiaʔ³	tek⁵	kik⁵	kɔk⁵	hɔk³	moŋ³⁴	fa⁵⁵ 训读(拍)
博鳌	tɕit⁵ 组织 tsæ⁵⁵ 织布	tɕia³³	tek⁵	kik³	kɔk³	ɦɔk³	moŋ⁴²	phak⁵ 训读(拍)
东澳	tɕie⁵⁵	tɕia³³	θik⁵	kik³	kɔk³	ɦɔk³	moŋ⁴²	phaʔ⁵ 训读(拍)
黎安	tsek⁵	tɕia³³	ɗek⁵	gik³	kɔk³	ɦɔk³	moŋ⁴²	pha⁵⁵ 训读(拍)
感城	tɕiʔ⁵	tɕieʔ³	seiʔ⁵	keiʔ³	kouʔ⁵	hoiʔ³	moŋ²¹	pha⁵⁵ 训读(拍)
昌江	tɕik⁵	tɕiʔ³	tik⁵	kik³	kok⁵	ho³³	moŋ⁴²	pha⁵⁵ 训读(拍)

	0833 冷 梗开二上庚来	0834 生 梗开二平庚生	0835 省 ~长 梗开二上庚生	0836 更 三~,打~ 梗开二平庚见	0837 梗 梗开二上庚见	0838 坑 梗开二平庚溪	0839 硬 梗开二去庚疑	0840 行 ~为,~走 梗开二平庚匣
大昌	le⁴²⁴	te³⁴	teŋ⁴²⁴	kɔŋ³⁴	keŋ²⁴	haŋ³⁴	ŋe²²	kia²²
博鳌	læ⁴² ɕiŋ⁴² 凓	teŋ⁴⁴ tæ⁴⁴ soŋ⁴⁴ 生旦	teŋ⁴²	kæ⁴⁴	(无)	haŋ⁴⁴	ŋæ⁴⁴	kia³¹ haŋ³¹ 太行山
东澳	le⁴² kua³¹ 训读(寒)	θe⁴⁴	θiŋ⁴²	ke⁴⁴	keŋ⁵³	hɔʔ⁵ 训读(喰) haŋ⁴⁴	ŋe⁴⁴	kia³¹ aŋ³¹
黎安	le³¹	te⁴⁴	teŋ⁴²	ke⁴⁴	(无)	haŋ⁴⁴	ŋe⁴⁴	kia³¹
感城	le²²	θe⁴⁴	θeŋ²²	ke⁴⁴	(无)	khaŋ⁴⁴	ŋe⁴²	kie²¹
昌江	kuo³¹ 训读(寒)	te⁴⁴	tiŋ⁴²	ke²⁴	(无)	(无)	ŋe⁴⁴	haŋ³¹ hiŋ³¹

	0841 百	0842 拍	0843 白	0844 拆	0845 择	0846 窄	0847 格	0848 客
	梗开二 入陌帮	梗开二 入陌滂	梗开二 入陌並	梗开二 入陌彻	梗开二 入陌澄	梗开二 入陌庄	梗开二 入陌见	梗开二 入陌溪
大昌	ɓe⁵⁵	ɓɔk⁵	ɓe⁵⁵	ia⁵⁵	kai⁴²训读(拣)	eʔ⁵训读(狭)	keʔ⁵	heʔ⁵
博鳌	ɓæ⁵⁵	bɔ⁵⁵	ɓæ³³	hia⁵⁵	kai⁴²训读(拣)	ɔi³³训读(隘)	kæ⁵⁵	hæ⁵⁵
东澳	ɓai⁵⁵	phai⁵⁵	ɓe³³	hiaʔ⁵	kai⁴²训读(拣)	tsai⁴² niau⁵³	keʔ⁵	he⁵⁵
黎安	ɓe³³	phai⁵⁵	ɓe³³	sai⁵⁵	kai⁴²训读(拣)	hit³训读(狭)	ke	he⁵⁵
感城	peʔ⁵	phai⁴⁴ phaː⁵⁵	peiʔ³	thieiʔ⁵	tseiʔ⁵	khiaiʔ³训读(狭)	keʔ⁵	kheʔ⁵
昌江	ɓe⁵⁵	pha⁵⁵	ɓe³³	hie⁵⁵	kai⁴²训读(拣)	kiʔ³训读(狭)	ke⁵⁵	khe⁵⁵

	0849 额	0850 棚	0851 争	0852 耕	0853 麦	0854 摘	0855 策	0856 隔
	梗开二 入陌疑	梗开二 平耕並	梗开二 平耕庄	梗开二 平耕见	梗开二 入麦明	梗开二 入麦知	梗开二 入麦初	梗开二 入麦见
大昌	hia³³	foŋ²²	tse³⁴	ke³⁴	veʔ³	ɗiaʔ⁵	sek⁵	keʔ⁵
博鳌	ŋæ³³	ɸoŋ³¹	tsæ⁴⁴	keŋ⁴⁴	bæ⁵⁵	ɓiak⁵	sek⁵	kæ⁵⁵
东澳	ŋe³³	phoŋ³¹	tse⁴⁴	keŋ⁴⁴	me⁵⁵	ɓiaʔ⁵	ɓiaʔ⁵	ke⁵⁵
黎安	(无)	phoŋ³¹	tse⁴⁴	keŋ⁴⁴	be³³	ɓia⁵⁵	çik⁵	ke⁵⁵
感城	ŋaʔ⁵	phoŋ²¹ pe²¹	tse⁴⁴	keŋ⁴⁴	veʔ³	tiaʔ⁵	tsheʔ⁵	keʔ⁵
昌江	ŋeʔ³	phoŋ³¹ lak³	tse⁴⁴	loi³¹	me³³	ho³¹ ɗie⁵⁵	ɓie⁴⁴	ɓe²⁴

	0857 兵	0858 柄	0859 平	0860 病	0861 明	0862 命	0863 镜	0864 庆
	梗开三 平庚帮	梗开三 去庚帮	梗开三 平庚並	梗开三 去庚並	梗开三 平庚明	梗开三 去庚明	梗开三 去庚见	梗开三 去庚溪
大昌	ɓia³⁴	ɓe²⁴	fiŋ²²	ɓe³⁴	miŋ²²	mia³⁴	kia²⁴	heŋ²⁴
博鳌	ɓia⁴⁴	ɓæ⁴²	ɓæ³¹ phiŋ³¹ 人名	ɓæ⁴⁴	meŋ³¹ miŋ³¹	mia⁴⁴ meŋ³¹ 命令	kia²⁴	hiŋ⁵³
东澳	ɓia⁴⁴	ɓe⁴²	ɓe³¹ phiŋ³¹	ɓe⁴⁴	meŋ³¹	mia³¹	kia²⁴	hiŋ²⁴
黎安	ɓia⁴⁴	ɓe²⁴	ɓe³¹	ɓe⁴⁴	min³¹	mia⁴⁴	kia²⁴	heŋ²⁴
感城	pie⁴⁴	pe³⁵	pheŋ²¹ pe²¹	pe⁴⁴	meŋ²¹	mie⁴⁴	kie³⁵	kheŋ³⁵
昌江	ɓie⁴⁴	ɓe²⁴	phiŋ³¹ ɓe³¹	ɓe⁴⁴	min³¹	mie⁴⁴	kie²⁴	khiŋ²⁴

二　单字 / 61

	0865 迎	0866 影	0867 剧戏~	0868 饼	0869 名	0870 领	0871 井	0872 清
	梗开三 平庚疑	梗开三 上庚影	梗开三 入陌群	梗开三 上清帮	梗开三 平清明	梗开三 上清来	梗开三 上清精	梗开三 平清清
大昌	ɗaŋ^{42}训读(等)	ɔ^{424}	hi^{24}戏	ɕia^{424}	mia^{22}	lia^{424}	tse^{424}	seŋ^{34}
博鳌	ɗaŋ^{42}训读(等)	ɔ^{42}	ki^{55}	ɕia^{42}	mia^{31}	lia^{42}	tsæ^{42}	seŋ^{44}
东澳	ɗaŋ^{42}训读(等)	ɔ^{42}	ki^{53}	ɕia^{42}	mia^{31}	nia^{42}	tse^{42}	ɕiŋ^{44}
黎安	ɗaŋ^{42}训读(等)	ɔ^{42}	ki^{55}	ɕia^{42}	mia^{31}	lia^{42}	tse^{42}	seŋ^{44}
感城	taŋ^{22}训读(等)	o^{22}	(无)	pie^{22}	mie^{21}	lie^{22}	tse^{22}	tsheŋ^{44}
昌江	ɗan^{42}训读(等)	o^{42}	kiʔ^{3}	ɕie^{42}	mie^{31}	lie^{42}	tse^{42}	ɕiŋ^{44}

	0873 静	0874 姓	0875 贞	0876 程	0877 整	0878 正~反	0879 声	0880 城
	梗开三 上清从	梗开三 去清心	梗开三 平清知	梗开三 平清澄	梗开三 上清章	梗开三 去清章	梗开三 平清书	梗开三 平清禅
大昌	tse^{53}	te^{24}	tseŋ^{34}	seŋ^{22}	tseŋ^{424}	tɕia^{24}	tia^{34}	tia^{22}
博鳌	tsæ^{44}	tæ^{24}	tseŋ^{44}	seŋ^{31}	tseŋ^{42}	tɕia^{24}	tia^{44}	tia^{31}
东澳	tse^{44}	θe^{24}	tɕiŋ^{44}	ɕiŋ^{31}	tɕiŋ^{42}	tɕia^{24}	θia^{44}	tia^{31}
黎安	tse^{44}	te^{24}	tɕin^{44}	seŋ^{31}	tseŋ^{42}	tɕia^{24}	tia^{44}	tia^{31}
感城	tseŋ^{42}	θe^{35}	tseŋ^{44}	tsheŋ^{21}	tseŋ^{22}	tɕie^{35}	θie^{44}	θie^{21}
昌江	tse^{44}	te^{24}	tseŋ^{44}	seŋ^{31}	tseŋ^{42}	tɕie^{24}	tie^{44} seŋ^{44}	ɗie^{31}

	0881 轻	0882 赢	0883 积	0884 惜	0885 席	0886 尺	0887 石	0888 益
	梗开三 平清溪	梗开三 平清以	梗开三 入昔精	梗开三 入昔心	梗开三 入昔邪	梗开三 入昔昌	梗开三 入昔禅	梗开三 入昔影
大昌	hiŋ^{34}	ia^{22}	tsek^{5}	se^{55}	ɕiɔk^{5}	ɕiɔ^{55}	tɕiɔk^{5}	ek^{5}
博鳌	ɕiŋ^{44}	ia^{31}	tɕik^{5}	sæ^{5}	tia^{33} ɕiɔ^{33}	ɕiɔ^{55}	dzɿɔ^{33} tek^{3}人名	ek^{5}
东澳	hiŋ^{44}	ia^{31}	tɕiʔ^{5}	ɕiʔ^{5}	tia^{33} ɕiɔ^{55}	ɕiɔ^{55}	dzɿɔ^{33}	eʔ^{5}
黎安	him^{44}	ɗia^{31}	tɕit^{5}	ɕie^{55}	ɕiɔ^{33}	ɕiɔ^{55}	tɕhiɔ^{55}	ep^{5}
感城	khiŋ^{44}	ie^{21}	tsei^{5}	tsheʔ^{5}	θieiʔ^{3}	ɕieiʔ^{5}	tɕieiʔ^{3}	eiʔ^{5}
昌江	khiŋ^{44}	ie^{31}	tɕit^{5}	se^{55}	ɕie^{33}	ɕie^{55}	tɕie^{33}	it^{5}

	0889 瓶	0890 钉名	0891 顶	0892 厅	0893 听~见	0894 停	0895 挺	0896 定
	梗开四	梗开四	梗开四	梗开四	梗开四	梗开四	梗开四	梗开四
	平青并	平青端	上青端	平青透	平青透	平青定	上青定	去青定
大昌	fiŋ²²	ɗaŋ³⁴	ɗiŋ⁴²⁴	hia³⁴	ɦia³⁴	fiŋ²²	hiŋ⁴²⁴	ɗia³⁴
博鳌	ɓeŋ³¹	ɗan⁴⁴	ɗeŋ⁴²	hia⁴⁴	hia⁴⁴	heŋ³¹	heŋ⁴²	ɗia⁴⁴ / ɗiŋ⁴⁴ 定安
东澳	ɓiŋ³¹	ɗeŋ⁴⁴	ɗeŋ⁴²	hia⁴⁴	hia⁴⁴	heŋ³¹	heŋ⁴²	ɗia⁴⁴
黎安	uan⁴² 碗	ɗan⁴⁴	ɗeŋ⁴²	hia⁴⁴	hia⁴⁴	heŋ³¹	ɦeŋ⁴²	ɗia⁵³
感城	pheŋ²¹ / pan²¹	taŋ⁴⁴	teŋ²²	thie⁴⁴	thie⁴⁴	theŋ²¹	theŋ²¹	teŋ³⁵ / tie⁴⁴
昌江	phiŋ³¹	ɗan⁴⁴	ɗiŋ⁴²	thie⁴⁴	thie⁴⁴	thiŋ³¹	thiŋ⁴²	ɗie⁵³

	0897 零	0898 青	0899 星	0900 经	0901 形	0902 壁	0903 劈	0904 踢
	梗开四	梗开四	梗开四	梗开四	梗开四	梗开四	梗开四	梗开四
	平青来	平青清	平青心	平青见	平青匣	入锡帮	入锡滂	入锡透
大昌	liŋ²²	seŋ³⁴	se³⁴	kiŋ³⁴	ɦieŋ²²	ɓiaʔ⁵	fa²⁴	hat⁵
博鳌	leŋ³¹ / læŋ³¹ 零钱	seŋ⁴⁴	sæ⁴⁴ / sæ⁴⁴ 青色	keŋ⁴⁴	heŋ³¹	ɓia⁵⁵	phet⁵	hit⁵
东澳	leŋ³¹	ɕiŋ⁴⁴	ɕiŋ⁴⁴	kiŋ⁴⁴	hiŋ³¹	ɓiaʔ⁵	phiʔ⁵	hiʔ⁵
黎安	liŋ³¹	se⁴⁴	se⁴⁴	keŋ⁴⁴	heŋ³¹	ɓia⁵⁵	(无)	hik⁵
感城	leŋ²¹	tshe⁴⁴	tshe⁴⁴	keŋ⁴⁴	heŋ²¹	piʔ⁵	(无)	theiʔ⁵
昌江	liŋ³¹	se⁴⁴	se⁴⁴	kiŋ⁴⁴	hiŋ³¹	ɕie³¹ 训读（墙）	pho²⁴	hek⁵

	0905 笛	0906 历农~	0907 锡	0908 击	0909 吃	0910 横~竖	0911 划计~	0912 兄
	梗开四	梗开四	梗开四	梗开四	梗开四	梗合二	梗合二	梗合三
	入锡定	入锡来	入锡心	入锡见	入锡溪	平庚匣	入麦匣	平庚晓
大昌	ɗiau³⁴ 训读（箫）	lik³	tia⁵⁵	kik⁵	tɕiaʔ³ 训读（食）	ɦuei²²	uei⁵⁵	ɦia³⁴
博鳌	tiau⁴⁴ 训读（箫）	læ³³ / lit³	dia⁵⁵	kik⁵	tɕia³³	ia³¹	ie³³	ia⁴⁴
东澳	tiau⁴⁴ 训读（箫）	leʔ³	dʑi³³	kik⁵	tɕia³³ 训读（食）	hue⁴⁴	ue⁵⁵	iᵃ⁴⁴
黎安	tiau⁴⁴ 训读（箫）	lit³	tiak⁵	kik⁵	tɕia³³	uai⁴⁴	uai⁵⁵	ia⁴⁴
感城	taiʔ³	leiʔ³	θieiʔ⁵	kiʔ⁵	(无)	hie²¹	ie⁴⁴ / iaʔ³	hie⁴⁴
昌江	(无)	lit³	ɕit⁵	kik⁵	tɕit⁵	uei³¹	uei⁵⁵	hie⁴⁴

二 单字

	0913 荣	0914 永	0915 营	0916 蓬~松	0917 东	0918 懂	0919 冻	0920 通
	梗合三	梗合三	梗合三	通合一	通合一	通合一	通合一	通合一
	平庚云	上庚云	平清以	平东並	平东端	上东端	去东端	平东透
大昌	zoŋ²²	zoŋ⁴²⁴	ia²²	voŋ²²	ɗaŋ³⁴	ɗoŋ⁴²⁴	ɗoŋ²⁴	ɦoŋ³⁴
博鳌	zoŋ³¹	zoŋ³¹	ia³¹ zoŋ³¹	hoŋ³¹	ɗaŋ⁴⁴ ɗoŋ⁴⁴ 人名	ɗoŋ⁴²	ɗoŋ⁵³	hoŋ⁴⁴
东澳	dzioŋ³¹	ioŋ²¹	ia³¹	phoŋ³¹	ɗaŋ⁴⁴	ɗoŋ⁴²	ɗoŋ²⁴	hoŋ⁴⁴ phoŋ⁴⁴
黎安	zoŋ³¹	zoŋ⁴²	ia³¹	phoŋ³¹	ɗaŋ⁴⁴	ɗoŋ⁴²	ɗoŋ⁵³	khoŋ⁴⁴
感城	zoŋ²¹	zoŋ²¹	zoŋ²¹ ie²¹	phoŋ²¹	taŋ⁴⁴	toŋ²²	toŋ³⁵	thoŋ⁴⁴
昌江	zoŋ³¹	zoŋ⁴²	ie³¹	taŋ⁴⁴ 松	ɗaŋ⁴⁴	ɓat⁵	ɗoŋ⁵³	hoŋ⁴⁴

	0921 桶	0922 痛	0923 铜	0924 动	0925 洞	0926 聋	0927 弄	0928 粽
	通合一	通合一	通合一	通合一	通合一	通合一	通合一	通合一
	上东透	去东透	平东定	上东定	去东定	平东来	去东来	去东精
大昌	ɦaŋ⁴²⁴	ia²⁴	ɗoŋ²²	haŋ⁵³	ɗaŋ⁵³	laŋ²²	loŋ²⁴	taŋ²⁴
博鳌	haŋ⁴⁴	hia²⁴	ɗaŋ³¹	haŋ⁵³	ɗoŋ⁵³	laŋ³¹	lam⁴⁴	taŋ²⁴
东澳	haŋ⁴⁴	hia²⁴	ɗaŋ³¹	haŋ⁵³	ɗɔŋ⁵³	laŋ³¹	lɔŋ²⁴	tɔŋ²⁴
黎安	haŋ⁵³	hia²⁴	ɗaŋ³¹	khaŋ⁵³	ɗoŋ⁵³	laŋ³¹	noŋ⁵³	taŋ²⁴
感城	thaŋ²²	thie³⁵	taŋ²¹	thaŋ⁴²	toŋ⁴²	laŋ²¹	laŋ³⁵	tsaŋ³⁵
昌江	haŋ⁴⁴	hie²⁴	ɗaŋ³¹	haŋ⁵³	ɗoŋ⁵³	laŋ³¹	haŋ⁵³	taŋ²⁴

	0929 葱	0930 送	0931 公	0932 孔	0933 烘~干	0934 红	0935 翁	0936 木
	通合一	通合一	通合一	通合一	通合一	通合一	通合一	通合一
	平东清	去东心	平东见	上东溪	平东晓	平东匣	平东影	入屋明
大昌	saŋ³⁴	taŋ²⁴	koŋ³⁴	hoŋ⁴²⁴	hoŋ³⁴	aŋ²²	oŋ³⁴	sa²² 训读(柴)
博鳌	saŋ⁴⁴	taŋ²⁴	koŋ⁴⁴	hoŋ⁴² haŋ⁴²	haŋ⁴⁴	aŋ³¹	oŋ⁴⁴	mɔk³
东澳	saŋ⁴⁴	taŋ²⁴	kɔŋ⁴⁴	hoŋ⁴²	hɔŋ⁴⁴	aŋ³¹	ɔŋ⁴⁴	mɔʔ³
黎安	saŋ⁴⁴	taŋ²⁴	koŋ⁴⁴	khaŋ⁵³	haŋ²⁴	aŋ³¹	koŋ⁵⁵	mɔk⁵
感城	tshaŋ⁴⁴	θaŋ³⁵	koŋ⁴⁴	khoŋ²¹	hoŋ⁴⁴	aŋ²¹	aŋ⁴⁴	mouʔ³
昌江	saŋ⁴⁴	taŋ²⁴	koŋ⁴⁴ kaŋ⁴⁴	khoŋ⁴²	hoŋ⁴⁴	aŋ³¹	uoŋ⁴⁴	sa³¹ 训读(柴) mo⁵ʔ

	0937 读	0938 鹿	0939 族	0940 谷稻	0941 哭	0942 屋	0943 冬~至	0944 统
	通合一 入屋定	通合一 入屋来	通合一 入屋从	通合一 入屋见	通合一 入屋溪	通合一 入屋影	通合一 平冬端	通合一 去冬透
大昌	hat³	ɗiak⁵	tɔʔ³	çia⁵ 训读(粟)	hau²⁴ 训读(吼)	ɔk⁵	ɗaŋ³⁴	taŋ⁴²⁴
博鳌	phak³ ɗɔk³	ɗiak³	tɔk³	çia⁵ 训读(粟) kɔk⁵	hau²⁴ hi³¹ 训读(啼)	çiu²⁴ 训读(宿)	ɗaŋ⁴⁴	hoŋ⁴²
东澳	phaʔ³	ɗiaʔ³	tɔʔ³	çia⁵ 训读(粟)	hau²⁴ hi³¹ 训读(啼)	su²⁴ 训读(宿)	ɗaŋ⁴⁴	hoŋ⁴²
黎安	phak³	ɗiak³	tɔk³	kɔk⁵	hau²⁴ 训读(嚎)	su²⁴ 训读(宿)	ɗaŋ⁴⁴	khoŋ⁴²
感城	thaʔ³	tiaʔ³	tsouʔ³	kouʔ⁵	thi²¹	tshu³⁵ 训读(厝)	taŋ⁴⁴	thoŋ²¹
昌江	hak³	ɗiak³ tiak³	tok³ tsok³		çiak⁵	hi³¹ 训读(啼)	su²⁴ 训读(宿)	ɗaŋ⁴⁴	hoŋ⁴²

	0945 脓	0946 松~紧	0947 宋	0948 毒	0949 风	0950 丰	0951 凤	0952 梦
	通合一 平冬泥	通合一 平冬心	通合一 去冬心	通合一 入沃定	通合三 平东非	通合三 平东敷	通合三 去东奉	通合三 去东明
大昌	naŋ²²	taŋ³⁴	taŋ²⁴	ɗak³	huaŋ³⁴	foŋ³⁴	foŋ⁵³	maŋ³⁴
博鳌	naŋ³¹	taŋ⁴⁴	taŋ²⁴	ɗak³	uaŋ⁴⁴	ɸoŋ⁴⁴	toŋ⁴⁴	maŋ⁴⁴
东澳	nɔŋ³¹	θɔŋ⁴⁴	tɔŋ²⁴	ɗaʔ³	uaŋ⁴⁴	uaŋ⁴⁴	hoŋ⁴⁴	maŋ⁴⁴
黎安	naŋ³¹	taŋ⁴⁴	toŋ²⁴	ɗak³	uaŋ⁴⁴	phoŋ⁴⁴	phoŋ⁵³	maŋ⁴⁴
感城	naŋ²¹	soŋ⁴⁴	θoŋ³⁵	taʔ³	huaŋ⁴⁴	voŋ⁴⁴	voŋ⁴²	maŋ⁴⁴
昌江	naŋ³¹	taŋ⁴⁴	taŋ²⁴	ɗak³	huaŋ⁴⁴	phoŋ⁴⁴	foŋ⁵³ uoŋ⁵³	maŋ⁴⁴

	0953 中~当	0954 虫	0955 终	0956 充	0957 宫	0958 穷	0959 熊	0960 雄
	通合三 平东知	通合三 平东澄	通合三 平东章	通合三 平东昌	通合三 平东见	通合三 平东群	通合三 平东云	通合三 平东云
大昌	toŋ³⁴	haŋ²²	toŋ³⁴	tshoŋ³⁴	koŋ³⁴	kiaŋ²²	ioŋ²²	ioŋ²²
博鳌	toŋ⁴⁴ toŋ²⁴	haŋ³¹	toŋ⁴⁴	soŋ⁴⁴	koŋ⁴⁴	hioŋ³¹ kiaŋ³¹	ioŋ³¹	ioŋ³¹
东澳	tɔŋ⁴⁴ tɔŋ²⁴	haŋ³¹	tɔŋ⁴⁴	sɔŋ⁴⁴	kɔŋ⁴⁴	hiɔŋ³¹ kiɔŋ⁴²	iɔŋ³¹	iɔŋ³¹
黎安	toŋ⁴⁴	haŋ³¹	toŋ⁴⁴	soŋ⁴⁴	koŋ⁴⁴	kiaŋ³¹	ioŋ⁵³	ioŋ³¹
感城	tsoŋ⁴⁴	thaŋ²¹	tsoŋ⁴⁴	tshoŋ⁴⁴	koŋ⁴⁴	khioŋ²¹	hioŋ²¹	hioŋ²¹
昌江	toŋ⁴⁴	haŋ³¹	toŋ⁴⁴	soŋ⁴⁴	koŋ⁴⁴	kiaŋ³¹	hioŋ³¹	hiaŋ³¹

二　单字 / 65

	0961 福	0962 服	0963 目	0964 六	0965 宿 住~，~舍	0966 竹	0967 畜~生	0968 缩
	通合三 入屋非	通合三 入屋奉	通合三 入屋明	通合三 入屋来	通合三 入屋心	通合三 入屋知	通合三 入屋彻	通合三 入屋生
大昌	foʔ⁵	foʔ⁵	mak³	lak³	heʔ⁵ 训读（歌）	ɖiok⁵	soʔ⁵	tiak⁵
博鳌	ɸɔk⁵	ɸɔk³	mak³	lak³	hæ³³ 训读（歌）	ɖiok⁵	sɔk⁵	tiak⁵
东澳	hɔk⁵	phɔk³	maʔ³	laʔ³	eʔ³ 训读（歌）	ɖiɔʔ⁵	sɔk⁵	tiaʔ⁵
黎安	fɔk⁵	phɔk³	mak³	lak³	he⁵⁵ 训读（歌）	ɖiok⁵	sɔk⁵	tiak⁵
感城	vouʔ⁵	phouʔ³	maʔ³	laʔ³	souʔ⁵	tiaʔ⁵	tshouʔ⁵	θiaʔ⁵
昌江	phok⁵	phok⁵	mak³	lak³	sok³	ɖiak⁵	sok⁵	niak⁵

	0969 粥	0970 叔	0971 熟	0972 肉	0973 菊	0974 育	0975 封	0976 蜂
	通合三 入屋章	通合三 入屋书	通合三 入屋禅	通合三 入屋日	通合三 入屋见	通合三 入屋以	通合三 平钟非	通合三 平钟敷
大昌	toʔ⁵	tɕip⁵	tiak⁵	iok³	kiak⁵	zok³	ɓaŋ³⁴	faŋ³⁴
博鳌	tɔk⁵	tɕip⁵ ɖæ⁴⁴ 爹	tiak³	iok³	kiak⁵	zok³	ɓaŋ⁴⁴	phaŋ⁴⁴
东澳	tɔʔ⁵	su⁵⁵	tiaʔ²	iɔʔ³	kiaʔ⁵	dziɔʔ³	ɓaŋ⁴⁴	phɔŋ⁴⁴
黎安	tok⁵	su⁵⁵	tiak³	iok³	kiak⁵	iok⁵	ɓaŋ⁴⁴	phaŋ⁴⁴
感城	tsouʔ⁵	tɕiʔ⁵	θiaʔ³	hiaʔ⁵	khiaʔ⁵	zouʔ⁵	paŋ⁴⁴	voŋ⁴⁴
昌江	tok⁵	so⁵⁵	tiak³	hiak³	khiak⁵	zok³	ɓaŋ⁴⁴	huaŋ⁴⁴

	0977 缝~条~	0978 浓	0979 龙	0980 松~树	0981 重轻~	0982 肿	0983 种~树	0984 冲
	通合三 去钟奉	通合三 平钟泥	通合三 平钟来	通合三 平钟邪	通合三 上钟澄	通合三 上钟章	通合三 去钟章	通合三 平钟昌
大昌	foŋ²²	noŋ²²	lian²²	toŋ²²	taŋ⁴²⁴	tɕian⁴²⁴	tɕian²⁴	soŋ³⁴
博鳌	ɸoŋ³¹ haŋ⁴⁴	noŋ³¹	lian³¹	toŋ⁴⁴	taŋ⁴² soŋ³¹	tɕian⁴²	tɕian²⁴	soŋ⁴⁴
东澳	phoŋ²¹	noŋ²¹	lian²¹	θɔŋ⁴⁴	taŋ⁴²	tsaŋ⁴²	tɕian²⁴	sɔŋ⁴⁴
黎安	faŋ⁴⁴	noŋ⁴⁴	lian³¹	toŋ⁴⁴	taŋ⁵³	tɕian⁴⁴	tɕian²⁴	soŋ⁴⁴
感城	phoŋ²¹	noŋ³⁵	lian²¹	soŋ⁴⁴	taŋ⁴²	tɕian²²	tɕian³⁵	tshoŋ⁴⁴
昌江	foŋ⁵³	noŋ³¹	lian³¹	toŋ⁴⁴ taŋ⁴⁴ 轻松	taŋ⁵³	tɕian⁴²	tɕian²⁴	soŋ⁴⁴

	0985 恭	0986 共	0987 凶 吉~	0988 拥	0989 容	0990 用	0991 绿	0992 足
	通合三平钟见	通合三去钟群	通合三平钟晓	通合三上钟影	通合三平钟以	通合三去钟以	通合三入烛来	通合三入烛精
大昌	koŋ³⁴	koŋ⁵³	ioŋ³⁴	ɔŋ⁴²⁴	zoŋ²²	zoŋ⁵³	liak³	ha³⁴ 训读(敆)
博鳌	koŋ⁴⁴	koŋ⁵³ kaŋ⁵³	ioŋ⁴⁴	hoŋ⁴² ɔŋ⁵	zoŋ³¹	zoŋ⁵³	liak³	tsɔk⁵
东澳	koŋ⁴⁴	koŋ⁵³	ioŋ⁴⁴	ɔŋ⁵³	dziɔŋ³¹	dziɔŋ⁵³	liaʔ³	ha⁴⁴ 训读(敆)
黎安	koŋ⁴⁴	koŋ⁵³	ioŋ⁴⁴	oŋ⁵³	zoŋ³¹	zoŋ⁴⁴	liak³	ha⁴⁴ 训读(敆)
感城	koŋ⁴⁴	koŋ⁴² kaŋ⁴⁴	hioŋ⁴⁴	oŋ³⁵	zoŋ²¹	zoŋ⁴²	liaʔ³	tsouʔ⁵
昌江	koŋ⁴⁴	koŋ⁵³	hiaŋ⁴⁴	zoŋ⁴⁴	zoŋ³¹	zoŋ⁵³	liak³	kha⁴⁴ 训读(敆)

	0993 烛	0994 赎	0995 属	0996 褥	0997 曲 ~折, 歌~	0998 局	0999 玉	1000 浴
	通合三入烛章	通合三入烛船	通合三入烛禅	通合三入烛日	通合三入烛溪	通合三入烛群	通合三入烛疑	通合三入烛以
大昌	tɕiak⁵	tiak⁵	toʔ⁵	fei⁵³ 被	hiak⁵	hɔk⁵	zi³³	zɔk³
博鳌	tɕiak⁵	tiap³	tɔk³	(无)	hiak⁵	hɔk⁵	zi³³	zɔk³ iak³
东澳	tɕiaʔ⁵	tiaʔ³	θɔʔ³	(无)	hiaʔ⁵	hɔʔ⁵	dzi³³	dziɔʔ³
黎安	tɕiak⁵	tiak³	tɔk³	(无)	hiak⁵	hɔk⁵	zi³³	iak⁵
感城	tɕiaʔ⁵	θiaʔ³	θouʔ³	(无)	khiaʔ⁵	khouʔ⁵	zi⁴² zouʔ³	zouʔ⁵
昌江	tɕiʔ⁵	(无)	tok³	(无)	khiak⁵	khok³	zi³³	i³³

三　词汇

	0001 太阳~下山了	0002 月亮~出来了	0003 星星
大昌	日头 ȥit³ hau³⁴	月亮 vuei³³ liaŋ²²	星 se³⁴
博鳌	日头 ȥi³³ hau³¹	月娘 gie³³ niɔ³¹	星 sæ⁴⁴
东澳	日头 ȥi³³ hau³¹ 太阳 hai⁵³ dȥiaŋ³¹	月圆娘；月亮 guei³³ i³¹ niɔ³¹；ge³³ liaŋ⁴⁴	星 se⁴⁴
黎安	日头 ȥit³ hau³¹	月圆娘 guei³³ i³¹ niɔ³¹	星 se⁴⁴
感城	日头 ȥiʔ³ tʰau²¹	月公 vuo³³ koŋ⁴⁴	星 tshe⁴⁴
昌江	日头 ȥit³ hau³¹	月亮 uei³³ lie⁴⁴	星 se⁴⁴

	0004 云	0005 风	0006 台风
大昌	云 fiun²²	风 uaŋ³⁴	发台 fat⁵ hai²²
博鳌	云 hun³¹	风 uaŋ⁴⁴	风台 uaŋ⁴⁴ hai³¹
东澳	云 un³¹	风 uaŋ⁴⁴	风 uaŋ⁴⁴
黎安	云 un³¹	风 uaŋ⁴⁴	台风 hai³¹ uaŋ⁴⁴
感城	云 hun²¹	风 huaŋ⁴⁴	风胎 huaŋ⁴⁴ thai⁴⁴
昌江	云 fiun³¹	风 huaŋ⁴⁴	台风 hai³¹ huaŋ⁴⁴

	0007 闪电 名词	0008 雷	0009 雨
大昌	公焱 koŋ³⁴ iam²²	公 koŋ³⁴	雨 hou⁴²⁴
博鳌	电 ɗi⁵³	雷 lui³¹	雨 ɦɔu⁴²
东澳	拍雷 pha⁵⁵ lui³¹	雷 lui³¹	雨 hau⁴²
黎安	拍雷 pha⁵⁵ luei³¹	雷 luei³¹	雨 hau⁴²
感城	天闪 thi⁴⁴ θiʔ⁵	雷公 lui²¹ koŋ⁴⁴	雨 hou⁴²
昌江	闪电 san⁴² ɗin²⁴	雷 luei³¹	雨 hɔu⁴²

	0010 下雨	0011 淋衣服被雨~湿了	0012 晒~粮食
大昌	作雨 tɔ⁵⁵ hɔu⁴²⁴	沃 aʔ⁵	曝 fak⁵
博鳌	落雨 lɔ³³ au⁴²	沃 ak⁵	曝 phak³
东澳	落雨 lɔ³³ au⁴²	淋 lin³¹	曝 phak³
黎安	落雨 lɔ³³ au⁴²	渳 ɗam³¹	曝 phak³
感城	落雨 lɔ³³ hou⁴²	沃雨 aʔ⁵ hou⁴²	曝 phaʔ³
昌江	落雨 lɔ³³ hɔu⁴²	浇 kiau⁴⁴	曝 phak³

	0013 雪	0014 冰	0015 冰雹
大昌	雪 tɔi⁵⁵	冰 ɓiŋ³⁴	雹 hat⁵
博鳌	雪 tɔi⁵⁵	冰 ɓeŋ⁴⁴	冰读 ɓeŋ⁴⁴ hak⁵
东澳	雪 tɔi⁵⁵	冰 ɓeŋ⁴⁴	冰雹 ɓeŋ⁴⁴ phɔ³¹
黎安	雪 tɔi⁵⁵	冰 ɓeŋ⁴⁴	冰雹 ɓeŋ⁴⁴ ɓɔ⁴⁴
感城	雪 seiʔ⁵	冰 pien⁴⁴	（无）
昌江	雪 tɔi⁵⁵；tit⁵	冰 ɓiŋ⁴⁴	雹 ɓiŋ⁴⁴ bau²⁴

	0016 霜	0017 雾	0018 露
大昌	霜 tɔ³⁴	雾 mɔu³⁴	露 lu³⁴
博鳌	霜 tɔ⁴⁴	雾 mu⁴²	露 lou²⁴
东澳	霜 suaŋ⁴⁴	雾 mu⁴²	雾露 mu⁴² lu⁴²
黎安	（无）	雾 mu⁴²	雾露 mu⁴² lau⁴⁴
感城	霜 θo⁴⁴	雾 mu³⁵	露 lou⁴⁴
昌江	霜 suaŋ⁴⁴	雾 mɔu²⁴	露 lɔu⁵³

	0019 虹统称	0020 日食	0021 月食
大昌	虹 ɕiaŋ²²	日食 ʑit³ tɕiaʔ³	月食 vuei³³ tɕiaʔ³
博鳌	虹 hiaŋ³¹	（无）	（无）
东澳	天挂柱 hi⁴⁴ kua²⁴ ɕiau⁴²	日食 ʑit³ tɕia³³	月食 gui³³ tɕia³³
黎安	天挂柱 hi⁴⁴ kua²⁴ ɕiau⁴²	日食 ʑit³ tɕia³³	月食 guei³³ tɕia³³
感城	龙弓 liaŋ²¹ kiaŋ⁴⁴	狗食日 kau²² tɕieʔ³ ʑiʔ³	狗食月 kau²² tɕieʔ³ vuo³³
昌江	虹（无）	狗食月 kau⁴² tɕit³ ʑit³	狗食月 kau⁴² tɕit³ uei³³

三　词汇

	0022 天气	0023 晴天~	0024 阴天~
大昌	天气 i³⁴huei²⁴	晴 tse²²	乌天 ou³⁴fii³⁴
博鳌	天气 hi⁴⁴hui²⁴	晴天 ɕiŋ³1hi⁴⁴	阴 iəm⁴⁴
东澳	天气 hi⁴⁴hui²⁴	出日 sut⁵ʑit³	阴 in⁴⁴
黎安	天气 hi⁴⁴huei²⁴	出日 sut⁵ʑit³	阴 in⁴⁴
感城	天气 thi⁴⁴kʰui³⁵	天清 tʰi⁴⁴tsʰeŋ⁴⁴	乌天 ou⁴⁴tʰi⁴⁴
昌江	天气 hi²²khuei²⁴	晴 ɕiŋ³¹	阴天 in⁴⁴hi⁴⁴

	0025 旱天~	0026 涝天~	0027 天亮
大昌	旱 ua⁵³	浸 tɕiəm²⁴	天光 fii³⁴kuei³⁴
博鳌	旱 ua⁴⁴	作水了 tɔ⁵⁵tui⁴²liau⁴²	天光 hi⁴⁴kui⁴⁴
东澳	旱 ua⁴⁴	浸 tsun²⁴ 水灾 tui⁴²tai⁴⁴	天光 hi⁴⁴kui⁴⁴
黎安	旱 ua⁴⁴	浸 tsun²⁴	天光 hi⁴⁴kuei⁴⁴
感城	天旱 thi⁴⁴uoʔ⁵	水灾 tsui²²tsai⁴⁴	天朦光 thi⁴⁴moŋ²¹kui⁴⁴
昌江	旱 han⁴⁴	水灾 tuei⁴²tsai⁴⁴	天光 hi²²kuei⁴⁴

	0028 水田	0029 旱地浇不上水的耕地	0030 田埂
大昌	水塍 tuei⁴²⁴saŋ²²	坡地 fɔ³⁴ɗi⁵³	塍岸 saŋ²²ua³⁴
博鳌	水塍 tui⁴²san³¹	旱地 ui⁴⁴ɗi⁴⁴	塍岸 san³¹ŋæ⁴⁴
东澳	水塍 tuei⁴²san³¹	旱地 ua⁴⁴ɗi⁵³	塍岸 san³¹ua⁴⁴
黎安	水塍 tuei⁴²sam³¹	（无）	塍岸 san³¹ua⁴⁴
感城	塍 tshaŋ²¹	旱地 uoʔ⁵ti⁴²	（无）
昌江	塍 san³¹	坡 pho⁴⁴ huei⁴²	塍舷 san³¹ki⁴⁴

	0031 路野外的	0032 山	0033 山谷
大昌	路 lou³⁴	山 tua³⁴	山峡 tua³⁴kiap⁵
博鳌	路 lou⁴⁴	山 tua⁴⁴	山 tua⁴⁴
东澳	路 lau⁴⁴	山 tua⁴⁴	山谷 tua⁴⁴kɔk⁵
黎安	路 lau⁴⁴	山 tua⁴⁴	山谷 tua⁴⁴kɔk⁵
感城	路 lou⁴⁴	山 θuo⁴⁴	山沟 θuo⁴⁴kau⁴⁴
昌江	路 lɔu⁴⁴	山 tuo⁴⁴ suo⁴⁴	山谷 suo⁴⁴kɔu⁴⁴

	0034 江大的河	0035 溪小的河	0036 水沟儿较小的水道
大昌	溪 hoi³⁴	溪 hoi³⁴	水沟囝 tuei⁴²⁴kau³⁴kia⁴²⁴
博鳌	江 kiaŋ⁴⁴	溪 hɔi⁴⁴	水沟囝 tui⁴²kau⁴⁴kia⁴²
东澳	江 kiaŋ⁴⁴	溪 hui⁴⁴	水沟 tui⁴²kau⁴⁴
黎安	江 kiaŋ⁴⁴	溪 huei⁴⁴	水沟 tuei⁴²kau⁴⁴
感城	江 kiaŋ⁴⁴	溪 khoi⁴⁴	水沟 tsui²²kau⁴⁴
昌江	江 kiaŋ⁴⁴	沟 kau⁴⁴	水沟 tuei⁴²kau⁴⁴

	0037 湖	0038 池塘	0039 水坑儿地面上有积水的小洼儿
大昌	湖 ɔu²²	池塘 ɕi²² ɗɔ²²	水窟 tuei⁴²⁴ hut⁵
博鳌	塘 ɗɔ³¹	池塘 ɕi³¹ ɗɔ³¹	水窟 tui⁴² hɔk⁵
东澳	塘 ɗɔ³¹	池塘 ɕi³¹ ɗɔ³¹	水窟 tui⁴² hɔʔ⁵
黎安	湖 u³¹	池塘 ɕi³¹ ɗɔ³¹	水窟 tuei⁴² hut⁵
感城	湖 ou²¹	塘 to²¹	水坑 tsui²² khaŋ⁴⁴
昌江	湖 hu³¹	鱼塘 hu³¹ ɗɔ³¹	水坑 tuei⁴² khaŋ⁴⁴

	0040 洪水	0041 淹被水~了	0042 河岸
大昌	大水 ɗua³⁴tuei⁴²⁴	浸 tɕiəm²⁴	溪舷 hoi³⁴ki²²
博鳌	大水 ɗua⁴⁴tui⁴²	浸 tɕiəm²⁴	溪舷 hɔi⁴⁴ki³¹
东澳	洪水 fioŋ³¹tui⁴²	浸 dʑin³¹ kiaʔ⁵	河岸 hɔ³¹ŋan⁵³
黎安	洪水 fioŋ³¹tuei⁴²	浸 tsun²⁴	河岸 hɔ³¹ŋam⁵³
感城	黎水 loi²¹tsui²²	浸 tɕin³⁵	河坎 ho²¹khan³⁵
昌江	（无）	浸 tɕiən²⁴	河边 ho³¹ɓi⁴⁴

	0043 坝拦河修筑拦水的	0044 地震	0045 窟窿小的
大昌	坝 ɓa²⁴	土动 hɔu⁴²⁴haŋ⁵³	窟 hut⁵
博鳌	坝 ɓa²⁴	地震 ɗi⁵³tɕin⁵³	窟 hut⁵
东澳	坝 ɓa²⁴	地震 ɗi⁵³tɕin⁵³	坑 haŋ⁴⁴
黎安	坝 ɓa²⁴	地震 ɗi⁵³tɕin⁵³	（无）
感城	坝 pa³⁵	（无）	坑 khaŋ⁴⁴
昌江	坝 ɓa²⁴	地震 ɗi⁴⁴tsen²⁴	坑 khaŋ⁴⁴

	0046 缝儿统称	0047 石头统称	0048 土统称
大昌	孔 haŋ⁴²⁴	石婆 tɕiɔk³ vɔ⁴²⁴	土 hɔu⁴²⁴
博鳌	壁痕 pit⁵ un³¹	石母 tɕiɔ³³ bo⁴²	涂 hɔu³¹
东澳	缝 hoŋ⁴⁴	石头 tɕiɔ³³ hau³¹	涂 hau³¹
黎安	缝 faŋ⁴⁴	石头 tɕiɔ⁵⁵ hau³¹	涂土 hau³¹
感城	缝 phaŋ⁴⁴	石头 tɕiei ʔ³ thau²¹	沙涂 θuo⁴⁴ thou²¹
昌江	缝 hun³¹	土头 thu⁴² thau³¹	土 hɔu⁴²

	0049 泥湿的	0050 水泥旧称	0051 沙子
大昌	涩 ɓɔŋ⁵³	红毛土 aŋ²² mɔ²² hɔu⁴²⁴	沙 tua³⁴
博鳌	泥 ni³¹	水泥 tui⁴² ni³¹ 红毛灰 aŋ³¹ mɔ³¹ ie⁴⁴	涂沙 hɔu³¹ tua⁴⁴
东澳	泥 ni³¹	水泥 tui⁴² ni³¹ 红毛灰 aŋ³¹ mɔ³¹ ue⁴⁴	沙 tua⁴⁴
黎安	泥 ni³¹	水泥 tuei⁴² ni³¹	沙 tua⁴⁴
感城	坂 pan⁴²	水泥 tsui²² ni²¹	沙 θuo⁴⁴
昌江	泥 ni³¹	水泥 tuei⁴² ni³¹	土沙 hɔu⁴² tuo⁴⁴

	0052 砖整块的	0053 瓦整块的	0054 煤
大昌	砖 tuei³⁴	瓦 ia⁴²⁴	煤 vuei²²
博鳌	砖头 tui⁴⁴ hau³¹	瓦 ia⁴² 瓦盘 ia⁴² 瓦弓 ia⁴² koŋ⁴⁴	煤 bia³¹
东澳	砖 tui⁴⁴	瓦 ia⁴²	煤 bue³¹
黎安	砖 tuei⁴⁴	瓦 ia⁴²	煤 bɔi³¹
感城	砖 tsuan⁴⁴	瓦 hie⁴²	煤 vuo²¹
昌江	砖 tsuei⁴⁴	瓦 mo⁴²	煤 vuei³¹

	0055 煤油	0056 炭木~	0057 灰烧成的
大昌	煤水 vuei²² tuei⁴²⁴	炭 ua²⁴	灰 fiu³⁴
博鳌	火油 hɔu⁴² iu³¹	炭 hua²⁴	火灰 ia⁴² ui⁴²
东澳	水油 tui⁴² iu³¹	火炭 ue⁴² hua²⁴	火灰 ue⁴² u⁴⁴
黎安	煤油 bɔi³¹ iu³¹	炭 hua²⁴	灰 u⁴⁴
感城	水油 tsui²² iou²¹	火炭 huo²² thuo³⁵	灰 huo⁴⁴
昌江	煤油 vuei⁴² iu³¹	炭 huo²⁴	灰 huei⁴⁴

	0058 灰尘 桌面上的	0059 火	0060 烟 烧火形成的
大昌	土灰 hɔu⁴²⁴ fiu³⁴	火 huei⁴²⁴	烟 in³⁴
博鳌	烟尘 in⁴⁴ ɕin³¹	火 ia⁴²	烟 in⁴⁴
东澳	火尘 ue⁴⁴ sin³¹	火 ue⁴²	烟 in⁴⁴
黎安	涂灰 hau³¹ u⁴⁴	火 huei⁴²	烟 in⁴⁴
感城	灰 huo⁴⁴	火 huo²²	烟 in⁴⁴
昌江	烟尘 in⁴⁴ ɗiaŋ³¹	火 huo⁴² huei⁴²	烟 in⁴⁴

	0061 失火	0062 水	0063 凉水
大昌	着火 ɗɔk⁵ huei⁴²⁴	水 tuei⁴²⁴	㴨水 ɕiŋ³⁴ tuei⁴²⁴
博鳌	烧火 ɗiɔ⁴⁴ ia⁴²	水 tui⁴²	㴨水 ɕin⁴² tui⁴²
东澳	着火 ɗɔ³³ ue⁴²	水 tui⁴²	㴨水 ɕin⁴² tui⁴²
黎安	失火 tit⁵ huei⁴²	水 tuei⁴²	㴨水 hin²⁴ tuei⁴²
感城	起火 khi²² huo²²	水 tsui²²	□水 kaŋ³⁵ tsui²²
昌江	起火 khi⁴² huei⁴²	水 tuei⁴²	㴨水 ɕin²⁴ tuei⁴²

	0064 热水 如洗脸的热水，不是指喝的开水	0065 开水 喝的	0066 磁铁
大昌	烧水 tiɔ³⁴ tuei⁴²⁴	沸水 ɓuei²⁴ tuei⁴²⁴	磁铁 ɕi²² hi⁵⁵
博鳌	沸水 ɓui²⁴ tui⁴²	沸水 ɓui²⁴ tui⁴²	钢 kɔ³¹
东澳	烧水 tiɔ⁴⁴ tui⁴²	沸水 ɓui²⁴ tui⁴²	磁铁 su³¹ hi⁵⁵
黎安	烧水 tiɔ⁴⁴ tuei⁴²	沸水 ɓuei²⁴ tuei⁴²	磁铁 ɕi³¹ hi⁵⁵
感城	烫水 tho³⁵ tsui²²	沸水 pui³⁵ tsui²²	磁铁 su²¹ thiʔ⁵
昌江	暖水 nun⁴² tuei⁴²	沸水 ɓuei²⁴ tuei⁴²	磁铁 zi³¹ hi⁵⁵

	0067 时候 吃饭的~	0068 什么时候	0069 现在
大昌	时候 ti²² hau³⁴	物时候 mi⁵⁵ ti²² hau³⁴	个那 kai³⁴ na³⁴
博鳌	时 ti³¹	物个时候 mi⁵⁵ hau⁵³	现旦 dzi⁴⁴ næ⁴⁴
东澳	时间 ti³¹ kan⁴⁴	物个时候 mi⁵⁵ ke³³ ti³¹ au⁵³	现旦 dzi⁴⁴ na⁴⁴
黎安	时候 ti³¹ au⁵³	物时候 mi⁵⁵ ti³¹ au⁵³	现旦 in⁴⁴ na⁴⁴
感城	时候 θi²¹ hau⁴⁴	乜时候 mi⁵⁵ θi²¹ hau⁴⁴	现旦 hiŋ²¹ ta⁴⁴
昌江	时候 ti³¹ hau⁴⁴	物候 mi⁵⁵ hau⁴⁴	现旦 hin⁴⁴ ɗa⁴⁴

三　词汇 / 73

	0070 以前 十年~	0071 以后 十年~	0072 一辈子
大昌	以前 ʑi⁴²⁴ tai²²	以后 ʑi⁴²⁴ au⁵³	一世 ʑiat³ ti²⁴
博鳌	以前 dʑi⁴² tai³¹	以后 dʑi⁴² au⁵³	一辈 ʑiat³ ɓia²⁴
东澳	以前 dʑi⁴² tai³¹	以后 dʑi⁴² au⁵³	一辈子 ʑiat³ ɓe²⁴ tɕi⁴²
黎安	过前 kuei²⁴ tai³¹	以后 i⁴² au⁵³	一辈子 ʑiat³ ɓoi²⁴ tɕi⁴²
感城	先前 θai⁴⁴ tsai²¹	后来 au⁴² lai²¹	一生 ʑiaʔ³ te⁴⁴
昌江	以前 i⁴² tsai³¹；i⁴² tai³¹	后下 i⁴² au⁴⁴	一辈子 ʑiat³ ɓoi²⁴ tɕi⁴²

	0073 今年	0074 明年	0075 后年
大昌	今年 kiəm³⁴ hi²²	明年 me²² hi²²	后年 au⁵³ hi²²
博鳌	今年 kim⁴⁴ i³¹	明年 mæ³¹ i³¹	后年 au⁵³ i³¹
东澳	今年 kin⁴⁴ i³¹	明年 me³¹ i³¹	后年 au⁵³ i³¹
黎安	今年 kin⁴⁴ i³¹	明年 me³¹ i³¹	后年 au⁵³ i³¹
感城	今年 kin⁴⁴ hi²¹	明年 me²¹ hi²¹	后年 au⁴² hi²¹
昌江	今年 kin⁴⁴ ɓi³¹	明年 me³¹ ɓi³¹	后年 au⁴⁴ ɓi³¹

	0076 去年	0077 前年	0078 往年 过去的年份
大昌	去年 hu²⁴ hi²²	前年 tun²² hi²²	前年 tun²² hi²²
博鳌	去年 hu²⁴ i³¹	前年 tai³¹ i³¹	（无）
东澳	去年 hu²⁴ i³¹	前年 tai³¹ i³¹	往年 uaŋ⁵³ i³¹
黎安	去年 hu²⁴ i³¹	前年 tai³¹ i³¹	往年 uaŋ⁵³ i³¹
感城	去年 hu³⁵ hi²¹	前年 tsai²¹ hi²¹	一向来 ʑie²¹ hiaŋ³⁵ lai²¹
昌江	去年 hu²⁴ ɓi³¹	前年 tai³¹ ɓi³¹	往年 uaŋ⁴² ɓi³¹

	0079 年初	0080 年底	0081 今天
大昌	年头 hi² hau²²	年尾 hi²² vuei⁴²⁴	今旦 kiəm³⁴ nua²⁴
博鳌	年头 i³¹ hau³¹	年尾 i³¹ ɓia⁴²	今旦 ki (n)⁴⁴ nua²⁴
东澳	年初 i³¹ sɔ⁴⁴；年头 i³¹ hau³¹	年尾 i³¹ ɓue⁴²	今旦 ki (n)⁴⁴ nua⁴⁴
黎安	年初 i³¹ sɔ⁴⁴	年底 i³¹ ɗoi⁴²	今旦 kin⁴⁴ nua⁴⁴
感城	年初 hi²¹ tshoi⁴⁴	年底 hi²¹ toi²²	今旦 kin⁴⁴ nuo³⁵
昌江	年初 ɓi³¹ soi⁴⁴	年底 ɓi³¹ ɗoi⁴²	今旦囝 kin⁴⁴ huo²⁴ kie⁴²

	0082 明天	0083 后天	0084 大后天
大昌	玄旦 in²² nua²⁴	后日 au⁵³ ʑit³	大后日 ɗua³⁴ au⁵³ ʑit³
博鳌	玄旦 in³¹ nua²⁴	后天 au⁵³ hi⁴⁴	大后旦 ɗua⁴⁴ au⁵³ nua²⁴
东澳	阿明 m⁵⁵ me³¹	后日 au⁴⁴ dʑi ʔ³	（无）
黎安	阿明 a⁵⁵ me³¹	后旰 au⁴⁴ kua²⁴	大后旰 ɗua⁴⁴ au⁴⁴ kua²⁴
感城	现旦更 hiŋ⁴⁴ nuo³⁵ ke⁴⁴	后日 au⁴² ʑiʔ³	大后日 tuo⁴⁴ au⁴² ʑiʔ³
昌江	□旦囝 taŋ⁴⁴¹ huo²⁴ kie⁴²	后日 au⁴⁴ ʑit³	大后日 ɗuo⁴⁴ au⁴⁴ ʑit³

	0085 昨天	0086 前天	0087 大前天
大昌	昨晡 taʔ³ vou³⁴	昨 tɔ⁵⁵ ʑit³	大昨日 dua³⁴ tɔ⁵⁵ ʑit³
博鳌	什晡 ta³³ ɓau⁴⁴	昨天 tɔ³³ hi⁴⁴	大昨天 ɗua⁴⁴ tɔ³³ hi⁴⁴
东澳	什晡 ta³³ ɓau⁴⁴	昨日 tɔ³³ dʑiʔ³	（无）
黎安	昨暝昏 ta³³ me³¹ uei⁴⁴	昨 tɔ³³ ʑit³	大昨日 ɗua⁴⁴ tɔ³³ ʑit³
感城	昨日 tsoʔ³ ʑiʔ³	前日 tsai²¹ ʑiʔ³	大前日 tuo⁴⁴ tsai²¹ ʑiʔ³
昌江	昨晡 ko⁵⁵ mo⁵⁵ huei⁴⁴	前日 tai³¹ ʑit³	大前日 ɗuo⁴⁴ tai³¹ ʑit³

	0088 整天	0089 每天	0090 早晨
大昌	全日 suan²² ʑit³	每日 moi⁴²⁴ ʑit³	早上 ta⁴²⁴ tɕiɔ³⁴
博鳌	一天遘暗 ʑiat³ hi⁴⁴ kau²⁴ am²⁴	每日 mui⁴² dʑit³	早头 ta⁴² hau³¹
东澳	整日 tɕin⁴² dʑiʔ³	每日 mui⁴² dʑiʔ³	早上 ta⁴² tɕiɔ⁴⁴
黎安	整日 tɕin⁴² ʑit³	每一日 mɔi⁴² ʑiat³ ʑi³³	早晨 ta⁴² tin³¹
感城	全日 tshuan²¹ ʑiʔ³	每日 mui²² ʑiʔ³	天朦光 thi⁴⁴ moŋ²¹ kui⁴⁴
昌江	一日 za³³ ʑit³	每日 moi⁴² ʑit³	早上 ta⁴² tɕie⁴⁴

	0091 上午	0092 中午	0093 下午
大昌	上午 tɕiɔ³⁴ ŋɔu⁵³	午个 ŋu⁵³ ke²⁴	下午 e³⁴ ŋɔu⁵³
博鳌	上午 tɕiɔ⁴⁴ ŋau⁵³	中午 toŋ⁴⁴ ŋau⁵³	下午 e⁴⁴ ŋau⁵³
东澳	上午 tɕiɔ⁴⁴ ŋau⁵³	中午 toŋ⁴⁴ ŋau⁵³	下午 e⁴⁴ ŋau⁵³
黎安	上午 tɕiɔ⁴⁴ ŋau⁵³	中午 toŋ⁴⁴ ŋau⁵³	下午 e⁴⁴ ŋau⁵³
感城	上午 tɕie⁴² ŋou⁴²	头昼 thau²¹ tau³⁵	下午 e⁴² ŋou⁴²
昌江	上午 tɕie⁴⁴ ŋɔu⁴²	中午 toŋ⁴⁴ ŋɔu⁴²	下午 e⁴⁴ ŋɔu⁴²

三 词汇

	0094 傍晚	0095 白天	0096 夜晚 与白天相对，统称
大昌	瞑昏 me²² ɦuei³⁴	日头 ʑit³ hau²²	瞑昏 me²² ɦuei³⁴
博鳌	瞑昏头 mæ⁴² ui⁴⁴ hau³¹	日头 dʑit³ hau³¹	瞑头 mæ³¹ hau³¹
东澳	暮下 mau⁴⁴ ue⁴⁴	白天 ɓe³³ hi⁴⁴ 日头 dʑiʔ³ hau³¹	瞑头 me³¹ hau³¹
黎安	阿暮 a⁵⁵ mau⁴⁴	白日 ɓe³³ ʑit³	瞑暗 me³¹ an²⁴
感城	黄昏 huaŋ²¹ hun⁴⁴	日头 ʑiʔ³ thau²¹	瞑头 me²¹ thau²¹
昌江	落山 lak³ tuo⁴⁴	白日 ɓe³³ ʑit³	暗上 an²⁴ tɕie⁴⁴

	0097 半夜	0098 正月 农历	0099 大年初一 农历
大昌	半瞑 ɓua²⁴ me²²	正月 tɕia³⁴ vuei³³	初一白 sɔ³⁴ i⁵⁵ ɓe³³
博鳌	半瞑 ɓua²⁴ mæ³¹	正月 tɕia⁴⁴ gie³³	作年 tɔ⁵⁵ ɦi³¹
东澳	半瞑 ɓua²⁴ me³¹	正月 tɕia⁴⁴ gue³³	初一 sɔ⁴⁴ it⁵
黎安	半瞑 ɓua²⁴ me³¹	正月 tɕia²⁴ guei³³	大年初一 ɗua⁴⁴ i³¹ sɔ⁴⁴ it⁵
感城	半瞑 puo³⁵ me²¹	正月 tɕie⁴⁴ vuo⁴⁴	年初一 hi²¹ tshoi⁴⁴ iʔ⁵
昌江	半瞑 ɓuo²⁴ me³¹	正月 tɕie⁴⁴ uei³³	年初一 ɦi³¹ sɔ⁴⁴ it⁵

	0100 元宵节	0101 清明	0102 端午
大昌	年团 hi²² kia⁴²⁴	清明 ɕiŋ³⁴ miŋ²²	五月节 ŋou⁴²⁴ vuei³³ tse⁵⁵
博鳌	游灯 ʑiu³¹ ɗeŋ⁴⁴	清明 seŋ⁴⁴ meŋ³¹	五月节 ŋou⁴² gie³³ tui⁵⁵
东澳	正月十五 tɕia⁴⁴ gue³³ taʔ³ ŋau⁵³	清明 sɔŋ⁴⁴ meŋ³¹	五月节 ŋau⁴² gue³³ tui⁵⁵
黎安	元宵节 zuan³¹ tiau⁴⁴ tat⁵	清明 seŋ⁴⁴ miŋ³¹	五月节 ŋau⁴² uei³³ tuei⁵⁵
感城	元宵节 ʑien²¹ θiau⁴⁴ tsaiʔ⁵	清明 soŋ⁴⁴ miŋ²¹	五月节 ŋou⁴⁴ vuo⁴⁴ tsaiʔ⁵
昌江	正月 taŋ⁴⁴ ŋo³³	清明 ɕiŋ⁴⁴ me³¹	包粽节 ɓau⁴⁴ taŋ²⁴ tat⁵

	0103 七月十五 农历，节日名	0104 中秋	0105 冬至
大昌	七月半 ɕit⁵ vuei³³ ɓua²⁴	八月节 ɓi⁵⁵ vuei³³ tse⁵⁵	冬节 ɗaŋ⁴⁴ tse⁵⁵
博鳌	七月半 ɕit⁵ gie³³ ɓua²⁴	中秋 toŋ⁴⁴ ɕiu⁴⁴	冬节 ɗaŋ⁴⁴ tui⁵⁵
东澳	七月半 ɕit⁵ gue³³ ɓua²⁴	中秋 toŋ⁴⁴ ɕiu⁴⁴	冬节 ɗaŋ⁴⁴ tui⁵⁵
黎安	七月十五 ɕit⁵ guei³³ taŋ³ ŋau⁵³	中秋 toŋ⁴⁴ ɕiu⁴⁴	冬至 ɗaŋ⁴⁴ tɕi⁵³
感城	七月节 ɕiʔ⁵ vuo⁴⁴ tsaiʔ⁵	中秋节 tsoŋ⁴⁴ tɕhiou⁴⁴ tsaiʔ⁵	冬节 taŋ⁴⁴ tseiʔ⁵
昌江	七月节 ɕit⁵ uei³³ tat⁵	月饼节 uei³³ ɓie⁴² tat⁵	冬节 ɗaŋ²² tat⁵

	0106 腊月农历十二月	0107 除夕农历	0108 历书
大昌	正月 tɕia²⁴ vuei³³	三十暝昏 ta³⁴ tap³ me²¹ ɦuei³⁴	日历 ʑit³ le³³
博鳌	十二月 tap³ dʑi⁴⁴ gie³³	作年 tɔ⁵⁵ ɦi³¹	日历 dʑit³ læ³³
东澳	十二月 ta³³ dʑi⁴⁴ gue³³	三十暝 ta⁴⁴ tap³	日历 dʑiʔ³ le³³
黎安	（无）	三十暝 ta⁴⁴ tap³ me³¹	历书 le³³ tu⁴⁴
感城	（无）	三十 ta⁴⁴ tsaiʔ³	通书 thoŋ⁴⁴ tsu⁴⁴
昌江	十二月 tap³ ʑi⁴⁴ uei³³	三十暝昏 ta⁴⁴ tat³ me³¹ huei⁴⁴	日历牌 ʑit³ lit³ ɓe³¹

	0109 阴历	0110 阳历	0111 星期天
大昌	农历 noŋ²² le³³	新历 tin³⁴ le³³	礼拜 luei⁴²⁴ ɓai²⁴
博鳌	农历 noŋ³¹ læ³³	公历 iaŋ³¹ læ³³	礼拜天 lui⁴² ɓe²⁴ hi⁴⁴
东澳	农历 noŋ³¹ le³³	公历 koŋ⁴⁴ le³³	星期 se⁴⁴ hi³¹
黎安	阴历 in⁴⁴ le³³	阳历 iaŋ³¹ le³³	礼拜日 lɔi⁴² ɓai²⁴ ʑit³
感城	农历 noŋ²¹ leʔ³	公历 koŋ⁴⁴ leʔ³	星期日 se⁴⁴ khi²¹ ʑiʔ³
昌江	农历 noŋ³¹ lit³	公历 koŋ⁴⁴ lit³	星期日 tiŋ⁴⁴ hi³¹ ʑit³ 礼拜日 li⁴² ɓe²⁴ ʑit³

	0112 地方	0113 什么地方	0114 家里
大昌	地方 ɗi⁵³ faŋ³⁴	个物地方 kai³⁴ mi⁵⁵ ɗi⁵³ faŋ³⁴	屋宿 u³³ ɕiu²⁴
博鳌	带地 ɗæ²⁴ ɗi⁵³	物个地方 mi⁵⁵ ke³³ ɗi⁵³ phaŋ⁴⁴ 在带 ɗu⁴² ɗe²⁴	宿里 ɕiu²⁴ lai⁴²
东澳	地方 ɗi⁵³ phaŋ⁴⁴	物个地方 mi⁵⁵ ke³³ ɗi⁵³ phaŋ⁴⁴	家里 ke⁴⁴ lai⁴²
黎安	地方 ɗi⁵³ faŋ⁴⁴	物地方 mi⁵⁵ ɗi⁵³ faŋ⁴⁴	家里 ke⁴⁴ lai⁴²
感城	路 lou⁴⁴	［底路］tiou⁴⁴	宿内 tshu³⁵ lai⁴⁴
昌江	地路 ɗi⁴⁴ lou⁴⁴	在地路 ɗu⁴⁴ ɗi⁴⁴ lou⁴⁴	宿里 su²⁴ lai⁴²

	0115 城里	0116 乡下	0117 上面从~滚下来
大昌	街上 koi³⁴ tɕiɔ³⁴	农村 noŋ²² suei³⁴	上边 tɕiɔ³⁴ ɓi³⁴
博鳌	市上 ɕi⁵³ tɕiɔ⁴⁴	村下 sui⁴⁴ æ⁴⁴	上头 tɕiɔ⁴⁴ hau³¹
东澳	城里 tia³¹ lai⁴² 县市 kuai⁴⁴ ɕi³¹	农村 noŋ³¹ sui⁴⁴ 乡下 iɔ⁴⁴ e⁴⁴	上面 tɕiɔ⁴⁴ mi⁴⁴
黎安	城里 tia³¹ lai⁴²	乡下 iɔ⁴⁴ e⁴⁴	上边 tɕiɔ⁴⁴ ɓi⁴⁴
感城	城内 θie²¹ lai⁴²	乡村 hie⁴⁴ tshui⁴⁴	上面 tɕie⁴² min⁴⁴
昌江	城里 ɕie³¹ lai⁴²	农村 noŋ³¹ suei²²	个上 kai⁴⁴ tɕie⁴⁴

	0118 下面从~爬上去	0119 左边	0120 右边
大昌	下面 e⁵³ɓi³⁴	左边 tɔ⁴²⁴ɓi³⁴	右板 ᶻʐiu⁵³ɓai⁴²⁴
博鳌	下头 æ⁴⁴hau³¹	背手边 hui²⁴ɕiu⁴²bi⁴⁴	精手边 tseŋ⁴⁴ɕiu⁴²bi⁴⁴
东澳	下面 e⁵³mi⁴⁴	左边 tɔ⁴²mi⁴⁴ 大边 ɗua⁴⁴bi⁴⁴	右边 dʑiu⁴⁴bi⁴⁴
黎安	下面 e⁵³min⁴⁴	戆腿蹄 ŋaŋ⁴⁴huei⁴²ɗɔi³¹	好腿蹄 ɔ⁴²huei⁴²ɗɔi³¹
感城	下 e⁴²	□边 khuo⁴⁴pi⁴⁴	正边 tɕie³⁵pi⁴⁴
昌江	带下 ɗe²⁴e⁴⁴	戆手 ŋaŋ⁴⁴ɕiu⁴²	正手 tɕie²⁴ɕiu⁴²

	0121 中间 排队排在~	0122 前面 排队排在~	0123 后面 排队排在~
大昌	当央 ɗɔ³⁴ɔ³⁴	前边 tai²²ɓi³⁴	后边 au⁵³ɓi³⁴
博鳌	什央 ta³³ɔ⁴⁴	前头 tai³¹hau³¹	后头 au⁵³hau³¹
东澳	中间 toŋ⁴⁴kan⁴⁴	前面 tai³¹min⁴⁴	后面 au⁴⁴min⁴⁴
黎安	什央 ta³³ɔ⁴⁴	前面 tai³¹min⁴⁴	后面 au⁴⁴min⁴⁴
感城	道央 tau⁴²o⁴⁴	面前 min⁴⁴tsai²¹	后边 au⁴²pi⁴⁴
昌江	中间 toŋ⁴⁴kan⁴⁴	前边 tai³¹ɓi⁴⁴ 面前 min⁴⁴tai³¹	后底 au⁴⁴ɗoi⁴²

	0124 末尾 排队排在~	0125 对面	0126 面前
大昌	督尾 tu⁵⁵vuei⁴²⁴	对面 ɗuei²⁴min³⁴	面前 min³⁴tai²²
博鳌	卒尾 tui⁵⁵bia⁴²	面前 min⁴⁴tai³¹	面前 min⁴⁴tai³¹
东澳	落尾 lɔʔ⁵bue⁴²	对面 ɗuei²⁴min⁴⁴	面前 min⁴⁴tai³¹
黎安	笃尾 ɗɔk⁵bɔi⁴²	对面 ɗuei²⁴min⁴⁴	面前 min⁴⁴tai³¹
感城	□尾 θouʔ⁵vuo²²	面前 min⁴⁴tsai²¹	面前 min⁴⁴tsai²¹
昌江	尾溜 uei⁴²liu⁴⁴	对面 ɗuei²⁴min⁴⁴	面前 min⁴⁴tai³¹

	0127 背后	0128 里面 躲在~	0129 外面 衣服晒~
大昌	胛脊后 ka³³tɕia⁵⁵au⁵³	里边 lai⁴²⁴ɓi³⁴	外边 ua³⁴ɓi³⁴
博鳌	后头 au⁵³hau³¹	里头 lai⁴²hau³¹	外头 ua⁴⁴hau³¹
东澳	背后 ɓue²⁴au⁵³	里边 lai⁴²min⁴⁴	外面 ua⁴⁴min⁴⁴
黎安	背脊后 ɓɔi⁴⁴tɕit⁵au⁴⁴	里边 lai⁴²ɓi⁴⁴	外面 ua⁴⁴min⁴⁴
感城	背脊后 pei³⁵tɕieʔ⁵au⁴²	内 lai⁴²	外 vuo⁴⁴
昌江	背后 ɓoi⁴⁴au⁴⁴	里头 lai⁴²hau³¹	外边 huo⁴⁴ɓi⁴⁴

	0130 旁边	0131 上碗在桌子~	0132 下凳子在桌子~
大昌	舷头 ki²²hau²²	上 tɕiɔ³⁴	下 e⁵³
博鳌	身舷 tin⁴⁴ki³¹	上 tɕiɔ⁴⁴	下 æ⁴⁴
东澳	旁边 phaŋ³¹ɓi⁴⁴	上 tɕiɔ⁴⁴	下 e⁴⁴
黎安	旁边 phaŋ³¹ɓi⁴⁴	上 tɕiɔ⁴⁴	下 e⁴⁴
感城	旁边 phaŋ²¹pi⁴⁴	上 tɕie⁴²	下 e⁴²
昌江	背舷 ɓoi⁴⁴ki³¹	上边 tɕie⁴⁴ɓi⁴⁴	下边 e⁴⁴ɓi⁴⁴

	0133 边儿桌子的~	0134 角儿桌子的~	0135 上去他~了
大昌	床角 sɔ²²kak⁵	床角 sɔ²²kak⁵	上去 tɕiɔ³⁴hu²⁴
博鳌	舷头 ki³¹hau³¹	角 kak⁵	上去 tɕiɔ⁴⁴hu²⁴
东澳	舷头 ki³¹hau³¹	角头 kak⁵hau³¹	上去 tɕiɔ⁴⁴hu²⁴
黎安	壁舷 ɓit⁵ki³¹	角 kak⁵	上去 tɕiɔ⁴⁴hu²⁴
感城	舷 ki²¹	角 kaʔ⁵	上去 tɕie⁴²hu³⁵
昌江	边舷 ɓi⁴⁴ki³¹	角 kak⁵	上去 tɕie⁴⁴hu²⁴

	0136 下来他~了	0137 进去他~了	0138 出来他~了
大昌	落来 lu³³lai²²	落去 lu³³hu²⁴	出来 sut⁵¹ai²²
博鳌	上去 tɕiɔ⁴⁴hu²⁴	入去 zip³hu²⁴	出来 sut⁵lai³¹
东澳	落来 lɔ³³lai³¹	进去 tɕin⁵³hu²⁴ 入去 dʑiʔ³hu²⁴	出来 sut⁵lai³¹
黎安	落来 lɔ³³lai³¹	入去 zot³hu²⁴	出来 sut⁵lai³¹
感城	落来 lo⁴⁴lai²¹	落去 lo⁴⁴hu³⁵	出来 tshuiʔ⁵lai²¹
昌江	落来 lɔ³³lai³¹	入去 hit³hu²⁴	出来 sut⁵¹ai³¹

	0139 出去他~了	0140 回来他~了	0141 起来天冷~了
大昌	出去 sut⁵hu²⁴	转来 ɗuei⁴²⁴lai²²	起来 hi⁴²⁴lai²²
博鳌	出去 sut⁵hu²⁴	转来 ɗui⁴²lai³¹	起来 hi⁴²lai³¹
东澳	出去 sut⁵hu²⁴	转来 ɗui⁴²lai³¹	起来 hi⁴²lai³¹
黎安	出去 sut⁵hu²⁴	转来 ɗuei⁴²lai³¹	起来 hi⁴²lai³¹
感城	出去 tshuiʔ⁵hu³⁵	转来 tui²²lai²¹	起来 khi²²lai²¹
昌江	出去 sut⁵hu²⁴	转来 ɗuei⁴²lai³¹	起来 hi⁴²¹ai³¹

	0142 树	0143 木头	0144 松树统称
大昌	树 ɕiu⁵³	柴头 sa²² hau²²	松树 toŋ³⁴ ɕiu⁵³
博鳌	树 ɕiu⁴⁴	木柴 mu⁵⁵ sai³¹	松树 toŋ⁴⁴ ɕiu⁴⁴
东澳	树 ɕiu⁴⁴	柴 sa³¹	松树 toŋ⁴⁴ ɕiu⁴⁴
黎安	树 ɕiu⁴⁴	柴头 sa³¹ hau³¹	松树 toŋ⁴⁴ ɕiu⁴⁴
感城	树 ɕiou⁴⁴	树木 ɕiou⁴⁴ mouʔ³	松树 soŋ⁴⁴ ɕiou⁴⁴
昌江	树 ɕiu⁴⁴	柴 sa³¹	松树 toŋ⁴⁴ ɕiu⁴⁴

	0145 柏树统称	0146 杉树	0147 柳树
大昌	柏树 ɓak³ ɕiu⁵³	杉树 tiam³⁴ ɕiu⁵³	柳树 liu⁴²⁴ ɕiu⁵³
博鳌	柏树 ɓɔk⁵ ɕiu⁴⁴	杉树 kiam⁴⁴ ɕiu⁴⁴	柳树 liu⁴² ɕiu⁴⁴
东澳	（无）	（无）	（无）
黎安	（无）	杉树 ɗian⁴⁴ ɕiu⁴⁴	（无）
感城	（无）	杉木 sa⁴⁴ mouʔ³	（无）
昌江	（无）	（无）	柳树 liu⁴² ɕiu⁴⁴

	0148 竹子统称	0149 笋	0150 叶子
大昌	竹囡 ɗiɔk⁵ kia⁴²⁴	笋 tun⁴²⁴	叶子 iɔk³
博鳌	竹囡 ɗiɔk⁵ kia⁴²	笋 tun⁴²	叶 iɔ³³
东澳	竹囡 ɗiɔk⁵ kia⁴²	竹笋 ɗiɔk⁵ tun⁴²	叶 iɔ³³
黎安	竹 ɗiɔk⁵	笋 tun⁴²	树叶 ɕiu⁴⁴ ɕiɔ³³
感城	竹 tiaʔ⁵	竹笋 tiaʔ⁵ θun²²	树箬 ɕiou⁴⁴ hieiʔ³
昌江	竹 ɗiak⁵	竹笋 ɗiak⁵ tun⁴²	叶 hie³³

	0151 花	0152 花蕾花骨朵	0153 梅花
大昌	花 huei³⁴	花蕾 huei³⁴ luei²²	梅花 vuei²² huei³⁴
博鳌	花 ie⁴⁴	花蕾 ie⁴⁴ lui³¹	梅花 bia³¹ ie⁴⁴
东澳	花 hue⁴⁴	花蕾 ue⁴⁴	梅花 bue³¹ ue⁴⁴
黎安	花 huai⁴⁴	花蕾 uai⁴⁴ luei³¹	梅花 bɔi³¹ uai⁴⁴
感城	花 hie⁴⁴	（无）	梅花 vuo²¹ hie⁴⁴
昌江	花 ɓuei⁴⁴	（无）	梅花 uei³¹ huei⁴⁴

	0154 牡丹	0155 荷花	0156 草
大昌	牡丹 mau⁴²⁴ɗan³⁴	荷花 hɔ²²u əi³⁴	草 sau⁴²⁴
博鳌	牡丹 mau⁴⁴ɗan⁴⁴	莲花 lai³¹ie⁴⁴	草 sau⁴²
东澳	牡丹 mau⁴⁴ɗan⁴⁴	荷花 fiɔ³¹ue⁴⁴	草 sau⁴²
黎安	牡丹 mau⁵³ɗan⁴⁴	荷花 hɔ³¹uai⁴⁴	草 sau⁴²
感城	（无）	荷花 hɔ²¹hie⁴⁴	草 tshau²²
昌江	牡丹 mau⁴²ɗan⁴⁴	荷花 hɔ³¹huei⁴⁴	草 sau⁴²

	0157 藤	0158 刺 名词	0159 水果
大昌	藤 ɗin²²	刺 ɕi²⁴	水果 tuei⁴²⁴kuei⁴²⁴
博鳌	藤 ɗin³¹	刺 ɕi²⁴	水果 tui⁴²kia⁴²
东澳	藤 ɗin³¹	刺 ɕi²⁴	水果 tui⁴²kue⁴²
黎安	藤 ɗiu³¹	刺 tɕhi²⁴	水果 tuei⁴²kɔ⁴²
感城	藤 tiŋ²¹	刺 ɕi³⁵	水果 tsui²²kuo²²
昌江	藤 ɗin³¹	刺 ɕi²⁴	水果 tsuei⁴²kuo⁴²

	0160 苹果	0161 桃子	0162 梨
大昌	苹果 fin²²kuei⁴²⁴	桃子 hɔ²²tɕi⁴²⁴	梨 li²²
博鳌	苹果 phin³¹kia⁴²	桃 hɔ³¹	梨 li³¹
东澳	苹果 phin³¹ke⁴²	桃子 hɔ⁴³¹tɕi⁴²	梨 li³¹
黎安	苹果 phin³¹kɔ⁴²	桃子 khɔ⁴⁴tɕi⁴²	梨 li³¹
感城	苹果 pheŋ²¹kuo²²	桃 thau²¹	梨 li²¹
昌江	苹果 phin³¹kuo⁴²	桃 thau³¹	梨 li³¹

	0163 李子	0164 杏	0165 橘子
大昌	李子 li³⁴tɕi⁴²⁴	杏 heŋ³⁴	橘 kit⁵
博鳌	李子 li³¹	杏 eŋ⁵³	橘囝 kit⁵kia⁴²
东澳	李子 li⁴²tɕi⁴²	杏 eŋ⁵³	橘 kiɔ³³
黎安	李子 li⁴²tɕi⁴²	（无）	橘囝 kit⁵kia⁴²
感城	李 li²²	杏 hien³⁵	橘囝 kiʔ⁵kie²²
昌江	李 li⁴²	杏 ɕiŋ⁵³	橘囝 kit⁵kie⁴²

三 词汇 / 81

	0166 柚子	0167 柿子	0168 石榴
大昌	柚 iu⁵³	柿 ɕi³⁴	石榴 tɕiɔ³³ lau²²
博鳌	柚 iu⁴⁴	柿 ɕi⁴⁴	石榴 tɕi³³ liu³¹
东澳	柚 iu³¹	（无）	石榴 tɕi⁵⁵ liu³¹
黎安	膨 ɓoŋ⁴⁴	柿饼 ɕi⁵³ ɓia⁴²	石榴 tɕiɔ⁵⁵ liu³¹
感城	柚子 zou³⁵ tɕi²²	柿饼 ɕi³⁵ pie²²	石榴 tɕi²¹ liou²¹
昌江	柚囝 iu⁴⁴（kie⁴²）	柿 sʅ⁵³	石榴 se³³ liu²⁴

	0169 枣	0170 栗子	0171 核桃
大昌	枣 tau⁴²⁴	板栗 ɓaŋ⁴²⁴ li³³	核桃 ut³ hɔ²²
博鳌	枣 tau⁴²	栗 li⁵⁵	核桃 ut³ hau³¹
东澳	枣 tau⁴²	（无）	核桃 ut³ hau³¹
黎安	枣 tau⁴²	（无）	核桃 hut³ hau³¹
感城	枣 tsau²²	（无）	核桃 uiʔ⁵ thau²¹
昌江	枣 tsau⁴²	板栗 ɓan⁴² li⁵³	（无）

	0172 银杏 白果	0173 甘蔗	0174 木耳
大昌	（无）	甘蔗 kam³⁴ tɕia²⁴	猫耳 niau³⁴ hi⁴²⁴
博鳌	（无）	甘蔗 kam⁴⁴ tɕia²⁴	木耳 mɔk⁵ lu⁴² 菇 kɔu⁴⁴
东澳	（无）	甘蔗 kan⁴⁴ tɕia²⁴	木耳 mu⁵⁵ lu⁴²
黎安	（无）	甘蔗 kan⁴⁴ tɕia²⁴	木耳 mu⁵⁵ lu⁴²
感城	（无）	甘蔗 kan⁴⁴ tɕie³⁵	老鼠耳 lau²² tshu²² hi⁴²
昌江	银杏 nin³¹ ɕiŋ⁵³	甘蔗 kan⁴⁴ tɕie²⁴	猫耳婆 mau⁴⁴ hi⁴² ɓo³¹

	0175 蘑菇 野生的	0176 香菇	0177 稻子 指植物
大昌	蘑菇 mɔ²² kɔu³⁴	芳菇 faŋ³⁴ kɔu³⁴	籼 ɗiu⁵³
博鳌	菇 kɔu⁴⁴	菇 kɔu⁴⁴	籼 ɗiu⁴⁴
东澳	蘑菇 mɔ³¹ ku⁴⁴	香菇 iaŋ⁴⁴ ku⁴⁴	籼 ɗiu⁴⁴
黎安	蘑菇 mɔ³¹ ku⁴⁴	香菇 iaŋ⁴⁴ ku⁴⁴	籼 ɗiu⁴⁴
感城	菇 kou⁴⁴	菇 kou⁴⁴	籼 tiou⁴²
昌江	麻菇 ma³¹ ku⁴⁴	麻菇 ma³¹ ku⁴⁴	籼 ɗiu⁴⁴

	0178 稻谷 指籽实（脱粒后是大米）	0179 稻草 脱粒后的	0180 大麦 指植物
大昌	釉粟 diu⁵³ ɕiak⁵	釉草 diu⁵³ sau⁴²⁴	大麦 dua³⁴ ve³³
博鳌	粟 ɕiak⁵	釉稿 diu⁴⁴ kɔ⁴²	金稻 kin⁴⁴ tau⁴⁴
东澳	粟 ɕiak⁵	釉草 diu⁴⁴ sau⁴²	麦 me³³
黎安	粟 ɕiak⁵	釉鬼 diu⁴⁴ kuei⁴²	（无）
感城	粟 ɕiaʔ⁵	釉骨 tiou⁴⁴ kuiʔ⁵	（无）
昌江	粟 ɕiak⁵	釉果 diu⁴⁴ kuo⁴²	大麦 duo⁴⁴ me³³

	0181 小麦 指植物	0182 麦秸 脱粒后的	0183 谷子 指植物（籽实脱粒后是小米）
大昌	细麦 toi²⁴ ve³³	麦稿 ve³³ kɔ⁴²⁴	粟 ɕiak⁵
博鳌	狗尾 kau⁴² bia⁴²	稿 kɔ⁴²	（无）
东澳	（无）	（无）	（无）
黎安	小麦 tiau⁴² be³³	（无）	粟 ɕiak⁵
感城	麦 veʔ³	（无）	（无）
昌江	（无）	（无）	粟米 ɕiak⁵ vi⁴²

	0184 高粱 指植物	0185 玉米 指成株的植物	0186 棉花 指植物
大昌	高粱 kau³⁴ liɔ²²	玉米 zi³³ vi⁴²⁴	棉花 mi²² huei³⁴
博鳌	牛麦 gu³¹ bæ³³	麦 bæ³³	棉花 min³¹ nie⁴⁴
东澳	高粱 kau⁴⁴ liaŋ³¹	玉米 dzi³³ bi³³	棉花 min³¹ hue⁴⁴
黎安	（无）	麦 be³³	棉花 min³¹ huei⁴⁴
感城	（无）	头麦 thau²¹ veʔ³	半棉 puo³⁵ mi²¹
昌江	高粱 kau⁴⁴ liaŋ³¹	番麦 han⁴⁴ ve³³	棉花 mi³¹ huei⁴⁴

	0187 油菜 油料作物,不是蔬菜	0188 芝麻	0189 向日葵 指植物
大昌	油菜 iu²² sai²⁴	油麻 iu²² ma²²	向日葵 iɔ²⁴ zit³ huei²²
博鳌	油菜 iu³¹ sai²⁴	芝麻 tɕi⁴⁴ mua³¹	向日葵 iaŋ²⁴ zit³ hui³¹
东澳	油菜 iu³¹ sai²⁴	芝麻 tɕi⁴⁴ mua³¹	向日葵 iɔ²⁴ zit³ hui³¹
黎安	油菜花 iu³¹ sai²⁴ huei⁴⁴	芝麻 tɕi⁴⁴ mua³¹	向日葵 iɔ²⁴ zit³ huei³¹
感城	油菜 iou²¹ tshai³⁵	油麻 iou²¹ mo²¹	向日葵 hie³⁵ ziʔ³ khui²¹
昌江	油菜 iu³¹ sai²⁴	油麻 iu³¹ mo³¹	太阳花 hai²⁴ iaŋ³¹ huei³¹

	0190 蚕豆	0191 豌豆	0192 花生_{指果实，注意婉称}
大昌	蚕豆 sai⁴²⁴ ɗau³⁴	刮草豆 kuat⁵ sau⁴²⁴ ɗau³⁴	挚生 niau⁵³ soŋ³⁴
博鳌	（无）	（无）	老生 lau⁴² seŋ⁴⁴
东澳	豆 ɗau⁴⁴	豆 ɗau⁴⁴	落生 lɔʔ³ teŋ⁴⁴
黎安	蚕豆 sai³¹ ɗau⁵³	（无）	落生 nak⁵ seŋ⁴⁴
感城	（无）	（无）	番豆 huan⁴⁴ tau⁴⁴
昌江	蚕豆 san³¹ ɗau⁴⁴	豌豆 uan⁴² ɗau⁴⁴	落生 la³³ seŋ⁴⁴

	0193 黄豆	0194 绿豆	0195 豇豆_{长条形的}
大昌	黄豆 uei²² ɗau³⁴	绿豆 liak³ ɗau³⁴	刮草豆 kuat⁵ sau⁴²⁴ ɗau³⁴
博鳌	黄豆 ui³¹ ɗau⁴⁴	绿豆 liak³ ɗau⁴⁴	猪肠豆 ɗu⁴⁴ ɗɔ³¹ ɗau⁴⁴
东澳	黄豆 ui³¹ ɗau⁴⁴	绿豆 liak³ ɗau⁴⁴	猪肠豆 ɗu⁴⁴ ɗɔ³¹ ɗau⁴⁴
黎安	黄豆 uei³¹ ɗau⁵³	绿豆 liak³ ɗau⁵³	长豆 ɗɔ³¹ ɗau⁵³
感城	黄豆 ui²¹ tau⁴⁴	绿豆 liaʔ³ tau⁴⁴	豆角 tau⁴⁴ kaʔ⁵
昌江	黄豆 uei³¹ ɗau⁴⁴	绿豆 lak³ ɗau⁴⁴	豆角 ɗau⁴⁴ kak⁵

	0196 大白菜_{东北~}	0197 包心菜_{卷心菜，圆白菜，球形的}	0198 菠菜
大昌	大白菜 ɗua³⁴ ɓe³³ sai²⁴	卷心菜 kun⁴²⁴ tiəm³⁴ sai²⁴	菠菜 ɓɔ³⁴ sai²⁴
博鳌	大白菜 ɗua⁴⁴ ɓai³³ sai²⁴	卷心菜 kun⁴² tim⁴⁴ sai²⁴ 椰子菜 ia³¹ tɕi⁴² sai²⁴	菠菜 ɓɔ⁴⁴ sai²⁴
东澳	白菜 ɓe³³ sai²⁴	包糒菜 ɓau⁴⁴ ɓui⁴⁴ sai²⁴	菠菜 ɓɔ⁴⁴ sai²⁴
黎安	大白菜 ɗua⁴⁴ ɓe³³ sai²⁴	椰子菜 ia³¹ tɕi⁴² sai²⁴	（无）
感城	白菜 peʔ³ tshai³⁵	捆心白 khun²² θin⁴⁴ peʔ³	菠菜 po⁴⁴ tshai³⁵
昌江	大白菜 ɗuo⁴⁴ ɓe³³ sai²⁴	包心菜 ɓau⁴⁴ tim⁴⁴ sai²⁴_{圆的} 椰子菜 e³¹ tɕi⁴² sai²⁴_{扁的}	菠菜 ɓɔ⁴⁴ sai²⁴

	0199 芹菜	0200 莴笋	0201 韭菜
大昌	芹菜 hin²² sai²⁴	莴笋 ɔ³⁴ tun⁴²⁴	韭菜 kau⁴²⁴ sai²⁴
博鳌	芹菜 hin³¹ sai²⁴	莴笋 ɔ⁴⁴ tun⁴²	韭葱 kau⁴² saŋ⁴⁴
东澳	芹菜 kin³¹ sai²⁴	（无）	韭菜 kau⁴² sai²⁴
黎安	芹菜 hin³¹ sai²⁴	（无）	韭菜 kau⁴² sai²⁴
感城	芹菜 khiŋ²¹ tshai³⁵	（无）	韭菜 kau²² tshai³⁵
昌江	芹菜 khin³¹ sai²⁴	鹅菜 ŋuo³¹ sai²⁴	韭菜 kau⁴² sai²⁴

	0202 香菜芫荽	0203 葱	0204 蒜
大昌	芳菜 faŋ³⁴ sai²⁴	葱 saŋ³⁴	蒜 tun²⁴
博鳌	芳菜 phaŋ⁴⁴ sai²⁴	葱 saŋ⁴⁴	蒜 tun²⁴
东澳	芳菜 phaŋ⁴⁴ sai²⁴	葱 saŋ⁴⁴	蒜 tun²⁴
黎安	芳菜 phaŋ⁴⁴ sai²⁴	葱 saŋ⁴⁴	蒜 tun²⁴
感城	芫荽 zeŋ²¹ θui⁴⁴	葱 tshaŋ⁴⁴	蒜 θun³⁵
昌江	芳菜 phaŋ⁴⁴ sai²⁴	葱 saŋ⁴⁴	蒜 tuan²⁴

	0205 姜	0206 洋葱	0207 辣椒统称
大昌	姜 kiɔ³⁴	番葱头 uan³⁴ saŋ³⁴ hau²²	番椒 uan³⁴ tɕiɔ³⁴
博鳌	姜 kiɔ⁴⁴	洋葱 iɔ³¹ saŋ⁴⁴	番椒 uan⁴⁴ tɕiɔ⁴⁴
东澳	姜 kiɔ⁴⁴	洋葱 iɔ³¹ saŋ⁴⁴	辛椒 en⁴⁴ tɕiɔ⁴⁴
黎安	姜 kiɔ⁴⁴	洋葱 iɔ³¹ saŋ⁴⁴	番椒 uan⁴⁴ tɕiɔ⁴⁴
感城	姜 kie⁴⁴	洋葱 ie²¹ tshaŋ⁴⁴	辣椒 luoʔ³ tɕie⁴⁴
昌江	蒜 tuan²⁴	洋葱 ie³¹ saŋ⁴⁴	辣椒 la³³ tɕiau⁴⁴

	0208 茄子统称	0209 西红柿	0210 萝卜统称
大昌	茄 giɔ²²	茄 giɔ²²	菜头 sai²⁴ hau²²
博鳌	茄 kiɔ³¹	番茄 uan⁴⁴ kiɔ⁴⁴	菜头 sai⁵⁵ hau³¹
东澳	茄 kiɔ³¹	西红柿 tai⁴⁴ aŋ³¹ ɕi⁵³ 番椒 uan⁴⁴ tɕiɔ⁴⁴	菜薯 se⁵⁵ tu⁴⁴
黎安	茄 kiɔ³¹	西红柿 tai⁴⁴ aŋ³¹ ɕi⁵³	萝卜 la³¹ ɓak³
感城	□ thaŋ⁴²	树泥子 ɕiou⁴⁴ ni²¹ tɕi²²	萝卜 la²¹ paʔ³
昌江	茄子 gie³¹ tɕi⁴²	西红柿 sai⁴⁴ aŋ³¹ sɿ⁵³	菜头苞 sai²⁴ thu³¹ ɓau⁴⁴

	0211 胡萝卜	0212 黄瓜	0213 丝瓜无棱的
大昌	红菜头 aŋ²² sai²⁴ hau²²	刺瓜 ɕi²⁴ kuei³⁴	丝瓜 ti³⁴ kuei³⁴
博鳌	红菜头 aŋ³¹ sai⁵⁵ hau³¹	黄瓜 ui³¹ kie⁴⁴	丝瓜 ti⁴⁴ kie⁴⁴
东澳	红菜薯 aŋ³¹ se⁵⁵ tu⁴⁴	黄瓜 ui³¹ kue⁴⁴	丝瓜 ti⁴⁴ kue⁴⁴
黎安	红萝卜 aŋ³¹ la³¹ ɓak³	菜瓜 sai²⁴ kuei⁴⁴	丝瓜 ti⁴⁴ kuei⁴⁴
感城	胡萝卜 hu²¹ la²¹ paʔ³	黄瓜 ui³¹ kie⁴⁴	丝瓜 θi⁴⁴ kie⁴⁴
昌江	红菜头苞 sai²⁴ thu³¹ ɓau⁴⁴	黄瓜 uei³¹ kuo⁴⁴	丝瓜 sɿ⁴⁴ kuo⁴⁴

三 词汇 / 85

	0214 南瓜扁圆形或梨形，成熟时赤褐色	0215 荸荠	0216 红薯统称
大昌	南瓜 nam²²kuei³⁴	马蹄 ve⁴²⁴ɗoi²²	番薯 uan³⁴tu³⁴
博鳌	南瓜 nam³³kie⁴⁴	（无）	红薯 aŋ³¹tu⁴⁴
东澳	南瓜 nan³¹kue⁴⁴ 万宁壶 uaŋ⁴⁴leŋ³¹bu³¹	（无）	红薯 aŋ³¹tu⁴⁴
黎安	北瓜 ɓa³³kuei⁴⁴	（无）	甲薯 kaʔ⁵tu⁴⁴
感城	金瓜 kin⁴⁴kie⁴⁴	（无）	红薯 aŋ²¹tsu²¹
昌江	南瓜 nan³¹kuo⁴⁴	马蹄 ma⁴²thi³¹	红薯 aŋ³¹tu⁴²

	0217 马铃薯	0218 芋头	0219 山药圆柱形的
大昌	马铃薯 ma⁴²⁴lin²²tu³⁴	芋 ɔu³⁴	山薯 tua³⁴tu³⁴
博鳌	马铃薯 ma⁴²len³¹tu⁴⁴	芋 ɔu⁴⁴	山薯 tua⁴⁴tu⁴⁴
东澳	马铃薯 ma⁴²len³¹tu⁴⁴	芋 au⁴⁴	山药 tua⁴⁴iɔ³³
黎安	番薯 uan⁴⁴tu⁴⁴	芋 au⁴⁴	（无）
感城	马铃薯 ma²¹leŋ²¹tsu²¹	乌薯 ou⁴⁴tsu²¹	山薯 θuo⁴⁴tsu²¹
昌江	马铃薯 ma⁴²lin³¹tu⁴²	芋薯 ɔu⁴⁴tu⁴²	淮山 huai³¹san⁴⁴

	0220 藕	0221 老虎	0222 猴子
大昌	藕 ŋɔu⁴²⁴	虎 hɔu⁴²⁴	猴狨 kau²²tuei³⁴
博鳌	藕 ŋau⁴²	虎 hau⁴²	猴狨 kau³¹tui⁴⁴
东澳	藕 ŋau⁴²	老虎 lau⁴²au⁴²	猴狨 kau³¹tui⁴⁴
黎安	藕 au⁴²	老虎 lau⁴²hau⁴²	猴狨 kau³¹tuei⁴⁴
感城	藕 ŋou²²	老虎 lau⁴²hou²²	猴狨 kou²¹ui⁴⁴
昌江	藕 ɔu⁴²	老虎 lau⁴²hɔu⁴²	马骝囝 ma⁴²lau³¹kie⁴²

	0223 蛇统称	0224 老鼠家里的	0225 蝙蝠
大昌	蛇 tua²²	孥鼠 ȵiau⁵³ɕiu⁴²⁴	飞鼠 ɓoi³⁴ɕiu⁴²⁴
博鳌	蛇 tua³¹	老鼠 lau⁴²ɕiu⁴²	飞镰 ɓie⁴⁴liam³¹
东澳	蛇 tua³¹	老鼠 lau⁴²ɕiu⁴²	老鼠 lau⁴²ɕiu⁴²
黎安	蛇 tua³¹	老鼠 lau⁴²ɕiu⁴²	飞鼠 ɓɔi⁴⁴ɕiu⁴²
感城	蛇 tsuo²¹	老鼠 lau⁴²tshu²²	飞鼠 puo⁴⁴tshu²²
昌江	蛇 tuo³¹	老鼠 lau⁴²tshu⁴²	壁鼠 ɓit⁵su⁴²

	0226 鸟儿飞鸟，统称	0227 麻雀	0228 喜鹊
大昌	雀 tɕiau³³	雀母 tɕiau³³ mai⁴²⁴	鹊雀 ɕiak⁵ tɕiau³³
博鳌	雀 tɕiau⁴²	麻鹊 ma³¹ ɕiak⁵	叽喳 tɕi⁴⁴ tsæ⁴²
东澳	飞蝶 ɓue⁴⁴ ia⁴²	雀 tɕiau⁴²	喜鹊 i⁴² ɕiak⁵
黎安	雀 tɕiau⁴²	麻鹊 ma³¹ ɕiak⁵	喜鹊 i⁴² ɕiak⁵
感城	鸟 tɕiau²²	雀囝 tɕiaiʔ⁵ kie²²	（无）
昌江	雀 tɕiau⁴²	麻雀 mai³¹ ɕiak⁵	（无）

	0229 乌鸦	0230 鸽子	0231 翅膀鸟的，统称
大昌	杂乌 taʔ³ ɔu³⁴	白鸽 ɓe³³ kap⁵	失⁼膀 titˤ faŋ⁴²⁴
博鳌	什鸦 ta³³ ɔ⁴⁴	鸽 kap⁵	翼 tit³
东澳	什鸦 ta³³ ɔ⁴⁴	鸽 kat⁵	翼 tit³
黎安	什鸦 ta³³ ɔ⁴⁴	鸽 kat⁵	翼膀 tit³ ɓaŋ⁴²
感城	老鸦 lau⁴² o⁴⁴	鸽囝 kaʔ⁵ kie²²	□phiʔ³
昌江	乌鸦 u⁴⁴ ia⁴⁴	鸽囝 kaʔ⁵ kie⁴²	翅膀 ɕi²⁴ ɓaŋ⁴²

	0232 爪子鸟的，统称	0233 尾巴	0234 窝鸟的
大昌	爪 tsau⁴²⁴	尾巴 vuei⁴²⁴ ɓa³⁴	岫 tiu³⁴
博鳌	爪 tɕiau⁴² 骹 ha⁴⁴	尾 bia⁴²	岫 tiu⁴⁴
东澳	爪 tɕiau⁴²	尾 bue⁴²	岫 tiu⁴⁴
黎安	爪 liau⁴²	尾 bɔi⁴²	岫 tiu⁴⁴
感城	爪 tsau²²	尾 vuo²²	鸟笼 tɕiau²² laŋ²¹
昌江	骹爪 kha⁴⁴ ʑiau⁴²	尾柳 uei⁴² liu⁴²	鸟笼 tɕiau⁴² laŋ³¹

	0235 虫子统称	0236 蝴蝶统称	0237 蜻蜓统称
大昌	虫 haŋ²²	飞蝶 ɓuei³⁴ a³³	蜻下⁼ teŋ³⁴ e³⁴
博鳌	虫 haŋ³¹	蝴蝶 ɸu³¹ ia³³	蜻蜓 tiaŋ⁴⁴ hæ³¹
东澳	虫 haŋ³¹	飞蝶 ɓue⁴⁴ ia⁴²	蜻蜓 tseŋ⁴⁴ ɗe⁴⁴
黎安	虫 haŋ³¹	蝴蝶 fiu³¹ ɗia³³	蜻硬⁼ tiaŋ⁴⁴ ŋe⁴⁴
感城	虫 taŋ²¹	□□puo²¹ kiau³⁵	□mei²¹
昌江	虫 haŋ³¹	蝴蝶 hu³¹ hie³³	（无）

三　词汇　／　87

	0238 蜜蜂	0239 蜂蜜	0240 知了 统称
大昌	蜜蜂 mit³faŋ³⁴	糖蜂 hɔ²²faŋ³⁴	知了 tai³⁴lɔ⁴²⁴
博鳌	蜂 phaŋ⁴⁴	蜂糖 phaŋ⁴⁴hɔ³¹	嗯映 en⁴⁴iaŋ³¹
东澳	蜂 phaŋ⁴⁴	蜂糖 phaŋ⁴⁴hɔ³¹	虫 haŋ³¹
黎安	蜂 faŋ⁴⁴	蜂糖 phaŋ⁴⁴hɔ³¹	红娘吱吱 aŋ³¹niaŋ³¹ki⁵⁵ki⁵⁵
感城	□koi³⁵	□糖 koi³⁵thɔ²¹	吱吱刀 tɕi⁵⁵tɕi⁵⁵to⁴⁴
昌江	蜂机 uaŋ⁴⁴tɕi⁴⁴	蜂糖 phaŋ⁴⁴ho³¹	（无）

	0241 蚂蚁	0242 蚯蚓	0243 蚕
大昌	蚁 fiia⁵³	玉龙 zi³³liaŋ²²	蚕 sai²²
博鳌	蚁 ia⁴²	二龙 dzi⁴⁴liaŋ³¹	蚕 sai³¹
东澳	蚁 ia⁴²	二龙 dzi⁴⁴liaŋ³¹	蚕 sai³¹
黎安	蚁 ia⁴²	龙二 laŋ³¹zi⁴²	蚕 tshai³¹
感城	蚁囝 hie⁴⁴kie²²	屎蚓 θai²²ɲien⁴²	（无）
昌江	蚂蚁 ma⁴²i⁴⁴	土虫 hau⁴²haŋ³¹	蚕 tshan³¹

	0244 蜘蛛 会结网的	0245 蚊子 统称	0246 苍蝇 统称
大昌	梁下个 liaŋ²²e³⁴kɔ³⁴	蠓 maŋ²²	土蝇 hou⁴²⁴tin³⁴
博鳌	龙虾 liaŋ³¹kæ³¹	蠓 maŋ³¹	土蝇 hau⁴²tin³¹
东澳	蜘蛛 tɕi⁴⁴tu⁴⁴	蠓 maŋ³¹	土蝇 hau⁴²tin³¹
黎安	甲妞 ka³³niu⁵⁵	蠓 maŋ³¹	土蝇 hau⁴²tin³¹
感城	老虎 lau⁴²hou²²	蠓囝 maŋ²²kie²²	虹蝇 hoŋ²¹θiŋ²¹
昌江	（无）	蠓 maŋ³¹	土蝇 hou⁴²tin³¹

	0247 跳蚤 咬人的	0248 虱子	0249 鱼
大昌	杂蚤 tat³tau⁴²⁴	虱 tat⁵	鱼 u²²
博鳌	甲蚤 ka³³tau⁴²	虱 tat⁵	鱼 u³¹
东澳	甲蚤 ka³³tau⁴²	虱 θat⁵	鱼 u³¹
黎安	甲蚤 ka³³tau⁴²	虱 tat⁵	鱼 u³¹
感城	个蚤 kai²¹tsau²²	虱 θaiʔ⁵	鱼 hu²¹
昌江	虼蚤 ka³³tau⁴²	虱 tat⁵	鱼 hu³¹

	0250 鲤鱼	0251 鳙鱼(胖头鱼)	0252 鲫鱼
大昌	鲤鱼 li⁴²⁴ɦu²²	侬⁼鱼 naŋ²² hu²²	鲫鱼 tɕit⁵ɦu²²
博鳌	鲤鱼 li⁴² u³¹	鳙鱼 zoŋ³¹ u³¹	苦囝鱼 hɔu⁴² kia⁴² u³¹
东澳	鲤鱼 li⁴² u³¹	(无)	(无)
黎安	鲤鱼 li⁴² u³¹	(无)	(无)
感城	鲤鱼 li²² hu²¹	(无)	鲫鱼 tɕi⁵⁵ hu²¹
昌江	鲤鱼 li⁴² hu³¹	(无)	鲫鱼 tɕi⁵⁵ hu³¹

	0253 甲鱼	0254 鳞(鱼的)	0255 虾(统称)
大昌	鳖 ɓi³³	鳞 laŋ²²	虾 he²²
博鳌	鳖 ɓi⁵⁵	鳞 lan³¹	虾 ɦæ³¹
东澳	鳖 ɓi⁵⁵	鳞 laŋ³¹	虾 e³¹
黎安	鳖 ɓi⁵⁵	鳞 lam³¹	虾 he³¹
感城	鳖 pieiʔ⁵	鱼鳞 hu²¹ lan²¹	虾 he²¹
昌江	甲鳖 kaʔ³ ɓiʔ⁵	鳞 lan³¹	虾 ɦe³¹

	0256 螃蟹(统称)	0257 青蛙(统称)	0258 癞蛤蟆(表皮多疙瘩)
大昌	蟹 hoi⁵³	蛤 kap³	石蜍 tɕi³³ tu²²
博鳌	蛤 kap⁵	蛤 kap⁵	石蜍 tɕi³³ ɗu³¹
东澳	蟹 ɔi⁴⁴	螣鸡 seŋ³¹ kɔi⁴⁴	不倒翁 bɔ³³ ɗau⁴² oŋ⁴ / 石蜍 tɕi³³ ɗu³¹
黎安	蟹 hɔi⁴⁴	蛤囝 kat⁵ kia⁴²	石蜍 tɕi⁵⁵ tu³¹
感城	蟹 hoi⁴²	螣鸡 tshaŋ²¹ koi⁴⁴	厚皮蛤 kau⁴² phuo²¹ kaiʔ⁵
昌江	蟹 hoi⁴²	田鸡 hin³¹ ki⁴⁴	(无)

	0259 马	0260 驴	0261 骡
大昌	马 ve⁴²⁴	驴 li²²	骡 luei²²
博鳌	马 bæ⁴²	(无)	骡 lua³¹
东澳	马 be⁴²	(无)	(无)
黎安	马 be⁴²	驴 lu³¹	(无)
感城	马 ve²²	(无)	(无)
昌江	马 ve⁴²	(无)	(无)

	0262 牛	0263 公牛 统称	0264 母牛 统称
大昌	牛 gu²²	牛头 gu²² hau²²	牛婆 gu²² vɔ²²
博鳌	牛 gu³¹	牛公 gu³¹ koŋ⁴⁴	牛母 gu³¹ ɓɔ⁴²
东澳	牛 gu³¹	牛伯 gu³¹ ɓe³³	牛母 gu³¹ mai⁴²
黎安	牛 gu³¹	公牛 koŋ⁴⁴ gu³¹	牛母 gu³¹ mai⁴²
感城	牛 vu²¹	牛牯 vu²¹ kou²²	牛母 vu²¹ mai²²
昌江	牛 gu³¹	公牛 kaŋ⁴⁴ gu³¹	母牛 mai⁴² gu³¹

	0265 放牛	0266 羊	0267 猪
大昌	饲牛 ɕi⁵³ gu²²	羊 iɔ²²	猪 ɗu³⁴
博鳌	饲牛 ɕi⁴⁴ gu³¹	羊 iɔ³¹	猪 ɗu⁴⁴
东澳	饲牛 ɕi⁵³ gu³¹	羊 iɔ³¹	猪 ɗu⁴⁴
黎安	饲牛 ɕi⁵³ gu³¹	羊 iɔ³¹	猪 ɗu⁴⁴
感城	放牛 paŋ³⁵ vu²¹	羊 ie²¹	猪 tu⁴⁴
昌江	放牛 ɓaŋ²⁴ gu³¹	羊 me⁴⁴ me⁴⁴	猪 ɗu⁴⁴

	0268 种猪 配种用的公猪	0269 公猪 成年的，已阉的	0270 母猪 成年的，未阉的
大昌	公猪 koŋ³⁴ ɗu³⁴	猪头 ɗu³⁴ hau²²	猪婆 ɗu⁴ vɔ²²
博鳌	猪种 ɗu⁴⁴ tɕiaŋ⁴²	猪公 ɗu⁴⁴ koŋ⁴⁴	猪母 ɗu⁴⁴ ɓɔ⁴²
东澳	猪伯 ɗu⁴⁴ ɓe³³	猪牯 ɗu⁴⁴ kau⁴²	猪母 ɗu⁴⁴ mai⁴²
黎安	猪公 ɗu⁴⁴ koŋ⁴⁴	猪翁 ɗu⁴⁴ aŋ⁴⁴	猪㜷 ɗu⁴⁴ laŋ⁴⁴
感城	猪哥 tu⁴⁴ ko⁴⁴	骟猪 θien³⁵ tu⁴⁴	猪母 tu⁴⁴ mai²²
昌江	公猪种 kaŋ⁴⁴ ɗu⁴⁴ tɕiaŋ⁴²	公猪 kaŋ⁴⁴ ɗu⁴⁴	母猪 mai⁴² ɗu⁴⁴

	0271 猪崽	0272 猪圈	0273 养猪
大昌	猪囝 ɗu³⁴ kia⁴²⁴	猪落 ɗu³⁴ lak³	饲猪 ɕi⁵³ ɗu³⁴
博鳌	猪囝 ɗu⁴⁴ kia⁴²	猪寮 ɗu⁴⁴ liau³¹	饲猪 ɕi⁴⁴ ɗu⁴⁴
东澳	猪囝 ɗu⁴⁴ kia⁴²	猪寮 ɗu⁴⁴ liau³¹	饲猪 ɕi⁵³ ɗu⁴⁴
黎安	猪囝 ɗu⁴⁴ kia⁴²	猪寮 ɗu²² liau³¹	饲猪 ɕi⁵³ ɗu⁴⁴
感城	猪囝 tu⁴⁴ kie²²	猪落 tu⁴⁴ laʔ³	饲猪 ɕi⁴⁴ tu⁴⁴
昌江	猪囝 ɗu⁴⁴ kie⁴²	猪笼 ɗu⁴⁴ laŋ³¹	饲猪 ɕi³¹ ɗu⁴⁴

	0274 猫	0275 公猫	0276 母猫
大昌	猫 ȵiau³⁴	猫头 ȵiau³⁴ hau²²	猫婆 ȵiau³⁴ vɔ²²
博鳌	猫 ba³¹	猫公 ba³¹ koŋ⁴⁴	猫母 ba³¹ ɓɔ⁴²
东澳	猫 ba³¹	猫牯 ba³¹ kau⁴²	猫母 ba³¹ mai⁴²
黎安	猫 ba³¹	老猫公 lau⁴² ba³¹ koŋ⁴⁴	老猫母 lau⁴² ba³¹ mai⁴²
感城	猫 miau⁴⁴	猫牯 miau⁴⁴ kou²²	猫母 miau⁴⁴ mai²²
昌江	猫 miau⁴⁴	公猫 kaŋ⁴⁴ miau⁴⁴	母猫 mai⁴² miau⁴⁴

	0277 狗 统称	0278 公狗	0279 母狗
大昌	狗 kau⁴²⁴	狗头 kau⁴²⁴ hau²²	狗婆 kau⁴²⁴ vɔ²²
博鳌	狗 kau⁴²	狗公 kau⁴² koŋ⁴⁴	狗母 kau⁴² ɓɔ⁴²
东澳	狗 kau⁴²	狗公 kau⁴² koŋ⁴⁴	狗母 kau⁴² mai⁴²
黎安	狗 kau⁴²	狗公 kau⁴² koŋ⁴⁴	狗母 kau⁴² mai⁴²
感城	狗 kau²²	狗牯 kau²² kou²²	狗母 kau²² mai²²
昌江	狗 kau⁴²	公狗 kaŋ⁴⁴ kau⁴²	母狗 mai⁴² kau⁴²

	0280 叫 狗~	0281 兔子	0282 鸡
大昌	吠 ɓuei²⁴	兔 hɔu²⁴	鸡 koi³⁴
博鳌	狗吠 kau⁴² ɓui⁴⁴	兔 hɔu²⁴	鸡 kɔi⁴⁴
东澳	狗嚣 kau⁴² oŋ⁴⁴	兔囝 hiau²⁴ kia⁴²	鸡 kɔi⁴⁴
黎安	狗吠 kau⁴² uei²⁴	兔囝 phoŋ⁵³ kia⁴²	鸡 kɔi⁴⁴
感城	吠 pui⁴⁴	兔囝 thou³⁵ kie²²	鸡 koi⁴⁴
昌江	喊 han²⁴	兔囝 hɔu⁵³ kie⁴²	鸡 kɔi⁴⁴

	0283 公鸡 成年的，未阉的	0284 母鸡 已下过蛋的	0285 叫 公鸡~（即打鸣儿）
大昌	鸡头 koi³⁴ hau²²	鸡婆 koi³⁴ vɔ²²	啼 fii²²
博鳌	鸡头 kɔi⁴⁴ hau³¹	鸡母 kɔi⁴⁴ ɓɔ⁴²	鸡啼 kɔi⁴⁴ hi³¹
东澳	鸡阉 kɔi⁴⁴ en⁴⁴ 鸡头 kɔi⁴⁴ hau³¹	鸡母 kɔi⁴⁴ mai⁴²	鸡叫 kɔi⁴⁴ kiɔ²⁴
黎安	鸡角 kɔi⁴⁴ kak⁵	鸡母 kɔi⁴⁴ mai⁴²	鸡啼 kɔi⁴⁴ hi³¹
感城	鸡头 koi⁴⁴ thau²¹	鸡母 koi⁴⁴ mai²²	鸡啼 koi⁴⁴ thi²¹
昌江	公鸡 kaŋ⁴⁴ koi⁴⁴	母鸡 mai⁴² koi⁴⁴	鸡喊 koi⁴⁴ han²⁴

	0286 下鸡~蛋	0287 孵~小鸡	0288 鸭
大昌	生 te³⁴	孵 ɓu⁵³	鸭 a³³
博鳌	生卵 tæ⁴⁴nui⁴²	孵 ɓu⁴⁴	鸭 a⁵⁵
东澳	孵卵 ɓan⁴⁴nui⁴²	孵 ɓu⁴²	鸭 a⁵⁵
黎安	生卵 te⁴⁴nuei⁴²	孵 ɓu⁴²	鸭 a⁵⁵
感城	生卵 θe⁴⁴nui⁴²	孵 pu⁴⁴	鸭 aʔ⁵
昌江	下 he⁴⁴	孵 ɓu⁴⁴	鸭 a⁵⁵

	0289 鹅	0290 阉~公的猪	0291 阉~母的猪
大昌	鹅 gɔ²²	阉 iam³⁴	阉 iam³⁴
博鳌	鹅 gɔ³¹	阉 iam⁴⁴	阉 iam⁴⁴
东澳	鹅 gɔ³¹	阉 en⁴⁴	阉 en⁴⁴
黎安	鹅 gɔ³¹	阉 ien⁴⁴	（无）
感城	鹅 ŋo²¹	骟 θien³⁵	骟 θien³⁵
昌江	鹅 ŋɔ³¹	阉 in⁴⁴	阉 in⁴⁴

	0292 阉~鸡	0293 喂~猪	0294 杀猪统称，注意婉称
大昌	阉 iam³⁴	饲 çi⁵³	刣猪 hai²²ɗu³⁴
博鳌	阉鸡 iam⁴⁴	饲 çi⁴⁴	刣猪 hai⁴⁴ɗu⁴⁴
东澳	阉鸡 ien⁴⁴kɔi⁴⁴	饲 çi⁴⁴	刣猪 hai³¹ɗu⁴⁴
黎安	阉鸡 ien⁴⁴kɔi⁴⁴	饲 çi⁴⁴	刣猪 hai³¹ɗu⁴⁴
感城	骟 θien³⁵	饲 çi⁴⁴	刣猪 thai²¹tu⁴⁴
昌江	阉 in⁴⁴	饲 çi³¹	刣猪 hai³¹ɗu²²

	0295 杀~鱼	0296 村庄—个~	0297 胡同统称：一条~
大昌	刣 hai²²	村 suei³⁴	搭廊 ɗaʔ⁵laŋ²²
博鳌	刣 hai⁴⁴	村 sui⁴⁴	巷 haŋ⁵³
东澳	刮 kua⁵⁵	村庄 sui⁴⁴tuaŋ⁴⁴	甲弄 kat⁵laŋ⁴⁴
黎安	刣 hai³¹	村庄 suei⁴⁴tuaŋ⁴⁴	甲弄巷 kat⁵naŋ⁴⁴aŋ⁵³
感城	刣 thai²¹	乡村 hie⁴⁴tshui⁴⁴	巷囝 haŋ⁴⁴kie²²
昌江	割 kuo³³	村 suei⁴⁴	甲弄囝 ka³³laŋ⁴⁴kie⁴²

	0298 街道	0299 盖房子	0300 房子整座的，不包括院子
大昌	街路 kuai³⁴lou³⁴	作宿 tɔ⁵⁵ɕiu²⁴	房 ɓaŋ²²
博鳌	街 kɔi⁴⁴	作宿 tɔ⁵⁵ɕiu²⁴	宿 ɕiu²⁴
东澳	街道 kui⁴⁴ɗau⁴⁴	作宿 tɔ⁵⁵su²⁴	宿 su²⁴
黎安	街道 kuei⁴⁴ɗau⁴⁴	作宿 tɔ⁵⁵su²⁴	宿 su²⁴
感城	街道 kɔi⁴⁴tau⁴²	作宿 tsoʔ⁵tshu³⁵	宿 tshu³⁵
昌江	街 kɔi⁴⁴	作宿 tɔ⁵⁵su²⁴	宿 su²⁴

	0301 屋子房子里分隔而成的，统称	0302 卧室	0303 茅屋茅草等盖的
大昌	房 ɓaŋ²²	房 ɓaŋ²²	草宿 sau⁴²⁴ɕiu²⁴
博鳌	房 ɓaŋ³¹	宿房 ɕiu²⁴ɓaŋ³¹	草寮 sau⁴²liau³¹
东澳	房 ɓaŋ³¹	房 ɓaŋ³¹	草寮 sau⁴²liau³¹
黎安	宿房 su²⁴ɓaŋ³¹	宿房 su²⁴ɓaŋ³¹	茅壁宿 maŋ³¹ɓia⁵⁵su²⁴
感城	房 paŋ²¹	房 paŋ²¹	□宿 hoŋ²¹tshu³⁵
昌江	房 ɓaŋ³¹	房 ɓaŋ³¹	草宿 tshau⁴²su²⁴

	0304 厨房	0305 灶统称	0306 锅统称
大昌	灶前 tau⁴²⁴tai²²	灶 tau²⁴	鼎 ɗia⁴²⁴
博鳌	锅前 kau⁴⁴tai³¹	灶 tau²⁴	鼎 tia⁴²
东澳	厨房 ɗu³¹ɓaŋ³¹	灶 tau²⁴	陶 au³¹
黎安	厨房 ɗu³¹ɓaŋ³¹	灶 tau²⁴	鼎 ɗia⁴²
感城	灶 tsau³⁵	灶 tsau³⁵	鼎 tie²²
昌江	灶 tau²⁴	灶台 tau²⁴thai³¹	鼎 ɗie⁴²

	0307 饭锅煮饭的	0308 菜锅炒菜的	0309 厕所旧式的，统称
大昌	糜鼎 moi²²ɗia⁴²⁴	菜鼎 sai²⁴ɗia⁴²⁴	恭房 koŋ³⁴ɓaŋ²²
博鳌	糜鼎 mia³¹ɗia⁴²	糜鼎 mia³¹ɗia⁴²	恭房 koŋ⁴⁴ɓaŋ³¹
东澳	糜鼎 me³¹ɗia⁴²	鼎囝 ɗia⁴²kia⁴²	恭房 koŋ⁴⁴ɓaŋ³¹
黎安	糜鼎 mɔi³¹ɗia⁴²	鼎囝 ɗia⁴²kia⁴²	厕所 set⁵tɔ⁴²
感城	糜鼎 muo²¹tie²²	鼎 tie²²	恭房 koŋ⁴⁴paŋ²¹
昌江	罐 kuan²⁴	菜鼎 sai²⁴ɗia⁴²	菜鼎 sai²⁴ɗia⁴²

三 词汇 / 93

	0310 檩 左右方向的	0311 柱子	0312 大门
大昌	桁 e²²	墩 ɗun³⁴	大门 ɗua³⁴ muei²²
博鳌	桁 æ³¹	柱 hiau⁴² ɕiau⁴²	大门 ɗua⁴⁴ mui³¹
东澳	桁 e³¹	柱 hiau⁴² ɕiau⁴²	大门 ɗua⁴⁴ mui³¹
黎安	桁 e³¹	柱 ɕiau⁴²	大门 ɗua⁴⁴ muei³¹
感城	桁 e²¹	柱 thiau⁴⁴	正门 tɕie³⁵ mui²¹
昌江	檩 lie³¹	宿□骹 su²⁴ sa⁴² kha⁴⁴	大门 ɗuo⁴⁴ muei³¹

	0313 门槛儿	0314 窗 旧式的	0315 梯子 可移动的
大昌	门头 muei²² hau²²	窗 iaŋ²⁴	梯 uei³⁴
博鳌	门枋 mui³¹ ɓaŋ⁴⁴	窗 hiaŋ⁴⁴	梯 hui⁴⁴
东澳	门台 mui³¹ ɗai³¹	窗 hiaŋ⁴⁴	梯 hui⁴⁴
黎安	门头 muei³¹ hau³¹	窗 hiaŋ⁴⁴	梯 huei⁴⁴
感城	门□ mui²¹ tai⁴²	窗 tshuaŋ⁴⁴	铺 phou³⁵
昌江	门房⁼ muei²¹ ɓaŋ³¹	窗□囝 tshaŋ⁴⁴ aŋ⁴⁴ kie⁴	楼梯 lau³¹ thi⁴⁴

	0316 扫帚 统称	0317 扫地	0318 垃圾
大昌	扫帚 tau⁴²⁴ ɕiu⁴²⁴	扫宿 tau⁴²⁴ ɕiu²⁴	草垃 sau⁴²⁴ lap³
博鳌	扫帚 tau⁴² tɕiu⁴²	扫宿 tau⁴² ɕiu²⁴	垃圾 læ⁴⁴ tap⁵
东澳	扫帚 tau⁴² tɕiu⁴²	扫地 tau⁴² ɗi⁴⁴	垃圾 la³³ tat⁵
黎安	扫帚 tau⁴² ɕiu⁴²	扫地 tau⁴² ɗi⁴⁴	垃圾 la³³ tat⁵
感城	扫把 θau³⁵ pe²²	扫涂 θau³⁵ thou²¹	垃圾 lai³³ sai³³
昌江	楼梯 lau³¹ thi⁴⁴	扫土 sau²⁴ thau⁴²	垃圾 la³³ sa³³

	0319 家具 统称	0320 东西 我的~	0321 炕 土、砖砌的,睡觉用
大昌	家私 ke³⁴ ɕi³⁴	东西 ɗaŋ³⁴ tai³⁴	炕 haŋ³⁴
博鳌	家具 kæ⁴⁴ ki⁵³	物 mi³³	(无)
东澳	家具 ke⁴⁴ ki⁵³	物 mi³³	(无)
黎安	家具 ke⁴⁴ ki⁵³	物物 mi⁵⁵ mi³³	(无)
感城	家具 ke⁴⁴ ki⁴²	物 mi³³	(无)
昌江	家具 ke⁴⁴ ki⁴⁴	物 mi³³	(无)

	0322 床木制的，睡觉用	0323 枕头	0324 被子
大昌	床 sɔ²²	枕头 tɕiəm⁴²⁴ hau²²	被 fuei⁵³
博鳌	床 sɔ³¹	枕头 tɕim⁴² phau³¹	被 phie⁴⁴
东澳	床单 sɔ³¹ ɗan⁴⁴	枕头 tɕin⁴² hau³¹	被 phue⁴⁴
黎安	床 sɔ³¹	枕头 tɕhin⁴² hau³¹	被 phɔi⁵³
感城	床 tsho²¹	枕头 tsun²² thau²¹	被 phuo⁴²
昌江	床 so³¹	枕头 tun⁴² hau³¹	被 phoi⁴⁴

	0325 棉絮	0326 床单	0327 褥子
大昌	棉胎 mi²² hai³⁴	床铺 sɔ²² fu³⁴	被 fuei⁵³
博鳌	棉胎 min³¹ hai⁴⁴	床单 sɔ³¹ ɗan⁴⁴	（无）
东澳	（无）	床单 sɔ³¹ ɗan⁴⁴	被 phue⁴⁴
黎安	棉絮 min³¹ huei²⁴	床单 sɔ³¹ ɗan⁴⁴	（无）
感城	棉胎 mi²¹ thai⁴⁴	床单 tsho²¹ tan⁴⁴	（无）
昌江	棉花 mi³¹ huei⁴⁴	床单 so³¹ ɗan⁴⁴	（无）

	0328 席子	0329 蚊帐	0330 桌子统称
大昌	床席 sɔ²² ɕiɔ³³	蠓帐 maŋ²² ɗiɔ²⁴	床 sɔ²²
博鳌	席 ɕiɔ³³	蠓帐 maŋ³¹ ɗiɔ²⁴	桌 tɔ⁵⁵
东澳	席 ɕiɔ³³	蠓帐 maŋ³¹ ɗiɔ²⁴	桌 tɔ⁵⁵
黎安	席 ɕiɔ³³	蠓帐 maŋ³¹ ɗiɔ²⁴	桌 tɔ⁵⁵
感城	席 tɕhieiʔ³	帐 tie³⁵	床 tsho²¹
昌江	席 ɕie³³	蠓帐 maŋ³¹ ɗie²⁴	床 so³¹

	0331 柜子统称	0332 抽屉桌子的	0333 案子长条形的
大昌	柜 kuei⁵³	斗 ɗau⁴²⁴	公床 koŋ³⁴ sɔ²²
博鳌	柜 kui⁴⁴	斗落 ɗau⁴² lɔk³	（无）
东澳	柜 kui⁴⁴	落斗 lɔʔ⁵ ɗau⁴²	（无）
黎安	柜 kuei⁵³	落斗 lɔk⁵ ɗau⁴²	（无）
感城	柜 kui⁴²	斗 tau²²	（无）
昌江	柜 kuei⁴⁴	斗 tau⁴²	（无）

三 词汇 / 95

	0334 椅子 统称	0335 凳子 统称	0336 马桶 有盖的
大昌	椅 i^{424}	凳囝 ɗiŋ^{24}kia^{424}	马桶 ve^{424}haŋ^{34}
博鳌	椅 i^{42}	凳囝 ɗeŋ^{24}kia^{42}	(无)
东澳	椅 i^{42}	凳囝 ɗin^{24}kia^{42}	(无)
黎安	椅 i^{42}	凳囝 ɗin^{24}kia^{42}	马桶 be^{42}haŋ^{53}
感城	椅 i^{22}	凳 tin^{35}	马桶 ve^{22}thaŋ^{22}
昌江	椅 i^{42}	椅 i^{42}	(无)

	0337 菜刀	0338 瓢 舀水的	0339 缸
大昌	菜刀 sai^{24}ɗɔ^{34}	勺 ɕiaʔ^3	缸 kɔ^{34}
博鳌	菜刀 sai^{24}ɗɔ^{44}	勺 ɕia^{33}	缸 kɔ^{44}
东澳	刀 ɗɔ^{44}	勺 ɕia^{33}	缸 kɔ^{44}
黎安	菜刀 sai^{24}ɗɔ^{44}	糜舀 mɔi^{31}ia^{44}	缸 kɔ^{44}
感城	菜刀 tshai^{35}to^{44}	瓢 phiau^{21}	缸 ko^{44}
昌江	菜刀 sai^{24}ɗo^{44}	瓢 phiau^{31}	缸 ko^{44}

	0340 坛子 装酒的~	0341 瓶子 装酒的~	0342 盖子 杯子的~
大昌	坛 ɗin^{22}	角 kɔk^5	冠 kuan^{53}
博鳌	坛 ɗin^{44}	瓶 ɓan^{31}	挂 kua^{42} 盖囝的合音
东澳	坛 ɗɔŋ^{44}	瓶 ɓin^{31}	匣 ha^{33}
黎安	双=坛 tiaŋ^{44}ɗin^{31}	瓴 keŋ^{53}	盖 kua^{24}
感城	酒坛 tɕiou^{22}tin^{21}	酒瓶 tɕiou^{22}pan^{21}	褂 kuo^{35}
昌江	坛 ɗin^{31}	瓶 phiŋ^{31}	盖 kuo^{33}

	0343 碗 统称	0344 筷子	0345 汤匙
大昌	碗 ua^{424}	箸 ɗu^{424}	握羹 ɔk^{5}keŋ^{34}
博鳌	碗 ua^{42}	箸 ɗu^{44}	汤羹 hɔ^{44}keŋ^{44}
东澳	碗 ua^{42}	糜箸 mɔi^{31}ɗu^{44}	汤羹 haŋ^{44}keŋ^{44}
黎安	碗 ua^{42}	糜箸 mɔi^{31}ɗu^{44}	陶羹 khau^{31}keŋ^{44}
感城	碗 uo^{22}	双箸 θiaŋ^{44}tu^{44}	□ ŋei^{35}
昌江	碗 uo^{42}	双箸 ɕiaŋ^{44}ɗu^{44}	勺 sau^{24} 普通话

	0346 柴火统称	0347 火柴	0348 锁
大昌	柴火 sa²² uei⁴²⁴	火擦 huei⁴²⁴ sua⁵⁵	锁 tɔ⁴²⁴
博鳌	柴 sa³¹	火刮 ia⁴² kuat⁵	锁头 tɔ⁴² hau³¹
东澳	柴 sa³¹	火 hue⁴² kua⁵⁵	锁头 tɔ⁴² hau³¹
黎安	柴 sa³¹	火擦 huei⁴² sua⁵⁵	锁 tɔ⁴²
感城	柴 tsha²¹	火柴 huo²² tsha²¹	锁 θo²²
昌江	柴 sa³¹	火刮 huei⁴² kuat⁵	锁 tɔ⁴²

	0349 钥匙	0350 暖水瓶	0351 脸盆
大昌	锁匙 tɔ⁴²⁴ ti²²	沸水瓶 ɓuei²⁴ tuei⁴² ɓaŋ²²	面盆 mi³⁴ fun²²
博鳌	锁匙 tɔ⁴² ti³¹	沸水瓶 ui²⁴ tui⁴² ɓaŋ³¹	面盆 min⁴⁴ ɸun³¹
东澳	锁匙 tɔ⁴² θi³¹	水壶 tui⁴² bu³¹	面盆 min⁴⁴ phun³¹
黎安	锁匙 tɔ⁴² ti³¹	热水壶 ʑit³ tuei⁴² u³¹	面盆 min⁴⁴ phun³¹
感城	锁匙 θo²² θi²¹	水瓶 tsui²² pan²¹	面盆 min⁴⁴ phun²¹
昌江	锁匙 tɔ⁴² ti³¹	暖水瓶 nuei⁴² tuei⁴² ɓaŋ³¹	面盆 min⁴⁴ phun³¹

	0352 洗脸水	0353 毛巾洗脸用	0354 手绢
大昌	洗面水 toi⁴²⁴ min³⁴ tuei⁴²⁴	面帕 min³⁴ fai²⁴	手帕 ɕiu⁴²⁴ fai²⁴
博鳌	洗面水 tui⁴² min⁴⁴ tui⁴²	面帕 min⁴⁴ phæ²⁴	手帕 ɕiu⁴² phæ²⁴
东澳	(无)	面帕 min⁴⁴ phe²⁴	手帕 ɕiu⁴² phe²⁴
黎安	洗面水 tuei⁴² min⁴⁴ tuei⁴²	面帕 min⁴⁴ phe²⁴	手帕 ɕiu⁴² phe²⁴
感城	洗面水 θoi²² min⁴⁴ tsui²²	面帕 min⁴⁴ phe³⁵	手帕 ɕiou²² phe³⁵
昌江	洗面水 toi⁴² min⁴⁴ tuei⁴²	面帕 min⁴⁴ phe²⁴	手帕 ɕiu⁴² phe²⁴

	0355 肥皂洗衣服用	0356 梳子旧式的，不是篦子	0357 缝衣针
大昌	油皂 iu²² hau³⁴	梳 tiu³⁴	补衫针 ɓɔu⁴²⁴ ta³⁴ tɕiəm³⁴
博鳌	沙布文马来语 sabun	梳囝 tiu⁴⁴ kia⁴²	针 tɕiam⁴⁴
东澳	臭蜡 ɕiau²⁴ la³³	梳 tiu⁴⁴	针 tɕin⁴⁴
黎安	番碱 huan⁴⁴ kin⁴²	梳 tiu⁴⁴	补衫针 ɓau⁴² ta⁴⁴ tɕin⁴⁴
感城	臭碱 ɕiau³⁵ kan²²	梳囝 θoi⁴⁴ kie²²	针 tɕiam⁴⁴
昌江	香碱 haŋ⁴⁴ kan⁴²	梳 sɔu⁴⁴	衫裤针 ta⁴⁴ khɔu²⁴ tɕin⁴⁴

三 词汇

	0358 剪子	0359 蜡烛	0360 手电筒
大昌	铰刀 ka^{34}ɗɔ^{34}	蜡烛 lak^{3}tɕiak^5	手电 ɕiu^{424}ɗin^{34}
博鳌	铰刀 ka^{42}ɗɔ^{44}	烛 tɕiaʔ^5	手电 ɕiu^{42}ɗin^{44}ɗaŋ^{31}
东澳	铰刀 ka^{42}ɗɔ^{44}	蜡烛 la^{33}tɕiaʔ^5	手电 ɕiu^{42}ɗin^{44}
黎安	铰刀 ka^{42}ɗɔ^{44}	蜡烛 la^{33}tɕik^5	手电 ɕiu^{42}ɗin^{53}
感城	铰刀 ka^{44}to^{44}	蜡烛 la^{23}tɕiaʔ^5	手灯筒 ɕiu^{22}teŋ^{44}taŋ^{21}
昌江	铰刀 ka^{42}ɗɔ^{44}	蜡烛 la^{33}tɕit^5	手电 ɕiu^{42}ɗin^{44}ɗaŋ^{31}

	0361 雨伞挡雨的,统称	0362 自行车	0363 衣服统称
大昌	雨伞 hɔu^{424}tua^{24}	单车 ɗan^{34}ɕia^{34}	衫裤 ta^{34}hɔu^{24}
博鳌	布伞 ɓou^{44}tua^{42}	单车 ɗan^{44}ɕia^{44}	衫裤 ta^{44}hɔu^{24}
东澳	雨伞 hau^{42}tua^{24}	单车 ɗan^{44}ɕia^{44}	衫裤 ta^{44}hau^{24}
黎安	雨伞 hau^{42}tua^{24}	单车 ɗan^{44}ɕia^{44}	衫裤 ta^{44}hau^{24}
感城	伞 θuo^{35}	骹车 kha^{44}ɕie^{44}	衫裤 θa^{44}khou^{35}
昌江	伞 tuo^{24}	骹车 kha^{44}ɕie^{44}	衫裤 ta^{44}khɔu^{24}

	0364 穿~衣服	0365 脱~衣服	0366 系~鞋带
大昌	像= ɕiaŋ^{34}	解 koi^{424}	绑 ɓaŋ^{424}
博鳌	像= ɕiaŋ^{44}	剥 ɓak^5	缚 ɓak^3
东澳	像= ɕiaŋ^{44}	脱 hɔʔ^5 / 剥 ɓaʔ^5	缚 ɓaʔ^3
黎安	像= ɕiaŋ^{44}	解 kɔi^{42}	缚解 ɓak^{3}kɔi^{42}
感城	颂 ɕiaŋ^{44}	解 koi^{22}	缚 paʔ^3
昌江	像= ɕiaŋ^{44}	解 koi^{42}	缚 ɓak^3

	0367 衬衫	0368 背心带两条杠的,内衣	0369 毛衣
大昌	衬衫 sun^{24}ta^{34}	篓褡 lɔp^{3}ɗa^{33}	毛衫 mɔ^{22}ta^{44}
博鳌	嘎邦甲马来语 kabaŋtɕia	篓衫巾 lap^{3}ta^{44}kin^{44}	毛衫 mɔ^{31}ta^{44}
东澳	落衫 lɔʔ^{3}ta^{44}	落衫巾 lɔʔ^{3}ta^{44}kin^{44}	毛衣 mɔ^{31}i^{44}
黎安	衬衫 sun^{24}ta^{44}	背心 ɓɔi^{24}tin^{44}	毛衫 mɔ^{31}ta^{44}
感城	衬衫 θun^{42}θa^{44}	背心 pei^{35}θin^{44}	毛衫 mo^{21}θa^{44}
昌江	短袨衫 ɗe^{42}uei^{42}ta^{44}	篓衫 lu^{5}ta^{44}	厚衫 kau^{44}ta^{44}

	0370 棉衣	0371 袖子	0372 口袋衣服上的
大昌	棉衫 mi²² ta³⁴	衫碗 ta³⁴ uei⁴²⁴	口筒 hau⁴²⁴ ɗoŋ²²
博鳌	衫篷 ta⁴⁴ ɓoŋ³¹	衫袖碗 ta⁴⁴ ɕiu⁴⁴ ui⁴²	裤洞 hɔu²⁴ ɗoŋ⁴⁴
东澳	棉衫 min³¹ ta⁴⁴	衫碗 ta⁴⁴ ui⁴²	裤洞 hau²⁴ ɗoŋ⁴⁴
黎安	棉衫 min³¹ ta⁴⁴	衫碗 ta⁴⁴ uei⁴²	衫袋 ta⁴⁴ ɗe⁴⁴
感城	棉衫 mi²¹ θa⁴⁴	碗 ui²²	衫袋 θa⁴⁴ te⁴⁴
昌江	棉衫 mi³¹ ta⁴⁴	碗 uei⁴²	袋 ɗai⁴⁴

	0373 裤子	0374 短裤外穿的	0375 裤腿
大昌	裤 hɔu²⁴	裤郎 hɔu²⁴laŋ²²	裤骹 hɔu²⁴ ha³⁴
博鳌	裤团 hɔu²⁴ kia⁴²	裤筒 hɔu²⁴ ɗoŋ³¹	裤腿 hɔu²⁴ hui⁴²
东澳	裤 hau²⁴	裤筒 hau²⁴ ɗoŋ³¹	裤骹 hau²⁴ ha⁴⁴
黎安	裤 hau²⁴	短裤 ɗe⁴² hau²⁴	裤骹 hau²⁴ ha⁴⁴
感城	裤 khou³⁵	短裤 te²² khou³⁵	裤骹 khou³⁵ kha⁴⁴
昌江	裤 khɔu²⁴	短裤 ɗe⁴² khɔu²⁴	裤骹 khɔu²⁴ kha⁴⁴

	0376 帽子统称	0377 鞋子	0378 袜子
大昌	帽 mau³⁴	鞋 ɔi²²	袜 vat³
博鳌	笠 lɔi³³	鞋 ɔi³¹	袜 bat³
东澳	帽 mau²⁴	鞋 ɔi³¹	袜 baʔ³
黎安	帽 mau⁵³	鞋 ɔi³¹	袜 bat³
感城	帽 mau³⁵	鞋 oi²¹	袜 vaiʔ³
昌江	帽 mau²⁴	鞋 oi³¹	袜 uat³

	0379 围巾	0380 围裙	0381 尿布
大昌	麻帕 mua²² fai²⁴	裙 kun²²	幅 ɓak³
博鳌	缦颈帕 mua⁴⁴ phæ²⁴	肚挂 ɗɔu⁴⁴ kua²⁴	尿布 dziɔ⁴² ɓou²⁴
东澳	围巾 ui³¹ kin⁴⁴ 颈帕 ke⁵³ phe³³	围裙 ui³¹ kun³¹	尿布 dziɔ⁴² ɓau²⁴
黎安	围巾 uei³¹ kin⁴⁴	围裙 uei³¹ kun³¹	尿布 ziau⁴² ɓau²⁴
感城	胫骨帕 tau⁴⁴ kuiʔ⁵ phe³⁵	围裙 ui³¹ kun²¹	尿布 zie⁴⁴ pou³⁵
昌江	麻帕 mua³¹ fe²⁴	围布 uei³¹ ɓɔu²⁴	尿布 ie⁴² ɓɔu²⁴

三 词汇

	0382 扣子	0383 扣~扣子	0384 戒指
大昌	钮 ȵiu⁵³	扣 hau²⁴	戒指 kai²⁴tɕi⁴²⁴
博鳌	衫 ta⁴⁴saŋ²⁴	系 kɔi²⁴	手指 ɕiu⁴²tɕi⁴²
东澳	衫钮 ta⁴⁴le⁴² 裤钮 hau²⁴le⁴²	结钮 kiʔ⁵le⁴²	戒指 ke⁴⁴tɕi⁴²
黎安	衫钮 ta⁴⁴niu⁴²	结 kip⁵	戒指 kai²⁴tɕi⁴²
感城	纽 niou²²	纽扣 niou²²khou³⁵	戒指 kai³⁵tɕi²²
昌江	钮 niu⁴²	扣 khou⁵³	戒指 kai²⁴tɕi⁴²

	0385 手镯	0386 理发	0387 梳头
大昌	手镯 ɕiu⁴²⁴tɔk⁵	车头 ɕia³⁴hau²²	梳头 tiu³⁴hau²²
博鳌	手镯 ɕiu⁴²tɔ³³	铰毛 ka⁴²mɔ³¹	梳毛 tiu⁴⁴mɔ³¹
东澳	手镯 ɕiu⁴²θau³³	剃头 hi⁵³hau³¹	梳头 tiu⁴⁴hau³¹
黎安	手镯 ɕiu⁴²tɔ³³	铰头毛 ka⁴²hau³¹mɔ³¹	梳头 tiu⁴⁴hau³¹
感城	镯 θoʔ³	车毛 ɕie⁴⁴mo²¹	梳头 θoi⁴⁴thau²¹
昌江	手环 ɕiukhuan⁴⁴	铰头毛 ka³³thau³¹mɔ³¹	梳头毛 sueiu⁴⁴thau³¹mɔ³¹

	0388 米饭	0389 稀饭 用米熬的，统称	0390 面粉 麦子磨的，统称
大昌	米糜 vi⁴²⁴moi²²	糜粥 moi²²tɔk⁵	面粉 min³⁴hun⁴²⁴
博鳌	糒 ɓɔi⁴⁴	粥 tɔʔ⁵	面粉 mi⁴⁴un⁴²
东澳	糒 ɓɔi⁴⁴	糜粥 mɔi³¹tɔʔ⁵	面粉 mi⁴⁴fun⁴²
黎安	糒 ɓɔi⁴⁴	糜粥 mɔi³¹tɔk⁵	面粉 mi⁴⁴fun⁴²
感城	糜 muo²¹	粥 tsouʔ⁵	面粉 mi⁴⁴hun²²
昌江	糒 ɓɔi⁴⁴	糜粥 moi³¹tso⁵⁵	面粉 mi⁴⁴hun⁴²

	0391 面条 统称	0392 面儿 玉米~，辣椒~	0393 馒头 无馅的，统称
大昌	面条 mi³⁴ɗiau²²	米碎 vi⁴²⁴suei²⁴	馒头 maŋ⁵³hau²²
博鳌	面条 mi⁴⁴ɗiau³¹	粉 un⁴²	馒头 man⁵³hau³¹
东澳	面条 mi⁴⁴ɗiau³¹	粉 un⁴²	馒头 man⁵³thau³¹
黎安	面条 mi⁴⁴ɗiau³¹	（无）	馒头 man⁵³thau³¹
感城	面条 mi⁴⁴tiau²¹	粉 hun²²	馒头 maŋ³⁵thau²¹
昌江	面条 mi⁴⁴ɗiau³¹	粉 hun⁴²	馒头 man⁴⁴thau³¹

	0394 包子	0395 饺子	0396 馄饨
大昌	包子 ɓau³⁴tɕi⁴²⁴	饺子 kiau⁴²⁴tɕi⁴²⁴	■ ɓua²⁴
博鳌	包子 ɓau⁴⁴tɕi⁴²	子 kiau⁴²tɕi⁴²	馄饨 un³¹tun³¹
东澳	包子 ɓau⁴⁴tɕi⁴²	饺子 kiau⁴²tɕi⁴²	（无）
黎安	包子 ɓau⁴⁴tɕi⁴²	饺子 kiau⁴²tɕi⁴²	（无）
感城	包子 pau⁴⁴tɕi²²	饺子 kiau⁴⁴tɕi²²	（无）
昌江	包子 ɓau⁴⁴tɕi⁴²	饺子 kiau⁴²tɕi⁴²	（无）

	0397 馅儿	0398 油条 长条形的，旧称	0399 豆浆
大昌	腹肚 ɓak⁵ɗou³⁴	油条 iu²²ɗiau²²	豆浆 ɗau³⁴ne²⁴
博鳌	心 tiəm⁴⁴	油条 iu³¹ɗiau³¹	豆浆 ɗau⁵³tɕiɔ⁴⁴
东澳	肚 ɗau⁵³	油条 iu³¹ɗiau³¹	豆奶 ɗau⁵³nai⁴²
黎安	肚 ɗau⁵³	油条 iu³¹ɗiau³¹	豆浆 ɗau⁵³tɕiɔ⁴⁴
感城	肚 tou²²	油条 iou²¹tiau²¹	豆浆 tau⁴⁴tɕie³⁵
昌江	裹肚 kuo⁴²ɗɔu⁴⁴	油条 iu³¹ɗiau³¹	豆奶 ɗau⁴⁴ne⁴⁴

	0400 豆腐脑	0401 元宵食品	0402 粽子
大昌	豆腐脑 ɗau³⁴u³⁴nau⁴²⁴	（无）	粽 taŋ²⁴
博鳌	豆腐 ɗau⁵³u⁴⁴	（无）	粽 taŋ²⁴
东澳	豆腐 ɗau⁵³u⁴⁴	（无）	粽 taŋ²⁴
黎安	豆腐脑 ɗau⁵³u⁴⁴nau⁴²	元宵 zuan³¹tiau⁴⁴	粽 ■ taŋ²⁴ɓua⁴⁴
感城	（无）	（无）	粽 tsaŋ³⁵
昌江	（无）	豆奶 ɗau⁴⁴ne⁴⁴	粽 tsaŋ²⁴

	0403 年糕 用黏性大的米或米粉做的	0404 点心 统称	0405 菜 吃饭时吃的，统称
大昌	粄 ɓua⁴²⁴	喙头团 suei²⁴hau²²kia⁴²⁴	菜 sai²⁴
博鳌	粄 ɓua⁴⁴	点心 ɗiam⁴²tiəm⁴⁴	糜配 mi⁴⁴phia²⁴
东澳	粄 ɓua⁴⁴	糕粄 kau⁴⁴ɓua⁴⁴	菜 sai²⁴
黎安	年糕 i³¹kau⁴⁴	点心 ɗien⁴²tim⁴⁴	配 phɔi²⁴
感城	粄 puo²²	点心 tien²²θin⁴⁴	菜 tshai³⁵
昌江	甜粄 ɗin³¹ɓua⁴²	点心 ɗin⁴²tim⁴⁴	菜 sai²⁴

	0406 干菜统称	0407 豆腐	0408 猪血当菜的
大昌	干菜 kaŋ^{34} sai^{24}	豆腐 ɗau^{53} u^{34}	猪血 ɗu^{34} huei^{55}
博鳌	菜干 sai^{24} kan^{44}	豆腐 ɗau^{53} u^{44}	猪血 ɗu^{44} ie^{55}
东澳	(无)	豆腐 ɗau^{53} u^{44}	猪血 ɗu^{44} huei^{55}
黎安	(无)	豆腐 ɗau^{53} u^{44}	猪血 ɗu^{44} huei^{44}
感城	(无)	豆腐 tau^{44} vu^{42}	猪血 tu^{44} huoʔ^{5}
昌江	干菜 kan^{44} sai^{24}	豆腐 ɗau^{44} fu^{44}	猪血 ɗu^{44} huei^{55}

	0409 猪蹄当菜的	0410 猪舌头当菜的,注意婉称	0411 猪肝当菜的,注意婉称
大昌	猪骹 ɗu^{34} ha^{33}	猪舌 ɗu^{34} tɕi^{55}	猪肝 ɗu^{44} kua^{34}
博鳌	猪骹蹄 ɗu^{44} ha^{44} ɗan^{31}	猪钱 ɗu^{44} tɕi^{31}	猪肝 ɗu^{44} kua^{44}
东澳	猪骹団 ɗu^{44} ha^{44} ɗɔi^{31}	猪钱利 ɗu^{44} tɕi^{31} lai^{44}	猪肝 ɗu^{44} kua^{44}
黎安	猪骹蹄 ɗu^{44} ha^{44} ɗɔi^{31}	猪钱 ɗu^{44} tɕhi^{31}	猪肝 ɗu^{44} kua^{44}
感城	猪骹 tu^{44} kha^{44}	猪舌 tu^{44} tɕiʔ^{3}	猪肝 tu^{44} kuo^{44}
昌江	猪骹□ ɗu^{44} kha^{44} iau^{44}	猪利舌 ɗu^{44} li^{44} tɕi^{53}	猪肝 ɗu^{44} kuo^{44}

	0412 下水猪牛羊的内脏	0413 鸡蛋	0414 松花蛋
大昌	下水 e^{53} tuei^{424}	鸡卵 koi^{34} nuei^{34}	皮蛋 fuei^{22} nuei^{53}
博鳌	肚里 ɗɔu^{44} lai^{31}	鸡卵 kɔi^{44} nui^{44}	(无)
东澳	下水 e^{44} tui^{42}	鸡卵 kɔi^{44} nui^{44}	皮卵 phɔi^{24} nui^{44}
黎安	下水 e^{44} tuei^{42}	鸡卵 kɔi^{44} nuei^{44}	(无)
感城	内水 lai^{42} tsui^{22}	鸡卵 koi^{44} nui^{42}	(无)
昌江	猪内脏 ɗu^{44} nei^{44} tsaŋ^{53}	鸡卵 koi^{44} nuei^{53}	皮蛋 phi^{31} ɗan^{53}

	0415 猪油	0416 香油	0417 酱油
大昌	猪油 ɗu^{34} iu^{22}	芳油 faŋ^{34} iu^{22}	酱油 tɕiɔ^{24} iu^{22}
博鳌	猪油 ɗu^{44} iu^{31}	芳油 iaŋ^{44} iu^{31}	酱油 tɕiɔ^{24} iu^{31}
东澳	猪油 ɗu^{44} iu^{31}	芳油 phaŋ^{44} iu^{31}	酱油 tɕiɔ^{42} iu^{31}
黎安	猪油 ɗu^{44} iu^{31}	芳油 phaŋ^{44} iu^{31}	酱油 tɕiɔ^{24} iu^{31}
感城	猪油 tu^{44} iou^{21}	脂麻油 tɕi^{44} muo^{21} iou^{21}	酱油 tɕie^{35} iou^{21}
昌江	猪油 ɗu^{44} iu^{31}	芳油 phaŋ^{44} iu^{31}	酱油 tɕie^{24} iu^{31}

	0418 盐名词	0419 醋注意碗称	0420 香烟
大昌	盐 iam²²	醋 sɔ³⁴	烟团 in³⁴kia⁴²⁴
博鳌	盐 iam³¹	醋 sɔ²⁴	烟团 in⁴⁴kia⁴²
东澳	盐 en³¹	醋 sau²⁴	烟团 in⁴⁴kia⁴²
黎安	盐 iem³¹	醋 sau²⁴	烟团 in⁴⁴kia⁴²
感城	盐 iaŋ²¹	醋 tshou³⁵	烟 ien⁴⁴
昌江	盐 ian³¹	醋 so²⁴	烟 in⁴⁴

	0421 旱烟	0422 白酒	0423 黄酒
大昌	烟叶 in³⁴iɔ³³	白酒 ɓe³³tɕiu⁴²⁴	黄酒 uei²²tɕiu⁴²⁴
博鳌	烟丝 in⁴⁴ti⁴⁴	白酒 ɓæ³³tɕiu⁴²	（无）
东澳	烟筒 in⁴⁴naŋ³¹	白酒 ɓe³³tɕiu⁴²	（无）
黎安	（无）	白酒 ɓe³³tɕiu⁴²	黄酒 uei³¹tɕiu⁴²
感城	烟筒 ien⁴⁴taŋ²¹	白酒 peʔ³tɕiou²²	（无）
昌江	烟丝 in⁴⁴ti⁴⁴	白酒 ɓe³³tɕiu⁴²	（无）

	0424 江米酒酒酿，醪糟	0425 茶叶	0426 沏~茶
大昌	酒饼 tɕiu⁴²⁴ɓia⁴²⁴	茶叶 ɗe²²iɔ³³	冲 soŋ³⁴
博鳌	酒饼 tɕiu⁴²ɓiaŋ⁵⁵	茶 ɗæ³¹	冲茶 soŋ⁴⁴ɗe³¹
东澳	米酒 bi⁴²tɕiu⁴²	茶 ɗe³¹	焗茶 kɔʔɗe³¹
黎安	甜糟 ɗien³¹tau⁴⁴	茶叶 ɗe³¹iɔ³³	泡 phau²⁴
感城	米酒 vi²²tɕiou²²	茶 te²¹	冲 tshoŋ⁴⁴
昌江	米酒 vi⁴⁴tɕiu⁴²	茶叶 ɗe³¹hie³³	冲 soŋ⁴⁴

	0427 冰棍儿	0428 做饭统称	0429 炒菜统称，和做饭相对
大昌	冰枝 ɓiŋ³⁴ki³⁴	煮糜 tu⁴²⁴moi²²	炒菜 sa⁴²⁴sai²⁴
博鳌	冰枝 ɓeŋ⁴⁴ki⁴⁴	作糜 tɔʔ⁵mæ³¹	炒菜 sa⁴²sai²⁴
东澳	冰 ɓeŋ⁴⁴	作糜 tɔʔ⁵mɔi³¹	炒菜 sa⁴²sai²⁴
黎安	冰枝 ɓeŋ⁴⁴ki⁴⁴	煮糜 tu⁴²mɔi³¹	炒菜 sa⁴²sai²⁴
感城	冰棍 pien⁴⁴kun³⁵	煮糜 tsu²²muo²¹	作菜 tsoʔ⁵tshai³⁵
昌江	冰枝 ɓeŋ⁴⁴ki⁴⁴	煮糜 tu⁴²moi³¹	炒菜 sa⁴²sai²⁴

	0430 煮~带壳的鸡蛋	0431 煎~鸡蛋	0432 炸~油条
大昌	煮 tu^{424}	煎 tɕi^{34}	炸 tsa^{24}
博鳌	煮 tu^{42}	煎 tɕi^{44}	炸 ta^{24}
东澳	煮 tu^{42}	煎 tɕi^{44}	炸 ta^{24}
黎安	煮 tu^{42}	煎 tɕhi^{44}	炸 tsa^{24}
感城	煮 tsu^{22}	煎 tseŋ^{44}	炸 tsa^{35}
昌江	煮 tu^{42}	煎 tɕi^{44}	炸 tsa^{24}

	0433 蒸~鱼	0434 揉~面做馒头等	0435 擀~面,~皮儿
大昌	蒸 tseŋ^{24}	揉 nua^{34}	擀 kua^{424}
博鳌	蒸 tseŋ^{44}	揉 nua^{42}	擀 kua^{42}
东澳	蒸 tseŋ^{44}	揉 nua^{42}	（无）
黎安	蒸 tseŋ^{44}	揉 nua^{31}	（无）
感城	蒸 tseŋ^{44}	□nuo^{22}	（无）
昌江	蒸 tseŋ^{44}	捏 ne^{33}	（无）

	0436 吃早饭	0437 吃午饭	0438 吃晚饭
大昌	食粿 tɕiaʔ^{5} kuei^{424}	食糜 tɕiaʔ^{5} moi^{22}	食暝昏 tɕiaʔ^{5} me^{22} huei^{34}
博鳌	食早 tɕia^{33} ta^{42}	中午糜 toŋ^{44} ŋɔu^{44} mæ^{31}	暗糜 am^{53} mæ^{31}
东澳	食早糜 tɕia^{33} ta^{42} mɔi^{31}	食中午 tɕia^{33} toŋ^{44} ŋau^{44}	食暗糜 tɕia^{33} an^{53} mɔi^{31}
黎安	食早糜 tɕia^{33} ta^{42} mɔi^{31}	食日头昼 tɕia^{33} zi^{33} hau^{31} tau^{24}	食暝昏头糜 tɕia^{33} me^{31} uei^{44} hau^{31} mɔi^{31}
感城	食早饰 tɕieʔ^{3} tsa^{22} tsoʔ^{5}	食头昼 tɕie^{3} thau^{21} tau^{35}	食暝晖 tɕieʔ^{3} me^{21} hui^{44}
昌江	食早饭 tɕii^{3} ta^{42} 饭	食中午糜 tɕit^{3} toŋ^{44} ŋɔu^{44} moi	食暝昏 tɕit^{3} me^{31} huei^{44}

	0439 吃~饭	0440 喝~酒	0441 喝~茶
大昌	食 tɕiaʔ^{5}	啜 suei^{55}	啜 suei^{55}
博鳌	食 tɕia^{33}	食 tɕia^{33}	食 tɕia^{33}
东澳	食 tɕia^{33}	食 tɕia^{33}	食 tɕia^{33}
黎安	食 tɕia^{33}	喝 hɔk^{5}	食 tɕia^{33}
感城	食 tɕieʔ^{3}	食 tɕieʔ^{3}	食 tɕieʔ^{3}
昌江	食 tɕit^{3}	食 tɕit^{3}	食 tɕit^{3}

	0442 抽~烟	0443 盛~饭	0444 夹用筷子~菜
大昌	抽 ɕiu³⁴	抽⁼ ɕiu³⁴	夹 kia³³
博鳌	食 tɕia³³	探 ham²⁴	夹 kia⁵⁵
东澳	食 tɕia³³	探 ham²⁴	夹 kia⁵⁵
黎安	啜 tuei⁵⁵	探 ham²⁴	夹 kia⁵⁵
感城	食 tɕieʔ³	舀 ie²²	夹 khiaiʔ⁵
昌江	食 tɕit³	舀 ie⁴⁴	乞 khiʔ⁵

	0445 斟~酒	0446 渴口~	0447 饿肚子~
大昌	斟 tɕiəm³⁴	渴 hua⁵⁵	困 hun²⁴
博鳌	倒 ɗɔ²⁴ 斟 tɕiəm⁴⁴ 祭祀时	渴 hua⁵⁵	困 hun²⁴
东澳	倒 ɗɔ²⁴ 斟 tsen 祭祀时	渴 hua⁵⁵	肚困 ɗau⁴² hun²⁴
黎安	倒 ɗɔ²⁴	渴 hua⁵⁵	困 hun²⁴
感城	倒 to³⁵	渴 kho²²	肚困 tou²² khun³⁵
昌江	倒 ɗo²⁴	渴 khuo⁵⁵	困 khun²⁴

	0448 噎吃饭~着了	0449 头人的, 统称	0450 头发
大昌	哽 ke⁴²⁴	头 hau²²	头毛 hau²² mɔ²²
博鳌	哽 kæ⁴²	头 hau³¹	头毛 hau³¹ mɔ³¹
东澳	哽 ke⁴²	头 hau³¹	头毛 hau³¹ mɔ³¹
黎安	哽 ke⁴²	头 hau³¹	头毛 hau³¹ mɔ³¹
感城	哽 ke²²	头 thau²¹	头毛 thau²¹ mo²¹
昌江	□着 ɕia⁴⁴ ɗo³³	头 hau³¹	头毛 hau³¹ mo³¹

	0451 辫子	0452 旋	0453 额头
大昌	麦⁼ me⁵⁵	旋 tuan⁵³	头额 hau²² ia³³
博鳌	鬃 taŋ⁵³	旋 tuan³¹	头颅 hau³¹ læ³¹
东澳	鬃 taŋ⁴⁴	螺 le³¹	头眉 hau³ be³¹
黎安	鬃剩 taŋ⁴⁴ tin⁵³	道 ɗau⁵³	头额 hau³¹ ia³³
感城	□囝 meʔ⁵ kie²²	旋 θuan⁴²	壁 piaʔ⁵
昌江	辫角囝 ɓin⁴⁴ kak⁵ kie⁴²	旋 tuan³¹	头颅 au³¹ lɔu³¹

	0454 相貌	0455 脸洗~	0456 眼睛
大昌	相貌 tiɔ³⁴ mau⁵³	面 min³⁴	目 mak³
博鳌	相 tiɔ²⁴	面 min⁴⁴	目 mak³
东澳	相貌 tiɔ²⁴ ma⁴⁴	面 min⁴⁴	目睛 mak³ seŋ⁴⁴
黎安	相貌 tiɔ²⁴ mau⁴⁴	面 min⁴⁴	目睛 mak³ kiŋ⁴⁴
感城	相貌 θie³⁵ mau⁴²	面 min⁴⁴	目 maʔ³
昌江	面貌 min⁴⁴ mau⁴⁴	面 min⁴⁴	目窟 mak³ hut³

	0457 眼珠统称	0458 眼泪哭的时候流出来的	0459 眉毛
大昌	目仁 mak³ ʐin²²	目汁 mak³ tɕiap⁵	目眉 mak³ vai²²
博鳌	目仁 mak³ dʑin³¹	目汁 mak³ tɕiap⁵	眉毛 bæ³¹ mɔ³¹
东澳	目仁 mak³ dʑin³¹	目汁 mak³ tɕiʔ⁵	目毛 mak³ mau³¹
黎安	目仁 mak³ ʐin³¹	目汁 mak³ tɕip⁵	目眉 mak³ bai³¹
感城	目珠 maʔ³ tsu⁴⁴	目水 maʔ³ tsui²²	目毛 maʔ³ mo²¹
昌江	目珠 mak³ tu⁴⁴	目汁 mak³ tɕit⁵	目毛 mak³ mo³¹

	0460 耳朵	0461 鼻子	0462 鼻涕统称
大昌	耳 hi⁵³	鼻 fi⁵³	鼻左⁼ fi⁵³ tɔ⁴²⁴
博鳌	耳 i⁴²	鼻 ɸi⁴⁴	鼻浊 phi⁴⁴ tɔ³³
东澳	耳 i⁴²	鼻 phi⁴⁴	鼻浊 phi⁴⁴ tɔ³³
黎安	耳囝 i⁴⁴ kia⁴²	鼻谷 phi⁵⁴ kɔk⁵	鼻浊 phi⁴⁴ tɔ³³
感城	耳 hi⁴²	鼻 phi⁴⁴	鼻□ phi⁴⁴ naʔ³
昌江	耳婆 hi⁴² ɓo³¹	鼻 phi⁴⁴	鼻□ phi⁴⁴ niaʔ⁵

	0463 擤~鼻涕	0464 嘴巴人的,统称	0465 嘴唇
大昌	擤 ɕiaŋ²⁴	喙巴 suei⁴²⁴ va³⁴	嘴轮 suei⁴²⁴ lun²²
博鳌	□ ɕiak³	喙 sui²⁴	喙 sui²⁴
东澳	擤 ɕiaŋ⁴²	喙 sui²⁴	喙唇 sui²⁴ ɗun³¹
黎安	擤 tiaŋ⁴²	喙母⁼ suei²⁴ mu⁴⁴	喙唇 suei²⁴ ɗun³¹
感城	擤 ɕiaŋ³⁵	喙 tshui³⁵	喙唇 tshui³⁵ tun²¹
昌江	捏 ne³³	喙 suei²⁴	喙轮皮 suei²⁴ lun³¹ phoi³¹

	0466 口水~流出来	0467 舌头	0468 牙齿
大昌	澜 nua^{22}	舌 tɕi^{33}	牙 ŋe^{22}
博鳌	澜 luan^{31}	钱 tɕi^{31}	牙 gæ^{31}
东澳	流痰 lau^{31}tan^{31} 岩痰 ŋan^{31}tan^{31}	钱螺 tɕi^{31}le^{31}	牙 ge^{31}
黎安	水澜 tuei^{42}nua^{31}	钱螺 tɕhi^{31}le^{31}	牙 ie^{31}
感城	澜 nuo^{42}	舌头 tɕi^{44}thau^{21}	牙 ŋe^{21}
昌江	澜水 nua^{31}tuei^{42}	来钱 le^{31}tɕi^{31}	牙齿 ŋe^{31}khi^{42}

	0469 下巴	0470 胡子 嘴周围的	0471 脖子
大昌	颚 ŋak^3	须 ɕiu^{34}	胫蒂 ɗau^{53}ɗi^{24}
博鳌	下颚 æ^{44}ŋak^3	须 ɕiu^{44}	胫蒂 ɗau^{44}ɗi^{53}
东澳	颔 ŋaŋ^{31}	须 ɕiu^{44}	胫蒂 ɗau^{44}ɗi^{53}
黎安	下颚 e^{44}ŋak^5	须 ɕiu^{44}	胫颈 ɗau^{44}kin^{42}
感城	颔 heŋ^{35}	须 ɕiou^{44}	胫骨 tau^{44}kui$ʔ^5$
昌江	下巴 e^{44}ɓa^{44}	须 ɕiu^{44}	胫蒂 ɗau^{42}ɗi$ʔ^5$

	0472 喉咙	0473 肩膀	0474 胳膊
大昌	红桶 aŋ^{22}haŋ^{53}	胛蒂头 ka^{33}ɗi^{24}au^{22}	手生 ɕiu^{424}te^{34}
博鳌	喉 au^{31} 肮腔 aŋ^{44}haŋ^{44}	肩膀 kai^{44}ɓaŋ^{42}	手膊 ɕiu^{42}ɓia^{55}
东澳	喉 au^{31}	肩 kai^{44}	手膊 ɕiu^{42}ɓia^{55}
黎安	落孔 lak^{3}haŋ^{42}	肩头 kai^{44}hau^{31}	手膊 ɕiu^{42}ɓia^{55}
感城	喉咙 au^{21}liaŋ^{21}	肩 kai^{44}	手腿 ɕiou^{22}thui^{22}
昌江	喉咙 au^{31}laŋ^{31}	肩膀 kin^{44}ɓaŋ^{42}	手 ɕiu^{42}

	0475 手 只指手; 包括臂: 他的~摔断了	0476 左手	0477 右手
大昌	手 ɕiu^{424}	左手 tɔ^{424}ɕiu^{424}	右手 iu^{34}ɕiu^{424}
博鳌	手 ɕiu^{42}	手 hui^{44}ɕiu^{42}	精手 tseŋ^{44}ɕiu^{42}
东澳	手 ɕiu^{42}	左手 tɔ^{42}ɕiu^{42}	右手 dziu^{53}ɕiu^{42}
黎安	手 ɕiu^{42}	戆手 ŋaŋ^{24}ɕiu^{42}	好手 hɔ^{42}ɕiu^{42}
感城	手 ɕiou^{22}	口边手 khuo^{44}pin^{44}ɕiou^{22}	正边手 tɕie^{35}pin^{44}ɕiou^{22}
昌江	手 ɕiu^{42}	左手 tɔ^{42}ɕiu^{42}	右手 iu^{44}ɕiu^{42}

	0478 拳头	0479 手指	0480 大拇指
大昌	拳 hin²²	手团 ɕiu⁴²⁴kia⁴²⁴	手母 ɕiu⁴²vɔ⁴²⁴
博鳌	拳头 hin³¹hau³¹	手团 ɕiu⁴²kia⁴²	手母 ɕiu⁴²bɔ⁴²
东澳	拳 hun³¹	手团 ɕiu⁴²kia⁴²	手母 ɕiu⁴²bɔ⁴²
黎安	拳 hun³¹	手团 ɕiu⁴²kia⁴²	手母 ɕiu⁴²bɔ⁴²
感城	拳 khien²¹	手团 ɕiou²²kie²²	手拇 ɕiou²²mai²²
昌江	拳头 khin³¹hau³¹	手团 ɕiu⁴²kia⁴²	手母头 ɕiu⁴²mai⁴²hau³¹

	0481 食指	0482 中指	0483 无名指
大昌	食指 tɕiaʔ⁵tɕi⁴²⁴	中指 toŋ³⁴tɕi⁴²⁴	笃尾手团 ɗɔk⁵vuei⁴²⁴ɕiu⁴²⁴kia⁴²⁴
博鳌	食指 tɕia³³tɕi⁴²	中指 toŋ⁴⁴tɕi⁴²	勿名指 bɔ³³mia³¹tɕi⁴²
东澳	食指 tɕia³³tɕi⁴²	中指 toŋ⁴⁴tɕi⁴²	无名指团 bɔ³¹mia³¹tɕi⁴²kia⁴²
黎安	手团 ɕiu⁴²kia⁴²	手团 ɕiu⁴²kia⁴²	手团 ɕiu⁴²kia⁴²
感城	食指 tɕieʔ³tɕi²²	中指 tsoŋ⁴⁴tɕi²²	勿名指 vo³³mie²¹tɕi²²
昌江	手团 ɕiu⁴²kiᵃ⁴²	手团 ɕiu⁴²kia⁴²	手团 ɕiu⁴²kia⁴²

	0484 小拇指	0485 指甲	0486 腿
大昌	手母 ɕiu⁴²vɔ⁴²⁴	手甲 ɕiu⁴²⁴kaʔ⁵	腿 uei⁴²⁴
博鳌	小手团 ɕiau⁴²ɕiu⁴²kia⁴²	手甲 ɕiu⁴²ka⁵⁵	腿 hui⁴²
东澳	手团 ɕiu⁴²kia⁴²	手甲 ɕiu⁴²ka⁵⁵	腿 hui⁴²
黎安	手团 ɕiu⁴²kia⁴²	手甲 ɕiu⁴²ka⁵⁵	腿 huei⁴²
感城	□□手团 noŋ²¹khiaŋ²¹ɕiou²²kie²²	手甲 ɕiou²²kaʔ⁵	腿 thui²²
昌江	落尾手团 lo³³uei³¹ɕiu⁴²kia⁴²	手甲 ɕiu⁴²ka⁵⁵	骸腿 kha⁴⁴huei⁴²

	0487 脚只指脚；包括小腿；包括小腿和大腿；他的~压断了	0488 膝盖指部位	0489 背名词
大昌	骸 ha³⁴	骸跌 ha³⁴u³⁴	胛脊 ka³³tɕia⁵⁵
博鳌	骸 ha⁴⁴	头钱 hau³¹tɕi³¹	背 ɓia²⁴
东澳	骸 ha⁴⁴	头钱 hau³¹tɕi³¹	背 ɓue²⁴
黎安	骸 ha⁴⁴	跌腿 phoŋ⁴⁴huei⁴²	背脊 ɓoi²⁴tɕia⁵⁵
感城	骸 kha⁴⁴	骸坞 ⁼kha⁴⁴u⁴⁴	背脊 pei³⁵tɕieʔ⁵
昌江	骸腿 kha⁴⁴	骸跌 kh⁴⁴²u⁴⁴	背脊 ɓoi⁴⁴tɕi⁵⁵

	0490 肚子腹部	0491 肚脐	0492 乳房女性的
大昌	肚囝 ɗou⁵³ kia⁴²⁴	肚脐 ɗou⁵³ tɕi²²	奶 ne⁴²⁴
博鳌	肚 ɗou⁴⁴	肚脐 ɗou⁴⁴ tɕi³¹	姩 nin³¹
东澳	肚 ɗau⁴⁴	肚皮 ɗau⁴⁴ bi³¹	奶 ne⁴⁴
黎安	肚 ɗau⁴⁴	肚带脐 ɗau⁴⁴ ɗe²⁴ tɕhi³¹	姩 nien⁵⁵
感城	肚 tou²²	肚脐 tou²² tɕi²¹	奶 neŋ⁴⁴
昌江	肚 ɗɔu⁴⁴	肚脐 ɗɔu⁴⁴ tɕi³¹	奶 ne⁴⁴

	0493 屁股	0494 肛门	0495 阴茎成人的
大昌	尻脽 ka³⁴ suei³⁴	尻脽门 ka³⁴ suei³⁴ muei²²	鸟 te³⁴
博鳌	尻脽 ka⁴⁴ sui⁴⁴	尻脽孔 ka⁴⁴ sui⁴⁴ haŋ⁴²	蛋 ɗan⁴⁴
东澳	尻脽 ka⁴⁴ sui⁴⁴	尻脽孔 ka⁴⁴ sui⁴⁴ haŋ⁴²	雀牯 tɕiau⁴² ku⁵⁵
黎安	尻脽 ka⁴⁴ suei⁴⁴	尻脽孔 ka⁴⁴ suei⁴⁴ haŋ⁴²	螺 ze³¹
感城	尻脽 kau⁴⁴ tshui⁴⁴	尻椎窟 kau⁴⁴ tshui⁴⁴ khui˧⁵	鸟 tɕiau²²
昌江	尻脽 ka⁴⁴ suei²⁴	尻脽门 ka⁴⁴ suei²⁴ muei³¹	卵泡 lam⁴² phau⁴⁴

	0496 女阴成人的	0497 㐸动词	0498 精液
大昌	膣 tɕi³⁴	八 ɓoi⁵⁵	精 tseŋ³⁴
博鳌	膣 tɕi⁴⁴	作膣 tɔ⁵⁵ tɕi⁴⁴	屌 ɗiau⁴²
东澳	膣 tɕi⁴⁴	八⁼膣 ɓoi⁵⁵ tɕi⁴⁴	阳 dzian³¹
黎安	膣母 tɕhi⁴⁴ mai⁵⁵	八⁼膣 ɓoi⁵⁵ tɕhi⁴⁴	螺屎 ze³¹ toŋ³¹
感城	膣 tɕi⁴⁴	八⁼膣 puo³⁵ tɕi⁴⁴	阳 ʑiaŋ²¹
昌江	膣 tɕi⁴⁴	八 ɓoi⁵⁵	精汁 tɕiŋ⁴⁴ tɕi³³

	0499 来月经注意婉称	0500 拉屎	0501 撒尿
大昌	月经 vuei³³ keŋ³⁴	放屎 ɓaŋ²⁴ tai⁴²⁴	放尿 ɓaŋ²⁴ ʑiɔ⁴²⁴
博鳌	月经 kɔu⁴⁴ kiŋ⁴⁴	放屎 ɓaŋ²⁴ tai⁴²	放尿 ɓaŋ²⁴ dziɔ⁴⁴
东澳	月 ue³³	放屎 ɓaŋ²⁴ θai⁴²	放尿 ɓaŋ²⁴ dziɔ⁴⁴
黎安	月经 guei³³ kiŋ⁴⁴	放屎 ɓaŋ²⁴ tai⁴²	放尿 ɓaŋ²⁴ ʑiɔ⁴⁴
感城	来古经 lai²¹ kou²² keŋ⁴⁴	放屎 paŋ³⁵ θai²²	放尿 paŋ³⁵ ʑie⁴⁴
昌江	来月经 lai³¹ uei³³ kiŋ⁴⁴	放屎 ɓaŋ²⁴ tai⁴²	放尿 ɓaŋ²⁴ tai⁴²

三 词汇 / 109

	0502 放屁	0503 相当于"他妈的"的口头禅	0504 病了
大昌	放屁 ɓaŋ²⁴ fi²⁴	八汝母 ɓɔi⁵⁵ lu⁴²⁴ mai⁴²⁴	病了 ɓe³⁴ la²²
博鳌	放屁 ɓaŋ²⁴ ɸui²⁴	汝宿母 lu⁴² ɕiu²⁴ mai⁴²；八⁼汝的 ɓie⁵⁵ lu⁴² ɗi³³	病 ɓæ⁴⁴；恶耐 ɔk⁵ nai⁵³
东澳	放屁 ɓaŋ²⁴ phui²⁴	八汝姐 ɓɔi⁵⁵ du⁴² tse⁴²	病啦 ɓe⁴⁴ la³³
黎安	放屁 ɓaŋ²⁴ phɔi²⁴	八⁼宿母 ɓɔi⁵⁵ su²⁴ mai⁴²	病个 ɓe⁴⁴ hɔ⁴⁴
感城	放屁 paŋ³⁵ phui³⁵	八⁼汝母 puo³⁵ lu²² mai²²	病啦 pe⁴⁴ la⁰
昌江	放屁 ɓaŋ²⁴ phuei²⁴	八⁼汝母 ɓɔi⁵⁵ lu⁴² mai⁴²	病 ɓe⁴⁴

	0505 着凉	0506 咳嗽	0507 发烧
大昌	寒着 kua²² ɗɔ³³	甲嗽 ka³³ tau²⁴	发热 huat⁵ ʑit³
博鳌	着清 ɕiak⁵ ɕiŋ³¹	咳嗽 ka³³ tau²⁴	发热 uat⁵ dʑit³
东澳	寒 kua³¹	咳嗽 ka³³ tau²⁴	发热 uat⁵ dʑit³
黎安	□着濑 hɔ⁴² ɕiak⁵ ɕin²⁴	咳嗽 ka³³ tau²⁴	发热 huat⁵ ʑit³
感城	濑 tɕhin³⁵	□ ɕiaʔ³	发热 huaiʔ⁵ zuoʔ³
昌江	清着 ɕin⁵³ ɗo³³	咳嗽 kha³³ tau²⁴	发热 huat⁵ ʑit³

	0508 发抖	0509 肚子疼	0510 拉肚子
大昌	抖 iu⁴²⁴	肚囝痛 ɗou⁵³ kia⁴²⁴ hia²⁴	泻屎 tia²⁴ tai⁴²⁴
博鳌	抽 ɕiu⁴⁴	肚痛 ɗou⁴⁴ hia²⁴	泻屎 tia²⁴ tai⁴²
东澳	扽 tun²⁴	肚痛 ɗau⁴⁴ hia²⁴	泻屎 tia²⁴ θai⁴²
黎安	扽扽摇摇 tun²⁴ tun²⁴ iɔ³¹ iɔ³¹	肚痛 ɗau⁴⁴ hia²⁴	泻屎 tia²⁴ tai⁴²
感城	扽 tsun³⁵	肚痛 tou²² thie³⁵	泻屎 θie³⁵ θai²²
昌江	发顿 huat⁵ dun²⁴	肚痛 ɗou⁴⁴ hie²⁴	泻屎 tie²⁴ tai⁴²

	0511 患疟疾	0512 中暑	0513 肿
大昌	发寒 ɓat⁵ kua²²	发热 huat⁵ zua³³	肿 tɕiaŋ⁴²⁴
博鳌	北寒 ɓak⁵ kua³¹	中热 toŋ⁴⁴ zua³³	肿 tɕiaŋ⁴²
东澳	疟疾 niɔʔ⁵ tɕit⁵	中热 toŋ⁴⁴ ɗua³³	肿 tɕiaŋ⁴²
黎安	作疟疾 tɔ⁵⁵ niɔk⁵ tɕit⁵	中热 toŋ⁴⁴ zua³³	肿 tɕiaŋ⁴²
感城	发寒 huaiʔ⁵ kuo²¹	中暑 tsoŋ³⁵ su²¹	肿 tɕiaŋ²²
昌江	发寒热 huat⁵ kua³¹ huat⁵ ʑit³	（无）	肿 tɕiaŋ⁴²

	0514 化脓	0515 疤 好了的	0516 癣
大昌	长脓 tiaŋ⁴²⁴naŋ²²	疤 ɓa³⁴	癣 ɕin⁴²⁴
博鳌	生脓 tæ⁴⁴naŋ³¹	疤 ɓa⁴⁴	癣 ɕin⁴²
东澳	生脓 te⁴⁴naŋ³¹	疤 ɓa⁴⁴	狗癣 kau⁴²sua⁴²
黎安	化脓 uei²⁴noŋ³¹	疤 ɓa⁴⁴	狗癣 kau⁴²sua⁴²
感城	漏脓 lau³⁵naŋ²¹	疤 pa⁴⁴	癣 θeŋ²²
昌江	生脓 te⁴⁴naŋ³¹	疤 ɓa⁴⁴	癣 tie⁴²

	0517 痣 凸起的	0518 疙瘩 蚊子咬后形成的	0519 狐臭
大昌	记 ki²⁴	老⁼ lau⁴²⁴	膈落臭 kaʔ⁵lɔk³ɕiu²⁴
博鳌	记 ki²⁴	鸡团药 kɔi⁴⁴kia⁴²iɔ³³	胳落现 kak⁵lɔk³in⁴⁴
东澳	猴记 au⁴⁴ki²⁴	甲茧 ka³³tɕiaŋ⁴²	膈落□臭 ka³³lɔ⁵⁵niau⁴²ɕiau²⁴
黎安	记 ki²⁴	茧泡 tɕiaŋ⁴²phau²⁴	膈落现 ka³³lo⁵⁵in⁵³
感城	记 ki³⁵	包 pau⁴⁴	肩□臭 kai⁴⁴liʔ⁵ɕiau³⁵
昌江	痣 tɕi²⁴	痕头 hun³¹hau³¹	膈落兴⁼ ka³³lo⁵⁵in²⁴

	0520 看病	0521 诊脉	0522 针灸
大昌	望病 ɔ⁵³ɓe³⁴	摸脉 mɔ³³ve³³	针灸 tɕiəm³⁴kiu⁴²⁴
博鳌	望医生 mɔ⁴⁴i⁴⁴ɗæ⁴⁴	拍脉 pha⁵⁵bæ³³	针灸 tɕiəm⁴⁴kiu⁴²
东澳	望病 mɔ⁴⁴ɓe⁴⁴	摸脉 mau²⁴me⁵⁵	针灸 tseŋ⁴⁴kiu⁴²
黎安	望病 mɔ⁴⁴ɓe⁴⁴	拍脉 pha⁵⁵me⁵⁵	针灸 tseŋ⁴⁴kiu⁴²
感城	望病 mo⁴⁴pe⁴⁴	拍脉 pha⁵⁵veʔ³	银针 ŋin²¹tɕiaŋ⁴⁴
昌江	望病 mɔ⁴⁴ɓe⁴⁴	拍脉 pha⁵⁵ve³³	针灸 tɕin⁴⁴kiu⁴²

	0523 打针	0524 打吊针	0525 吃药 统称
大昌	拍针 fa⁵⁵tɕiəm³⁴	吊针 ɗiau²⁴tɕiəm³⁴	食药 tɕiaʔ⁵iɔ³³
博鳌	拍针 pha⁵⁵tɕiəm⁴⁴	拍吊针 ɗiau²⁴tɕiəm⁴⁴	食药 tɕia³³iɔ³³
东澳	拍针 pha⁵⁵tɕin⁴⁴	吊针 ɗiau²⁴tɕin⁴⁴	食药 tɕia³³iɔ³³
黎安	拍针 pha⁵⁵tɕien⁴⁴	拍吊针 pha⁵⁵ɗiau²⁴tɕien⁴⁴	食药 tɕia³³iɔ³³
感城	拍针 phaʔ⁵tɕiaŋ⁴⁴	吊针 tiau³⁵tɕiaŋ⁴⁴	食药 tɕieʔ³ieʔ³
昌江	拍针 pha⁵⁵tɕin⁴⁴	拍吊针 pha⁵⁵ɗiau²⁴tɕin⁴⁴	吃药 tɕit³ie³³

三 词汇 / 111

	0526 汤药	0527 病轻了	0528 说媒
大昌	药茶 iɔ³³ ɗe²²	病轻 ɓe³⁴ hiŋ³⁴	作媒 tɔ⁵⁵ vuei²²
博鳌	中药 toŋ⁴⁴ iɔ³³	病好滴了 ɓæ⁴⁴ hɔ⁴² ti⁵⁵ liau⁴²	介绍 kai²⁴ tɕiau⁴⁴ 定命 ɗia⁴⁴ mia⁴⁴
东澳	中药 toŋ⁴⁴ iɔ³³	病好 ɓe⁴⁴ hɔ⁴²	讲亲家 koŋ⁴² ɕin⁴⁴ ke⁴⁴
黎安	茶 ɗe³¹	病好滴囝 ɓe²² hɔ⁴² ɗi⁵⁵ kia⁴²	讲亲家 koŋ⁴² ɕin⁴⁴ ke⁴⁴
感城	中药 tsoŋ⁴⁴ ieʔ³	好□啦 hɔ²² nai⁵⁵ la⁰	作媒 tsoʔ⁵ vuo²¹
昌江	茶 ɗe³¹	病好滴 ɓe⁴⁴ hɔ⁴² ti³³	作媒 tɔ⁵⁵ vuei³¹

	0529 媒人	0530 相亲	0531 订婚
大昌	媒侬 vuei²² naŋ²²	作望 tɔ⁵⁵ ɔ⁵³	搭命 ɗa⁵⁵ mia³⁴
博鳌	媒侬 bia³¹ naŋ³¹	见面 ki²⁴ min⁴⁴	（无）
东澳	媒侬 bui³¹ naŋ³¹	相望 tɔ⁴⁴ mɔ⁴⁴	订婚 tia²⁴ un⁴⁴ tia²⁴ ɕin⁴⁴
黎安	媒侬婆 ɓɔi³¹ naŋ³¹ pʰɔ³¹	讲亲家 koŋ⁴² ɕin⁴⁴ ke⁴⁴	埋命 mai³¹ mia⁴⁴
感城	媒侬 vuo²¹ naŋ²¹	相亲 θie⁴⁴ ɕin⁴⁴	订婚 tie⁴⁴ hun⁴⁴
昌江	媒侬 vuei³¹ naŋ³¹	见面 ki²⁴ min⁴⁴	订婚 ɗie⁴⁴ hun⁴⁴

	0532 嫁妆	0533 结婚统称	0534 娶妻子 男子~，动宾
大昌	嫁妆 ke²⁴ tɔ³⁴	结婚 tɕit⁵ un³⁴	讨老婆 hɔ⁴²⁴ lau⁴²⁴ vɔ²²
博鳌	嫁妆 kæ²⁴ tɔ⁴⁴	结婚 kit⁵ un⁴⁴ 成家 ɕiŋ³¹ kæ⁴⁴	娶老婆 sua⁴⁴ lau⁴² pʰɔ³¹
东澳	嫁妆 ke²⁴ tɔ⁴⁴	结婚 kiʔ⁵ ɦun⁴⁴	取娘 sua⁴⁴ niɔ³¹
黎安	嫁妆 ke²⁴ tɔ⁴⁴	结婚 kit⁵ ɦun⁴⁴	讨老婆 hɔ⁴² lau⁴² pʰɔ³¹
感城	嫁妆 ke³⁵ tsɔ⁴⁴	结婚 keʔ⁵ hun⁴⁴	讨老婆 tʰo²² lau⁴² pʰo²¹
昌江	嫁妆 ke²⁴ to⁴⁴	结婚 kit⁵ hun⁴⁴	讨老婆 tʰo⁴² lau⁴² pʰo³¹

	0535 出嫁 女子~	0536 拜堂	0537 新郎
大昌	出嫁 sut⁵ ke²⁴	拜堂 ɓai²⁴ ɗɔ²²	新官 tin³⁴ kua³⁴
博鳌	嫁 kæ²⁴	拜堂 ɓai²⁴ ɗɔ³¹	新官 tin⁴⁴ kua⁴⁴
东澳	嫁 ke²⁴	拜堂 ɓai²⁴ ɗɔ³¹	新官 tin⁴⁴ kua⁴⁴
黎安	出嫁 sut⁵ ke²⁴	拜堂 ɓai²⁴ ɗɔ³¹	落家 lɔ³³ ke⁴⁴
感城	出嫁 tshuiʔ⁵ ke³⁵	拜堂 pai³⁵ to²¹	新官 θin⁴⁴ kuo⁴⁴
昌江	出嫁 sut⁵ ke²⁴	拜堂 ɓai²⁴ ɗo³¹	新郎 tin⁴⁴ laŋ³¹

	0538 新娘子	0539 孕妇	0540 怀孕
大昌	新娘 tin^{34} ȵiɔ^{22}	裹囝咋妇 kua^{424} kiə^{33} ta^{33} vɔu^{34}	裹囝 kua^{424} kia^{424}
博鳌	新娘 tin^{44} niɔ^{31}	挂囝婆 kua^{42} kia^{42} ɓɔ^{31}	挂囝 kua^{42} kia^{42}
东澳	新娘 tin^{44} niɔ^{31}	挂囝什婆 kua^{42} kia^{42} ta^{33} ɓɔ^{31}	有囝 u^{42} kia^{42}
黎安	新娘 tin^{44} niɔ^{31}	裹囝什婆 kua^{42} kia^{42} ta^{33} ɓɔ^{31}	怀裹 uai^{31} kua^{42}
感城	新娘 θin^{44} nie^{21}	挂囝母 kuo^{42} kie^{22} mai^{22}	挂囝 kuo^{42} kie^{22}
昌江	新娘 tin^{44} nie^{31}	有囝母 u^{44} kie^{42} mai^{42}	有囝 u^{44} kie^{42}

	0541 害喜 妊娠反应	0542 分娩	0543 流产
大昌	食春= tɕiaʔ^{5} sun^{34}	生囝 te^{34} kia^{424}	落囝 lak^{3} kia^{424}
博鳌	畏食 ui^{44} tɕia^{33}	生囝 tæ^{44} kia^{42}	落囝 lak^{3} kia^{42}
东澳	反映 phaŋ^{42} iŋ^{24}	生囝 te^{42} kia^{42}	落 laʔ^{3}
黎安	逼喉 ɓi^{55} hau^{24}	生囝 te^{42} kia^{42}	落囝 lak^{5} kia^{42}
感城	（无）	生囝 θe^{44} kie^{22}	挫囝 tsho^{35} kie^{22}
昌江	反应 ta^{42} kua^{31} fan^{42} iŋ^{24}	生子 te^{44} kie^{42}	流产 lau^{31} san^{42}

	0544 双胞胎	0545 坐月子	0546 吃奶
大昌	双生囝 tiaŋ^{34} te^{34} kia^{424}	蹲月 ɗoŋ^{34} vuei^{33}	食奶 tɕiaʔ^{5} ne^{424}
博鳌	双生 tiaŋ^{44} tæ^{44}	蹲月 toŋ^{44} gie^{33}	食奶 tɕia^{33} nin^{55}
东澳	双生 θiaŋ^{44} te^{44}	月房 kue^{44} ɓaŋ^{31}	食奶 tɕia^{33} ne^{55}
黎安	双生弟 tiaŋ^{44} te^{44} ɗi^{53}	木=月 mɔk^{5} guei^{33}	食姅 tɕia^{33} nin^{55}
感城	双胎 θiaŋ^{44} thai^{44}	出期 tshui^{5} khi^{44}	食奶 tɕieʔ^{3} neŋ^{44}
昌江	双胞胎 tiaŋ^{44} ɓau^{44} hai^{44}	蹲栏 ɗun^{44} lan^{31}	食奶 tɕit^{3} ne^{44}

	0547 断奶	0548 满月	0549 生日 统称
大昌	隔奶 ke^{55} ne^{424}	满月 mua^{424} kɔu^{34}	生日 te^{34} ʑit^{3}
博鳌	隔奶 kæ^{55} nai^{55}	出月 sut^{5} gie^{33}	生日 tæ^{44} dʑi^{33} 对岁 dui^{24} ia^{24} 婴儿
东澳	隔奶 ke^{55} ne^{55}	满月 man^{42} gue^{33}	生日 te^{44} dʑi^{33} 对岁 dui^{24} ui^{24} 婴儿
黎安	隔姅 ke^{55} nin^{55}	出月 sut^{5} guei^{33}	生日 te^{44} ʑit^{3}
感城	隔奶 keʔ^{5} neŋ^{44}	满古 muo^{22} kou^{22}	生日 θe^{44} ʑiʔ^{3}
昌江	隔奶 ke^{55} ne^{44}	满月 muo^{42} uei^{33}	生日 te^{44} ʑit^{3}

三 词汇 / 113

	0550 做寿	0551 死统称	0552 死婉称，最常用的几种，指老人：他~了
大昌	作寿 tɔk⁵ ɗiu⁵³	死 ti⁴²⁴	死 ti⁴²⁴
博鳌	作寿 tɔ⁵⁵ tiu⁵³	过辈 kia⁴⁴ ɕia²⁴	去了 hu²⁴ liau⁴ 去新加坡了 hu²⁴ tin⁴⁴ ka⁴⁴ phɔ⁴⁴ liau⁴²
东澳	作生日 tɔ⁵⁵ te⁴⁴ dzi³³	死 θi⁴²	走了 tau⁴² liau⁴⁴ 升天 tiŋ⁴⁴ hi⁴⁴
黎安	作寿 tɔ⁵⁵ tiu⁵³	死 ti⁴²	归尾 kuei⁴⁴ bɔi⁴²
感城	祝寿 tsouʔ⁵ ɕiou⁴²	死 θi²²	了败过 liau²² pai⁴⁴ kuo³⁵
昌江	作寿 tɔ⁵⁵ ɕiu⁴⁴	死 sɿ⁴² ti⁴²	走了 tau⁴² lo³³

	0553 自杀	0554 咽气	0555 入殓
大昌	自杀 ɕi⁵³ tua⁵⁵	落气 lak³ khuei²⁴	入棺 ɗit³ kua³⁴
博鳌	自杀 su⁴² tut	勿气 ɓɔ³³ hui²⁴	入棺 zip³ kuan⁴⁴
东澳	自尽 su⁴² tɕin⁵³ 自杀 su⁴² tua⁵⁵	断气 ɗui⁴⁴ hui²⁴	入棺 ziʔ³ kuan⁴⁴
黎安	自杀 tɕi⁴⁴ tua⁵⁵	断气 ɗuei⁴⁴ huei²⁴	入柴 zu³³ sa³¹
感城	自杀 ɕi⁴² θuoʔ⁵	死 θi²²	殓 lien⁴²
昌江	自杀 ɕi⁴⁴ tuo⁵⁵	断气 ɗuei⁴⁴ huei²⁴	入棺 hit³ kuo⁴⁴

	0556 棺材	0557 出殡	0558 灵位
大昌	棺材 kua³⁴ sai²²	扛去坮 kɔ³⁴ hu²⁴ ɗai²²	灵位 lin²² uei⁵³
博鳌	入棺材 zip³ kua⁴⁴ sai³¹	出葬 sut⁵ taŋ⁵³ 上坡 tɕiɔ⁴⁴ ɸɔ⁴⁴	灵位 liŋ³¹ ui⁴⁴
东澳	棺材 kua⁴⁴ sai³¹	出 sut⁵	灵位 liŋ³¹ ui⁴⁴ 作灵 tɔ³³ liŋ³¹
黎安	棺材 kua⁴⁴ sai³¹	出山 sut⁵ tua⁴⁴	牌位 ɓai³¹ uei⁴⁴
感城	棺材 kuo⁴⁴ tshai²¹	出山 tshuiʔ⁵ θuo⁴⁴	灵床 leŋ²¹ tsho²¹
昌江	棺材 kuao⁴⁴ sai³¹	出山 sut⁵ tuo⁴⁴	灵座 lie³¹ suo⁴⁴

	0559 坟墓单个的，老人的	0560 上坟	0561 纸钱
大昌	坟墓 fun²² mɔu³⁴	灌土 kuaŋ²⁴ hɔu⁴²⁴	纸钱 tua⁴²⁴ tɕi²²
博鳌	墓 mɔu⁴⁴	拨墓 ɓut³ mɔu⁴⁴	纸钱 tua⁴² tɕi³¹
东澳	墓 mau⁴⁴	修坟 tiu⁴⁴ fun³¹	纸钱 tua⁴² tɕi³¹
黎安	铺墓 phu⁴⁴ mau⁵³	拨墓 ɓut⁵ mau⁵³	纸钱 tua⁴² tɕhi³¹
感城	墓地 mou⁴⁴ ti⁴²	作清明 tsoʔ⁵ tshoŋ⁴⁴ meŋ²¹	纸钱 tsuo²² tɕi²¹
昌江	墓 mɔu⁴⁴	拜墓 ɓai²⁴ mɔu⁴⁴	纸钱 tuo⁴² tɕi³¹

	0562 老天爷	0563 菩萨统称	0564 观音
大昌	老爷子 lau⁴²⁴ i²² tɕi⁴²⁴	菩萨 vu²² sa³³	观音 kuan³⁴ iəm³⁴
博鳌	天公 hi⁴⁴ koŋ⁴⁴	菩萨 phu³¹ sa³³	菩萨 phu³¹ sa³³
东澳	老天爷 lau⁴² hi⁴⁴ dze³¹	菩萨 phu³¹ sa³³	观音 kuan⁴⁴ in⁴⁴
黎安	天公 hi⁴⁴ koŋ³¹	菩萨 phu³¹ sa³³	观音 kuan⁴⁴ in⁴⁴
感城	老天爷 lau⁴² thi⁴⁴ ze²¹	菩萨 pho²¹ tsha⁴⁴	观音 kuan⁴⁴ in⁴⁴
昌江	老天 lau⁴² hi⁴⁴	菩萨 phu³¹ sa³³	观音 kuan⁴⁴ in⁴⁴

	0565 灶神口头的叫法，其中如有方言亲属调要释义	0566 寺庙	0567 祠堂
大昌	灶神 tau²⁴ tin²²	供公 koŋ³⁴ kiaŋ³⁴	祠堂 ɕi²² ɗɔ²²
博鳌	灶公 tau²⁴ koŋ⁴⁴	公庙 koŋ⁴⁴ biɔ⁴⁴	祠堂 su³¹ ɗɔ³¹
东澳	（无）	庙 biɔ⁴⁴	祠堂 tsu³¹ ɗɔ³¹
黎安	灶公 tau²⁴ koŋ⁴⁴	寺庙 ɕi⁴⁴ biau⁴⁴	祠堂 tɕi³¹ ɗɔ³¹
感城	灶公 tsau³⁵ koŋ⁴⁴	庙 vie⁴⁴	祠堂 su²¹ to²¹
昌江	灶 tau²⁴ tin³¹	庙 miau²⁴	庙 miau²⁴

	0568 和尚	0569 尼姑	0570 道士
大昌	和尚 hua²² tiaŋ⁵³	尼姑 n̩i²² ku³⁴	师伯公 ta³⁴ ɓe³³ koŋ³⁴
博鳌	皮相 phia³¹ tiɔ⁴⁴	尼姑 ni³¹ ku⁴⁴	师伯公 ta⁴⁴ ɓæ³³ koŋ⁴⁴
东澳	皮相 huai³¹ tiɔ⁴⁴	尼姑 ni³¹ ku⁴⁴	师父 ta⁴⁴ ɓe³³
黎安	皮相 phɔi³¹ tiɔ⁴⁴	尼姑 ni³¹ ku⁴⁴	道士 ɗau⁴⁴ ɕi⁵³
感城	皮相 phuo²¹ θie⁴⁴	尼姑 ni²¹ ku⁴⁴	道翁 to⁴² aŋ⁴⁴
昌江	和尚 ho³¹ tiaŋ⁵³	和尚 ho³¹ tiaŋ⁵³	道公 ɗau⁴⁴ koŋ⁴⁴

三 词汇

	0571 算命 统称	0572 运气	0573 保佑
大昌	算命 tuei²⁴ mia³⁴	运气 zun⁵³ huei²⁴	保作⁼ ɓɔ⁴²⁴ tɔ⁵⁵
博鳌	算命 tui²⁴ mia⁴⁴	运气 zun⁴⁴	保佑 ɓau⁴² dʑiu⁵³
东澳	算命 θui²⁴ mia⁴⁴	运气 dun⁴⁴ hui²⁴	保佑 ɓau⁴² dʑiu⁵³
黎安	算命 tuei²⁴ mia⁴⁴	运气 zun⁴⁴ huei²⁴	保佑 ɓɔ⁴² ziu⁵³
感城	算命 θui³⁵ mie⁴⁴	运气 zun⁴² khui³⁵	保佑 po²² ziou⁴⁴
昌江	数 tiau²⁴ mie⁴⁴	运气 zun⁴⁴ khuei²⁴	保佑 ɓɔ⁴² ziu⁴⁴

	0574 人 一个~	0575 男人 成年的，统称	0576 女人 三四十岁已婚的，统称
大昌	侬 naŋ²²	公爹 koŋ³⁴ ɗe³⁴	咋妇 ta³³ vou³⁴
博鳌	侬 naŋ³¹	公爹侬 koŋ"dæ"（naŋ³¹）	什母侬 ta³³bau⁴²（naŋ³¹）
东澳	侬 naŋ³¹	公爹侬 koŋ"ɗe"（naŋ³¹）	什母侬 ta³³bau⁴²（naŋ³¹）
黎安	侬 naŋ³¹	公爹 koŋ⁴⁴ ɗe⁴⁴	什母 ta³³ bau⁴²
感城	侬 naŋ²¹	妙侬 pou⁴⁴ naŋ²¹	姤侬 vou⁴⁴ naŋ²¹
昌江	保佑 ɓɔ⁴² ziu⁴⁴	公爹侬 koŋ⁴⁴ ɗe⁴⁴ naŋ³¹	姑婆侬 kou⁴⁴ vɔ³¹ naŋ³¹

	0577 单身汉	0578 老姑娘	0579 婴儿
大昌	单身 ɗan³⁴ tin³⁴	老姤姉 lau⁴²⁴ vou⁴²⁴ ȵin²²	挈囝 ȵiau⁵³ kia⁴²⁴
博鳌	光棍 kuaŋ⁴⁴ kun⁴²	守村婆 tɕiɔ⁴⁴ sui⁴⁴ phɔ³¹	挈屎 niɔ⁵⁵ kia⁴² tai⁴²
东澳	光棍 kuaŋ⁴⁴ kun⁴²	（无）	挈囝 niɔ⁵⁵ kia⁴²
黎安	伯乐甫 ɓɔ³³ lɔ³³ phu⁴²	伯乐公 ɓɔ³³ lɔ³³ koŋ⁴⁴	奶侬囝 nin⁵⁵ noŋ³¹ kia⁴²
感城	哥□ ko⁴⁴ lai⁴⁴	尼姑 ni²¹ ku⁴⁴	细囝 θoi³⁵ kie²²
昌江	光棍 kuaŋ⁴⁴ kun²⁴	（无）	细囝 tuei²⁴ kie⁴²

	0580 小孩 三四岁的，统称	0581 男孩 统称：外面有个~在哭	0582 女孩 统称：外面有个~在哭
大昌	挈囝 ȵiau⁵³ kia⁴²⁴	公爹囝 koŋ³⁴ ɗe³⁴ kia⁴²⁴	[女否] 姉囝 vɔu⁴²⁴ ȵin²² kia⁴²⁴
博鳌	挈囝 niɔ⁵⁵ kia⁴²	公爹囝 koŋ⁴⁴ dæ⁴⁴ kia⁴²	什母囝 ta³³ bau⁴² kia⁴²
东澳	挈囝 niɔ⁵⁵ kia⁴²	公爹囝 koŋ⁴⁴ ɗe⁴⁴ kia⁴²	什母囝 ta³³ bau⁴² kia⁴²
黎安	挈囝 niau⁵⁵ kia⁴²	公爹囝 koŋ⁴⁴ ɗe⁴⁴ kia⁴²	什母囝 ta³³ bau⁴² kia⁴²
感城	细囝 θoi³⁵ kie²²	妙囝 pou⁴⁴ kie²²	姤囝 vou²² kie²²
昌江	细囝 tuei²⁴ kie⁴²	公爹囝 koŋ⁴⁴ ɗe⁴⁴ kie⁴²	姑囝 kou⁴⁴ kie⁴²

	0583 老人七八十岁的,统称	0584 亲戚统称	0585 朋友统称
大昌	老侬 lau⁴²⁴ naŋ²²	亲戚 ɕin³⁴ tɕia³³	朋友 foŋ²² ziu³⁴
博鳌	老个 lau⁴² kai⁴⁴	亲戚 ɕin⁴⁴ tɕia³¹	朋友 phoŋ³¹ dziu⁴²
东澳	老侬 lau⁴² naŋ³¹	亲情 ɕin⁴⁴ tɕia³¹	朋友 phoŋ³¹ dziu⁴²
黎安	老侬 lau⁴² naŋ³¹	亲情 tɕhin⁴⁴ tɕia³¹	朋友 phoŋ³¹ ziu⁴²
感城	老侬 lau⁴² naŋ²¹	亲情 ɕin⁴⁴ tɕie²¹	朋友 phoŋ²¹ iou²²
昌江	老侬 lau⁴² naŋ³¹	亲戚 ɕin⁴⁴ tɕie³³	朋友 phoŋ³¹ ziu⁴²

	0586 邻居统称	0587 客人	0588 农民
大昌	邻舍 lin²² tia²⁴	客侬 heʔ⁵ naŋ²²	农民 noŋ²² min²²
博鳌	宿舷 ɕiu²⁴ ki³¹	客人 hæ⁵⁵ naŋ³¹	作农 tɔ⁵⁵ noŋ³¹
东澳	邻舍 lin³¹ tia²⁴	客人 he⁵⁵ naŋ³¹	农民 noŋ³¹ min³¹
黎安	邻舍 lin³¹ tia⁵³	客人 he⁵⁵ naŋ³¹	农民 noŋ³¹ min³¹
感城	邻舍 lin²¹ θie³⁵	客侬 kheʔ⁵ naŋ²¹	农村侬 noŋ²¹ tshui⁴⁴ naŋ²¹
昌江	邻居 lin³¹ ki⁴⁴	客人 khe⁵⁵ naŋ³¹	农民 noŋ³¹ min³¹

	0589 商人	0590 手艺人统称	0591 泥水匠
大昌	商侬 ɕiaŋ³⁴ naŋ²²	师伯 ta³⁴ ɓe³³	涂工 hou²² kaŋ³⁴
博鳌	生意侬 teŋ⁴⁴ i²⁴ naŋ³¹	作手工 tɔ⁵⁵ ɕiu⁴² kaŋ⁴⁴	涂水匠 hou³¹ tui⁴² ɕiɔ⁴⁴
东澳	商侬 tiaŋ⁴⁴ naŋ³¹	涂工 hau³¹ kaŋ⁴⁴	涂工 hau³¹ kaŋ⁴⁴
黎安	商侬 tiaŋ⁴⁴ naŋ³¹	手艺侬 ɕiu⁴² i⁵³ naŋ³¹	水泥工 tuei⁴² ni³¹ kaŋ⁴⁴
感城	生意侬 θe⁴⁴ i³⁵ naŋ²¹	手艺侬 ɕiou²² ŋi³⁵ naŋ²¹	涂水师伯 thou²¹ tsui²² θai⁴⁴ pe⁴⁴
昌江	生意侬 te⁴⁴ i²⁴ naŋ³¹	手艺侬 ɕiu⁴² i⁴⁴ naŋ³¹	水泥工 tuei⁴² ni³¹ kaŋ⁴⁴

	0592 木匠	0593 裁缝	0594 理发师
大昌	柴工 sa²² kaŋ³⁴	车衫头 ɕia³⁴ ta³⁴ hau²²	车头爹 ɕia³⁴ au²² ɓe³⁴
博鳌	柴工 sa³¹ kaŋ⁴⁴	作衫裤个 tɔ⁵⁵ ta⁴⁴ hou²⁴ kai⁴⁴	铰毛 ka⁴² mɔ³¹
东澳	木工 mɔʔ³ kaŋ⁴⁴	踏衫裤 ta³³ ta⁴⁴ hau²⁴	铰毛 ka⁴² mau³¹
黎安	柴工 sa³¹ kaŋ⁴⁴	裁缝 sai³¹ phoŋ³¹	头毛客 hau³¹ mɔ³¹ he⁵⁵
感城	柴工师伯 tsha²¹ kaŋ⁴⁴ θai⁴⁴ pe⁴⁴	裁缝 tshai²¹ phoŋ²¹	车毛师伯 ɕie⁴⁴ mo²² θai⁴⁴ pe⁴⁴
昌江	木工 mu³³ kaŋ⁴⁴	木工 mu³³ kaŋ⁴⁴	剃头师 ti²⁴ thau³¹ ɕi²⁴

三 词汇 / 117

	0595 厨师	0596 师傅	0597 徒弟
大昌	厨师 ɗu²² ɕi³⁴	师伯 ta³⁴ ɓe³³	徒弟 hu²² ɗi⁵³
博鳌	厨师 ɗu³¹ su⁴⁴ 师伯 ta⁴⁴ ɓæ³³	师伯 ta⁴⁴ ɓæ³³	徒弟 hu³¹ ɗi⁵³
东澳	厨子 ɗu³¹ tɕi⁴²	师父 ta⁴⁴ ɓe³³	徒弟 hu³¹ ɗi⁵³
黎安	厨师 ɗu³¹ tɕi⁴⁴	师伯 ta⁴⁴ ɓe³³	徒弟 hu³¹ ɗi⁵³
感城	厨师 tu²¹ ɕi⁴⁴	师伯 θai⁴⁴ pe⁴⁴	学徒 oʔ³ thu²¹
昌江	厨师 ɗu³¹ ɕi⁴⁴	师伯 ta⁴⁴ ɓe³³	工囝 kaŋ⁴⁴ kie⁴²

	0598 乞丐 统称，非贬称 （无统称则记成年男的）	0599 妓女	0600 流氓
大昌	乞搭⁼ hiʔ⁵ ɗa⁵⁵	娘囝 niaŋ²² kia⁴²⁴	流氓 liu²² maŋ²²
博鳌	讨食鬼 hɔ⁴² tɕia³³ kui⁴²	娘 niaŋ⁴⁴	流氓拍囝 liu³¹ maŋ³¹ phak⁵ kia⁴²
东澳	讨糜 hɔ⁴² mue³¹	作娘 tɔ⁵⁵ niaŋ⁴⁴	流氓 liu³¹ maŋ³¹
黎安	乞答 hit⁵ ɗat⁵	作娘 tɔ⁵⁵ niaŋ³¹	流氓 niu³¹ maŋ³¹
感城	乞丐 khiʔ⁵ taiʔ⁵	孃 niaŋ⁴⁴	流氓 liou²¹ maŋ²¹
昌江	乞达⁼ hit⁵ ɗat⁵	作娘 tɔ⁵⁵ n̠iaŋ³¹	流氓 liu³¹ maŋ³¹ 二流子 zi⁴⁴ liu³ tɕi⁴²

	0601 贼	0602 瞎子 统称，非贬称 （无统称则记成年男的）	0603 聋子 统称，非贬称 （无统称则记成年男的）
大昌	贼 sat³	差明囝 sa³⁴ me²² kia⁴²⁴	聋囝 laŋ²¹ kia⁴²⁴
博鳌	贼 sak³	差明 sa⁴⁴ mæ³¹	差聋 sa⁴⁴ laŋ³¹
东澳	贼 saʔ³	差明 sa⁴⁴ me³¹	青聋 se⁴⁴ laŋ³¹
黎安	贼 sap³	差明侬 sa⁴⁴ me³¹ naŋ³¹	青聋 se⁴⁴ laŋ³¹
感城	贼 tshaiʔ³	青瞑 tshe⁴⁴ me²¹	青聋 tshe⁴⁴ laŋ²¹
昌江	贼 sat³	失明侬 se³³ me³¹ naŋ³¹	聋囝 laŋ³¹ kie⁴²

	0604 哑巴统称，非贬称（无统称则记成年男的）	0605 驼子统称，非贬称（无统称则记成年男的）	0606 瘸子统称，非贬称（无统称则记成年男的）
大昌	哑囝 e^{424}kia^{424}	弓腰 koŋ^{34}iɔ^{34}	瘸囝 huei^{34}kia^{424}
博鳌	姇哑 ɓɔ^{33}æ^{44}	姇弓 ɓɔ^{33}koŋ^{44}	骹瘸 ha^{44}hia^{24}
东澳	哑老 e^{44}lau^{42}	弓腰 koŋ^{44}iɔ^{44}	骹伯 ha^{44}ɓe^{55}
黎安	呜哑 u^{44}e^{44} 呜，象声词	弓股 koŋ^{44}ku^{42}	骹伯 ha^{44}ɓe^{55}
感城	哑 e^{22}	拱牛 koŋ^{55}ku^{21}	瘸骹 khuo^{21}kha^{44}
昌江	哑爹 e^{42}ɗe^{44}	弓腰 koŋ^{44}ie^{44}	瘸骹侬 kuo^{24}kha^{44}naŋ^{31}

	0607 疯子统称，非贬称（无统称则记成年男的）	0608 傻子统称，非贬称（无统称则记成年男的）	0609 笨蛋蠢的人
大昌	走神 tau^{424}tin^{22}	薄瓜 tsou^{424}kua^{34}	笨蛋 ɓun^{53}tan^{53}
博鳌	走神 tau^{42}tin^{31}	姇戆 ɓɔ^{33}ŋaŋ^{44}古童 ku^{42}ɗoŋ^{31}	塞肚 hak^{5}ɗɔu^{31}
东澳	走神 tau^{42}tin^{31}	戆 ŋaŋ^{44}	戆 ŋaŋ^{42}
黎安	哝侬 noŋ^{31}naŋ^{31}	戆囝 ŋaŋ^{44}kia^{42}	笨物 ɓun^{44}mi^{33}
感城	痟囝 θiau^{22}kie^{22}	戆囝 ŋaŋ^{22}kie^{22}	戆囝 ŋaŋ^{22}kie^{22}
昌江	疯囝 huaŋ^{44}kie^{42}	戆囝 ŋaŋ^{44}kie^{42}	笨蛋 ɓun^{44}tan^{44}

	0610 爷爷称呼，最通用的	0611 奶奶称呼，最通用的	0612 外祖父叙称
大昌	爸 ɓa^{34}	嬷 ma^{34}	外家爸 ua^{34}ke^{34}ɓa^{34}
博鳌	阿公 a^{33}koŋ^{44}	阿婆 a^{33}phɔ^{31}	外公 ua^{44}koŋ^{44}
东澳	阿公 a^{33}koŋ^{44}	阿妈 a^{33}ma^{44}	外公 kai^{44}koŋ^{44}
黎安	阿公 a^{33}koŋ^{44}	阿婆 a^{33}phɔ^{31}	外公 hai^{53}koŋ^{44}
感城	公 koŋ^{44}	嬷 ma^{44}	考 ha^{22}
昌江	阿公 a^{33}koŋ^{44}	外公 huo^{44}koŋ^{44}	外嬷 huo^{44}ma^{31}

	0613 外祖母叙称	0614 父母合称	0615 父亲叙称
大昌	外家嬷 ua^{34}ke^{34}ma^{34}	伯母 ɓe^{55}mai^{424}	伯伯 ɓe^{33}
博鳌	外婆 ua^{44}phɔ^{31}	伯母 ɓæ^{33}mai^{42}	爸 ɓæ^{33}
东澳	外妈 kai^{44}ma^{44}	伯母 ɓe^{55}mai^{42}	爸 ɓa^{33}
黎安	外婆 hai^{53}phɔ^{31}	伯母 ɓe^{55}mai^{42}	阿爸 a^{33}ɓa^{55}
感城	妣 poi^{22}	爹母 te^{44}mai^{22}	爹 te^{44}
昌江	外嬷 huo^{44}ma^{31}	爹母 ɗe^{44}mai^{42}	爹 ɗe^{44}

三　词汇 / 119

	0616 母亲叙称	0617 爸爸称呼，最通用的	0618 妈妈称呼，最通用的
大昌	母 mai⁴²⁴	㜥伯 mɔ⁵⁵ɓe³³	㜥母 mɔ⁵⁵mai⁴²⁴
博鳌	阿母 a³³mai⁴²	阿爸 a³³ɓa⁵⁵	阿母 a³³mai⁴²
东澳	阿母 a³³mai⁴²	阿爸 a³³ɓa⁵⁵	阿母 a³³mai⁴²
黎安	阿母 a³³mai⁴²	阿爸 a³³ɓa⁵⁵	阿母 a³³mai⁴²
感城	姐 tse²²	爹 te⁴⁴	姐 tse²²
昌江	母 mai⁴²	爹 ɗe⁴⁴	母 mai⁴²

	0619 继父叙称	0620 继母叙称	0621 岳父叙称
大昌	后伯 au⁵³ɓe³³	后母 au⁵³mai⁴²⁴	外家伯 ua³⁴ke³⁴ɓe³³
博鳌	继伯 ki⁴⁴ɓæ³³ 继爸 ki⁴⁴ɓa⁴⁴ 后爸 au⁵³ɓa⁴⁴	继母 ki⁴⁴mai⁴² 后母 au⁵³mai⁴²	外家伯 ua⁴⁴kæ⁴⁴ɓæ³³
东澳	继伯 ki⁴⁴ɓe³³	继母 ki⁴⁴mai⁴²	阿家伯 a³³ke⁴⁴ɓe³³
黎安	后伯 au⁴⁴ɓe³³	后母 au⁴⁴mai⁴²	家公 ke⁴⁴koŋ⁴⁴
感城	后爹 au⁴²te⁴⁴	后母 au⁴²mai²²	爹考 te⁴⁴ha²²
昌江	后伯 au⁴⁴ɓe³³	后伯 au⁴⁴ɓe³³	外家伯 huo⁴⁴ke⁴⁴ɓe³³

	0622 岳母叙称	0623 公公叙称	0624 婆婆叙称
大昌	外家母 ua³⁴ke³⁴mai⁴²⁴	大 ɗa³⁴	大婆 ɗai³⁴ɓɔ²²
博鳌	外家母 ua⁴⁴kæ⁴⁴mai⁴²	宿伯 ɕiu²⁴ɓæ⁴⁴	宿母 ɕiu²⁴mai⁴²
东澳	家婆 a³³ke⁴⁴mai⁴²	落家翁 a³³ke⁴⁴aŋ⁴⁴	落家母 a³³ke⁴⁴ɓɔ⁴²
黎安	家婆 ke²²phɔ³¹	落家翁 lak³ke⁴⁴aŋ⁴⁴	落家母 lak³ke⁴⁴ɓɔ⁴²
感城	妣妊 poi²²ta⁵⁵	爹 te⁴⁴	姐 tse²²
昌江	外家母 huo⁴⁴ke⁴⁴mai⁴²	家公 ke⁴⁴koŋ⁴⁴	家婆 ke⁴⁴pho³¹

	0625 伯父称呼，统称	0626 伯母称呼，统称	0627 叔父称呼，统称
大昌	伯爹 ɓe³³ɗe³⁴	伯姆 ɓe³⁵n̩in³⁴	叔爹 tɕip⁵ɗe³⁴
博鳌	伯爹 ɓæ⁵⁵ɗæ⁴⁴	伯姆 ɓæ⁵⁵nin³¹	爹 ɗæ⁴⁴
东澳	伯 ɓe³³	姆 nin³¹	叔 su⁵⁵
黎安	阿爸 a³³ɓa⁵⁵	阿妈 a³³ma⁴⁴	叔爹 tɕhit⁵ɗe⁴⁴
感城	伯 peʔ⁵	姆 neŋ³⁵	叔爹 tɕiʔ⁵te⁴⁴
昌江	伯爹 ɓe³³ɗe⁴⁴	伯姆 ɓe³³nin³¹	爹囝 ɗe⁴⁴kie⁴²

	0628 排行最小的叔父 称呼，如"幺叔"	0629 叔母 称呼，统称	0630 姑 称呼，统称（无统称则记分称：比父大，比父小；已婚，未婚）
大昌	尾爹 uei^{424} ɗe^{34}	婶娘 kin^{53} niɔ^{22}	姞 vɔu^{424} 姑 kɔu^{34}
博鳌	尾爹 bia^{42} ɗæ^{44}	婶 nin^{31}	母 bɔ^{42}
东澳	（无）	婶 ɕin^{42}	娘 niaŋ^{44}
黎安	叔爹 tɕhit^5 ɗe^{44}	阿婶囝 a^{33} ɕin^{42} kia^{42}	阿伯 a^{33} ɓɔ^{55} 阿母 a^{33} mai^{55}
感城	细爹 θoi^{35} te^{44}	母 mou^{22}	姑 kou^{44}
昌江	爹囝 ɗe^{44} kie^{42} 弟弟 ɗi^{53} ɗi^{53}	母 mai^{42}	姑 kɔu^{44}

	0631 姑父 称呼，统称	0632 舅舅 称呼	0633 舅妈 称呼
大昌	姑爹 kɔu^{34} ɗe^{34}	舅爹 gu^{53} ɗe^{34}	妗婶 kim^{53} ɳin^{34}
博鳌	丈爹 ɗiɔ^{44} ɗe^{44} 小 伯爹 ɓɔ^{33} ɗæ^{44} 小	舅爹 ku^{42} ɗæ^{44} 母之弟 伯爹 ɓɔ^{33} ɗæ^{44} 母之兄	妗婶 kim^{44} nin^{31}
东澳	姑爹 kɔ^{44} ɗe^{44}	舅 ku^{42}	妗 kin^{44} 分大小；婶，娘
黎安	伯爹 ɓɔ^{55} ɗe^{44} 母爹 mai^{55} ɗe^{44}	阿爷 a^{33} ze^{31} 阿伯 a^{33} ɓe^{55}	阿母 a^{33} mai^{42} 阿婶 a^{33} nin^{55}
感城	姑爹 kou^{44} te^{44}	舅爹 ku^{42} te^{44}	舅母 ku^{42} mai^{22}
昌江	姑 kɔu^{44}	伯爹 ɓe^{33} ɗe^{44}	妗母 kin^{44} mai^{42}

	0634 姨 称呼，统称（无统称则记分称：比母大，比母小；已婚，未婚）	0635 姨父 称呼，统称	0636 弟兄 合称
大昌	姞 vɔu^{424} 姨 i^{22}	姨爹 i^{22} ɗe^{34}	老弟 lau^{424} ɗi^{53}
博鳌	母 mai^{42} ɓɔ^{42} 比父母大的叫 ɓɔ^{42}，小的叫 mai^{42}	丈爹 ɗiɔ^{44} ɗe^{44} 小 伯爹 ɓɔ^{33} ɗæ^{44} 小	兄弟 ia^{44} ɗi^{53}
东澳	伯婶 ɓɔ^{55} nin^{31} 伯娘 ɓɔ^{55} niaŋ^{31}	伯爹 ɓɔ^{55} ɗe^{44} 姑爹 kɔ^{44} ɗe^{4}	兄弟 ia^{44} ɗi^{53}
黎安	阿伯 a^{33} ɓɔ^{55} 阿娘 a^{33} niaŋ^{31}	伯爹 ɓɔ^{55} ɗe^{44} 姨爹 i^{31} ɗe^{44}	兄弟 ia^{44} ɗi^{53}
感城	姨 i^{21}	姨爹 i^{21} te^{44}	兄弟 hie^{44} ti^{42}
昌江	姨 i^{31}	姨爹 i^{31} ɗe^{44}	兄弟 hie^{44} ɗi^{44}

	0637 姊妹 合称，注明是否可包括男性	0638 哥哥 称呼，统称	0639 嫂子 称呼，统称
大昌	姐妹 tse⁴²⁴moi²	阿哥 a³³kɔ³⁴	兄嫂 ia³⁴tɔ⁴²⁴
博鳌	姊妹 tɕi⁴²mie⁴⁴	阿哥 a³³kɔ⁵⁵	阿嫂 a³³tɔ⁴²
东澳	姊妹 tɕi⁴²mue⁴⁴	阿哥 a³³kɔ⁵⁵	阿嫂 a³³θɔ⁴²
黎安	姊妹 tɕi⁴²mɔi²⁴	阿哥 a³³kɔ⁵⁵	阿嫂 a³³tɔ⁴²
感城	姊妹 tɕi²²muo⁴⁴	哥 kɔ⁵⁵	嫂 θo²²
昌江	姊妹 tɕi⁴²moi²⁴	哥 ko⁴⁴	嫂 to⁴²

	0640 弟弟 叙称	0641 弟媳 叙称	0642 姐姐 称呼，统称
大昌	老弟 lau⁴²⁴ɗi⁵³	昆婶 kun⁴²⁴tiəm²⁴	阿姐 a³³tse⁴²⁴
博鳌	怀弟 bɔ³³ɗi⁵³	婶 nin³¹	阿姐 a³³tsæ⁴²
东澳	阿弟 a³³ɗi⁵³	昆婶 kun⁴⁴θin⁴²（ɕin⁴²)	阿姐 a³³tse⁵⁵
黎安	老弟 lau⁴²ɗi⁵³	阿婶团 a³³ɕin⁴²kia⁴²	伯姊 ɓe³³tɕi⁵⁵
感城	弟 ti⁴²	母 mou²²	姐 tse⁴⁴
昌江	弟 ɗi⁴⁴	妗母 kin⁴⁴mai⁴²	姐 tsoi⁴²

	0643 姐夫 称呼	0644 妹妹 叙称	0645 妹夫 叙称
大昌	兄哥 ia³⁴kɔ³⁴	姑褪⁼ kou³⁴hiaŋ²²	姑褪⁼丈 kou³⁴hiaŋ²²ɗiɔ⁵³
博鳌	怀爹 bɔ³³ɗæ⁴⁴	母 mai⁴² 怀强 bɔ³³hiaŋ³¹	丈爹 ɗiɔ⁴⁴ɗæ⁴⁴
东澳	大姊哥 ɗua⁴⁴tɕi⁴²kɔ⁴⁴	阿娘 a³³niaŋ⁴⁴	哥爹 kɔ⁴⁴ɗe⁴⁴
黎安	阿兄 a³³ia⁴⁴	阿母 a³³mai⁵⁵	母爹 mai⁵⁵ɗe⁴⁴
感城	大姊哥 tuo⁴⁴tɕi²²ko⁴⁴	妹 muo⁴⁴	姑爹 kou⁴⁴te⁴⁴
昌江	哥兄 hie⁴⁴ko⁴⁴	妹 moi⁵³	妹夫 moi⁵³fu⁴⁴

	0646 堂兄弟 叙称，统称	0647 表兄弟 叙称，统称	0648 妯娌 弟兄妻子的合称
大昌	堂兄 haŋ²²ia³⁴	表兄 ɓiau⁴²⁴ia³⁴	昆婶 kun⁴²⁴tiəm³⁴
博鳌	堂兄弟 haŋ³¹ia⁴⁴ɗi⁵³	表兄弟 ɓiau⁴²ia⁴⁴ɗi⁵³	婶嫂 tim⁴²tɔ⁴²
东澳	堂兄弟 haŋ³¹ia⁴⁴ɗi⁵³	表兄弟 ɓiau⁴²ia⁴⁴ɗi⁵³	昆婶 kun⁴⁴θin⁴²
黎安	堂兄弟 haŋ³¹ia⁴⁴ɗi⁵³	表兄弟 ɓiau⁴²ia⁴⁴ɗi⁵³	婶嫂 tin⁴²tɔ⁴²
感城	堂兄弟 thaŋ²¹ko⁵⁵ti⁴²	表兄弟 piau²²hie⁴⁴ti⁴²	母嫂 mou²²θo²²
昌江	堂兄弟 haŋ³¹hie⁴⁴ɗi⁴⁴	表兄弟 ɓiau⁴²hie⁴⁴ɗi⁴⁴	（无）

	0649 连襟姊妹丈夫的关系，叙称	0650 儿子叙称：我的~	0651 儿媳妇叙称：我的~
大昌	（无）	公爹囝 koŋ³⁴ ɗe³⁴ kia⁴²⁴	新妇 tin³⁴ ɓu⁵³
博鳌	（无）	囝 kia⁴²	新妇 tin⁴⁴ ɓu⁴⁴
东澳	伯爹姨爹 ɓɔ⁵⁵ ɗe⁴⁴ i³¹ ɗe⁴	囝 kia⁴²	新妇 tin⁴⁴ ɓu⁴⁴
黎安	姊妹 tɕi⁴² mɔi²⁴	公爹囝 koŋ⁴⁴ ɗe⁴⁴ kia⁴²	新妇 tin⁴⁴ mu⁴⁴
感城	（无）	妙囝 pou⁴⁴ kie²²	新妇 θin⁴⁴ pu⁴²
昌江	（无）	囝 kie⁴²	新妇 tin⁴⁴ ɓɔu⁴⁴

	0652 女儿叙称：我的~	0653 女婿叙称：我的~	0654 孙子儿子之子
大昌	咋娇囝 ta³³ vɔu³⁴ kia⁴²⁴	郎家 lɔ²² ke³⁴	孙 tun³⁴
博鳌	什母囝 ta³³ bu⁴² kia⁴²	落家 lɔ³³ kæ⁴⁴	孙 tun⁴⁴
东澳	[什母] 囝 tau⁴² kia⁴²	娘家 niɔ³¹ ke⁴⁴	孙 θoŋ⁴⁴
黎安	什母囝 ta³³ bau⁴² kia⁴²	落家 lɔ³³ ke⁴⁴	孙囝 tun⁴⁴ kia⁴²
感城	娚囝 vou²² kie²²	郎家 lo²¹ ke⁴⁴	孙囝 θun⁴⁴ kie²²
昌江	姑囝 kɔu⁴⁴ kie⁴²	□郎 huei³ lo³¹	孙囝 tun⁴⁴ kie⁴²

	0655 重孙子儿子之孙	0656 侄子弟兄之子	0657 外甥姐妹之子
大昌	息 tit⁵	侄子 tɕiɔ³³ ɕi⁴²⁴	外甥 ua³⁴ te³⁴
博鳌	息 tit⁵	侄 tɕit³	外生 ua⁴⁴ tæ⁴⁴
东澳	息 θit⁵	孙 θoŋ⁴⁴	外孙 ua⁴⁴ θoŋ⁴⁴
黎安	息 tit⁵	侄囝 ʑit³ kia⁴²	外甥 ua⁴⁴ te⁴⁴
感城	息 θiʔ⁵	侄 tseʔ³	外甥 vuo⁴⁴ θe⁴⁴
昌江	息囝 tiʔ⁵ kie⁴²	侄子 tɕi ʔ³ kie⁴²	外甥 huo⁴⁴ tun⁴⁴

	0658 外孙女儿之子	0659 夫妻合称	0660 丈夫叙称，最通用的，非贬称：她的~
大昌	外孙 ua³⁴ tun³⁴	爹姼 ɗe³⁴ n̥in³⁴	老公 lau⁴²⁴ koŋ³⁴
博鳌	外孙 ua⁴⁴ tun⁴⁴	两公婆 nɔ⁴⁴ koŋ⁴⁴ pho³¹	老公 lau⁴² koŋ⁴⁴
东澳	外孙 ua⁴⁴ θoŋ⁴⁴	老公老婆 lau⁴² koŋ⁴⁴ lau⁴² pho³¹	老公 lau⁴² koŋ⁴⁴
黎安	外孙 ua⁴⁴ tun⁴⁴	老公老婆 lau⁴² koŋ⁴⁴ lau⁴² pho³¹	老公 lau⁴² koŋ⁴⁴
感城	娚囝孙 vou²² kie²² θun⁴⁴	夫妻 vou²¹ sai³⁵	老公 lau⁴² koŋ⁴⁴
昌江	外孙 huo⁴⁴ tun⁴⁴	老公老婆 lau⁴² koŋ⁴⁴ lau⁴² pho³¹	老公 lau⁴² koŋ⁴⁴

	0661 妻子叙称，最通用的，非贬称：他的~	0662 名字	0663 绰号
大昌	老婆 lau⁴²⁴ vɔ²²	名 mia²²	号 hau⁵³
博鳌	老婆 lau⁴² phɔ³¹	名 mia³¹	外号 ua⁴⁴ fiɔ⁴⁴
东澳	老婆 lau⁴² phɔ³¹	姓名 te²⁴ mia³¹ 名字 mia³¹ tu⁴⁴	外号 gua⁴⁴ fiɔ⁴⁴
黎安	老婆 lau⁴² phɔ³¹	姓名 te²⁴ mia³¹	外号 kua⁴⁴ fiɔ⁴⁴
感城	老婆 lau⁴² pho²¹	名 mie²¹	外号 vuo⁴⁴ ho⁴⁴
昌江	老婆 lau⁴² pho³¹	名 mie³¹	外号 hu⁴⁴ ho⁴⁴

	0664 干活儿统称：在地里~	0665 事情—件~	0666 插秧
大昌	作工 tɔ⁵⁵ kaŋ³⁴	事情 ɕi⁵³ tɕia²²	布脥 ɓou²⁴ saŋ²²
博鳌	作工 tɔ⁵⁵ kaŋ⁴⁴	事 su⁴⁴	插禾 sa⁵⁵ ɔ³¹
东澳	作工 tɔ⁵⁵ kaŋ⁴⁴	事 ɕi⁴⁴	播脥 ɓau²⁴ saŋ³¹
黎安	作工 tɔ⁵⁵ kaŋ⁴⁴	事情 ɕi⁴⁴ tɕia³¹	插秧 sa⁵⁵ ɔ⁴⁴
感城	作工 tsoʔ⁵ kaŋ⁴⁴	事 ɕi⁴²	插丛 tshaʔ⁵ tsaŋ²¹
昌江	作工 to⁵⁵ kaŋ⁴⁴	事 ɕi⁴⁴	插秧 sa⁵⁵ o⁴⁴

	0667 割稻	0668 种菜	0669 犁名词
大昌	割䄸 kua⁵⁵ ɗiu⁵³	种菜 tɕiaŋ²⁴ sai²⁴	犁 loi²²
博鳌	割䄸 kua⁵⁵ ɗiu⁴⁴	种菜 tɕiaŋ²⁴ sai²⁴	犁 lɔi³¹
东澳	割䄸 kua⁵⁵ ɗiu⁴⁴	种菜 tɕiaŋ²⁴ sai²⁴	犁 lɔi³¹
黎安	割䄸 kua⁵⁵ ɗiu⁴⁴	种菜 tɕiaŋ²⁴ sai²⁴	犁 lɔi³¹
感城	割䄸 kuoʔ⁵ tiou⁴²	种菜 tɕiaŋ³⁵ tshai²⁴	犁 loi²¹
昌江	割䄸 kuo⁵⁵ ɗiu⁴⁴	种菜 tɕiaŋ²⁴ sai²⁴	犁 loi³¹

	0670 锄头	0671 镰刀	0672 把儿刀~
大昌	割ⁿ kuak⁵	镰 liam²²	柄 ɓe²⁴
博鳌	锄头 hu³¹ hau³¹	镰钩 iam³¹ kau⁴⁴	柄 ɓæ²⁴
东澳	锄头 hu³¹ hau³¹	那钩 na²⁴ kau⁴⁴	柄 ɓe²⁴
黎安	锄头 hu³¹ hau³¹	镰刀 lien³¹ ɗɔ⁴⁴	柄 ɓe²⁴
感城	锄头 thu²¹ thau²¹	镰刀 liaŋ²¹ to⁴⁴	把 pe³⁵
昌江	锄头 thu³¹ thau³¹	镰刀 lin³¹ ɗau⁴⁴	柄 ɓe²⁴

	0673 扁担	0674 箩筐	0675 筛子统称
大昌	扁担 ɓen⁴²⁴ ɗa²⁴	畚 ɓoŋ²⁴	筛 hai³⁴
博鳌	扁担 ɓen⁴² ɗa²⁴	箩筐 lɔ³¹ la³¹ hiaŋ⁴⁴	筛 hai⁴⁴ 竹上希下
东澳	扁担 phin⁵³ ɗa²⁴	箩 lɔ³¹	箅筛 ɓi⁴² hai⁴⁴ 竹上希下
黎安	粪担 ɓun⁵³ ɗa²⁴	箩筐 lɔ³¹ huaŋ⁵⁵	箅筛 ɓi⁴² hai⁴⁴ 竹上希下
感城	粪担 pun³⁵ ta⁴⁴	箩 la²¹	筛 thai⁴⁴
昌江	柄 ɓe²⁴	箩 la³¹	筛 hai²²

	0676 簸箕农具,有梁的	0677 簸箕簸米用	0678 独轮车
大昌	粪箕 ɓun⁵³ ki³⁴	粪箕 ɓun⁵³ ki³⁴	单轮车 ɗan³⁴ lun²² ɕia²²
博鳌	粪箕 ɓun⁵³ ki⁴⁴	箅 ɓi⁴² hai⁴⁴ 竹上希下	(无)
东澳	粪箕 ɓun⁵³ ki⁴⁴	簸箕 ɓua⁴⁴ ki⁴⁴	(无)
黎安	粪箕 ɓun⁵³ ki⁴⁴	箅筛 ɓi⁴² hai⁴⁴ 竹上希下	(无)
感城	粪箕 pun³⁵ ki⁴⁴	簸箕 paʔ⁵ ki⁴⁴	(无)
昌江	粪箕 ɓun²⁴ ki²²	米筛 vi⁴² hai⁴⁴ 簸箕 ɓo⁴⁴ ki⁴⁴	(无)

	0679 轮子旧式的,如独轮车上的	0680 碓整体	0681 臼
大昌	轮 lun²²	碓 ɗuei³⁴	臼 hu⁵³
博鳌	英 eŋ⁴⁴	撞手 tɕiaŋ⁴⁴ ɕiu⁴²	撞臼 tɕiaŋ⁴⁴ hu⁴⁴
东澳	轮胎 lun³¹ hai⁴⁴	撞手 tɕiaŋ⁴⁴ ɕiu⁴²	撞 tɕiaŋ⁴⁴ hu⁴⁴
黎安	车轮 ɕia⁴⁴ lun³¹	撞手 tɕiaŋ⁴⁴ ɕiu⁴²	撞臼 tɕiaŋ⁴⁴ hu⁴⁴
感城	轮 lun²¹	(无)	撞臼 tɕiaŋ⁴⁴ khu⁴⁴
昌江	轮 lun³¹	撞杵 ɕiaŋ⁴⁴ su⁴²	撞臼 ɕiaŋ⁴⁴ khu⁴⁴

	0682 磨名词	0683 年成	0684 走江湖统称
大昌	磨 mɔ²⁴	(无)	走江湖 tau⁴²⁴ kiaŋ³⁴ ɔu²²
博鳌	磨礳 mɔ³¹ laŋ³¹	年情 i³¹ tɕia³¹	走江湖 tau⁴² kiaŋ⁴⁴ fiu³¹
东澳	磨 mɔ²⁴	年情 i³¹ tɕia³¹	走江湖 tau⁴² kiaŋ⁴⁴ fiu³¹
黎安	磨 mɔ³¹	年情 i³¹ tɕia³¹	走江湖 tau⁴² kiaŋ⁴⁴ fiu³¹
感城	石磨 tɕieiʔ³ mo³⁵	(无)	走江湖 tsau²² kiaŋ⁴⁴ hu²¹
昌江	磨 mo³¹	(无)	走江湖 tau⁴² kiaŋ⁴⁴ hu³¹

三 词汇 / 125

	0685 打工	0686 斧子	0687 钳子
大昌	作工 tɔ⁵⁵kaŋ³⁴	斧 ɓou⁴²⁴	钳 ɕiam²²
博鳌	拍工 pha⁵⁵kaŋ⁴⁴	斧 ɓou⁴²	钳 hiam³¹
东澳	拍工 pha⁵⁵kaŋ⁴⁴	斧 ɓau⁴²	钳 hin³¹
黎安	拍工 pha⁵⁵kaŋ⁴⁴	斧 ɓau⁴²	甲钳 ka⁵⁵hiem³¹
感城	作工 tsoʔ⁵kaŋ⁴⁴	斧 pou²²	钳囝 khiaŋ²¹kie²²
昌江	拍工 pha⁵⁵kaŋ⁴⁴	斧 ɓou⁴²	钳 khin³¹

	0688 螺丝刀	0689 锤子	0690 钉子
大昌	螺丝笔 lɔ²²ɕi³⁴ɓit³	锤 uei²²	钉 ɗaŋ³⁴
博鳌	螺丝刀 lɔ³¹ɕi⁴⁴ɗɔ⁴⁴	锤 hui³¹	钉 ɗaŋ⁴⁴
东澳	车高杜 ɕia⁴⁴kau⁴⁴ɗu⁵³	锤 hui³¹	钉 ɗaŋ⁴⁴
黎安	螺丝刀 lɔ³¹ɕi⁴⁴ɗɔ⁴⁴	公锤 koŋ⁴⁴huei³¹	钉 ɗan⁴⁴
感城	螺丝刀 lo²¹ɕi⁴⁴to⁴⁴	锤 thui²¹	钉囝 taŋ⁴⁴kie²²
昌江	螺丝刀 lo³¹ti⁴⁴ɗau⁴⁴	锤囝 ɗuei³¹kie⁴²	钉 ɗan⁴⁴

	0691 绳子	0692 棍子	0693 做买卖
大昌	索 tɔ⁵⁵	棍 kun²⁴	作生意 tɔ⁵⁵seŋ³⁴i²⁴
博鳌	缆 lam²⁴	棒 hɔ⁴⁴	作生意 tɔ⁵⁵teŋ⁴⁴i²⁴
东澳	索 θɔ⁵⁵	柴棍 sa³¹kun²⁴	作生意 tɔ⁵⁵θe⁴⁴i²⁴
黎安	缆 lam⁴⁴	棒 hɔ⁴⁴	作生意 tɔ⁵⁵te⁴⁴i²⁴
感城	索 θoʔ⁵	棍 kun³⁵	作生意 tsoʔ⁵θe⁴⁴i³⁵
昌江	索 to⁵⁵	棍 kun²⁴	作生意 to⁵⁵te⁴⁴i²⁴

	0694 商店	0695 饭馆	0696 旅馆 旧称
大昌	商店 ɕiaŋ³⁴ɗiam²⁴	糜馆 moi²²kuan²⁴	旅店 li⁴²⁴ɗiam²⁴
博鳌	铺 ɸou²⁴	食堂 tɕia³³ɗɔ³¹	客行 hak⁵haŋ³³¹
东澳	铺囝 phɔ⁵⁵kia⁴²	食堂 tɕia³³ɗɔ³¹	旅店 li⁴²ɗiŋ²⁴
黎安	商店 tiaŋ⁴⁴ɗien²⁴	糜店 mɔi³¹ɗien²⁴	旅店 li⁴²ɗiem²⁴
感城	铺面 phou³⁵min⁴⁴	食店 tɕieʔ³tien³⁵	旅店 li²²tien³⁵
昌江	百货 ɓe⁵⁵huei²⁴	糜店 moi³¹ɗin²⁴	旅店 li⁴²ɗin²⁴

	0697 贵	0698 便宜	0699 合算
大昌	贵 kuei²⁴	便宜 ɓaŋ²² tɕi²²	适数 ɗiɔk⁵ tiau²⁴
博鳌	贵 kui²⁴	便宜 ɓan³¹ dzi³¹	着数 ɗiɔ³³ tiau⁴⁴
东澳	贵 kui²⁴	便宜 ɓan³¹ dzi³¹	着力 ɗɔ³³ li⁵⁵
黎安	贵 kuei²⁴	便宜 ɓan³¹ ʑi³¹	合数 ke³³ tiau²⁴
感城	贵 kui³⁵	便宜 pheŋ²¹ ʑi²¹	着数 tie²² θiau³⁵
昌江	贵 kuei²⁴	便宜 ɓan³¹ ʑi³¹	便宜 ɓan³¹ ʑi³¹

	0700 折扣	0701 亏本	0702 钱统称
大昌	拍折 fa⁵⁵ tɕit⁵	败本 ɓai⁵³ ɓuei⁴²⁴	钱 tɕi²²
博鳌	转扣 tui⁴² hau²⁴	败本 ɓai⁴⁴ ɓui⁴²	钱 tɕi³¹
东澳	拍折 pha⁵⁵ hia⁵⁵	败钱 ɓai⁴⁴ tɕi³¹	钱 tɕi³¹
黎安	拍折 pha⁵⁵ hia⁵⁵	亏本 huei⁴⁴ ɓuei⁴²	钱 tɕhi³¹
感城	折扣 tseiʔ⁵ khou³⁵	亏本 khui⁴⁴ pui²²	钱 tɕi²¹
昌江	拍折 phai⁵⁵ tɕit⁵	亏本 kuei⁴⁴ ɓuei⁴²	钱 tɕi³¹

	0703 零钱	0704 硬币	0705 本钱
大昌	零钱 leŋ²² tɕi²²	只团 tsaʔ⁵ kia⁴²⁴	本钱 ɓuei⁴²⁴ tɕi²²
博鳌	零钱 laŋ³¹ tɕi³¹	镭 lui³¹	本 ɓui⁴²
东澳	零钱 liŋ³¹ tɕi³¹	硬币 ŋe⁴⁴ ɓi⁵³	本 ɓui⁴²
黎安	钱角 tɕhi³¹ ka⁵⁵	硬币 ŋe⁴⁴ ɓi⁵³	本钱 ɓuei⁴² tɕhi³¹
感城	零钱 leŋ²¹ tɕi²¹	毫团 hau²¹ kie²²	本钱 pui²² tɕi²¹
昌江	零钱 lin³¹ tɕi³¹	滴团 tit⁵ kie⁴²	本钱 ɓuei⁴² tɕi³¹

	0706 工钱	0707 路费	0708 花~钱
大昌	工钱 kaŋ³⁴ tɕi²²	路费 lou³⁴ fuei²⁴	使 tai⁴²⁴
博鳌	工钱 kaŋ⁴⁴ tɕi³¹	路费 lɔu⁴⁴ ɸui²⁴ 骹费 ha⁴⁴ ɸui²⁴	使钱 tai⁴² tɕi³¹
东澳	工钱 kaŋ⁴⁴ tɕi³¹	路费 lau⁴⁴ fui²⁴	使钱 θai⁴² tɕi³¹
黎安	工钱 kaŋ⁴⁴ tɕhi³¹	路费 lau⁴⁴ fuei²⁴	花 uei⁴⁴
感城	工钱 kaŋ⁴⁴ tɕi²¹	路费 lou⁴⁴ vei³⁵	使 θai²²
昌江	工钱 kaŋ⁴⁴ tɕi³¹	路费 lɔu⁴⁴ phoi²⁴	使 tai⁴²

三 词汇 / 127

	0709 赚卖一斤能~一毛钱	0710 挣打工~了一千块钱	0711 欠~他十块钱
大昌	趁 han²⁴	博 ɓɔ³³	欠 ɕiam²⁴
博鳌	趁 han²⁴	博 ɓɔ⁵⁵	欠 hiam²⁴
东澳	博 ɓɔ⁵⁵	赚 tuan⁵³	欠 hin²⁴
黎安	博 ɓɔ⁵⁵	博 ɓɔ⁵⁵	欠 hiem²⁴
感城	趁 thaŋ³⁵	趁 thaŋ³⁵	欠 khien³⁵
昌江	赚 tuan⁵³	（无）	欠 khin²⁴

	0712 算盘	0713 秤统称	0714 称用杆秤~
大昌	算盘 tuei²⁴ɓua²²	秤 ɕin²⁴	称 ɕin²⁴
博鳌	算盘 tui²⁴ɓua³¹	秤 ɕiŋ²⁴	称 ɕiŋ²⁴
东澳	算盘 θui²⁴ɓua³¹	秤 ɕin²⁴	称 ɕin²⁴
黎安	算盘 tuei²⁴ɓua³¹	秤 ɕin⁴⁴	称 ɕin²⁴
感城	算盘 θui³⁵puo²¹	秤 tɕhin³⁵	秤 tɕhin³⁵
昌江	算盘 suei²⁴ɓuo³¹	秤 ɕin²⁴	称 ɕin²⁴

	0715 赶集	0716 集市	0717 庙会
大昌	市 uak³ɕi⁵³	发市 uak³ɕi⁵³	公期 koŋ³⁴hi³⁴
博鳌	去市 hu²⁴ɕi⁴⁴	市 ɕi⁴⁴	（无）
东澳	去市 hu²⁴ɕi⁴⁴	牛坡 gu³¹phɔ⁴⁴	（无）
黎安	赶市寮 kua⁴²ɕi⁴⁴liau³¹	市寮 ɕi⁴⁴liau³¹	庙会 biau⁴⁴uei⁴⁴
感城	赶市 kuo²²ɕi⁴²	市 ɕi⁴²	（无）
昌江	去街 hu²⁴koi⁴⁴	发市 huat⁵ɕi⁴⁴	（无）

	0718 学校	0719 教室	0720 上学
大昌	学校 ɔʔ³iau³⁴	教宿 ka²⁴ɕiu²⁴	去学 hu²⁴ɔʔ³
博鳌	学校 ɔ³³iau⁴⁴ 祠堂 su³¹ɗɔ³¹	教宿 ka⁴⁴ɕiu²⁴	去校 hu²⁴iau⁴⁴
东澳	学校 ɔ³³iau⁴⁴	教宿 ka⁴⁴su²⁴	上学 tɕiɔ⁴⁴ɔ³³
黎安	学校 ɔ³³iau⁴⁴	教宿 ka⁴⁴su²⁴	去学 hu²⁴ɔ³³
感城	学校 oʔ³hiau⁴²	教宿 ka³⁵tshu³⁵	去学 hu³⁵oʔ³
昌江	学校 oʔ³hiau⁴⁴	教宿 ka²⁴su²⁴	去学校 hu²⁴oʔ³

	0721 放学	0722 考试	0723 书包
大昌	放学 ɓaŋ²⁴ ɔʔ³	考试 hau⁴²⁴ çi²⁴	书包 tu³⁴ ɓau³⁴
博鳌	放学 ɓaŋ²⁴ ɔ³³	考试 hau⁴² çi²⁴	书包 tu⁴⁴ ɓau⁴⁴
东澳	落课 lɔ³³ hua²⁴	考试 hau⁴² çi²⁴	书包 tu⁴⁴ ɓau⁴⁴
黎安	放学 ɓaŋ²⁴ ɔ³³	考试 khau⁴² çi²⁴	包袱 ɓau⁴⁴ phu³³
感城	放学 paŋ³⁵ o ʔ³	考试 khau²² çi³⁵	书包 tsu⁴⁴ pau⁴⁴
昌江	放学 ɓaŋ²⁴ oʔ³	考试 khau⁴² çi²⁴	书包 tu⁴⁴ ɓau⁴⁴

	0724 本子	0725 铅笔	0726 钢笔
大昌	册 se⁵⁵	铅笔 in²² ɓit⁵	水笔 tuei⁴² ɓit⁵
博鳌	簿 ɸau⁴⁴	铅笔 in³¹ ɓit⁵	钢笔 kɔ⁴⁴ ɓit⁵
东澳	簿 phau⁴⁴	铅笔 in³¹ ɓit⁵	水笔 tui⁴² ɓit⁵
黎安	簿 phau⁴⁴	铅笔 in³¹ ɓit⁵	钢笔 kɔ⁴⁴ ɓit⁵
感城	簿 phou⁴²	铅笔 in²¹ piʔ⁵	钢笔 ko³⁵ piʔ⁵
昌江	簿 phɔu⁴⁴	铅笔 in³¹ ɓit⁵	钢笔 ko⁴⁴ ɓit⁵

	0727 圆珠笔	0728 毛笔	0729 墨
大昌	圆子笔 zuan²² tçi⁴²⁴ ɓit⁵	毛笔 mɔ²² ɓit⁵	墨 vaʔ³
博鳌	圆珠笔 zuan⁴⁴ tçi⁴⁴ ɓit⁵	毛笔 mɔ³¹ ɓit⁵	墨 bak³
东澳	油笔 iu³¹ ɓit⁵	毛笔 mɔ³¹ ɓit⁵	墨 baʔ³
黎安	圆珠笔 zuan³¹ tu⁴⁴ ɓit⁵	毛笔 mɔ³¹ ɓit⁵	墨 bak³
感城	圆珠笔 zuan²¹ tsu⁴⁴ piʔ⁵	毛笔 mo²¹ piʔ⁵	墨 vaʔ³
昌江	圆珠笔 zuan³¹ tsu⁴⁴ ɓit⁵	毛笔 mo³¹ ɓit⁵	墨 ɓat³

	0730 砚台	0731 信—封~	0732 连环画
大昌	砚 ŋi³⁴	信 tin²⁴	公团册 koŋ³⁴ kia⁴²⁴ se⁵⁵
博鳌	砚 i⁴⁴	信 tin²⁴ 批 ɸɔi⁴⁴	公团画 koŋ⁴⁴ kia⁴² ie⁴⁴
东澳	砚 i⁴⁴	信 tin²⁴	公团 koŋ⁴⁴ kia⁴²
黎安	(无)	信 tin²⁴	公团侬 koŋ⁴⁴ kia⁴² naŋ³¹
感城	砚 hi⁴⁴	信 θin³⁵	公团 koŋ⁴⁴ kie²²
昌江	(无)	信 tin²⁴	公团 koŋ⁴⁴ kie⁴²

三 词汇 / 129

	0733 捉迷藏	0734 跳绳	0735 毽子
大昌	躲转 ɗɔ⁴²⁴ ɗuei²⁴	跳绳 iau²⁴ seŋ²²	毽 kin⁵³
博鳌	走鸡掠 tau⁴² kɔi⁴⁴ lia³³	跳绳 hiau⁵³ seŋ³¹	（无）
东澳	躲街 tɔ⁴² kɔi⁴⁴	跳绳 ɕiau⁵³ ɕiŋ³¹	（无）
黎安	归伯侬 kuei⁴⁴ ɓe³³ naŋ³¹	跳绳 ɕiau⁵³ seŋ³¹	（无）
感城	找摸寻 tsau²² mouʔ⁵ theŋ²¹	跳索 thiau³⁵ θoʔ⁵	（无）
昌江	摸藏戏 mo³³ saŋ³¹ ɕi⁵³	跳绳 hiau²⁴ siŋ³¹	（无）

	0736 风筝	0737 舞狮	0738 鞭炮 统称
大昌	挛绳 ȵiau⁵³ seŋ²²	舞狮 mɔu⁴²⁴ ɕi³⁴	炮 fau²⁴
博鳌	风筝 uaŋ⁴⁴ seŋ⁴⁴	拍狮 pha⁵⁵ su⁴⁴	炮车 phau⁵⁵ ɕia⁴⁴
东澳	鹞 iɔ³¹	舞狮 mau⁴² tu⁴⁴	炮仗 phoŋ⁵³ tɕiaŋ⁴⁴
黎安	放鹞 ɓaŋ²⁴ iɔ³¹	舞狮 mau⁴² ɕi⁴⁴	炮仗 phau²⁴ tɕiaŋ⁴⁴
感城	鸢 eŋ⁴⁴	舞狮 mou⁴² ɕi⁴⁴	炮 phau³⁵
昌江	风纸 huaŋ⁴⁴ tɕi⁴²	舞狮 mɔu⁴² ɕi⁴⁴	炮仗 phau²⁴ tɕaŋ⁴⁴

	0739 唱歌	0740 演戏	0741 锣鼓 统称
大昌	唱歌 ɕiɔ⁵⁵ kɔ³⁴	作戏 tɔ⁵⁵ i²⁴	锣鼓 lɔ²² kɔu⁴²⁴
博鳌	唱歌 ɕiɔ⁴⁴ kɔ⁴⁴	作戏 tɔ⁵⁵ i²⁴	锣鼓 lɔ³¹ kɔu⁴²
东澳	唱歌 saŋ²⁴ kɔ⁴⁴	作戏 tɔ⁵⁵ i²⁴	锣鼓 lɔ³¹ kau⁴²
黎安	唱歌 saŋ²⁴ kɔ⁴⁴	作戏 tɔ⁵⁵ i²⁴	锣鼓 lɔ³¹ kau⁴²
感城	唱歌 saŋ⁴⁴ ko⁴⁴	作戏 tsoʔ⁵ hi³⁵	锣鼓 lo²¹ kou²²
昌江	唱歌 saŋ²⁴ ko⁴⁴²	演戏 in⁴ hi²⁴	锣鼓 lɔ³¹ kɔu⁴²

	0742 二胡	0743 笛子	0744 划拳
大昌	弦 i²²	箫 tiau³⁴	猜拳 sai³⁴ hin²²
博鳌	弦 i³¹	箫 tiau⁴⁴	拍拳 pha⁵⁵ hin³¹
东澳	弦 i³¹	箫 tiau⁴⁴	猜拳 sai⁴⁴ hun³¹
黎安	弦 i³¹	箫 tiau⁴⁴	划拳 uai⁵⁵ hun³¹
感城	（无）	箫 θiau²²	猜拳 tshai⁴⁴ khien²¹
昌江	（无）	箫 ɕiau⁴⁴	猜拳 tshai⁴⁴ hin³¹

	0745 下棋	0746 打扑克	0747 打麻将
大昌	走棋 tau⁴²⁴ki²²	拍牌 fa⁵⁵fai²²	拍麻雀 fa⁵⁵ma²² ɕiɔk⁵
博鳌	走棋 tau⁴²ki³¹	拍牌 pha⁵⁵phai⁵⁵	拍麻雀 pha⁵⁵ma³¹ ɕiak⁵
东澳	走棋 tau⁴²ki³¹ 落棋 lɔ³³ki³¹	拍牌 pha⁵⁵phai⁵⁵	拍麻雀 pha⁵⁵ma³¹ ɕiaʔ⁵
黎安	落棋 lɔ³³ki³¹	拍牌 pha⁵⁵phe⁵⁵	拍母雀 pha⁵⁵mai⁴² ɕiak⁵
感城	走棋 tsau²²ki²¹	拍牌 phaʔ⁵phe⁵⁵	拍麻将 phaʔ⁵ma²¹tɕiaŋ⁵⁵
昌江	落棋 lo³³ki³¹	拍牌 pha⁵⁵ɓai³¹	拍麻雀 pha⁵⁵ma³¹ ɕiak⁵

	0748 变魔术	0749 讲故事	0750 猜谜语
大昌	变百戏 ɓin²⁴ɓe³³fii²⁴	古讲 kou⁴²⁴kɔŋ⁴²⁴	猜谜 sai³⁴vi³⁴
博鳌	变魔术 ɓin²⁴ma³¹tut³	学古 ɔ³³kou⁴²	猜谜 sai⁴⁴bi³¹
东澳	魔术 ma³¹su⁵⁵	学古 ɔ³³kau⁴²	猜谜 sai⁴⁴bi³¹
黎安	变百戏 ɓin²⁴ɓak³i²⁴	学古 ɔ³³kau⁴²	猜谜 sai²²bi³¹
感城	魔术 mo²¹sui³³	讲古 koŋ²²kou²²	猜古 tshai⁴⁴kou²²
昌江	变魔术 ɓin²⁴mɔ³¹tut³	学古 o³³kɔu⁴²	猜谜 tshai⁴⁴vi³¹

	0751 玩儿游玩：到城里~	0752 串门儿	0753 走亲戚
大昌	顽 nam²⁴	迈亲戚 mai³⁴ɕin³⁴tɕia³³	迈亲戚 mai³⁴ɕin³⁴tɕia³³
博鳌	玩 lam²⁴	行村 kia³¹sui⁴⁴	行亲戚宿 heŋ³¹ɕin⁴⁴tɕia³³ɕiu²⁴
东澳	玩 laŋ²⁴	行村 kia³¹sui⁴⁴	行亲情 heŋ³¹ɕin⁴⁴tɕia³¹
黎安	玩 nan²⁴	（无）	行亲情 heŋ³¹ɕin⁴⁴tɕia³¹
感城	弄 laŋ³⁵	围村 ui²¹tshui⁴⁴	寻亲情 theŋ²¹ɕin⁴⁴tɕie²¹
昌江	弄 laŋ²⁴	（无）	拜年 ɓe²⁴fii³¹

	0754 看~电视	0755 听用耳朵~	0756 闻嗅：用鼻子~
大昌	望 ɔ³⁴	听 ia³⁴	鼻 fi³⁴
博鳌	望 mɔ⁴⁴	听 hia⁴⁴	嗅 ɕiu⁴⁴
东澳	望 mɔ⁴⁴	听 hia⁴⁴	啊 a⁵³
黎安	望 mɔ⁴⁴	听 hia⁴⁴	鼻 phi⁴⁴
感城	望 mo⁴⁴	听 thie⁴⁴	鼻 phi⁴⁴
昌江	望 mɔ⁴⁴	听 hia⁴⁴	鼻 phi⁴⁴

	0757 吸~气	0758 睁~眼	0759 闭~眼
大昌	吸 kɔ⁵⁵	擘 me³³	镊 ɲip³
博鳌	焗 kɔʔ⁵	开目 hui²⁴ mak³	关目 kei⁴⁴ mak³
东澳	焗 kɔʔ⁵	擘开 ɕe⁵⁵ hui²⁴	关 kuai⁴⁴
黎安	啜 tuei³³	擘 ɕe⁵⁵	关 kuai⁴⁴
感城	吸 koʔ⁵	开 khui⁴⁴	□ nai⁵⁵
昌江	嗅 hiu⁵³	擘目 ɕe³³ mak³	闭 ɕi²⁴

	0760 眨~眼	0761 张~嘴	0762 闭~嘴
大昌	焱 iam²²	擘 me³³	镊 ɲip³
博鳌	视目 ti⁵³ mak³	开喙 hui⁴⁴ sui²⁴	关喙 kie⁴⁴ sui²⁴
东澳	掩 in⁴²	擘喙 ɕe⁵⁵ sui²⁴	关喙 kuai⁴⁴ sui²⁴
黎安	镊目 nie⁵⁵ mak³	擘喙 ɕe⁵⁵ suei²⁴	闭 ɕi⁴⁴
感城	□目 nai⁵⁵ maʔ³	擘喙 peʔ⁵ tshui³⁵	□喙 mi²¹ tshui³⁵
昌江	眨 tsaʔ⁵	擘 ɕe³³	闭 ɕi²⁴

	0763 咬狗~人	0764 嚼把肉~碎	0765 咽~下去
大昌	咬 ka³⁴	哺 bou⁴²⁴	吞 ɦun³⁴
博鳌	咬 ka⁴²	哺 ɕou⁴⁴	吞 hun⁴⁴
东澳	咬 ka⁴²	哺 ɕau⁴⁴	吞 hɔŋ⁴⁴
黎安	咬 ka⁴²	哺 ɕau²⁴	吞 hun⁴⁴
感城	咬 ka⁴²	哺 pou⁴⁴	吞 thun⁴⁴
昌江	咬 ka⁴²	干 kɔn⁴⁴	吞 hun⁴⁴

	0766 舔人用舌头~	0767 含~在嘴里	0768 亲嘴
大昌	舌 tɕi⁵⁵	含 kam²²	食喙 tɕiaʔ⁵ suei⁴²⁴
博鳌	舌 tɕi³¹	含 kam³¹	啜 sɔi⁴²
东澳	舌 tɕi³¹	含 kaŋ³¹	喙 sɔi⁴²
黎安	舌 tɕhi³¹	含 kam³¹	喙 suei⁴²
感城	舐 tɕi⁴⁴	含 han²¹	搏 pouʔ⁵
昌江	蘸 tsan⁴⁴	含 kɔm³¹	搏喙 ɕɔk⁵ suei²⁴

	0769 吮吸 用嘴唇聚拢吸取液体，如吃奶时	0770 吐 上声，把果核儿~掉	0771 吐 去声，呕吐：喝酒喝~了
大昌	吸 kɔ⁵⁵	呸 fuei²⁴	吐 hou²⁴
博鳌	吮 lun⁴⁴	呸 phɔi²⁴	吐 hou⁴²
东澳	焗 kɔ⁵⁵	吐 hau²⁴	吐 hau²⁴
黎安	啜 tuei³³	喷 phuei⁴⁴	吐 hau²⁴
感城	溯 θoʔ⁵	吐 thou³⁵	吐 thou³⁵
昌江	含 kɔm³¹	吐 hou²⁴	吐 hou²⁴

	0772 打喷嚏	0773 拿 用手把苹果~过来	0774 给 他~我一个苹果
大昌	拍割＝菜 fa⁵⁵ kua⁵⁵ sai²⁴	把 ɓuei³³	要 iɔ⁵⁵
博鳌	拍甲菜 pha⁵⁵ ka³³ sai²⁴	把 ɓie⁴²	交 kiau⁴⁴
东澳	拍甲菜 pha⁵⁵ ka³³ sai²⁴	拿 na³¹	给 kiʔ⁵
黎安	拍甲菜 pha⁵⁵ ka³³ sai²⁴	拎 neŋ⁵³	分 ɓun⁴⁴
感城	拍阿嚏 pha⁵⁵ hai⁵⁵ tshek⁵	□ka²¹	乞 khiʔ
昌江	拍□ fa⁵⁵ ɕi⁴²	把 ɓoi⁴²	乞 hi⁵⁵

	0775 摸 ~头	0776 伸 ~手	0777 挠 ~痒痒
大昌	摸 mau²²	伸 sun³⁴	爬 ɓe²²
博鳌	摸 mau³¹	伸 sen⁴⁴	爬 ɓæ³¹
东澳	摸 mau³¹	伸 θin⁴⁴	爬 ɓe³¹
黎安	摸 mau³¹	伸 toŋ⁴⁴	爬 ɓe³¹
感城	摸 mou²¹	伸 tshun⁴⁴	□khoŋ³⁵
昌江	摸 mɔu³¹	伸 sun²²	□hɔm²⁴

	0778 掐 用拇指和食指的指甲~皮肉	0779 拧 ~螺丝	0780 拧 ~毛巾
大昌	叠＝ ɗe⁵⁵	扭 nau²²	扭 nau²²
博鳌	捏 næ³³	转 tuan⁴²	挠 nau³¹
东澳	捏 niʔ³	转 tua⁴²	挠 nau³¹
黎安	捏 niep³	转 tuan⁴²	叠 ɗe³³
感城	捏 neʔ³	扭 nau⁴²	扭 nau⁴²
昌江	拧 nin⁴⁴	扭 nau³¹	捏 ne³³

三　词汇

	0781 捻用拇指和食指来回~碎	0782 掰把橘子~开，把馒头~开	0783 剥~花生
大昌	捻 ɲiam²⁴	拨 ɓua⁵⁵	剥 ɓe⁵⁵
博鳌	捻 nin⁴⁴	擘 ɓæ⁵⁵	擘 ɓæ⁵⁵
东澳	（无）	擘开 ɓe⁵⁵ hui⁴⁴	擘 ɓe⁵⁵
黎安	叠 ɗe³³	擘 ɓe⁵⁵	剥 ɓak⁵
感城	捏 neʔ³	擘 peʔ⁵	擘 peʔ⁵
昌江	捏 ne³³	擘 ɓe⁵⁵	擘 ɓe⁵⁵

	0784 撕把纸~了	0785 折把树枝~断	0786 拔~萝卜
大昌	剥 ɓe⁵⁵	拗 a⁴²⁴	挽 maŋ⁴²⁴
博鳌	擘 ɓæ⁵⁵	拗 a⁴⁴	挽 mæ³³
东澳	擘 ɓe⁵⁵	拆 hia⁵⁵	拔 ɓɔi³³
黎安	擘 ɓe⁵⁵	拗 a⁵⁵	挽 mam⁴²
感城	擘 peʔ⁵	拗 a²²	拔 peiʔ³
昌江	擘 ɓe⁵⁵	拗 e⁴² 折	拔 ɓoi³³

	0787 摘~花	0788 站站立；~起来	0789 倚斜靠；~在墙上
大昌	摘 ɗiaʔ⁵	徛 hia⁴²⁴	倚 ua⁴²⁴
博鳌	摘 ɗia⁵⁵	徛 ɕia⁴²	倚 ua⁴²
东澳	摘 ɓia⁵⁵	徛 hia⁴²	倚 ua⁴²
黎安	摘 ɗia⁵⁵	徛 hia⁴²	倚 ua⁴²
感城	摘 tiaʔ	徛 khieʔ⁵	倚 uo²²
昌江	□ho⁴⁴	徛 khie⁴²	靠近 khau²⁴ kin⁵³

	0790 蹲~下	0791 坐~下	0792 跳青蛙~起来
大昌	蹲 toŋ²²	坐 tse⁵³	跳 ɗiɔ²²
博鳌	蹲 toŋ⁴⁴	坐 tsæ⁴⁴	跳 ɗiau⁵³
东澳	□ŋaŋ³¹	坐 tse⁴⁴	跳 hiau⁵³
黎安	木ⁿ mɔk³	坐 tse⁴⁴	跳 hiau⁵³
感城	□ŋoŋ³⁵	坐 tse⁴⁴	跳 thiau³⁵
昌江	蹲 tun⁴⁴	坐 te⁴⁴	跳 hiau²⁴

	0793 迈跨过高物：从门槛上~过去	0794 踩脚~在牛粪上	0795 翘~腿
大昌	跨 ua⁵³	踏 ɗaʔ³	晃 faŋ²²
博鳌	跨 ua⁴⁴	踏 ɗa³³	跷 ɕiau²⁴
东澳	跨 ua⁴⁴	踏 ɗa³³	跷 iau²⁴
黎安	跨 ua⁴⁴	踏 ɗa³³	跷 ɕiau²⁴
感城	跨 huo⁴²	踏 taʔ³	翘 khiau⁵⁵
昌江	拉 la²⁴	踏 ɗa³³	跷 khiau⁴²

	0796 弯~腰	0797 挺~胸	0798 趴~着睡
大昌	弓 koŋ³⁴	挺 fie²⁴	趴 ma⁵⁵
博鳌	蹲弓 ɗoŋ⁴⁴koŋ⁴⁴	挺 heŋ⁴²	趴 ma³³
东澳	弯 uan⁴⁴	挺 heŋ⁴²	趴 ha⁵⁵
黎安	弯 uan⁴⁴	挺 heŋ⁴²	伏 phɔk⁵
感城	弯 uan⁴⁴	挺 heŋ²¹	伏 phouʔ⁵
昌江	弯 uan⁴⁴	挺 heŋ⁴²	摸 moʔ⁵ 法⁼ fat⁵

	0799 爬小孩在地上~	0800 走慢慢儿~	0801 跑慢慢儿走，别~
大昌	北⁼螺 ɓaʔ⁵le²²	行 kia²²	走 tau⁴²⁴
博鳌	爬 ɓæ⁴⁴	行 kia³¹	走 tau⁴²
东澳	爬 ɓe⁴⁴	行 kia³¹	走 tau⁴²
黎安	爬 ɓe⁴⁴	行 kia³¹	走 tau⁴²
感城	爬 phe²¹	行 kie²¹	走 tsau²²
昌江	爬 ɓe³¹	行 kie³¹	跑 phau⁴⁴

	0802 逃逃跑；小偷~走了	0803 追追赶；~小偷	0804 抓~小偷
大昌	走 tau⁴²⁴	走 tau⁴²⁴	掠 liak³
博鳌	走 tau⁴²	赶 kua⁴²	掠 lia³³
东澳	逃 hau³¹	赶 kua⁴²	掠 dʑia³³
黎安	个⁼ kai²⁴	拼 phin⁴⁴	掠 ʑia³³
感城	走 tsau²²	赶 kuo²²	掠 lieʔ⁵
昌江	逃 hau³¹	赶 kuo⁴⁴	掠 lie³³

三 词汇 / 135

	0805 抱 把小孩~在怀里	0806 背 ~孩子	0807 搀 ~老人
大昌	柑 ga²²	搭 ɗa⁵⁵	扶 fɔu²²
博鳌	捧 ɓoŋ⁴²	携 hia³¹	扶 ɸɔu³¹
东澳	捧 ɓoŋ⁴²	闹 ⁼nau⁵³	搀 tshan⁴⁴
黎安	抱 ɓoŋ⁴⁴	闹 ⁼nau⁵³	扶 phau³¹
感城	□pie²¹	搭 ta⁴⁴	□toŋ²¹
昌江	衔 ga³¹	□me⁵⁵	扶 phɔu³¹

	0808 推 几个人一起~汽车	0809 摔 跌；小孩~倒了	0810 撞 人~到电线杆上
大昌	挨 oi³⁴	跌 ɗiat⁵	碰 foŋ³⁴
博鳌	挨 ɔi⁴⁴	跛 ɓua³³	碰 phoŋ²
东澳	□çia⁴⁴	跛 ɓua³³	碰 hoŋ²
黎安	挨 ɔi⁴⁴	跌 tiat⁵	撞 toŋ⁴²
感城	挨 oi⁴⁴	跌 θiaʔ⁵	碰 phoŋ³⁵
昌江	挨 oi⁴⁴	掼 kuan⁴⁴	碰 phoŋ⁴⁴

	0811 挡 你~住我了，我看不见	0812 躲 躲藏；他~在床底下	0813 藏 藏放，收藏；钱~在枕头下面
大昌	拦 lua²²	躲 ɗɔ⁴²⁴	囥 hɔ²⁴
博鳌	闸 ta³³	藏 saŋ³¹	藏 saŋ³¹
东澳	闸 ta³³	躲 ɗɔ⁴²	藏 çiaŋ³¹
黎安	拦 lua³¹	囥 hɔ²⁴	躲 ɗɔ⁴²
感城	拦 luo²¹	摸 mouʔ⁵	囥 kho³⁵
昌江	罗 luo³¹	摸 mo⁵⁵	放 ɓaŋ²⁴

	0814 放 把碗~在桌子上	0815 摞 把砖~起来	0816 埋 ~在地下
大昌	放 ɓaŋ²⁴	掐 ha⁵⁵	坮 ɗai²²
博鳌	放 ɓaŋ²⁴	沓 ha⁵⁵	坮 ɗai³¹
东澳	放 ɓaŋ²⁴	沓 ha⁵⁵	坮 ɗai³¹
黎安	放 ɓaŋ²⁴	沓 ha⁵⁵	坮 ɗai³¹
感城	放 paŋ³⁵	沓 thaʔ⁵	坮 tai²¹
昌江	放 ɓaŋ²⁴	叠 ɗa³³	埋 mai³¹

	0817 盖把茶杯~上	0818 压用石头~住	0819 摁用手指按：~图钉
大昌	掐 ha⁵⁵	叠 ɗe⁵⁵	齾 hɔm²⁴
博鳌	赣加框 hom⁴⁴	叠 ɗæ³³	按 an²⁴
东澳	盖 kai²⁴	叠 ɓe⁵⁵	按 aŋ²⁴
黎安	沓 ha⁵⁵	叠 ɗe⁵⁵	触 sɔk³
感城	齾 khoŋ³⁵	叠 te⁵	按 an³⁵
昌江	齾 khɔm²⁴	压 aʔ⁵ 叠 ɗe³³	压 aʔ⁵ 盖 kai²⁴

	0820 捅用棍子~鸟窝	0821 插把香~到香炉里	0822 戳~个洞
大昌	捅 sɔm²²	插 sa⁵⁵	戳 sɔʔ⁵
博鳌	良 liaŋ³¹	插 sa⁵⁵	戳 sok³
东澳	摽 piɔ⁴⁴	插 sa⁵⁵	摽 ɓiau⁴⁴
黎安	摽 piɔ⁴⁴	插 sa⁵⁵	戳 ɗɔk³
感城	戳 tshouʔ³	插 tshaʔ⁵	戳 tshouʔ⁵
昌江	撞 tɕiaŋ⁴⁴	插 sa⁵⁵	戳 ɗuʔ⁵

	0823 砍~树	0824 剁把肉~碎做馅儿	0825 削~苹果
大昌	砍 hɔm⁴²⁴	剁 ɗɔk⁵	削 tiaʔ⁵
博鳌	砍 ham⁴²	剁 ɗɔk⁵	削 tiak⁵
东澳	砍 han⁴²	剁 ɗaʔ⁵	擘 ɓe⁵⁵
黎安	砍 kham⁴²	剁 ɗɔk⁵	削 lia⁵⁵
感城	砍 khaŋ²²	剁 touʔ⁵	削 θiaʔ⁵
昌江	砍 khan⁴²	剁 ɗɔk⁵	批 phoi⁴⁴

	0826 裂木板~开了	0827 皱皮~起来	0828 腐烂死鱼~了
大昌	擘 ɓe⁵⁵	幼 ⁿȵiau²⁴	烂 lua³⁴
博鳌	裂 lit⁵	皱 tɕiu⁵³	烂 nua⁴⁴
东澳	擘 ɓe⁵⁵	绕 ȵiau⁴⁴	烂 nua⁴⁴
黎安	擘 ɓe⁵⁵	绕 ȵiau⁴⁴	烂 nua⁴⁴
感城	裂 leʔ⁵	皱 tɕiou³⁵	烂 nuo⁴⁴
昌江	破 pho²⁴ 裂 leʔ³	皱 ȵiau²⁴	臭 ɕiau²⁴

三 词汇 / 137

	0829 擦 用毛巾~手	0830 倒 把碗里的剩饭~掉	0831 扔 丢弃：这个东西坏了，~了它
大昌	擦 sua⁵⁵	倒 ɗɔ²⁴	掷 tai³³
博鳌	拭 ɕit⁵	倒 ɗɔ⁴²	掷 tiŋ⁴⁴
东澳	拭 ɕit⁵	倒 ɗɔ⁴²	□bin⁴⁴
黎安	拭 ɕit⁵	倒 ɗɔ⁴²	□hit⁵
感城	擦 tshuoʔ⁵	倒 to³⁵	□veiʔ⁵
昌江	抹 maʔ⁵ 拭 ɕit⁵ 擦 sua⁵⁵	倒甲 ɗo²⁴ka³³	□甲 uo³³ka³³ 腊甲 la³³ka³³

	0832 扔 投掷：比一比谁~得远	0833 掉 掉落，坠落：树上~下一个梨	0834 滴 水~下来
大昌	掷 tai³³	落 laʔ³	滴 ɗik⁵
博鳌	落 lak³	落 lak³	滴 ɗek³
东澳	落 laʔ³	落 laʔ³	滴 ɗiʔ⁵
黎安	掷 ɗeŋ⁵³	落 lak⁵	滴 ɗik⁵
感城	□veiʔ⁵	落 laʔ⁵	滴 teiʔ⁵
昌江	蹦 ɓoŋ²⁴	落 lak³	滴 ɗik⁵

	0835 丢 丢失：钥匙~了	0836 找 寻找：钥匙~到	0837 捡 ~到十块钱
大昌	落 laʔ³	转 ɗuei²⁴	抹 hiɔ⁵⁵
博鳌	落 lak³	对 tia²⁴	抹 ɕiɔ⁵⁵
东澳	落 laʔ³	寻 heŋ³¹	抹 hiɔ⁵⁵
黎安	甲⁼ ka³³	寻 heŋ³¹	抹 hiɔ⁵⁵
感城	落 laʔ⁵	寻 theŋ²¹	抹 khieʔ⁵
昌江	落 lak³	寻 heŋ³¹	抹 khiʔ⁵

	0838 提 用手把篮子~起来	0839 挑 ~担	0840 扛 把锄头~在肩上
大昌	牵 haŋ³⁴	担 ɗa³⁴	扛 kɔ³⁴
博鳌	拎 nen³¹	担 ɗa⁴⁴	担 ɗa⁴⁴
东澳	提 hui³¹	提 hui³¹	扛 kɔ⁴⁴
黎安	提 huei³¹	担 ɗa⁴⁴	扛 kɔ⁴⁴
感城	拎 neŋ⁵⁵	担 ta⁴⁴	扛 ko⁴⁴
昌江	拎 neŋ⁵⁵	担 ɗa⁴⁴	扛 ka⁴⁴

	0841 抬~轿	0842 举~旗子	0843 撑~伞
大昌	扛 kɔ³⁴	□ŋia³³	□ŋia³³
博鳌	扛 kɔ⁴⁴	举 ki⁴²	拍 pha⁵⁵
东澳	抬 hai³¹	举 ku⁴²	拍 pha⁵⁵ 顶 ɗeŋ⁴²
黎安	抬 hai³¹	举 ku⁴²	担 ɗa⁴⁴
感城	扛 ko⁴⁴	举 ki²²	拍 pha⁵⁵
昌江	扛 ko⁴⁴	举 ki⁴²	拿 na³¹ 背 ɓoi⁴⁴

	0844 撬把门~开	0845 挑挑选,选择;你自己~一个	0846 收拾~东西
大昌	撬 kiau³⁴	担 ɗa³⁴	收拾 ɕiu³⁴ tip³
博鳌	撬 kiau⁴⁴	拣 kai⁴²	抾 ɕiɔ⁵⁵
东澳	推 hui⁴⁴	拣 kai⁴²	收抾 tiu⁴⁴ hiɔ⁵⁵
黎安	撬 kiau⁴⁴	拣 kai⁴²	抾拾 hiɔ⁵⁵ ɗit³
感城	撬 kiau⁴²	拣 kai²²	收抾 θiou⁴⁴ khieʔ⁵
昌江	撬 khiau²⁴	选 tuan⁴²	抾拾 khiʔ⁵ tiʔ³

	0847 挽~袖子	0848 涮把杯子~一下	0849 洗~衣服
大昌	比⁼ ɓi⁴²⁴	拨⁼ ɓua⁵⁵	洗 toi⁴²⁴
博鳌	挽 bi⁴²	冲 soŋ⁴⁴	洗 tɔi⁴²
东澳	系 tɕi⁵³	刷 sua⁵⁵	洗 θɔi⁴²
黎安	立⁼ lit⁵	拭 ɕit⁵	洗 tɔi⁴²
感城	挽 man²²	□vo²²	洗 θoi²²
昌江	编 ɓie⁴⁴	涮 sua⁵⁵	洗 toi⁴²

	0850 捞~鱼	0851 拴~牛	0852 捆~起来
大昌	捞 lu³⁴	缚 ɓaʔ⁵	缚 ɓaʔ⁵
博鳌	捞 lu³¹	缚 ɓak³	缚 ɓak³
东澳	抓 dzia⁴²	缚 ɓaʔ³	缚 ɓaʔ³
黎安	捞 lu⁴⁴	撩 tiau⁴⁴	缚 ɓak³
感城	捞 lu⁴⁴	缚 paʔ³	捆 khun²²
昌江	掠 lie³³	缚 ɓak³	缚 ɓak³

三 词汇 / 139

	0853 解~绳子	0854 挪~桌子	0855 端~碗
大昌	解 koi⁴²⁴	驮 ɗua²²	拑 ga²²
博鳌	开 hui⁴⁴	驮 ɗua³¹	捧 phaŋ
东澳	敨 hau⁴²	驮 ɗua⁴⁴	盘 ɓue³¹
黎安	解 kɔi⁴²	□taŋ⁴⁴	抱 ɓoŋ⁴⁴
感城	解 koi²²	□suo⁴⁴	衔 ka²¹
昌江	解 koi⁴²	移 zi³¹ 搬 ɓua³¹	衔 ga³¹

	0856 摔~碎了	0857 掺~水	0858 烧~柴
大昌	跌 ɗiat⁵	冲 tshoŋ³⁴	烧 tiɔ³⁴
博鳌	落 lak³	盖 kai⁴⁴	烧 tiɔ⁴⁴
东澳	趴 pha⁵⁵	盖 kai⁴⁴	烧 tiɔ⁴⁴
黎安	跌 it⁵	掺 sam⁴⁴	烧 tiɔ⁴⁴
感城	跌 θiaʔ⁵	冲 tshoŋ⁴⁴	烧 θie⁴⁴
昌江	□甲 uo³³ka³³	掺 san⁴⁴	烧 hie³³

	0859 拆~房子	0860 转~圈儿	0861 捶用拳头~
大昌	拆 hiaʔ⁵	转 tuaŋ⁵³	捶 ɗuei²²
博鳌	拆 hia⁵⁵	转 tuaŋ⁴²	捶 ɗui³¹
东澳	拆 hia⁵⁵	转 tuaŋ⁴²	拍 pha⁵⁵
黎安	拆 hia⁵⁵	转 tuaŋ⁴²	捶 ɗuei³¹
感城	拆 thieiʔ	转 tuaŋ²²	捶 thui²¹
昌江	拆 hie⁵⁵	转 tuaŋ⁴²	捶 ɗuei³¹

	0862 打统称：他~了我一下	0863 打架动手：两个人在~	0864 休息
大昌	拍 fa⁵⁵	拍架 fa⁵⁵ke²⁴	休息 iu³⁴teʔ⁵
博鳌	拍 pha⁵⁵	拍交 pha⁵⁵kiau⁴⁴	休息 iu⁴⁴tit⁵
东澳	拍 pha⁵⁵	拍架 pha⁵⁵ke²⁴	休息 iu⁴⁴θeʔ⁵/ hɔ⁴⁴i³³
黎安	拍 pha⁵⁵	拍架 pha⁵⁵ke²⁴	休息 iu⁴⁴tek⁵
感城	拍 pha⁵⁵	拍架 pha⁵⁵ke³⁵	歇下 hieiʔ⁵e⁴⁴
昌江	拍 pha⁵⁵	拍架 pha⁵⁵ke²⁴	休息 hiu⁴⁴tek⁵

	0865 打哈欠	0866 打瞌睡	0867 瞌他已经~了
大昌	擘喙 me³³ suei²⁴	甲ᵇ 睡 kaʔ⁵ tuei³⁴	瞌 hoi⁵⁵
博鳌	擘頷 ɓai⁵⁵ am³¹	目 mak³ gɔt³	瞌 hɔi⁵⁵
东澳	哈欠 a⁴⁴ i²⁴	目涩 maʔ³ taʔ⁵	瞌 hɔi⁵⁵
黎安	哈欠 ua⁴⁴ i²⁴	洗ᵇ鱼 tɔi⁴² u³¹	瞌 huei⁵⁵
感城	晓邋 ziau²¹ kau³⁵	糊颚 kau²¹ ŋieiʔ³	瞌 kheiʔ⁵
昌江	擘喙 ɓe³³ suei²⁴	乏了 hat³ lo³³ 打盹 ta⁴² tun⁴⁴	偃歇 ai⁴² he³³

	0868 打呼噜	0869 做梦	0870 起床
大昌	鼾 hua²²	戏梦 hi⁵³ maŋ²⁴	开星ᵇ hueiʔ³⁴ se³⁴
博鳌	鼾 ua⁴²	作梦 tɔ⁵⁵ maŋ⁴⁴	起床 hi⁴² sɔ³¹
东澳	鼾 ua⁴²	作梦 tɔ⁵⁵ maŋ⁴⁴	起床 hi⁴² sɔ³¹
黎安	鼾 ua⁴²	作梦 tɔ⁵⁵ maŋ⁴⁴	起床 hi⁴² sɔ³¹
感城	□ŋuam³⁵	作梦 tsoʔ⁵ maŋ⁴⁴	起床 khi²² tsho²¹
昌江	拍鼾 pha⁵⁵ han⁴²	作梦 to⁵⁵ maŋ⁴⁴	起床 khi⁴² sɔ³¹

	0871 刷牙	0872 洗澡	0873 想思索：让我~一下
大昌	洗喙 toi⁴²⁴ suei²⁴	洗热 toi⁴²⁴ zua³³	想 tiɔ⁴²⁴
博鳌	洗哕 tɔi⁴² sui²⁴	洗浴 tɔi⁴² iak³	想 tiɔ⁴²
东澳	刷牙 sua⁵⁵ ge³¹	洗浴 tɔi⁴² iak³	想 tiɔ⁴²
黎安	刷牙 sua⁵⁵ ge³¹	洗浴 tɔi⁴² iak³	想 tiɔ⁴²
感城	洗喙 θoi²² tshui³⁵	洗身 θoi²² θinⁿ⁴⁴	□ŋoŋ²¹
昌江	刷牙 suo⁵⁵ ŋe³¹	洗身 toi⁴² tiⁿ⁴⁴	想 tiaŋ⁴²

	0874 想想念：我很~他	0875 打算我~开个店	0876 记得
大昌	想 tiɔ⁴²⁴	准备 tun⁴²⁴ ɓi⁵³	记着 hi⁵⁵ ɗiɔ³³
博鳌	想 tiɔ⁴²	想 tiɔ⁴²	忆 ik⁵
东澳	想 tiɔ⁴²	拍算 pha⁵⁵ tui²⁴	勿忆 bo³³ iʔ⁵
黎安	挂肺 kua⁴² kuei²⁴	拍算 pha⁵⁵ tuei²⁴	记得 ki²⁴ ɗik⁵
感城	想 θie⁴⁴	想 θie⁴⁴	忆着 iʔ⁵ tieʔ³
昌江	想 tiaŋ⁴²	想 tiaŋ⁴²	别 ɓat⁵

	0877 忘记	0878 怕害怕：你别~	0879 相信我~你
大昌	忘记 uaŋ³⁴ki²⁴	惊 kia³⁴	相信 tio³⁴tin²⁴
博鳌	勿忆 bɔ³³ik⁵	惊 kia⁴⁴	相信 tio⁴⁴tin²⁴
东澳	惊 kia⁴⁴	惊 kia⁴⁴	相信 tiaŋ⁴⁴tin²⁴
黎安	勿记忆 bɔ³³ki²⁴ik⁵	惊 kia⁴⁴	相信 tio⁴⁴tin²⁴
感城	勿忆 vo³³iʔ⁵	惊 kie⁴⁴	信 θin³⁵
昌江	勿别 ɓat⁵	惊 kie⁴⁴	相信 tio⁴⁴tin²⁴

	0880 发愁	0881 小心过马路要~	0882 喜欢~看电视
大昌	闷 mun²⁴	细心 toi²⁴tiəm³⁴	爱 ŋai²⁴
博鳌	闷 mun⁴⁴	注意 tu²⁴iˑ²⁴	瘾 ʑin⁴²
东澳	闷 mun⁴⁴	费心 phui⁵³ɕin⁴⁴	欢喜 uan⁴⁴iˑ⁴²
黎安	闷心 mun⁴⁴tin⁴⁴	细心 tɕhi⁵³ɕin⁴⁴	喜欢 i⁴²uan⁴⁴
感城	闷 mun⁴⁴	细心 θoi³⁵θin⁴⁴	欢喜 huo⁴⁴hi²²
昌江	闷 mun⁴⁴	细心 toi²⁴tim⁴⁴	喜欢 hi⁴²huan⁴⁴

	0883 讨厌~这个人	0884 舒服凉风吹来很~	0885 难受生理的
大昌	厌 iam²⁴	自在 tɕi⁵³tsai⁵³	恶耐 ɔk⁵nai³⁴
博鳌	厌 iam²⁴	舒服 ɕi⁴⁴ɸɔk³ 好耐 hɔ⁴²nai⁴⁴	恶耐 ɔ⁵⁵nai⁴⁴
东澳	讨厌 hau⁴²in²⁴	舒服 ɕi⁴⁴phɔʔ³	难过 nan³¹kue²⁴
黎安	厌得极 ien²⁴ɗik⁵hi⁵⁵	舒服 ɕi⁴⁴phɔk³	恶着 ɔ⁵⁵ɗɔ³³
感城	□aiʔ⁵	自在 su⁴²tsai⁴²	恶抵 ouʔ⁵te²²
昌江	讨厌 hau⁴²ie⁵³	自在 tɕi⁵³tai⁵³	恶耐 ɔ⁵⁵nai⁵³

	0886 难过心理的	0887 高兴	0888 生气
大昌	难过 nan²²kuei²⁴	贵兴 kuei²⁴ɕiŋ²⁴	气着 huei²⁴ɗɔ³³
博鳌	恶过 ɔ⁵⁵kia⁴⁴	过瘾 kia⁴⁴dʑin⁴²	过瘾 kia⁴⁴dʑin⁴²
东澳	恶耐 ɔ⁵⁵nai⁴⁴	恶耐 ɔ⁵⁵nai⁴⁴	气 hi²⁴
黎安	恶耐 ɔ⁵⁵nai⁴⁴	过瘾 kuei⁴⁴in⁴⁴	气火 hi⁴⁴huei⁴²
感城	恶耐 ouʔ⁵nai⁴²	欢喜 huo⁴⁴hi²²	□气 kouʔ⁵khui³⁵
昌江	恶过 o⁵⁵kuei²⁴	欢喜 hua⁵⁴hi⁴²	气火 khi²⁴huei²⁴

	0889 责怪	0890 后悔	0891 忌妒
大昌	责怪 tse⁵⁵ kuai²⁴	怨错 uan⁴²⁴ sɔ²⁴	猛 meŋ⁵³
博鳌	怪 kuai²⁴	后悔 au⁵⁵ ui²⁴	嫉妒 tɕik³ tu⁵³
东澳	责备 tseʔ³³ ɓi⁴⁴	后悔 au⁵⁵ ui²⁴	妒忌 tu⁵³ ki⁴⁴
黎安	怨 uan²⁴	怨气 uan²⁴ hi²⁴	（无）
感城	怨 uan³⁵	怨 uan³⁵	目红 maʔ³ aŋ²¹
昌江	埋怨 mai³¹ in⁵³	后悔 au⁵³ huei⁴²	目红 mak³ aŋ³¹

	0892 害羞	0893 丢脸	0894 欺负
大昌	觉蠢 kiaʔ³ sun⁴²⁴	败色水 ɓai³⁴ tek⁵ tuei⁴²⁴	欺蛮 hi³⁴ mua²²
博鳌	蠢 sun⁴²	败色水 ɓai⁴⁴ tit⁵ tui⁴²	讹 ŋɔ³¹
东澳	惊蠢 kia⁴⁴ sɔŋ⁴²	薄面 ɓɔ³³ min⁴⁴	欺负 hi⁴⁴ fu⁵³
黎安	惊蠢 kia⁴⁴ sun⁴²	甲⁼面水 ka³³ min⁴⁴ tuei⁴²	欺讹 hi⁴⁴ ŋɔ³¹
感城	丑母 ɕiou²² mai²²	丑母 ɕiou²² mai²²	欺负 khi⁴⁴ phu⁴²
昌江	害羞 hai⁵³ xiu⁴⁴	勿面子 voʔ³³ min⁴⁴ tɕi⁴² 败色水 ɓai⁴⁴ tit⁵ tuei⁴²	讹 ŋɔ³¹

	0895 装~病	0896 疼~小孩儿	0897 要我~这个
大昌	装 tɔ³⁴	痛 hia²⁴	要 iɔ⁵⁵
博鳌	装 tɔ⁴⁴	痛 hia²⁴	要 iɔ⁵³
东澳	装 tɔ⁴⁴	痛 hia²⁴	要 iɔ⁵³
黎安	装 tɔ⁴⁴	痛 hia²⁴	要 iɔ⁵³
感城	装 tso⁴⁴	痛 thie³⁵	要 ieʔ⁵
昌江		痛 hie²⁴	要 ie⁵⁵

	0898 有我~一个孩子	0899 没有他~孩子	0900 是我~老师
大昌	有 u⁵³	勿有 vɔʔ³ ɗu⁵³	是 ti⁵³
博鳌	有 u⁴²	勿 ɓɔ³³	是 ti⁴⁴
东澳	有 u⁴²	勿有 ɓɔ³³ u⁴²	是 θi⁴⁴
黎安	有 u⁴⁴	勿 ɓɔ³³	是 ti⁴⁴
感城	有 u⁴²	勿有 vo³³ u⁴²	是 ti⁴²
昌江	有 u⁴⁴	勿有 vɔ³³ u⁴⁴	是 ti⁴⁴

三 词汇 / 143

	0901 不是他~老师	0902 在他~家	0903 不在他~家
大昌	勿是 vɔʔ³ ti⁵³	住 ɗu⁵³	勿住 vɔʔ³ ɗu⁵³
博鳌	勿是 bɔ³³ ti⁴⁴	住 ɗu⁴⁴	勿住 bɔ³³ ɗu⁴⁴
东澳	勿是 bɔ³³ θi⁴⁴	住 ɗu⁴⁴	勿住 bɔ³³ ɗu⁴⁴
黎安	勿是 bɔ³³ ti⁴⁴	住 ɗu⁴⁴	勿住 bɔ³³ u⁴⁴
感城	勿是 vo³³ ti⁴²	住 tu⁴²	勿住 vo³³ tu⁴²
昌江	勿是 vɔ³³ ti⁴⁴	住 ɗu⁴⁴	勿住 vɔ³³ ɗu⁵³

	0904 知道我~这件事	0905 不知道我~这件事	0906 懂我~英语
大昌	知 tai³⁴	勿知 vɔʔ³ tai³⁴	八⁼ ɓat⁵
博鳌	知 tai⁴⁴	勿知 bɔ³³ tai⁴⁴	别 ɓat⁵
东澳	知 tai⁴⁴	勿知 bɔ³³ tai⁴⁴	别 ɓaʔ⁵
黎安	知 tai⁴⁴	勿知 bɔ³³ tai⁴⁴	别 ɓat⁵
感城	别 paiʔ⁵	勿别 vo³³ paiʔ⁵	别 paiʔ⁵
昌江	知 tai²²	勿知 vɔ³³ tai²²	别 ɓat⁵

	0907 不懂我~英语	0908 会我~开车	0909 不会我~开车
大昌	勿八⁼ vɔʔ³ ɓat⁵	会 uai⁵³	勿会 vɔʔ³ uai⁵³
博鳌	勿别 bɔ³³ ɓat⁵	会 ɔi⁴⁴	勿会 bɔ³³ ɔi⁴⁴
东澳	勿别 bɔ³³ ɓaʔ⁵	会 ɔi⁴⁴	勿别 bɔ³³ ɓaʔ⁵
黎安	勿别 vɔ³³ ɓat⁵	会 ɔi⁴⁴	勿会 bɔ³³ ɔi⁴⁴
感城	勿别 vo³³ paiʔ⁵	别 paiʔ⁵	勿别 vo³³ paiʔ⁵
昌江	勿别 vɔ³³ ɓat⁵	别 ɓat⁵	勿别 vɔ³³ ɓat⁵

	0910 认识我~他	0911 不认识我~他	0912 行应答语
大昌	认别⁼ ʑin³⁴ ɓat⁵	勿别⁼ vɔʔ³ ɓat⁵	作得 tɔ⁵⁵ ɗi ʔ⁵
博鳌	别 ɓat⁵	勿别 bɔ³³ ɓat⁵	作得 ɗɔ⁵⁵ ɗik⁵
东澳	认别 dʑin⁴⁴ ɓat⁵	勿认别 bɔ³³ dʑin⁴⁴ ɓat⁵	作得 ɗɔ⁵⁵ ɗiʔ⁵
黎安	认别 ʑin⁴⁴ ɓat⁵	勿认别 bɔ³³ ʑin⁴⁴ ɓat⁵	作得 ɗɔ⁵⁵ ɗik⁵
感城	别 paiʔ⁵	勿别 vo³³ paiʔ⁵	作得 tsoʔ⁵ tiʔ⁵
昌江	别 ɓat⁵	勿别 vɔ³³ ɓat⁵	作得 tɔ⁵⁵ ɗi ʔ⁵

	0913 不行应答语	0914 肯~来	0915 应该~去
大昌	勿作得 vɔʔ³ tɔ⁵⁵ ɗi ʔ⁵	肯 hin⁴²⁴	应该 iŋ³⁴ kai³⁴
博鳌	勿作得 bɔ³³ ɗɔ⁵⁵ ɗik⁵	肯 hin⁴²	应该 iŋ⁴⁴ kai⁴⁴
东澳	勿作得 bɔ³³ ɗɔ⁵⁵ ɗi ʔ⁵	肯 hin⁴²	应该 in⁴⁴ kai⁴⁴
黎安	勿作得 bɔ³³ ɗɔ⁵⁵ ɗik⁵	肯 hin⁴²	当应 taŋ⁴⁴ hiŋ⁴⁴
感城	勿作得 vo³³ tsoʔ⁵ tiʔ⁵	肯 khin²²	应该 eŋ⁴⁴ kai⁴⁴
昌江	勿作得 vɔ³³ tɔʔ⁵ ɗi ʔ⁵	肯 hin⁴²	应该 iŋ²² kai²²

	0916 可以~去	0917 说~话	0918 话说~
大昌	作得 tɔ⁵⁵ ɗi ʔ⁵	讲 kɔŋ⁴²⁴	话 uei³⁴
博鳌	可以 hɔ⁴² dʑi⁴²	讲话 koŋ⁴² ie⁴⁴	话 ie⁴⁴
东澳	可以 hɔ⁴² dʑi⁴²	说 θuai⁵⁵	话 uai⁴⁴
黎安	作得 tɔ⁵⁵ ɗik⁵	讲 koŋ⁴²	话 uai⁴⁴
感城	作得 tsoʔ⁵ tiʔ⁵	讲 koŋ²²	话 ie⁴⁴
昌江	作得 tɔ⁵⁵ ɗi ʔ⁵	讲 goŋ⁴²	话 uei⁴⁴

	0919 聊天儿	0920 叫~他一声儿	0921 吆喝大声喊
大昌	法=论 fat⁵ lun³⁴	叫 kiɔ²⁴	喝 hua⁵⁵
博鳌	学教 ɔk⁵ kau⁴²	喊 fiam⁴²	喝 ua⁵⁵
东澳	学教 ɔʔ⁵ kau⁴²	叫 kiɔ² / 喊 fian⁴²	喝 ua⁵⁵
黎安	讲话囝 koŋ⁴² uai⁴⁴ kia⁴²	叫 kiɔ²⁴	（无）
感城	聊天 liau²¹ thi⁴⁴	喊 haŋ³⁵	（无）
昌江	顺喙 tun⁴⁴ suei⁴²	叫 kiɔ²⁴	喝 hua⁵⁵

	0922 哭小孩~	0923 骂当面~人	0924 吵架动嘴；两个人在~
大昌	吼 hau⁴²⁴	骂 me³⁴	骂架 me³⁴ ke²⁴
博鳌	啼 hi³¹	骂 mæ⁴⁴	相骂 tɔ⁴⁴ mæ⁴⁴
东澳	啼 hi³¹	斥 ɕia⁵⁵	相争 tɔ⁴⁴ tse⁴⁴
黎安	啼 hi³¹	骂 me⁴⁴	骂架 me⁴⁴ ke²⁴
感城	啼 thi²¹	骂 me⁴⁴	犟话 kiaŋ⁴² ie⁴⁴
昌江	啼 fi³¹	骂 me²²	绞架 ga⁴² ke²⁴

	0925 骗~人	0926 哄~小孩	0927 撒谎
大昌	棍 ⁿkun²⁴	转 ɗuei²⁴	讲假话 kɔŋ⁴²⁴ke⁴²⁴uei³⁴
博鳌	装侬 tɔ⁴⁴naŋ³¹	挚 niɔ⁴⁴	讲假话 kɔŋ⁴²kæ⁴²ie⁴⁴
东澳	装侬 tɔ⁴⁴naŋ³¹	谎 huaŋ⁴²	讲假话 kɔŋ⁴²ke⁴²uai⁴⁴
黎安	棍 kun²⁴	算 ɗuei²⁴	讲假话 kɔŋ⁴²ke⁴²uai⁴⁴
感城	謋 louʔ⁵	算 θui³⁵	讲假话 kɔŋ²²ke²²ie⁴⁴
昌江	棍 ⁿkun²⁴	对 ɗuei²⁴	讲假话 gɔŋ⁴²ke²⁴uei⁴⁴

	0928 吹牛	0929 拍马屁	0930 开玩笑
大昌	车大炮 ɕia³⁴ɗua³⁴fau²⁴	拍马屁 fa⁵⁵ve⁴²⁴fi²⁴	逗笑 ɗau⁵³ɕiɔ²⁴
博鳌	车大炮 ɕia⁴⁴ɗua⁴⁴phau²⁴	扶卵脬 ɸou³¹luam⁴²phau⁴⁴	讲笑 kɔŋ⁴²ɕiɔ²⁴
东澳	作大炮 tɔ⁵⁵ɗua⁴⁴pphau²⁴	捧大骹腿 ɓoŋ⁴⁴ɗua⁴⁴ha⁴⁴hui⁴²	弄笑 laŋ⁴⁴ɕiɔ²⁴
黎安	车大喙 sa⁴⁴ɗua⁴⁴suei²⁴	抱侬骹腿 ɓoŋ⁴⁴naŋ³¹ha⁴⁴huei⁴²	开玩笑 huei⁴⁴nan⁴⁴ɕiɔ²⁴
感城	车大炮 ɕie⁴⁴tuo⁴⁴pʰau³⁵	捧骹腿 phoŋ²²kha⁴⁴thui²²	开弄笑 khui⁴⁴laŋ³⁵ɕie³⁵
昌江	车大炮 ɕia²²ɗua²²ɸau²⁴	拍马屁 fa⁵⁵ve⁴²ɸuei²⁴	作玩笑 tɔ⁵⁵nam⁴⁴ɕiɔ²⁴

	0931 告诉~他	0932 谢谢致谢语	0933 对不起致歉语
大昌	讲 kɔŋ⁴²⁴	谢谢 tia⁵³tia⁵³	对勿起 ɗuei²⁴vɔʔ³hi⁴²⁴
博鳌	讲去伊 kɔŋ⁴²hu²⁴i⁴⁴	谢谢 tia⁴⁴tia⁴⁴ 普通话	对勿起 ɗui²⁴bɔ³³hi⁴²
东澳	讲汝听 kɔŋ⁴²du⁴²hia⁴⁴	谢谢 tia⁴⁴tia⁴⁴	对勿起 ɗui²⁴bɔ³³hi⁴²
黎安	说 te³³	谢谢 tia⁴⁴tia⁴⁴	对勿起 ɗuei²⁴bɔ³³hi⁴²
感城	讲 kɔŋ²²	谢谢 θie⁴²θie⁴²	对勿起 tui³⁵vo³³khi²²
昌江	学 ɔ³³	谢谢 tia⁴⁴tia⁴⁴	对勿起 ɗuei²⁴vɔ³³hi⁴²

	0934 再见告别语	0935 大苹果~	0936 小苹果~
大昌	再见 tsai²⁴ki²⁴	大 ɗua³⁴	挚 n̠iau⁵³
博鳌	后乃见 au⁵³na⁴⁴ki²⁴	大 ɗua⁴⁴	挚 niau⁵⁵
东澳	再见 tai⁵³ki²⁴	大 ɗua⁴⁴	细 tui²⁴
黎安	下次吧 e⁴⁴ɕi⁴⁴ba³¹	大 ɗua⁴⁴	挚 niau⁵⁵
感城	再见 tsai³⁵ki³⁵	大 tuo⁴⁴	挚 niou⁵⁵
昌江	再见 tsai²⁴tɕien²⁴ 模仿普通话	大 ɗuo⁴⁴	挚 n̠iau⁵⁵

	0937 粗绳子~	0938 细绳子~	0939 长线~
大昌	粗 sɔu³⁴	幼 iu²⁴	长 ɗɔ²²
博鳌	粗 sɔu⁴⁴	幼 iu²⁴	长 ɗɔ³¹
东澳	粗 sau⁴⁴	幼 iu²⁴	长 ɗɔ³¹
黎安	粗 sau⁴⁴	幼 iu⁵³	长 ɗɔ³¹
感城	粗 tshou⁴⁴	幼 iou³⁵	长 to²¹
昌江	粗 sɔu⁴⁴	幼 iu⁵³	长 ɗɔ³¹

	0940 短线~	0941 长时间~	0942 短时间~
大昌	短 ɗe⁴²⁴	长 ɗɔ²²	短 ɗe⁴²⁴
博鳌	短 ɗæ⁴²	古 ku⁴²	快 hia²⁴
东澳	短 ɗe⁴²	长 ɗɔ³¹	短 ɗe⁴²
黎安	短 ɗe⁴²	长 ɗɔ³¹	短 ɗe⁴²
感城	短 te²²	长 to²¹	短 te²²
昌江	短 ɗe⁴²	长 ɗɔ³¹	短 ɗe⁴²

	0943 宽路~	0944 宽敞房子~	0945 窄路~
大昌	阔 hua⁵⁵	阔开 hua⁵⁵huei³⁴	隘 e³³
博鳌	大 ɗua⁴⁴	宽 hua⁴⁴	狭 kiap⁵ 隘 ɔi⁵⁵
东澳	阔 hua⁵⁵ 宽 huaŋ⁴⁴	宽 hua⁴⁴	细 tui²⁴
黎安	阔 hua⁵⁵	阔气 hua⁵⁵huei²⁴	狭 hip³
感城	阔 khuoʔ⁵	阔 khuoʔ⁵	隘 eʔ³
昌江	阔 huo⁵⁵	阔 huo⁵⁵	挈 ȵiau⁵⁵

	0946 高飞机飞得~	0947 低鸟飞得~	0948 高他比我~
大昌	悬 kuai²²	低 ɗoi³⁴	悬 kuai²²
博鳌	悬 kuai³¹	低 ɗɔi⁴⁴ 矮 ɔi⁴²	悬 kuai³¹
东澳	悬 kuai³¹	低 ɗɔi⁴⁴ 矮 ɔi⁴²	悬 kuai³¹
黎安	悬 kuai³¹	低 ɗɔi⁴⁴	悬 kuai³¹
感城	悬 kuai²¹	低 toi⁴⁴	悬 kuai²¹
昌江	悬 kuai³¹	低 ɗoi⁴⁴	悬 kuai³¹

三 词汇 / 147

	0949 矮 他比我~	0950 远 路~	0951 近 路~
大昌	矮 oi⁴²⁴	远 huei⁴²⁴	近 kin⁵³
博鳌	矮 ɔi⁴²	远 ui⁴²	近 kin⁵³
东澳	矮 ɔi⁴²	远 ui⁴²	近 kin⁵³
黎安	矮 kɔi⁴²	远 uei⁴²	近 kin⁴⁴
感城	矮 oi²²	远 hui⁴²	近 kin⁴²
昌江	矮 ai⁴²	远 huei⁴⁴	近 kin⁵³

	0952 深 水~	0953 浅 水~	0954 清 水~
大昌	深 ɕiəm³⁴	浅 ɕin⁴²⁴	清 seŋ³⁴
博鳌	深 ɕiəm⁴⁴	浅 ɕiəm⁴²	澈 hæ⁵⁵
东澳	深 ɕin⁴⁴	浅 hin⁴²	清 tɕiŋ⁴⁴
黎安	深 sun⁴⁴	浅 hin⁴²	清 seŋ⁴⁴
感城	深 ɕin⁴⁴	浅 khin²²	清 tsheŋ⁴⁴
昌江	深 ɕin⁴⁴	浅 hin⁴²	清 seŋ⁴⁴

	0955 浑 水~	0956 圆	0957 扁
大昌	漉 lɔ³³	圆 i²²	扁 ɓin⁴²⁴
博鳌	浊 lɔ³³	圆 i³¹	□ mæ⁵³
东澳	浊 ɗɔ³³	圆 i³¹	扁 ɓin⁴²
黎安	浊 lɔ³³	圆 i³¹	扁 ɓin⁴²
感城	浓 noŋ³⁵	圆 i²¹	扁 peŋ²²
昌江	浓 noŋ³¹	圆 i³¹	扁 ɓin⁴²

	0958 方	0959 尖	0960 平
大昌	四方 ti²⁴ɓaŋ³⁴	尖 tɕiam³⁴	平 ɓe²²
博鳌	方 ɓaŋ⁴⁴	尖 tɕiam⁴⁴	平 ɓæ³¹
东澳	四方 ti²⁴ɓaŋ⁴⁴	尖 tɕin⁴⁴	平 ɓe³¹
黎安	方 phaŋ⁴⁴	尖 tɕien⁴⁴	平 ɓe³¹
感城	四方 θi³⁵paŋ⁴⁴	尖 tɕiaŋ⁴⁴	平 pe²¹
昌江	方 ɓaŋ⁴⁴	尖 tɕin⁴⁴	平 ɓe³¹

	0961 肥~肉	0962 瘦~肉	0963 肥形容猪等动物
大昌	肥 ɓuei²²	瘠 taŋ⁴²⁴	肥 ɓuei²¹
博鳌	肥 ɓui³¹	瘠 taŋ⁴²	肥 ɓui³¹
东澳	肥 ɓui³¹	瘠 θaŋ⁴²	肥 ɓui³¹
黎安	肥 ɓɔi³¹	瘠 tam⁴²	肥 ɓɔi³¹
感城	肥 pui²¹	瘠 θan²²	肥 pui²¹
昌江	肥 ɓoi³¹	瘠 tan⁴²	肥 ɓoi³¹

	0964 胖形容人	0965 瘦形容人、动物	0966 黑黑板的颜色
大昌	肥 ɓuei²²	瘠 taŋ⁴²⁴	乌 ɔu³⁴
博鳌	肥 ɓui³¹	瘠 taŋ⁴²	乌 ɔu⁴⁴
东澳	肥 ɓui³¹	瘠 θaŋ⁴²	乌 au⁴⁴
黎安	肥 ɓɔi³¹	瘠 tam⁴²	乌 au⁴⁴
感城	肥 pui²¹	瘠 θan²²	乌 ou⁴⁴
昌江	肥 ɓoi³¹	瘠 tan⁴²	乌 ɔu⁴⁴

	0967 白雪的颜色	0968 红国旗的主颜色，统称	0969 黄国旗上五星的颜色
大昌	白 ɓe³³	红 aŋ²²	黄 uei²²
博鳌	白 ɓæ³³	红 aŋ³¹	黄 ui³¹
东澳	白 ɓe³³	红 aŋ³¹	黄 ui³¹
黎安	白 ɓe³³	红 aŋ³¹	黄 uei³¹
感城	白 peʔ³	红 aŋ²¹	黄 ui²¹
昌江	白 ɓe³³	红 aŋ³¹	黄 uei³¹

	0970 蓝蓝天的颜色	0971 绿绿叶的颜色	0972 紫紫药水的颜色
大昌	蓝 lam²²	绿 liak³	紫 tɕi⁴²⁴
博鳌	蓝 lam³¹	绿 liak³	紫 su⁴²
东澳	蓝 laŋ³¹	绿 liaʔ³	紫 su⁴²
黎安	蓝 lam³¹	绿 liak³	紫 tɕi⁴²
感城	蓝 laŋ²¹	绿 liaʔ³	紫 tɕi²²
昌江	蓝 lan³¹	绿 liak³	紫 tɕi⁴²

	0973 灰 草木灰的颜色	0974 多 东西~	0975 少 东西~
大昌	灰 fiu³⁴	多 ɗoi³⁴	少 tɕiɔ⁴²⁴
博鳌	灰 ui⁴⁴	多 tui⁴⁴	少 tɕiɔ⁴²
东澳	灰 ui⁴⁴	多 tui⁴⁴	少 tɕiɔ⁴²
黎安	暮 mu⁵³	多 tuei⁴⁴	少 tɕiɔ⁴²
感城	灰 hu⁴⁴	侪 tsoi⁴⁴	少 tɕie²²
昌江	灰 huei⁴⁴	多 toi⁴⁴	少 tɕie⁴²

	0976 重 担子~	0977 轻 担子~	0978 直 线~
大昌	重 taŋ⁵³	轻 hiŋ³⁴	直 ɗit³
博鳌	重 ɗaŋ⁴⁴	轻 hiŋ⁴⁴	直 ɗit³
东澳	重 ɗan⁴⁴	轻 hin⁴⁴	直 ɗiʔ³
黎安	重 ɗaŋ⁵³	轻 hin⁴⁴	直 ɗik³
感城	重 taŋ⁴²	轻 khiŋ⁴⁴	直 tiʔ³
昌江	重 ɗaŋ⁴⁴	轻 khiŋ⁴⁴	直 ɗit³

	0979 陡 坡~，楼梯~	0980 弯 弯曲；这条路是~的	0981 歪 帽子戴~了
大昌	斜 tia²²	弯 uaŋ³⁴	歪 sua⁴²⁴
博鳌	陡 ɗia⁴²	弯 uan⁴⁴	歪 sua⁴⁴
东澳	陡 ɗia⁴²	弯 uan⁴⁴	歪 sua⁴⁴
黎安	陡 ɗia⁴²	弯 uan⁴⁴	歪 sua⁴⁴
感城	斜 θie²¹	弯 uan⁴⁴	笡 tshuo²²
昌江	斜 ɗie³¹	弯 uan⁴⁴	歪 uai⁴⁴

	0982 厚 木板~	0983 薄 木板~	0984 稠 稀饭~
大昌	厚 kau⁵³	薄 ɓɔ⁵⁵	结 kit³
博鳌	厚 kau⁴⁴	薄 ɓɔ³³	结 kit³
东澳	厚 kau⁴⁴	薄 ɓɔ³³	结 kiʔ³
黎安	厚 kau⁴⁴	薄 ɓɔ³³	结 kip³
感城	厚 kau⁴²	薄 poʔ³	渴 kiʔ³
昌江	厚 kau⁴⁴	薄 ɓɔ³³	结 kit³

	0985 稀稀饭~	0986 密菜种得~	0987 稀稀疏，菜种得~
大昌	㶿 ga³⁴	密 vat³	㶿 ga³⁴
博鳌	潋 ka⁴⁴	密 bat³	疮 taŋ⁴²
东澳	潋 ka⁴⁴	厚 kau⁵³	疏 tiu⁴⁴
黎安	潋 ka²⁴	密 bat³	（无）
感城	饮 an²²	窄 tsaiʔ³	稀 θoi⁴⁴
昌江	㶿 ka²⁴	近 kin⁴⁴	阔 khuo⁵⁵

	0988 亮指光线，明亮	0989 黑指光线，完全看不见	0990 热天气
大昌	光 kuei³⁴	乌 ɔu³⁴	热 ʑit³
博鳌	光 kui⁴⁴	暗 am²⁴	热 dzua³³
东澳	光 kui⁴⁴	暗 an²⁴	热 dua³³
黎安	光 kuei⁴⁴	乌 au⁴⁴	热 zua³³
感城	光 kui⁴⁴	乌 ou⁴⁴	热 zuoʔ⁵
昌江	亮 lie⁴⁴	乌 ɔu⁴⁴	热 zuo³³

	0991 暖和天气	0992 凉天气	0993 冷天气
大昌	暖 nun⁵³	潡 ɕiŋ³⁴	冷 le⁴²⁴
博鳌	暖 nun⁴²	潡 ɕiŋ²⁴	寒 kua³¹
东澳	烧 tiɔ⁴⁴	潡 ɕin²⁴	寒 kua³¹
黎安	烧暖 tiɔ⁴⁴nun⁴⁴	凉 liɔ³¹	寒 kua³¹
感城	暖 nun²¹	潡 tɕhin³⁵	寒 kuo²¹
昌江	（无）	凉 lie³¹	寒 kuo³¹

	0994 热水	0995 凉水	0996 干干燥：衣服晒~了
大昌	烧 tiɔ³⁴	潡 ɕiŋ³⁴	干 kaŋ³⁴
博鳌	烧 tiɔ⁴⁴	潡 ɕiŋ²⁴	干 kan⁴⁴
东澳	烧 tiɔ⁴⁴	潡 ɕin²⁴	干 kan⁴⁴
黎安	烧 tiɔ⁴⁴	潡 tɕhin²⁴	干 kam⁴⁴
感城	烧 θie⁴⁴	潡 tɕhin³⁵	干 kan³⁴
昌江	热 zuo³³	凉 lie³¹	干 kan⁴⁴

三 词汇 / 151

	0997 湿潮湿；衣服淋~了	0998 干净衣服~	0999 脏肮脏，不干净，统称：衣服~
大昌	湿 ɗam⁵³	澈 heʔ⁵	甲脏 ka⁵⁵ tɔ³⁴
博鳌	湿 ɗam⁴⁴	澈洁 hak⁵ kɔi⁵⁵	垃圾 lai³³ sat⁵
东澳	湿 ɗan⁴⁴	澈 he⁵⁵	甲脏 ka³³ tɔ⁴⁴
黎安	湿 ɗan⁴⁴	澈洁 he⁵⁵ kuei⁵⁵	甲脏 ka³³ tɔ⁴⁴
感城	湿 tan²¹	澈洁 theʔ⁵ keʔ⁵	流□ lau²¹ ka²¹
昌江	湿 ɗam⁴⁴	澈个 he⁵⁵ ke⁵⁵	邋遢 la³³ ɗa³³

	1000 快锋利：刀子~	1001 钝刀~	1002 快坐车比走路~
大昌	利 lai³⁴	钝 ɗun⁵³	快 huei²⁴
博鳌	利 lai⁴⁴	钝 ɗun⁴⁴	猛 mæ⁴²
东澳	利 lai⁴⁴	钝 ɗuŋ⁴⁴	快 huai²⁴
黎安	利 lai⁵³	钝 ɗun⁴⁴	快 huei²⁴
感城	利 lai⁴⁴	屈 ˭khuiʔ³	快 khie³⁵
昌江	利 lai⁴⁴	倔 khuot³	快 huai²⁴

	1003 慢走路比坐车~	1004 早来得~	1005 晚来~了
大昌	迟 ɗi²²	早 ta⁴²⁴	晚 ua²⁴
博鳌	迟 ɗi³¹	早 ta⁴²	迟 ɗi³¹
东澳	迟 ɗi³¹	早 ta⁴²	迟 ɗi³¹
黎安	慢 man⁴⁴	早 ta⁴²	暗 am²⁴
感城	慢 man⁴⁴	早 tsa²²	晏 aŋ³⁵
昌江	迟 ɗi³¹	早 ta⁴²	迟 ɗi³¹

	1006 晚天色~	1007 松捆得~	1008 紧捆得~
大昌	晏 am²⁴	松 taŋ³⁴	紧 kin⁴²⁴
博鳌	暗 am²⁴	松 taŋ⁴⁴	紧 kin⁴²
东澳	暗 an²⁴	松 taŋ⁴⁴	扎 taʔ⁵
黎安	暗 am²⁴	松 tan⁴⁴	紧 kin⁴²
感城	晏 aŋ³⁵	松 saŋ⁴⁴	紧 kin²²
昌江	暗 am²⁴	松 saŋ⁴⁴	紧 kin⁴²

	1009 容易~这道题~	1010 难~这道题~	1011 新~衣服~
大昌	容易 zoŋ²² zi³⁴	难 nan²²	新 tin³⁴
博鳌	好作 hɔ⁴² tɔ⁵⁵	恶作 ɔ⁵⁵ tɔ⁵⁵	新 tin⁴⁴
东澳	行 hiŋ³¹	深 ɕin⁴⁴	新 tin⁴⁴
黎安	容易 zoŋ³¹ zi⁵³	难 nam³¹	新 tin⁴⁴
感城	好作 ho²² tsoʔ⁵	恶作 ouʔ⁵ tsoʔ⁵	新 θin⁴⁴
昌江	好作 ho⁴² toʔ⁵	恶作 oʔ⁵ toʔ⁵	新 tin⁴⁴

	1012 旧~衣服~	1013 老~人~	1014 年轻~人~
大昌	旧 gu⁵³	老 lau⁴²⁴	幼 iu²⁴
博鳌	旧 ku⁴⁴	老 lau⁴²	年青 i³¹ ɕiŋ⁴⁴
东澳	新 tin⁴⁴	老 lau⁴²	年青 i³¹ ɕiŋ⁴⁴ 青年囝 ɕiŋ⁴⁴ i³¹ kia⁵⁵
黎安	旧 ku⁴⁴	老 lau⁴²	年青 i³¹ seŋ⁴⁴
感城	旧 ku⁴⁴	老 lau⁴²	青年 seŋ⁴⁴ hi²¹
昌江	旧 ku⁴⁴	老 lau⁴²	青年 seŋ⁴⁴ fii³¹

	1015 软~糖~	1016 硬~骨头~	1017 烂~肉煮得~
大昌	软 nuei³⁴	硬 ŋe³⁴	软 nua³⁴
博鳌	软 nui⁴²	硬 ŋæ⁴⁴	烂 nua⁴⁴ nɔm³¹
东澳	软 nui⁴²	硬 ŋe⁵³	烂 nua⁴⁴
黎安	软 nuei⁴²	硬 ŋe⁴⁴	烂 nua⁴⁴
感城	软 nui²²	硬 ŋe⁴²	烂 nuo⁴⁴
昌江	软 nuei⁴²	硬 ŋe⁴⁴	烂 nuo⁴⁴

	1018 煳~饭烧~了	1019 结实~家具~	1020 破~衣服~
大昌	煳 kɔu²²	硬朗 ŋe³⁴ laŋ⁴²⁴	破 fua²⁴
博鳌	臭火 ɕiu²⁴ ia⁴²	硬 ŋæ⁴⁴	败 ɓæ⁴⁴
东澳	过火 kue⁵³ ue⁴²	结实 kiʔ⁵ tiʔ³	败 ɓe⁴⁴
黎安	臭火 ɕiau²⁴ uei⁴²	硬 ŋe⁴⁴	破 phua²⁴
感城	爁 kien³⁵	硬 ŋe⁴⁴	破 phuo³⁵
昌江	煳 khuei⁴⁴	硬 ŋe⁴⁴	烂 nuo⁴⁴

	1021 富 他家很~	1022 穷 他家很~	1023 忙 最近很~
大昌	富 vu²⁴	穷 kiaŋ²²	忙 maŋ²²
博鳌	富 ɸu²⁴	穷 kiaŋ³¹	忙 maŋ³¹
东澳	富 ɓu²⁴	穷 kiaŋ³¹	忙 maŋ³¹
黎安	富 phu²⁴	穷 kiaŋ³¹	勿闲 bɔ³³ ai³¹
感城	富 phu³⁵	穷 kiaŋ²¹	忙 maŋ²¹
昌江	贮钱 ɗu⁴⁴ tɕi³¹	穷 kia³¹	忙 maŋ³¹

	1024 闲 最近比较~	1025 累 走路走得很~	1026 疼 摔~了
大昌	闲 ai²²	乏 hat³	痛 ia²⁴
博鳌	闲 ai³¹	乏 hat³	痛 hia²⁴
东澳	闲 ai³¹	累 lui⁴⁴	痛 hia²⁴
黎安	闲 ai³¹	累 luei⁴⁴	痛 hia²⁴
感城	闲 ai²¹	乏 haiʔ	痛 thie³⁵
昌江	闲 ai³¹	苦 khɔu⁴²	痛 hie²⁴

	1027 痒 皮肤~	1028 热闹 看戏的地方很~	1029 熟悉 这个地方我很~
大昌	上 ⁼tɕiɔ⁵³	闹热 nau⁵³ ʑit³	熟悉 tiaʔ³ tit⁵
博鳌	痒 tɕiɔ⁴²	热闹 ʑit³ nau⁴⁴	熟悉 tiak³
东澳	痒 tɕiɔ⁵³	热闹 ʑit³ nau⁴⁴	熟悉 tiaʔ³ tiʔ⁵
黎安	痒 tɕiɔ⁴⁴	热闹 ʑit³ nau⁴⁴	熟悉 tiak³ tik⁵
感城	□ khon³⁵	闹热 nau³⁵ zuoʔ⁵	熟悉 θiaʔ³ θeiʔ⁵
昌江	痒 khom²⁴	闹热 nau⁴⁴ zuo³³	别路 ɓat⁵ lɔu⁴⁴

	1030 陌生 这个地方我很~	1031 味道 尝尝~	1032 气味 闻闻~
大昌	陌生 ɓe³³ te³⁴	味道 vi³⁴ ɗau⁵³	气味 huei²⁴ vi⁵³
博鳌	陌生 bɔ³³ tæ⁴⁴	味 bi⁴⁴	气味 hi²⁴ bi⁴⁴
东澳	陌生 be⁵⁵ te⁴⁴	味道 bi⁴⁴ ɗau⁵³	气味 hui²⁴ bi⁴⁴
黎安	陌生 be⁵⁵ te⁴⁴	味道 bi⁴⁴ ɗau⁵³	气味 huei²⁴ bi⁴⁴
感城	陌生 moʔ⁵ θe⁴⁴	味 vi⁴⁴	味 vi⁴⁴
昌江	陌生 ɓɔ³³ te²²	味道 vi⁴⁴ ɗau⁴⁴	气味 khuei²⁴ vi⁴⁴

	1033 咸菜~	1034 淡菜~	1035 酸
大昌	咸 kiam²²	餌 tɕia⁴²⁴	酸 tuei³⁴
博鳌	咸 kiam³¹	餌 tɕia⁴²	酸 tui⁴⁴
东澳	咸 ken³¹	餌 tɕia⁴²	酸 tui⁴⁴
黎安	咸 kiem³¹	餌 tɕia⁴²	酸 tuei⁴⁴
感城	咸 kiaŋ²¹	餌 tɕie²²	酸 θui⁴⁴
昌江	咸 kin³¹	餌 tɕie⁴²	酸 tuei⁴⁴

	1036 甜	1037 苦	1038 辣
大昌	甜 ɗiam²²	苦 hɔu⁴²⁴	辣 lua³³
博鳌	甜 ɗiam³¹	苦 hɔu⁴²	辣 lua³³
东澳	甜 ɗen³¹	苦 hau⁴²	腌 en⁴⁴
黎安	甜 ɗien³¹	苦 hau⁴²	辣 lua³³
感城	甜 tiaŋ²¹	苦 khou²²	辣 luoʔ³
昌江	甜 ɗin³¹	苦 khɔu⁴²	辣 luo³³

	1039 鲜鱼汤~	1040 香	1041 臭
大昌	鲜 ɕi³⁴	芳 faŋ³⁴	臭 ɕiau²⁴
博鳌	鲜 ɕi⁴⁴	芳 ɸaŋ⁴⁴	臭 ɕiau²⁴
东澳	鲜 ɕi⁴⁴	芳 phaŋ⁴⁴	芳 phaŋ⁴⁴
黎安	鲜 ɕi⁴⁴	芳 phaŋ⁴⁴	臭 ɕiau²⁴
感城	鲜 ɕi⁴⁴	芳 phaŋ⁴⁴	臭 ɕiau³⁵
昌江	清鲜 se⁴⁴ ɕi⁴⁴	芳 phaŋ⁴⁴	臭 ɕiau²⁴

	1042 馊饭~	1043 腥鱼~	1044 好人~
大昌	臭肴 ɕiau²⁴ iau²⁴	腥 tiŋ³⁴	好 hɔ⁴²⁴
博鳌	臭 ɕiau²⁴	腥 teŋ⁴⁴	好 hɔ⁴²
东澳	臭 hiau³¹	腥 θeŋ⁴⁴	好 hɔ⁴²
黎安	臭肴 ɕiau²⁴ hiau³¹	腥 teŋ⁴⁴	好 hɔ⁴²
感城	臭酸 ɕiau³⁵ θui⁴⁴	腥 tshe⁴⁴	好 ho²²
昌江	臭 ɕiau²⁴	腥 teŋ⁴⁴	好 hɔ⁴

三 词汇 / 155

	1045 坏~人~	1046 差~东西质量~	1047 对~账算~了
大昌	坏 ɦuai³⁴	差 sa³⁴	着 ɗɔ³³
博鳌	坏 uai⁴⁴	次 su²⁴	着 ɗiɔ⁵⁵
东澳	坏 uai⁴⁴	差 sa⁴⁴ 败 ɓai³³	着 ɗiɔ⁵⁵
黎安	坏 huai⁴⁴	次万⁼ su²⁴ɓan⁴⁴	着 ɗiɔ⁵⁵
感城	坏 huai⁴⁴	次般 su³⁵pan⁴⁴	着 tie⁴⁴
昌江	坏 huai⁴⁴	差 sa⁴⁴	着 ɗie³³

	1048 错~账算~了	1049 漂亮 形容年轻女性的长相：她很~	1050 丑 形容人的长相：猪八戒很~
大昌	错 sɔ²⁴	合适 hɔ⁵³se⁵⁵	蠢 sun⁴²⁴
博鳌	错 sɔ²⁴	靓 ɕiaŋ²⁴	蠢 sun⁴²
东澳	错 sɔ²⁴	相 ɕiaŋ²⁴	蠢 sun⁴²
黎安	错 sɔ²⁴	像 ɕiaŋ⁴⁴	蠢 sun⁴²
感城	错 tsho³⁵	像 ɕiaŋ³⁵	丑 ɕiou²²
昌江	错 so²⁴	好望 ho⁴²mo⁴⁴	蠢 sun⁴²

	1051 勤快	1052 懒	1053 乖
大昌	力刻 lak³hak⁵	懒惰 lan³⁴ɗua⁵³	乖 kuai³⁴
博鳌	力 lak³	惰 ɗua⁴⁴	乖 kuai⁴⁴
东澳	勤快 hin³¹huai²⁴	惰 ɗua⁴⁴	乖 kuai⁴⁴
黎安	勤快 tɕhin³¹huai²⁴	惰 ɗua⁴⁴	全⁼侬⁼听 suan³¹naŋ³¹hia⁴⁴
感城	勤快 khiŋ²¹khie³⁵	惰 tuo⁴²	乖 kuai⁴⁴
昌江	勤劳 khin³¹lau³¹ 积极 tɕiʔ⁵kit⁵	惰 ɗuo⁴⁴	好□ ho⁴²a⁴

	1054 顽皮	1055 老实	1056 傻~痴呆~
大昌	顽 ŋuan²²	老实 lau⁴²⁴tit³	傻 tsɔ⁴²⁴
博鳌	顽 ŋuan³¹	老实 lau⁴²ɗit³	戆 ŋaŋ³¹
东澳	□□ hiʔ⁵kai³¹	老实 lau⁴²ɗit³ 厚道 kau⁴⁴ɗau⁵³	戆 ŋaŋ³¹
黎安	蛮 man³¹	老实 lau⁴²ɗit³	戆 ŋaŋ³¹
感城	蛮 man²¹	老实 lau²²tiʔ³	戆 ŋaŋ²²
昌江	勿听话 vo³³hie⁴⁴uei⁴⁴	戆 ŋaŋ⁴⁴ 老实 lau⁴²tit³	戆 ŋaŋ⁴⁴

	1057 笨蠢	1058 大方 不吝啬	1059 小气 吝啬
大昌	笨 bun⁵³	大方 ɗua³⁴ faŋ³⁴	细气 toi²⁴ huei⁴
博鳌	笨 ɓun⁵³	大手 ɗua⁴⁴ ɕiu⁴²	咸涩 kiam³¹ tiap⁵ 细毛 tui²⁴ mɔ³¹
东澳	笨 ɓun⁵³	大方 ɗua⁴⁴ phaŋ⁴⁴	细气 tui⁵³ hui²⁴
黎安	笨 ɓun⁴⁴	大舍 ɗua⁴⁴ tia⁴²	干俭 kan⁴⁴ tɕien⁴⁴
感城	笨 pun⁴⁴	大方 tuo⁴⁴ phaŋ⁴⁴	干屎 kan⁴⁴ θai²²
昌江	戆 ŋaŋ⁴⁴	大方 ɗuo⁴⁴ faŋ⁴	干屎 kan⁴⁴ tai⁴²

	1060 直爽 性格~	1061 犟 脾气~	1062 一 ~二三四五……，下同
大昌	爽 suaŋ⁴²⁴	犟 kiaŋ⁵³	一 zat³ ; it⁵
博鳌	爽 suaŋ⁴²	硬 ŋæ⁴⁴	一 dzia³ ; it⁵ iau⁴⁴
东澳	开朗 hai⁴⁴ laŋ⁴²	铁戆 hiʔ⁵ ŋaŋ³¹	一 dziaʔ³ ; it⁵
黎安	条直 ɗiau³¹ ɗit³	千牛 sai⁴⁴ gu³¹	一 ziat³
感城	直 tiʔ³	硬 ŋe⁴²	一 zie²¹ ; iʔ⁵
昌江	老实 lau⁴² tit³	傲气 ŋau⁵³ khuei²⁴	一 it⁵ ; zaʔ³ iau⁴⁴

	1063 二	1064 三	1065 四
大昌	二 nɔ³³ ; zi³⁴	三 ta³⁴	四 ti²⁴
博鳌	二 nɔ⁴⁴ ; dzi⁴⁴	三 ta⁴⁴ ; tam⁴⁴	四 ti²⁴
东澳	二 nɔ³³ ; dzi⁴⁴	三 ta⁴⁴	四 ti²⁴
黎安	二 zi⁴⁴ ; nɔ⁵³	三 ta⁴⁴	四 ti²⁴
感城	二 zi⁴⁴ ; no⁴²	三 θa⁴⁴	四 θi³⁵
昌江	二 zi⁴⁴	三 ta⁴⁴	四 ti²⁴

三 词汇 / 157

	1066 五	1067 六	1068 七
大昌	五 ŋɔu⁴²⁴	六 lak³	七 çit⁵
博鳌	五 ŋɔu⁴²	六 lak³	七 çit⁵
东澳	五 ŋau⁴²	六 lak³	七 çit⁵
黎安	五 ŋau⁴²	六 lak³	七 çit⁵
感城	五 ŋou⁴²	六 laʔ³	七 çiʔ⁵
昌江	五 ŋɔu⁴²	六 lak³	七 çit⁵

	1069 八	1070 九	1071 十
大昌	八 ɓi⁵⁵	九 kau⁴²⁴	十 tap³
博鳌	八 ɓɔi⁵⁵	九 kau⁴²	十 tap³
东澳	八 ɓɔi⁵⁵	九 kau⁴²	十 taʔ³
黎安	八 ɓɔi⁵⁵	九 kau⁴²	十 tap³
感城	八 pei⁵⁵	九 kau²²	十 tsaiʔ³
昌江	八 ɓoi⁵⁵	八 ɓoi⁵⁵	十 taʔ³

	1072 二十 有无合音	1073 三十 有无合音	1074 一百
大昌	二十 zi³⁴tap³	三十 ta³⁴tap³	一百 zat³ɓe⁵⁵
博鳌	二十 zi⁴⁴tap³	三十 ta⁴⁴tap³	一百 dziat³ɓæ⁵⁵
东澳	二十 zi⁴⁴taʔ³	三十 ta⁴⁴taʔ³	一百 dziaʔ³ɓe⁵⁵
黎安	二十 zi⁴⁴tap³	三十 ta⁴⁴tap³	一百 ziat³ɓe⁵⁵
感城	□ʑieʔ³	三十 θa⁴⁴tsaiʔ³	一百 ʑie²¹pe⁵⁵
昌江	二十 zi⁴⁴tap³	三十 ta⁴⁴tap³	一百 zaʔ³ɓe⁵⁵

	1075 一千	1076 一万	1077 一百零五
大昌	一千 zat³sai³⁴	一万 zat³van³⁴	一百零五 zat³ɓe⁵⁵liŋ²²ŋɔu⁴²⁴
博鳌	一千 dziat³sai⁴⁴	一万 dziat³ban⁴⁴	（一）百零五 (dziat³) ɓæ⁵⁵liŋ³¹ŋɔu⁴² 百空五 ɓæ⁵kɔŋ⁴⁴ŋɔu⁴² (新马华语)
东澳	一千 ziat³sai⁴⁴	一万 dziat³ban⁴⁴	一百零五 dziaʔ³ɓe⁵⁵leŋ³¹ŋɔu⁴²
黎安	一千 ziat³sai⁴⁴	一万 ziat³ban⁴⁴	一百零五 ziat³ɓe⁵⁵leŋ³¹ŋɔu⁴²
感城	一千 ʑie²¹tshai⁴⁴	一万 ʑie²¹van⁴⁴	一百零五 ʑie²¹pe⁵⁵leŋ²¹ŋou⁴²
昌江	一千 zaʔ³sai⁴⁴	一万 zaʔ³uan⁴⁴	一百零五 zaʔ³ɓe⁵⁵liŋ³¹ŋɔu⁴⁴

	1078 一百五十	1079 第一~，第二	1080 二两 重量
大昌	一百五 zat³ɓe⁵⁵ŋɔu⁴²⁴tap³	第一 ɗoi³⁴it⁵	二两 nɔ³³liɔ³⁴
博鳌	百五 ɓæ⁵⁵ŋɔu⁴²	第一 ɗɔi⁴⁴it⁵；头一 hau³¹it⁵	二两 nɔ⁴⁴liɔ⁴²
东澳	一百五十 ziat³ɓe⁵⁵ŋɔu⁴²taʔ³	第一 ɗoi⁴⁴it⁵	二两 nɔ³³liɔ⁴²
黎安	一百五十 ziat³ɓe⁵⁵ŋɔu⁴⁴tap³	第一 ɗoi⁴⁴it⁵	二两 nɔ⁴⁴liɔ⁴²
感城	百五 pe⁵⁵ŋou⁴²	第一 toi⁴⁴iʔ⁵	二两 no⁴²lie³³
昌江	一百五十 zaʔ³ɓe⁵⁵ŋou⁴⁴taʔ³	第一 ɗoi⁴⁴it⁵	二两 no⁴⁴lio⁴²

	1081 几个 你有~孩子？	1082 俩 你们~	1083 仨 你们~
大昌	几个 kuei⁴²⁴kai²²	二 nɔ³³	三 ta³⁴
博鳌	几个 kɔi⁴²kai³³	（无）	（无）
东澳	几个 kui⁴²kai³³	（无）	（无）
黎安	几个 kuei⁴²kai⁴⁴	（无）	（无）
感城	几个 kui²²kai²¹	（无）	（无）
昌江	几个 kuei⁴²kai⁴⁴	（无）	（无）

	1084 个把	1085 个 一~人	1086 匹 一~马
大昌	（无）	个 kai²²	匹 fit⁵
博鳌	个别 kai⁴⁴ɓit³	个 kai⁴⁴	匹 phit⁵
东澳	个别 kai³³ɓiʔ³	个 kai³³	匹 phiʔ⁵
黎安	个别 kai⁴⁴ɓit³	个 kai⁴⁴	匹 phit⁵
感城	几个 kui²²kai²¹	个 kai²¹	只 tɕieʔ⁵
昌江	个把 kuei³³ɓoi⁴²	个 kai³³	只 tɕia⁵⁵

	1087 头 一~牛	1088 头 一~猪	1089 只 一~狗
大昌	只 tɕiaʔ⁵	只 tɕiaʔ⁵	只 tɕiaʔ⁵
博鳌	个别 kai⁴⁴ɓit³	个 kai⁴⁴	只 tɕia⁵⁵
东澳	个 kai³³	个 kai³³	只 tɕia⁵⁵
黎安	只 tɕia⁵⁵	个 kai⁴⁴	条 ɗiau³¹
感城	只 tɕieʔ⁵	只 tɕieʔ⁵	只 tɕieʔ⁵
昌江	只 tɕia⁵⁵	只 tɕia⁵⁵	只 tɕia⁵⁵

三 词汇 / 159

	1090 只—~鸡	1091 只—~蚊子	1092 条—~鱼
大昌	只 tɕiaʔ⁵	只 tɕiaʔ⁵	条 ɗiɔ²²
博鳌	只 tɕia⁵⁵ 个 kai³³	伓 mɔ⁵⁵	尾 bia⁴²
东澳	只 tɕia⁵⁵ 个 kai³³	个 kai³³	个 kai³³
黎安	只 tɕia⁵⁵	个 kai⁴⁴	个 kai⁴⁴
感城	只 tɕieʔ⁵	只 tɕieʔ⁵	条 tiau²¹
昌江	只 tɕia⁵⁵	只 tɕia⁵⁵	只 tɕia⁵⁵

	1093 条—~蛇	1094 张—~嘴	1095 张—~桌子
大昌	条 ɗiɔ²²	伓 mɔ⁵⁵	条 ɗiɔ²²
博鳌	条 ɗiau³¹	个 kai⁴⁴	条 ɗiau³¹
东澳	只 tɕia⁵⁵	张 tɕiaŋ⁴⁴	条 ɗiɔ³¹
黎安	条 ɗiau³¹	个 kai⁴⁴	条 ɗiɔ³¹
感城	条 tiau²¹	个 kai²¹	张 tie⁴⁴
昌江	只 tɕia⁵⁵	个 kai³³	条 ɗie³¹

	1096 床—~被子	1097 领—~席子	1098 双—~鞋
大昌	番 huaŋ³⁴	番 huaŋ³⁴	双 tiaŋ³⁴
博鳌	床 sɔ³¹	番 uan⁴⁴	双 tiaŋ⁴⁴
东澳	条 ɗiɔ³¹	番 uan⁴⁴	双 tiaŋ⁴⁴
黎安	番 uan⁴⁴	番 uan⁴⁴	双 tiaŋ⁴⁴
感城	床 tsho²¹	番 huan⁴⁴	双 θiaŋ⁴⁴
昌江	番 huan⁴⁴	番 huan⁴⁴	双 tiaŋ⁴⁴

	1099 把—~刀	1100 把—~锁	1101 根—~绳子
大昌	把 ɓe⁴²⁴	个 kai²²	支 ki³⁴
博鳌	把 ɓæ⁴²	个 kai⁴⁴	条 ɗiau³¹
东澳	把 ɓe⁴²	个 kai³³	枝 ki⁴⁴
黎安	把 ɓe⁴²	把 ɓe⁴²	条 ɗiau³¹
感城	把 pe²²	个 kai²¹	支 ki⁴⁴
昌江	把 ɓe⁴²	把 ɓe⁴²	条 ɗiau³¹

	1102 支－~毛笔	1103 副－~眼镜	1104 面－~镜子
大昌	支 ki³⁴	副 vu²⁴	面 min³⁴
博鳌	支 ki⁴⁴	架 kæ²⁴	架 kæ²⁴
东澳	把 ɓe⁴²	副 hau⁵³	副 hau⁵³
黎安	支 ki⁴⁴	个 kai⁴⁴	个 kai⁴⁴
感城	支 ki⁴⁴	副 phu³⁵	个 kai²¹
昌江	支 ki⁴⁴	副 fu²⁴	块 huai²⁴

	1105 块－~香皂	1106 辆－~车	1107 座－~房子
大昌	个 kai²²	架 ke²⁴	间 kaŋ³⁴
博鳌	块 hua²⁴	架 kæ²⁴	间 kan⁴⁴
东澳	个 kai³³	架 ke²⁴	间 kaŋ⁴⁴
黎安	个 kai⁴⁴	架 ke²⁴	座 tse⁴⁴
感城	个 kai²¹	架 ke³⁵	间 kan⁴⁴
昌江	个 kai³³	架 ke²⁴	间 kan⁴⁴

	1108 座－~桥	1109 条－~河	1110 条－~路
大昌	条 ɗiau²²	条 ɗiau²²	条 ɗiau²²
博鳌	条 ɗiau³¹	条 ɗiau³¹	条 ɗiau³¹
东澳	座 tse⁵³	条 ɗiau³¹	条 ɗiau³¹
黎安	条 ɗiau³¹	条 ɗiau³¹	条 ɗiau³¹
感城	条 tiau²¹	条 tiau²¹	条 tiau²¹
昌江	条 ɗiau³¹	条 ɗiau³¹	条 ɗiau³¹

	1111 棵－~树	1112 朵－~花	1113 颗－~珠子
大昌	丛 taŋ²²	葩 fa³⁴	粒 liap³
博鳌	丛 taŋ³¹	葩 pha⁴⁴	粒 lia³³
东澳	丛 taŋ³¹	葩 pha⁴⁴	颗 hɔ⁴⁴
黎安	丛 taŋ³¹	葩 pha⁴⁴	粒 liə³³
感城	丛 tsaŋ²¹	葩 pha³⁵	个 kai²¹
昌江	丛 taŋ³¹	葩 phia⁴⁴	个 kai³³

	1114 粒——米	1115 顿——饭	1116 剂——中药
大昌	粒 liap³	顿 ɗuei²⁴	帖 hiap⁵
博鳌	粒 liə³³	顿 ɗui²⁴	单 ɗua⁴⁴
东澳	粒 lə³³	顿 ɗui²⁴	单 ɗua⁴⁴
黎安	粒 liə³³	顿 ɗuei²⁴	剂 ɕi²⁴
感城	粒 liaiʔ³	顿 tui³⁵	帖 thiaiʔ⁵
昌江	粒 liʔ³	顿 ɗuei²⁴	碗 uan⁴²

	1117 股——香味	1118 行——字	1119 块——钱
大昌	阵 tun⁵³	行 ɔ²²	个 kai²²
博鳌	阵 tun⁴⁴	行 ɔ³¹	角 kak⁵
东澳	股 ku⁴²	行 ɔ³¹	块 huai²⁴
黎安	阵 tun⁴⁴	行 ɔ³¹	个 kai⁴⁴
感城	股 ku²¹	行 o²¹	块 khuai³⁵
昌江	滴囝 ti⁵⁵kie⁴²	行 o³¹	个 kai³³

	1120 毛角：一~钱	1121 件——事情	1122 点儿——东西
大昌	角 kat⁵	件 kin⁵³	滴囝 ti⁵⁵kia⁴²⁴
博鳌	角 kak⁵	桩 tuaŋ²⁴	滴 ɗi⁵⁵
东澳	角 kaʔ⁵	件 kin⁴⁴	滴 ɗi⁵⁵
黎安	角 kak⁵	件 kin⁴⁴	呢 nai⁵⁵
感城	角 kaʔ⁵	件 kien⁴²	□囝 nai⁵⁵kie²²
昌江	角 kak⁵	件 kin⁴⁴	滴囝 ni⁵⁵kie⁴²

	1123 些——东西	1124 下 打一~，动量，不是时量	1125 会儿 坐一~
大昌	滴 ti⁵⁵	下 e³⁴	下 e³⁴
博鳌	滴 ɗi⁵⁵	下 æ⁴⁴	下 æ⁴⁴
东澳	呢 nai⁵⁵	下 e⁴⁴	会囝 hui⁵³kia⁴²
黎安	呢 nai⁵⁵	下 e⁴⁴	勿久 bɔ³³ku⁴²
感城	□nai⁵⁵	下 e⁴²	下 e⁴²
昌江	滴囝 ne⁵⁵kie⁴²	下 e⁴⁴	歇囝 he⁵⁵kie⁴²

	1126 顿打一~	1127 阵下了一~雨	1128 趟去了一~
大昌	顿 ɗuei²⁴	下 e³⁴	下 e³⁴
博鳌	顿 ɗun²⁴	阵 tun⁴⁴	次 çi²⁴
东澳	次 çi²⁴	会团 hui⁵³kia⁴²	次 çi²⁴
黎安	阵 tun⁴⁴	阵 tun⁴⁴	次 çi²⁴
感城	顿 tui³⁵	巡 θun²¹	趟 to³⁵
昌江	下 e⁴⁴	阵 tun⁴⁴	下 e⁴⁴

	1129 我~姓王	1130 你~也姓王	1131 您尊称
大昌	我 ua³⁴	汝 lu³⁴	汝 lu³⁴
博鳌	我 ua⁴²	汝 lu⁴²	（无）
东澳	我 gua⁴²	汝 du⁴²	汝 du⁴²
黎安	我 bua⁴²	汝 zu⁴²	汝 zu⁴²
感城	我 va²²	汝 lu²²	（无）
昌江	我 ua⁴²	汝 lu⁴²	汝 lu⁴²

	1132 他~姓张	1133 我们不包括听话人：你们别去，~去	1134 咱们包括听话人：他们不去，~去吧
大昌	伊 i³⁴	我侬 ua³⁴naŋ²²	侬侬 naŋ²²naŋ²²
博鳌	伊 i⁴⁴	侬侬 næ³¹næ⁵³	侬侬 næ³¹næ⁵³
东澳	伊 i⁴⁴	我们 gua⁴²moŋ³¹	侬家 naŋ³¹ke⁴⁴
黎安	伊 i⁴⁴	我侬 bua⁴²naŋ³¹	那侬 na⁴⁴naŋ³¹
感城	伊 i⁴⁴	□van²²	□nan³⁵
昌江	伊 i⁴⁴	我侬 ua⁴²naŋ³¹	我侬 ua⁴²naŋ³¹

	1135 你们~去	1136 他们~去	1137 大家~一起干
大昌	汝侬 lu³⁴naŋ²²	伊侬 i³⁴naŋ²²	大家 ɗua³⁴ke³⁴
博鳌	汝侬 lu⁴²æ⁵³	伊们 i⁴⁴æ³¹	大家 ɗæ⁴⁴æ⁴⁴
东澳	汝们 du⁴²moŋ³¹	伊们 i⁴⁴moŋ³¹	大家 ɗua⁴⁴ke⁴⁴
黎安	汝侬 zu⁴²naŋ³¹	伊们 i⁴⁴naŋ³¹	大家 ɗua⁴⁴ke⁴⁴
感城	汝侬 lu²²naŋ²¹	伊们 i⁴⁴naŋ²¹	了了侬 liau²²liau²²naŋ²¹
昌江	汝侬 lu⁴²naŋ³¹	伊们 i⁴⁴naŋ³¹	大家 ɗuo⁴⁴ke⁴⁴

	1138 自己 我~做的	1139 别人 这是~的	1140 我爸 ~今年八十岁
大昌	各己 kaʔ⁵ki⁴²⁴	别侬 ɓiʔ³naŋ²²	我妚伯 ua³⁴mɔ⁵⁵ɓe³³
博鳌	家己 ka⁴⁴ki⁴²	别侬 ɓak³naŋ³¹	我伯 ua⁴²ɓa⁵⁵
东澳	自己 su⁴⁴ki⁴²	别侬 ɓiʔ³naŋ³¹	我伯 gua⁴²ɓa⁵⁵
黎安	什己 ta³³ki⁴²	别侬 ɓɔ³³naŋ³¹	我伯 ua⁴²ɓe³³
感城	个己 kai⁴⁴ki²²	别侬 pai⁴²naŋ²¹	□爹 van²²te⁴⁴
昌江	家己 ka⁴⁴ki⁴²	别侬 ɓak³naŋ³¹	我伯 ua⁴²ɓe³³

	1141 你爸 ~在家吗?	1142 他爸 ~去世了	1143 这个 我要~, 不要那个
大昌	汝妚伯 lu³⁴mɔ⁵⁵ɓe³³	伊妚伯 i³⁴mɔ⁵⁵ɓe³³	者妚 tse⁵⁵mɔ⁵⁵
博鳌	汝伯 lu⁴²ɓa⁵⁵	伊伯 i⁴⁴ɓa⁵⁵	若ɔ tɕiɔ³³kai⁴⁴
东澳	汝伯 du⁴²ɓa⁵⁵	伊伯 i⁴⁴ɓa⁵⁵	即个 tɕiʔ⁵⁵kai³³ / 若个 tɕiɔ²⁴kai³³
黎安	汝伯 lu⁴²ɓe³³	伊伯 i⁴⁴ɓe³³	即个 tse⁵⁵kai⁴⁴
感城	汝爹 lu²²te⁴⁴	伊爹 i⁴⁴te⁴⁴	若个 ʑie⁵⁵kai²¹
昌江	汝伯 lu⁴²ɓe³³	伊伯 i⁴⁴ɓe³³	即个 tɕi⁵⁵kai³¹

	1144 那个 我要这个, 不要~	1145 哪个 你要~杯子?	1146 谁 你找~?
大昌	许妚 hɔ³⁴mɔ⁵⁵	许妚 hɔ⁵³mɔ⁵⁵	样 ⁼iaŋ⁵³
博鳌	许个 ɔ⁴²kai⁴⁴	物个 mi⁵⁵kai⁴⁴	样 niaŋ⁴⁴
东澳	那个 na²⁴kai³³ / 许个 u⁴²kai³³	那个 na²⁴kai³³	样 iaŋ⁴⁴
黎安	许个 ɔ²⁴kai⁴⁴	带妚 ɗe⁴⁴mɔ³³	[底侬] 底侬合音 ɗiaŋ⁴⁴
感城	许个 ho⁵⁵kai²¹	底个 ti⁴²kai²¹	[底侬] tiaŋ⁴²
昌江	阿个 a⁴⁴kai³³	哪个 na⁵³kai³³	[底侬] 底侬合音 ɗiaŋ⁴⁴ / 物侬 mi³³naŋ³¹

	1147 这里 在~, 不在那里	1148 那里 在这里, 不在~	1149 哪里 你到~去?
大昌	者呢 tse⁵⁵ne³⁴	许呢 hɔ³⁴ne³⁴	底 ɗi⁴²⁴
博鳌	若里 dziɔ³³lai⁴²	许里 hɔ²⁴lai⁴²	里 na²⁴lai⁴² / 带地 ɗæ²⁴ɗi⁵³
东澳	若里 dziɔ³³lai⁴²	那里 na²⁴lai⁴²	那里 na²⁴lai⁴²
黎安	若里 iɔ³³lai⁴²	许里 u⁴²lai⁴²	带里 ɗe⁴⁴lai⁴²
感城	若路 ʑie⁵⁵lou⁴⁴	许路 ho⁵⁵lou⁴⁴	底路 ti⁴²lou⁴⁴
昌江	即路 tɕi⁵⁵lou⁴⁴	阿路 a³³lou⁴⁴	底路 ɗe⁴²lou⁴⁴

	1150 这样 事情是~的,不是那样的	1151 那样 事情是这样的,不是~的	1152 怎样 什么样；你要~的?
大昌	[者样] tɕiɔŋ⁵³	许样 hɔ⁵³iɔŋ⁵³	底样 ti⁴²⁴iɔŋ⁵³
博鳌	若作 dziɔ³³tɔ⁵⁵	许样 hɔ²⁴ɕi⁴⁴	咋样 ta³³ɕi⁴⁴
东澳	若样 dziɔ³³io⁴⁴	那样 na²⁴io⁴⁴	咋样 ta³³io⁴⁴
黎安	若样 iɔ³³ɕi⁴⁴	许样 ɔ²⁴ɕi⁴⁴	带样 ɗe⁴⁴ziaŋ⁴⁴
感城	若样 zie⁵⁵ie⁴⁴	许样 ho⁵⁵ie⁴⁴	怎样 taŋ²¹tie⁴⁴
昌江	即样 tɕi⁵⁵ie⁴⁴	那样 na⁵³ie⁴⁴	物样 mi⁵⁵ie⁴⁴

	1153 这么 ~贵啊	1154 怎么 这个字~写?	1155 什么 这个是~字?
大昌	许 hɔ²⁴	伊＝样 i⁵³iɔŋ⁵³	个物 kai²²mi⁵⁵
博鳌	若个 dziɔ²⁴kai⁴⁴	咋么 ta³³kai⁴⁴	物 mi³³
东澳	若个 dziɔ²⁴kue³³	咋么 ta³³mɔ³³	什么 ɕi⁵⁵mɔ³³
黎安	许作 fiɔ²⁴tɔ⁵⁵	带样 ɗe⁴⁴ziaŋ⁴⁴	个物 kai⁴⁴mi⁵⁵
感城	□taŋ²¹	怎样 taŋ²¹tie⁴⁴	乜 mi⁵⁵
昌江	即奴 tɕi³³mɔ⁵⁵	底作 ɗe⁴²tɔʔ⁵ 底样 ɗi⁴²ziaŋ⁴⁴	物 mi³³

	1156 什么 你找~?	1157 为什么 你~不去?	1158 干什么 你在~?
大昌	个物 kai²²mi⁵⁵	因个物 in³⁴kai²²mi⁵⁵	作个物 tɔʔ⁵kai²²mi⁵⁵
博鳌	物 mi³³	作物 tɔ⁵⁵mi⁵⁵	作物 tɔ⁵⁵mi⁵⁵
东澳	什么 ɕi⁵⁵mɔ³³	咋么 ta³³mɔ³³	作物 tɔ⁵⁵mi⁵⁵
黎安	物物 mi⁵⁵mi⁵⁵	物个物 mi³³kai⁴⁴mi⁵⁵	作物 tɔ⁵⁵mi⁵⁵
感城	乜 mi⁵⁵	作乜 tsoʔ⁵mi⁵⁵	作乜 tsoʔ⁵mi⁵⁵
昌江	物物 mi⁵⁵mi³³	作物物 tɔʔ⁵mi³³mi³³	作物物 tɔ⁵⁵mi⁵⁵mi⁵⁵

	1159 多少 这个村有~人?	1160 很 今天~热	1161 非常 比上条程度深；今天~热
大昌	偌多 ua³³tuai³⁴	太 hai²⁴	好 hɔ⁴²⁴
博鳌	夥多 ua⁴²tui⁴⁴	那个 na³¹ku⁵³	够 kau²⁴
东澳	多少 tui⁴⁴tɕiau⁴⁴	极 kiʔ³	非常 phui⁴⁴tiaŋ
黎安	偌多 ua³³tuei⁴⁴	那个 na⁴⁴ku⁵³	相当 tiaŋ⁴⁴naŋ⁴⁴
感城	偌侪 uoʔ⁵tsoi⁴⁴	好 ho²²	乃顾 na⁴⁴ku³⁵
昌江	几多 kuei⁴²tuo⁴⁴	好 hau⁴²	好 hau⁴²

三 词汇 / 165

	1162 更今天比昨天~热	1163 太这个东西~贵,买不起	1164 最弟兄三个中他~高
大昌	更 kɔŋ²⁴	太 hai²⁴	最 tsuei²⁴
博鳌	那那热,更热 na³1	太 hai²⁴	最 tui²⁴
东澳	更 kai⁴⁴	太 hai²⁴	最 tui²⁴
黎安	那 na⁵³	是 ti⁴⁴	最 tsuei²⁴
感城	更 keŋ³⁵	太 thai³⁵	最 tsui³⁵
昌江	更加 keŋ⁴⁴ke⁴⁴	太 hai²⁴	最 tsuei²⁴

	1165 都大家~来了	1166 一共~多少钱?	1167 一起我和你~去
大昌	都 ɗou³⁴	一起 za³³ ɕi:⁴²⁴	作凑 tɔ⁵⁵ sau²⁴
博鳌	总 toŋ⁴²	大家 ɗæ⁴⁴ æ⁴⁴	一起 dʑiat³ hi⁴²
东澳	都 tau⁴⁴	一共 dʑia³³ koŋ⁵³	一共 dʑia³³ hi⁴²
黎安	一堆 ia³³ ɗuei⁴⁴	一共 ia³³ koŋ⁵³	一共 ia³³ gaŋ⁴⁴
感城	都 tou⁴⁴	了了 liau²² liau²²	作下 tso⁵⁵ e⁴²
昌江	都下 ɗou⁴⁴e⁴⁴	了了 liau⁴² liau⁴²	都下 ɗou⁴⁴e⁴⁴

	1168 只我~去过一趟	1169 刚这双鞋我穿着~好	1170 刚我~到
大昌	只 na²⁴	啱 ŋam⁵⁵	只 na⁵⁵
博鳌	那 na⁴⁴	刚 kaŋ⁴⁴	一 dʑiat³~来,刚来; næ⁴² 乃
东澳	那 na⁴⁴	刚 kaŋ⁴⁴	刚 kaŋ⁴⁴
黎安	那 na⁴⁴	啱 ŋam⁵⁵	刚 kaŋ⁴⁴
感城	乃 na⁴⁴	啱 ŋaŋ⁵⁵	乃 na⁵⁵
昌江	只 tɕi⁴²	□□ŋaŋ⁴⁴ ŋaŋ⁴⁴	□□ŋaŋ⁴⁴ ŋaŋ⁴⁴

	1171 才你怎么~来啊?	1172 就我吃了饭~去	1173 经常我~去
大昌	只 na⁵⁵	就 tɕiu⁵³	经常 kiŋ³⁴ tiaŋ²²
博鳌	那 na⁴⁴	就 tɕiu⁵³	常常 tɕiɔ⁴⁴ tɕiɔ⁴⁴
东澳	才 sai³¹	就 tɕiu⁵³	经常 kin⁴⁴ tiaŋ³¹
黎安	那 na⁴⁴	就 tɕiu⁴⁴	随时 tuei³¹ ɕi³¹
感城	乃 na⁵⁵	就 tɕiu⁴²	经常 keŋ⁴⁴ tiaŋ²¹
昌江	乃 na⁴⁴	就 tɕiu⁴⁴	经常 kiŋ⁴⁴ kiaŋ³¹

	1174 又他~来了	1175 还他~没回家	1176 再你明天~来
大昌	又 ʑiu³⁴	还 huaŋ²²	再 tsai²⁴
博鳌	又 dʑiu⁴⁴	仍 iaŋ³¹	再 tai²⁴
东澳	又 dʑiu⁴⁴	还 uan³¹	再 tai²⁴
黎安	仍 neŋ³¹	还 uan³¹	再 tsai²⁴
感城	又 ʑiu⁴²	还 huan²¹	再 tsai³⁵
昌江	又 ʑiu⁵³	尤 lu³¹	再 tsai²⁴

	1177 也我~去；我~是老师	1178 反正不用急，~还来得及	1179 没有昨天我~去
大昌	亦 za³³	反正 fan⁴²⁴tɕia²⁴	勿有 vɔʔ³ ɗu⁵³
博鳌	也 ia⁴²	（无）	勿 bɔ³³
东澳	也 dʑia⁴⁴	反正 phan⁴²tɕia²⁴	勿 bɔ³³
黎安	也 a⁴⁴	反正 phan⁴²tɕia²⁴	勿 bɔ³³
感城	亦 ze⁴⁴	反正 phan²²tɕie³⁵	勿有 vo³³ u⁴²
昌江	亦 ze³³	（无）	勿有 vo³³ u⁴⁴

	1180 不明天我~去	1181 别你~去	1182 甭不用，不必；你~客气
大昌	勿 vɔʔ³	[勿使] vai⁴²⁴	勿用 vɔʔ³ zoŋ⁵³
博鳌	勿 bɔ³³	勿用 bɔ³³ zoŋ⁵³	勿用 bɔ³³ zoŋ⁵³
东澳	勿有 bɔ³³ u⁴²	别 ɕiʔ³	勿用 bɔ³³ dʑioŋ⁵³
黎安	勿 bɔ³³	勿挨 bɔ³³ ŋa⁵⁵	（无）
感城	勿 vo³³	勿 vei³⁵	（无）
昌江	勿 vo³³	勿 vo³³	勿用 vo³³ zoŋ⁴⁴

	1183 快天~亮了	1184 差点儿~摔倒了	1185 宁可~买贵的
大昌	睨 ȵi⁵³	滴囝 ti⁵⁵kia⁴²⁴	愿 zuan³⁴
博鳌	猛 bie⁵³	差滴 sa⁴⁴ti⁵⁵	愿 zuan⁴²
东澳	快 huai²⁴	差一滴 sa⁴⁴dʑi³³ti⁵⁵	宁可 niŋ³¹ hɔ⁴²
黎安	猛 be⁴²	差滴支 sa⁴⁴ti³³ki⁵⁵	愿 zuan⁴⁴
感城	□mi⁵⁵	差□囝 tsha⁴⁴nai⁵⁵kie²²	愿 zuan⁴²
昌江	快 khuai²⁴ 物 mi³³	差滴囝 sa⁴⁴ni⁵⁵kie⁴²	愿 zuan⁵³

三 词汇 / 167

	1186 故意~打破的	1187 随便~弄一下	1188 白~跑一趟
大昌	想干 ɕiaŋ⁴²⁴ kaŋ²⁴	又又 ziu⁵³ ziu⁵³	白 ɓe³³
博鳌	存心 sun³¹ tiəm⁴⁴	随便 sui³¹ ɓin⁵³	白白 ɓæ³³ ɓæ³³
东澳	有意 u⁴² i²⁴	随便 sui³¹ ɓin⁵³	白 ɓe³³
黎安	想干 ɕiaŋ⁴² kan²⁴	随便 suei³¹ ɓin⁵³	白 ɓe³³
感城	放刚 paŋ³⁵ kiaŋ⁴⁴	随便 tshui²¹ pien⁴²	白 peʔ³
昌江	故意 ku⁴² i²⁴	随便 tuei³¹ ɓin⁴⁴	（无）

	1189 肯定~是他干的	1190 可能~是他干的	1191 一边~走，~说
大昌	肯定 ɕiŋ⁴²⁴ ɗia³⁴	转数 ɗuei⁴²⁴ tiau²⁴	一边 za³³ ɓai³⁴
博鳌	硬滴 ŋæ⁴⁴ ti⁵⁵	可能 hɔ⁴² neŋ³¹	一边 dziat³ ɓi⁴⁴
东澳	肯定 hen⁴² ɗia⁴⁴	可能 hɔ⁴² neŋ³¹	一边 ziat³ ɓi⁴⁴
黎安	固定 ku²⁴ ɗia⁴⁴	多数 tuei⁴⁴ tiau²⁴	一边 ziat³ ɓi⁴⁴
感城	肯定 khin²² tie⁴⁴	可能 kho²² neŋ²¹	一边 zieʔ³ pi⁴⁴
昌江	肯定 khin⁴² ɗie⁴⁴	可能 kho⁴² neŋ³¹	一边 ziat³ ɓi⁴⁴

	1192 和~他都姓王	1193 和~我昨天~他去城里了	1194 对~他~我很好
大昌	共 kaŋ³⁴	共 kaŋ³⁴	对 ɗuei²⁴
博鳌	共 kaŋ⁴⁴	共 kaŋ⁴⁴	共 kaŋ⁴⁴ 对 ɗui²⁴
东澳	和 ua³¹	共 kaŋ⁴⁴ 和 ua³¹	对 ɗui²⁴
黎安	共 kaŋ⁴⁴	共 kaŋ⁴⁴	共 kaŋ⁴⁴
感城	共 kaŋ⁴⁴	共 kaŋ⁴⁴	对 tui³⁵
昌江	跟 kun⁴⁴	跟 kun⁴⁴	跟 kun⁴⁴

	1195 往~东走	1196 向~他借一本书	1197 按~他的要求做
大昌	按 haŋ²⁴	共 kaŋ³⁴	按 aŋ²⁴
博鳌	向 iɔ²⁴	向 iɔ²⁴	照 tɕiau²⁴
东澳	往 uaŋ⁴² 同 hoŋ³¹	向 iɔ²⁴	按 an²⁴
黎安	向 iɔ²⁴	向 iɔ²⁴	按 an²⁴
感城	向 hie³⁵	共 kaŋ⁴⁴	按 an³⁵
昌江	向 hie²⁴	跟 kun⁴⁴	按 an²⁴

	1198 替~他写信	1199 如果~忙你就别来了	1200 不管~怎么劝他都不听
大昌	替 hoi²⁴	亲果 ɕin³⁴ kuei⁴²⁴	勿察 vɔʔ³ sa³³
博鳌	替 hɔi²⁴	亲果 ɕin⁴⁴ kia⁴²	勿管 bɔ³³ kuan⁴²
东澳	替 hui²⁴	亲果 ɕin⁴⁴ kue⁴²	勿管 bɔ³³ kuan⁴²
黎安	替 huei²⁴	假亲 ke⁴² ɕin⁴⁴	勿管 bɔ³³ kuan⁴²
感城	替 thoi³⁵	假亲 ke²² ɕiŋ⁴⁴	勿管 vo³³ kuan²²
昌江	替 toi²⁴	（无）	（无）

四　语法

	0001 小张昨天钓了一条大鱼，我没有钓到鱼。
大昌	小　张　昨　晡　钓　着　一　条　大　鱼，我　钓　勿　着。 toi²⁴ tɕiŋ³⁴ ta⁷³ vɔu³⁴ ɗiau²⁴ ɗɔ³³ zat³ ɗiau²² ɗua³⁴ hu²²，ua³⁴ ɗiau²⁴ vɔʔ³ ɗɔ³³。
博鳌	小　张　昨　晡　日　钓　着　一　条　大　鱼，我　勿　钓　个。 tiau⁴² tɕiaŋ⁴⁴ ta³³ ɓou⁴⁴ zit³ ɗiau²⁴ ɗɔ³³ dzia³³ ɗiau³³ ɗua⁴⁴ u³¹，ua⁴² ɓɔ³³ ɗiau²⁴ kai³³。
东澳	小　张　昨　晡　钓　着　一　个　大　鱼，我　勿　有　钓　遘。 tiau⁴² tɕiaŋ⁴⁴ ta³³ ɓau⁴⁴ ɗiau²⁴ ɗɔ³³ dzia³³ kai³³ ɗua²² u³¹，gua⁴² ɓɔ³³ u⁴² ɗiau²⁴ kau²⁴。
黎安	小　张　昨　暝　昏　钓　着　条　大　鱼，我　钓　勿　着　鱼。 tiau⁴² tɕiaŋ⁴⁴ ta³³ me³¹ uei⁴⁴ ɗiau²⁴ ɗɔ³³ ɗiau⁵⁵ ɗua²² u³¹，ua⁴² ɗiau²⁴ ɓɔ³³ ɗɔ³³ u³¹。
感城	小　张　暝　晖　钓　着　一　条　大　鱼，我　乜　鱼　都　勿　钓　着。 ɕiau²² tɕiaŋ⁴⁴ me²¹ hui⁴⁴ tie³⁵ to²² zieʔ³ tiau²¹ tuo⁴⁴ hu²¹，va²² mi⁵⁵ hu²¹ lou⁴⁴ vo³³ tie³⁵ to²²。
昌江	小　张　昨　晡　钓　着　一　只　大　鱼，我　勿　钓　着。 ɕiau⁴² tɕiaŋ⁴⁴ ta³³ vɔu⁴⁴ ɗie²⁴ ɗɔ³³ za¹³ tɕia⁵⁵ tuo⁴⁴ hu³¹，ua⁴² vo³³ ɗie²⁴ ɗo³³。

	0002a. 你平时抽烟吗？b. 不，我不抽烟。
大昌	a. 汝　食　烟　勿？b. 勿，我　勿　食　烟。 a. lu³⁴ tɕiaʔ⁵ in³⁴ vɔʔ³？b. vɔʔ³，ua³⁴ vɔʔ³ tɕiaʔ⁵ in³⁴。
博鳌	a. 汝　平　时　食　烟　吗？b. 勿，我　勿　食。 a. lu⁴² pheŋ³¹ ti³¹ tɕia³³ in⁴⁴ ma⁴⁴？b. ɓɔ³³，ua⁴² ɓɔ³³ tɕia³³。
东澳	a. 汝　平　时　食　烟　勿？ a. du⁴² pheŋ³¹ ti³¹ tɕia³³ in⁴⁴ ɓɔ³³？ b. 勿，我　勿　食　烟。 b. ɓɔ³³，gua⁴² ɓɔ³³ tɕia³³ in⁴⁴。

续表

	0002a. 你平时抽烟吗？　　b. 不，我不抽烟。
黎安	a. 汝 平 时 食 烟 勿？　　b. 勿，我 勿 食 烟。 a. lu^{42} pheŋ^{31} ti^{31} tɕia^{33} in^{44} bɔ^{33}？　　b. bɔ^{33}，ua^{42} bɔ^{33} tɕia^{33} in^{44}。
感城	a. 汝 平 时 食 烟 勿？　　b. 勿 我 勿 食。 a. lu^{22} pheŋ^{21} θi^{21} tɕieʔ^{3} in^{44} vo^{33}？　　b. vo^{33} va^{22} vo^{33} tɕieʔ^{3}。
昌江	a. 汝 平 时 食 烟 勿？ a. lu^{42} phiŋ^{31} ti^{31} tɕit^{3} in^{44} vo^{33}？ b. 勿，我 勿 食。 b. vo^{33}，ua^{42} vo^{33} tɕit^{3}。

	0003a. 你告诉他这件事了吗？b. 是，我告诉他了。
大昌	a. 汝 讲 者 件 事 去 伊 勿？　　b. 我 讲 咯。 a. lu^{34} kɔŋ^{424} tse^{55} kin^{53} ɕi^{53} hu^{24} i^{34} vɔʔ^{3}？　　b. ua^{34} kɔŋ^{424} lɔ^{34}。
博鳌	a. 若 件 事 汝 讲 去 伊 咯 吗？　　b. 是，我 讲 去 伊 啦。 a. dzɨɔ^{33} kin^{44} ɕi^{44} lu^{42} kɔŋ^{42} hu^{24} i^{31} la^{33} ma^{33}？　　b. ti^{44}，ua^{42} kɔŋ^{42} hu^{24} i^{31} la^{33}。
东澳	a. 汝 讲 伊 听 即 件 事 咯 勿？ a. lu^{42} kɔŋ^{42} i^{31} hia^{44} tɕi^{55} kin^{44} ɕi^{44} la^{33} bɔ^{33}？ b. 是，我 讲 伊 听 啦。 b. ti^{44}，gua^{42} kɔŋ^{42} i^{31} hia^{44} la^{33}。
黎安	a. 汝 讲 过 伊 即 件 事 咯 吗？　　b. 是，我 讲 过 伊。 a. lu^{42} koŋ^{42} kuei^{24} i^{31} tɕi^{33} kin^{44} ɕi^{33} ma^{33}？　　b. ti^{44}，ua^{42} kɔŋ^{42} kuei^{24} i^{31}。
感城	a. 若 个 事 汝 讲 伊 听 勿？ a. ʑie^{55} kai^{21} su^{42} lu^{22} kɔŋ^{22} i^{44} thie^{44} vo^{33}？ b. 我 讲 伊 听 咯。 b. va^{22} kɔŋ^{22} i^{44} thie^{44} lo^{44}。
昌江	a. 汝 讲 伊 即 件 事 咯 勿？ a. lu^{42} kɔŋ^{42} i^{44} tɕi^{55} kin^{44} ɕi^{33} lo^{33} vo^{33}？ b. 是，我 讲 去 伊 咯。 b. ti^{44}，ua^{42} kɔŋ^{42} hu^{24} i^{44} lo^{33}。

	0004 你吃米饭还是吃馒头？
大昌	汝 食 糜 还是 食 馒 头？ lu³⁴ tɕiaʔ⁵ moi²² a²² ti⁵³ tɕia⁵ maŋ⁵³ hau²² ?
博鳌	汝 食 糜 阿 是 食 馒 头？ lu⁴² tɕia³³ mia³¹ a³³ ti⁴⁴ tɕia³³ man³¹ hau³¹ ?
东澳	汝 食 糜 阿 是 食 馒 头？ du⁴² tɕia³³ mue³¹ ai³³ ti⁴⁴ tɕia³³ man³¹ thou³¹ ?
黎安	汝 食 糜 阿 是 食 馒 头？ lu⁴² tɕia³³ mɔi³¹ a³³ ti⁴⁴ tɕia³³ man³¹ hau³¹ ?
感城	汝 食 粥 阿 是 食 馒 头？ lu²² tɕieʔ³ tsouʔ⁵ a⁴⁴ ti³ tɕieʔ³ man³⁵ thau²¹ ?
昌江	汝 食 米 饭 还 是 食 馒 头？ lu⁴² tɕit³ vi⁴² fan⁵³ hai³¹ ti⁴⁴ tɕit³ man⁴⁴ hau³¹ ?

	0005 你到底答应不答应他？
大昌	汝 遘 底 肯 许 伊 勿？ lu⁴² kau²⁴ ɗi⁴²⁴ hin⁴²⁴ hu⁴²⁴ i³⁴ vɔʔ³ ?
博鳌	汝 究 竟 荅 勿 荅 应 伊？ lu⁴² kiu⁴² kiŋ⁴² ɗap⁵⁵ bɔ³³ ɗap⁵ iŋ⁵³ i³¹ ?
东澳	汝 遘 底 同 意 勿 同 意 伊？ du⁴² kau⁴² ɗi⁴² ɗaŋ³¹ i⁵³ bɔ³³ ɗaŋ³¹ i⁵³ i³¹ ?
黎安	汝 究 竟 许 勿 许 过 伊？ lu⁴² kiu⁴² kiŋ⁵³ he⁴² bɔ³³ he⁴² kuei²⁴ i³¹ ?
感城	汝 遘 底 应 伊 阿 是 勿 应 伊？ lu²² kau³⁵ toi²² in³⁵ i⁴⁴ a⁴⁴ ti⁴² vo³³ in³⁵ i⁴⁴ ?
昌江	汝 遘 底 答 应 伊 还 是 勿 答 应 伊？ lu⁴² kau²⁴ ɗi⁴² ɗa⁵⁵ in⁴⁴ i³¹ hai³¹ ti⁴⁴ vo³³ ɗa⁵⁵ in⁴⁴ i⁴⁴ ?

	0006a. 叫小强一起去电影院看《刘三姐》。b. 这部电影他看过了。/ 他这部电影看过了。/他看过这部电影了。选择在该语境中 最自然的一种形式回答，或按自然度列出几种形式。
大昌	a. 叫 小 强 作 凑 去 望《刘 三 姐》电影。 b. 伊 望 过 个 了。 a. kiɔ²⁴ tiau⁴²⁴ hiaŋ²² tɔ⁵⁵ sau²⁴ hu²⁴ mɔ⁵³ <liu²⁴ ta³⁴ tɕi⁴²⁴> ɗen³⁴ ɔ⁴²⁴. b. i³⁴ ɔ⁵³ kuei²⁴ gɔ³⁴ lɔ³⁴.

续表

	0006a. 叫小强一起去电影院看《刘三姐》。b. 这部电影他看过了。/他这部电影看过了。/他看过这部电影了。选择在该语境中最自然的一种形式回答，或按自然度列出几种形式。
博鳌	a. 叫 小 强 一起去 望 电影 《刘三姐》。b. 伊望 过 了。 a. kiɔ²⁴ tiau⁴² hiaŋ³¹ dzia³ hi⁴⁴ hu²⁴ mɔ⁴⁴ ɗin⁴⁴ ɔ⁴² < lau³¹ ta⁴⁴ tsæ⁴² > 。b. i³¹ mɔ⁴⁴ kia²⁴ liau³³。
东澳	a. 喊 小 强 相率去 望 电影 《刘三姐》。 a. han²⁴ tiau⁴² hiaŋ³¹ tɔ⁴⁴ sua⁵⁵ hu²⁴ mɔ⁴⁴ ɗin⁴⁴ ɔ⁴² < lau³¹ ta⁴⁴ tse⁴² >。 b. 即 部 电影伊望 过 咯。 b. tɕiɔ⁵⁵ ɓu⁴⁴ ɗin⁴⁴ ɔ⁴² i³¹ mɔ⁴⁴ kue²⁴ lɔ³³。
黎安	a. 喊 小 强 一起去 电影院 望 《刘三姐》。 a. han²⁴ tiau⁴² hiaŋ³¹ ziat³ hi⁴² hu²⁴ ɗin⁴⁴ ɔ⁴² zuan⁴⁴ mɔ⁴⁴ < lau³¹ ta⁴⁴ tse⁴² >。 b. 即 本 电影伊望 过 咯。 b. tse⁵⁵ ɓuei⁴² ɗin⁴⁴ ɔ⁴² i³¹ mɔ⁴⁴ kuei²⁴ lɔ³³。
感城	a. 叫 小 强 作下去电影院 望 刘三姐。 a. kie³⁵ ɕiuau²² khiaŋ²¹ tsoo⁵⁵ e⁴⁴ hu³⁵ teŋ³⁵ o²² zuan⁴² mo⁴⁴ liu²¹ sa⁴⁴ tse⁴⁴。 b. 若 本 电影伊望 过 啦。 b. ʑie⁵⁵ pui²² teŋ³⁵ o²² i⁴⁴ mo⁴⁴ kuo³⁵ la²¹。
昌江	a. 喊 小 强 去 电影院 睩《刘三姐》 a. han²⁴ ɕiau⁴² khie³¹ hu²⁴ ɗin⁴⁴ ɔ⁴² zuan⁴⁴ ɔ⁴⁴ < lau³¹ ta⁴⁴ tse⁴² >。 b. 即 本 电影伊睩 过 了。 b. tɕi⁵⁵ ɓuei⁴⁴ ɗin⁴⁴ ɔ⁴² i⁴⁴ ɔ⁴⁴ kuei²⁴ lɔ⁵⁵。

	0007 你把碗洗一下。
大昌	汝把 怀 碗 去 洗。 lu³⁴ ɓa⁴²⁴ mɔ⁵⁵ ua⁴²⁴ hu²⁴ toi⁴²⁴。
博鳌	汝 洗 下 碗。 lu⁴² tɔi⁴² ʑia⁴⁴ ua⁴²。
东澳	汝 把 碗 洗 下。 du⁴² ɓe⁴² ua⁴² tɔi⁴² e⁴⁴。
黎安	汝 把 碗 洗 下。 lu⁴² ɓe⁴² ua⁴² tɔi⁴² e⁴⁴。
感城	汝 把 许 碗 去 洗 下。 lu²² pui⁴⁴ ho³⁵ uo²² hu³⁵ θoi²² e⁴⁴。

续表

	0007 你把碗洗一下。
昌江	汝 把 碗 洗 下。 lu⁴² ɓe⁴² ua⁴² toi⁴² e⁴⁴。

	0008 他把橘子剥了皮，但是没喫。
大昌	伊把 坏橘 剥 皮 个, 但 是 勿 食。 i³⁴ ɓe⁴²⁴ mɔ⁵⁵ ki ʔ⁵ ɓe⁵⁵ fi²² gɔ³⁴, ɗaŋ⁵³ ti⁵³ vɔʔ³ tɕiaʔ³。
博鳌	伊把 橘子 剥 皮 咯, 但 勿 食 咯。 i³¹ ɓæ⁴² kit⁵ tɕi⁴² ɓɔ⁵⁵ phia³¹ lɔ³³, na⁴⁴ bɔ³³ tɕia³³ lɔ³³。
东澳	伊把 橘子 剥 皮 咯, 但 是 伊 勿 食。 i³¹ ɓe⁴² kit⁵ ktɕi⁴² ɓɔ⁵⁵ phue³¹ lɔ³³, na⁴⁴ ti⁴⁴ i³¹ bɔ³³ tɕia³³。
黎安	伊把 橘 囝 擘 皮 咯, 但 是 伊 勿 食。 i³¹ ɓe⁴² kit⁵ kia⁴² ɓe⁵⁵ phɔi³¹ lɔ³³, na⁴⁴ ti⁴⁴ i³¹ bɔ³³ tɕia³³。
感城	伊把 许橘 囝 皮 擘 出 嘞, 乃 勿 食 噜。 i⁴⁴ pui⁴⁴ ho³⁵ kiʔ⁵ a²² phuo²¹ pe⁵⁵ sui⁵ le⁵⁵, na⁴⁴ vo³³ tɕie ʔ³ lu⁴⁴。
昌江	伊把 橘 子 剥 了 皮, 但 是 勿 食。 i⁴⁴ ɓe⁴² kiʔ⁵ kie⁴² ɓo⁵⁵ le³³ phoi³¹, na⁴⁴ ti⁴⁴ vo³³ tɕit³。

	0009 他们把教室都装上了空调。
大昌	伊 侬 住 教宿 装 空 调。 i³⁴ naŋ²² ɗu⁵³ ka³⁴ ɕiu²⁴ tɔ³⁴ haŋ³⁴ ɗiau²²。
博鳌	伊们 把 教宿 都 装 空 调 咯。 i³¹ mui³¹ ɓie⁴² ka²⁴ ɕiu²⁴ ɗou⁴⁴ tɔ⁴⁴ haŋ⁴⁴ hiau³¹ lɔ³³。
东澳	伊们 把 教宿 都 装 上 咯 空 调。 i³¹ moŋ³¹ ɓe⁴² ka²⁴ su²⁴ ɗau⁴⁴ tɔ⁴⁴ tɕiɔ⁵ lɔ⁵³ haŋ⁴⁴ hiau³¹。
黎安	伊侬 把 教宿 里 装 上 咯 空 调。 i³¹ naŋ³¹ ɓe⁴² ka²⁴ su²⁴ lai⁴² tɔ⁴⁴ tɕiɔ⁵ lɔ⁵³ haŋ⁴⁴ hiau³¹。
感城	伊许侪 把 教宿 装 上 空 调 咯。 i⁴⁴ ho³⁵ tsoi⁴⁴ pui⁴⁴ ka⁴⁴ tshu³⁵ tso⁴⁴ tɕie⁴² khaŋ⁴⁴ thiau²¹ lo⁴⁴。
昌江	伊侬 把 教宿 都 装 空 调 了。 i⁴⁴ naŋ³¹ ɓe⁴² ka²⁴ ɕiu⁴² tɔu⁴⁴ tɔ⁴⁴ haŋ⁴⁴ ɗiau⁴⁴ lo³³。

	0010 帽子被风吹走了。
大昌	帽　被　风　透　走　咯。 mau²⁴ ɓi⁵³ uaŋ³⁴ hau²⁴ tau⁴²⁴ lɔ³⁴。
博鳌	风　透　帽　走　咯。 uaŋ⁴⁴ hau²⁴ mau²⁴ tau⁴² lɔ³³。
东澳	帽　被　风　透　落　咯。 mau²⁴ ɓi⁴⁴ uaŋ⁴⁴ hau²⁴ laʔ³ lɔ³³。
黎安	帽　分　风　吹　走　咯。 mau⁵³ ɓun⁴⁴ uaŋ⁴⁴ suei⁴⁴ tau⁴² lɔ³³。
感城	帽　囝　乞　风　嗌　走　啦。 mau³⁵ kie²² khiʔ⁵ huaŋ⁴⁴ pun²¹ tsau²² la⁰。
昌江	帽　乞　风　飞　走　了。 mau²⁴ khi⁵⁵ huaŋ⁴⁴ ɓoi⁴⁴ tau⁴² lo³³。

	0011 张明被坏人抢走了一个包，人也差点儿被打伤。
大昌	张　明　被　强　侬　劫　走　一　个　包，　侬　差　滴　囝　被　拍　伤。 tɕiaŋ³⁴ miŋ²² ɓi⁵³ hiaŋ²² naŋ²² keʔ⁵ tau⁴²⁴ zat³ kai³⁴ ɓau³⁴，naŋ²² za³⁴ ti⁵⁵ kia⁴²⁴ ɓi⁵³ faʔ⁵⁵ tiaŋ³⁴。
博鳌	张　明　被　侬　劫　走　个　包，　差　滴　滴　被　人　拍　伤。 tɕiaŋ⁴⁴ meŋ³¹ ɓi⁴⁴ naŋ³¹ kip⁵ tau⁴² kai⁴⁴ ɓau⁴⁴，sa²² ti⁵⁵ ti⁵⁵ ɓi⁴⁴ naŋ³¹ pha⁵⁵ tiaŋ⁴⁴。
东澳	张　明　个　包　被　侬　劫　走，　侬　差　滴　被　拍　伤。 tɕiaŋ⁴⁴ min³¹ kai³⁴ ɓau⁴⁴ ɓi⁴⁴ naŋ³¹ ki⁵ tau⁴²，naŋ³¹ sa²² ti⁵⁵ ɓi⁴⁴ pha⁵⁵ tiaŋ⁴⁴。
黎安	张　明　分　侬　劫　走　一　个　包，　侬　差　滴　分　拍　伤。 tɕiaŋ⁴⁴ min³¹ ɓun⁴⁴ naŋ³¹ khi⁵ tau⁴² ziat³ kai⁴⁴ ɓau⁴⁴，naŋ³¹ sa⁴⁴ ti⁵⁵ ɓun⁴⁴ pha⁵⁵ tiaŋ⁴⁴。
感城	张　明　乞　坏　侬　劫　一　个　包，　差　□　乞　侬　拍　伤。 tɕiaŋ⁴⁴ meŋ²¹ khiʔ⁵ huai⁴⁴ naŋ²¹ kieiʔ³ ia³ kai²¹ pau⁴⁴，tsha⁴⁴ nai³⁵ kiʔ⁵ naŋ²¹ pha⁵⁵ θiaŋ⁴⁴。
昌江	张　明　乞　侬　劫　了　个　包，　差　滴　侬　被　拍　伤。 tɕiaŋ⁴⁴ min³¹ khi⁵⁵ naŋ³¹ ki⁵ lo³³ kai³³ ɓau⁴⁴，sa⁴⁴ ti⁵⁵ naŋ³¹ ɓoi⁴⁴ pha⁵⁵ tiaŋ⁴⁴。

	0012 快要下雨了，你们别出去了。
大昌	密　落　雨　咯，　汝　侬　莫　用　出　去。 mi⁵⁵ lɔ²³ hɔu⁴²⁴ lɔ³³，lu³⁴ naŋ²² mɔ³³ zoŋ⁵³ sut⁵ hu²⁴。

续表

	0012 快要下雨了，你们别出去了。
博鳌	天 要 落 雨 咯， 勿 用 出 去 咯。 hi⁵⁵ iɔ⁵⁵ lɔ³³ hou⁴² lɔ³³ , bɔ³³ zoŋ⁴⁴ sut⁵ hu²⁴ lɔ³³。
东澳	天 要 落 雨 咯， 汝们 勿 能 出 去。 hi⁵⁵ iɔ⁵⁵ lɔ³³ hau⁴² lɔ³³ , du⁴² moŋ³¹ bɔ³³ neŋ³¹ sut⁵ hu²⁴。
黎安	猛 落 雨 咯， 汝侬 勿 挨 出 去。 ɓe⁴² lɔ³³ hau⁴² lɔ³³ , lu⁴² naŋ³¹ bɔ³³ a⁴⁴ sut⁵ hu²⁴。
感城	阿 天 □ 落 雨 啦，[汝们] 勿 去 [底路] 啦。 a⁵⁵ thi⁴⁴ neŋ⁵⁵ loʔ³ hou⁴⁴ la⁴⁴ , lun²² veʔ⁵ hu³⁵ tiou⁴⁴ la⁴⁴。
昌江	快 落 雨 了， 勿 用 出 去。 huai²⁴ lo³³ hɔu⁴² lo³³ , vo³³ zoŋ⁴⁴ sut⁵⁵ hu²⁴。

	0013 这毛巾很脏了，扔了它吧。
大昌	者 条 帕 甲脏 咯， 掷 甲 去。 tse⁵⁵ ɗiau²² fai²⁴ ka³³ tɔ³⁴ lɔ³⁴ , tai³³ ka³³ hu²⁴。
博鳌	面 帕 垃圾 个 咯 掷 甲 去 min⁴⁴ phæ²⁴ lai³³ sat⁵ kai⁴⁴ lɔ³³ , tiŋ⁴⁴ kak⁵ hu²⁴。
东澳	条 面 帕 甲脏， □ □。 ɗiau³¹ min⁴⁴ phe²⁴ ka³³ tɔ⁴⁴ , ɓeŋ⁴⁴ tɔ³³。
黎安	条 面 帕 那 甲脏， 把 伊 扔 个。 ɗiau³¹ min⁴⁴ phe²⁴ na⁴⁴ ka³³ tɔ⁴⁴ , ɓe⁴²⁻³¹ i³¹ leŋ⁴⁴ khɔ⁴⁴。
感城	若 条 帕 □ □ 啦， □ 伊 了 □。 ʑie⁵⁵ tiau²¹ phe³⁵ lau²² ka²² la⁰ , veiʔ⁵ i⁴⁴ liau³⁵ kaʔ³。
昌江	即 面 帕 邋遢 了， 把 伊 落 甲。 tɕi⁵⁵ min⁴⁴ phe²⁴ la³³ ta³³ lo³³ , ɓe⁴² i⁴⁴ lak³ ka³³。

	0014 我们是在车站买的车票。
大昌	我 侬 是 住 车 站 买 车 票 个。 ua³⁴ naŋ²² ti⁵³ ɗu⁵³ ɕia³⁴ tam⁵³ voi⁴²⁴ ɕia³⁴ fiɔ²⁴ kai³⁴。
博鳌	侬 侬 住 车 站 买 个 车 票。 nan³¹ nan³¹⁻⁴² ɗu⁴⁴ ɕia⁴⁴ tam⁵³ ɓɔi⁴² kai⁴⁴ ɕia⁴⁴ phiɔ²⁴。

续表

	0014 我们是在车站买的车票。
东澳	我 们 住 车 站 买 个 车 票。 gua⁴² mun³¹ ɗu⁴⁴ ɕia⁴⁴ taŋ⁵³ bɔi⁴² kai⁴⁴ ɕia⁴⁴ phiɔ²⁴。
黎安	我 侬 住 车 站 买 个 车 票 。 ua⁴² naŋ³¹ ɗu⁴⁴ ɕia⁴⁴ tam⁵³ bɔi⁴² kai⁴⁴ ɕia⁴⁴ phiɔ²⁴。
感城	[我侬]有 车 站 买 个 车 票。 van⁴⁴ tu⁴⁴ ɕie⁴⁴ tsan⁴² voi²² ke²¹ ɕie⁴⁴ phie³⁵。
昌江	我 侬 是 住 车 站 买 个 票。 ua⁴² naŋ³¹ ti⁴⁴ ɗu⁴⁴ ɕie⁴⁴ tan²⁴ ɓoi⁴² kai³³ phie²⁴。

	0015 墙上贴着一张地图。
大昌	墙 上 挂 着 一 张 地 图。 ɕiɔ²² tɕiɔ⁵³ kua²⁴ ɗɔ³³ zat³ tɕiaŋ³⁴ ɗi⁵³ fiu²²。
博鳌	墙 上 糊 咯 幅 地 图。 ɕiɔ³¹ tɕiɔ⁴⁴ kɔu³¹ lɔ³³ ɓak³ ɗi⁵³ hu³¹。
东澳	墙 上 糊 咯 一 张 地 图。 ɕiɔ³¹ tɕiɔ⁴⁴ kau³¹ lɔ³³ dziat³ tɕhiaŋ⁴⁴ ɗi⁵³ hu³¹。
黎安	墙 上 糊 咯 一 张 地 图。 ɕiɔ³¹ tɕiɔ⁴⁴ kau³¹ lɔ³³ ziat³ tɕhiaŋ⁴⁴ ɗi⁵³ hu³¹。
感城	墙 上 贴 一 带 地 图。 ɕie²¹ tɕie⁴⁴ thieiʔ⁵ ziaʔ³ te³⁵ ti⁴² thu²¹。
昌江	墙 上 贴 着 块 地 图。 ɕie³¹ tɕie⁴⁴ he³³ ɗɔ³³ huai²⁴ ɗi⁴⁴ hu³¹。

	0016 床上躺着一个老人。
大昌	床 上 隁 着 一 只 老 侬。 sɔ²² tɕiɔ⁵³ ai⁴²⁴ ɗɔ³³ zat³ tɕiaʔ⁵ lau⁴²⁴ naŋ²²。
博鳌	床 上 瞌 咯 一 个 老 侬。 sɔ³¹ tɕiɔ⁴⁴ hɔi⁵⁵ lɔ³³ dziat³ kai⁴⁴ lau⁴² naŋ³¹。
东澳	床 上 瞌 咯 一 个 老 侬。 sɔ³¹ tɕiɔ⁴⁴ hɔi⁵⁵ lɔ³³ dziat³ kai⁴⁴ lau⁴² naŋ³¹。

续表

	0016 床上躺着一个老人。
黎安	床 上 隥 咯 一 个 老 侬。 çiɔ³¹ tçiɔ⁴⁴ ai⁴² lɔ³³ ziat³ kai⁴⁴ lau⁴² naŋ³¹。
感城	阿 床 上 偃 一 个 老 侬。 a³⁵ tsho²¹ tçie⁴² ai²² zia?³ kai²¹ lau⁴² naŋ²¹。
昌江	床 上 隥 着 个 老 侬。 so³¹ tçie⁴⁴ ai⁴² ɗɔ³³ kai³³ lau⁴² naŋ³¹。

	0017 河里游着好多小鱼。
大昌	溪 里 泅 着 好 多 挈 鱼。 hoi²² li⁴²⁴ tiu³⁴ ɗɔ³³ hɔ⁴²⁴ ɗoi³⁴ ɲiau⁵³ hu²²。
博鳌	溪 里 有 一 顿 许 鱼 团。 hɔi⁴⁴ lai⁴² u⁴⁴ dziat³ tun²⁴ hɔ⁴² u³¹ kia⁴²。
东澳	溪 里 有 那 个 多 生 鱼。 hɔi⁴⁴ lai⁴² u⁴⁴ na⁴⁴ ke³³ tui⁴⁴ te⁴⁴ u³¹。
黎安	溪 里 有 那 个 多 小 鱼。 hɔi⁴⁴ lai⁴² u⁴⁴ na⁴⁴ ku⁵³ tuei⁴⁴ tiau⁴² u³¹。
感城	溪 内 泅 着 好 侪 细 鱼。 khoi⁴⁴ lai⁴² θiu²² to²² hɔ²² tsoi⁴⁴ θoi³⁵ hu²¹。
昌江	水 里 有 好 多 挈 鱼。 tuei⁴² lai⁴² u⁴⁴ ho⁴² toi⁴⁴ niau⁵⁵ hu³¹。

	0018 前面走来了一个胖胖的小男孩。
大昌	前 面 走 来 一 怀 肥 肥 个 公 爹 团。 tai²² min³⁴ tau⁴²⁴ lai²² zat³ mɔ⁵⁵ ɓuei²² ɓuei²² kai³⁴ koŋ³⁴ ɗe³⁴ kia⁴²⁴。
博鳌	前 面 走 来 一 个 肥 肥 挈 团。 tai³¹ min⁴⁴ tau⁴² lai³¹ dziat³ kai³³ ɓui³¹ ɓui³¹ niɔ⁵⁵ kia⁴²。
东澳	前 面 走 来 一 个 阿 肥 团。 tai³¹ min⁴⁴ tau⁴² lai³¹ dziat³ kai³³ a³³ ɓui³¹ kia⁴²。
黎安	前 面 过 来 一 个 肥 肥 个 公 爹 团。 tai³¹ min⁴⁴ kuei²⁴ lai³¹ ziat³ kai⁴⁴ ɓɔi³¹ ɓɔi³¹ kai⁴⁴ koŋ⁴⁴ ɗe⁴⁴ kia⁴²。

续表

	0018 前面走来了一个胖胖的小男孩。
感城	趁 面 前 有 一 个 细 囝 肥 肥 行 来。 han³⁵ min⁴⁴ tsai²¹ u⁴⁴ ziaʔ³ kai²¹ ɵoi³⁵ kie²² pui²¹ pui²¹ kie²¹ lai²¹。
昌江	面 前 行 来 个 肥 肥 个 小 男 孩。 min⁴⁴ tai³¹ kie³¹ lai³¹ kai³³ ɓoi³¹ ɓoi³¹ kai³³ tiau⁴² nan³¹ hai³¹。

	0019 他家一下子死了三头猪。
大昌	伊 宿 一 下 死 三 只 猪。 i³⁴ ɕiu²⁴ zat³ e³⁴ ti⁴²⁴ ta³⁴ tɕiaʔ⁵ ɗu³⁴。
博鳌	伊 宿 宿 一 下 死 三 个 猪。 i³¹ ɕiu²⁴ ɕiu²⁴ dziat³ æ⁴⁴ ti⁴² ta⁴⁴ kai³³ ɗu⁴⁴。
东澳	伊 家 一 下 死 三 个 猪。 i³¹ ke⁴⁴ dziat³ e⁴⁴ ti⁴² ta⁴⁴ kai³³ ɗu⁴⁴.
黎安	伊 宿 一 下 死 三 个 猪。 i³¹ su²⁴ ziat³ e⁴⁴ ti⁴² ta⁴⁴ kai⁴⁴ ɗu⁴⁴。
感城	伊 宿 一 下 死 三 个 猪。 i⁴⁴ tshu³⁵ zieʔ³ e⁴⁴ ɵi²² sa⁴⁴ kai²¹ tu⁴⁴。
昌江	伊 宿 一 下 死 了 三 只 猪。 i⁴⁴ ɕiu²⁴ zat³ e⁴⁴ ti⁴² lo³³ ta⁴⁴ tɕia⁵⁵ ɗu⁴⁴。

	0020 这辆汽车要开到广州去。/这辆汽车要开去广州。 选择本方言中最自然的一种说法，或按常用度列出几种说法。
大昌	者 架 车 密 开 去 广 州。 tse⁵⁵ ke²⁴ ɕia³⁴ mit³ hai³⁴ hu²⁴ kuaŋ⁴²⁴ tɕiu³⁴。
博鳌	若 架 车 要 开 去 广 州 个。 tɕiɔ³³ kæ²⁴ ɕia⁴⁴ iɔ²⁴ hui²⁴ hu²⁴ kuaŋ⁴² tɕiu⁴⁴ kai⁴⁴。
东澳	若 架 车 要 开 广 州。 tɕiɔ³³ ke²⁴ ɕia⁴⁴ iɔ²⁴ hui⁴⁴ kuaŋ⁴² tɕiu⁴⁴。
黎安	若 架 车 要 开 去 广 州。 iɔ³³ ke²⁴ ɕia⁴⁴ iɔ²⁴ huei⁴⁴ hu²⁴ kuaŋ⁴² tɕiu⁴⁴。

续表

| | 0020 这辆汽车要开到广州去。/这辆汽车要开去广州。
选择本方言中最自然的一种说法，或按常用度列出几种说法。 |
|---|---|
| 感城 | 若 架 汽 车 要 开 去 广 州。
ʑie⁵⁵ ke³⁵ khui³⁵ ɕie⁴⁴ iau³⁵ khui⁴⁴ hu³⁵ kuaŋ²² tɕiu⁴⁴。 |
| 昌江 | 即 架 车 准 备 开 去 广 州。
tɕi⁵⁵ ke²⁴ ɕie⁴⁴ tun⁴² ɓi⁵³ huei⁴⁴ hu²⁴ kuaŋ⁴² tɕiu⁴⁴。 |

	0021 学生们坐汽车坐了两整天了。
大昌	学 生 们 坐 了 两 日 汽 车。
ɔʔ³ te³⁴ mun²² tse⁵³ liau⁴²⁴ nɔ³³ ʑit³ huei²⁴ ɕia³⁴。
博鳌	学 生 坐 架 车 坐 两 天 咯。
ɔ³³ tæ⁴⁴ tse⁴⁴ kæ²⁴ ɕia⁴⁴ tse⁴⁴ nɔ⁴⁴ hi⁴⁴ lɔ³³。
东澳	那 那 学 生 坐 车 坐 两 天 咯。
na³³ na⁴⁴ ɔ³³ te⁴⁴ tse⁴⁴ ɕia⁴⁴ tse⁴⁴ nɔ⁴⁴ hi⁴⁴ lɔ³³。
黎安	学 生 团 坐 汽 车 坐 了 两 日。
ɔ³³ te⁴⁴ kia⁴² tse⁴⁴ huei²⁴ ɕia⁴⁴ tse⁴⁴ lɔ³³ nɔ⁴⁴ ʑi³³。
感城	若 侪 学 生 坐 汽 车 坐 两 日 整 整 去 啦。
ʑie⁵⁵ tsoi⁴⁴ oʔ³ θe⁴⁴ tse⁴² khui³⁵ ɕie⁴⁴ tse⁴² no⁴² ʑiʔ³ tseŋ²² tseŋ²² hu³⁵ la⁰。
昌江	学 生 侬 坐 车 坐 了 两 整 日。
ɔ³³ te⁴⁴ naŋ³¹ tse⁴⁴ ɕie⁴⁴ tse⁴⁴ lɔ³³ nɔ⁴⁴ tseŋ⁴² ʑit³。

	0022 你尝尝他做的点心再走吧。
大昌	汝 试 伊 作 作 个 点 心 去 嘛。
lu³⁴ ɕi²⁴ i³⁴ tɔ⁵⁵ tɔ⁵⁵ kai³⁴ ɗim⁴²⁴ tiəm³⁴ hu²⁴ ma³³。
博鳌	汝 试 试 伊 作 个 点 心 乃 走 吧。
lu⁴² ɕi²⁴ ɕi³¹ tɔ⁵⁵ kai³³ ɗiam⁴² tim⁴⁴ na⁴⁴ tau⁴² ɓa³³。
东澳	汝 试 试 伊 作 个 糕 饼 再 走。
du⁴² ɕi²⁴ ɕi²⁴ i³¹ tɔ⁵⁵ kai³³ kau⁴⁴ ɓia⁴⁴ tai²⁴ tau⁴²。
黎安	汝 试 试 伊 作 个 点 心 乃 去。
lu⁴² ɕi²⁴ ɕi²⁴ i³¹ tɔ⁵⁵ kai⁴⁴ ɗien⁴² tin²² na⁴⁴ hu²⁴。

续表

	0022 你尝尝他做的点心再走吧。
感城	汝 试 下 望 伊 作 侪 点 心 乃 走 。 lu²² ɕi³⁵ e⁴⁴ mo⁴⁴ i⁴⁴ tsoʔ⁵ tsoi⁴⁴ diaŋ²² θin⁴⁴ na⁵⁵ tsau²² 。
昌江	汝 试 试 伊 作 个 点 心 乃 去 。 lu⁴² ɕi²⁴ ɕi²⁴ i⁴⁴ tɔ⁵⁵ kai³³ ɗim⁴² tim⁴⁴ na⁴⁴ hu²⁴ 。

	0023a. 你在唱什么？b. 我没在唱，我放着录音呢。
大昌	a. 汝 唱 个 物？ b. 我 勿 唱 物， 我 放 录 音 。 a. lu³⁴ saŋ²⁴ kai³⁴ mi⁵⁵？ b. ua³⁴ vɔ²³ saŋ²⁴ mi⁵⁵， ua³⁴ ɓaŋ²⁴ lɔ²³ iəm³⁴ 。
博鳌	a. 汝 在 唱 物？ b. 我 勿 唱 物， 我 住 放 录 音 。 a. lu⁴² ɗu⁴⁴ saŋ²⁴ mi⁵⁵？ b. ua⁴² ɓɔ³³ saŋ²⁴ mi⁵⁵， ua⁴² ɗu⁴⁴ ɓaŋ²⁴ lɔ³³ iəm⁴⁴ 。
东澳	a. 汝 在 唱 物？ a. du⁴² ɗu⁴⁴ ɕiɔ²⁴ mi⁵⁵？ b. 我 勿 唱 物， 我 放 录 音 。 b. gua⁴² ɓɔ³³ ɕiɔ²⁴ mi⁵⁵， bua⁴² ɓaŋ²⁴ lɔ³³ in⁴⁴ 。
黎安	a. 汝 唱 物？ b. 我 勿 唱， 我 放 个 录 音 。 a. lu⁴² saŋ²⁴ mi⁵⁵？ b. bua⁴² ɓɔ³³ saŋ²⁴， bua⁴² ɓaŋ²⁴ kai⁴⁴ lɔk³ in⁴⁴ 。
感城	a. 汝 唱 乜？ a. lu²² tshaŋ³⁵ mi⁵⁵？ b. 我 勿 唱， 我 放 录 音 机 呢 。 b. va²² vo³³ tshaŋ³⁵， va²² paŋ³⁵ loʔ³ in⁴⁴ ki⁴⁴ ne³⁵ 。
昌江	a. 汝 住 唱 物 歌？ a. lu⁴² ɗu⁴⁴ saŋ²⁴ mi³³ ko⁴⁴？ b. 我 勿 唱， 我 是 放 录 音 。 b. ua⁴² vɔ³³ saŋ²⁴， ua⁴² ti⁴⁴ ɓaŋ²⁴ lu³³ in⁴⁴ 。

	0024a. 我吃过兔子肉，你喫过没有？b. 没有，我没喫过。
大昌	a. 我 食 过 兔 肉，你 食 过 勿？ b. 勿， 我 勿 食 过 。 a. ua³⁴ tɕiaʔ⁵ kuei²⁴ ɔu³⁴ iɔ³， lu³⁴ tɕiaʔ⁵ kuei²⁴ vɔʔ³？ b. vɔʔ³， ua³⁴ vɔʔ³ tɕiaʔ⁵ kuei²⁴ 。
博鳌	a. 我 食 过 兔 肉，汝 食 过 勿？ b. 勿， 我 勿 食 过 。 a. ua⁴² tɕia³³ kie²⁴ hɔu⁵³ iu³³， lu⁴² tɕia³³ kie²⁴ ɓɔ³³？ b. ɓɔ³³， ua⁴² ɓɔ³³ tɕia³³ kie²⁴ 。

续表

	0024a. 我吃过兔子肉，你喫过没有？b. 没有，我没喫过。
东澳	a. 我 食 过 兔 囝 肉， 汝 食 过 勿？ a. gua⁴² tɕia³³ kue²⁴ hiau²⁴ kia⁴² iu³³， du⁴² tɕia³³ kue²⁴ bɔ³³？ b. 勿， 我 勿 食 过。 b. bɔ³³， gua⁴² bɔ³³ tɕia³³ kue²⁴。
黎安	a. 我 食 过 兔 囝 肉，汝 食 过 勿？b. 勿， 我 勿 食 过。 a. bua⁴² tɕia³³ kuei²⁴ phoŋ⁵³ kia⁴² iu³³， lu⁴² tɕia³³ kuei²⁴ bɔ³³？b. bɔ³³， bua⁴² bɔ³³ tɕia³³ kuei²⁴。
感城	a. 我 食 过 兔 肉 去 啦， 汝 是 食 过 勿？ a. va²² tɕieʔ³ kuo³⁵ thou³⁵ hiaʔ³ hu³⁵ la⁴⁴， lu²² ti⁴² tɕie⁴⁴ kuo³⁵ vo³³？ b. 勿， 我 勿 食 过。 b. vo³³， va²² vo³³ tɕieʔ³ kuo³⁵。
昌江	a. 我 食 过 兔 囝 肉， 汝 食 过 勿？ a. ua⁴² tɕit³ kuei²⁴ hɔu²⁴ kie⁴² iu³³， lu⁴² tɕit³ kuei²⁴ vo³³？ b. 勿， 我 勿 食 过。 b. vo³³， ua⁴² vo³³ tɕit³ kuei²⁴。

	0025 我洗过澡了，今天不打篮球了。
大昌	我 洗 热 咯， 今 日 勿 拍 篮 球 咯。 ua³⁴ toi⁴²⁴ zua³³ lɔ³³， kiəm³⁴ ʑitʔ³ vɔʔ³ fa⁵⁵ lam²² hiu²² lɔ³³。
博鳌	我 洗 浴 过 咯， 我 勿 拍 篮 球 咯。 ua⁴² tɔi⁴² iak³ kie²⁴ lɔ³³， ua⁴² bɔ³³ pha⁵ lam³¹ hiu³¹ lɔ³³。
东澳	我 洗 过 浴 咯， 我 勿 拍 球。 gua⁴² tɔi⁴² kue²⁴ iak³¹ ɔ³³， gua⁴² bɔ³³ pha⁵ hiu³¹。
黎安	我 洗 浴 咯， 今 旦 勿 拍 篮 球。 bua⁴² tɔi⁴² iak³ lɔ³³， kin⁴⁴ nua²⁴ bɔ³³ pha⁵⁵ lan³¹ tɕhiu³¹。
感城	我 洗 身 去 啦， 我 今 旦 勿 共 汝 拍 球 啦。 va²² θoi²² θin⁴⁴ hu³⁵ la⁴⁴， va²² kin⁴⁴ nuo³⁵ vo³³ kaŋ⁴⁴ lu²² pha⁵⁵ khiou²¹ la⁰。
昌江	我 洗 浴 过 了， 今 旦 勿 拍 篮 球 了。 ua⁴² toi⁴² iak³ kuei²⁴ lo³³， kin⁴⁴ hua²⁴ vo³³ pha⁵⁵ lan³¹ hiu³¹ lo³³。

	0026 我算得太快算错了，让我重新算一遍。
大昌	我 算 得 太 快 算 错 咯， 等 我 甲 另 算 着。 ua³⁴ tuei²⁴ ɗi⁵⁵ hai²⁴ huei²⁴ tuei²⁴ so²⁴ lɔ³³, ɗaŋ⁴²⁴ ua³⁴ ka⁵⁵ liŋ⁵³ tuei²⁴ ɗɔ³³
博鳌	我 算 得 太 快， 勿 着 咯， 重 新 算 一 下。 ua⁴² tui²⁴ ɗik⁵ hai²⁴ hia²⁴, bɔ³³ ɗiɔ²⁴ lɔ³³, soŋ⁴⁴ tin²⁴ tui²⁴ dziat³ æ⁴⁴。
东澳	我 算 得 太 快 咯， 算 错 咯， 我 重 新 再 算 一 下。 gua⁴² tuan³¹ ɗik⁵ hai²⁴ huai²⁴ lɔ³³, tuan⁴² so²⁴ lɔ³³, gua⁴² soŋ⁴⁴ tin⁴⁴ tai²⁴ tuan⁴² dziat³ e⁴⁴。
黎安	我 算 得 太 快 咯， 算 错 咯， 让 我 重 新 再 算 一 下。 bua⁴² tuei²⁴ ɗik⁵ hai²⁴ huai²⁴ lɔ³³, tuei²⁴ so²⁴ lɔ³³, ziaŋ⁴⁴ bua⁴² soŋ⁴⁴ tin⁴⁴ tsai²⁴ tuei²⁴ ziat³ e⁴⁴。
感城	我 算 太 快 啦 算 错 去， 我 再 算 一 下。 va²² θui³⁵ thai³⁵ khie³⁵ la²¹ θui³⁵ tsho³⁵ hu³⁵, va²² tsai²⁴ θui³⁵ zieʔ³ e⁴⁴。
昌江	我 数 太 快 了， 数 错 了， 乞 我 重 新 数 过。 ua⁴² tiau⁴² hai²⁴ huai²⁴ lɔ³³, tiau⁴² so²⁴ lɔ³³, khi⁵⁵ ua⁴² soŋ³¹ tin⁴⁴ tiau⁴² kuei²⁴。

	0027 他一高兴就唱起歌来了。
大昌	伊 一 欢 喜 就 唱 歌。 i³⁴ zat³ uan³⁴ fii:⁴²⁴ tɕiu⁵³ ɕiɔ²⁴ kɔ³⁴。
博鳌	伊 乃 过 瘾 就 唱 歌。 i³¹ na⁴⁴ kie⁴⁴ dzin⁴² tɕiu⁴⁴ ɕiɔ²⁴ kɔ⁴⁴。
东澳	伊 一 过 瘾 就 唱 歌 咯。 i³¹ dziat³ kue⁴⁴ dzin⁴² tɕiu⁴⁴ ɕiɔ²⁴ kɔ⁴⁴ lɔ³³。
黎安	伊 一 过 瘾 就 唱 起 歌 来。 i³¹ ziat³ kuei:⁴⁴ in⁴² tɕiu⁴⁴ ɕiɔ²⁴ hi⁴² kɔ⁴⁴ lai³¹。
感城	伊 欢 喜 □ 唱 歌。 i⁴⁴ huo⁴⁴ hi²² vi⁴⁴ tshaŋ³⁵ kɔ⁴⁴。
昌江	伊 一 高 兴 就 唱 歌 起 来。 i⁴⁴ it⁵ kau⁴⁴ hiŋ²⁴ tɕiu⁴⁴ saŋ²⁴ kɔ⁴⁴ hi⁴² lai³¹。

	0028 谁刚才议论我老师来着？
大昌	[底样]个 乃 议 论 我 老 师？ ɗiaŋ³⁴ kai³⁴ na⁵⁵ ŋi⁵³ lun²⁴ ua³⁴ lau⁴²⁴ ɕi³⁴？

续表

	0028 谁刚才议论我老师来着？
博鳌	［底侬］刚 才 讲 我 老 师 个？ niaŋ⁴² kaŋ⁴⁴ sai³¹ koŋ⁴² ua⁴² lau⁴² ɕi⁴⁴ kai⁴⁴？
东澳	［底侬］刚 才 议 论 我 老师 个？ ɗiaŋ⁴² kaŋ⁴⁴ sai³¹ ni⁴⁴ len⁴⁴ gua⁴² lau⁴² ɕi⁴⁴ e³³？
黎安	［底侬］乃 乃 讲 我 老师？ ɗiaŋ⁴² na⁴⁴ na⁴⁴ koŋ⁴² bua⁴² lau⁴² ɕi⁴⁴？
感城	［底侬］将 将 讲我 伓 老师 来？ tiaŋ⁴⁴ kiaŋ⁴⁴ kiaŋ⁴⁴ koŋ²² va²² mo⁵⁵ lau⁴² ɕi⁴⁴ lai²¹？
昌江	［底侬］那 候 议 论 我 老师 咯？ ɗiaŋ⁴² na⁴⁴ hau⁵³ ni⁵³ lun⁴⁴ ua⁴² lau⁴² ɕi⁴⁴ lɔ³³？

	0029 只写了一半，还得写下去。
大昌	乃 写 了 一半， 还 要 写 落 去。 na²⁴ tia⁴²⁴ liau⁴²⁴ zat³ ɓua²⁴, ua²² iɔ²⁴ tia⁴²⁴ lɔ³ hu²⁴。
博鳌	乃 写 咯 一 半， 仍 要 写 咯。 na⁴⁴ tia⁴² lɔ³³ dzia³³ ɓua²⁴, zaŋ³¹ iɔ²⁴ tia⁴² lɔ³³。
东澳	那 写 咯 一 半， 还 要 写 落 去。 na⁴⁴ tia⁴² lɔ³³ dzia³³ ɓua²⁴, uan²⁴ iɔ²⁴ tia⁴² lɔ³³ hu²⁴。
黎安	乃 写 咯 半， 欠 写 咯 去。 na⁴⁴ tia⁴² lɔ³³ ɓua²⁴, ian²⁴ tia⁴² lɔ³³ hu²⁴。
感城	乃 写 一 半 再 另 写 落 去。 na⁵⁵ ɕie²² ʑieʔ³ puo³⁵ tsai³⁵ leŋ⁴² ɕie²² lo⁴⁴ hu³⁵。
昌江	乃 写 一 半， 还 继 续 写 落。 na⁴⁴ tia⁴² zat³ ɓuo²⁴, hai²⁴ ki²⁴ tuo³³ tia⁴² lo³³。

	0030 你才喫了一碗米饭，再喫一碗吧。
大昌	汝乃 食 咯 一碗 糜， 欠 食 碗 凑。 lu³⁴ na⁵⁵ tɕiaʔ⁵ lɔ³³ zat³ ua⁴²⁴ moi²², iam²⁴ tɕia⁵ ua⁴²⁴ sau²⁴。
博鳌	汝乃 食 碗 糜， 再 食 碗 凑。 du⁴² na⁴⁴ tɕia³³ ua⁴² mia³¹, tai²⁴ tɕia³³ ua⁴² sau²⁴。

续表

	0030 你才喫了一碗米饭，再喫一碗吧。
东澳	汝但食碗糜，还食碗凑。 du⁴² na⁴⁴ tɕia³³ ua⁴² mue³¹，ai²⁴ tɕia³³ ua⁴² sau²⁴。
黎安	汝乃食碗糜，再食碗吧。 lu⁴² na⁴⁴ tɕia³³ ua⁴² mɔi³¹，tsai²⁴ tɕia³³ ua⁴² ɓa³³。
感城	汝乃食一碗粥，再食碗凑。 lu²² na⁵⁵ tɕieʔ³ aʔ³ uo²² tsouʔ⁵，tsai³⁵ tɕieʔ³ uo²² tshau³⁵。
昌江	汝乃食一碗糜，再食一碗。 lu⁴² na⁴⁴ tɕit³ zat³ ua⁴² moi³¹，tsai²⁴ tɕit³ zat³ ua⁴²。

	0031 让孩子们先走，你再把展览仔仔细细地看一遍。
大昌	让孥囝前走，汝乃缓缓展览望下来。 zaŋ²⁴ n̩iau⁵³ kia⁴² tai⁴² tau⁴²，lu³⁴ na⁵⁵ hua⁴²⁴ hua⁴²⁴ tɕin⁴²⁴ lam⁴²⁴ mɔ³⁴ e³⁴ lai²²。
博鳌	让细囝前走去，汝再把展览望下凑。 dziaŋ⁴⁴ tɔi²⁴ kia⁴² tai⁴² tau⁴² huʔ⁴，lu⁴² tai⁴² ɓæ⁴² tɕin⁴² laŋ⁴² mɔ⁴⁴ æ⁴⁴ sau²⁴。
东澳	让孥囝前走，汝把展览详细望下凑。 dziaŋ⁴⁴ n̩iau⁴⁴ kia⁴² tai³¹ tau⁴²，du⁴² ɓe⁴² tɕin⁴² laŋ⁴² tiaŋ³¹ i⁴² mɔ⁴⁴ e⁴⁴ sau²⁴。
黎安	让孥囝前去，汝把即展览详细望再。 ziaŋ⁴⁴ n̩iau⁴⁴ kia⁴² tai³¹ tau⁴²，lu⁴² ɓe⁴² tɕi⁵⁵ tɕin⁴² lam⁴² tiaŋ³¹ i⁴² mɔ⁴⁴ tsai⁴⁴。
感城	等侪囝走，汝再另把许侪展览细心望望下。 taŋ²² tsoi⁴⁴ kie⁴² tsau²²，lu²² tsai³⁵ leŋ⁴² pui⁴⁴ ho³⁵ tsoi⁴⁴ tseŋ⁴⁴ laŋ⁴² θoi³⁵ θin⁴⁴ mo⁴⁴ mo⁴⁴ e⁴⁴。
昌江	乞孥囝前走，汝再把展览慢慢瞑下。 khi⁵⁵ niau⁵⁵ kie⁴² tai³¹ tau⁴²，lu⁴² tsai⁴² ɓe⁴² tɕin⁴² lan⁴² man⁴⁴ man⁴⁴ o⁴⁴ e⁴⁴。

	0032 他在电视机前看着看着睡着了。
大昌	伊在电视前映望咯望瞌个。 i³⁴ tai⁵³ ɗin⁵³ ti⁵³ tai²² ɔ³⁴ ɔ³⁴ lɔ³³ ɔ³⁴ hoi⁵⁵ gɔ³⁴。
博鳌	伊望电视机望望就瞌去。 i³¹ mɔ⁴⁴ ɗin⁴⁴ ti⁵³ ki⁴² mɔ⁴⁴ mɔ⁴⁴ tɕiu⁴⁴ hoi⁵⁵ hu²⁴。
东澳	伊望电视望望就目涩去个。 i³¹ mɔ⁴⁴ ɗin⁴⁴ ti⁵³ mɔ⁴⁴ mɔ⁴⁴ tɕiu⁴⁴ ma³³ ta³³ hu²⁴ e³³。

续表

	0032 他在电视机前看着看着睡着了。
黎安	伊望 电视 望 望 就 瞌 咯。 i³¹ mɔ⁴⁴ ɗin⁴⁴ ti⁵³ mɔ⁴⁴ mɔ⁴⁴ tɕiu⁴⁴ huei⁵⁵ lo³³。
感城	伊有电视 面 前 望着望着 瞌去。 i⁴⁴ tu⁴⁴ tien³⁵ θi⁵⁵ min⁴⁴ tsai²¹ mo⁴⁴ to²² mo⁴⁴ to²² khei?⁵ hu³⁵。
昌江	伊在 电 视 机 前 睺着 睺着 就 瞌 了。 i³¹ ɗu⁴⁴ ɗin⁴⁴ ti⁴⁴ ki⁴⁴ tai³¹ ɔ⁴⁴ ɗo³³ ɔ⁴⁴ ɗo⁴⁴ tɕiu⁴⁴ oi⁵⁵ lo³³。

	0033 你算算看，这点钱够不够花？
大昌	汝 快 睇睇，者 多 钱 够 使 勿？ lu³⁴ huei²⁴ hai³⁴ hai³⁴，tse³³ ɗoi²² tɕi²² kau²⁴ tai⁴²⁴ vɔ³？
博鳌	汝 数 一 数，若 点 钱 够 勿？ lu⁴² tiau²⁴ dziat³ tiau²，dzi²³³ tiam⁴² tɕi³¹ kau²⁴ bɔ³³？
东澳	汝 数 一 数 下，即 点 钱 够 勿 够 用？ du⁴² tiau²⁴ dziat³ tiau² e⁴⁴，tɕi³³ tin⁴² tɕi³¹ kau²⁴ bɔ³³ kau²⁴ dziɔŋ？
黎安	汝 估 估 下，即 多 钱 够 勿 够 使？ lu⁴² ku⁴⁴ ku⁴⁴ e⁴⁴，tɕi³³ tuei⁴⁴ tɕi³¹ kau²⁴ bɔ³³ kau²⁴ tai⁴²？
感城	汝 数 数 下望若 侪 钱 够 勿 够 用？ lu²² θiau³⁵ θiau³⁵ e⁴⁴ mo⁴² ʑie⁵⁵ tsoi⁴⁴ tɕi²¹ kou³⁵ vo³³ kou³⁵ zoŋ⁴²？
昌江	汝 数 数 下，即 多 钱 够 勿 够 使？ lu⁴² tiau⁴² tiau⁴² e⁴⁴，tɕi³³ toi⁴⁴ tɕi³¹ kau²⁴ vo³³ kau²⁴ tai⁴²？

	0034 老师给了你一本很厚的书吧？
大昌	老 师 要 一 厚 书 去 汝 勿？ lau⁴²⁴ ɕi³⁴ iɔ³⁴ zat³ kau⁵³ tu³⁴ hu²⁴ lu³⁴ vɔ³³？
博鳌	老 师 交 汝 一 本 厚 厚 书 咯 勿？ lau⁴² su⁴⁴ kiau⁵⁵ lu⁴² dziat³ ɓui⁴² kau⁴⁴ kau⁴⁴ tu⁴⁴ lɔ³³ bɔ³³？
东澳	老 师 给 汝 一 本 厚 厚 书？ lau⁴² ɕi⁴⁴ ki⁵⁵ du⁴² dziat³ ɓui⁴² kau⁴⁴ kau⁴⁴ tu⁴⁴？
黎安	老 师 分 汝 一 本 那 个 厚 书 对 吧？ lau⁴² ɕi⁴⁴ ɓun⁴⁴ lu⁴² ʑiat³ ɓuei⁴² na⁴⁴ hu⁵³ kau⁴⁴ tu⁴⁴ ɗuei²⁴ ɓa³³？

续表

	0034 老师给了你一本很厚的书吧？
感城	老师 乞 一 本 乃 顾 厚 个 书 汝。 lau⁴⁴ çi⁴⁴ khi↑⁵ ʑie↑³ pui²² na⁴⁴ ku³⁵ kau⁴⁴ ke²¹ tsu⁴⁴ lu²² 。
昌江	老师 乞 了 一 本 好 厚 个 书 去 你 不？ lau⁴² çi⁴⁴ khi⁵⁵ lo³³ zat³ ɓuei⁴² ho⁴² kau⁴⁴ kai³³ tu⁴⁴ hu²⁴ lu⁴² vo³³？

	0035 那个卖药的骗了他一千块钱呢。
大昌	妚 卖 药 个 棍 伊 一 千 银。 mɔ⁵⁵ voi²⁴ iaʔ³ gai³⁴ kun²⁴ i³⁴ zat³ sai³⁴ ŋin²² 。
博鳌	许 个 卖 药 个 棍 伊 一 千 银 去 啦。 ŋɔ⁴² kai³³ bɔi⁴⁴ iɔ³³ kai⁴⁴ kun²⁴ i³¹ dʑiat³ sai⁴⁴ nin³¹ hu²⁴ la³³ 。
东澳	许 个 卖 药 个 棍 伊 一 千 银。 u⁴² kai³³ bɔi⁴⁴ iɔ³³ kai⁴⁴ koŋ²⁴ i³¹ dʑiat³ sai⁴⁴ nin³¹ 。
黎安	许 个 卖 药 个 骗 伊 一 千 银。 hɔ²⁴ kai⁴⁴ bɔi³³ iɔ³³ kai⁴⁴ phin²⁴ i³¹ ʑiat³ sai⁴⁴ in³¹ 。
感城	许 只 卖 药 侬 骗 伊 一 千 银。 ho³⁵ tçieʔ⁵ voi⁴⁴ ieʔ³ naŋ²¹ phien³⁵ iʔ³ ʑie? tshai⁴⁴ ŋin²¹ 。
昌江	阿 妚 卖 药 个 谎 了 伊 一 千 银。 a³³ mo⁵⁵ ɓoi⁴⁴ ie³³ kai³³ huaŋ⁴² lo³³ i⁴⁴ zat³ sai³⁴ nin³¹ 。

	0036a. 我上个月借了他三百块钱。b. 我上个月借了他三百块钱。 a. 借入。b. 借出。如与 a 句相同，注"同 a"即可。
大昌	a. 我 上 个 月 借 过 伊 三 百 银。 a. ua³⁴ tçiɔ⁵³ kai³⁴ vuei³³ tçiɔ²⁴ kuei²⁴ i³⁴ ta³⁴ ɓe⁵⁵ ŋin²² 。 b. 我 上 个 月 借 伊 三 百 银。 b. ua³⁴ tçiɔ⁵³ kai³⁴ vuei³³ tçiɔ²⁴ i³⁴ ta³⁴ ɓe⁵⁵ ŋin²² 。
博鳌	a. 上 个 月 我 借 了 伊 三 百 银。 a. tçiɔ⁴⁴ kai³³ gie³³ ua⁴² tçiɔ⁵³ liau⁴⁴ i³¹ ta⁴⁴ ɓæ⁵⁵ nin³¹ 。 b. 我 上 个 月 借 去 伊 三 百 银。 b. ua⁴² tçiɔ⁴⁴ kai³³ gue³³ tçiɔ⁵³ hu²⁴ i³¹ ta⁴⁴ ɓæ⁵⁵ nin³¹ 。

续表

	0036a. 我上个月借了他三百块钱。b. 我上个月借了他三百块钱。 a. 借入。b. 借出。如与 a 句相同，注"同 a"即可。
东澳	a. 我　上　个　月　借给伊三百银借入。 a. gua⁴² tɕiɔ⁴⁴ kai³³ gue³³ tɕiɔ⁵³ ki⁴⁴ i³¹ ta⁴⁴ ɓe⁵⁵ nin³¹。 b. 我　上　个　月　借给伊三百银借出。 b. bua⁴² tɕiɔ⁴⁴ kai³³ gue³³ tɕiɔ⁵³ ki²⁴ i³¹ ta⁴⁴ ɓe⁵⁵ nin³¹。
黎安	a. 我　上　奷　月　借伊三百银。 a. bua⁴² tɕhi⁴⁴ mɔ⁵⁵ guei³³ tɕhiɔ⁵³ i³¹ ta⁴⁴ ɓe⁵⁵ in³¹。 b. 我　上　奷　月　借过伊三百　银。 b. bua⁴² tɕhi⁴⁴ mɔ⁵⁵ guei³³ tɕhiɔ⁵³ kuei²⁴ i³¹ ta⁴⁴ ɓe⁵⁵ nin³¹。
感城	a. 前　古　我　借伊三百　银来。 a. tsai²¹ kou²² va²² tɕieʔ⁵ i⁴⁴ sa⁴⁴ peʔ⁵ ŋin²¹ lai²¹。 b. 前　古　我　借伊三百　银。 b. tsai²¹ kou²² va²² tɕieʔ⁵ i⁴⁴ sa⁴⁴ peʔ⁵ ŋin²¹。
昌江	a 我　前个　月借伊三百　银。 a. ua⁴² tai³¹ kai³³ uei³³ tɕie²⁴ i³¹ ta⁴⁴ ɓe⁵⁵ nin³¹。 b. 我　前个　月　借乞伊三百　银。 b. ua⁴² tai³¹ kai³³ uei³³ tɕie²⁴ khi³³ i⁴⁴ ta⁴⁴ ɓe⁵⁵ nin³¹。
	0037a. 王先生的刀开得很好。b. 王先生的刀开得很好。 a. 王先生是医生（施事）。b. 王先生是病人（受事）。如与 a 句相同，注"同 a"即可。
大昌	a. 王　先生　开　刀　几　会。 a. uaŋ²² tin³⁴ te³⁴ huei³⁴ ɗɔ³⁴ kuei⁴²⁴ uei⁵³。 b. 王　先生个刀开　得几　好。 b. uaŋ²² tin³⁴ te³⁴ kai³⁴ ɗɔ³⁴ huei³⁴ ɗi⁵⁵ kuei⁴²⁴ hɔ⁴²⁴。
博鳌	a. 王医生个刀作得。 a. uaŋ³¹ i⁴⁴ tæ⁴⁴ kai⁴⁴ ɗɔ⁴⁴ tɔ⁵⁵ ɗi⁵⁵。 b. 王　先生个手术开　得好。 b. uaŋ³¹ tin⁴⁴ tæ⁴⁴ kai⁴⁴ ɕiu⁴² tut³ hui⁴⁴ ɗik⁵ hɔ⁴²。

续表

	0037a. 王先生的刀开得很好。b. 王先生的刀开得很好。 a. 王先生是医生（施事）。b. 王先生是病人（受事）。如与a句相同，注"同a"即可。
东澳	a. 王 医 生 个 手 术 作 得 杰 个。 a. uaŋ³¹ i⁴⁴ te⁴⁴ kai⁴⁴ ɕiu⁴² tut⁵ tɔ⁵⁵ ɗi⁵⁵ ki⁵⁵ kɔ³³。 b. 王 先 生 刀 开 得 很 好。 b. uei³¹ tin⁴⁴ te⁴⁴ ɗɔ⁴⁴ hui⁴⁴ ɗik⁵ hen⁴² hɔ⁴²。
黎安	a. 王 先 生 个 手 术 不 错。 a. uei³¹ tin⁴⁴ te⁴⁴ kai⁴⁴ ɕiu⁴² tut⁵ bɔ³³ sɔ²⁴。 b. 王 先 生 刀 开 得 很 好。 b. uei³¹ tin⁴⁴ te⁴⁴ ɗɔ⁴⁴ huei⁴⁴ ɗik⁵ hen⁴² hɔ⁴²。
感城	a. 王 医 生 会 开 刀。 a. ui²¹ i⁴⁴ θe⁴⁴ oi⁴² khui⁴⁴ to⁴⁴。 b. 许 只 医 生 乞 王 先 生 开 刀 极 好。 b. ho⁵⁵ tɕieʔ⁵ i⁴⁴ θe⁴⁴ khiʔ⁵ ui²¹ θin⁴⁴ θe⁴⁴ khui⁴⁴ to⁴⁴ keʔ³ hɔ²²。
昌江	a 王 医 生 刀 开 得 好。 a. uaŋ³¹ i⁴⁴ te⁴⁴ ɗau⁴⁴ khuei⁴⁴ tit⁵ ho⁴²。 b 王 医 生 个 手 术 比 较 好。 b. uaŋ³¹ i⁴⁴ te⁴⁴ kai³³ ɕiu⁴² tut³ ɓi⁴² tɕiau⁴² ho⁴²。

	0038 我不能怪人家，只能怪自己。
大昌	我 勿 怨 别 侬， 只 怨 家 己。 ua³⁴ vɔʔ³ uan²⁴ ɓit³ naŋ²²， na⁵⁵ uan²⁴ ka³⁴ ki⁴²⁴。
博鳌	我 勿 怨 侬 乃 怨 家 己。 ua⁴² bɔ³³ zuan²⁴ naŋ³¹， na⁴⁴ zuan²⁴ kæ⁴⁴ ki⁴²。
东澳	我 勿 怪 侬 乃 怪 侬。 gua⁴² bɔ³³ kuai²⁴ naŋ³¹， na⁴⁴ kuai² naŋ³¹。
黎安	我 勿 怪 伊 人 乃 怪 己。 bua⁴² bɔ³³ kuai²⁴ i³¹ in³¹， na⁴⁴ kuai²⁴ ki⁴²。
感城	我 勿 怪 别 侬 乃 怪 个 己。 va²² vo³³ kuai³⁵ pai⁴⁴ naŋ²¹ na⁴⁴ kuai³⁵ kai⁴⁴ ki⁴⁴。
昌江	我 勿 能 怪 别 侬， 乃 能 怪 根 己。 ua⁴² vo³³ neŋ³¹ kuai²⁴ ɓe³³ naŋ³¹， na⁴⁴ neŋ³¹ kuai²⁴ kin⁴⁴ ki⁴²。

	0039a. 明天王经理会来公司吗？b. 我看他不会来。
大昌	a. 玄旦王 经理来 公司 勿？ a. in²² nua²⁴ uaŋ²² kiŋ³⁴ li⁴²⁴ lai²² koŋ³⁴ çi³⁴ vɔ³³？ b. 我望伊勿 会 来。 b. ua³⁴ ɔ³⁴ i³⁴ vɔʔ³ uei⁵³ lai²²。
博鳌	a. 玄旦王 经理会 来 公司吗？ a. in³¹ nua²⁴ ua³¹ kin⁴⁴ li⁴² ui⁴⁴ lai³¹ koŋ⁴⁴ çi⁴⁴ ma³³？ b. 我 望 伊 勿 来。 b. ua⁴² mɔ⁴⁴ i³⁴ bɔ³³ lai³¹。
东澳	a. 唝明王 经理来 公司吗？ a. m⁵⁵ me³¹ uaŋ³¹ kin⁴⁴ li⁴² lai³¹ koŋ⁴⁴ çi⁴⁴ ma³³？ b. 我 望伊勿 来。 b. gua⁴² mɔ⁴⁴ i³⁴ bɔ³³ lai³¹.
黎安	a. 什明王 经理来 公司 吗？ a. ta³³ me³¹ uei³¹ kin⁴⁴ li⁴² lai³¹ koŋ⁴⁴ çi⁴⁴ ma³³？ b. 我 望伊勿 来。 b. bua⁴² mɔ⁴⁴ i³⁴ bɔ³³ lai³¹。
感城	a. 现 旦 更王经理 来 公司 勿？ a. hin⁴⁴ nuo³⁵ ke⁴⁴ ui²¹ keŋ⁴⁴ li²² lai²¹ koŋ⁴⁴ çi⁴⁴ vo³³？ b. 我望伊勿可 能 勿来。 b. va²² mo⁴⁴ i⁴⁴ vo³³ kho²² neŋ²¹ vo³³ lai²¹。
昌江	□ 旦 囡王 经理来 公司 勿？ taŋ⁴⁴¹ huo²⁴ kie⁴² uaŋ³¹ kin⁴⁴ li⁴² lai³¹ koŋ⁴⁴ çi⁴⁴ vo³³？ b. 我 映伊可 能 勿 来。 b. ua⁴² ɔ⁴⁴ j⁴⁴ kho⁴² neŋ³¹ vo³³ lai³¹。

	0040 我们用什么车从南京往这里运家具呢？
大昌	依 用 物车去 南 京 驶家具？ naŋ²² zoŋ⁵³ mi⁵⁵ çia³⁴ hu²⁴ nam²² kiŋ³⁴ tai⁴²⁴ ke³⁴ ki⁵³？
博鳌	咱 用物车从 南 京 运家具来呢？ nan³¹ nan³¹ zoŋ⁴⁴ mi⁴⁴ çia⁴⁴ soŋ³¹ nam³¹ kiŋ⁴⁴ zun⁴⁴ kæ⁴⁴ ki⁵³ lai³¹ ni⁴⁴？
东澳	我 们用 物车从 南 京 装家具来即里？ gua⁴² moŋ³¹ dʑioŋ⁴⁴ mi⁵⁵ çia⁴⁴ soŋ³¹ naŋ³¹ kin⁴⁴ tuaŋ⁴⁴ ke⁴⁴ ki⁵³ lai³¹ tçi⁵⁵ lai？

续表

	0040 我们用什么车从南京往这里运家具呢？
黎安	我 侬 用 物 车 从 南 京 运 家 具 呢？ bua⁴² naŋ³¹ zoŋ⁴⁴ mi⁵⁵ çia⁴⁴ soŋ³¹ nam³¹ kin⁴⁴ un⁴⁴ ke⁴⁴ ki⁵³ nei³³？
感城	□ 用 乜 车 趁 南 京 运 家 具？ nan²² zoŋ⁴⁴ mi⁵⁵ çie⁴⁴ than³⁵ nan²¹ keŋ⁴⁴ zun⁴⁴ ke⁴⁴ ki⁴²？
昌江	我 侬 用 物 车 运 家 具 趁 南 京 来 即 里？ ua⁴² naŋ³¹ zoŋ⁴⁴ mi³³ çie⁴⁴ un⁴⁴ ke⁴⁴ ki⁵³ han²⁴ nam³¹ kin⁴⁴ lai³¹ tçi⁵⁵ lai⁴²？

	0041 他像个病人似的靠在沙发上。
大昌	伊 共 病 侬 样 倚 沙 发 上。 i³⁴ kaŋ⁵³ ɓe⁵³ naŋ²² iɔ³⁴ ua⁴²⁴ sɔ³⁴ fa³³ tçiɔ⁵³。
博鳌	伊 好 像 病 侬 一 样 倚 住 沙 发 上。 i³¹ hɔ⁴² dziaŋ⁴⁴ ɓæ⁴⁴ naŋ³¹ dziat³ iɔ⁴⁴ ua⁴² ɗu⁴⁴ sɔ⁴⁴ fat⁵ tçiɔ⁴⁴。
东澳	伊 好 像 病 侬 一 样 倚 在 沙 发 上。 i³¹ hɔ⁴² dziaŋ⁴⁴ ɓe⁴⁴ naŋ³¹ dziat³ iɔ⁴⁴ ua⁴² ɗu⁴⁴ sɔ⁴⁴ faʔ⁵ tçiɔ⁴⁴。
黎安	伊 共 病 侬 一 样 倚 有 沙 发 上。 i³¹ kaŋ⁴⁴ ɓe⁴⁴ naŋ³¹ ziat³ iɔ⁴⁴ ua⁴² u⁴⁴ sɔ⁴⁴ fat⁵ tçhiɔ⁴⁴。
感城	伊 坐 路 共 病 侬 倚 有 椅 上。 i⁴⁴ tse⁴⁴ lou⁴⁴ kaŋ⁴⁴ pe⁴⁴ naŋ²¹ uo²² tu⁴⁴ i²² tçie⁴⁴。
昌江	伊 像 个 病 侬 样 偃 着 沙 发 上。 i³¹ çiaŋ⁵³ kai³³ ɓe⁴⁴ naŋ³¹ iaŋ⁴⁴ ai⁴⁴ ɗɔ³³ sɔ⁴⁴ fat⁵ tçie⁴⁴。

	0042 这么干活连小伙子都会累坏的。
大昌	作 工 这 许 连 后 生 囝 都 勿 顶 得 着。 tɔ⁵⁵ kaŋ³⁴ tse³³ hɔ⁴⁴ lin²² au⁵³ te³⁴ kia⁴²⁴ ɗu³⁴ vɔʔ³ ɗiŋ⁴²⁴ ɗi⁵⁵ ɗɔ³³。
博鳌	若 样 作 工 连 后 生 囝 都 乏。 iɔ³³ iɔ⁴⁴ tɔ⁵⁵ kaŋ²² lin⁴⁴ au⁵³ tæ⁴⁴ kia⁴² ɗou⁴² aʔ³。
东澳	若 样 作 工 连 孥 囝 都 乏。 iɔ³³ iɔ⁴⁴ tɔ⁵⁵ kaŋ²² lin³¹ niau⁵⁵ kia⁴² ɗou⁴² aʔ³。
黎安	若 样 作 工 生 囝 老 死。 iɔ³³ iɔ⁴⁴ tɔ⁵⁵ kaŋ²² seŋ⁴⁴ kia⁴² lau⁴² ti⁴⁴。
感城	同 样 作 工 连 阿 囝 都 乏 啊。 taŋ²¹ ie⁴⁴ tsoʔ⁵ kaŋ⁴⁴ lin²¹ a⁵⁵ kie²² lou⁴⁴ haiʔ³ a⁴⁴。

四 语法 / 191

续表

	0042 这么干活连小伙子都会累坏的。
昌江	即 样 作 工 连 后 生 囝 都 累 着。 tɕi⁵⁵ ziaŋ⁴⁴ tɔ⁵⁵ kaŋ⁴⁴ lin³¹ au⁴⁴ te⁴⁴ kie⁴² lou⁴⁴ ŋaŋ⁴⁴ ɗɔ³³。
	0043 他跳上末班车走了。我迟到一步，只能自己慢慢 走回学校了。请设想几个大学生外出后返校的情景。
大昌	伊 跳 上 尾 班 车 走 咯，我 来 迟 个， i³⁴ ɗiɔ²⁴ tɕiɔ⁵³ uei⁴²⁴ ɓan³⁴ ɕia³⁴ tau⁴²⁴ lɔ³³，ua³⁴ lai²² ɗi²² gɔ³⁴， 只 能 缓 缓 行 学 校。 na²⁴ neŋ²² hua⁴²⁴ hua⁴²⁴ kia²² ɔʔ³ iau³⁴。
博鳌	伊 坐 笃 尾 班 车 走 咯，我 迟 遘 一 步， i³¹ tse⁴⁴ ɗu⁵⁵ bia⁴² ɓan⁴⁴ ɕia⁴⁴ tau⁴² lɔ³³，ua⁴² ɗi³¹ kau²⁴ dziat³ ɓau⁴⁴， 那 我 乍 己 缓 缓 回 学 校。 na⁴⁴ gua⁴² ta³³ ki⁴² hua⁴⁴ hua⁴⁴ ɗui⁴² ɔ³³ iau⁴⁴。
东澳	伊 坐 笃 尾 班 车 走 咯，我 迟 遘 一 步， i³¹ tse⁴⁴ ɗu⁵⁵ bue⁴² ɓan⁴⁴ ɕia⁴⁴ tau⁴² lɔ³³，gua⁴² ɗi³¹ kau²⁴ dziat³ ɓau⁴⁴， 那 我 乍 己 缓 缓 回 学 校。 na⁴⁴ gua⁴² ta³³ ki⁴² hua⁴⁴ hua⁴⁴ ɗui⁴² ɔ³³ iau⁴⁴。
黎安	伊 踏 笃 班 车 走 咯，我 迟 一 步， i³¹ ɗa³³ ɗu⁵⁵ ɓan⁴⁴ ɕia⁴⁴ tau⁴² lɔ³³，bua⁴² ɗi³¹ ziat³ ɓau⁴⁴， 那 我 己 缓 缓 行 学 校。 na⁴⁴ bua⁴² ki⁴² hua⁴⁴ hua⁴⁴ kia³¹ ɔ³³ iau⁴⁴。
感城	伊 坐 督 后 班 车 走 啦，所我 迟 □ 囝， i⁴⁴ tse⁴² tuʔ⁵ au⁴⁴ pan⁴⁴ ɕie⁴⁴ tsau²² la⁵⁵，tɔ²² va²² ti²¹ nai⁵⁵ kie²²， 乃 好 个 己 行 路 转 学 校。 na⁴⁴ hɔ²² kai⁴⁴ ki⁴² kie²¹ lou⁴⁴ tui²² oʔ³ hiau⁴²。
昌江	伊 跃 上 最 后 班 车 走 了，我 迟 遘 一 步， i⁴⁴ hek³ tɕie⁴⁴ tsuei⁵³ au⁵³ ɓan⁴⁴ ɕie⁴⁴ tau⁵² lo³³，ua⁴² ɗi³¹ kau²⁴ zat³ ɓɔu⁴⁴， 只 能 慢 慢 行 着 学 校。 tɕi⁴² neŋ³¹ man⁴⁴ man⁴⁴ kie³¹ ɗɔ³³ ɔ³³ hiau⁴²。

	0044 这是谁写的诗？谁猜出来我就奖励谁十块钱。
大昌	这 首 诗 是 底 侬 写 个？ 底 侬 猜 出 来 奖 十 银 去 伊。 tse³³ tiu⁴²⁴ ti⁴⁴ ti⁵³ ɗi⁴²⁴ naŋ²² tia⁴²⁴ kai⁴⁴? ɗi⁴²⁴ naŋ²² sai³⁴ sut⁵ lai²² tɕiaŋ⁵³ tap³ ŋin²² hu²⁴ i³⁴。
博鳌	若 是 样 写 个 诗？ 样 猜 得 出 我 就 奖 励 样 十 元 银。 iɔ⁵⁵ ti⁴⁴ niaŋ⁴⁴ tia⁴² kai⁴⁴ ti⁴²? niaŋ⁴⁴ sai⁴⁴ ɗik³ sut⁵ ua⁴² tɕiu⁴² tɕiaŋ⁵³ li⁴⁴ niaŋ⁴⁴ tap⁴ kai³³ nin³¹。
东澳	这 头 诗 样 写 个？ 汝 猜 出 来 勿？ 我 给 汝 十 元 银。 tse⁵⁵ hau³¹ ti⁴⁴ iaŋ⁴⁴ tia⁴² kai⁴⁴? du⁴² sai⁴⁴ sut⁵ lai³¹ bɔ³³? gua⁴² ki⁵⁵ du⁴² ta³ tuan³¹ nin³¹。
黎安	若 是 [底侬]写 个 诗？ [底侬]猜 得 出 我 奖 十 个 银。 iɔ³³ ti⁴⁴ ɗiaŋ⁴⁴ tia⁴⁴ kai⁴⁴ ti⁴⁴? ɗiaŋ⁴⁴ sai⁴⁴ ɗik⁵ sut⁵ bua⁴² tɕiaŋ⁴² tap³ kai⁴⁴ in³¹。
感城	若 是 [底侬]写 个 诗？ [底侬]猜 得 出 就 奖 十 个 银 汝。 ʑie⁵⁵ θi⁴² tiaŋ⁴⁴ ɕie²² kai²¹ ɕi⁴⁴? tiaŋ⁴⁴ tshai⁴⁴ ti²⁵ tshui³¹ tɕiu⁴² tɕiaŋ⁵⁵ tsai²³ kai²¹ ŋin²¹ lu²²。
昌江	即 是 [底侬]写 个 诗？ 猜 出 来 奖 去 伊 十 银。 tɕi⁵⁵ ti⁴⁴ ɗiaŋ⁴⁴ tie⁴² kai³³ ti⁴⁴? sai⁴⁴ sut⁵ lai³¹ tɕiaŋ⁴² hu²⁴ i⁴⁴ tap³ nin³¹。

	0045 我给你的书是我教中学的舅舅写的。
大昌	我 要 汝 个 书 是 我 教 中 学 妚 舅 爹 写 个。 ua³⁴ iɔ⁵³ lu³⁴ gai³⁴ tu³⁴ ti⁵³ ua³⁴ ka²⁴ toŋ²² ɔʔ³ mɔ⁵⁵ gu³⁴ ɗe³⁴ tia⁴² kai³⁴。
博鳌	我 交 汝 去 个 书 是 我 教 中 学 个 舅 爹 写 个。 ua⁴² kiau⁴⁴ hu²⁴ lu⁴² kai⁴⁴ tu⁴⁴ ti⁴² ua⁴² ka²⁴ toŋ⁴⁴ ɔ³³ kai⁴⁴ ku⁵⁵ tæ⁴⁴ tia⁴² kai⁴⁴。
东澳	我 分 汝 个 书 是 我 教 中 学 个 舅 写 个。 gua⁴² ɓun⁴⁴ lu⁴⁴ kai⁴⁴ tu⁴⁴ ti⁴⁴ gua⁴² ka²⁴ toŋ⁴⁴ ɔ³³ kai⁴⁴ ku⁵⁵ tia⁴⁴ kai⁴⁴。
黎安	我 分 汝 个 书 是 我 教 中 学 个 阿 爷 写 个。 bua⁴² ɓun⁴⁴ lu⁴⁴ kai⁴⁴ tu⁴⁴ ti⁴⁴ bua⁴² ka²⁴ toŋ⁴⁴ ɔ³³ kai⁴⁴ a³³ ze³¹ tia⁴² kai⁴⁴。
感城	我 乞 汝 个 书 是 [我侬] 中 学 只 舅 写 个。 va⁵⁵ kiʔ⁵ lu²² kai²¹ tsu⁴⁴ θi⁴² van²² tsoŋ⁴⁴ oʔ³ tɕie⁵ ku⁴² ɕie²² kai²¹。
昌江	我 乞 汝 个 书 是 我 教 中 学 个 舅 爹 写 个。 ua⁴² khi⁵⁵ lu⁴² kai³³ tu⁴⁴ ti⁴⁴ ua⁴² ka²⁴ toŋ⁴⁴ o³³ kai⁴⁴ gu⁴⁴ ɗe⁴⁴ tie⁴² kai³³。

	0046 你比我高，他比你还要高。
大昌	汝 悬 过 我， 伊 悬 过 汝。 lu³⁴ kuai²² kuei²⁴ ua³⁴, i³⁴ kuai²² kuei²⁴ lu³⁴。

续表

	0046 你比我高，他比你还要高。
博鳌	汝 比 我 悬， 伊 比 汝 乃 悬。 lu⁴² ɕi⁴² ua⁴² kuai³¹， i³¹ ɕi⁴² lu⁴² na⁴⁴ kuai³¹。
东澳	汝 比 我 悬， 伊 比 汝 更 悬。 du⁴² ɕi⁴² gua⁴² kuai³¹， i³¹ ɕi⁴² du⁴² keŋ⁴⁴ kuai³¹。
黎安	汝 比 我 悬， 伊 比 汝 乃 悬。 lu⁴² ɕi⁴² bua⁴² kuai³¹， i³¹ ɕi⁴² lu⁴² na⁴⁴ kuai³¹。
感城	汝 比 我 悬， 伊 比 汝 □ 悬。 lu²² pi²² va²² kuai²¹， i⁴⁴ pi²² lu²² nan⁵⁵ kuai²¹。
昌江	汝 比 我 悬， 阿㚢 比 汝 更 悬。 lu⁴² ɕi⁴² ua⁴² kuai³¹， a³³ mo⁵⁵ ɕi⁴² lu⁴² keŋ²⁴ kuai³¹。

	0047 老王跟老张一样高。
大昌	老 王 共 老 张 平 悬。 lau⁴²⁴ uei²² kaŋ³⁴ lau⁴²⁴ tɕiaŋ³⁴ ɕe²² kuai²²。
博鳌	老 王 共 老 张 平 悬。 lau⁴² uaŋ³¹ kaŋ⁴⁴ lau⁴² tɕiaŋ⁴² ɕæ³¹ kuai³¹。
东澳	老 王 共 老 张 平 悬。 lau⁴² uaŋ³¹ kaŋ⁴⁴ lau⁴² tɕiaŋ⁴² ɕe³¹ kuai³¹。
黎安	老 王 跟 老 张 平 悬。 lau⁴² uei³¹ ken⁴⁴ lau⁴² tɕiaŋ⁴⁴ ɕe³¹ kuai³¹。
感城	老 王 共 老 张 平 悬。 lau⁴⁴ ui²¹ kaŋ⁴⁴ lau⁴² tɕiaŋ⁴⁴ pe²² kuai²¹。
昌江	老 王 跟 老 张 一样 悬。 lau⁴² uei³¹ kun⁴⁴ lau⁴² tɕiaŋ⁴⁴ it⁵ ie⁴⁴ kuai³¹。

	0048 我走了，你们俩再多坐一会儿。
大昌	我 走 咯， 汝 侬 再 坐 下 凑。 ua³⁴ tau⁴²⁴ lɔ³³， lu⁴² naŋ³¹ tsai²⁴ tse³⁴ e³⁴ sau²⁴。
博鳌	我 去 咯， 汝 侬 再 缓 缓 坐。 ua⁴² hu²⁴ lɔ³³， lu⁴² naŋ³¹ tai²⁴ hua⁴ hua⁴⁴ tsæ⁴⁴。

续表

	0048 我走了，你们俩再多坐一会儿。
东澳	我 去 咯， 汝 们 再 坐 一 会 团。 gua⁴² hu²⁴ lɔ³³, du⁴² moŋ³¹ tai²⁴ tse⁴⁴ dzia³³ hui⁴⁴ kia⁴².
黎安	我 走 咯， 汝 侬 两 再 坐 下 凑 bua⁴² tau⁴² lɔ³³, lu⁴² naŋ³¹ nɔ⁴⁴ tsai²⁴ tse⁴⁴ e⁴⁴ sau²⁴.
感城	我 转 去 啦， 汝 两 侬 个 己 坐。 va²² tui²² hu³⁵ la⁰, lu²² no⁴⁴ naŋ²¹ kai⁴⁴ ki⁴⁴ tse⁴².
昌江	我 走 了， 汝 两 侬 再 坐 多 滴 下。 ua⁴² tau⁴² lo³³, lu⁴² nɔ⁴⁴ naŋ³¹ tsai²⁴ tse⁴⁴ toi²⁴ ni⁵⁵ e⁴⁴.

	0049 我说不过他，谁都说不过这个家伙。
大昌	我 讲 勿 过 伊， 样 都 勿 讲 得 过 伊 只 家 伙。 ua³⁴ kiaŋ⁴²⁴ vɔʔ³ kuei²⁴ iˑ³⁴, iaŋ⁵³ dou³⁴ vɔʔ³ kiaŋ⁴²⁴ ɗi⁵⁵ kuei iˑ³⁴ tɕiaʔ⁵ ke³⁴ uei⁴²⁴.
博鳌	我 讲 勿 过 伊， 样 讲 勿 过 伊。 ua⁴² koŋ⁴² bɔ³³ kie²⁴ iˑ³¹, iaŋ³¹ koŋ⁴² bɔ³³ kie²⁴ iˑ³¹.
东澳	我 讲 勿 过 伊， 样 讲 勿 过 伊。 gua⁴² koŋ⁴² bɔ³³ kue²⁴ iˑ³¹, iaŋ³¹ koŋ⁴² bɔ³³ kue²⁴ iˑ³¹.
黎安	我 讲 勿 过 伊， 若 侬 勿 讲 得 过 孬 骹 数。 bua⁴² koŋ⁴² bɔ³³ kuei²⁴ iˑ³¹, iɔ³³ naŋ³¹ bɔ³³ koŋ⁴² ɗik⁵ kuei²⁴ mɔ⁵⁵ ha⁴⁴ tiau⁵³.
感城	我 讲 勿 过 伊，[底侬]讲 都 勿 过 只 骹 数。 va²² koŋ²² vo³³ kuo³⁵ iˑ⁴⁴, tiaŋ⁴⁴ koŋ²² lou⁴⁴ vo³³ kuo³³ tɕieʔ⁵ kha⁴⁴ θiau³⁵.
昌江	我 讲 勿 过 伊， 底 侬 都 讲 勿 过 伊。 ua⁴² koŋ⁴⁴ vo³³ kuei²⁴ iˑ³¹, mi⁵⁵ naŋ³¹ lɔu⁴⁴ koŋ⁴² vo³³ kuei²⁴ iˑ⁴⁴.

	0050 上次只买了一本书，今天要多买几本。
大昌	上 次 乃 买 咯 一 本 书， 者 次 要 多 买 几 本。 tɕiɔ⁵³ ɕi²⁴ na⁵⁵ voi⁴²⁴ lɔ³³ zat³ ɓuei⁴²⁴ tu³⁴, tse³³ ɕi²⁴ iɔ²⁴ ɗoi³⁴ voi⁴²⁴ kuei⁴²⁴ ɓuei⁴²⁴.
博鳌	上 次 乃 买 一 本 书， 今 旦 要 多 买 几 本。 tɕiɔ⁴⁴ ɕi²⁴ na⁴⁴ voi⁴² dziat³ ɓui⁴² tu²², kin⁴⁴ nua²⁴ iɔ²⁴ tui⁴² vɔi⁴² kɔi⁴² ɓui⁴².
东澳	上 次 乃 买 一 本 书， 今 天 多 买 几 本。 tɕiɔ⁴⁴ ɕi²⁴ na⁴⁴ vɔi⁴² dziat³ ɓui⁴² tu²², kin⁴⁴ hi⁴⁴ tuei⁴⁴ vɔi⁴² kui⁴² ɓui⁴².

续表

	0050 上次只买了一本书，今天要多买几本。
黎安	上 次 乃 买 一 本 书， 今 旦 多 买 几 本。 tɕiɔ⁴⁴ ɕi²⁴ na⁴⁴ vɔi⁴² ʑiat³ ɓuei⁴² tu²² , kin⁴⁴ hua²⁴ tuei⁴² vɔi⁴² kuei⁴² ɓuei⁴²。
感城	前 下 我 乃 买 一 本 书， 今 旦 欠 买 加 几 本。 tsai²¹ e⁴⁴ va²² na⁴⁴ voi²² ʑieʔ³ pui²² tsu⁴⁴ , kin⁴⁴ nuo³⁵ kheŋ³⁵ voi²² ke⁴⁴ kui²² pui²²。
昌江	前 次 只 买 一 本 书， 今 旦 买 几 多 本。 tai³¹ ɕi²⁴ tɕi⁴² ɓoi⁴² zat³ ɓuei⁴² tu⁴⁴ , kin⁴⁴ hua²⁴ ɓoi⁴² kuei⁴² toi⁴⁴ ɓuei⁴²。

五　口头文化

（一）大昌口头文化

大昌其一歌谣　梁山伯与祝英台

梁唱：

taŋ²⁴ ɖi⁵³ sut⁵，haŋ²² tɕiu³⁴ tia²²，kau²⁴ uaŋ³⁴ kiau²²，ɖua³⁴ tua³⁴ ha³⁴，

送　弟　出，杭　州　城，遘　荒　郊，大　山　骹，

ɖi⁵³ lu³⁴ mɔ⁵³ tɕiau³⁴ fu³⁴ mɔ⁵³ tɕiau²² fu³⁴ ɖam²⁴ sa²²，i³⁴ ta⁴² sut⁵ am²⁴ kuei³⁴。

弟　汝　望　樵　　夫　望　樵　　夫　担　柴，伊　早　出　暗　归

hɔu⁴²⁴ ɖi⁵³ hɔu⁴²⁴ sai³⁴ ɓua³⁴。

苦　是　苦　千　般。

祝唱：

kɔ³⁴ i³⁴ ke³⁴ kiaŋ²²，tiu⁵³ hɔu⁴²⁴ luat³，hin²² hin²² sau³⁴ tɔ⁵⁵，uei²⁴ ɕi³⁴ kia⁴²⁴，

哥　伊　家　穷　，受　苦　　啦，勤　勤　操　作，为　妻　团，

i³⁴ uei²⁴ ɕi³⁴ kia⁴²⁴ na³⁴ ham⁴²⁴ sa²²，kɔ³⁴ uei²⁴ hɔ²² naŋ²² taŋ²⁴ laʔ³ tua³⁴？

伊　为　妻　团　才　砍　　柴，哥　为　何　侬　送　落　山？

梁唱：

i³⁴ uei²⁴ ɕi³⁴ kia⁴²⁴ i³⁴ ham⁴²⁴ sa²²，kɔ³⁴ ti⁵³ uei⁴² taŋ²⁴ ɖi⁵³ taŋ²⁴ laʔ³ tua³⁴。

伊　为　妻　团　伊　砍　　柴，哥　是　为　送　弟　送　落　山。

意译

梁唱：

送弟出，杭州城，到荒郊，大山脚，
弟你看樵夫看樵夫担柴，他早出晚归
苦地苦千般。
祝唱：
哥他家穷，受苦啦，勤勤操作，为妻和子，
他为妻和子才砍柴，哥为何人送下山？
梁唱：
他为妻和子砍柴，哥是为送弟下山。

（发音人：陈仁德）

大昌其二故事　养生故事

khi⁵⁵ na³⁴ ɖu⁵³ ua⁴²⁴ kaŋ³⁴ tɔʔ⁵ toŋ³⁴, hɔ⁴²⁴ toi²⁴ toi³⁴ ɓe³⁴ ti⁵³ na⁴²⁴ ɦiɔ²⁴ hi²²
今　旦¹ 住² 我　工　作　中， 好　多　多　病　是 乃³ 向　年
seŋ⁵³ hoi²⁴。khi⁵⁵ na³⁴ kai²² naŋ²² te³⁴ ua⁵³ tui⁴²⁴ ɓe²² kuei²² lo⁰, hɔ⁴²⁴ toi²⁴ toi³⁴
青　化。今 旦 个⁴ 侬⁵ 生 活 水 平 悬⁶ 略，好 多 多⁷
naŋ²² ti⁵³ ʑi⁴²⁴ tɔʔ⁵ me²², me²² tɔʔ⁵ ʑi⁴²⁴ lai²² huei⁵³ kai²²。
侬　是 日 作 暝⁸，暝 作 日 来 瞌⁹ 个。
ɖu⁵³ ua⁴²⁴ naŋ²² ɖa⁵⁵ saŋ³⁴, ua⁴²⁴ u⁵³ kaŋ³⁴ tɔʔ⁵ toŋ³⁴, ua⁴²⁴ tɕiu⁵³ mai²⁴ ɖua³⁴ ke³⁴
住 我 侬 大 昌， 我 有² 工 作 中， 我 就 示¹⁰ 大　家
ɖi⁵³ ioŋ³⁴ hu²⁴ zaŋ⁴²⁴ te³⁴, ɓi⁴²⁴ ɕin⁵³ koŋ⁴²⁴, i³⁴ huei⁵³ ɖiʔ⁵ ua²⁴, lou⁴²⁴ se⁴²⁴ ni⁵⁵
底　样¹¹ 去 养　生， 比 亲¹² 讲 ， 伊 瞌 得 晚，而　且 呢
i³⁴ ta⁴²⁴ tɕiɔ³⁴ vɔʔ³ hi⁴²⁴ lai²² tɕia⁵⁵ ta⁴²⁴ san³⁴ kai²² tɕi⁵⁵ tɕiaŋ⁴²⁴, tɕiu⁵³ koŋ⁴²⁴·³⁴ naŋ²²
伊 早 上 勿 起 来 食 早 餐 个 即 种¹³， 就 讲 伊 侬
ɦia³⁴, koŋ⁴²⁴ ziat³ ɖia³⁴ an²⁴ ti³⁴ tɔʔ⁵ teʔ⁵, in³⁴ uei⁴²⁴ na³⁴ u⁵³ an²⁴ ti³⁴。
听， 讲　一 定 按 时 作 息，因 为 乃 有¹⁴ 按时。
kai²² tɕi⁵⁵ ɓe³⁴ ti⁵³ u⁴²⁴ ioŋ³⁴ in⁴²⁴ hi⁴²⁴ kai²², tɕiu⁵³ ti⁵³ iu³⁴ teʔ⁵ vɔʔ³ hɔ⁴²⁴ lo⁰,
个 疾 病 是 许 样¹⁵ 引 起 个 ， 就 是 休 息 勿 好 略，

tɕia²² ɕi⁵⁵lo⁰, zun⁵³haŋ⁵³lo⁰, tɕi⁵⁵toi³⁴koʔ⁵koʔ⁵kai²²faŋ³⁴min³⁴in⁴²⁴hi⁴²⁴kai²²。
情 绪 咯，运 动 咯，即 多 各 各 个 方 面 引 起 个。
ɕin⁵³kua⁴²⁴ɓoi⁵³huei²⁴min³⁴ɦiau²²tɕia²⁴liau⁴²⁴ʑi⁴²⁴au⁵³，an²⁴ti³⁴hi⁴²⁴sɔ²²，
亲 果[16] 把 瞌 眠 调 正 了 以 后，按 时 起 床，
an²⁴ti³⁴tɕia⁵³ta⁴²⁴san³⁴，ɓi⁴²⁴ɕin⁵³koŋ⁴²⁴，lu⁴²⁴mi⁵⁵huei²⁴ua²⁴kai²²uei³⁴，
按 时 食 早 餐，比 亲 讲，汝 密[17] 瞌 晚 个 话，
ta⁴²⁴san³⁴lu⁴²⁴ziat³ɗia³⁴an²⁴ɕiʔ⁵ɗiam⁴²⁴tɕiaŋ⁴²⁴kau³⁴kau⁴²⁴ɗiam⁴²⁴tɕiaŋ⁴²⁴hi⁴²⁴la i²²
早 餐 汝 一 定 按 七 点 钟 遘[18] 九 点 钟 起 来
tɕia⁵⁵。in³⁴uei⁴²⁴tɕi⁵⁵hau³⁴ti³⁴mɔ⁵⁵ɓi⁴²⁴keŋ³⁴zun⁵³haŋ⁴²⁴kai³⁴ti²²hau³⁴，naŋ²²ɕi³⁴
食 。因 为 即 候 是 奻[19]脾 经 运 动 个 时 候，侬 需
iau²⁴ɓau⁴²⁴tɔ³³zoŋ²²zaŋ⁴²⁴kai²²ti²²hau³⁴。tɔ⁴²⁴ʑi⁴²⁴tɕi⁵⁵hau³⁴tɕia⁵⁵kai²²ta⁴²⁴
要 补 足 营 养 个 时 候。所 以 即 候 食 个 早
san³⁴lɔ³³ni⁵⁵，hɔ⁴²⁴ʑi⁴²⁴tai⁴²⁴naŋ²²tsen⁵³tin²²ɓe⁵⁵ɓuei⁵³。tɕia⁵⁵ta⁴²⁴san³⁴liau⁴²⁴
餐 落[20]呢，可 以 使 侬 精 神 百 倍 。食 早 餐 了
ʑi⁴²⁴au⁵³i³⁴oi⁵³sɔʔ³tɕin²⁴naŋ²²kai²²hoi⁵⁵ze⁵⁵zoŋ²²zaŋ⁴²⁴koŋ⁵³eŋ⁴²⁴kau²⁴
以 后 伊会 促 进 侬 个 血 液 营 养 供 应 遘
tin³⁴hi⁴²⁴kai²²koʔ⁵koʔ⁵faŋ³⁴min³⁴。leŋ⁵³a⁵⁵kai²²，lu4²⁴huei²⁴min³⁴ua²⁴hu²⁴，
身 体 个 各 各 方 面 。另 一[21]个，汝 瞌 眠 晚 去，
hɔ⁴²⁴ʑi⁴²⁴toŋ³⁴ŋou⁵³tap³it⁵ɗiam⁴²⁴tɕiaŋ⁴²⁴kau³⁴ɗiam⁴²⁴tɕiaŋ⁴²⁴tɕi⁵⁵mɔ⁵⁵kua³⁴
可 以 中 午 十 一点 钟 遘 点 钟[22] 即 奻 肝
keŋ³⁴kia²²kai²²ti²²hau³⁴，lu⁴²⁴hɔ⁴²⁴ʑi⁴²⁴hu²⁴huei²⁴mak³e⁵。ɕin⁵³kua⁴²⁴mi⁵⁵
经 行 个 时 候，汝 可 以 去 瞌 目 下。亲 果 密[17]
huei⁵³vɔʔ³hɔ⁴²⁴lu⁴²⁴tɕiu⁵³hɔ⁴²⁴ʑi⁴²⁴ɲip⁵mak³ɗɔʔ³zaŋ⁴²⁴mɔ⁵⁵tin²²e⁵³za³³hɔ⁴²⁴。
瞌 勿 好 汝 就 可 以 镊 目 着 养 奻 神 下 亦 好。
leŋ⁵³a⁵⁵kai²²，mɔ⁵⁵kua⁴²⁴ɗak³vɔʔ³hɔ⁴²⁴kai²²naŋ²²ni⁵⁵ɓiau⁴²⁴hin²⁴ɗu⁵³ɗe²⁴?
另 一 个，奻 肝 胆 勿 好 个 侬 呢 表 现 有 带[23]?
i³⁴tɕiu⁵³ti⁵³ɓiau⁴²⁴hin²⁴ɗu⁵³ɕiu⁴²⁴kaʔ⁵kaŋ⁵³naŋ²²kai²²mɔ⁵⁵mak³，hɔ⁴²⁴tɔʔ⁵toi³⁴
伊就 是 表 现 有 手 甲 共 侬 个 奻 目，许 作 多
naŋ²²tɕiu⁵³ti³⁴mɔ⁵⁵ɕiu⁴²⁴kaʔ⁵vɔʔ³toi²²ta⁴²⁴，ɓi⁴²⁴ɕin⁵³koŋ⁴²⁴toi³⁴ɕiu⁴²⁴kaʔ⁵
侬 就 是 奻 手 甲 勿 齐 崭，比 亲 讲 多 手 甲

五　口头文化 / 199

ɓai³⁴lo⁰, ken³⁴tiaŋ²²ki²⁴kai²²toi⁵³ɕiu⁴²⁴kaʔ⁵ɓai³⁴, ɗu⁵³huei²⁴vun²²tɕi⁵⁵toi³⁴toŋ⁴²⁴
败略，经常见个多手甲败，有花纹即多总²⁴
ti⁵³kua³⁴ɗak³vɔʔ³hɔ⁴²⁴kai²²ziat³tɕiaŋ⁴²⁴ɓiau⁴²⁴hin²⁴。leŋ⁵³a⁵⁵kai²²ni⁵⁵,
是肝胆勿好个一种　表　现。另一个呢，
ɕiu³⁴kaʔ⁵mɔ⁵⁵teʔ⁵ɓi⁴²⁴kiau³⁴ɔu²⁴am²⁴, tɕi⁵⁵toi³⁴toŋ⁴²⁴ti⁵³kua³⁴taŋ⁵³vɔʔ³hɔ⁴²⁴kai²²。
手甲坏色比较　乌暗，即多总　是肝脏勿好个。
tɔ⁴²⁴zi⁴²⁴hɔ⁴²⁴tɔʔ⁵toi³⁴naŋ²²za³³u⁵³tse⁵³mak³tiap⁵lo⁰, ɓe³³lai⁵³tɕiaŋ²⁴tɕi⁵⁵
所以好作多侬亦有这目涩略，白内障　即
toi³⁴toŋ⁴²⁴ti³⁴in³⁴uei⁴²⁴ua⁴²⁴naŋ²²zoŋ⁴²⁴mak³liau⁴²⁴zi⁴²⁴au⁵³, i³⁴vɔʔ³u⁵³
多　总　是因为　我　侬用目了　以后，伊勿　有
hu²⁴ɦiau²²taʔ⁵zi⁴²⁴au³⁴in⁴²⁴hi⁴²⁴kua³⁴ɗak³ken³⁴ɗu²²hat⁵, ɗu²²hat⁵liau⁴²⁴zi⁴²⁴
去调　节以后引起肝毒经堵塞，堵塞了　以
au⁵³i³⁴uei⁵³in⁴²⁴hi⁴²⁴kɔʔ⁵kɔʔ⁵tɕiaŋ⁴²⁴kai²²ɓe³⁴, ɓi⁴²⁴ɕin⁵³kua³⁴kai²²hɔ²⁴
后伊会引起各各种　个病，比亲肝个许
toi³⁴kua³⁴ŋe⁵³hoi²⁴a⁰, kua³⁴ɗak³vɔʔ³hɔ⁴²⁴a⁰, mɔ⁵⁵ɗak³kit⁵tɕiɔ⁵³aº tɕi⁵⁵toi³⁴
多肝硬化啊，肝胆勿好啊，坏胆结石　啊即多
toŋ⁴²⁴ti⁵³kua³⁴ɗak³vɔʔ³hɔ⁴²⁴kai²²ziat³tɕiaŋ⁴²⁴ɓiau⁴²⁴hin²⁴。tsuei²⁴min³⁴hin⁴²⁴
总　是肝毒勿好个一种　表　现。最明显
kai²²ti⁵³hɔ⁴²⁴tɔʔ⁵toi³⁴naŋ²²tɕia⁵⁵tɕiu⁴²⁴zi⁴²⁴au⁵³i³⁴mɔ⁵⁵min³⁴teʔ⁵ti⁵³ɓin²⁴
个是好作多侬食酒　以后伊坏面　色是变
se³⁴ke²², tɕi⁵⁵mɔ⁵²za³³ti⁵³ziat³tɕiaŋ⁴²⁴kua³⁴ɗak³fai⁴²⁴ɗak³vɔʔ³hɔ⁴²⁴ziat³tɕiaŋ⁴²⁴
青个，即坏亦是一种　肝毒排毒勿好一种
ɓiau⁴²⁴hin²⁴。tɔ⁴²⁴zi⁴²⁴keŋ³⁴tiaŋ²²nan⁴²⁴uei⁴²⁴kai²²mi⁵⁵am²⁴hu²⁴mɔ³⁴liak³teʔ⁵
表　现。所以经常　咱²⁵为　个乇²⁶欠²⁷去望绿色
kai²²mi³³, in³⁴uei⁴²⁴liak³teʔ⁵kai²²mi³³i³⁴hɔ⁴²⁴zi⁵³ɓaŋ³⁴tɔʔ⁵ua⁴²⁴naŋ²²kai²²
个物，因为　绿色个物伊可以帮　作我侬个
kua³⁴ɗak³keŋ³⁴ɦiau²²taʔ⁵。leŋ⁵³a⁵⁵kai²²ni⁵⁵, kua³⁴ɗak³keŋ³⁴haʔ⁵kai²²naŋ²²ti⁵³
肝毒经调节。另一个呢，肝毒经塞个侬是
zoŋ²²zi⁵³kek⁵huei²⁴ke²², haŋ⁵³vɔʔ³haŋ⁵³tɕiu⁵³uat⁵hoi⁴²⁴, tɔ⁴²⁴zi⁴²⁴tɕi⁵⁵tɕiaŋ⁴²⁴
容易激气²⁸个，动勿动就发火，所以即种

kai²² naŋ²² i:³⁴ ia³⁴ vɔʔ³ ti⁵³ koŋ⁴²⁴ ɓun⁴²⁴ tin³⁴ i:³⁴ kan³⁴ ki⁵³ tiɔ⁵³ uat⁵ hoi⁴²⁴，ti⁵³
个 侬 伊亦勿 是 讲 本 身 伊根 己²⁹想发火 ，是
i:³⁴ tɕi⁵⁵ tɕiaŋ⁴²⁴ tin³⁴ hi⁴²⁴ hi⁴²⁴ tɕit⁵ vɔʔ³ hɔ⁴²⁴ liau⁴²⁴ zi⁴²⁴ au⁵³ uat⁵ hoi⁴²⁴ liau⁴²⁴。
伊即 种 身体体质勿 好 了 以 后 发 火 了。
zi⁴²⁴ au⁵³ i:³⁴ tɕiu⁵³ uei⁵³ au⁵³ uei²⁴，tɔ⁴²⁴ zi⁴²⁴ ɗua³⁴ ke³⁴ ham²⁴ li²² koi⁴²⁴ i:³⁴
以 后 伊就 会 后 悔，所 以大 家欠 理解 伊
tɕi⁵⁵ tɕiaŋ⁴²⁴ tɕia²² ɕi⁵⁵。
即 种 情 绪。
leŋ⁵³ a⁵⁵ kai²² i:³⁴ ti⁵³ tiəm³⁴。toŋ³⁴ i:³⁴ koŋ⁴²⁴ kai²² tiəm³⁴ taŋ⁵³ ni⁵⁵ tɕiu⁵³ ti⁵³ tiəm³⁴，
另 一个 伊是心 。中 医讲 个 心 脏 呢就 是 心，
nau⁴²⁴ kaŋ⁵³ huei³³ kuan⁴²⁴ tɕi⁵³ toi³⁴ toŋ⁴²⁴ seŋ³⁴。tiəm³⁴ taŋ⁵³ vɔʔ³ hɔ⁴²⁴ kai:³⁴
脑 共 血 管 即多总 称 。心 脏 勿 好 个 伊
ziat³ ɓua³⁴ i:³⁴ mɔ⁵⁵ min³⁴ teʔ⁵ ti⁵³ aŋ²⁴ kai²²，i:³⁴ tɕiaŋ⁴²⁴ aŋ⁵³ vɔʔ³ ti⁵³ nan⁴²⁴ ɓe³³
一 般 伊孬 面 色是红个 ，伊种 红勿是咱 白
li⁴²⁴ hau²⁴ aŋ²² kai²² tɕiaŋ⁴²⁴ tɕia²⁴ tiaŋ³⁴ kai²²，i:³⁴ ti⁵³ ziat³ tun³⁴ ziat³ tun³⁴
里 透 红个 种 正 常 个 红，伊是一 阵 一 阵
kaŋ³⁴ hai⁴²⁴ tui⁴²⁴ hɔ⁵³ ioŋ³⁴ ɕi:³⁴，aŋ³⁴ liau⁴²⁴ ziu⁵³ lɔ³³，aŋ³⁴ liau⁴²⁴ ziu⁵³ lɔ³³。ɗua³⁴
共 海 水 许样子，红了 又 落，红了 又 落。大
hai²⁴ tɕiu⁵³ ti⁵³ ɗu⁵³ mɔ⁵⁵ min²⁴ kɔʔ⁵ ne²⁴ i:³⁴ tɕiu⁵³ in⁴²⁴ hi⁴²⁴ ziat³ tun³⁴ ziat³
概 就 是 有 孬 面 角 带伊就 会 引 起 一 阵 一
tun³⁴ kai²² aŋ³⁴。ɗeʔ³ ɓit³ ti⁵³ kau³⁴ huei⁴²⁴ ɗe⁵³ a⁰，tiəm²² nau⁴²⁴ huei⁵⁵ kuan⁴²⁴ vɔʔ³
阵 个 红。特别是高 血 叠 啊，心 脑 血 管 勿
hɔ⁴²⁴ kai²² naŋ²² ɓau³⁴ hua²⁴ kau³⁴ huei⁵³ tɕi⁴²⁴ kai²² naŋ²²，i:³⁴ tɕiu⁵³ zoŋ²² zi⁵³ u⁵³
好 个 侬 包 括 高 血 脂 个 侬 ，伊就 容 易 有
tɕi⁵⁵ tɕiaŋ⁴²⁴ ɓiau⁴²⁴ hin²⁴。na⁵³ ti⁵³ tiəm³⁴ ki³⁴ huei³³ huei²⁴ kai²² naŋ²² i:³⁴ tɕiu⁵³
即 种 表 现 。乃是心 肌缺 血 个 侬 伊就
ɓiau⁴²⁴ hin²⁴ ɗu⁵³ mɔ⁵⁵ min²⁴ teʔ⁵ ɓi:³⁴ kiau²⁴ saŋ³⁴ ɓe³³ lo⁰。tɕi⁵⁵ tɕiaŋ⁴²⁴ kai²² naŋ²²
表 现 有 孬 面 色比较 苍 白 咯。即种 个 侬
ni⁵⁵ i:³⁴ ti⁵³ zoŋ²² zi⁵³ uai⁵³ hi⁴²⁴ kai²²，i:³⁴ tɕi⁵⁵ toi⁵⁵ naŋ²² ti⁵³ zoŋ²² zi⁵³ kuei²⁴ hi⁴²⁴。
呢伊是容 易 欢 喜 个 ，伊即多 侬 是 容 易过 喜。

tɔ⁴²⁴ zi⁴²⁴ i³⁴ ziat³ ɓua³⁴ lai²² kɔŋ⁴²⁴ le⁰, i³⁴ du⁵³ mɔ⁵⁵ tɕia²² ɕi⁵⁵ tɕiɔ²² i³⁴ tɕiu⁵³
所 以 伊一 般 来 讲 嘞,伊有 孬 情 绪 上 伊就
ɓiau⁴²⁴ hin²⁴ du⁵³ hi⁴²⁴。na⁵³ ti⁵³ nan⁴²⁴ ziat³ ɓua³⁴ am²⁴ kɔŋ⁴²⁴ hɔŋ²² tɕi²⁴ i³⁴ kai²²
表 现 有 喜。乃是 咱 一 般 欠 讲 控 制 伊 个
tɕia²² ɕi⁵³, tɕia²⁴ tiaŋ²⁴ tɕiu⁵³ kɔŋ⁴²⁴ am²⁴ hɔŋ²² tɕi²⁴ dɔʔ⁵ vɔʔ³ neŋ²² koi⁴ dua³⁴ kai²²
情 绪,正 常 就 讲 欠 控 制 着 勿 能 过 大 个
dua³⁴ hi⁴²⁴ lo⁰ hɔ⁵⁵ tse⁴²⁴ ti⁵³ dua³⁴ ɓoi³⁴ lo⁰。tɕi⁵⁵ tɕiaŋ⁴²⁴ kai²² naŋ²² ziat³ dia³⁴ am²⁴
大 喜 咯或 者 是大 悲 咯。即种 个 侬 一 定 欠
hɔŋ²⁴ tɕi⁵³ hɔ⁴²⁴ tɕia²² ɕi³, in³⁴ uei⁴²⁴ tɕia²² ɕi⁵³ kuei²⁴ dɔu³⁴ liau⁴²⁴ zi⁴²⁴ au⁴²⁴ tɕi⁵⁵
控 制 好 情 绪,因 为 情 绪 过 度 了 以 后 即
ɓe³⁴ tɕiu⁵³ zoŋ²² zi⁵³ uat³ tɔʔ⁵。
病 就 容 易 发 作。

ziat³ kai²² kɔŋ⁴²⁴ kau²⁴ fi²² uei²² vɔʔ³ hɔ⁴²⁴ kai²² naŋ²²。fi²² uei⁵³ vɔʔ³ hɔ⁴²⁴ kai²² naŋ²²
一 个 讲 遘 脾胃 勿 好 个 侬。脾胃 不 好 个 侬
ɓiau⁴²⁴ hin²⁴ du⁵³ de²⁴? tɕiu⁵³ ti⁵³ toi³⁴ ki³⁴ iɔk⁵ ti⁵³ lak³ kai²², mɔ⁵⁵ min³⁴ teʔ⁵ ti⁵³
表 现 有 带?就 是 多 肌 肉 是 腊³⁰个,孬 面 色 是
u⁵³ ti⁵⁵ kia⁴²⁴ am²⁴ uei²² am²⁴ uei²² tɕiaŋ⁴²⁴ kai²². leŋ⁵³ a⁵⁵ kai²², ɕin⁵³ kua⁴²⁴ mi⁵⁵
有滴囝 暗 黄 暗 黄 [即种]³¹个。另一个 ,亲 果 密
ti⁵³ fi²² uei⁵³ vɔʔ³ hɔ⁴²⁴ kai²² naŋ²² i³⁴ kai²² min³⁴ teʔ⁵ ia³³ ti⁵³ saŋ³⁴ ɓe³³ kai²², i³⁴
是脾胃 勿 好 个 侬 伊个 面 色 亦 是 苍 白 个,伊
tɕi⁵⁵ tɕiaŋ²⁴ saŋ³⁴ ɓe³³ ti⁵³ ti⁵⁵ kia⁴²⁴ ɔu³⁴ am²⁴ ɔu³⁴ am²⁴ tɕiaŋ⁴²⁴ saŋ³⁴ ɓe³³
即 种 苍 白 是 有滴囝 乌 暗 乌 暗 种 苍 白
le⁰, ɔu³⁴ ɓe³³ ɔu³⁴ ɓe³³ tɕiaŋ⁴²⁴ ke⁰。tɔ⁴²⁴ zi⁴²⁴ ziat³ ɓua³⁴ fi²² uei²² vɔʔ³ hɔ⁴²⁴ kai²²
嘞,乌 白 乌 白 即 种个所 以 一 般 脾胃 勿 好 个
naŋ²² ni⁵⁵, ua⁴ naŋ²² toŋ⁵³ ti⁵³ kin²⁴ i⁵³ hu⁴ tɕia⁵⁵ kia⁴²⁴ hɔ²⁴ toi²⁴ vi⁴²⁴
侬 呢,我 侬 总 是 建 议 去 食 滴囝 许 多 细米³²
tɔk⁵, in³⁴ uei⁴²⁴ toi²⁴ vi⁴²⁴ tɔk⁵ ti⁵³ un³⁴ ɓɔu⁴²⁴ ke²², lɔ⁴²⁴ se⁴ ni⁵⁵ i³⁴ ti⁵³ ɓi⁴²⁴
粥 ,因 为 细米 粥 是温 补 个,而 且 呢伊是比
kiau²⁴ ua²² kai²² ziat³ tɕiaŋ⁴²⁴。tɔ⁴²⁴ zi⁴²⁴ toi²⁴ vi²⁴ tɔk⁵ hɔ⁴²⁴ zi⁴²⁴ ɓaŋ³⁴ tɔʔ³ ua⁴²⁴
较 和³³个 一 种 。所 以 细米 粥 可 以 帮 作 我

naŋ²² ɦiau³⁴ tseŋ⁴²⁴ mɔ⁵⁵ fi²² uei⁵³。leŋ⁵³ a⁵⁵ kai²², uei⁵³ vɔʔ³ hɔ⁴²⁴ kai²² naŋ²², fi²²
侬　调　整　　奴脾胃。另　一个，胃勿好个侬，脾
uei⁵³ vɔʔ³ hɔ⁴²⁴ kai²² naŋ²² ziat³ ɗia³⁴ am²² tɕia⁵³ tio³⁴ nun²² kai²² mi⁵⁵, vɔʔ³ neŋ²²
胃 勿 好 个 侬 一 定 欠 食 烧 暖 个 物, 勿 能
tɕia⁵³ ɕiŋ³⁴ mi⁵⁵, in³⁴ uei⁵³ ɕiŋ³⁴ mi⁵⁵ iˀ tɕiu⁵³ zoŋ²² zi⁵³ sɔk⁵ kek⁵ mɔ⁵⁵ uei⁵³,
食　瀸³⁴物，因 为　瀸 物伊就 容 易 戳 激 奴胃
ziu⁵³ zoŋ²² zi⁵³ tɕiaŋ⁵³ lo⁰, ia²⁴ lo⁰ tɕiaŋ⁴²⁴ kai²²。leŋ⁵³ a⁵⁵ kai²² hɔ²⁴²⁴ zi⁴²⁴ ɗu⁵³
又 容 易 胀　咯, 痛 咯 [即种] 个。另 一 个 可 以 有
nan⁴²⁴ mɔ⁵⁵ ɗou⁴²⁴ tɕi² kaʔ⁵ mɔ⁵⁵ kiaŋ⁵³ huət⁵ e⁵³ ɓi³⁴ toŋ³⁴ kan³⁴ kai²² zin²⁴ zit⁵ u⁵³
咱　奴肚　脐胛奴 □ 窟³⁵ 下边 中间 个 □ □³⁶ 有
a⁵⁵ mɔ⁵⁵ toŋ³⁴ uan²⁴ iap³ uei⁵³, lu⁴²⁴ hɔ⁴²⁴ zi⁴²⁴ han²⁴ ne²⁴ an²⁴ mɔ³⁴ an²⁴ mɔ³⁴
一奴中脘　穴位，汝 可 以 趁³⁷ 呢按 摩 按 摩
mɔ⁵⁵ ɗou⁴²⁴ e⁵³, hɔ⁵⁵ tse⁴²⁴ ti⁵³ iɔ⁵⁵ ti⁵⁵ nun²² tuei⁴²⁴ lai³⁴ fu³⁴ mɔ⁵⁵ ɗou⁴²⁴ e⁵³ toŋ⁴²⁴
奴肚　下, 或　者 是要 滴暖　水　来 敷奴肚　下总
hɔ⁴²⁴ zi⁴²⁴, fu³⁴ liau⁴²⁴ zi⁴²⁴ au⁵³ ni⁵ iˀ³⁴ tɕiu⁵³ kan⁴²⁴ hiɔʔ⁵ kau²⁴ tɕi²² tsai⁵³ lo⁰。
可　以，敷了　以 后 呢伊就 感 觉 迈自在 咯。
leŋ⁵³ a⁵³ kai²² ɗou⁴²⁴ tɕiaŋ⁴²⁴ kai²² naŋ²² hɔ⁴²⁴ zi⁴²⁴ tun⁵³ ti²² tɕiam³⁴ hu²⁴ an²⁴ mɔ⁵⁵
另 一 个 肚　胀　个 侬 可 以 顺 时 针　去 按 摩
ɗou⁴²⁴ tɕi²², han²⁴ mɔ⁵⁵ ɗou⁴²⁴ tɕi²² ne²⁴ an²⁴ mɔ⁵⁵ e⁵³. ɕin⁵⁵ kua⁴²⁴ mi⁵³ ti⁵³ fɔ⁵⁵
肚　脐, 趁　奴肚　脐 呢按 摩 下亲　果 密 是腹
tia²⁴ kai²² naŋ² ni⁵ tɕiu⁵³ nek³ ti²² tɕiam³⁴ lai²⁴ hu²⁴ an²⁴ mɔ⁵⁵, an²⁴ liau⁴²⁴ zi⁴²⁴
泻个 侬　呢就 逆　时针　来 去按 摩 , 按 了　以
au⁵³ iˀ³⁴ tɕiu⁵³ tɕiam⁵³ tɕiam⁵³ nuan⁴²⁴ koi⁴²⁴ tɕi⁵⁵ mɔ⁵⁵ in²⁴ ɕiaŋ⁵³。
后 伊就 渐 渐　缓　解 即奴现象。
leŋ⁵³ a⁵⁵ kai²², tɕiu⁵³ ti⁵³ mɔ⁵⁵ fuei²⁴。fuei²⁴ kai²² uei²⁴ kaŋ³⁴ nan⁴²⁴ kai²² ɗua³⁴ dɔ²²
另 一 个，就 是奴肺。肺 个 话 共 咱 个 大 肠
ti⁵³ tio³⁴ ɓiau⁴²⁴ li⁴²⁴ kai²²。mɔ⁵⁵ fuei²⁴ kai²² ɓiau⁴²⁴ hin²⁴ tɕiu⁵³ u⁵³ mɔ⁵⁵ fi³⁴ lo⁰,
是相表　里个。 奴肺 个 表 现 就 是 有奴鼻 咯,
u⁵³ mɔ⁵⁵ nan⁴²⁴ kan³⁴ ki³⁴ kai²² foi²² fu³⁴ kai²² fi⁵³ mɔ²² lo⁰。tɕi⁵⁵ toi³⁴ toŋ⁴²⁴ ti⁵³
有奴咱　根 己个 皮 肤 个 □毛³⁸ 咯。即多 总　是

ɕiau⁴²⁴hin²⁴ɗu⁵³fuei²⁴vɔʔhɔ⁴²⁴ke²². ɗek³ɓit³ti⁵³ken³⁴tiaŋ³⁴ki⁴ni⁵⁵kia⁴²⁴kan⁴²⁴
表　现　有 肺 勿 好 个。特　别　是 经 常　见 呢 囝³⁹ 感
mau⁵³i³⁴tɕiu⁵³ti⁵³mɔ⁵⁵tsen⁵³tin²²ɕi⁴²⁴kiau²⁴sa³⁴keŋ²⁴kai²². leŋ⁵³a⁵³kai²²mɔ⁵⁵
冒　伊 就 是 姒 精　神　比　较　差 劲　个。另　一 个 姒
huei⁵⁵teʔ⁵ti⁵³ɕi⁴²⁴kiau²⁴su²⁴, ɕe³³ɕi⁵³ɕe³³ɕi⁵³tɕiaŋ⁴²⁴ɕi²⁴²⁴, zi⁴²⁴tɕi⁵⁵mɔ⁵⁵huei⁵⁵
血　色　是 比　较　次⁴⁰, 白　皙 白　皙　即 种　子　, 以 及 姒 血
teʔ⁵lai²²ɕiau⁴²⁴hin²⁴. leŋ⁵³a⁵³kai²²ni⁵⁵, i³⁴u⁵³lak⁵ke²²ni⁵⁵kia⁴²⁴ɗek³ɓit³ti⁵³
色 来 表　现。另一 个 呢，　伊 有 腊 个 呢 囝 特　别　是
i³⁴ka²⁴tau²⁴, ka⁵³tau²⁴iam⁴²⁴liau⁵³zi⁴²⁴au⁵³i³⁴mɔ⁵⁵huei⁴²⁴ta⁵⁵, tse⁵³kai²²
伊 甲 嗽⁴¹, 甲 嗽 魇⁴² 了　以 后 伊 姒 气　塞, 这 个
ta⁵³tɔʔ⁵tɔʔ⁵? tɕi⁵⁵mɔ⁵⁵ti⁵³ua⁴²⁴naŋ²²hɔ⁴²⁴zi⁴²⁴kiɔ²⁴i³⁴hu²⁴toi⁵³fak³tia⁴²⁴.
咋 作　作⁴³? 即 姒 是 我 侬　可 以 叫 伊 去 多 曝⁴⁴[滴囝]⁴⁵。
hai²⁴zaŋ³⁴, in³⁴uei⁴²⁴fak³hai²⁴zaŋ⁵³ti⁵³hɔ⁴²⁴zi⁴²⁴ɓu⁴²⁴zaŋ⁴²⁴huei²⁴ke²², ni⁵⁵
太　阳　, 因　为　曝 太 阳 是 可 以 补　氧　气　个, 呢
kia⁴²⁴zaŋ⁴²⁴huei²⁴tsɔʔ⁵liau⁵³zi⁴²⁴au⁵³i³⁴kai⁵⁵tɕie⁵⁵ni⁵⁵tɕiu⁵³tɕiam⁵³
囝　氧 气　足 了　以 后 伊 个 体 质 呢 就　渐
tɕiam⁵³teŋ³⁴kuei²²lo⁰. leŋ⁵³a⁵³kai²², tɕiu⁵³ti⁵³tɕiɔ⁴²⁴iɔ⁵³ti⁵⁵kia⁴²⁴toi⁵³ɗiam²²
渐　升 悬　咯。另　一　个，　就 是 少 要⁴⁶ 滴 囝　多 甜
mi⁵³hu²⁴ni⁵⁵kia⁴²⁴tɕia⁵³. in³⁴uei⁴²⁴ɗiam²²mi⁵³ti⁵³hɔ⁴²⁴zi⁴²⁴tiaŋ³⁴fi²²uei⁵³
物 去⁴⁷呢 囝 食。因　为　甜　物 是 可 以 伤　脾 胃
ke²², tɔ⁴²⁴zi⁴²⁴tɕiɔ⁴²⁴tɕia⁵⁵ɗiam⁵⁵mi⁵⁵ni⁵⁵kia⁴²⁴tin⁵⁵hi⁴⁴tɕie⁵⁵ia³³hɔ⁴²⁴.
个, 所 以 少　食 甜　物 呢 囝　身 体 体　质 亦 好。
leŋ⁵³a⁵⁵kai²², nan⁴²⁴hɔ⁵³zi⁴²⁴kei⁵³tɔʔ⁵ti⁵⁵kia⁴²⁴an²⁴mɔ³⁴, ni⁵⁵kia⁴²⁴kai²²
另　一 个，　咱　可 以 共 伊⁴⁸作 滴 囝 按 摩, 呢 囝 个
an²⁴mɔ³⁴ti⁵³ɕi⁴²⁴kiau²⁴kan⁴²⁴ɗan³⁴kai²², hɔ⁴²⁴zi⁴²⁴han²⁴ɕiu⁴a⁰, han²⁴ha³⁴
按 摩 是 比　较　简　单 个, 可 以 趁　手 啊, 趁 骸
a⁰tɕi⁵⁵toi³⁴·ie³³uei⁵³hu²⁴kei⁵³an²⁴mɔ³⁴, an²⁴mɔ³⁴liau⁴²⁴zi⁴²⁴au⁵³tsen³⁴
啊 即 多 穴 位　去[共伊]按 摩, 按 摩 了　以 后 增
hiaŋ²²i³⁴kai²²hi⁴⁴tɕie⁵⁵, i³⁴ɓe³⁴tɕiu⁵³tɕiam⁵³tɕiam⁵³tɕiɔ⁴²⁴la⁰.
强　伊 个 体　质, 伊 病 就　渐　渐　少 啦。

leŋ⁵³a⁵⁵kai²²ti⁵³koŋ⁴²⁴kau²⁴tin²⁴，ɗek³ɓit³ti⁵³toi⁵³lau⁵³ke²²，lau⁵³ke²²tɕiu⁵³
另 一个 是讲 遘 肾，特别是多老个，老个就
ki²⁴tsuei²⁴toi³⁴la⁰，lau⁵³ke²²ni⁵⁵i⁵³ti⁵³zoŋ²²ʑi⁵³toi⁵³hau⁴²⁴lo⁰，i⁵³voŋ²⁴lo⁰，
见 最 多啦，老 个 呢伊是容 易多 耳吼⁴⁹ 咯，耳嗡⁵⁰咯，
kaŋ⁵³mɔ⁵⁵iɔ⁵⁵ia⁵⁵keŋ³⁴tiaŋ²²iɔ³⁴kut⁵tseŋ³⁴te³⁴，iɔ³⁴kan³⁴ɓua²²hut⁵sut⁵
共 㑥腰亦经 常 腰骨增 生，腰间 盘 突出
tɕi⁵⁵toi³⁴toŋ⁴²⁴ti⁵³tin²⁴hu³⁴liau⁴²⁴ʑi⁴²⁴au⁵³i³⁴in⁴²⁴hi⁴²⁴ke²²。ɗek³ɓit³ti⁵³
即多总 是肾 虚了 以后伊引起的。特别是
ua⁴²⁴naŋ²²ɗa⁵⁵saŋ³⁴，ɗa⁵⁵saŋ³⁴hɔ³⁴tsɔʔ⁵toi⁵³naŋ²²tɕiu⁵³tɕia⁵⁵kiam²²，kin⁵³
我 侬 大 昌， 大 昌 好 作 多 侬 就 是食 咸 ，近
hai⁴²⁴ki³⁴，leŋ⁵³a⁵⁵kai²²tɕia⁵⁵hai⁴²⁴u²²hai⁴²⁴toi³⁴la⁰，hai⁴²⁴ɕi³⁴hai²⁴toi³⁴la⁰。
海 舡⁵¹，另 一个 食 海 鱼太 多 啦，海 鲜太 多 啦。
leŋ⁵³a⁵³kai²²tɕia⁵³kiam²²。tɕiu⁵³tɕiaŋ⁴²⁴ɕi³⁴naŋ²²tɕiu⁵³zoŋ²²ʑi⁵³ɗit⁵kit⁵tɕiɔ³³
另 一个 食 咸 。就 ［即种］³¹子 侬 就 容 易得结 石
a⁰，ɗit⁵hɔ³⁴toi⁵³tiəm³⁴nau⁴²⁴huei⁵⁵kuan⁴²⁴tɕiu⁵³tiəm³⁴nau⁴²⁴huei⁴²⁴kuan⁴²⁴
啊，得许多心 脑 血 管 就是心 脑 血 管
ɓe³⁴。in³⁴uei⁴²⁴tiəm³⁴nau⁴²⁴huei⁵⁵kuan⁴²⁴ɓe³⁴kaŋ³⁴kit⁵tɕiɔ³³tɕiu⁵³ti³⁴in³⁴
病。因为 心 脑 血 管 病共结 石 就 是因
uei⁴²⁴tɕia⁵⁵kiam²²liau⁴²⁴ʑi⁴²⁴au⁵³huei⁵⁵kuan⁴²⁴kai²²ɗe⁵³lak³ɓi⁴²⁴kiau²⁴ɗua³⁴，
为 食 咸 了 以后血 管 个 叠力⁵² 比较 大，
toi³⁴huei⁵⁵kuan⁴²⁴ɓia⁵⁵tsiɔ⁵⁵hɔ³⁴toi⁵³la⁵⁵kip⁵tɕiu⁵³ɕim²⁴tsɔʔ⁵tɕiɔ³⁴，tɔ⁴²⁴ʑi⁴²⁴
多血 管 壁 上 许多垃圾就 沉 着 上， 所以
uei⁵³in⁴²⁴hi⁴²⁴tɕi⁵⁵toi³⁴hɔ²⁴toi³⁴ɓe³⁴。
会 引起 即多许多病。
ziat³ke²²hɔ⁴²⁴kai²²tin⁵³hi⁴²⁴ɕi³⁴iau²⁴ɗua³⁴ke³⁴hu²⁴kan³⁴ki³⁴hu²⁴ɦiau⁴²⁴zaŋ⁴²⁴。
一 个 好 个 身 体需 要 大 家去根 己去调 养。
tɔ⁴²⁴ʑi⁴²⁴kin²⁴haŋ³⁴kai²²tin⁵³hi⁴²⁴na⁵⁵u⁵³kin²⁴haŋ³⁴kai²²naŋ²¹te²¹。
所以 健 康 个身 体 乃有 健 康 个 人 生。

注释：

1. 今旦：今日，现在。

2. 住 u⁵³/ɗu⁵³：在；有。此处表示在。

3. 乃：多义虚词，此处表示越来越的意思。

4. 个：的。

5. 侬：人。

6. 悬：高。

7. 好多多：很多。

8. 暝：黑夜。

9. 瞌：睡。

10. 示 mai²⁴：教给。《海口方言词典》写作"示"。

11. 底样：怎样。

12. 比亲 ɓi⁴²⁴ɕin³⁴：比如。"亲"训读为"如"。

13. 即种 tɕi⁵⁵tɕiaŋ⁴²⁴：这种，这类。

14. 乃有：此处表只有。

15. 许样 u⁵³ioŋ³⁴：那样。u⁵³的读音未详。

16. 亲果：如果。参注12"比亲"。

17. 密：此处表想、要。

18. 遘：到。

19. 奸：量词。此处作定指词。

20. 落：（吃）下去。

21. 一 a⁵⁵：一。口语常用。

22. 点钟：专指午后一点钟。

23. 带：这里，那里。此指哪里。

24. 总：都。

25. 咱 nan⁴²⁴：咱们，是"侬侬 naŋ22naŋ22"的紧缩。

26. 为个乜 uei⁴²⁴kai²²mi⁵⁵：为什么。个乜，就是"个物"，疑问词。

27. 欠（h）am24：需要，必须。h/ɦ声母和零声母常见混读。见下文 ham²⁴：大家欠理解伊。

28. 激气：生气，激动。

29. 根己：自己。

30. 腊 lak³：暗黄色。

31. ［即种］tɕiaŋ⁴²⁴：这种，"即种"的合音。

32. 细米：小米。
33. 和：温和。
34. 瀍：凉。
35. □窟 kiaŋ^{24}huət^5：未详。
36. □□ẓin^{34}ẓit^5：中医术语。未详。
37. 趁：顺着。
38. □毛 fi^{53}mɔ^{22}：未详。
39. 呢囝 ni^{55}kia^{424}：小孩的昵称。
40. 次：差。
41. 甲嗽：咳嗽。
42. 魇 iam^{424}：咳嗽厉害。
43. 咋作作：怎么办。
44. 曝：晒。
45. ［滴囝］tia^{424}：一点儿。是"滴囝"的合音。
46. 要：拿，给。
47. 去：给予。用在"要（拿、给）……去（某某）"格式中。
48. ［共伊］kei^{53}：和他。是"共伊"的合音。
49. 耳吼：耳响，耳鸣。
50. 耳嗡：耳鸣。
51. 海舷：海边。
52. 叠力：压力。

意译：
　　现在在我的（医务）工作中，很多病越来越年轻化。现在人生活水平提高了，好多人都是日当夜、夜作日来过的。
　　在我们大昌，我在工作中，我就教大家怎样去养生。比如说，他睡得晚了，而且早上没能起来吃早餐的这种，就告诉他听，一定要按时作息。人的疾病是怎样引起的，就是休息不好喽、情绪喽、运动喽这些各个方面引起的。把睡眠调整了以后，按时起床，按时吃早餐。比如说，你要睡晚的话，早餐你一定要从七点到九点起来吃。因为，这时候是脾经运动的时候，人需要补充营养的时候。所以这个时候吃早餐下去呢，可以使人精神百倍，吃早餐以后会促进血液营养供应到身体的各个方面。另一个是，如果你睡得晚，可以在中午十一点钟到一点钟这个肝经运动的时候，可以去睡一下。如果你睡不好就可以闭目养神一下也好。再一个，肝胆不好的人表现有哪些呢？它就是表现在手指甲和人的眼睛，很多人就是手指甲不齐整，比如说手指甲有坏的咯，经常见那些手指甲坏的、有花纹的都是肝胆不好的表现。另一个是手指甲的颜色比较黑，这些都是肝脏不好的表现。所以好多人也有这眼睛干涩、白内障。这些都是因为我们用眼以后，没有去调节而引起肝胆经堵塞，堵塞了以后就会引起各种各样的病，比如肝的许多肝硬化啊，肝胆不好啊，胆结石啊，这是肝胆不好的一些表现。最明显的是，好多人喝酒以后他的脸色是变青的，这也是一种肝胆排毒不好的表现。所以，为什么要经常看绿色的东西，它可以帮助人的肝胆经调节。再一个，肝胆经堵塞的人是容易生气的，动不动就发火，所以这样的人他也不是自己想发火，是他这样的体质不好了以后发火后就会后悔，所以大家要理解他这种情绪。

另一个是心。中医讲心脏就是心、脑和血管这些的总称。心脏不好的，他一般脸色都是红的，他那种红不是我们白里透红的正常的那种红，它是一阵一阵的像海水那样子，红了又没了。大概就是在面颊那一块儿，就会引起一阵一阵的红。特别是高血压啊，心脑血管不好的人，包括高血脂的人，他就容易有这种表现。但是心肌缺血的人他就表现在面色比较苍白。这种人呢，他是容易冲动的，他这些人是容易过于欢喜的。所以一般来说他在情绪上就会表现出欢喜。但是咱们一般要控制他的情绪，正常来讲就是控制他不能大喜或大悲。这样的人一定要控制好情绪，因为情绪过度了以后，这些病就会发作。

另一个讲到脾胃不好的人，脾胃不好的人表现在哪？就是那些肌肉松的，脸色是有点暗黄暗黄的。另一个，如果是脾胃不好的人，他的脸色也是苍白的，他是有一点黑暗黑暗的那种苍白，黑白黑白这样的。所以一般脾胃不好的人呢，我们总是建议吃点那些小米粥，因为小米粥是温补的，而且它是比较温和的一种（食物）。所以小米粥可以帮助我们调整那个脾胃。另一个，胃不好的人，脾胃不好的人一定要吃热食，不要吃凉的东西，因为吃凉的东西就容易刺激那个胃，又容易胀咯、痛咯这样的。另一个可以在那个肚脐和那个……下面中间的……有一个中脘穴，你可以从这儿按摩按摩那个肚子一下。或者拿点热水来敷一下那个肚子都可以，敷了以后它（肚子）就感觉到舒服了。另一个，肚胀的人可以顺时针去按摩肚脐，在肚脐那里按摩一下。如果是腹泻的人呢，就逆时针地来按摩，按摩以后就渐渐缓解这种现象（腹泻）。

另一个就是肺。肺的话跟我们的大肠是相表里的。肺的表现就是鼻子咯，（或者）在我们皮肤上的……毛咯，这些都是肺不好的表现。特别是经常看到小孩子感冒，就是精神比较差的。另一个是血色比较差的，白皙白皙这样子，从这个血色来表现。另一个，有一些小孩他咳嗽，咳嗽多了以后气就短，这个怎么办呢？我们可以叫他多去晒太阳，因为晒太阳是可以补充氧气的，小孩氧气足了以后他的体质就渐渐提高了。另一个就是少给小孩甜食吃。因为甜食是可以伤脾胃的，所以少吃甜食，小孩的身体体质也好。另一个，我们可以给他做点按摩，小孩子的按摩是比较简单的，可以从手、脚上的这些穴位给他按摩，按摩以后增强他的体质，他的病就渐渐少了。

再一个是说到肾，特别是那些老人家，老人见的就最多啦。老人呢他是容易耳朵嗡嗡响、耳鸣，还有（他们的）腰也经常腰骨增生，腰椎间盘突出，这些都是肾虚了以后引起的。特别是我们大昌，大昌好多人就是（爱）吃咸，靠近海边。另一个是吃海鱼、海鲜太多了，还有就是吃咸。就这样子人就容易得结石，得许多心脑血管病。因为心脑血管病和结石就是吃咸了以后，血管的压力比较大，那些血管壁上的许多垃圾就沉淀在上面，所以会引起许多的病。

一个好的身体需要大家自己去调养。所以健康的身体才有健康的人生。

（发音人：陈一林）

大昌其三故事　个人经历

ua³⁴	ti⁵³	hai⁴²⁴	nam²²	hai⁴²⁴	hau⁴²	çi⁵³	moi⁴²	laŋ²²	hi³⁴	leŋ²²	tua⁷⁴	tin²⁴	ɗua³⁴	saŋ³⁴	suei³⁴³
我	是	海	南	海	口	市	美	兰	区	灵	山	镇	大	昌	村

uei⁴²⁴tua³⁴ɔu²²suei³⁴naŋ²², suan²²suei²²naŋ²²hau⁴²⁴iɔk³ti²⁴ɓek⁵naŋ²²。
委沙湖村侬，全村人口约四百侬。
uei⁵³ʑi²⁴hai⁴²⁴hau⁴²ɕi⁵³daŋ³⁴ɓin³⁴, nam²²ɗu⁵⁴kiaŋ³⁴ɗaŋ³⁴ŋaŋ⁵³,
位于海口市东边，南渡江东岸，
ɗai⁵³leŋ²²tua³⁴tin²⁴tuei²⁴ɓin³⁴huei⁴²kai³⁴ɓak⁵min²⁴uei⁴²ɗuaŋ³⁴,
在灵山镇最边。远个北面尾端，
hiaŋ²²tɕiu²²hai⁴²⁴iap³nam²²ŋaŋ⁵³tai²²ʑi²²。
琼州海峡南岸前沿。
suei³⁴tai²²liaŋ²²san⁴ɓek⁵mau⁴²⁴, suei³⁴tɔ³⁴liak³tuei⁴²⁴se³⁴tua³⁴,
村前良塍百亩，村庄绿水青山，
za⁴²⁴hɔ⁴²⁴uei⁵³ti⁵³kai³⁴foŋ³⁴tuei⁴²⁴ɓɔ⁴²⁴ɗi⁵³。
也可谓是个风水宝地。
ua³⁴ɓuei⁴²⁴naŋ²²sut⁵te³³⁴ʑi²⁴it³kau⁴²⁴ŋɔ⁴²⁴leŋ²²ɧi²²ɕit⁵vei³³,
我本侬出生于１９５０年７月，
ki²⁴mai⁴²⁴ɕin³⁴te³³sut⁵te³⁴ti²², tɕia³⁴tik³ɗu⁵³hai⁴²⁴ɗua³⁴kun³⁴koi²⁴ɓaŋ³⁴hai⁴²⁴nam²²ɗɔ⁴²⁴,
据母亲说出生时，正值渡海大军解放海南岛，
ɕiɔ³⁴fau²⁴tia³⁴ɗɔ³⁴tɔ⁵⁵fau²⁴ɗiɔk⁵tia³⁴tɔk⁵hɔ⁵³ua³⁴kai²⁴te³⁴ʑit³, ɓiau⁴²⁴me²⁴²ua³⁴ti⁵³kai²⁴
枪炮声当作炮竹声祝贺我个生日，表明我是个
hiŋ⁵³un⁵³ʑi²², hiŋ⁵³fɔk⁵naŋ²², tsaŋ⁴²⁴ɗua³⁴au⁵³suei²²ɗɔ²²tin³⁴sa⁵³uei⁵³ʑat³hi⁴²⁴
幸运儿，幸福侬，长大后随着新社会一起
heŋ²²ɓuei²²fuat⁵ɗat³。
腾飞发达。
ua³⁴it³kau⁴²⁴ŋɔ⁴²⁴kau⁴²⁴ɧi²²hi⁴²⁴ɗai⁵³ɗua³⁴saŋ³⁴toi²⁴ɔk³haʔ³tu³⁴,
我１９５９年起在大昌小学读书，
zoŋ²²ua³⁴ɕiu²⁴kau²⁴ɔʔ³iau⁵³iɔ²⁴kia²²zat³koŋ³⁴li⁴²kai²⁴toi²⁴lou²²,
从我宿迁学校要走一公里个小路，
ua²²iɔ²⁴hua²⁴kuei²⁴zat³ɗiɔ²²toi²⁴hoi³⁴。
还要跨过一条小溪。
hɔ³ti²²au⁵³ɔʔ³iau⁵³ua⁵³vɔʔ³u⁵³ɗen⁵³, me²²le⁴²⁴tɕi⁵³tiu³⁴na³⁴hau²⁴zat³
许时候学校还勿有电，夜里自修只靠一

zaŋ²⁴tuei⁴²⁴iu²²ɗeŋ³⁴，lau⁴²⁴ɕi³⁴muei²²gai³⁴te³⁴ua⁵⁵ɗiau²²kin⁵³za⁴²⁴ki⁴²⁴hin³⁴hɔu⁴²⁴，
盏 水 油 灯 ，老 师 们 个 生 活 条 件 也 几 很 苦 ，
hek⁵tia⁴²⁴ti⁵³oi⁴²⁴toi²⁴gai³⁴ia⁴²⁴ɓaŋ²²，ɗaŋ³⁴ɦi³⁴ki⁴²leŋ⁴²⁴，e⁵³ɦi³⁴ʑiu⁵³ʑit³ɗeʔ⁵
宿 舍 是 矮 小 个 瓦 房 ， 冬 天 几 冷 ， 夏 天 又 热 得
vɔʔ³ɗeʔ⁵liau⁴²⁴，ɗan⁵³lau⁴²⁴ɕi³⁴muei²²ua²²ti⁵³tɕin⁵³tɕi ʔ⁵tɕin⁵³tseʔ⁵，
勿 得 了 ， 但 老 师 们 还 是 尽 职 尽 责 ，
ɗaŋ²²ɔʔ³muei²²ɔʔ³tɕip³za³³nu⁴²⁴lak³，ɔʔ³tɕip³seŋ²²tɕi ʔ⁵ɗou⁵³ki⁴²⁴hɔ⁴²⁴。
同 学 们 学 习 也 努 力 ，学 习 成 绩 都 几 好。
ua³⁴toi²⁴ɔk³ʑi³⁴ɦi⁴²kip⁵lau²²lɔ³⁴zat⁵ɦi²²ɓan³⁴，haŋ²²zat³ɦi²²kip⁵kau²⁴lak³ɦi²²
我 小 学 二 年 级 留 了 一 年 班 ， 从 一 年 级 遭 六 年
kip⁵ɗu³³lɔ³⁴ɕit³ɦi²²。it³kau⁴²⁴ɕit⁵lak³ɦi²²toi²⁴ɔk³ɓi ʔ⁵ŋip³，toi²⁴ɔk³sut⁵lai²⁴tɕia²⁴
级 读 了 七 年。1 9 7 6 年 小 学 毕 业 ，小 学 出 来 正
ɗi ʔ³un²²huei²⁴ɗua³⁴kek⁵miŋ⁵³，suan²²kɔk⁵ɔʔ³te³⁴aŋ²²uei⁶³⁴ɗua³⁴suan²⁴lien²²，
值 "文 化 大 革 命 ",全 国 学 生 红 卫 兵 大 串 联，
ɔʔ³iau⁵³hiŋ²²ɔʔ³。ua³⁴ɓin⁵³teʔ⁵hu²⁴tɕiɔ²⁴ɔʔ³gai³⁴ki³⁴uei⁵³。
学 校 停 学。我 便 失 去 上 学 个 机 会。
ua³⁴tap³ɓi⁵⁵suei²⁴hi⁴²⁴ɗai³⁴ke³⁴tɔ⁵⁵naŋ²²，ua³⁴ke³⁴ɗi⁵³ɕi²⁴ʑi²²hai⁴²⁴。
我 十 八 岁 起 在 家 作 农 ， 我 家 地 处 沿 海。
suei³⁴min²²kɔ⁵lai⁴²⁴te²⁴ua⁵⁵ɓaŋ³⁴teʔ⁵ɗou²⁴ti⁵³ɓua²⁴noŋ²²ɓua²⁴hu²²，
村 民 古 来 生 活 方 式 都 是 半 农 半 渔，
ua³⁴ɓuei⁴²⁴naŋ²²za³³vɔʔ³li⁵³ua⁵³。su²²lɔ³⁴mu⁵⁵noŋ²²ua⁵³tɕiu⁵³lɔ⁵³hai⁴²⁴liak³hu²²。
我 本 人 也 不 例 外 。 除 了 务 农 外 就 是 落 海 掠 鱼。
ɗua³⁴kai²⁴ti⁵ɕit⁵ŋou⁴²⁴ɦi²²，ɗɔ³⁴ti²²gai²⁴liɔʔ³hu²⁴ki³⁴tut³lak³au⁵，hu²²mɔ²⁴ɗe⁴²⁴，
大 概 是 七 五 年 ， 当 时 个 掠 鱼 技 术 落 后 ， 渔 网 短，
naŋ²²kaŋ³⁴tɕi ʔ⁵mɔ⁴²⁴ɗu⁴²⁴ham⁵³， hu²²tun²²toi²⁴，vɔʔ³ɗu⁵³ki³⁴haŋ⁵³，
依 工 织 网 有 限 ， 渔 船 小 ， 勿 有 机 动，
zoŋ⁵³tiu⁴²⁴iau²²lu⁴²⁴sut⁵hai⁴²⁴，
用 手 摇 橹 出 海，
sut⁵vɔʔ³lɔ³⁴huei⁴²⁴hai⁴²⁴，tɕi⁵⁵neŋ²²ɗai³⁴kin⁵³hai⁴²⁴。
出 勿 了 远 海 ，只 能 在 近 海。

意译：

　　我是海南海口市美兰区灵山镇大昌村委沙湖村人，全村人口约四百人，位于海口市东边，南渡江东岸，在灵山镇最边北面尾端，琼州海峡南岸前沿。村前良田百亩，村庄绿水青山，也可谓是个风水宝地。我本人出生于1950年7月，据母亲说我出生时，正值渡海大军解放海南岛，枪炮声当作爆竹声祝贺我的生日，表明我是个幸运儿，幸福人，长大后随着新社会一起腾飞发达。我1959年起在大昌小学读书，从我家到学校要走一公里的小路，还要跨过一条小溪。那时候学校还没有电，夜里自修只靠一盏水油灯，老师们的生活条件也很苦，宿舍是矮小的瓦房，冬天很冷，夏天又热得不得了，但老师们还是尽职尽责，同学们学习也努力，学习成绩都挺好。我小学二年级留了一年班，从一年级到六年级读了七年。1976年小学毕业，小学出来正值"文化大革命"，全国学生红卫兵大串联，学校停学。我便失去上学的机会。我十八岁起在家作农，我家地处沿海。村民古来生活方式都是半农半渔，我本人也不例外。除了务农外就是下海捕鱼。大概是1975年，当时掠鱼技术落后，渔网短，织网有限，渔船小，没有机器，用手摇橹出海，出不了远海，只能在近海。

（发音人：林志猛）

大昌其四故事　牛郎织女

e^{34}, ua^{34}kiəm^{34}nua^{24}tɕiu^{53}kaŋ^{53}lu^{22}naŋ^{22}kɔŋ^{424}mɔ^{55}ku^{24}ɕi^{53}, ku^{22}laŋ^{22}tse^{55}nu^{424}。
哎，我　今　旦　就　共　汝　侬　讲　妚　故事，牛　郎　织　女。

u^{53}kɔu^{424}ti^{22}au^{53}, u^{53}zat^{3}uei^{53}toi^{24}ai^{22}tɕi^{424}ɓe^{33}mai^{424}ta^{424}ti^{424},
有　古　时候，有一　位　细　孩子　伯　母　早　死，

tɕiu^{53}kɔŋ^{424}hu^{24}ti^{24}lɔ^{34}, ke^{34}lai^{424}na^{24}ɗu^{53}zat^{3}tɕiaŋ^{5}ku^{22}kaŋ^{53}i^{34}za^{33}ɕi^{424}te^{34}ua^{33}。
就　讲　去世咯，家里　只　有　一　只　牛　共　伊一起　生活。

ɗua^{34}ke^{34}ɗou^{34}ki^{24}i^{34}tɔ^{55}ku^{22}laŋ^{22}。a^{34}ti^{55}ku^{22}laŋ^{22}hau^{24}mɔ^{55}ku^{22}ti^{55}, tai^{424}ku^{24}kɔ^{24}lɔ^{34}。
大　家　都　叫　伊作牛郎。那的　牛　郎　靠　妚　牛的，使　牛　个　咯。

ke³⁴ ŋi²² tiɔ³⁴ ua²⁴ uei²² mia³, tɕiu⁵³ kɔŋ⁴²⁴ nɔ²⁴ naŋ²² za³ ɕi²⁴, hɔ⁵³ ke³⁴ lai⁴²⁴ na²⁴ nɔ³³ naŋ²⁴ te³⁴ ua¹³ lɔ³⁴。
家尼相依为命，就讲 两侬 一起，那家里只两侬 生活了。
tse⁵⁵ lau⁴²⁴ ku²² tit³ ti³¹ i³⁴ tɕiɔ⁵³ kai²² kiɔm³⁴ ku²² se³⁴。
这 老 牛 实是天上 个 金 牛 星。
i³⁴ hi⁴² uaŋ²⁴ ku²² laŋ³⁴ kai² zin²² lau³⁴ tin⁵³ liaŋ²², tɔ⁴²⁴ zi⁴²⁴ tiɔ³⁴ ɓaŋ³⁴ tɕia²² kai³⁴ ke³⁴。
伊喜欢 牛 郎 个 勤 劳 善 良 ，所以 想 帮 伊 成 个 家。
u⁵³ zat³ zit³ kiɔm³⁴ ku²² se³⁴ tai³⁴ lɔ³⁴ tɕiɔ⁵³ kai²² tin³⁴ ni³⁴ kau²⁴ suei³⁴ ɓi³⁴ hɔ⁵³ lai⁴²⁴ toi³⁴ rua³³,
有一日 金 牛星 知了天上 个 仙女 要 遭 村 边 河 里 洗 热
i³⁴ tɕiu⁵³ hɔ⁵⁵ maŋ⁵³ hu²⁴ mɔ⁵⁵ ku²² laŋ²², iɔ²⁴ i³⁴ ɗoi³⁴ zi³⁴ zit³ kau²⁴
伊就 托 梦 去 奼 牛 郎 ， 要 伊 第 二 天 遭
hɔ²² ɓi³⁴ toi⁴²⁴ rua³³, ti⁴²⁴ tin³⁴ ni⁴²⁴ muei²² toi⁴²⁴ rua³³ kai³⁴ ti²² au⁵³, i³⁴ ɕi⁴²⁴ tau⁴²⁴ lɔ³⁴
河 边 洗 热 ，在 仙 女 们   洗 热 个 时 候 ，伊 取 走 了
mɔ⁵⁵ tin³⁴ ni⁴²⁴ kai³⁴ kua²⁴ ɕiu³⁴ kai³⁴ ta³⁴ hɔu²⁴ lɔ³⁴, ɗu³³ zin⁴²⁴ tau⁴⁴ ɗuei⁴²⁴ lai²⁴ vɔʔ³ neŋ²² uei²² hau²²,
奼仙女 个 挂 树 个 衫裤 了，突然 走 回 来勿能 回 头，
tɕiu⁵³ ti⁵³ kɔŋ⁴²⁴ i²² na²⁴ ku²⁴ ɓe²⁴ ta³⁴ hɔu²⁴ tau²⁴, vɔʔ³ uei²² hau²² lai²² mɔ³⁴ lu³⁴,
就 是 讲 伊只顾 把 衫裤 走 ，勿 回 头 来 望 你，
tse⁵⁵ iɔ³⁴ ku²² laŋ²² tɕiu⁵³ uei³⁴ ɗek⁵ kau²⁴ zat³ uei³⁴ moi⁴²⁴ ni⁴²⁴ kai³⁴ tɔ⁵⁵ lau⁴²⁴ vɔ²²。
这 样牛 郎 就 会 得 遭 一 位 美 女 个 作 老 婆。
tse⁵⁵ hi³⁴ ta⁴²⁴ tɕiɔ⁵³ ku²² laŋ²² kau²⁴ tua³⁴ ha³⁴, kuei⁴²⁴ zin²² mɔ³⁴ ki²⁴
这 天早 上 牛 郎 遭 山 骸 ，果 然 望 见
ɕit⁵ kai³⁴ ta³³ vɔu⁴²⁴ kia⁴²⁴ hɔ³¹ lai⁴²⁴ toi³⁴ zua³³, i³⁴ liɔp⁵ tɕit⁵ na²⁴ hi³⁴ ɕiu³⁴ tɕiɔ⁵³ kai³⁴
七个炸姑团 河 里 洗 热 ，伊立 即 拿 起 树 上 个
zat³ kin³⁴ un⁴²⁴ aŋ²² ti³³ ta³⁴ hɔu²⁴ gɔ³, tɕiu⁵³ kɔŋ⁴²⁴ ɕi⁵³ tau⁴²⁴ tau⁴²⁴ ɗiau⁴²⁴ aŋ²² ta³⁴ hɔu²⁴,
一件 粉 红 的 衫裤 个 ，就 讲 要要 走 走 条 红衫裤，
ɓoi²⁴ kau²⁴ ɗi³⁴ lai⁴²⁴ uei²² ke³⁴, tse⁴⁴ iɔ³⁴ i³⁴ tɕiu⁵³ ɕiaŋ⁴²⁴ tau⁴²⁴ lɔ³⁴ ta³⁴ hɔu²⁴ kai⁴²⁴ tin³⁴ ni⁴²⁴,
飞 遭 地 里 回 家。这样伊就 抢 走 了衫裤 个 仙女，
tɕiu⁵³ ti⁵³ ɔ⁴²⁴ mɔ⁵⁵ ku²² laŋ²² tsek⁵ ni⁴²⁴ lɔ³⁴。ɗɔ³⁴ hi³⁴ me²² lai⁴²⁴ i³⁴
就 是 那奼 牛 郎 织 女 咯。当 天 暝 里伊
heŋ³⁴ heŋ³⁴ hau³⁴ muei²² ku²² laŋ²² ke⁴² kai²² muei²², zi³⁴ ti⁵³ nɔ³³ kai²² tɕia²² kai²² zat³ duei²⁴
轻 轻 敲 门 牛 郎 家 个 门 ，于是 两 个 成 个 一 对

in³⁴ai²⁴kai²²fu²²ɕi³⁴。it³ɖuei⁴²⁴mak³ta³⁴hi²²kuei²⁴hu²⁴lɔ³，ku²²laŋ²²tsek⁵n̠i¹⁴²⁴te³⁴³
恩爱个夫妻。一转 目 三年过 去了,牛郎织女 生
lɔ³⁴zat³nam²²zat³n̠i⁴²⁴nɔ³³kai²²hai²²tɕi⁴²⁴, zat³ke³⁴naŋ²²kuei²⁴dɔ³³
了一男 一 女 两个 孩子 ,一家 人 过 着
kik⁵huei³⁴tiɔm³⁴kai²²te³⁴ua³³。
极开 心 个 生活。

ɖaŋ⁵³ti⁵³，ku²²laŋ²²tsek⁵n̠i⁴²⁴ɕi³⁴ɕia⁵³kaŋ²⁴fan²²，ɓi⁵³uaŋ²²ɖi²⁴tai³⁴ɖau⁵³lɔ³⁴。
但 是,牛郎织女 私下降 凡 被皇 帝 知道 了。
u⁵³zat³hi³⁴i³⁴hu³³ʑin²²fat⁵lɔ³⁴luei²²iaŋ²²，fat⁵luei²²tɕiu⁵³kɔŋ²⁴kɔŋ²⁴hau²⁴lɔ³⁴。
有一天伊突然 发了雷 霆,发雷 就 讲 公 吼 咯。
kua⁵⁵hi⁴²⁴ɖua³⁴uaŋ³⁴ɖua³⁴hɔu²²， ku²²laŋ²²tsek⁵n̠i⁴²⁴hu⁵⁵ʑin²²vɔʔ³ki³lɔ³⁴。
刮 起大 风 大 雨,牛郎 织 女突然 勿见 了。
nɔ³³kai²²hai²²tɕi⁴²⁴, hau²⁴ɖɔ³³ma²²ma²²ma²²ma²²ku²²laŋ²²tsek⁵n̠i⁴²⁴kip⁵ɖek⁵vɔʔ³
两个 孩子 吼 着 妈 妈 妈 妈 牛郎 织 女 急 得 勿
tai³⁴tse⁵⁵mɔ³³ɓan⁵³。tse⁵⁵ti²²au⁵³lau²²ku²²hu³³ʑin²²huei³⁴suei²⁴lɔ³⁴kɔŋ⁴²⁴，
知怎么办 。这 时 候老 牛 突然 开 喙 了讲,
vɔʔ³ɓi³³nan²²kuei²⁴， lu³⁴ɓe⁴²⁴ua³⁴kai²²khak⁵na²²lɔ³³lai²²，ɓin²⁴tɕia²²nɔ³³kai²²hiaŋ³⁴，
勿必难过 ,汝把我个角 拿落来,变 成 两个筐,
nɔ³³kai²²lɔ²²hiaŋ³⁴，tɔ³⁴lɔ³³nɔ³³kai²²hai²²tɕi⁴²⁴，tɕiu⁵³hɔ⁴²⁴ʑi⁴²⁴kau²⁴hi²⁴tɕiɔ⁵³，
两个箩筐 ,装落两个 孩子 ,就 可 以 遘 天上,
hu²⁴tsau⁴²⁴tsek⁵n̠i⁴²⁴lɔ³⁴。
去找 织 女 咯。

ku²²laŋ²²tɕiɔ⁵⁵ɖek⁵hi²²kuai²⁴， ku²²kak⁵ka³⁴tuei⁵³ɓin²⁴tɕia²²tɕin³⁴tɕia²⁴
牛郎觉 得 奇怪 ,牛角 交 睡 变成 真 正
kai²²nɔ³³kai²²lɔ²²ne，i³⁴hiɔ⁵⁵ɓit³vɔʔ³tai³⁴ti⁵³vɔʔ³ti⁵³。ku²²laŋ²²tsek⁵n̠i⁴²⁴tɕiu⁵³ɓe³⁴
个 两个箩呢,伊觉 别 勿 知是不 是牛郎织 女 就把
nɔ³³kai²²hai²²tɕi⁴²⁴ɓaŋ²⁴tsai³⁴hiaŋ³⁴lai⁴²⁴，zoŋ⁵³ɓen⁴²⁴ɖa²⁴lai²²ɖa²⁴。
两个孩子放 在 筐 里 ,用 扁 担来 担。
i³⁴hiɔ⁵⁵ɖek⁵zat³tun⁵³seŋ³⁴uaŋ³⁴suei³⁴kuei²⁴lɔ³⁴nɔ³³kai²²hiaŋ³⁴，
伊觉 得一阵 清 风 吹 过 了两个 筐,

tɕiu⁵³ɕiaŋ⁵³ɗɔ²²ɗɔ²²kai²²tit⁵faŋ⁴²⁴,
就 像 长 长 个 翼膀,
hu³³ʑin²²ɓoi³⁴hi⁴²⁴lai²²。
突 然 飞 起 来。
ʑin²²au⁵³i³⁴tɕiu⁵³ɗaʔ³ɗɔ³³zat³fa³⁴un²²hiɔ²⁴hi³⁴hoŋ³⁴ɓoi³⁴hu²⁴。
然 后 伊就 踏 着 一 葩 云 向 天 空 飞 去。
ɓoi³⁴a⁵⁵ɓoi³⁴a⁵⁵, mak³mɔ³⁴tsuei³⁴tɕiɔ⁵³ku²²laŋ²²tsek⁵n̩i⁴²⁴,
飞 啊飞 啊, 目 望 追 上 牛 郎 织 女,
hiɔ⁵⁵ɗek⁵ɓi⁵³uaŋ²²mu⁴²⁴n̩iaŋ²²n̩iaŋ²²huat⁵hin³⁴lɔ³⁴。
觉 得 被 王 母 娘 娘 发 现 了。
i³⁴tɕiu⁵³ɓe⁵⁵lɔ³³hau²²tɕiɔ⁵³kai²²zat³ki³⁴kiɔm³⁴sa³⁴,
伊就 拔 落 头 上 个 一 支 金 钗,
tsai⁵³ku²²laŋ²²tsek⁵n̩i⁴²⁴toŋ³⁴kan³⁴zat³uei³³, lik⁵⁵fɔ⁵⁵sut⁵hin⁵³zat³ɗiau³⁴hi³⁴hɔ²²,
在 牛 郎 织 女 中 间 一 划, 立 刻 出 现 一条 天河,
huan³⁴ɗek⁵⁵mɔ³⁴vɔʔ³kau²⁴ɗuei²⁴ŋaŋ²², ɓa⁴²⁴nɔ³³hau²²ke⁵⁵huei³⁴lɔ。
宽 得 望 勿 遘 对 岸, 把 两 口 隔 开 咯。
tse⁵⁵hi⁴²⁴ɕia⁵⁵fei³⁴tiaŋ²²ɗaŋ²²tɕia²²ku²²laŋ²²tsek⁵n̩i⁴²⁴
这 喜 鹊 非 常 同 情 牛 郎 织 女,
moi⁴²⁴hi²²noŋ²²lek³ɕit⁵vuei³³sɔ³⁴ɕit⁵me²²,
每 年 农 历 七 月 初 七 暝,
tɕia²²man³⁴tɕia²²sai³⁴, ku²²laŋ²²tsek⁵n̩i⁴²⁴kau²⁴hi³⁴hɔ²²tɕiɔ⁵³,
成 万 成 千, 牛 郎 织 女 遘 天 河 上,
zat³tɕiaʔ⁵ka⁴²⁴ɗɔ³³leŋ³⁴zat³tɕiaʔ⁵kai³⁴uei⁴²⁴ɓa³⁴,
一 只 咬 着 另 一 只 个 尾 巴,
ɗa⁵⁵hi⁴²⁴zat³tsɔ³⁴ɗɔ²²ɗɔ²²kai³⁴hi⁴²⁴ɕia⁵⁵tɕiɔ²²,
搭 起 一座 长 长 个 喜 鹊 桥,
ku²²laŋ²²tsek⁵n̩i⁴²⁴tɕiu⁵³tiɔ³⁴ki²⁴lɔ³⁴, tɕiu⁵³uan²²tɕi⁵³lɔ³⁴。
牛 郎 织 女 就 相 见 咯, 就 团 聚 咯。
ua³⁴kɔŋ⁴²⁴tse⁵⁵mɔ⁵⁵ku²⁴ɕi⁵³tɕiu⁵³na²⁴tɕiɔ⁵³lɔ³⁴。
我 讲 这 呸 故 事就 那样 咯。

意译：

  我今天跟你讲个故事，牛郎织女。古时候，有一位小孩子父母早死，家里只有一头牛同他一起生活。大家都叫他牛郎。那个牛郎靠养牛为生，和牛相依为命，两个在一起，那家里只他们两个生活了。这老牛其实是天上的金牛星。他喜欢牛郎的勤劳善良，所以想帮他成个家。有一日金牛星知道天上的仙女要到村边河里洗澡。他就托梦给牛郎，要他第二天到河边洗澡，在仙女们洗澡的时候，让他取走仙女挂树上的衣服，然后走回来不能回头，告诉他只管把衣服拿走，不回头看，这样牛郎就会得到一位美女做老婆。这天早上牛郎到山脚，果然望见七个女子在河里洗澡，他立即拿起树上一件粉红的衣服，飞快地回家。这样他就抢走了那个仙女，就是牛郎织女了。当天夜里她轻轻敲牛郎家门，于是两个成了一对恩爱的夫妻。一转眼三年过去了，牛郎织女生了一男一女两个孩子，一家人过着开心的生活。但是，牛郎织女私自下凡，被皇帝知道了。有一天他突然发了雷霆，雷公就要打雷了。刮起大风大雨，织女突然不见了。两个孩子吼着妈妈妈妈，牛郎急得不知怎么办。这时候老牛突然开口了，说不必难过，你把我的角拿来，变成两个箩筐，装下两个孩子，就可以到天上去找织女了。牛郎觉得奇怪，牛角怎么能变成真正的两个箩了呢，他觉得不是。但牛郎就把两个孩子放在筐里，用扁担来担。他觉得一阵清风吹过了两个筐，就像长个翅膀，突然飞起来。然后伊就踏着一葩云向天空飞去。飞啊飞啊，眼看要追上织女，突然被王母娘娘发现了。她就拔了头上一根金钗，在牛郎织女中间一划，立刻出现一条天河，宽得望不到对岸，把两口隔开了。喜鹊非常同情牛郎织女，每年农历七月初七晚，成万成千的喜鹊在牛郎织女的天河上，一只咬着另一只的尾巴，搭起一座长长的喜鹊桥，牛郎织女就相见了，就团聚了。我讲这个故事就那样了。

（发音人：陈桂香）

（二）博鳌口头文化

博鳌其一故事　公道

koŋ⁴⁴ɖau⁴⁴ti⁴⁴ɖu⁴⁴kiɛ²⁴⁻⁵³hu²⁴heŋ³¹hai⁴²kai⁴⁴sui⁴⁴æ⁴⁴,
公　道　是 在 过　　去 琼 海 个　村　下，
ɖaŋ⁴⁴naŋ³¹mui³¹haŋ⁴⁴ai³¹kai⁴⁴ti³¹hau⁴⁴,
当　侬　们　空　闲　个　时候，
hɔk³tsæ⁴²ti⁴⁴u⁴⁴uaŋ⁴⁴hou⁴⁴kai⁴⁴ti³¹hau⁵³,
或　者　是 有 风　雨　个　时候，
bɔ³³phaŋ⁴⁴ɓin⁴⁴sut⁵mui²²kai⁴⁴ti³¹hau⁴⁴,
勿　方　　便　出 门　个　时候，
sui⁴⁴læ⁴⁴kui⁴²fiu⁴⁴kai⁴⁴naŋ³¹kæ⁴⁴,
村　内 几　户　个　侬　家，
ti²⁴fiu⁴⁴hɔk³tsæ⁴²lak³fiu⁴⁴hɔk³tsæ⁴²ɓɔi⁵⁵fiu⁴⁴tsæ⁵⁵iɔ⁴⁴,
四 户 或　者　六 户　或　者　八 户 这 样，
ɖua⁴⁴kæ⁴⁴ɖɔu⁴⁴ɓie⁴²tɕi³¹tou²⁴ɖu⁴⁴ʑiat³hi⁴², kap⁵ɖu⁴⁴ʑiat³hi⁴²,
大　家 都 把 钱 凑　在　一 起，合 在　一 起，
ʑiat³hi⁴²sut⁵tɕi³¹læ⁵⁵hu⁵³bɔi⁴²ʑiat³kai⁴⁴kɔi⁴⁴, hɔk³tsæ⁴²ʑiat³kai⁴⁴a⁵⁵,
一　起 出 钱 嘞 去 买　一 个　鸡，或　者 一 个　鸭，
hɔk³tsæ⁴²ʑiat³kai⁴⁴gɔ³¹。
或　者　一　个　鹅。
zeŋ³¹au⁵³, tɔ⁵⁵tia³³au⁵³, na⁵⁵mɔ³³tɕiu⁴⁴iau⁵³pheŋ³¹kun⁴⁴ɓun⁴⁴。
然　后，作 熟 后，那 么　就 要 平　均　分。
ɓun⁴⁴kau⁵³mui⁴²ʑiat³phun⁵³tɕiu⁴⁴ti⁴⁴kɔi⁴⁴gɔ³¹a⁵⁵kai⁴⁴mui⁴²ʑiat³kai⁴⁴
分　遘 每　一　份　就　是 鸡 鹅 鸭 个 每　一　个
ɓu⁴⁴ui⁴⁴,
部　位，

mui⁴² ziat³ phun⁴⁴ ɗɔu⁴⁴ iau⁵³ u⁴⁴。
每 一 份 都 要 有。
iɔ⁵³⁻³¹ kau⁵³ thau³¹、ɗau⁴⁴、ha⁴⁴、tit³、tim⁴⁴、kua⁴⁴、kin⁵³,
要 遣 头、 胜、 骸、 翼、 心、 肝、 胘,
kin⁵³ kin⁵³ ɗɔu⁴⁴ ɕiam⁵³ u⁴⁴。
件 件 都 欠¹ 有。
iok³ læ⁵⁵ tɕiu⁴⁴ ti⁴⁴ mui⁴² kai²² ɓu⁴⁴ ui⁴⁴,mui⁴² ziat³ phun⁴⁴ ɗɔu⁴⁴ ɕiam⁵³ u⁴⁴。
肉 嘞 就 是 每 个 部位, 每 一 份 都 欠 有。
tɕi⁵⁵ iɔ⁴⁴ kai⁴⁴ ɓun⁴⁴ kɔŋ⁴⁴ pheŋ²² iu⁴⁴ tɕia²⁴⁻⁵³ ɗau⁴⁴ kai⁴⁴ tɕi⁵⁵ tɕiaŋ⁴² ɓun⁴⁴ phat⁵,
即 样 个 分 公 平 又 正 道 个 即 种 分 法,
ɗua⁴⁴ kæ⁴⁴ ɗɔu⁴⁴ ɓi⁴² kiau²⁴ tɕiap⁵ tiu⁴⁴。
大 家 都 比 较 接 受。
ɕiaŋ⁵³ tɕi⁵⁵ iɔ⁴⁴ ɓi⁴² kiau²⁴⁻⁵³ kɔŋ⁴⁴ pheŋ³¹ tɕia²⁴⁻⁵³ ɗau⁴⁴ kai⁴⁴
像 即 样 比 较 公 平 正 道 个
tɕi⁵⁵ iɔ⁴⁴ kai⁴⁴ ɓun⁴⁴ phat⁵,
即 样 个 分 法,
na⁵⁵ gua⁴² mui³¹ tɕiu⁴⁴ kiɔ²⁴ tɔ⁵⁵ kɔŋ⁴⁴ ɗau⁵³。
那 我 们 就 叫 作 公 道。
kɔŋ⁴⁴ ɗau⁵³ kau⁵³ in⁴⁴ ɗai⁴⁴ ui⁴² tɕi⁴²,in⁴⁴ ui⁴² i⁴⁴ ɓi⁴² kiau²⁴⁻⁵⁵ kɔŋ⁴⁴ pheŋ³¹,
公 道 遣 现代 为止, 因为 伊比较 公 平,
iu⁴⁴ ɓi⁴² kiau²⁴⁻⁵⁵ kɔŋ⁴⁴ tɕia²⁴,
又 比较 公 正,
iu⁴⁴ ɓi⁴² kiau²⁴⁻⁵⁵ ɗet⁵ hap³ ɗua⁴⁴ kæ⁴⁴ kai⁴⁴ ui⁴⁴ hau⁴²,
又 比较 适合 大 家 个 胃 口,
tɔ⁴² zi⁴² læ⁵⁵,naŋ³¹ mui³¹ læ⁵⁵ tɕiam⁴⁴ tɕiam⁴⁴ læ⁵⁵,i⁴⁴ tɕiu⁵³ bɔ³³ ti⁴⁴ kap⁵ tɕi³¹ hi⁴²
所以 嘞, 侬 们 嘞 渐 渐 嘞, 伊就 勿 是 合 钱 起
læ³¹ hu²⁴ hai³¹ kɔi⁴⁴ hai³¹ gɔ³¹ hai³¹ a⁵⁵ lai³¹ ɓun⁴⁴ hu²⁴ la⁰。
来 去 刣 鸡 刣 鹅 刣 鸭 来 分 去 啦。
tiaŋ⁴⁴ kæ⁴⁴ tɕiu⁴⁴ li⁴⁴ zoŋ⁴⁴ tɕi⁵⁵ tɕiaŋ⁴² heŋ³¹ tek⁵,
商 家 就 利 用 即 种 形 式,

ʑia³³ tɕiu⁴⁴⁻²² ti⁴⁴⁻²² ɓie⁴² kɔi⁴⁴ gɔ³¹ a⁵⁵ læ⁵⁵ ɓun⁴⁴ hɔ⁴² ʑiat³ phun⁵³ ʑiat³ phun⁵³,
亦就　是把鸡鹅鸭嘞分好一份　一份，
mui⁴² phun⁴⁴ lɔu⁴⁴ u⁴⁴ kɔi⁴⁴ gɔ³¹ a⁵⁵ kai⁴⁴ mui⁴² ʑiat³ kai⁴⁴ ɓu⁴⁴ ui⁵³,
每　份　都有鸡鹅鸭个每　一个部位，
i⁵⁵ iɔ⁴⁴ læ⁵⁵ i⁴⁴ ʑiat³ phun⁵³ tɕiu⁵³ tɕiaŋ⁴⁴ tɔ⁵⁵ ʑia⁵⁵ kai⁴⁴ ti⁴⁴⁻²² huai⁵³ san⁴⁴
即样嘞伊一份　就将　作一个是快　餐
tɕi⁵⁵ iɔ⁴⁴ kai⁴⁴ heŋ²² tek⁵ lai²² ɓɔi⁴⁴,
即样个形　式来卖，
u⁴⁴ ʑiat³ phun⁴⁴ kɔi⁴⁴ gɔ³¹ a⁵⁵ iɔk³, ʑiu⁴⁴ u⁴⁴ ɓui⁴⁴ kɔŋ⁵⁵, ʑiu⁴⁴ u⁴⁴ ti⁵⁵ ti⁵⁵ hɔ⁴⁴.
有一份　鸡鹅鸭肉，又有糒　贡²，又有滴滴汤。
tɔ⁴² ʑi⁴² læ⁵⁵ tɕi⁵⁵ iɔ⁴⁴ tɔk⁵ tɕiam⁴⁴ tɕiu⁴⁴ ɗau⁴² tɕi⁵³ lɔ⁴² tiaŋ⁴⁴ iap³ ia²⁴.
所以嘞即样逐渐　就　导　致了商　业　化。
tiaŋ⁴⁴ iap³ ia²⁴ ʑi⁴² au⁵³ læ⁵⁵, tɕi⁵⁵ iɔ⁴⁴ kai⁴⁴ keŋ⁴⁴ zɔŋ⁴⁴ phaŋ⁴⁴ tek⁵,
商　业　化以后嘞，即样个经　营　方　式，
sɔŋ²² nɔŋ²² sui⁴⁴ in⁴⁴ tai⁴⁴ tɕiu⁴⁴ tɔk⁵ tɕin⁴⁴ uat⁴ tɕin⁴² kau⁵³ liau⁴² tia³¹ ɕi⁵³.
从　农　村　现　代就　逐渐　发展　遘了城　市。
kiɛ⁵⁵ hu²⁴ tia³¹ ɕi⁴⁴ tɕiɔ⁴⁴ bɔ³³ u⁴⁴ kɔŋ⁴⁴ ɗau⁵³ kai⁴⁴,
过　去城　市上　勿有公　道　个，
na⁴⁴ ti⁴⁴ nɔŋ²² sui⁴⁴ na⁵⁵ u⁴⁴ kɔŋ⁴⁴ ɗau⁵³ kai⁴⁴.
乃是农　村　乃有公　道　个。
ʑin²² na⁴⁴ læ⁵⁵ tɕiu⁴⁴ ti⁴⁴ u⁴⁴ heŋ²² hai⁴² læ⁵⁵ kai⁴⁴ tia²² ɕi⁵³ tɕiɔ⁴⁴
现　旦嘞就　是有琼　海　嘞个城　市上
u⁴⁴ kek³ tɔi⁴⁴ kai⁴⁴ kai²⁴ hi⁴² ʑi⁵⁵ iɔ⁴⁴ kai⁴⁴ im⁴² tɕia⁴⁴ iap³ zɔŋ²² iap³ tu⁴² læ⁵⁵,
有极　多个个体即样个饮食业营　业主嘞，
i⁴⁴ tɕiu⁴⁴ na⁴⁴ ti⁴⁴ tɔ⁵⁵ kɔŋ⁴⁴ ɗau⁵³ la⁰.
伊就　乃是作公　道　啦。
iu⁴⁴ ɓi⁴² kiau⁵³ phaŋ⁴⁴ ɓin⁵³, i⁴⁴ ʑiat³ kai⁴⁴ tɕi⁵⁵ iɔ⁴⁴ kai⁴⁴ zɔŋ³¹ iap³ ɕia⁴⁴ læ⁵⁵,
[伊又]³比较方　便，伊一个即样个营　业车嘞，
i⁴⁴ tɕiu⁴⁴ hɔ⁴² ʑi⁴² ɗu⁴⁴ i⁴⁴ ɕiu²⁴ lai⁴⁴ tɔ⁵⁵ hɔ⁴² hu⁵³,
伊就　可以有伊宿⁴内作好去，

tçiu⁴⁴ hɔ⁴² ʐi⁴² sui⁴⁴ kau⁵³ ua⁴⁴ min⁴⁴ hu²⁴ bɔi⁴⁴, bɔi⁴⁴ kɔŋ⁴⁴ ɗau⁵³。
就 可 以 推 遘 外 面 去 卖， 卖 公 道。
ia³³ phaŋ⁴⁴ ɓin⁵³, phaŋ⁴⁴ ɓin⁵³ liau⁴² keŋ⁴⁴ zɔŋ³¹ iap³ tu⁴²,
亦 方 便， 方 便 了 经 营 业 主,
ia³³ phaŋ⁴⁴ ɓin⁵³ liau⁴² ʐia⁵⁵ kai²² ti⁴⁴⁻²² iau⁵³ tçia³³ mia³¹ kai⁴⁴ naŋ³¹,
亦 方 便 了 即 个 是 要 食 糜 个 侬,
tçia³³ kɔŋ⁴⁴ ɗau⁵³ kai⁴⁴ naŋ³¹。
食 公 道 个 侬。
tɔ⁴² ʐi⁴² in⁴⁴ ɗai⁴⁴ heŋ³¹ hai⁴² kɔŋ⁴⁴ ɗau⁵³ kai⁴⁴ bi⁴⁴ ɗau⁴⁴ hɔ⁴²,
所 以 现 代 琼 海 公 道 个 味 道 好,
ʐiu⁴⁴ kɔŋ⁴⁴ pheŋ³¹ kɔŋ⁴⁴ tçia²⁴, kæ⁵⁵ tçi³¹ ʐiu⁴⁴ liam³¹。
又 公 平 公 正， 价 钱 又 廉。
tɔ⁴² ʐi⁴² tçin⁴⁴ na⁴⁴ kai⁴⁴ hɔ⁴² tɔi⁴⁴ ua⁴⁴ ɗi⁴⁴ naŋ²² læ⁵⁵
所 以 今 旦 个 好 侪 外 地 侬 嘞
ia⁴⁴ hui⁴⁴ ti⁴⁴ tçiap⁵ tiu⁴⁴ liau⁴² heŋ³¹ hai⁴² kai²² ʐiɔ⁵⁵ kai⁴⁴ kɔŋ⁴⁴ ɗau⁵³。
亦 开 始 接 受 了 琼 海 个[即样]个 公 道。
kɔŋ⁴⁴ ɗau⁵³ in⁴⁴ na⁴⁴ u⁴⁴ hai⁴² hau⁴² ua⁴² ia³³ ki²⁴ kau²⁴
公 道 现 旦 有 海 口 我 亦 见 遘
u⁵³ lan³¹ kai⁴⁴ ɗi⁴⁴ phaŋ⁴⁴ læ⁵⁵ uat⁵ in⁴⁴ ɗu⁵³ kɔŋ⁴⁴ ɗau⁵³
有 零 个⁵ 地 方 嘞 发 现 有 公 道
bɔi⁴⁴ kɔŋ⁴⁴ ɗau⁵³ ʐi⁵⁵ iɔ⁴⁴ kai⁴⁴ han⁴⁴ ui⁵³。
卖 公 道 即 样 个 摊 位。
tɔ⁴² ʐi⁴² heŋ²² hai⁴⁴ kai²² kɔŋ⁴⁴ ɗau⁵³ ti⁴⁴ tçi⁵⁵ iɔ⁴⁴ lai³¹ kai⁴⁴。
所 以 琼 海 个 公 道 是 即 样 来 个。

注释：

1. 欠：意思为"必须""一定"。《海口方言词典》"欠"记为同音字，其实本字就是"欠"。北京话"欠打"就是须打、该打。

2. 糒贡：为"饭团"。海南人祭祀会将用鸡油或者鸭油煮的米饭捏成团放在碗里当作祭品，祭祀完后食用饭团以求平安，发展到今天一些饭店为图好意也会有饭团售卖。"贡"在此读高调以示对神明的尊敬。同样

的祭品还有用花生做的花生糖"糖贡 ho^{31}kɔŋ^{55}",也是一个高调。

3. ［伊又］iu^{44}:"伊又"的合音,它又。
4. 宿:家,屋。闽语地区一般俗写作"厝"。
5. 零个:少数。

意译:

公道是在过去琼海的乡下,当人们空闲的时候,或者是刮风下雨的时候,不方便出门的时候,村里的几户人家,四户或者六户或者八户这样,大家都把钱凑起来,集在一起,一起出钱去买一只鸡或者一只鸭,或者一只鹅。然后,煮熟了以后平均分配。分到每一份,就是鸡鹅鸭的每一个部位,每一份都要有。拿到头、脖子、脚、翅膀、心、肝、肫,件件都必须要有。肉呢就是每个部位,每一份都要有。这样来分公平又正道,大家都比较接受。像这样比较公平正道的分法,那我们就叫作"公道"。公道到现在为止,因为它比较公平,又比较公正,又比较适合大家的胃口,所以呢,渐渐地,人们就不是凑钱起来去杀鸡杀鹅杀鸭来分了。商家就利用这种形式,也就是把鸡鹅鸭分好一份一份,每份都有鸡鹅鸭的每一个部位,这样呢它一份就当作是快餐这样的形式来卖,有一份鸡鹅鸭肉,又有饭团,又有一点汤。所以呢这样逐渐就导致了商业化。商业化以后呢,这样的经营方式,从农村现在就逐渐发展到了城市。过去城市里是没有公道的,只有农村才有公道的。现在呢就是在琼海的街市上有很多的个体这样的饮食业经营者呢,他就只是做公道［快餐］了。它［公道］又比较方便,他一个这样的营业车呢,他就可以在他家里做好了,就可以推到外面去卖,卖公道。也方便,方便了经营业主,也方便了这些要吃饭的人,吃公道的人。所以现在琼海的公道的味道很好,又公平公正,价钱又低廉。所以今天的好多外地人呢,也开始接受了琼海的这样的公道［快餐］。公道现在在海口我也见到过,有些地方发现有卖公道这样的摊位,所以琼海的公道就是这样来的。

(发音人:张经典)

博鳌其二故事　乐城

æ⁴⁴min⁴⁴kɔŋ⁴²ʑiat³æ⁴⁴lɔk⁵tia³¹ɗau⁴²。
下　面　讲　一　下　乐 城 岛。
lɔk⁵tia³¹ɗau⁴²læ⁵⁵tɕiu⁴⁴ti⁴⁴ua⁴²sɔŋ³¹sut⁵tæ⁴⁴
乐 城 岛　嘞　就　是 我　从　出　生
kau²⁴⁻⁵³tɕia³¹tɕiaŋ⁴²kai⁴⁴ɗi⁵³phaŋ⁴⁴。
遘　　成　长　个　地　方。
lɔk⁵tia³¹ɗau⁴²læ⁵⁵kai⁴⁴ui⁴⁴tɕi²⁴ɗu⁴⁴ban⁵³suan³¹hɔ³¹kai⁴⁴æ⁴⁴ʑiu³¹，
乐 城 岛　嘞 个　位 置　有 万　泉　河 个 下 游，
i⁴⁴sɔŋ³¹lɔk⁵tia³¹ɗau⁴²hu²⁴kau⁵³ɓak⁵ŋau⁴²kai³¹sut⁵hai⁴²hau⁴⁴næ⁵⁵，
伊从　乐 城 岛　去　遘　博　鳌　个　出 海　口　呢，
kin⁴²na⁴⁴u⁴⁴ŋou⁴²lak³kɔŋ⁴⁴li⁴²。
仅　乃 有 五　六 公　里。
lɔk⁵tia³¹ɗau⁴²i⁴⁴ti²⁴⁻⁵³min⁴⁴uan³¹tui⁴²，tæ⁴⁴hai²⁴uan³¹keŋ⁴²phui⁴⁴tiaŋ³¹hɔ⁴²。
乐 城 岛　伊 四　面　环　水，生 态 环　境 非　常　好。
tui⁴²æ⁴⁴kai⁴⁴su⁴⁴zuan³¹phui⁴⁴tiaŋ³¹phɔŋ⁴⁴phu²⁴。
水 下 个 资 源　非　常　丰　富。
u⁴⁴ɦiu³¹u⁴⁴ɦæ³¹，u⁴⁴ku⁴⁴u⁴⁴ɓi⁵⁵，u⁴⁴læ³¹。
有 鱼 有 虾 ，有 龟 有 鳖 ，有 螺。
lɔk⁵tia³¹ɗau⁴²i⁴⁴kai⁴⁴hou³¹ɗi⁴⁴phui⁴⁴tiaŋ³¹ɓui³¹ɔk⁵，
乐 城 岛　伊 个 涂　地 非　常　肥 沃，
phui⁴⁴tiaŋ³¹ɗek³hap³tɕiaŋ²⁴kɔ⁵⁵tɕiaŋ⁴²tɔ⁴⁴sai²⁴tui⁴²kia⁴²。
非　常　适　合　种　各 种　蔬 菜 水 果。
ʑia³³u⁴⁴tɔi²⁴ɓu⁴⁴phun⁴⁴kai⁴⁴nɔŋ³¹san⁴²，i⁴⁴phui⁴⁴tiaŋ²²ɓui²²ɔk⁵
亦　有 细 部 分　个 农 产，伊 非　常　肥 沃。
tɔ⁴²ʑi⁴²lɔk⁵tia³¹ɗau⁴²tɕi⁵⁵kai⁴⁴ɗi⁵³phaŋ⁴⁴læ⁵⁵，
所 以 乐 城 岛　即 个 地　方　嘞，
ɗu⁴⁴ua⁴²kai⁴⁴ʑin⁴⁴ɓat⁵ɗaŋ⁴⁴tɔŋ⁴⁴læ⁵⁵，i⁴⁴ʑiat³kai⁴⁴，
有 我 个 认 别[1]当 中 嘞，伊 一 个，

hak⁵ tit³ ti⁴⁴ ʑiat³ kai⁴⁴ phui⁴⁴ tiaŋ³¹ ŋi³¹ ki⁴⁴ kai⁴⁴ ɗi⁵³ phaŋ⁴⁴。
确 实 是一 个 非 常 宜 居 个 地 方。
lɔk⁵ tia³¹ ɗau⁴² sɔŋ³¹ u⁴⁴ kuan⁴⁴ phaŋ⁴⁴ min⁴⁴ kai⁴⁴ su⁴⁴ liau⁴⁴ hu²⁴ liau⁴² kɔi⁴²,
乐 城 岛 从 有 关 方 面 个 资 料 去 了 解,
i⁴⁴ kin²⁴ kuai⁴⁴ tɕi⁴⁴ ɦi³¹ læ⁵⁵ ti⁴⁴ ɗu⁵³ zuan²² ɕiau²² kai³¹ muat⁵ ɦi³¹ hui⁴⁴ ti⁴²,
伊 建 县 之 年 嘞 是 有 元 朝 个 末 年 开 始,
kau⁵⁵ in⁴⁴ tai⁴⁴ læ⁵⁵, i⁴⁴ kai²² kin⁵³ tɕi⁴⁴ læ⁵⁵ u⁴⁴ ɕit⁵ ɓæ⁵⁵ tɔi⁴⁴ ɦi³¹ hu⁵³ lɔ⁰。
遘 现 在 嘞,伊个 建 制 嘞 有 七 百 多 年 去 啦。
kin⁵³ tɕi⁴⁴ ti³¹ kan⁴⁴ ti⁴⁴ u⁴⁴ lak³ ɓæ⁵⁵ tɔi⁴⁴ ɦi³¹,
建 制 时 间 是 有 六 百 多 年,
na⁴⁴ ti⁴⁴⁻²² i⁴⁴ li²² hui⁴⁴ kin⁵³ tɕi⁴⁴ næ⁵⁵,
乃 是 伊离开 建 制 呢,
ʑi⁴² keŋ⁴⁴ u⁴⁴ sa⁴⁴ bɔ³³ tɔi⁴⁴ u⁴⁴ ɕit⁵ tap³ tɔi⁴⁴ ɦi³¹ hu⁵³ lɔ⁰。
已 经 有差勿多 有 七 十 多 年 去 啦。
lɔk⁵ tia²² ɗau²² i⁴⁴ kai⁴⁴ kin⁵³ tɕi⁴⁴ tu⁴⁴ iau²⁴ ti⁴⁴,
乐 城 岛 伊个 建 制 主 要 是,
ɗoi⁴⁴ it⁵, i⁴⁴ tui⁴² tɕiɔ⁴⁴ kai⁴⁴ tui⁴² lou⁴⁴ su⁴⁴ zuan³¹ phui⁴⁴ tiaŋ³¹ phɔŋ⁴⁴ phu²⁴,
第 一,伊水 上 个 水 路 资 源 非 常 丰 富,
sɔŋ²² æ⁴⁴ sut⁵ hau⁴² kau⁵³ ɓak⁵ ŋau²² sut⁵ hau⁴², i⁴⁴ hɔ⁴² ʑi⁴² hɔŋ⁴⁴ uaŋ⁴² kau⁵³
从 下 出 口 遘 博 鳌 出 口,伊可 以 通 往 遘
tun³¹ tɕia⁵⁵ hɔ⁴² ʑi⁴² hɔŋ⁴⁴ uaŋ⁴² kau⁵³ ɗaŋ⁴⁴ nam³¹ a⁴⁴,
船 只 可 以 通 往 遘 东 南 亚,
tɕiɔ⁴⁴ læ⁵⁵ hɔ⁴² ʑi⁴² hɔŋ⁴⁴ kau⁵³ ua⁴² kɔk⁵ kai⁴⁴ ɓut³ hai⁴² ʑiat³ ɗua²⁴。
上 嘞可 以 通 遘 我 国 个 渤 海 一 带。
tɔ⁴² ʑi⁴² læ⁵⁵, ɗu⁴⁴ ua⁴⁴ kɔk⁵ lai⁴⁴ ɗi⁴⁴ kai⁴⁴ hɔ⁴² tɔi⁴⁴ tiaŋ⁴⁴ hiəm⁴² iau⁵³ liu³¹ ʑip³
所 以 嘞,有 我 国 内 地 个 好 多 商 品 要 流 入
ʑia⁵⁵ kai²² ti⁴⁴ ua⁴² mui³¹ kai⁴⁴ lɔk⁵ ui⁵³ kuai⁴⁴。
若² 个 是 我 们 个 乐 会 县。
tɔ⁴² ʑi⁴² læ⁴⁴, lɔk⁵ tia³¹ læ⁵⁵ i⁴⁴ kin⁵³ hai⁴² kin⁵³ bæ⁴² hau³¹ læ⁵⁵
所 以 嘞,乐 城 嘞 伊建 海 建 码 头 嘞

ti⁴⁴tui⁵⁵hɔ⁴²kai⁴⁴ɗi⁵³phaŋ⁴⁴。
是 最 好 个 地 方。
lɔk⁵tia³¹ɗu⁴⁴kia²⁴⁻⁵⁵hu²⁴læ⁵⁵ɗu⁴⁴kui⁴²kai⁴⁴ɕiəm⁴⁴tui⁴²uan⁴⁴，
乐 城 有 过 去 嘞有 几 个 深 水 湾，
ti⁴⁴phui⁴⁴tiaŋ³¹ɗek⁵ŋi³¹tɔ⁵⁵tɕi⁵⁵kai⁴⁴bæ⁴²hau³¹kai⁴⁴。
是非 常 适 宜作 即 个 码 头 个。
tɔ⁴²ʑi⁴²ni⁵⁵，tui⁵⁵ɗua⁴⁴kai⁴⁴bæ⁴²hau⁴²zɔŋ²²liaŋ⁴⁴lou⁴⁴hɔ⁴²ʑi⁴²⁻²⁰
所 以 呢，最 大 个 码 头 容 量 都 可 以
tuaŋ⁴⁴kui⁴²ɓæ⁵⁵ɗun⁵³tɕi⁵⁵iɔ⁴⁴kai⁴⁴ɗua⁴⁴tun³¹。
装 几 百 吨 即样个 大 船。
ɗu⁴⁴kou⁴²ti³¹hau⁵³læ⁵⁵，
有 古 时 候 嘞，
kui⁴²ɓæ⁵⁵ɗun⁵³kai⁴⁴ɗua⁴⁴tun³¹ti⁴⁴kiɔ²⁴tɔ⁵⁵ɗua⁴⁴tun²²hu⁵³lɔ⁰，
几 百 吨 个 大 船 是叫 作大 船 去 咯，
phui⁴⁴tiaŋ³¹ɗua⁴⁴kai⁴⁴tun³¹hu⁵³lɔ⁰。
非 常 大 个 船 去 咯。
liau⁴²i⁴⁴tɕiɔ⁴⁴ʑiu³¹læ⁵⁵hɔ⁴²ʑi²⁴ʑiat³liu⁴⁴ŋek³kou⁵³heŋ³¹tɔŋ⁴⁴ʑi⁵⁵tɕiɔ⁴⁴。
了³伊上 游 嘞可 以一 路⁴逆 遭 琼 中 若 上。
tɔ⁴²ʑi⁴²ua⁴²mun³¹heŋ³¹tɔŋ⁴⁴ʑi⁵⁵tɕiɔ⁴⁴kai³¹tɕiɔ⁴⁴ʑiu²²kai⁴⁴nɔŋ²²tɔ⁵⁵but³，
所 以我 们 琼 中 若上 个 上 游 个 农 作物，
ɕiaŋ⁵³kiau⁴⁴a⁴⁴，ʑia⁵⁵kai³¹ti⁴⁴⁻²⁰ɦu²²tɕiɔ⁴⁴a⁴⁴，ɓan⁴⁴ɗɔ³¹a⁴⁴，
橡 胶 啊，若 个 是 胡 椒 啊，槟 榔 啊，
tua⁴⁴ia²⁴ɗeŋ⁴²ɗeŋ⁴²ʑia³³hɔ⁴²ʑi⁴²⁻²⁰sɔŋ³¹ɦɔ⁵⁵tɕiɔ⁴⁴ʑiu³¹læ⁵⁵zɔŋ⁴⁴tun³¹tɕia⁵⁵
山 货 等 等 亦可以 从 许上 游 嘞用 船 只
zun⁴⁴kau⁵³lɔk⁵tia³¹lai³¹。
运 遭 乐 城 来。
tɕiŋ⁴⁴kæ⁴⁴ʑia⁵⁵kai⁴⁴ti⁴⁴kiau⁴⁴zek³。
增 加 若 个 是交 易。
tɔ⁴²ʑi⁴²læ⁵⁵i⁴⁴lɔk⁵tia³¹ʑia⁵⁵kai²²ɗi⁵³phaŋ⁴⁴u⁴⁴tiaŋ⁴⁴iap³tɕiɔ⁴⁴læ⁵⁵
所 以嘞伊乐 城 若 个 地 方 有 商 业 上 嘞

kiau⁴⁴ zek³ ɗu⁴⁴ kiau⁴⁴ hɔŋ⁴⁴ tɕiɔ⁴⁴ læ⁵⁵
交 易 有 交 通 上 嘞
ti⁴⁴ ɓi⁴² kiau⁵³ phaŋ⁴⁴ ɓin⁴⁴ ia³³ ɓi⁴² kiau⁵³ uat⁵ ɗat³。
是 比 较 方 便 亦 比 较 发 达。
ɗɔi⁴⁴ ʐi⁴⁴ læ⁵⁵，i⁴⁴ tɕiu⁵³ ti⁴⁴⁻²⁰ lɔk⁵ tia³¹ i⁴⁴ ti⁴⁴ ti²⁴⁻⁵⁵ nun³¹ tui⁴²，
第 二 嘞，伊 就 是 乐 城 伊 是 四 轮 水，
in⁴⁴ ui⁴² ɗu⁴⁴ zuan³¹ ɕiau³¹ muat⁵ hi³¹ kau⁵³ meŋ³¹ ɕiau³¹ sɔ⁴⁴ hi³¹ læ⁵⁵，
因 为 有 元 朝 末 期 遘 明 朝 初 期 嘞，
uɔ⁴⁴ hɔu⁵³ ɗui⁵³ ua⁴² kɔk⁵ kai²² zun³¹ hai⁴² ɗi⁵³ phaŋ⁴⁴ læ⁵⁵
倭 寇 对 我 国 个 沿 海 地 区 嘞
i⁴⁴ ti⁴⁴ keŋ⁴⁴ tiaŋ³¹ læ³¹ ʐia⁵⁵ kai²² ti⁴⁴⁻²⁰ pha⁵⁵ kiap⁵ tɕim⁴⁴ tip³ kai⁴⁴。
伊 是 经 常 来 若 个 是 拍 劫 践 涉⁵ 个。
tɔ⁴² ʐi⁴² læ⁵⁵，a⁵⁵ ɗaŋ⁴⁴ ti³¹ hɔ⁴² tɔi⁴⁴ kuai⁴⁴ tseŋ⁵³ phu⁴² læ⁵⁵，
所 以 嘞，阿 当 时 好 多 县 政 府 嘞，
i⁴⁴ ɗu⁴⁴ ɗua⁴⁴ ɗa⁴² ti⁴⁴ hu⁵³ sui⁴⁴ hui⁴²，
伊 有 大 胆 是 去 摧 毁，
tɔ⁴² ʐi⁴² ɗaŋ⁴⁴ ti³¹ læ⁵⁵ sut⁵ hin⁵³ tɕi⁵⁵ tɕiaŋ⁴² tɕia³¹ huaŋ⁴²，
所 以 当 时 嘞 出 现 即 种 情 况，
lɔk⁵ tia³¹ in⁴⁴ ui⁴² ti⁵³ min⁴⁴ nun²² tui⁴² ʐiu⁴⁴ zɔŋ²² ʐi⁴⁴ phaŋ³¹ tiu⁴²，
乐 城 因 为 四 面 轮 水 又 容 易 防 守，
lu⁴² bi⁵⁵ lai²² tɕim⁴⁴ tip³ læ⁵⁵ ɓit⁵ ɕi⁴⁴ iau⁵³ kia²⁴⁻⁵³ hɔ³¹，
汝 密 来 践 涉 嘞 必 须 要 过 河，
kia²⁴⁻⁵³ hɔ²² læ⁵⁵ iau⁵³ u⁴⁴ tun²² tɕia⁵⁵。
过 河 嘞 要 有 船 只。
tɔ⁴² ʐi⁴² læ⁵⁵ tɔi⁴⁴ tun³¹ tɕia⁵⁵ kuan⁴² li⁴² hɔ⁴² liau⁴² au⁵³ læ⁵⁵，
所 以 嘞 多 船 只 管 理 好 了 后 嘞，
lu⁴² ɓi⁵⁵ tɕiəm⁴⁴ ʐip³ ɓak⁵ ŋau³¹ læ⁵⁵，tɕiu⁴⁴ ti⁴⁴ fiɔ⁵⁵ kai²² lɔk⁵ tia²² læ⁵⁵，
汝 密 侵 入 博 鳌 嘞，就 是 许 个 乐 城 嘞，
ia³³ bɔ³³ zɔŋ²² ʐi⁴⁴。
亦 勿 容 易。

tɔ⁴² ʑi⁴² ɗaŋ⁴⁴ ti³¹ kuai⁴⁴ tɕi⁴⁴ læ⁵⁵ tɕiu⁴⁴ sɔŋ³¹ zuan³¹ ɕiau³¹ kai⁴⁴ muat⁵ hi³¹ læ⁵⁵
所 以 当 时县 治 嘞 就 从 元 朝 个 末 期 嘞
tɕiu⁴⁴ hui⁴⁴ ti⁴²² ɗu⁴⁴ lɔk⁵ tia³¹ tɕi⁵⁵ tɕiɔ⁵⁴ hui⁴⁴ ti²² kin²⁴, kin²⁴⁻⁵⁵ kuai⁴⁴ tɕi⁴⁴。
就 开 始 有 乐 城 即 上 开 始 建 ， 建 县 治。
kin²⁴⁻⁵⁵ kuai⁴⁴ tɕi⁴⁴ ɗaŋ⁴⁴ ti³¹ læ⁵⁵ kin²⁴⁻⁵⁵ kuai⁴⁴ tɕi⁴⁴ læ,
建 县 治 当 时 嘞 建 县 治 嘞,
i⁴⁴ na⁴⁴ ti⁴⁴⁻²⁰ kan⁴² ɗan⁴⁴ kai⁴⁴ kia³¹ tseŋ²⁴ ʑiat³ nai⁵⁵ ɓan⁴⁴ kɔŋ⁴⁴ ɗiɔ²² tɔ⁴²,
伊乃⁶ 是 简 单 个 行 政 一 带 办 公 场 所,
uan²² bɔ³³ heŋ³¹ tɕia³¹ tia³¹, uan³¹ bɔ³³ heŋ³¹ tɕia³¹ tia³¹。
还 勿 形 成 城, 还 勿 形 成 城。
na⁴⁴ ti⁴⁴ au⁵³ lai³¹ ui⁴² lɔ⁴² ɗui⁵³ tia³¹ lai⁴⁴ kai⁴⁴ ɓɔ⁴² ɦiu⁴⁴ keŋ⁵³ kæ⁴⁴ kɔŋ⁴⁴ ku²⁴,
乃 是 后 来 为 了 对 城 内 个 保 护 更 加 巩 固,
ʑiat³ liu⁴⁴ kau⁵³ ʑia⁵⁵ kai³¹ meŋ³¹ ɕiau³¹ hɔŋ³¹ bu⁴² hi³¹ kan⁴⁴ læ⁵⁵
一 路 遘 若 个 明 朝 洪 武 期 间 嘞
na⁵⁵ hui⁴⁴ ti⁴² kin²⁴⁻⁵⁵ tia³¹。
乃 开 始 建 城。
kin²⁴⁻⁵⁵ tia³¹ ɗaŋ⁴⁴ sɔ⁴⁴, kin²⁴⁻⁵⁵ tia³¹ kai⁴⁴ ti³¹ hau⁵³ ia³³ bɔ³³ u⁴⁴ tia³¹ ɕiɔ³¹,
建 城 当 初, 建 城 个 时 候 亦 勿 有 城 墙,
na⁴⁴ ti⁴⁴⁻²⁰ kin²⁴ u⁴⁴ kui⁴² kai⁴⁴ tia³¹ mui³¹ lu⁵³,
乃 是 建 有 几 个 城 门 噜,
tia³¹ mui³¹ ɗu⁴⁴ ɗaŋ⁴⁴ mui³¹, tai⁴⁴ mui³¹, ɓak⁵ mui³¹, nam³¹ mui³¹,
城 门 有 东 门 , 西 门 , 北 门 , 南 门,
ʑiat³ ɗit³ kau⁵³ ʑia⁵⁵ kai²² ti⁴⁴⁻²⁰ tu⁴⁴ li²⁴ uaŋ³¹ ɗi²⁴ ti³¹ ɗai⁴⁴ kai⁴⁴ ti²³¹ hau⁵³ læ⁵⁵,
一 直 遘 若 个 是 朱 棣 皇 帝 时 代 个 时 候 嘞,
i⁴⁴ iu⁴⁴ na⁵⁵ hui⁴⁴ ti⁴² kin²⁴⁻⁵⁵ tia³¹ ɕiɔ³¹。
伊又 乃 开 始 建 城 墙。
kin²⁴ tia³¹ ɕiɔ³¹ tɔŋ⁴² ti⁴⁴ ɗu⁴⁴ zɔŋ⁴⁴ a⁵³ kai⁴⁴ ɗua⁴⁴ ɗua⁴⁴ kai⁴⁴ ɗua⁴⁴ tɕiɔ⁴⁴ hau²²,
建 城 墙 总 是 有 用 阿 个 大 大 个 大 石 头,
hɔk³ tsæ⁴² tɔŋ⁴² ti⁴⁴ zɔŋ⁴⁴ ɗua⁴⁴ ɗua⁴⁴ kai⁴⁴ ɗua⁴⁴ sæ⁴⁴ tui⁴⁴ lai³¹ kin²⁴。
或 者 总 是 用 大 大 个 大 青 砖 来 建。

tia³¹ɕiɔ³¹læ⁵⁵kaŋ⁴⁴tia³¹mui³¹læ⁵⁵phui⁴⁴tiaŋ³¹kai⁴⁴kin⁴⁴ku²⁴,
城 墙 嘞 共 城 门 嘞 非 常 个 坚 固,
ia³³phui⁴⁴tiaŋ³¹kai³¹ui⁴⁴u⁴²。
亦 非 常 个 威 武。
ʑiu³¹ʑi³¹su⁴⁴ʑin³¹tai⁴⁴hai⁴⁴la⁴⁴kaŋ⁴⁴ʑia⁵⁵kai³¹ti⁴⁴⁻²⁰tɕin²⁴tsæ⁴⁴la⁴⁴,
由 于 自 然 灾 害 啦 共 若 个 是 战 争 啦,
li⁴⁴su⁴²tɕiɔ⁴⁴hɔ⁴²tɔi³¹tɕin²⁴tsæ⁴⁴kai⁴⁴naŋ⁴²ui⁴²phua⁵⁵uai⁴⁴læ⁴⁴,
历 史 上 好 多 战 争 个 侬 为 破 坏 嘞,
meŋ²²ɕiau³¹kai³¹ʑiɔ⁵⁵kai⁴⁴tia³¹mui³¹kaŋ⁴⁴tiɔ³¹ɕia³¹læ⁵⁵ia⁴⁴u⁴¹tɔ⁴²phua⁵⁵uai⁴⁴。
明 朝 个 若 个 城 门 共 城 墙 嘞 亦 有 所 破 坏。
ʑiat³ɗit³kau⁵³seŋ⁴⁴ɕiau³¹læ⁵⁵kai⁴⁴hin³¹lɔŋ³¹hi³¹kan⁴⁴læ⁵⁵
一 直 遘 清 朝 嘞 个 乾 隆 期 间 嘞
iu⁴⁴na⁵⁵ɗua⁴⁴tiu⁴⁴la⁰。
又 乃 大 修 啦。
iu⁴⁴na⁵⁵ɗua⁴⁴tiu⁴⁴tɕiu⁴⁴keŋ⁵³ɓi⁴²zuan³¹lai³¹kai⁴⁴ɕiɔ³¹ʑiu⁴⁴keŋ⁵³ɗɔ²²,
又 乃 大 修 就 更 比 原 来 个 墙 又 更 长,
ɓi⁴²zuan³¹lai³¹kai⁴⁴tia³¹mui³¹ʑiu⁴⁴keŋ⁵³kuai³¹。
比 原 来 个 城 门 又 更 悬。
lɔ³³kau⁵³seŋ⁴⁴ɕiau³¹kai³¹ti³¹hau⁵³,
落 遘 清 朝 个 时 候,
lɔk⁵tia³¹tɕiɔ⁴⁴tɕiu⁴⁴hui⁴⁴ti⁴²tɕip³tɔŋ⁴⁴ti⁴⁴tɕip³ɕi⁵³la⁰。
乐 城 上 就 开 始 集 中 是 集 市 啦。
tɕip³ɕi⁴⁴,tɕip³ɕi⁴⁴læ⁵⁵tɕiu⁵³ti⁴⁴hui⁴⁴uat⁵liau⁴²ʑiat³ɗiau³¹kɔi⁴⁴,
集 市,集 市 嘞 就 是 开 发 了 一 条 街,
tɕi⁵⁵ɗiau³¹kɔi⁴⁴kiɔ²⁴tɔ⁵⁵ɕiau³¹ʑiaŋ³¹kɔi⁴⁴。
即 条 街 叫 作 朝 阳 街。
tɕi⁵⁵ɗiau³¹kɔi⁴⁴kau⁵³in⁴⁴tai⁵³læ⁵⁵,uan³¹ɓɔ⁴²sun³¹kau⁵³in⁴⁴tai⁵³。
即 条 街 遘 现 在 嘞,还 保 存 遘 现 在。
ɓɔ⁴²sun³¹kau⁵³in⁴⁴tai⁵³,
保 存 遘 现 在,

i⁴⁴kai⁴⁴sæ⁴⁴tɕiɔ⁴⁴phu⁴⁴lou⁴⁴kai⁴⁴ziat³ɗiau³¹tɔi⁵⁵tɔi⁵⁵lou⁴⁴,
伊个 青 石 铺 路 个 一 条 细 细 路，
u⁴⁴ta⁴⁴ɓæ⁵⁵tɔi⁴⁴mi⁴²zi⁵⁵iɔ⁴⁴ɗɔ²²。
有 三 百 多 米 若 样 长，
tia³¹ɕiɔ³¹kaŋ⁴⁴tia³¹mui³¹læ⁵⁵ti⁴⁴kau⁵³it⁵kau⁴²ti⁵³leŋ³¹ɦi³¹
城 墙 共 城 门 嘞是 遘 一九 四零 年
ʑit³ɓun⁴²tɕiəm⁴⁴liɔ³³hai⁴²nam³¹kai⁴⁴ti³¹hau⁵³,
日 本 侵 略 海 南 个 时候，
ʑit³ɓun⁴²ti⁴⁴tɕiəm⁴⁴liɔ³³uɔ⁴²mui⁴²lɔk⁵ui⁴⁴kuai⁴⁴kai⁴⁴ti²²hau⁵³,
日 本 是侵 略我 们 乐 会 县 个 时候，
ti⁴⁴sɔŋ³¹ɓak⁵ŋau³¹ʑiɔ⁵⁵ɓi⁴⁴kai⁴⁴kaŋ⁴²hau⁴²ʑia⁵⁵kai⁴⁴ti⁴⁴han²⁴tɔ⁵⁵
是从 博 鳌 若 边个 港 口 若 个 是 喊 作
ʑia⁵⁵kai⁴⁴ti⁴⁴ʑip³……
若 个 是入……
na⁵⁵mɔ³³læ⁵⁵, ʑin²²au⁴⁴læ⁵⁵, in⁴⁴ui⁴²lɔk⁵tia³¹⁴⁴ʑiat³kai⁴⁴kuai⁴⁴tɕi⁵³,
那么 嘞，然 后 嘞，因 为 乐城 是一 个 县 治，
tɔ⁴²ʑi⁴²læ⁵⁵i⁴⁴ʑit³ɓun⁴²naŋ²²ti⁴⁴hau⁴²hau²²tai²²læ⁵⁵tɕiam⁵³lia⁴²liau⁴²lɔk⁵tia²²。
所以 嘞伊日本 侬 是头 头⁷前嘞占 领 了 乐 城。
tɕiam⁵³lia⁴²liau⁴²lɔk⁵tia³¹in⁴⁴ui⁴²i⁴⁴ui⁴²lɔ⁴²tiu⁴⁴kin²⁴kaŋ⁴⁴su⁵³,
占 领 了 乐 城 因 为伊为 着 修 建 工 事，
hie⁵⁵phat³tɕi⁵⁵kai⁴⁴ti⁴⁴-20ɗua⁴⁴tui⁴⁴-24ɗua⁴⁴tɕiɔ⁴⁴,
缺 乏 即 个 是 大 砖 大 石，
tɕiu⁴⁴ɓie⁴²ɗaŋ⁴⁴ti³¹kai⁴⁴tia³¹ɕiɔ³¹læ⁵⁵kaŋ⁴⁴a⁵⁵ɗaŋ⁴⁴ti³¹kai⁴⁴tia³³¹mui³¹læ⁵⁵
就 把 当 时个 城 墙 嘞共 阿当 时个 城 门 嘞
tɕiu⁴⁴suan³¹ɓu⁴⁴hia⁵⁵kak³。
就 全 部 拆 □⁸。
tɕiu⁴⁴tiu⁴⁴kin²⁴liau⁴²ʑit³ɓun⁴²naŋ³¹kai⁴⁴ti²⁴kai⁴⁴ʑia⁵⁵kai⁴⁴ti⁴⁴han²⁴tɔ⁵⁵
就 修 建 了 日 本 依 个 四个 若 个 是 喊 作
ɓi⁴²kiau⁵³kuai⁵³ɗua⁴⁴kai⁴⁴ta⁴⁴ti²⁴⁻⁵³ɗɔ⁵⁴kuai³¹kai⁴⁴ʑia⁵⁵kai⁴⁴phau²⁴⁻⁵⁵lau³¹,
比 较 悬 大 个 三 四 丈 悬 个 若 个 炮 楼，

tɔ⁵⁵ui³¹i⁴⁴mui³¹ʑit³ɓun⁴²naŋ³¹kai⁴⁴ʑia⁵⁵kai⁴⁴ti⁴⁴⁻²⁰phaŋ³¹ʑi⁵⁵kaŋ⁴⁴su⁵³。
作为伊们 日本 侬 个 若 个 是 防 御 工 事。

ʑia⁵⁵kai⁴⁴læ⁵⁵tɕiu⁵³ti⁴⁴⁻²⁰lɔk⁵tia³¹i⁴⁴kai⁴⁴tia³¹phua⁵⁵uai⁴⁴kai⁴⁴
若 个 嘞就 是 乐城 伊个 城 破 坏 个

i⁵⁵ɕi²⁴tau⁴⁴kiap⁵。
一次 浩⁹ 劫。

ʑiat³ɗit³kau²⁴⁻⁵⁵kɔi⁴²ɓaŋ⁵³au⁵³，kɔi⁴²ɓaŋ⁵³au⁵³kai⁴⁴it⁵kau⁴²ŋou⁴⁴ɓɔi⁵⁵ɦi³¹，
一 直 遘 解 放 后，解 放 后个 一 九 五 八 年，

ʑiɔ⁵⁵ɗuan⁴⁴ti³¹kan⁴⁴ʑiu³¹ʑi³¹ɗua⁴⁴ʑiau⁵⁵tɕin²⁴，ʑiat³kai⁴⁴ti⁴⁴ɗua⁴⁴lin⁴⁴kɔ²⁴
若段 时间 由于 大 跃 进 ，一 个 是大 炼 钢

kai⁴⁴sui⁴⁴iau²⁴，
个 需 要，

ʑiu⁴⁴ɓie⁴²kek³tɔi⁴⁴tia³¹ɕiɔ³¹læ⁵⁵suan³¹ɓu⁴⁴hia⁵⁵kak³。
又 把 极 多城墙 嘞全 部 拆 □⁸。

i⁴⁴a⁴⁴kai⁴⁴ɗua⁴⁴tui⁴⁴la⁴⁴，ɗua⁴⁴tɕiɔ⁴⁴la⁴⁴suan⁶⁴ɓie⁴²hu⁵³tɔ⁵⁵tau²⁴la⁴⁴，
伊阿个 大 砖 啦，大 石 啦全 部 把 去作灶啦，

tɔ⁵⁵tui⁴²li⁴⁴la⁴⁴ʑi⁵⁵iɔ⁴⁴kai⁴⁴kaŋ⁴⁴seŋ²²。
作水 利 啦若样个 工 程。

tɔ⁴²ʑi⁴²læ⁴⁴tɕiu⁴⁴ɓie⁴²i⁴⁴kai⁴⁴tia³¹ɕiɔ³¹læ⁵⁵
所以 嘞就 把 伊个 城 墙 嘞

ɕiu⁴⁴ɗua⁴⁴tɔi⁴⁴tiau²⁴lɔu⁴⁴phua⁵³uai⁴⁴hu⁵³la⁰。
就 大 多 数 都 破 坏 去 啦。

tia³¹ɕiɔ³¹kau⁵⁵in⁴⁴ɗai⁴⁴læ⁵⁵tɕiu⁴⁴na⁴⁴ti⁴⁴⁻²⁰ɗu⁴⁴tia³¹ha⁴⁴a⁵⁵æ⁴⁴hau³¹，
城 墙 遘 现代 嘞就 乃 是 有 城 骸阿下 头，

ɗu⁴⁴ʑiat³ɗuan⁵³u⁴⁴nɔ⁴⁴ɓæ⁵⁵mi⁴²，kuai³¹u⁴⁴nɔ⁴⁴mi⁵³ʑiɔ⁵⁵kai⁴⁴tia³¹ɕiɔ³¹，
有 一段 有 两 百 米，悬 有两 米若 个 城 墙，

ʑia⁵⁵kai⁴⁴læ⁵⁵ti⁴⁴ɓɔ⁴²……
若 个 嘞是保……

ɕiaŋ⁵³ʑiɔ⁵⁵iɔŋ⁴⁴u⁴⁴naŋ³¹kæ⁴⁴læ⁵⁵i⁴⁴ʑiu⁴⁴ɓɔ⁴²ɦu⁵³liau⁴²lak³ɓæ⁵⁵tɔi⁴⁴ɦi³¹，
像 若样 有 侬 家 嘞伊又 保 护 了 六 百 多 年，

ʑi⁵⁵ iɔŋ⁴⁴ kai⁴⁴ tia³¹ ɕio³¹ uan³¹ u⁵³。
若样个城墙还有。

na⁵³ mɔ⁴²，ɖaŋ⁴⁴ ti³¹ kai⁴⁴ kuai⁴⁴ tɕi⁵³
那么，当时个县治

tɕiu⁴⁴ ti⁴⁴ kuai⁴⁴ kai⁴⁴ a⁴⁴ kai⁴⁴ ɓan⁴⁴ kɔŋ⁴⁴ ɖio³¹ tɔ⁴²，ia³³ suan³¹ ɓu⁴⁴ ɓi⁴⁴ sui⁴⁴ ui⁴²。
就是县个阿个办公场所，亦全部被摧毁。

sui⁴⁴ ui⁴² liau⁴² au⁵³ kau⁵³ tɕin⁴⁴ na⁴⁴ ti⁴⁴⁻²⁰ teŋ⁵³ ti²⁴ ki⁴⁴ hiau⁴⁴ tu⁴²,
摧毁了后遘今旦乃是剩四支校础[10],

ti²⁴ ki⁴⁴ hiau⁴⁴ tu⁴²，tɕi⁵⁵ ti²⁴ ki⁴⁴ hiau⁴⁴ tu⁴² i⁴⁴ kai⁴⁴ ui⁴⁴ tɕi⁵⁵ ni⁵⁵ tɕiu⁴⁴ ɖu⁴⁴
四支校础，即四支校础伊个位置呢就有

in⁴⁴ tai⁴⁴ kai⁴⁴ ʑia⁵⁵ kai²² ti⁴⁴⁻²⁰ lɔk⁵ tia³¹ sui⁴⁴ ui⁴² ui⁵³ kai⁴⁴ ɓan⁵³ kɔŋ⁴⁴ ɖio³¹ tɔ⁴²。
现在个若个是乐城村委会个办公场所。

ɖu⁴⁴ lɔk⁵ tia³¹ kai⁴⁴ sui⁴⁴ ui⁴² ui⁵³ kai⁴⁴ ɓan⁵³ kɔŋ⁴⁴ ɖio²² tɔ⁴² læ⁵⁵,
有乐城个村委会个办公场所嘞,

tɕiu⁴⁴ hu²⁴ tɕiɔ⁴⁴ læ⁵⁵ tɕiu⁴⁴ hɔ⁵⁵ ʑi⁴² mɔ⁴⁴ kau²⁴ na⁴⁴ ti⁴⁴ teŋ⁴⁴ lɔ³³ ʑio⁵⁵ ti²⁴ ki⁴⁴ læ⁵⁵,
就去上嘞就可以望遘乃是剩落若四支嘞,

ɖaŋ⁴⁴ ti³¹ kin⁵⁵ sɔi²⁴ ʑie⁵⁵ kai⁴⁴ kæ⁴⁴ mui³¹ tɕiu⁴⁴ teŋ⁴⁴ lɔ³³ ʑie⁵⁵ mɔ⁴⁴ hiau⁴⁴ tu⁴² hu⁵³ la⁰。
当时建砌若个家门就剩落若奴校础去啦。

tɔ⁴² ʑi⁴² læ⁵⁵ i⁴⁴ kui⁴² ɓæ⁵⁵ ɦi³¹ ʑio⁵⁵ kai⁴⁴ kuai⁴⁴ kai⁴⁴ tɕi⁵⁵ iɔ⁴⁴ kai⁴⁴ un³¹ tɕia⁵⁵
所以嘞伊几百年若个县个即样个痕迹

tɕiu⁴⁴ na⁴⁴ teŋ⁴⁴ lɔ³³ tɕi⁵⁵ ti²⁴ ki⁴⁴ hiau⁴⁴ tu⁴², ti²⁴ ki⁴⁴ hiau⁴⁴ tu⁴²。
就乃剩落即四支校础，四支校础。

ɖu⁴⁴ lɔk⁵ tia²² ua⁴² tɕi²⁴ kai⁴⁴ ti³¹ hau⁵³,
有乐城我细个时候,

i⁴⁴ kai⁴⁴ kɔi⁴⁴ ɖau⁴⁴ tɕiɔ⁴⁴ læ⁵⁵ u⁴⁴ nɔ⁴⁴ ɓæ⁵⁵ tɔi⁴⁴ kan⁴⁴ ʑia⁵⁵ kai⁴⁴ phou⁵³ min⁴⁴。
伊个街道上嘞有两百多间若个铺面。

phou⁵³ min⁴⁴ læ⁵⁵ i⁴⁴ u⁴⁴ kɔk⁵ tɕiaŋ⁴² tiaŋ⁴⁴ ɖiam²⁴⁻⁴²,
铺面嘞伊有各种商店,

u⁴⁴ bɔi⁴⁴ ɓu²⁴ kai⁴⁴, u⁴⁴ bɔi⁴⁴ tu⁴⁴ kai⁴⁴, u⁴⁴ bɔi⁴⁴ iɔ³³ kai⁴⁴, u⁴⁴ bɔi⁴⁴ tɕia⁴⁴ kai⁴⁴,
有卖布个，有卖书个，有卖药个，有卖食个,

u⁴⁴lu⁴²ɗiam²⁴, u⁴⁴ʑia⁵⁵kai⁴⁴ti⁴⁴⁻²⁰tɕi⁵⁵lɔi⁴⁴kai²²,
有 旅 店 ，有 若 个 是 织 笠 个，
u⁴⁴ʑia⁵⁵kai⁴⁴ti⁴⁴⁻²⁰kɔk⁵tɕiaŋ⁴²kɔk⁵tɕiaŋ⁴²lou⁴⁴u⁴⁴。
有 若 个 是 各 种 各 种 都 有。
tɔ⁴²u⁴⁴kai⁴⁴tiaŋ⁴⁴ɗiam²⁴læ⁵⁵i⁴⁴lou⁴⁴ɓi⁴²kiau⁵³tɔi³¹suan³¹。
所 有 个 商 店 嘞伊都 比 较 齐全。
ua⁴²ʑin⁴⁴ɓak⁵kai²²ti²²hau⁴⁴, kai⁴⁴lɔk⁵tia²²,
我 认 别 个 时 候 ，个 乐 城,
i⁴⁴ʑi⁴²keŋ⁴⁴ti⁴⁴tɕia³¹ui³¹ʑiat³kai⁴⁴kɔŋ⁴⁴tæ⁵³ʑiɔ⁵⁵kai⁴⁴kia³¹tseŋ²⁴hi⁴⁴la⁴⁴。
伊已 经 是 成 为一个公社若个行 政 区 啦。
in⁴⁴ui⁴²it⁵kau⁴²ŋɔu⁴²ʑi⁴⁴ɦi³¹
因 为一九 五 二年
lɔk⁵ui⁵³kuai⁴⁴tɕiu⁵³hui⁴⁴ti⁴²sek⁵li³¹hu⁵³tɔŋ⁴⁴zuan³¹。
乐 会 县 就 开 始 撤 离去 中 原。
tɔŋ⁴⁴zuan³¹læ⁵⁵, lɔk⁵ui⁵³kuai⁴⁴kai⁴⁴kuai⁴⁴tɕi⁴², zuan³¹kuai⁴⁴tɕi⁴²læ⁵⁵kai⁴⁴
中 原 嘞,乐 会 县 个 县 址,原 县 址 嘞个
lɔk⁵tia³¹ɗau⁴²læ⁵⁵zoŋ⁴⁴tɕi⁵⁵ɗiau³¹ɕiau³¹ʑiaŋ³¹kɔi⁴⁴tɕiu⁴⁴ɓin²⁴tɕia³¹
乐 城 岛 嘞用 即 条 朝 阳 街就 变 成
ɕiau³¹ʑiaŋ³¹naŋ³¹min³¹kɔŋ⁴⁴tæ⁵³。
朝 阳 侬 民 公 社。
tɕiu⁴⁴ɓin²⁴tɕia³¹liau⁴²ɕiau³¹ʑiaŋ³¹naŋ³¹min³¹kɔŋ⁴⁴tæ⁵³。
就 变 成 了 朝 阳 侬 民 公 社。
tɔ⁴²ʑi⁴²ua⁴²zun⁴⁴ɓak⁵kai⁴⁴i⁴⁴kai⁴⁴i⁴⁴kai⁴⁴kia²²tseŋ²²hi4⁴iɔk⁵,
所 以我 认 别 个 伊个 伊个 行 政 区 域,
lou⁴⁴ti⁴⁴⁻²⁰naŋ³¹min³¹kɔŋ⁴⁴tæ⁵³。
都 是 侬 民 公 社。
naŋ³¹min³¹kɔŋ⁴⁴tæ⁵³kai³¹ti³¹hau⁴⁴,
侬 民 公 社 个 时 候,
ɗu⁴⁴ua⁴²ɕit⁵ɓɔi⁵⁵ia⁴²kai⁴⁴ti³¹hau⁴⁴,
有 我 七 八 岁 个 时 候,

ɗaŋ⁴⁴ti³¹læ⁵⁵ti⁴⁴⁻²⁰kau⁴²ɗua⁴⁴kaŋ⁴⁴tap³ɗua⁴⁴hui⁴⁴ui⁵³kai⁴⁴ti³¹hau⁵³。
当　时嘞是　九　大　共　十　大　开　会　个　时候。
naŋ³¹mui³¹ui⁴²liau⁴²ɗaŋ⁴²tɕiap⁵mau³¹tu⁴²tia⁴⁴kai⁴⁴tui²⁴⁻⁵⁵tin⁴⁴tɕi⁴²mai²⁴,
侬　们　为了　等　接　毛　主席　个　最　新指示,
toŋ⁴²ti⁴⁴ɓua²⁴⁻⁵⁵mæ³¹it⁵ʑi⁴⁴ɗiam⁴²tɕiaŋ⁴⁴,
总　是半　　暝　一二点　　钟,
ɦɔ⁵⁵ɗaŋ⁴⁴ti³¹læ⁵⁵, ua⁴²mui³¹ɕiau³¹ʑiaŋ³¹kɔŋ⁴⁴tæ⁴⁴læ⁵⁵ti⁴⁴u⁴⁴ʑia⁵⁵kai⁴⁴ti⁴⁴⁻²⁰
许当　时嘞,我们　朝　阳　公　社嘞是有若　个　是
tap³it⁵kai⁴⁴ɗua⁴⁴ɗui²⁴⁻⁵⁵。
十 一 个 大　队
ʑiat³kɔŋ⁴⁴læ⁵⁵ɗu⁴⁴nɔ⁴⁴ta⁴⁴ban⁴⁴naŋ³¹ɗu⁴⁴suan³¹ɓu⁴⁴tɕip³toŋ⁴⁴ɗu⁴⁴
一　共　嘞有　两三　万　侬　有　全　部集　中　有
ɦɔ⁵⁵kai⁴⁴lɔk⁵tia³¹tɕi⁵⁵tɕiɔ⁴⁴læ⁵⁵tɕin²⁴⁻⁵⁵kia³¹
许个 乐城 即 上　嘞进　　行
ɗan⁴²tɕiap⁵mau³¹tu⁴²tia⁴⁴kai⁴⁴tsui²⁴⁻⁵⁵tin⁴⁴tɕi⁴²mai²⁴。
等　接　毛　主席　个　最　　新指示。
ʑiat³ɗit³pha⁵⁵kɔu⁴², ɓaŋ²⁴⁻⁵⁵phɔu²⁴, mua⁴²tia³¹lɔu⁴⁴ti⁴⁴naŋ³¹,
一 直拍 鼓 , 放 　 炮 , 满　城　都　是 侬,
kɔk⁵kæ³¹ɗua⁴⁴ɗui⁵³kɔk⁵kæ⁴⁴ɗua⁴⁴ɗui⁵³ʑiu²⁴kɔk⁵kæ⁴⁴ɗua⁴⁴ɗui⁵³,
各个大　队各个大　队又各个大　队,
ʑiɛ⁵⁵kai³¹ti⁴⁴han⁴²tɕ⁵⁵æ⁴⁴tɕip³toŋ⁴⁴ɗɔ⁴²pha⁵⁵lɔ³¹pha⁵⁵kɔu⁴²,
若　个　是喊　作哎集　中　着　拍 锣拍　鼓,
toŋ⁴²ʑiu³¹kɔi⁴⁴, ʑiu³¹kɔi⁴⁴。
总　游　街 , 游　街。
na⁴⁴ua⁴²kau⁵³ʑit³hau³¹ʑiu³¹kɔi⁴⁴,
乃我 遘 日头　游　街,
mæ³¹hau²³¹læ⁵⁵kɔk⁵kæ⁴⁴ɗua⁴⁴ɗui⁵³ɗu⁴⁴kɔk⁵kæ⁴⁴ɗua⁴⁴ɗui⁵³kai⁴⁴tuan⁴⁴suan³¹ɗui⁵³
暝头　嘞各个大　队 有各个大　队　个　宣　传　队
ɗu⁴⁴kɔi⁴⁴ɗau⁵tɕiɔ⁴⁴ʑiat³ɗuan⁵³ʑiat³ɗuan⁵³tɔ⁵⁵ʑia⁵⁵kai⁴⁴kɔk⁵kæ⁴⁴ɗua⁴⁴ɗui⁵³kai⁴⁴
有　街道　上 ,一 段　　一 段　作若 个 各个大　队　个

ʑia⁵⁵kai⁴⁴tuan⁴⁴suan³¹。
若 个 宣 传。
phui⁴⁴tiaŋ²²kai⁴⁴ʑit³nau²⁴⁻⁴²。
非 常 个 热 闹。
ua⁴²ʑin⁴⁴ɓak⁵kai⁴⁴lɔk⁵tia³¹ɗu⁴⁴ʑiɔ⁵⁵ɗuan⁴⁴ti³¹kan⁴⁴læ⁵⁵ɗan⁴²tɕiap⁵
我 认 别 个 乐 城 有 若 段 时间 嘞 等 接
mau³¹tu⁴²tia³³kai⁴⁴ʑiɔ⁵⁵kai⁴⁴tui⁵³tin⁴⁴tɕi⁴²mai⁵⁵læ⁵⁵
毛 主 席 个 若 个 最 新 指示 嘞
ti⁴⁴sek⁵mæ³¹ɓɔ³³min³¹kai⁴⁴la⁰，sek⁵mæ³¹ɓɔ³³min³¹kai⁴⁴。
是 彻 暝 勿 眠 个 啦，彻 暝 勿 眠 个。
na⁵⁵mɔ³³ua⁴²ɗu⁴⁴lɔk⁵tia³¹tɔŋ⁴⁴in²⁴⁻⁵³ɕiaŋ⁴⁴tɔŋ⁴⁴ɓɔ⁵⁵lau³¹kai⁴⁴lɔk⁵tia³¹ti⁴⁴⁻²⁰
那 么 我 有 乐 城 中 印 象 中 保 留 个 乐 城 是
hia³¹lau³¹tek⁵kai⁴⁴ʑiɔ⁵⁵kai⁴⁴kin²⁴⁻⁵⁵sɔi²⁴，kin²⁴⁻⁵⁵sɔi²⁴。
骑 楼 式 个 若 个 建 砌， 建 砌。
in⁴⁴ui⁴²ua⁴²mun³¹ʑi⁵⁵ɓi⁴⁴a⁴⁴ti⁴⁴⁻²⁰ua⁴⁴hiau³¹ɓi⁴²kiau²⁴⁻⁵³tɔi⁴⁴。
因 为 我 们 若边 阿是 外 侨 比较 多。
ɗui⁴²lai³¹kin²⁴⁻⁵³tit⁵ɗou⁴⁴ti⁴⁴⁻²⁰ɓiɔ⁵⁵tɔi⁴⁴ua⁴⁴hiau³¹
转 来 建 设 都 是 许 多 外 侨
ɓie⁴²tɕi³¹ɗui⁴²ɕiu²⁴⁻⁵³kin²⁴⁻⁵³tit⁵lau³¹ɓaŋ³¹。
把 钱 转 宿 建 设 楼 房。
tɔ⁴²ʑi⁴⁴ʑia⁵⁵kai⁴⁴ti⁴⁴ɗaŋ⁴⁴nam³¹a⁴⁴ʑiat³ɗua⁴⁴kai⁴⁴kin²⁴⁻⁵³sɔi²⁴phɔŋ⁴⁴kæ⁵⁵læ⁵⁵，
所 以 若 个 是 东 南 亚 一 大 个 建 砌 风 格 嘞，
ia³³ɗua²⁴kau⁵³ua⁴²mui³¹lɔk⁵tia³¹ɗau³¹tɕiɔ⁵⁵kai⁴⁴kin²⁴⁻⁵⁴sɔi²⁴。
亦 带 迈 我 们 乐 城 岛 若 个 建 砌。
na⁵⁵mɔ³³ɕiaŋ⁵³ʑie⁵⁵iɔ⁵⁵kai⁴⁴kin⁵³sɔi⁵⁵but³kai⁴⁴sui⁴⁴ui⁴²，
那 么 像 若 样 个 建 砌 物 个 摧 毁，
tɕiu⁴⁴ɗu⁴⁴it⁵kau⁴²ɕit⁵ta⁴⁴ɓi³¹kai⁴⁴kau⁴²gie³³tap³ti²⁴hɔ⁴⁴，
就 有 一 九 七 三 年 个 九 月 十 四 号，
ʑiɔ⁵⁵tiɔ³¹ɗua⁴⁴hiaŋ³¹hai³¹huaŋ⁴⁴læ⁵⁵tɕiu⁴⁴ɓie⁴²i⁴⁴suan³¹ɓu⁴⁴sui⁴⁴hui⁴²hu⁵³la⁰。
若 场 大 强 台 风 嘞就 把 伊 全 部 摧 毁 去 啦。

ɗu⁴⁴ua⁴²ʑin⁴⁴ɓak⁵tɔŋ⁴⁴,
在 我 认 别 中,
ua⁴²ɗaŋ⁴⁴ti³¹ti⁴⁴phat³liau⁴²ti²⁴ɦi³¹kip⁵, ɗɔu⁴⁴ɗa⁴⁴ɗɔ³³ɗeŋ⁴⁴laŋ³¹hu⁵³
我 当 时 是 读 了 四年级, 都 担 着 灯 笼 去
tɕiɔ⁴⁴am²⁴⁻⁵⁵tiu⁴⁴lu⁴⁴。tɕiɔ⁴⁴am²⁴⁻⁵⁵tiu⁴⁴ɗui⁴²lai³¹au⁵³,
上 晏 修噜。上 晏 修转来后,
ɗui⁴²lai³¹kai⁴⁴ti³¹hau⁵³læ⁵⁵uan³¹ɦi⁴⁴ti⁴⁴phui⁴⁴tiaŋ³¹an⁴⁴tsæ⁴⁴kai⁴⁴,
转 来 个 时 候 嘞 还 天是非 常 安静 个,
bɔ³³u⁴⁴hun³¹læ⁵⁵ia⁴⁴bɔ³³tau⁴²haŋ⁴⁴hɔ²⁴tɔ⁵⁵mæ⁴²,
勿 有云 嘞亦勿走 动 好作 猛,
uaŋ⁴⁴læ⁵⁵bɔ³¹u⁴⁴hɔ⁴²tɔ⁵⁵ɗua⁴⁴。
风 嘞勿 有好 作大。
ɗaŋ⁴⁴ua⁴²mun³¹hɔi⁵⁵kau⁵³it⁵ʑi⁴⁴ɗiam⁴²kai⁴⁴ti³¹hau⁵³,
当 我们 瞌瞌 一二点 个 时候,
in⁴⁴ui⁴²ua⁴²tɔi⁵⁵kia⁴²naŋ³¹hɔi⁵⁵ɗit⁵ɓi⁴²kiau⁵³tiak³bɔ³³tai⁴⁴。
因为我 细团 依 瞌 得比较 熟勿知。
ɗaŋ⁴⁴ua⁴²ɓæ⁴⁴mai⁴²læ⁵⁵ɓie⁴²ua⁴²han⁵³sɔ³¹tɕiɔ⁴⁴hua⁴⁴lɔ³³lai³¹kai⁴⁴ti³¹hau⁵³,
当 我 伯 母 嘞把我 趁 床 上 拖 落来个时候,
ua⁴²ɗɔi⁴⁴it⁵ti⁴⁴kam⁴²hiɔk⁵ɕiu²⁴⁻⁵³ɗeŋ⁴²tɕiɔ⁴⁴kai⁴⁴hui⁴⁴ɕin³¹la⁴⁴,
我 第 一是感 觉宿 顶 上 个 灰 尘啦,
ɦɔ⁵⁵kai⁴⁴hɔu³¹la⁴⁴, hɔu³¹u⁵⁵la⁴⁴,
许 个 涂 啦,涂 灰 啦,
suan³¹ɓu⁴⁴tɔŋ⁴²ti⁴⁴⁻²⁰læ⁴²læ⁴²læ⁴²læ⁴²hu⁵³ti⁴⁴lak⁵la⁰,
全 部 总 是 □□□□¹¹去 是落 啦,
ʑiaŋ³¹tɔ⁵⁵suan³¹tin⁴⁴ɗɔu⁴⁴ti⁴⁴⁻²⁰a⁵⁵kai⁴⁴hui⁴⁴ɕin³¹。
仍 作全 身 都 是 阿个 灰 尘。
ɗaŋ⁴⁴ua⁴²iau⁵³sut⁵mui³¹kai⁴⁴ti³¹hau⁵³, ua⁴⁴ɗu⁴⁴kai³¹hɔu³¹ɕiɔ³¹,
当 我 要 出 门 个 时候, 外 有 个 涂 墙,
kai⁴⁴hɔu³¹ɕiɔ³¹tɔŋ⁴²iɔ³¹lai³¹iɔ³¹hu²⁴iɔ³¹lai³¹iɔ³¹hu²⁴kai⁴⁴,
个 涂 墙 总 摇来 摇去摇 来 摇 去 个,

ɗaŋ⁴⁴ua⁴²ɕiu⁵³ɓæ³³mai⁴²ɓie⁴²ua⁴²ɕiu²⁴lai⁴⁴sua⁴⁴sut⁵kai⁴⁴bɔ³³kau⁵³
当　我　宿　伯　母　把　我　宿　内　取　出　个　勿　邁
ta⁴⁴hun⁴⁴tɕiaŋ⁴⁴læ⁵⁵ʑia⁵⁵kan⁴⁴ɕiu²⁴tɕiu⁴⁴suan³¹ɓu⁴⁴ɓaŋ⁴⁴liau⁴²hu²⁴⁻⁵³la⁰。
三　分　钟　嘞　若　间　宿　就　全　部　崩　了　去　啦。
ɗaŋ⁴⁴ua⁴²ʑiat³sut⁵mui³¹kai⁴⁴huaŋ⁴⁴phɔi⁴⁴tiaŋ⁴⁴ɗua⁴⁴，
当　我　一　出　门　个　风　非　常　大，
kin⁴⁴ɓun⁴²tɕiu⁴⁴hia⁴⁴bɔ³³ɗɔ³³kai⁴⁴，tɔŋ⁴²ɕiam⁵³mɔk⁵u⁴⁴hou²²lai⁴⁴ɓæ⁴⁴læ³¹ɗɔ³³，
根　本　就　倚　勿　着　个，总　欠　伏　有　涂　内　□　□¹²着，
ɓæ⁴⁴læ²²ɗɔ³³tau⁴⁴hu²⁴⁻⁵³ʑiat³kai⁴⁴ɓi⁴²kiau²⁴⁻⁵³ɗɔi⁴⁴a⁵⁵kai⁴⁴ɗɔi⁴⁴kai²²
□　□¹²着　走　去　一　个　比　较　低　阿　个　低　个
kin²⁴⁻⁵³sɔi⁵⁵but³huaŋ⁴⁴bɔ³³zɔŋ³³ʑi⁴⁴sui⁴⁴ɗau⁴⁴kai⁴⁴ɗi⁴⁴phaŋ⁴⁴，
建　　砌　物风　勿　容　易　吹　倒　个　地　方，
tɕiu⁴⁴ta⁵⁵ɗu⁴⁴a⁵⁵kai⁴⁴tɔi⁵³tɔi²⁴kai⁴⁴a⁵⁵kai⁴⁴kin²⁴⁻⁵³sɔi⁵⁵but³lai⁴⁴。
就　扎　有　阿　个　细　细　个　阿　个　建　　砌　物内。
tɕiu⁴⁴ʑiat³ɗit³ɗu⁴⁴ʑiɔ⁵⁵lai⁴⁴ɓɔ⁴²fiu⁴⁴kau⁵³ua⁴²ʑia⁵⁵kai⁴⁴ti⁴⁴，
就　一　直　有　若　内　保　护　遘　外　若　个　是，
ɓɔ⁴²fiu⁴⁴kau⁵³hai³¹huaŋ⁴⁴kit⁵tɔk⁵na⁵⁵hu²⁴ka³¹sut⁵lai²²。
保　护　遘　台　风　　结　束　乃　去　衔¹³出　来。
ɗaŋ⁴⁴sut⁵lai³¹kai³¹ti³¹hau⁵³，
当　出　来　个　时　候，
ɔ²²，ɗu⁴⁴su⁴⁴ki¹²mak³tɔŋ⁴⁴kai⁴⁴fiɔ⁵⁵kai⁴⁴lɔk⁵tia⁷¹ɗau⁴²kai³¹
哦，有　自　己　目　中　个　许　个　乐　城　岛　个
kin²⁴⁻⁵³sɔi⁵⁵but³læ⁵⁵ti⁴⁴lau²²tɕia²²bɔ²²ham⁴⁴hu⁵³lɔ⁰。
建　　砌　物嘞是楼　成　勿　堪　去　咯。
fiɔ⁵⁵kai⁴⁴ɕiɔ³¹tɔŋ⁴²ti⁴⁴ɓuat⁵kin⁴⁴lu⁴²hi⁴²，tɔŋ⁴²ɓau⁴⁴lu⁵³ɕiɔ³¹ha⁴⁴ʑia⁵⁵lou⁴⁴hu⁵³。
许　个　墙　总　是　拔　根　而　起，总　暴　露　墙　骸　若　路　去。
suan³¹tia²²læ⁵⁵kai⁴⁴kin²⁴⁻⁵³sɔi⁵⁵but³læ⁵⁵suan²²ɓu⁴⁴ɓi⁴⁴sui⁴⁴hui⁴²。
全　城　嘞　个　建　　砌　物嘞全　部　被　摧　毁。
tɔ⁴²ʑi⁴²læ⁵⁵ɗu⁴⁴lɔk⁵tia³¹ɕiaŋ⁵³iɔ⁴⁴tɕi⁵⁵iɔ⁴⁴kai⁴⁴
所　以　嘞　有　乐　城　像　　样　即　样　个

ɖu⁴⁴kui⁴²ɓæ⁵⁵ɦi³¹tɕit⁵ɖin⁵³lɔ³³lai³¹kai⁴⁴
有 几 百 年 积 淀 落 来 个
tɕi⁵⁵iɔ⁴⁴kai⁴⁴iɔ³¹lau³¹kin²⁴⁻⁵³sɔi²⁴
即 样 个 洋 楼 建 砌
tɕi⁵⁵iɔ⁴⁴kai⁴⁴tɔi⁵³kɔi⁴⁴ɖau⁴⁴læ⁵⁵
即 样 个 细 街 道 嘞
tɕiu⁴⁴tɕi⁵⁵iɔŋ⁴⁴ʐiɔŋ⁴²zuan⁴²kai⁴⁴tiau⁴⁴ti⁴⁴hu⁵³la⁰。
就 即 样 永 远 个 消 失 去 啦。
ɖan⁵³ti⁴⁴⁻²⁰, lɔk⁵tia³¹i⁴⁴kin⁴²sun³¹naŋ³¹mui⁶¹⁴²kiau²⁴⁻⁵³keŋ²⁴⁻⁵³iaŋ⁴²kai⁴⁴
但 是， 乐 城 伊 仅 存 侬 们 比 较 敬 仰 个
mɔ⁵⁵tia³¹ui³¹kɔŋ⁴⁴uan³¹sun³¹tai⁴⁴lu⁴⁴。
妚 城 隍 公 还 存 在 噜。
tia³¹ui³¹kɔŋ⁴⁴, lɔk⁵tia³¹naŋ³¹ui⁴²ɕin⁵⁵mɔ³³ʐiɔ³³tɔ⁵⁵keŋ⁵³iaŋ⁴²i⁴⁴læ⁵⁵?
城 隍 公， 乐 城 侬 为 什 么 若 作 敬 仰 伊 嘞?
in⁴⁴ui⁴²lɔk⁵tia³¹u⁴⁴kui⁴²ɕi²⁴kai⁴⁴ɖua⁴⁴tai⁴⁴nan⁴⁴kai⁴⁴ti³¹hau⁵³læ⁵⁵,
因 为 乐 城 有 几 次 个 大 灾 难 个 时 候 嘞,
lɔk⁵tia³³¹naŋ³¹lou⁴⁴hu⁵³ɓai²⁴tia³¹ui³¹kɔŋ⁴⁴,
乐 城 侬 都 去 拜 城 隍 公,
meŋ³¹meŋ³¹su⁴⁴tɔŋ⁴⁴ia⁴⁴bɔ³³tai⁴⁴ti⁴⁴ɕin⁵⁵mɔ³³tɕia³¹huaŋ²⁴,
冥 冥 之 中 亦 勿 知 是 什 么 情 况,
tɕi⁵⁵tɕiaŋ⁴²tai⁴⁴nan⁵³tɕiu⁵³su⁴⁴ʐin³¹su⁴⁴ʐin³¹kai⁴⁴ɓi⁴⁴hui⁴⁴la⁴⁴。
即 种 灾 难 就 自 然 自 然 个 避 开 啦。
ua⁴²ɖu⁴⁴tɔi²⁴kai⁴⁴ti³¹hau⁵³hia⁴⁴ua⁴²ɕiu²⁴⁻⁵³ɓæ³³mai⁴²kɔŋ⁴²,
我 有 细 个 时 候 听 我 宿 伯 母 讲,
ɖaŋ⁴⁴ti²²ʐit³ɓun⁴²læ⁵⁵ti⁴⁴suan³¹ɓu⁴⁴ɓie⁴²tɔ⁴²u⁴⁴kai⁴⁴lɔk⁵tia³¹naŋ³¹
当 时 日 本 嘞 是 全 部 把 所 有 个 乐 城 侬
suan³¹ɓu⁴⁴ham⁴²tua⁵⁵tiau⁵³kai⁴⁴。
全 部 砍 杀 掉 个。
tua⁵⁵tiau⁵³kai⁴⁴tu⁴²iau²⁴zuan³¹in⁴⁴tɕiu⁴⁴ti⁴⁴ɖaŋ⁴⁴ti²²læ⁵⁵,
杀 掉 个 主 要 原 因 就 是 当 时 嘞,

ua⁴² mui³¹ kai³¹ aŋ³¹ tek⁵ niɔ³¹ kia⁴² kun⁴⁴ tɕin⁴⁴ su⁴⁴ saŋ⁴² kau⁵³ lɔk⁵ tia³¹ ɗau⁴²
我 们 个 红 色 娘 团 军 战 士 藏 邁 乐 城 岛
tɕiɔ⁴⁴lai²²,
上 来,
zɔŋ⁴⁴ ɕiu⁴² lui³¹ ɗan⁵³ læ⁵⁵ tun⁴² ɓi⁴⁴ ta²⁴ tiau⁵³ fiɔ⁵⁵ kai⁴⁴ ʑit³ ɓun⁴² kai⁴⁴
用 手 雷 弹 嘞 准 备 炸 掉 许 个 日 本 个
fiɔ⁵⁵ kai⁴⁴ kun⁴⁴ kua⁴⁴ tɕi⁴² ui⁴⁴ ɓu⁵³, kit⁵ kia⁴² ɓi⁴⁴ uat⁵ in⁴⁴ liau⁴² au⁵³,
许 个 军 官 指 挥 部, 结 果 被 发 现 了 后,
tɕiu⁴⁴ hui⁴⁴ ti⁴² suan³¹ tia³¹ læ⁵⁵ ʑiɔ⁵⁵ kai⁴⁴ tsui⁴⁴ phu³¹ fiɔ⁵⁵ kai⁴⁴ ti⁴⁴
就 开 始 全 城 嘞 若 个 追 捕 许 个 是
han⁴² tɔ⁵⁵ aŋ³¹ tek⁵ niɔ³¹ kia⁴² kun⁴⁴ tɕin²⁴ su⁵³。
喊 作 红 色 娘 团 军 战 士。
kit⁵ kia⁴² ɗia²⁴ bo³³ ɗɔ³³, ɗia²⁴ bo³³ ɗɔ³³ liau⁴² au⁵³ suan³¹ ɓu⁴⁴ ɓie⁴² suan³¹ tia³¹ tɕiɔ⁴⁴
结 果 掠¹⁴ 勿 着, 掠 勿 着 了 后 全 部 把 全 城 上
kai⁴⁴ ɓæ⁵⁵ tæ²⁴ ɗua⁴⁴ ɗua⁴⁴ tɔi⁵³ tɔi²⁴, lau⁴⁴ lau⁴⁴ iu⁵³ iu²⁴, nam³¹ nam³¹ ni⁴² ni⁴²
个 百 姓 大 大 细 细, 老 老 幼 幼, 男 男 女 女
suan³¹ ɓu⁴⁴ tɕip³ tɔŋ⁴⁴ hi⁴² lai³¹ tun⁴² ɓi⁴⁴ ʑia⁵⁵ kai⁴⁴ ti⁴⁴⁻²⁰ tua⁵⁵ kak³。
全 部 集 中 起 来 准 备 若 个 是 杀 □⁸。
ɗan⁴⁴ ti⁴⁴ kek³ tɔi⁴⁴ kai³¹ naŋ³¹ næ⁵⁵ ɗou⁴⁴ u⁴⁴ ui⁴² liau⁴² ɓɔ² mia⁴⁴,
但 是 极 多 个 侬 呢 都 有 为 了 保 命,
ɗou⁴⁴ tɕia²⁴ ɗu⁴⁴ ɓai⁴⁴ tia³¹ ui³¹ kɔŋ⁴⁴, ɓai²⁴ ɓai²⁴ tia³¹ ui³¹ kɔŋ⁴⁴,
都 正 有 拜 城 隍 公, 拜 拜 城 隍 公,
kit⁵ kia⁴² læ⁵⁵ ɗu⁴⁴ ʑit³ ɓun⁴² kun⁴⁴ kua⁴⁴ iau⁵³ lɔ⁴⁴ lai³¹
结 果 嘞 有 日 本 军 官 要 落 来
iau⁵³ tua⁵⁵ lɔk⁵ tia³¹ naŋ³¹ kai³¹ ti³¹ hau⁴⁴ næ⁵⁵,
要 杀 乐 城 侬 个 时 候 呢,
kau⁵³ tui⁵⁵ au⁵³ ti³¹ hek³ tɕiu⁴⁴ bɔ³¹ tua⁵⁵ hu²⁴ la⁰。
邁 最 后 时 刻 就 勿 杀 去 啦。
ɗaŋ⁴⁴ i⁴⁴ naŋ³¹ mui³¹ lou⁴⁴ u⁴⁴ sui⁴⁴ lai⁵⁴ han²⁴ tɔ⁵⁵ ʑiɔ⁵⁵ kai⁴⁴ kiɔ²⁴ tia³¹ ui³¹ kɔŋ⁴⁴
当 伊 侬 们 都 有 村 内 喊 作 若 个 叫 城 隍 公

五　口头文化 / 237

ɓɔ⁴²ziu⁵³ɓɔ⁴²ziu⁵³kai⁴⁴ti²²hau⁵³læ⁵⁵,
保　佑　保　佑　个　时　候　嘞，
kit⁵kia⁴²læ⁵⁵ia³³ɓɔ³³tai⁴⁴ɕin⁵⁵mɔ³³zeŋ³¹in⁴⁴, tɕi⁵⁵mɔ⁵⁵zit³ɓun⁴²kun⁴⁴kua⁴⁴
结　果　嘞亦勿知什　么　原　因， 即奿日本　军　官
tɕiu⁴⁴ɓɔ³³lɔ³³leŋ⁴⁴tua⁵⁵hu²⁴⁻⁵³.
就　勿　落令　杀去。
kit⁵kia⁴²læ⁵⁵, tɔ⁴²zi⁴²lɔk⁵tia³¹naŋ³¹læ⁵⁵ɗu⁴⁴ziɔ⁵⁵mɔ³³zia⁵⁵kai⁴⁴ti⁴⁴han²⁴tɔ⁵⁵
结　果　嘞，所以乐城侬　嘞有若奿若　个　是喊　作
tæ⁴⁴ti⁴²kuan⁴⁴hau³¹læ⁵⁵, i⁴⁴kai⁴i⁵niam⁴⁴, i⁴⁴kai⁴⁴keŋ⁵³iaŋ⁴²
生　死关　头　嘞，伊个　意念　，伊个　敬　仰
ɗaŋ⁴⁴tɔŋ⁴⁴næ⁵⁵tɕiu⁴⁴ti⁴²zi⁴²tia²²ui²²kɔŋ⁴⁴lai²²ɓɔ⁴²ziu⁵³i⁴⁴.
当　中　呢就　是以城　隍　公　来　保佑伊。
tɔ⁴²zi⁴²læ⁵⁵i⁴⁴naŋ³¹ɗui⁵³tia³¹ui³¹kɔŋ⁴⁴læ⁵⁵tɕi⁵⁵iɔ⁴⁴neŋ³¹u⁴⁴tɕi⁵⁵iɔ⁴⁴kai⁴⁴
所以嘞伊侬　对　城　隍　公　嘞即样能　有即样个
phat⁵lat³læ⁵⁵ɓɔ³³heŋ²²ɗaŋ⁴⁴tɔŋ⁴⁴i⁴⁴u⁴⁴a⁴³tɕiaŋ⁴²ɓi⁴²kiau⁵³kin⁴⁴tin²⁴
法　力嘞勿　形　当　中　伊有一种　比较　坚信
tɕi⁵⁵iɔ⁴⁴ziat³kai²²tin²⁴⁻⁵⁵niam⁴⁴。
即样一　个　信　念。
tɔ⁴²zi⁴²ziat³liu⁴⁴ɓɔ⁴²hu⁴⁴kau⁵³tɕin²²na⁴⁴。
所以一　路　保　护　迨　今　旦。
tɔ⁴²zi⁴²tia³¹ui³¹kɔŋ⁴⁴ni⁵⁵, mui⁴²ɦi³¹kai⁴⁴tɕia⁴⁴gie³³tap³ŋɔu⁴²,
所以城　隍　公　呢，每　年个　正　月　十五，
i⁴⁴naŋ³¹tɕip³kuan²⁴tia³¹ui³³¹kɔŋ⁴⁴iau⁵³sut⁵tia³¹lai³¹ziu³¹ɗɔ⁴².
伊侬　习惯　城　隍　公　要　出　城来　游着。
tɔ⁴²zi⁴²ti⁴⁴ziu³¹læ⁵⁵tɕiu⁴⁴heŋ³¹tɕia³¹liau⁴²u⁴⁴tɕi⁵⁵mɔ³³,
所以是游　嘞就　形　成　了　有即奿，
lɔk⁵tia³¹tɕia⁴⁴gie³³tap³ŋɔu⁴²kaŋ⁴⁴tɕia⁴⁴gie⁴²tap³lak³nɔ⁴⁴zit³kai⁴⁴ziu³¹ɗeŋ⁴⁴
乐城　正　月　十五　共　正　月　十六二日个　游灯
tɕi⁵⁵iɔ⁴⁴kai⁴⁴ua⁴⁴haŋ⁴⁴。
即样个　活动。

ziat³liu⁴⁴ɓɔ⁴²ɕi³¹kau⁵³hin⁴⁴tai⁵³, kui⁴⁴bɔ³¹ia³³phui⁴⁴tiaŋ³¹ɗua⁴⁴。
一 路 保 持 遘 现 在 ，规 模 亦 非 常 大。
tia³¹ui³¹kɔŋ⁴⁴læ⁵⁵, pheŋ³¹ti³¹ti⁴⁴bɔ³³sut⁵biɔ⁴⁴kai⁴⁴,
城 隍 公 嘞，平 时 是 勿 出 庙 个，
tɕiu⁴⁴na⁴⁴ti⁴⁴tɕia⁴⁴gie³³tap³ŋou⁴²læ⁵⁵tɕiu⁵³sut⁵biɔ⁴⁴,
就 乃 是 正 月 十 五 嘞就 出 庙，
sut⁵biɔ⁴⁴tɕiu⁴⁴hɔ⁴²ʑi⁴²tun³¹kau⁵³mui⁴²kai⁴⁴sui⁴⁴,
出 庙 就 可 以 巡 遘 每 个 村，
mui⁴²kai⁴⁴su⁴⁴ʑin³¹sui⁴⁴, lɔk⁵tia²²mui⁴²kai⁴⁴su⁴⁴ʑin³¹sui⁴⁴。
每 个 自 然 村，乐 城 每 个 自 然 村。
mui⁴²kai²²su⁴⁴ʑin³¹sui⁴⁴lou⁴⁴tun³¹kau²⁴。
每 个 自 然 村 都 巡 遘。
na⁵⁵mɔ³³ʑiu³¹ɗeŋ⁴⁴læ⁵⁵tɕiu⁴⁴ti4⁴⁻²⁰ɓi⁴²tsai⁵³,
那 么 游 灯 嘞就 是 比 赛，
mɔ⁴⁴niaŋ⁴⁴tau²⁴kai⁴⁴ɗeŋ⁴⁴tɔ⁵⁵ɗit⁵tui³tseŋ⁴⁴mui⁴², tui⁵³ɗua⁴⁴, tui⁵⁵phiau⁵³liaŋ⁵³
望 [底侬]造 个 灯 作 得 最 精 美 ，最 大 ，最 漂 亮
iu⁴⁴tui⁵³ɗɔk⁵ɓit⁵, na⁵⁵mɔ³³tɕiu⁴⁴ti⁴⁴it⁵ɗeŋ⁴²tɕiaŋ⁵³。
又 最 独 别，那 么 就 是一等 奖。
i⁴⁴hɔ⁴²ʑi⁴²pheŋ³¹ɓi⁴²a⁵⁵kai⁴⁴ɗeŋ⁴⁴。
伊可 以 评 比 阿个 灯
ia³³pheŋ³¹ɓi⁴²kɔi⁴⁴, mɔ⁴⁴niaŋ⁴⁴ʑiɔ⁵⁵kai⁴⁴kɔi⁴⁴tui⁵³ɓui²²tui⁵³ɗua⁴⁴tui⁵³ɗaŋ⁵³,
亦 评 比 鸡，望 [底侬]若 个 鸡 最 肥 最 大 最 重
pheŋ³¹ɓi⁴²。
评 比。
ɕiaŋ⁵³tɕi⁵⁵iɔ⁴⁴kai⁴⁴pheŋ³¹ɓi⁴²ɗeŋ⁴⁴kaŋ⁴⁴pheŋ²²ɓi⁴²ʑia⁵⁵kai⁴⁴ti⁴⁴⁻²⁰kɔi⁴⁴læ⁵⁵
像 即 样 个 评 比 灯 共 评 比 若 个 是 鸡 嘞
kai⁴⁴tɕi⁵⁵iɔ⁴⁴kai⁴⁴pheŋ³¹ɓi⁴²ua³³haŋ⁴⁴ʑiat³ɗit³kau⁵³ɓɔ⁴²ɕi³¹kau⁵³kin⁴⁴hi⁴⁴。
个 即 样 个 评 比 活 动 一 直 遘 保 持 遘 今 天。
ɗaŋ⁴⁴ɗu⁴⁴ɓɔi⁵⁵tap³ɦi³¹ɗai⁴⁴kau⁴²tap³ɦi³¹ɗai⁴⁴læ⁵⁵,
当 有 八 十 年 代 九 十 年 代 嘞，

naŋ³¹mui³¹bɔ³³kin⁵⁵phau²⁴tseŋ⁵³phu⁴²ɓu⁴⁴mui³¹bɔ³³kin²⁴⁻⁵⁵phau²⁴tɔi⁴⁴tiau⁵³,
侬 们 勿 禁 炮 政 府 部 门 勿 禁 炮 多［时候］
ia³³ɓi⁴²tsai⁵³niaŋ⁴⁴ɕiu⁵ɓaŋ²⁴⁻⁵³phau²⁴tui⁵⁵ku⁴²。
亦 比 赛［底侬］宿放 炮 最 久。
na⁵⁵mɔ³³læ⁵⁵,
那 么 呢,
ɓaŋ⁵³phau²⁴kai⁴⁴tɕi⁵⁵mɔ⁴⁴tɕiaŋ⁵³it⁵ɗeŋ⁴²tɕiaŋ⁵³tɕiu⁴⁴tɕiaŋ⁵³na²⁴ziat³kæ⁴⁴。
放 炮 个 即 奸 奖 一等 奖 就 奖 哪一 家。
ɗan⁴⁴ua⁴²in⁵³ɕiaŋ⁴⁴ɗaŋ⁴⁴toŋ⁴⁴læ⁵⁵, ɓɔi⁵⁵ta⁴⁴fii³¹kai⁴⁴ti²²hau⁵³læ⁵⁵,
但 我 印 象 当 中 嘞, 八 三 年 个 时 候 嘞,
u⁴⁴nɔ⁴⁴hu⁴⁴naŋ³¹kæ⁴⁴kai⁴⁴keŋ⁵³tsai⁵³kai⁴⁴phau²⁴læ⁵⁵,
有 两 户 侬 家 个 竞 赛 个 炮 嘞,
sɔŋ³¹am²⁴tɕiɔ⁴⁴kai⁴⁴tap³it⁵ɗiam⁴²ziat³liu⁴⁴ɓaŋ²⁴kau⁵³ɗɔi⁴⁴zi⁴⁴hi⁴⁴kai⁴⁴
从 晏 上 个 十一点 一 路 放 遘 第 二 天 个
toŋ⁴⁴ŋou⁴⁴nɔ⁴⁴ta⁴⁴ɗiam⁴²lou⁴⁴bɔ³³kit⁵tɔk⁵。
中 午 两 三 点 都 勿 结 束。
ziat³ɗit³kai⁴⁴phau²⁴læ⁵⁵zuan³¹zuan³¹bɔ³³ɗui⁴⁴ɗit⁵,
一 直 个 炮 嘞源 源 勿 断 得,
ziat³ɓaŋ⁴⁴tɕiap⁵ziat³ɓaŋ⁴⁴lai³¹ɓaŋ²⁴。
一 封 接 一 封 来 放。
tɕia⁵⁵kai⁴⁴ti⁴⁴ua⁴²in⁵³ɕiaŋ⁴⁴toŋ⁴⁴ɓaŋ²⁴tap³ua⁴⁴kai⁴⁴tɕiaŋ⁴⁴hau³¹a⁴⁴。
［即只］个是我 印象 中 放 十 偌 个 钟 头 啊。
tɔ⁴²zi⁴²læ⁵⁵, au⁵³lai²²ɕiaŋ⁵³tɕi⁵⁵iɔ⁴⁴kai⁴⁴kɔk⁵kæ⁴⁴kin⁵³phau²⁴lɔ⁴⁴,
所 以 嘞, 后 来 像 即 样 个 国 家 禁 炮 咯,
ɕiaŋ⁵³tɕi⁵⁵iɔ⁴⁴kai⁴⁴ɓi⁴⁴phau²⁴kai⁴⁴tɕi⁵⁵iɔ⁴⁴kai⁴⁴ɓi⁴²tsai⁵³læ⁵⁵,
像 即 样 个 鞭 炮 个 即 样 个 比 赛 嘞,
ziɔ⁵⁵mɔ⁴⁴ua⁴⁴haŋ⁴⁴læ⁵⁵tɕiu⁵³bɔ³³u⁴⁴hu⁵³la⁰。
若 奸 活 动 嘞就 勿 有 去 啦。
tɕin⁴⁴na⁴⁴toŋ⁴²u⁴⁴kek³tɔi⁴⁴phɔi⁴⁴tiaŋ³¹kin⁵³haŋ⁴⁴kai⁴⁴bun³¹hi⁴²ua³³haŋ⁴⁴,
今 旦 总 有 极 多 非 常 健 康 个 文 体 活动,

u⁴⁴ pha⁵⁵ ɓai³¹ hiu³¹ pha⁵⁵ lam⁴² hiu³¹ tau⁴² ɕiɔ⁴⁴ ki³¹ ɓeŋ⁵⁵ ɓɔŋ⁵⁵ hiu³¹ ɓi⁴² tsai⁵³ ɗeŋ⁴²,
有　拍　排　球　拍　篮　球　走　象　棋　乒　乓　球　比　赛　等，
ʑi⁵⁵ iɔ⁴⁴ ti⁴⁴ u⁴⁴ li⁴⁴ hun²⁴ tɕiaŋ²⁴ kin⁵³ haŋ⁴⁴,
若　样　是　有　利　群　众　健　康，
ni⁴² naŋ³¹ ɓuat⁵ hɔ³¹, nam³¹ naŋ³¹ pha⁵⁵ hiu³¹ tɕi⁵⁵ iɔ⁴⁴ kai⁴⁴ ua³³ haŋ⁴⁴,
女　侬　拔　河，　男　侬　拍　球　即　样　个　活　动，
phɔi⁴⁴ tiaŋ³¹ ʑit³ nau²⁴。
非　常　热　闹。
ʑi⁵⁵ iɔ⁴⁴ tɕiu⁴⁴ ti⁴⁴⁻²⁰ ua⁴² ʑin⁴⁴ ɓak⁵ kai⁴⁴ lɔk⁵ tia³¹。
若　样　就　是　我　认　别　个　乐　城。

注释：

1. 别 ɓat⁵：懂、认识。

2. 若：近指指示代词，后文的 ʑi⁵⁵/ʑiɔ⁵⁵ 都是其不同的变体。

3. 了：用在句首，作为连接词，表示然后。

4. 路：此处和下文读作 liu⁴⁴，是 lɔu⁴⁴ 的变体，"一路"意思是一直、一向。

5. 涉：踢、踏。

6. 乃：多义多用虚词，只、才、但等，此处为只。

7. 头头：头先。

8. □kak³：丢失、丢弃，本字不详。

9. 浩：此处读作 tau⁴⁴，疑即"造 tau⁴⁴"。

10. 础："础"为柱下石。

11. □læ⁴²：未详。

12. □□ɓæ⁴⁴ læ³¹：匍匐、爬行，本字未详。

13. 衔 ka³¹：抱、拿。

14. 掠 ɗia²⁴：寻找。

意译：

下面讲一下乐城岛。乐城岛呢就是我从出生到长大的地方。乐城岛的位置在万泉河的下游，它从乐城岛到博鳌的出海口呢，只有五六公里。

乐城岛它四面环水，生态环境非常好。水下的资源非常丰富。有鱼有虾，有龟有鳖，有海螺。乐城岛它的土地非常肥沃，非常适合种各种各样的蔬菜水果。也有小部分的农产品，它非常肥沃。所以乐城岛这个地方呢，在我的认知当中呢，它确实是一个非常宜居的地方。乐城岛从有关方面的资料去了解，它建县之年呢是在元朝的末年开始，到现在呢，它的建制呢有七百多年了。建制的时间是有六百多年但是它离开建制呢，已经差不多有七十多年了。

　　乐城岛它的建制主要是，第一，它水上的水路资源非常丰富，从下出口到博鳌出口，它可以通往到东南亚，上呢可以通到我国的渤海一带。所以呢，在我国内地的好多商品要流入这个是我们的乐会县。所以呢，乐城呢它建靠海码头呢是最好的地方。乐城在过去呢有几个深水湾，是非常适宜这个码头的。所以呢，最大的码头容量都可以装几百吨这样的大船。在古时候呢，几百吨的大船是叫作大船了，非常大的船了。然后它上游呢可以一直逆流到琼中这上面。所以我们琼中上游的农作物，橡胶啊，这个是胡椒啊，槟榔啊，山货等也可以从那上游用船只运到乐城来，增加这个交易。所以呢它乐城这个地方在商业上的交通是比较方便也比较发达。第二呢，乐城它是四面环水，因为在元朝末期到明朝初期呢，倭寇对我国的沿海地区呢它是经常来这个打劫践踏的。所以啊，那当时好多县政府呢，它也曾大胆去摧毁。所以当时呢出现这种情况，乐城因为四面环水又容易防守，你要来践踏呢必须过河，过河呢要有船只。所以呢这些船只管理好了以后呢，你要入侵博鳌呢，就是那个乐城呢，也不容易。所以当时县治呢就从元朝的末期呢就开始在乐城上开始建，建县治。建县治当时呢建县治呢，它只是简单的一个行政一处办公场所，还没有形成城市。但是后来为了使城内的保护更加巩固，一直到这个明朝洪武期间呢才开始建城。建城当初，建城的时候也没有城墙，只是建有几个城门呢，一直到这个是朱棣皇帝时代的时候呢，他又开始建城墙。建城墙总是有用那个大大的大石头，或者都是用大大的大青砖来建。城墙呢和城门呢非常的坚固，也非常的威武。由于自然灾害啦和这个是战争啦，历史上好多战争的人为破坏呢，明朝的这个城门和城墙呢也有所破坏。一直到清朝的乾隆年间呢又才大修，大修就更比原来的城墙更长，比原来的城门更高。到了清朝的时候，乐城上就开始有集市了。集市呢就是开发了一条街，这条街叫作朝阳街。这条街到现在还保存着。它是青石铺路的一条小小的路，有三百多米这样长，城墙和城门呢是到1940年日本侵略海南的时候，日本侵略我们乐会县的时候，是从博鳌这边的港口这个是叫作这个是入侵。然后呢，因为乐城是一个县治，所以呢日本人是先占领了乐城。占领了乐城因为它为了修建工事，缺乏这个大砖大石，就把当时的城墙呢和那当时的城门呢就全部拆掉。就修建了日本人的四个比较高大的三四丈高的这个炮楼，作为他们日本人的这个防御工事。这个嘞就是乐城它的城被破坏的一次浩劫。一直到解放后，解放后的1958年，这段时间由于"大跃进"，一个是大炼钢的需要又把很多城墙呢全部拆掉。它那个大砖啦、大石头啦全都拿去做灶嘞，做水利啦这样的工程。所以呢就把它的城墙呢就大多数都破坏掉了。城墙到现代呢就只是有城脚下那下面，有一段有二百米，高有两米这个城墙，这个呢是保下来了。像这样在人家呢它又保护了六百多年这样的城墙。那么，当时的县治就是县的那个办公场所，也全部被摧毁。摧毁嘞以后到今天只剩四支柱下石，这四支柱下石它的位置呢就是在现在的这个乐城村委会的办公场所。在乐城的村委会的办公场所呢，就上去呢可以看到只是剩这四支呢当时建筑这个家门就剩下这个柱下石了。所以呢它几百年这个县的这个痕迹就只剩下这四支柱下石。我小的时候在乐城，它的街道上呢有两百多间的这个铺面。铺面呢它有各种商店，有卖布的，有卖书的，有卖肉的，有卖吃的，有旅店，有这个织斗笠的，各种各样都有。所有的商店呢它都比较齐全。我记事的时候乐城它已经是成为一个公社行政区了。因为1952年乐会县就开始撤离归属中原。中原呢，乐会县的县址，原县址的乐城岛呢用这条朝阳街就变成朝阳人民公社。就变成了朝阳人民公社。所以我记事的它的行政区划，都是人民公社，人民公社的时候，在我七八岁的时候，当时呢是九大和十大开会的时候。人们为了迎接毛主席的最新指示，总是半夜一两点钟，那当时呢，我们朝阳公社呢是有这个是十一个大队一共呢有二三万人全部集中在那个乐城上面呢进行迎接毛主席的最新指示。一直打鼓，放炮，满城都是人，各个大队又各个大队，这个是叫作集中敲锣打鼓，都游行，游行。我到白天游行，晚上呢各个大队有各个大队的宣传队在街道上，一段一段做各个大队的这个宣传。非常的热闹。我记事的乐城在这段时间呢迎接毛主席的这个最新指示呢是彻夜无眠的啦，彻夜无眠的。

那么我在乐城中印象中保留的乐城是骑楼式的这个建筑。因为我们这边那是华侨比较多。回来建设都是那些华侨拿钱回来建设楼房。所以这个是东南亚一带的建筑风格，也带到我们乐城岛这个建筑。那么像这样的建筑物的摧毁，就在1973年9月14日，这场大强台风呢就把它全部摧毁了。在我认识中，我当时是读了四年级，都提着灯笼去上晚修呢。上晚修回来后，回来的时候呢天还是非常安静的，没有云，也走得不是很快，风呢没有那么大。当我们睡到一两点的时候，因为我小孩睡得比较熟不知道。当我父母把我从床上拖下来的时候，我第一是感觉屋顶上的灰尘啦，那个土啦，灰尘啦，全都哗啦啦掉下来了，还弄了一身灰尘。当我要出门的时候，外面有堵墙，这个墙总摇来摇去摇来摇去的，当我的爸妈把我从家里带出来的不到三分钟呢这间屋子就全部倒塌了。当我一出门那风非常大，根本就站不住的，都要趴在地上匍匐着，匍匐着走去一个比较的那个低的建筑物风不容易吹倒得地方，就躲在那个小小的建筑物里面，就一直在这里面保护到台风结束才抱出来。当出来的时候，哇，在我自己眼里的那个乐城岛的建筑物是破败不堪的了。那个墙都是拔根而起，都暴露墙角这里去。全城呢那些建筑物呢全部被摧毁。所以呢在乐城像这样的由几百年积淀下来的洋楼建筑、小街道啦就永远地消失了。

但是，乐城人们比较敬仰的那个城隍公还存在呢。城隍公，乐城人为什么这么敬仰他呢？因为乐城有几次的大灾难的时候呢，乐城人都去拜城隍公，冥冥之中也不知道是什么情况，这种灾难就自然而然地避开了。我在小的时候听我家爸妈讲，当时日本呢是全部把所有的乐城人全部砍杀掉的。杀掉的主要原因就是当时呢，我们的红色娘子军战士藏到乐城岛上来，用手榴弹呢准备炸掉那个日本的军官指挥部，结果被发现了以后，就开始全城呢这个追捕那个是叫作红色娘子军战士。结果找不到，找不到了以后把全城里的百姓大大小小，老老少少，男男女女全部集中起来准备这个是杀掉。但是很多的人呢都为了保命，都正在拜城隍公，拜拜城隍公，结果呢在日本军官要下来杀乐城人的时候呢，到最后时刻就不杀了。当他们都在村里叫那个城隍公保佑保佑的时候呢，结果呢也不知什么原因，这个日本军官就不下令杀了。结果呢，所以乐城人呢有这个是叫作生死关头呢，他的意念，他的敬仰当中呢就是以城隍公来保佑他。所以呢他们对城隍公呢能有这样的法力呢无形当中他有一种信念。所以一路保护到今天。他们习惯城隍公要出城来巡游。

所以是巡游呢就形成嘞有这个，乐城正月十五和正月十六两天的游灯这样的活动。一直保持到现在，规模也非常大。城隍公呢，平时是不出庙的，就只是正月十五呢就出庙，出庙就可以巡游到每个村，每个自然村，乐城每个自然村，每个自然村都巡游到。那么游灯呢就是比赛，看谁做得最精美、最大、最漂亮又最独特，那么就是一等奖。他可以评比那个灯也评比鸡，看谁这个鸡最肥最大最重。像这样的评比灯和评比鸡的活动一直到保持到今天。当在80年代90年代呢，人们不禁止放炮，政府部门不禁止放炮，那些时候也比赛谁家放炮最久。那么呢，放炮的这个一等奖就奖哪一家。但我印象当中呢，1983年的时候呢，有两户人家的竞赛的炮呢，从晚上的11点一直放到第二天的中午两三点都不结束。炮一直源源不断地放，一封接一封地放。这样的是我印象中放十多个钟头啊。

所以呢，后来国家禁炮呢，像这样的鞭炮的比赛呢，这个活动呢都没有了。

今天都有很多非常健康的文体活动，有打排球、打篮球、下象棋、乒乓球比赛等，这样是有利群众健康，女人拔河，男人打球这样的活动，非常热闹。

这就是我认识的乐城。

（发音人：张经典）

(三) 东澳口头文化

东澳其一故事　春节风俗

ɗaŋ⁴⁴ au³⁵ sun⁴⁴ taʔ⁵ ke³¹ phoŋ⁴⁴ tɔʔ³ tɕit³ kuan²⁴ ti⁵³,
东　澳　春　节　个　风　　俗　习　惯　是,
sɔŋ³¹ nɔŋ³¹ le³³ ke³¹ taʔ³ dʑi⁴⁴ gue⁵³ dʑi⁴⁴ θa⁴⁴ hui⁴⁴ ɕi³¹,
从　农　历　个　十　二　月　二　三　开　始,
dʑi⁴⁴ θa⁴⁴ dʑi⁴⁴ ti²⁴ hui⁴⁴ ɕi³¹ taŋ²⁴⁻⁵⁵ tau²⁴,
二　三　二　四 开　始　送　灶,
taŋ²⁴⁻⁵⁵ tau²⁴ au⁵³ tɕin²⁴⁻⁵⁵ kia³¹ sai⁴² su²⁴ ɗaŋ⁴² tseʔ⁵ sun⁴⁴ taʔ⁵。
送　灶 后 进　　行 筅[1] 除　等　接 春 节。
sun⁴⁴ taʔ⁵ su³¹ tse²⁴ ia⁴⁴ tɕiu⁵³ ti⁵³⁻²⁴ taʔ³ dʑi⁴⁴ gue⁴⁴ ke³¹ θa⁴⁴ taʔ³ hui⁴⁴ ɕi³¹,
春　节　除　夕 亦 就　是　十　二　月 个　三　十　开　始,
tɔŋ⁴⁴ ŋau⁵³ hui⁴⁴ ɕi⁴⁴ tɕiaŋ⁴⁴ hieʔ⁵ ɗui²⁴⁻⁵⁵ lin³¹,
中　午　开　始　张　贴　对　　联,
dzeŋ³¹ au⁵³ e⁵³ ŋau⁵³, tɕiu⁵³ ui³¹ lau³¹。
然　后 下 午　,　就　围 炉[2]。
ui³¹ lau³¹ ni⁵⁵ dʑiaʔ³ ɓua⁴⁴ ni⁵⁵ ɗau⁴⁴ ti⁵³⁻²⁴ ke⁴⁴ ke⁴⁴ ɦu⁵³⁻³¹ ɦu⁵³ dʑiɔŋ⁵³ kue⁴⁴ eŋ⁴⁴
围　炉　呢 一　般　呢　都　是　家 家 户　户 用 　鸡 阉
dʑiɔŋ⁵³ ɦu³¹ dʑiɔŋ⁵³ sai²⁴ pha⁵⁵ koʔ⁵。
用　鱼 用　菜 拍　个[3]。
su²⁴ tse²⁴⁻³⁵ me³¹ ni⁵⁵ tɕiu⁵³ hui⁴⁴ ɕi⁴⁴ ɓun⁴⁴ hue²⁴,
除　夕　暝　呢 就　开　始 分 岁,
ɓun⁴⁴ hue²⁴ ni⁵⁵ ti⁵³ u⁵³ nɔ⁵³ tɕiaŋ⁴²,
分　岁　呢 是 有 两　种,
dʑiaʔ³ tɕiaŋ⁴² ni⁵⁵ ti⁵³ u⁵³ kɔ⁵⁵ tɕiaŋ⁴² kɔ⁵⁵ iɔ⁴⁴ ke³¹ kue⁴² lui⁵³,
一　种　呢 是 有 各　种　各　样 个 果　类,

ɗɔi⁴⁴ dʑi⁴⁴ dʑiaʔ³ tɕiaŋ⁴² ni⁵⁵ ti⁵³ dʑiɔŋ⁵³ mue³¹,
第 二 一 种 呢是用 糜,
dʑiɔŋ⁵³ mue³¹ ɗaŋ⁴⁴ tɔŋ⁴⁴ ni⁵⁵ tɕiu⁵³ sa⁴² sai²⁴,
用 糜 当 中 呢就 炒菜,
sai²⁴ ɗaŋ⁴⁴ tɔŋ⁴⁴ ni⁵⁵ u⁵⁵ nɔ⁵³ tɕiaŋ⁴² sai²⁴ ni⁵⁵ ti⁵³ ɓi⁴² kiau²⁴⁻⁵⁵ phu⁴² phin⁵³ dʑiɔŋ⁵³,
菜 当 中 呢有两种 菜呢是比较 普 遍 用,
dʑiaʔ³ tɕiaŋ⁴² ni⁵⁵ ti⁵³⁻²⁴ keŋ²⁴ sai²⁴, dʑiaʔ³ tɕiaŋ⁴² ti⁵³ lau³¹ kiɔ⁵³。
一 种 呢是 咸菜, 一 种 是老薑。
dzeŋ³¹ au⁵³ ɓun⁴⁴ hue³¹ ɗɔ⁵⁵ tɕiɔ⁴⁴ ni⁵⁵ ti⁵³ dʑiɔ⁵⁵ kai³¹ ke⁴⁴ u⁵³ tɔi⁴⁴ tɕiɔ⁴² naŋ³¹
然 后 分 岁 桌 上 呢是若 个 家有侪少 侬
tɕiu⁵³ ɓaŋ²⁴ tɔi⁴⁴ tɕiɔ⁴² ke³¹ tɕi³¹ ɓaŋ⁴⁴,
就 放 侪 少 个 钱 封,
tɕi³¹ ɓaŋ⁴⁴ tɔi⁴⁴ tɕiɔ⁴² tɕi³¹ bɔ³³ kui⁴⁴ ɗia⁴⁴,
钱 封 侪 少 钱 勿规 定,
tɕiu⁵³ mɔ⁴⁴ ke⁴⁴ ɗia³¹ kai³¹ keŋ⁴⁴ tɕi²⁴ tit³ lat³。
就 望 家庭 个 经 济 实力。
sau⁴⁴ it⁵, sun⁴⁴ taʔ⁵ sau⁴⁴ it⁵ le⁵⁵, tɕiu⁵³ ti⁵³⁻²⁴ bɔ³³ θua⁵⁵ θe⁴⁴, dʑia⁴⁴ bɔ³³ θau⁵⁵ su²⁴,
初 一, 春 节 初 一嘞, 就 是 勿 杀 生, 亦 勿 扫 宿⁴,
dʑia⁴⁴ bɔ³³ tɔi⁴² ɗɔ⁴⁴, ia⁴⁴ bɔ³³ hiɔ⁵⁵ ɗu⁴⁴ ua⁴²。
亦 勿 洗 濯, 亦 勿 抾⁵ 箸 碗。
sɔu⁴⁴ dʑi⁴⁴ tɕiu⁵³ hui⁴⁴ ɕi³¹ han²⁴⁻⁵⁵ ɕin⁴⁴ phaŋ⁴² dʑiu⁴²,
初 二 就 开 始 探 亲 访 友,
tɔu⁴⁴ kia⁴² niɔ⁴⁴ ke⁴⁴ ɗui⁴² hua⁴⁴ ke⁴⁴,
[炸姑]团⁶ 娘家⁷ 转⁸ 外家⁹,
θau⁴⁴ θa⁴⁴ θau⁴⁴ θi²⁴ ɗaŋ³¹ iɔ⁴⁴ ia³³ ti⁵³ tɔu⁴⁴ kia⁴² dʑiɔ⁵⁵ ke³¹ ɕin⁴⁴ tɕia³¹,
初 三 初 四同 样亦是[炸姑]团 若 个 亲 情,
phɔŋ³¹ dʑiu⁴² hu⁵³ tiɔ⁴⁴ le³¹ uaŋ⁴² hu⁵³ tiɔ⁴⁴ hɔ⁴⁴ fi³¹。
朋 友 互 相来 往 互相贺 年。
dʑia⁵⁵ kai³¹ ti⁵³ sun⁴⁴ taʔ⁵ kai³¹ phɔŋ⁴⁴ tɔʔ³ tsit³ kuan²⁴。
若 个 是春 节 个 风 俗习 惯。

liau⁴² soŋ⁴⁴ meŋ⁴⁴ kue²⁴⁻³⁵ taʔ⁵ ni⁵⁵ ti⁵³ hui⁵¹ ɕi³¹ sau²⁴⁻³⁵ mau⁴⁴。
了¹⁰ 清 明 过 节 呢 是 开 始 扫 墓。
dzi⁵⁵ kai³¹ ɗuan⁴⁴ dziaŋ³¹ taʔ⁵ ne⁵⁵ tɕiu⁵³⁻³¹ ŋau⁵³ gue³¹ toi⁵⁵,
若 个 端 阳 节 呢 就 是 五 月 节,
tɕiu⁵³ ta⁴² tɕiɔ⁴⁴ gua⁴² naŋ³¹ ta⁴² tɕiɔ⁵⁵ tɔi⁵⁵ dziaʔ³ ɓua⁴⁴ lou⁴⁴ ti⁵³⁻³¹ hai³¹ gɔ³¹,
就 早 上 我 侬 早 上 作 节 一 般 都 是 刣¹¹ 鹅,
ɓun⁴⁴ mue³¹ kit⁵ tau⁴² θai⁴⁴。
分 糜 祭 祖 先。

注释：

1. 笼：擦除（灰尘）。
2. 围炉 ui³¹ lau³¹：此指节日的阖家团圆饭。
3. 拍个：打的，做的。
4. 宿：房屋，家。俗作"厝"。
5. 抾：捡，此指收拾。
6. ［炸姑］囝："炸姑"的合音。指已婚女子。"炸姑囝"，女孩子。
7. 娘家：指婆家。
8. 转：回。
9. 外家：娘家。
10. 了：接着，然后。句首连接词。
11. 刣：宰杀。

意译：

东澳春节的风俗习惯是，从农历的十二月二十三开始，大年二十三、二十四开始送灶神，送完灶神后就进行大扫除迎接春节。除夕春节就是从十二月三十开始，中午开始张贴对联，然后下午开始吃团圆饭。团圆饭一般就是家家户户用阉鸡，用鱼用菜……除夕夜就开始分岁，分岁分为两种，一种就是有各种各样的果品，第二种是用米饭，用饭了就要有炒菜，炒菜有两种是比较普遍的，一种是咸菜，一种是老菖头。分岁桌上就是这家有几口人，就放多少个红包，红包多少钱没有规定，就看家庭的经济实力。春节大年初一是不杀生，不扫地，也不洗漱，也不收碗筷。初二就开始探亲访友，姑娘从婆家回外家，初三初四同样也是姑娘的这个亲戚，朋友们互相来往互相拜年。这就是春节的风俗习惯。然后清明节就开始扫墓。这个端阳节就是五月节，早上我们过节一般就是杀鹅，分饭祭祀祖先。

（发音人：刘德高）

东澳其二故事　东澳中学情况

ɗaŋ⁴⁴ au²⁴ tɔŋ⁵³ ɔʔ³ saŋ⁵⁵ ɓan⁵³ ti³¹ kan⁴⁴ ne⁵⁵ ti⁵³⁻³¹ it⁵ kau⁴² ŋau⁵³ ɓɔi⁵⁵ ɦi³¹,
东　澳　中　　学　创　办　时　间　呢　是　一　九　五　八　年，

dzuan³¹ tɕi⁴² ne⁵⁵ ti⁵³ u⁵³ ɗaŋ⁴⁴ au²⁴ ɗeŋ⁵³ ɗui⁵³ au⁵³ sui⁴⁴,
原　　址　呢　是　有　东　　澳　镇　裕　后　村，

ɗui⁵³ au⁵³ sui⁴⁴ ui⁴² hui⁴⁴ ke³¹ ɗaŋ⁴⁴ lu³¹ sui³¹
裕　后　村　委　会　个　东　　鲁　村。

ia⁴⁴ tɕiu⁵³ ti⁵³⁻³¹ ɗu⁴⁴ hɔ⁵⁵ ne⁴² kin²⁴ ke³¹。
亦　就　是　有　许　带　建　个。

ti⁵³ dziaʔ³ ɔ⁴², dzuan³¹ kue²⁴⁻⁵⁵ hu⁴⁴ ne⁵⁵ ti⁵³ dziaʔ³ ɔ⁴² hɔ⁵⁵ kai³¹ suan³¹ dzit³ tɕi²⁴
是一　　所，原　过　　去　呢　是一　　所许个全　日　制

kai³¹ kau⁴⁴ tɔŋ⁴⁴ ɔʔ³ ɦiau⁵³。
个　高　中　学　校。

sɔŋ³¹ it⁵ kau⁴² ɕit⁵ dzi⁴⁴ ɦi³¹ ni⁵⁵, tɕiu⁵³ θua⁴² le³¹ liau⁴² ɗaŋ⁴⁴ au²⁴ sui⁴⁴ ui⁴² hui⁵³
从　一　九　七　二　年　呢，就　徙¹ 来了　东　　澳　村　委　会

ke³¹ ɗaŋ⁴⁴ au²⁴⁻⁵⁵ pho⁴⁴, ia⁴⁴ tɕiu⁵³ ti⁵³ hin⁵³ tai⁵³ ke³¹ ɔʔ³ ɦiau⁵³ ke³¹ ɗi⁵³ tɕi⁴²。
个　东　澳　坡　，亦　就　是　现　在　个　学　校　个　地　址。

θua⁴² lai³¹ dzɿɔ⁵⁵ θi³¹ hau⁴⁴ ne⁵⁵ ti⁵³ u⁵³ liau⁴² dziaʔ³ kai³¹ nɔŋ³¹ ɗiɔ³¹,
徙　来若　时　候　呢　是　有　了　一　　个　农　场，

ia⁴⁴ tɕiu⁵³ ɗu⁵³ lan³¹ saŋ³¹ dzɿɔ⁵⁵ ɓi⁴⁴, ɗu⁵³ dzeŋ³¹ hai⁴² phu⁴⁴ kin⁵³ kai³¹ lan³¹ saŋ³¹
亦　就　有　蓝　塍　若　边，有　沿　海　附　近　个　蓝　塍

sui⁴⁴hu⁴²ɓi⁴⁴dʑiaʔ³ɓaʔ³phɔ⁴⁴, ti⁵³u⁵³dʑiaʔ³kai³¹ɔʔ³ɦiau⁵³nɔŋ³¹ɗiɔ³¹,
村 许边一 幅 坡， 是有一 个学校 农 场,
kiɔ²⁴tɔ⁵⁵ɗaŋ⁴⁴au²⁴tɔŋ⁴⁴ɔʔ³nɔŋ³¹ɗiɔ³¹,
叫 作东 澳 中 学农 场,
dʑiɔ⁵⁵ti³¹ti⁵³kiɔ²⁴tɔ⁵⁵ɗaŋ⁴⁴au²⁴tɔŋ⁴⁴ɔʔ³。
若 时是叫 作东 澳 中 学。
it⁵kau⁴²çit⁵ti²⁴ɦi³¹hɔ⁴²kai³¹it⁵kau⁴²çit⁵ɓɔi⁵⁵ɦi³¹au⁵³ne⁵⁵tçiu⁵³seʔ⁵tiau⁴⁴liau⁴²。
一九 七四年许个 一九 七八 年后呢就 撤销 了。
dʑiɔ⁵⁵kai³¹kau⁴⁴tɔŋ⁴⁴, tçiu⁵³na⁴⁴ɓaŋ⁵³liau⁴²sɔ⁴⁴tɔŋ⁴⁴。
若 个高 中， 就 乃²放 了 初中。
dʑiɔ⁵⁵kan⁴⁴ɔʔ³ɦiau⁵³ne⁵⁵phui³¹dʑiaŋ⁴²liau⁴²keʔ³tɔi⁴⁴ke³¹iu⁴⁴tiu²⁴ke³¹ɔʔ³te⁴⁴。
若 间 学校 呢培 养 了极侪个优秀个学生。
ia⁴⁴tçiu⁵³ti⁵³⁻³¹dʑin³¹na⁴⁴ɓun⁴⁴ɓu²⁴ɗu⁵³kɔ⁵⁵kai³¹ki⁴⁴kuan⁴⁴ɗan⁴⁴ui⁵³,
亦就 是 今 旦分 布 有各 个机关 单 位,
kue²⁴⁻⁵⁵hu²⁴ɗau⁴⁴ue⁵³haʔ³ɗaŋ⁴⁴au²⁴tɔŋ⁴⁴ɔʔ³。
过 去都 会读东 澳 中 学。
ɗaŋ⁴⁴au²⁴tɔŋ⁴⁴ɔʔ³hɔ⁴²ke³¹ɗi⁵³li⁴²huan³¹keŋ⁴²ni⁵⁵ti⁵³tiaŋ⁴⁴ɗaŋ⁴⁴iu⁴⁴mui⁴²ke³¹。
东 澳中 学好个地理环 境 呢是相 当 优美 个。
in⁴⁴ui⁴²i⁴⁴hau²⁴⁻⁵⁵kin⁵³dzeŋ³¹hai⁴²ɗi⁵³hi⁴⁴, tiɔ³³?
因 为伊靠 近 沿 海地区，[是勿]？
ɗaŋ⁴⁴au²⁴ke³¹keŋ⁴⁴tçi²⁴ia⁴⁴tiaŋ⁴⁴ɗaŋ⁴⁴huaʔ⁵ɗaʔ³,
东 澳个经 济亦相 当 发 达,
ɗui²⁴⁻⁵⁵tçi⁴²ɗi⁵³ke³¹phaʔ³tu⁴⁴ni⁵⁵ia⁴⁴ti⁵³tiaŋ⁴⁴ɗaŋ⁴⁴ɓi⁴²kiau²⁴⁻⁵⁵kuan⁴⁴tu²⁴,
对 子弟个读 书 呢亦是相 当 比较 关 注,
ia⁴⁴ɓi⁴²kiau²⁴⁻⁵⁵kuan⁴⁴θin⁴⁴, ia⁴⁴tia⁴²ɗit⁵hau³¹dʑit³。
亦比较 关 心， 亦舍得投 入。
in⁴⁴ui⁴²dʑiɔ⁵⁵kan⁴⁴ɔʔ³ɦiau⁵³ɗu⁵³ɦin⁴⁴tai⁵³ti⁵³sɔ⁴⁴kit⁵tɔŋ⁴⁴ɔʔ³,
因 为若 间 学校 有 现 在 是初级中 学,
ɓan⁵³liau⁴²ia⁴⁴ti⁵³ɓi⁴²kiau²⁴⁻⁵⁵tçia³¹kaŋ⁴⁴。
办 了 亦是比较 成 功。

ia⁴⁴ tɕiu⁵³　te⁵³　ɗu⁵³ ɦiɔ⁴⁴ ɗeŋ²⁴⁻⁵⁵ tɔŋ⁴⁴ ɔʔ³ ni⁵⁵ ti⁵³ ɓai³¹ ɗu⁵³ tai³¹ ta⁴⁴ mia³¹,
亦　就　[作下]³ 有　乡　镇　　中　学　呢 是 排　有　前　三　名,

ɗu⁵³ ɓai³¹ meŋ³¹ ɕi⁵⁵ ti⁵³ ɓai³¹ ɗu⁵³ tai³¹ ta⁴⁴ mia³¹。
有　排　名　次　呢 是 排　有　前　三　名。

注释:

1. 徙 θua⁴²: 移动, 迁移。
2. 乃: 只。
3. □te⁵³: "作下" 的合音, 意为 "全部、所有"。

意译:

东澳中学的创办时间呢是 1958 年, 原址是在东澳镇的裕后村委会的东鲁村。也就是在那边建的, 过去是一所那种全日制的高中学校, 从 1972 年迁来东澳村委会的东澳坡, 也就是现在的学校的地址。也就在蓝田那边, 在沿海附近的蓝田村那边一块坡地, 是有一个学校农场, 叫作东澳中学农场, 这时是叫作东澳中学。1974 年还是 1978 年后呢就撤销了。这个高中, 只剩了初中。这间学校培养了极多的优秀的学生。也就是今天分布在各个机关单位, 过去都在东澳中学读书。东澳中学好的地理环境是相当优美的。因为它靠近沿海地区, 对吧? 东澳的经济也相当发达, 对子弟的读书呢也是相当关注也比较关心, 也舍得投入。因为这所学校现在是初级中学, 办得也是比较成功。也就是全部乡镇中学是排在前三名的, 在排名次呢是排在前三名。

(发音人: 刘德高)

东澳其三故事　节日风俗

ɗaŋ⁴⁴ au²⁴ dzi⁵⁵ kai³¹ tɕia⁴⁴ gue³³ tɔi⁵⁵ kai³¹ phɔŋ⁴⁴ tɔʔ³ tɕit³ kuan²⁴ tɕiu⁵³ ti⁵³⁻³¹
东　澳　若　个　正　月　节　个　风　俗　习　惯　　就　是

tɔ⁵⁵ kɔŋ⁴⁴ pho³¹,　kaŋ⁴⁴ kue²⁴⁻⁵⁵ ɦia³³ sa⁴⁴ bɔ³³ liau⁴² tɔi⁴⁴ tɕiɔ⁴²,
作　公　婆¹,　共　过　　年　亦 差 勿 了　侪 少,

ke⁴⁴⁻³¹ke⁴⁴ɦiu⁵³⁻³¹ɦiu⁵³iau²⁴⁻³⁵hai³¹kɔi⁴⁴eŋ⁴⁴。
家　家　户　户要　刮　鸡　阉。
dzeŋ³¹au⁵³kue²⁴tɔi⁵⁵au⁵³ne⁵⁵na⁵⁵tɕiu⁵³iu³¹kɔŋ⁴⁴iu³¹liaŋ³¹iu³¹ɗeŋ⁴⁴，
然　后过 节 后呢乃就　游公　游龙 游灯，
dʑiɔ⁵⁵ke³¹taʔ⁵dʑit³ne⁵⁵ia⁴⁴ɓi⁴²kiau²⁴⁻³⁵lɔŋ³¹ɗaŋ⁵³kai³¹。
若　个节 日 呢亦比较　　隆　重　个。
tiau⁴²ɓi⁴²sun⁴⁴taʔ⁵lɔŋ³¹ɗaŋ⁵³，dʑia⁵⁵kai³¹ti⁵³⁻³¹tɕia⁴⁴gue⁴⁴tɔi⁵⁵。
小　比春 节 隆重　，若　个是　正　月　节。
ŋau⁵³gue⁴⁴tɔi⁵⁵ni⁵⁵iaŋ⁴²ɗu⁵³ɓe⁴²liaŋ³¹，
五　月　节 呢仍 有 把 龙²，
ta⁴²tɕiɔ⁴⁴tɔ⁵⁵tɕi⁵⁵lɔ⁴²ni⁵⁵tɕiu⁵³hu³⁵mɔ⁴⁴naŋ³¹ɓe⁴²liaŋ³¹a⁴⁴，
早　上　作节 了 呢就　去 望　侬 把 龙 啊，
hɔ⁵⁵ke³¹tɕiu⁵³ti⁵³⁻³¹ue⁴⁴lɔŋ³¹tɕiu⁴⁴。
许　个就　是　划 龙　舟。
tseʔ⁵lɔ³³lai³¹ne⁵⁵ti⁵³tau⁴²phaŋ³¹dʑiu³¹θua⁴⁴ŋuan⁵³tui⁴²。
接　落 来 呢是走访　 游　山　玩　水。
tɔŋ⁴⁴ɕiu⁴⁴taʔ⁵ni⁵⁵dʑiaʔ³ɓua⁴⁴ɗɔu⁴⁴ti⁵³dʑiɔ⁵⁵ke³¹tɔŋ⁴⁴ɕiu⁴⁴ɓia⁴²，
中　秋 节 呢一　般 都　是 若　个 中 秋 饼，
dʑiɔŋ⁵³tɔŋ⁴⁴ɕiu⁴⁴ɓia⁴²ki⁴²neŋ⁵³tau⁴²θai⁴⁴ɗaŋ⁵³ti⁵³⁻³¹dʑiɔ⁵⁵kai³¹taʔ⁵dʑit³ni⁵⁵
用　中 秋 饼 纪念 祖 先 当 是 若 个 节 日 呢
tɕiu⁵³ti⁵³⁻³¹ke⁴⁴naŋ³¹huan³¹tseʔ³e³¹tiɔ³³。
就　是　家　侬 团　集　个³[是勿]⁴。
hɔʔ³tse⁴²kau²⁴⁻⁵⁵me⁴⁴hui⁴⁴hau⁴⁴ni⁵⁵ti⁵³hu²⁴⁻⁵⁵tiaŋ⁴²gue⁴⁴la⁴⁴，
或 者 遘　暝 晖 头　呢是去　赏　月　啦，
dʑiɔ⁵⁵kai³¹dʑiu³¹ŋuan⁵³la⁴⁴。
若　个 游 玩　啦。
tɔʔ³ɓit³ti⁵³ɕitˀgue⁴⁴taʔ³ŋau⁵³tɕiu⁵³ti⁵³⁻³¹ua⁴²naŋ³¹u⁵³a³¹ku²⁴⁻⁵⁵ue⁴⁴kɔŋ⁴²
特 别 是 七月 十 五 就　是　我 侬 有一句　话讲
te⁴⁴naŋ⁴⁴iɔ⁵⁵tɕiaʔ³，ti⁴²naŋ³¹iɔ⁵⁵ɕiaŋ⁴⁴。
生 侬　要 食　，死 侬　要 像⁵。

dziɔ⁵⁵ kai³¹ çit⁵ gue⁴⁴ taʔ³ ŋau⁵³ le⁵⁵ ti⁵³⁻³¹ kui⁴² taʔ⁵。
若 个 七 月 十 五 嘞是 鬼 节。
ua⁴² naŋ³¹ dzio⁵⁵ ti²⁴ ne⁵⁵ phɔŋ⁴⁴ tɔʔ³ kiɔ²⁴ tɔ⁵⁵ kui⁴² taʔ⁵。
我 侬 若 时 呢 风 俗 叫 作 鬼 节。
tçiu⁵³ ti⁵³⁻³¹ ke³¹ ke⁴⁴ fiu²⁴ fiu²⁴⁻⁴⁴ ni⁵⁵ ɗou⁴⁴ tun⁴² ɓi⁵³ bue⁴² dzia ʔ³ nai⁵⁵
就 是 家 家 户 户 呢 都 准 备 买 一 乃⁶
dzio⁵⁵ ke³¹ tçi ʔ⁵ phin⁴² tçiu⁵³ ti⁵³ te⁴⁴ naŋ³¹ dziʔ³ tiaŋ⁴⁴ dzioŋ⁵³ phin⁴² la⁴⁴,
若 个 祭 品 就 是 生 侬 日 常 用 品 啦,
ta⁴⁴ hau²⁴ la⁴⁴, phue⁵³ çiɔ³³ la⁴⁴, ɗe⁴⁴ la⁴⁴, tiɔ⁵⁴ la⁴⁴, tua⁴² tçi³¹ la⁴⁴, ku⁴⁴ pheŋ³¹ la⁴⁴
衫 裤 啦, 被 席 啦, 袋 啦, 箱 啦, 纸 钱 啦, 鼓 盆 啦
ɗeŋ⁴² ɗeŋ⁴²。
等 等。
dzio⁵⁵ tɔi⁴⁴ ni⁵⁵ ɗau⁴⁴ ti⁵³⁻³¹ ɗu⁵³ çit⁵ gue³³ taʔ³ ŋau⁵³ tɔ⁵⁵ kɔŋ⁴⁴ pho³¹ au⁵³ tçiu⁵³⁻²⁴
若 侪 呢 都 是 有 七 月 十 五 作 公 婆 后就
huaʔ⁵ tiɔ⁴⁴ hu²⁴ kit⁵ tau⁴² θai⁴⁴。
发 箱 去 祭 祖 先。
tiɔ³³, dzio⁵⁵ kai³¹ taʔ⁵ ni⁵⁵ tçiu⁵³ ti⁵³ gua⁴² naŋ³¹ tɔ⁴² kɔŋ⁴² kai³¹ kiɔ²⁴ tɔ⁵⁵ kui⁴² taʔ⁵,
[是勿], 若个节 呢就 是我 侬 所讲 个 叫 作 鬼 节,
ia⁴⁴ ɓi⁴² kiau²⁴⁻⁵⁵ ɗaŋ⁵³ ti⁵⁵。
亦 比 较 重 视。
ke⁴⁴ ke⁴⁴ fiu⁵³⁻²⁴ fiu⁴⁴ ɗou⁴⁴ ɓit⁵ çi⁵ ni⁵⁵ hi⁵⁵ ɗit⁵ kai³¹ te⁴⁴ naŋ³¹ dzio⁵⁵ kai³¹ tiɔ⁴⁴ tua⁴²,
家 家 户 户 都 必 须 呢 记 得 个 生 侬 若 个 烧 纸,
dziaʔ³ ɓua⁴⁴ tiɔ⁴⁴ tua⁴² ni⁵⁵ ti⁴² hu²⁴ ŋau⁵³ ɗai⁵³ hu²⁴⁻⁵⁵ la⁰ tiɔ³³,
一 般 烧 纸 呢 死 去 五 代 去 啦 [是勿],
tçiu⁵³ ti⁵³ kin⁴⁴ ki⁵³ ti⁴² tse⁴² ne⁵⁵ ɗu⁵³ dzit³ tiaŋ³¹ te⁴⁴ ua³³ tɔŋ⁴⁴
就 是 根 据 死 者 呢 有 日 常 生 活 中
dzio⁵⁵ kai³¹ tai⁴² dzioŋ⁵³ mi⁵⁵, ti⁴² au⁵⁵ ni⁵⁵ tɔ⁴² dzi⁴² dziaʔ³ ɓua⁴⁴ ni⁵⁵ ɗau⁴⁴ ti⁵³
若 个 使 用 物, 死 后 呢 所 以 一 般 呢 都 是
kiʔ⁵ i⁴⁴ tiɔ⁴⁴ hu²⁴, dzia⁵⁵ kai³¹ ti⁵³ çit⁵ gue⁴⁴ taʔ³ ŋau⁵³。
给 伊 烧 去, 若 个 是 七 月 十 五。

ɗaŋ⁴⁴tɔi⁵⁵tɕiu⁴⁴ti⁵³⁻³¹ɗɔŋ⁴⁴tɕi²⁴。
冬　节　就　是　冬　至。
ua⁴²naŋ³¹ɗaŋ⁴⁴tɔi⁵⁵ni⁵⁵dʑia⁴⁴tɕiu⁵³ti⁵³⁻³¹ke⁴⁴ke⁴⁴ɦu²⁴ɦu²⁴⁻⁵³ɗou⁴⁴tɕin⁵³kia³¹
我　侬　冬　节　呢　亦　就　是　家　家　户　户　都　进　行
tɔ⁵⁵kɔŋ⁴⁴phɔ³¹。
作　公　婆。
tɔ⁵⁵kɔŋ⁴⁴phɔ³¹ni⁵⁵e³¹tɔ⁵⁵laʔ⁵la⁴⁴，tɕiaʔ³laʔ⁵la⁴⁴，ki⁴²neŋ⁵³dʑia⁵⁵kai³¹taʔ³……
作　公　婆　呢　诶作篱⁷啦，食　篱啦，纪念　若　个　十
dʑiɔ⁵⁵kai³¹ɗɔŋ⁴⁴tɕi²⁴ni⁵⁵，
若　个　冬　至　呢，
an²⁴⁻⁵⁵tɕiau²⁴gua⁴²naŋ³¹dʑiɔ⁵⁵ti²⁴ke³¹phɔŋ⁴⁴tɔʔ³tɕit³kuan²⁴ni⁵⁵，
按　照　我　侬　若　时个　风　俗　习　惯　呢，
u⁵³dʑiaʔ³nai⁵⁵naŋ³¹ni⁵⁵huan³¹ti⁵³hu²⁴⁻⁵⁵tiu⁴⁴mau⁴⁴tiu⁴⁴phun³¹，
有 一　乃　侬　呢　还　是去　修墓修坟，
in⁴⁴ui⁴²tiu⁴⁴mau⁴⁴бun⁴⁴ke³¹mi⁴⁴ti⁵³⁻³¹u⁵³⁻²⁴nɔ⁵³tɕiaŋ⁴²phɔŋ⁴⁴tɔʔ³tɕit³kuan²⁴，
因　为　修墓　分　个　物　是　有　两　种　风　俗　习　惯，
dʑiaʔ³kai³¹ni⁵⁵ti⁵³⁻³¹sɔŋ⁴⁴meŋ³¹tiu⁴⁴phun³¹ɗan⁵³ti⁵³u⁴⁴nai⁵⁵ɗi⁵³phaŋ⁴⁴ni⁵⁵
一　个　呢是　清　明　修　坟　但　是有乃　地方　呢
ia⁴⁴ti⁵³dʑia⁵⁵kai³¹ɗaŋ⁴⁴tɔi⁵⁵tiu⁴⁴phun³¹，
亦　是若　个冬　节修　坟，
tɔ⁴²dʑi⁴²i⁴⁴kin⁴⁴ki⁵³kai³¹ɗi⁵³phaŋ⁴⁴bo³³ɗaŋ³¹。
所　以　伊根　据个　地方　勿　同。

注释：

1. 公婆节，就是俗写的"公坡节"。东澳方言读阳平调，和"公婆"音合，而且用"公婆"指称祖先是合情合理的。一般读阴平调的"坡"，是称谓词的一种音变。

2. 把龙：划龙舟。

3. 个 e³¹，是"个"失落声母的读法。海南闽语中常见。

4. □tio³³："是勿"的合音。

5. 像ɕiaŋ⁴⁴：穿。李如龙、潘渭水《建瓯方言词典》第 242 页作

"颂"。张惠英作"像"。

6. 乃 nai^{55}：表示一点点、一些。是"那"作量词时的异读。

7. 篚：一种海南特色祭祀食物。用蒌叶或椰子叶编成小筐，在里头放上籼米或者糯米，封口后蒸熟食用，以求平安。

意译：

东澳这个正月节的风俗习惯就是拜公婆，和过年差不了多少，家家户户要杀阉鸡。然后过节后呢就是游神、游龙、游灯，这个节日也是比较隆重的。要比春节隆重一些，这个就是正月节。五月节还有把龙，早上做节了以后就去看人把龙，那个就是划龙舟。接下来就是探亲访友、游山玩水。中秋节一般就是这个中秋饼，用中秋饼纪念祖先当作是这个节日呢就是家人团聚的是吧。或者到晚上就去赏月啦，这个游玩啦。特别是七月十五，我们有句俗话活人要吃，死人要穿。这个七月十五就是鬼节。我们这时风俗上就叫作鬼节。就是家家户户都准备买一些这个祭品，就是活人的日常生活用品，衣服啦，被子席子啦，袋子啦，箱子啦，纸钱啦，等等。这些呢都是在七月十五的时候拜完公婆时候就装箱子里去祭祀祖先。是吧，这个节就是我们所讲的鬼节，也比较重视。家家户户活着的人都必须记得烧纸，一般烧纸就是已经死了五代人了，是吧，就是根据死者在日常生活中这个使用什么，以后一般也就给他烧去，这个就是七月十五。冬节就是冬至。我们冬节的时候也就是家家户户都准备买一些祭品拜公婆。那些祭品就是活人的常用品啦，衣服啦，被子啦，席子啦，袋啦，箱啦，纸钱啦，等等。这些呢都是在七月十五作公婆时发箱去祭祖先。是的，这就是我们这里的鬼节，比较重视，家家户户都必须记得活着的人要去烧纸，给死去的五代人烧纸，是吧。就是根据死者日常生活中的用品，死了一般都要给他烧，那是七月十五。冬节就是冬至。我们冬至节也就家家户户作公婆节。公婆节就是用蒌叶、椰子叶编的小筐，盛籼米或糯米，蒸熟后会用。这个冬至呢，按照我们这里的风俗习惯呢，有一些人还是去扫墓的，因为扫墓是分为两种风俗习惯，一个呢是清明扫墓，但是有的地方呢也是这个冬至扫墓。所以它根据的地方有所不同。

（发音人：刘德高）

东澳其四故事　景点风俗

ɗaŋ⁴⁴ au²⁴ ni⁵⁵ ɕin⁴⁴ kue⁴² u⁴⁴ phɔŋ³¹ dʑiu⁴² lai³¹ ne⁵⁵,
东　澳　呢　亲　果　有　朋　友　来　呢,

dʑiat³ ɓua⁴⁴ ɗaŋ⁴⁴ au²⁴ u⁴⁴ nɔ⁴⁴ kai³³ kiŋ⁴² ɗiŋ⁴²,
一　般　东　澳　有　两　个　景　点,

dʑiat³ ɓua⁴⁴ ne⁵⁵ θi⁴⁴ tin³¹ tɕiu⁴⁴ ɓua²⁴⁻⁵⁵ ɗau⁴², lou⁴⁴ ɔi⁴⁴ sua⁴⁴ phɔŋ⁴² dʑiu⁴² hu²⁴
一　般　呢　是　神　州　半　岛　,　都　会　娶[1] 朋　友　去

tin²¹ tɕiu⁴⁴ ɓua²⁴⁻⁵⁵ ɗau⁴² kia³¹ e⁴⁴。
神　州　半　岛　行　下。

tin²¹ tɕiu⁴⁴ ɓua²⁴⁻⁵⁵ ɗau⁴¹ ne⁵⁵ dʑiat³ kai³³ u⁴⁴ tseŋ⁴² kai³³ hai⁴² nan³¹ ni⁵⁵ dʑia⁵⁵ kai³³
神　州　半　岛　呢　一　个　有　整　个　海　南　呢　若　个

li⁴² dʑiu²¹ kiŋ⁴² ieŋ⁴² ni⁵⁵ ia³³ θi⁴⁴ ɓi⁴² kiau²⁴ u⁴⁴ mia³¹ kai³³。
旅　游　景　点　呢　亦　是　比　较　有　名　个。

leŋ⁵³ a³³ kai³³ ni⁵⁵ θi⁴⁴ tin⁴⁴ haŋ³¹ uan⁴⁴,
另　一　个　呢　是　新　潭　湾,

tin⁴⁴ haŋ³¹ uan⁴⁴ ia⁴⁴ θi⁴⁴ dzeŋ³¹ hai⁴², hai⁴² ŋan⁴⁴ tua²⁴⁻³⁵ ɓi⁴² kiau²⁴⁻⁵⁵ ɗɔ³¹。
新　潭　湾　亦　是　沿　海, 海　岸　线　比　较　长。

hɔk³ tse⁴² θi⁴⁴ ɗua⁴⁴ tɕiu⁴⁴ ɗau⁴²。
或　者　是　大　洲　岛。

phɔŋ³¹ dʑiu⁴² lai³¹ kai³³ ti³¹ hau⁴⁴ ne⁵⁵ su³¹ phui⁴⁴ kia³¹ liau⁴² dʑiɔ⁵⁵ nai⁵⁵ li⁴² dʑiu²¹
朋　友　来　个　时　候　呢　除　非　行　了　若　乃[2] 旅游

kiŋ⁴² ɗiŋ⁴² ne⁵⁵, tsek⁵ lɔ³³ ni⁵⁵ θi⁴⁴ tɔ⁵⁵ mɔi³¹ tɕia³³。
景　点　呢,　接　落　呢　是　作　糜　食。

tɔ⁵⁵ mɔi³¹ tɕia³³ dʑiat³ ɓua⁴⁴ lou⁴⁴ ɔi⁵³ sua⁴⁴ hu²⁴ tɕia³³ hai⁴² ɕi⁴⁴。
作　糜　食　一　般　都　会　娶　去　食　海　鲜。

tɕiu⁵³ θi⁴⁴ tin³¹ tɕiu⁴⁴ ɓua²⁴⁻⁵⁵ ɗau⁴² phu⁴⁴ kin⁵³ kai³³ hai⁴² ɕi⁴⁴ ɗiŋ²⁴。
就　是　神　州　半　岛　附　近　个　海　鲜　店。

tɕia³³ dʑiat³ nai⁵⁵ fiu²¹ la⁴⁴, hɔi⁵³ la⁴⁴, fie³¹ la⁴⁴, tɕiɔ³³ ɓan⁴⁴ la⁴⁴ ɗeŋ⁴² ɗeŋ⁴²。
食　一　乃　鱼　啦,　蟹　啦,　虾　啦,　石　斑　啦　等　等。

ɗaŋ⁴⁴au²⁴ne⁵⁵θi⁴⁴tɔk³dʑi⁴²dzeŋ³¹hai⁴²ɗi⁵³hi⁴⁴。
东 澳 呢 是 属于 沿 海 地区。
ɗaŋ⁴⁴au²⁴naŋ³¹ni⁵⁵θi⁴⁴tui²⁴hi⁴²huan⁴⁴dzɪɔ⁵⁵kai³³tɕia³³ɗe²¹，tiɔ³³。
东 澳 侬 呢 是 最 喜欢 若 个 食 茶，[是勿]。
ta⁴²tɕiɔ⁴⁴tɕia³³tɕia³³ɗe³¹，tiɔ³³。
早 上 食 食 茶，[是勿]。
tɕia³³ɗe³¹ni⁵⁵tɕiu⁵³θi⁴⁴tɕia³³ɓau⁴⁴tɕi⁴²，tɕia³³tɕiaŋ⁴⁴ɗe⁴⁴，tɕia³³man⁵⁵hau³¹。
食 茶 呢 就 是 食 包 子，食 钟 袋³，食 馒 头。
leŋ⁴⁴a³³kai³³ni⁵⁵θi⁴⁴，ɗaŋ⁴⁴au²⁴ne⁵⁵naŋ³¹ni⁵⁵hi⁴²huan⁴⁴ni⁵⁵，
另 一 个 呢 是，东 澳 呢 侬 呢 喜欢 呢，
pha⁵⁵ma³¹ɕiak⁵。
拍 麻 雀。
tui²⁴hi⁴²huan⁴⁴kai³³ni⁵⁵θi⁴⁴tɕia³³ɓan⁴⁴lɔ³¹，
最 喜欢 个 呢 是 食 槟 榔，
ɗaŋ⁴⁴au²⁴tɔi⁴⁴naŋ²¹lou⁴⁴θi⁴⁴tɕia³³ɓan⁴⁴lɔ³¹。
东 澳 侪 侬 都 是 食 槟 榔。
tɕia³³tɕiu⁴²la⁴⁴，ɓan⁴⁴lɔ³¹la⁴⁴，ɗeŋ⁴²ɗeŋ⁴²。
食 酒 啦，槟 榔 啦，等 等。
in⁴⁴ui⁴²ɗaŋ⁴⁴au²⁴ni⁵⁵i⁴⁴kai³³ɗi⁵³li⁴²huan³¹keŋ⁴²θi⁴⁴ɗu⁴⁴hia⁴⁴ɗu⁴⁴
因 为 东 澳 呢 伊 个 地 理 环 境 是 有 倚⁴ 有
dzeŋ²¹hai⁴²ɗi⁵³hi⁴⁴。
沿 海 地 区。
dziat³ɓua⁴⁴tɕiaŋ²⁴kai³³nɔŋ³¹tɔ⁵⁵but³ni⁵⁵lou⁴⁴θi⁴⁴hau²⁴tɕiaŋ²⁴⁻⁵⁵dziaŋ⁴²，
一 般 种 个 农 作 物 呢 都 是 靠 种 养，
ɕi⁴⁴dziaŋ⁴²。
饲 养。
ɕi⁴⁴dziaŋ⁴²kai³³mi⁵⁵ni⁵⁵，ɕi⁴⁴ɦu³¹la⁴⁴，ɕi⁴⁴ɦe³¹la⁴⁴，ɕi⁴⁴tɕiɔ³³ɓan⁴⁴la⁴⁴a⁵⁵kai²¹
饲 养 个 物 呢，饲 鱼 啦，饲 虾 啦，饲 石 斑 啦 阿 个
ɗeŋ⁴²ɗeŋ⁴²。
等 等。

ɗaŋ⁴⁴ au²⁴ su²³¹ hui⁴⁴ liau⁴² ɕi⁴⁴ dʑiaŋ⁴² dʑi⁴² ua⁴⁴ ni⁵⁵, dʑin²¹ au⁴⁴ ni⁵⁵ lɔu⁴⁴ θi⁴⁴ hui⁴⁴
东 澳 除 开 了 饲 养 以 外 呢，然 后 呢 都 是 开
ɕi²¹ a⁴⁴ ɗu⁴⁴ hɔu³¹ ɗu⁴⁴ di⁵³ kai³³ lɔu⁴⁴ ti⁵³⁻²¹ hui⁴⁴ ɕi⁴² tɕiaŋ²⁴ a²¹ nai⁵⁵ ɓan⁴⁴ lɔ³¹。
始 阿 有 涂 有 地 个 都 是 开 始 种 一 乃 槟 榔。

in⁴⁴ ui⁴² ɗaŋ⁴⁴ au²⁴ naŋ³¹ ne⁵⁵ θi⁴⁴ hi⁴² huan⁴⁴ tɕia³³ ɓan⁴⁴ lɔ²¹，tiɔ³³。
因 为 东 澳 侬 呢 是 喜 欢 食 槟 榔，[是勿]。
ɗaŋ⁴⁴ au²⁴ dʑiɔ⁵⁵ kai³³ di⁵³ hi⁴⁴ ni⁵⁵ θi⁴⁴ hun⁴⁴ ke²⁴ ni⁵⁵，
东 澳 若 个 地 区 呢 是 婚 嫁 呢，
ta⁴⁴ bau⁴² kia⁴² sut⁵ ke²⁴ ne⁵⁵ dʑiat³ ɓua⁴⁴ θi⁴⁴ ke²⁴ tɔ⁴⁴ ni⁵⁵ tɕiu⁵³ θi⁴⁴
奼 媔 囝 出 嫁 呢 一 般 是 嫁 妆 呢 就 是
a⁵⁵ nai⁵⁵ kin⁴⁴ kai⁵⁵ tɕi⁴² la⁴⁴，kin⁴⁴ leŋ⁵³ la⁴⁴。
一 乃 金 戒 指 啦，金 链 啦。
tɕi³¹ ni⁵⁵ θi⁴⁴ ua⁵³ tɔi⁴⁴ ni⁵⁵，
钱 呢 是 偌 侪 呢，
ɗua⁴⁴ hai²⁴ θi⁴⁴ ta⁴⁴ ban⁴⁴ kau²⁴ ti²⁴ ban⁴⁴ ŋin³¹ tɔ⁴² dʑiu⁵³。
大 概 是 三 万 遘 四 万 银 左 右。
dʑiɔ⁵⁵ kai³³ phiŋ⁵⁵ li⁴² ni⁵⁵ ɗua⁴⁴ hai²⁴ tɕiu⁵³ θi⁴⁴ u⁴⁴ dʑiɔ³³ kai³³ phan⁵³ ui³¹ lai⁵³。
若 个 聘 礼 呢 大 概 就 是 有 若 个 范 围 内。
dʑiat³ ɓua⁴⁴ ni⁵⁵ lɔu⁴⁴ θi⁴⁴ kit⁵ hun⁴⁴ kai³³ ti³¹ hau⁴⁴ ni⁵⁵，
一 般 呢 都 是 结 婚 个 时 候 呢，
gua⁴² naŋ³¹ tɕiu⁵³ kiɔ²⁴ tɔ⁵⁵ ɕin⁴⁴ ke⁴⁴。
我 侬 就 叫 作 亲 家。
ɕin⁴⁴ ke⁴⁴ ni⁵⁵ tɕiu⁵³ ŋe⁴⁴ mi⁵⁵ tɔ⁵⁵ tɕiu⁴²，tɔ⁵⁵ tɕiu⁴²，tɔ⁵⁵ tɕiu⁴² ni⁵⁵ ɕia⁴² dʑiat³ nai⁵⁵
亲 家 呢 就 硬 密⁵ 作 酒，作 酒，作 酒 呢 请 一 乃
dʑiɔ³³ kai³³ ɕin⁴⁴ tɕia⁴⁴ la⁴⁴，ia⁴⁴ di⁵³ la⁴⁴。
若 个 亲 家 啦，兄 弟 啦。
dʑiat³ ɓua⁴⁴ lɔu⁴⁴ θi⁴⁴ kau²⁴ tɔ⁵⁵ tɕiu⁴² kai³³ ti³¹ kan⁴⁴ ni⁵⁵，kue²⁴ hu²⁴ lɔu⁴⁴ θi⁴⁴
一 般 都 是 遘 作 酒 个 时 间 呢，过 去 都 是
tɔ⁵⁵ nɔ⁴⁴ ɗui²⁴，θi⁴⁴ me³¹ hui⁴⁴ hau²¹ dʑiat³ ɗui²⁴ tɕiɔ⁴⁴ ŋau²⁴ dʑiat³ ɗui²⁴。
作 两 顿，是 暝 晖 头⁶ 一 顿 上 午 一 顿。

dzin⁴⁴na⁴⁴ne⁵⁵θi⁴⁴kɔi⁴²ui⁴²liau⁴²na⁴⁴θi⁴⁴tɔ⁵⁵me³¹hui⁴⁴hau³¹tɕiu⁴²。
现　旦　呢　是　改　为　了　乃　是　作　暝　晖　头　酒。
dziɔ³³kai³³ɗi⁵³hi⁴⁴kai³³naŋ³¹kai³³ai²⁴hau²⁴ni⁵⁵dziat³ɓua⁴⁴lɔu⁴⁴θi⁴⁴pha⁵⁵hiu³¹，
若　个　地区　个　侬　个　爱好　呢　一　般　都　是　拍　球，

pha⁵⁵hiu³¹θi⁴⁴pha⁵⁵lan³¹hiu³¹la⁴⁴，ha⁴⁴hiu³¹la⁴⁴，dziɔ³³kai³³ɓai²¹hiu³¹la⁴⁴
拍　球　是　拍　篮　球　啦，骸球⁷啦，若　个　排　球　啦
hɔk³tse⁴²θi⁴⁴lɔ³³ki²¹la⁴⁴，pha⁵⁵iŋ⁴⁴ɓɔŋ⁴⁴la⁴⁴。
或　者　是　落棋啦，拍　乒乓　啦。
dziɔ³³kai³³ti⁵³hi⁴⁴kai³³naŋ³¹ni⁵⁵ia³³θi⁴⁴ɓi⁴²kiau²⁴tɕiɔ⁴²hu²⁴gua⁴⁴ɓi⁴⁴
若　个　地区　个　侬　呢　亦是比较　少　去　外　边
ke³³li⁴²dziu²¹。
个旅游。
na⁴⁴dziat³ɓua⁴⁴dziɔ³³kai³³ɗi⁵³hi⁴⁴kai³³naŋ²¹ni⁵⁵be⁵⁵hu²⁴li⁴²dziu²¹ni⁵⁵ɗɔu⁴⁴
乃　一　般　若　个　地区　个　侬　呢密去旅游　呢都
ɔi⁴⁴hu²⁴ɗe²⁴ti⁵³ni⁵⁵。hu²⁴hɔ⁵⁵kai³³tiaŋ⁴⁴a⁴⁴la⁴⁴，leŋ²¹tui⁴²la⁴⁴，
会去带势呢。去许个三　亚啦，陵　水　啦，
hɔk³tse⁴²ɗan⁴⁴tɕiu⁴⁴la⁴⁴ɗeŋ⁴²ɗeŋ⁴²kai³³li⁴²dziu³¹kiŋ⁴²ɗiŋ⁴²。
或　者　儋　州　啦等　等　个旅游　景点。
na⁴⁴θi⁴⁴tiaŋ⁴⁴ɗui⁴²lai²¹ɓi⁴²kiau²⁴tɕiɔ⁴²sut⁵ɗau²¹。
乃是相　对　来比较　少　出岛。
in⁴⁴ui⁴²hai⁴²nan³¹ni⁵⁵dzia³³kai³³ɗi⁵³phaŋ⁴⁴ni⁵⁵i⁴⁴kai³³li⁴²dziu³¹kiŋ⁴²ɗiŋ⁴²
因　为海　南　呢若　个　地方　呢伊个旅游　景　点
ɓi⁴²kiau²⁴tɔi⁴⁴，
比　较　多，
naŋ³¹hu²⁴⁻⁵⁵gua⁴⁴ɓi⁴⁴ni⁵⁵ia⁴⁴θi⁴⁴bɔ³³hi⁴²huan⁴⁴sut⁵ɗau⁴²kai³³。
侬去　外　边　呢亦是勿　喜欢　出岛　个。
tɔi⁴⁴tiau²⁴lɔu⁴⁴θi⁴⁴ɗu⁴⁴ɗau²¹lai⁵³，tiɔ³³。
多　数　都　是　有　岛　内，[是勿]。
ɗui⁵³dzi⁴²dziɔ³³kai³³ɗi⁵³phaŋ⁴⁴kai³³phɔŋ⁴⁴tɔk³ne⁵⁵dzia³³bɔ³³u⁴⁴tɔi⁴⁴ɗua⁴⁴kai³³
对　于　若　个　地方　个　风　俗　呢亦勿有多大　个

kaŋ⁴⁴ kue²⁴ hu²⁴ ni⁵⁵ bɔ³³ u⁵³ tɔi⁴⁴ ɗua⁴⁴ kai³³ ɓin²⁴ hue²⁴。
共 过 去 呢 勿 有 多 大 个 变 化。
in⁴⁴ ui⁴² naŋ³¹ ti⁴² au⁵³ ne⁵⁵, dʑiɔ⁵⁵ kai²¹ ɗi⁵³ hi⁴⁴ kai³³ naŋ²¹ ti⁴² au⁵³,
因 为 侬 死 后 呢，若 个 地 区 个 侬 死 后,

dʑiat³ ɓua⁴⁴ ɗɔu⁴⁴ ɔi⁵³ se⁴⁴ kau²⁴ hau³¹ ɕit⁵。
一 般 都 会 盛⁸ 遘 头 七。
tɕiu⁵³ θi⁴⁴ ɕit⁵ dʑit³, ɕit⁵ dʑit³ se⁴⁴ ɗu⁴⁴ su²⁴ lai⁵³。
就 是 七 日, 七 日 盛 有 宿⁹ 内。
kia⁴² dʑi²¹ ni⁵⁵ θi⁵³ kia⁴² dʑi²¹ bɔ³³ kaŋ⁴⁴ gua⁴⁴ kai²⁴ tsek⁵ sɔk⁵。
团 儿 呢 是 团 儿 勿 共 外 界 接 触。
u⁵³ ɕin⁴⁴ tɕia²¹ ia⁴⁴ ɗi⁵³ hu²⁴ tiɔ⁴⁴ hiɔ⁵⁵ la⁴⁴,
有 亲 情 兄 弟 去 烧 香 啦,
ia⁴⁴ bɔ³³ kaŋ⁴⁴ ɕin⁴⁴ tɕia²¹ ia⁴⁴ ɗi⁵³ pha⁵⁵ tɕiau⁴⁴ hu⁴⁴, hɔk³ tse⁴² θi⁵³ ɔk⁵ ɕiu⁴²,
亦 勿 共 亲 情 兄 弟 拍 招 呼, 或 者 是 握 手,
ɗeŋ⁴² ɗeŋ⁴²。
等 等。
in⁴⁴ ui⁴² dʑiɔ³³ kai³³ ɗi⁵³ phaŋ⁴⁴ kai³³ naŋ³¹ ti⁴² dʑiat³ ɓua⁴⁴ lɔu⁴⁴ θi⁵³
因 为 若 个 地 方 个 侬 死 一 般 都 是
tit³ kia³¹ hau³¹ taŋ²⁴, dʑiat³ ɓua⁴⁴ lɔu⁴⁴ bɔ³³ ɔi⁵³, kek³ tɕiɔ⁴² naŋ³¹ ɓaŋ²⁴ hu²⁴
实 行 涂 葬, 一 般 都 勿 会, 极 少 侬 放 去
hɔ⁵⁵ kai³³ kɔŋ⁴⁴ mau⁴⁴ kai³³ ɗi⁵³ phaŋ⁴⁴。
许 个 公 墓 个 地 方。
dʑiɔ³³ kai³³ ɗi⁵³ hi⁴⁴ se⁴⁴ liau⁴² au⁴⁴ ni⁵⁵ ɗua⁴⁴ hai²⁴ θi⁴⁴ se⁴⁴ ɕit⁵ dʑit³,
若 个 地 区 盛 了 后 呢 大 概 是 盛 七 日,
ɕit⁵ dʑit³ au⁵³ ne⁵⁵ dʑiɔ³³ kue⁴⁴ θi⁵³ han²⁴ tɔ⁵⁵ kɔ⁴⁴ hu²⁴ ɗai³¹ la⁰。
七 日 后 呢 若 过¹⁰ 是 喊 作 扛 去 埋 啦。

注释:

1. 娶 sua⁴⁴: 意为"带领",《海口方言词典》记为"娶"。
2. 乃 nai⁵⁵: 意为"一些", 本字未详。

3. 钟袋：一种食物，麻团、麻球之类。
4. 徛：住。
5. 密：要。
6. 暝晖头：晚上。
7. 骸球：足球。
8. 盛 se^{44}：意为"放置"，《海口方言词典》记为"盛"。
9. 宿：房屋，家。俗作"厝"。
10. 过：方位词，相当于普通话的"……边"。

意译：

如果有朋友来呢，东澳一般有两个景点，一般是神州半岛，都会带朋友去神州半岛走走。神州半岛在整个海南的这个旅游景点也是比较有名的。另一个是新潭湾，新潭湾也是沿海，海岸线比较长。朋友来的时候走完了这些旅游景点呢，接下来呢是吃饭。吃饭一般都会带去吃海鲜，就是神州半岛附近的海鲜店。吃一些鱼啦，蟹啦，虾啦，石斑鱼啦，等等。

东澳属于沿海地区。东澳人是最喜欢喝茶的，早上喝喝茶，喝茶就是吃包子，吃麻圆，吃馒头。另一个是，东澳的人喜欢打麻将。最喜欢的是吃槟榔，东澳那些人都是吃槟榔。喝酒啦，吃槟榔啦，等等。因为东澳的地理位置是位于沿海地区。一般的农作物都是靠种植，养殖。养殖什么呢，养鱼啦，养虾啦，养石斑鱼啦那个等等。东澳除了养殖以外，然后就是有土地的就开始种一些槟榔。因为东澳人呢就是喜欢吃槟榔。

东澳这个地区的婚嫁呢，女孩子出嫁一般嫁妆就是一些金戒指啦，金项链啦。钱是多少呢，大概是三万到四万左右。这个聘礼大概就在这个范围内。一般都是结婚的时候呢，我们就叫"做亲家"。亲家呢就一定要摆酒席，摆酒席呢请一些这个亲家啦，兄弟啦。一般到摆酒的时间呢，过去都是摆两顿，是晚上一顿，上午一顿。现在呢就改为了只摆晚上的酒。

这个地方人的爱好一般都是打球，打球是打篮球啦，足球啦，这个排球啦，或者是下棋啦，打乒乓球啦。这个地区的人呢是比较少去外边旅游。但一般这个地区的人呢要去旅游呢都会去哪里呢。去那个三亚啦，陵水啦，或者儋州啦等等的旅游景点。就是相对来说比较少出岛。因为海南这个地方的旅游景点比较多，人们出门也是不喜欢出岛的。多数都是在岛内。

对于这个地方的风俗呢和过去没有多大的变化。这个地区的人死后，一般都会放到头七。就是七天，七天放在家里，孩子们是不和外界接触的。有亲戚朋友去烧香啦，也不同亲戚朋友打招呼或者是握手，等等。因为这个地方的人死一般都是实行土葬，一般都不会，极少人放去那个公墓的地方。这个地方放了大概七天，七天后呢这边是叫作扛去埋。

（发音人：刘德高）

东澳其五故事　公期

ɗaŋ⁴⁴au²⁴kai³³kɔŋ⁴⁴hi³¹ni⁵⁵ia³³tɕiu⁵³ti⁵³⁻³¹kun⁴⁴phɔ⁴⁴,
东　澳　个　公　期　呢　亦　就　是　军　坡,

kun⁴⁴phɔ⁴⁴ne⁵⁵gua⁴²naŋ³¹ne⁵⁵ti⁵³⁻³¹ŋau⁵³gue³³taʔ³θa⁴⁴,
军　坡　呢　我　侬　呢　是　五　月　十　三,

nɔŋ³¹le³³ti⁵³ŋau⁵³gue³³taʔ³θa⁴⁴。
农　历　是　五　月　十　三。

dʑiɔ⁵⁵dʑit³ni⁵⁵ti⁵³ɗaŋ⁴⁴au²⁴ke³³kun⁴⁴phɔ⁴⁴dʑit³ia³³tɕiu⁵³ti⁵³⁻³¹kɔŋ⁴⁴hi³¹dʑit³。
若　日　呢　是　东　澳　个　军　坡　日　亦　就　是　公　期　日。

kau⁴²ɗit⁵tiaŋ⁴⁴ɗaŋ⁴⁴lɔŋ³¹ɗaŋ⁵³。
搞　得　相　当　隆　重。

dʑiaʔ³ɓua⁴⁴hui⁴⁴ɕi³¹dʑiɔ⁵⁵kai³¹kun⁴⁴phɔ⁴⁴tai³¹a⁴⁴ɦi⁴⁴ni⁵⁵
一　般　开　始　若　个　军　坡　前　一　天　呢

dʑia⁵⁵lai⁴⁴ni⁵⁵min³¹kan⁴⁴ke³³phɔŋ⁴⁴tɔʔ³tɕit³kuan²⁴ne⁵⁵tɕiu⁵³tɕin²⁴⁻⁵⁵kia³¹liau⁴²
若　内　呢　民　间　个　风　俗　习　惯　呢　就　进　行　了

dʑiaʔ³nai⁵⁵kun⁴²mi⁵⁵kai³³ua³³haŋ⁵³。
一　乃　紧　密　个　活　动。

ɕin⁵³tɔ⁵⁵ɦi²⁴, pha⁵⁵hiu³¹ɓi⁴²sai⁵⁵, pha⁵⁵dʑiɔ⁵⁵kai³³kɔ⁵⁵lui⁵³hiu³¹ɓi⁴²sai⁵⁵,
亲¹作　年, 拍　球　比　赛, 拍　若　个　各　类　球　比　赛,

iŋ⁴⁴ ɓɔŋ⁴⁴ ɓi⁴² sai⁵⁵，ɕiɔ⁵³ ki³¹ ɓi⁴² sai⁵⁵ ɗeŋ⁴² ɗeŋ⁴²。
乒乓 比赛，象 棋 比赛 等 等。
tɕi⁵⁵ lɔu⁴⁴ ta⁴⁴ ɦi⁴⁴ au³¹ kau²⁴⁻³⁵ liau⁴² kun⁴⁴ phɔ⁴⁴ dziɔ⁵⁵ dzit³ ni⁵⁵ tɕiu⁵³ ti⁵³
即 路 三 天 后 遘 了 军 坡 若 日 呢 就 是
huaʔ³ ɕi⁵³，huaʔ³ ɕi⁵³ ni⁵⁵ tɕiu⁵³ ti⁵³ ɕi⁵³ ɗiɔ³¹ tɕiɔ⁴⁴ ti⁵³⁻³¹ tiaŋ⁴⁴ ɗaŋ⁴⁴ huaʔ⁵。
发 市，发 市 呢 就 是 市 场 上 是 相 当 发。
kɔ⁵⁵ tɕiaŋ⁴² nɔŋ³¹ sui⁴⁴ naŋ³¹ kai³¹ θe⁴⁴ uaʔ³ dziɔŋ⁵³ phin⁴² ɗau⁴⁴ ti⁵³ ɗu⁵³ kun⁴⁴ phɔ⁴⁴
各 种 农 村 侬 个 生活 用 品 都 是 有 军 坡
dziɔ⁵⁵ ɗuan⁵³ ti³¹ kan⁴⁴，dziɔ⁵⁵ ta⁴⁴ dzit³ ti³¹ kan⁴⁴ ne⁵⁵ tiau⁴⁴ ɓɔi⁴⁴ liaŋ⁵³
若 段 时 间，若 三 日 时 间 呢 销 卖 量
ia⁴⁴ ti⁵³ tui²⁴⁻⁵⁵ ɗua⁴⁴。
亦 是 最 大。
ta⁴⁴ hau²⁴ la⁴⁴ niau⁵⁵ kia⁴² naŋ³¹ kai³¹ ŋuan⁵³ ki⁴⁴ la⁴⁴ ɗeŋ⁴² ɗeŋ⁴²，
衫 裤 啦 孥 团 侬 个 玩 具 啦 等 等，
tiaŋ⁴⁴ ɗaŋ⁴⁴ dzit³ nau²⁴。
相 当 热 闹。
dzeŋ³¹ au⁵³ ni⁵⁵ tɕiu⁵³ ti⁵³⁻³¹ kun⁴⁴ phɔ⁴⁴ dziɔ⁵⁵ dzit³ ne⁵⁵ tɕiu⁵³
然 后 呢 就 是 军 坡 若 日 呢 就
dziaʔ³ ɓua⁴⁴ lɔu⁴⁴ ti⁵³⁻³¹ tɕiɔ⁴⁴ ŋau⁵³ tɕiu⁵³ ke⁴⁴ ke⁴⁴ ɦu²⁴ ɦu²⁴⁻⁵³
一 般 都 是 上 午 就 家 家 户 户
ɗɔu⁴⁴ hai³¹ gɔ³¹ hi⁴² lai³¹ ɕia⁴² ɕin⁴⁴ seʔ⁵ la⁴⁴ tɕiu⁵³ ti⁵³ ɗua⁴⁴ tɕi⁴² sut⁵ ke²⁴ ke³¹
都 刮 鹅 起 来 请 亲 戚 啦,就 是 大 姊 出 嫁 个
ɗua⁴⁴ tɕi⁴² kau⁴⁴ mai⁴² la⁴⁴，kau⁴⁴ niaŋ⁴⁴ kau⁴⁴ nin²⁴ la⁴⁴，
大 姊 姑 母 啦，姑 孃 姑 妗 啦，
dziɔ⁵⁵ ke³³ hia⁴⁴ ɗi⁵³ phɔŋ³¹ dziu⁴² la⁴⁴ ɗui⁴² lai³¹ heŋ²⁴ tɔʔ⁵。dziɔ⁵⁵ kai³¹ ti⁵³⁻³¹
若 个 兄 弟 朋 友 啦 转 来 庆 祝。若 个 是
gua⁴² naŋ³¹ kai³¹ kɔŋ⁴⁴ hi⁴¹ kai³¹ uaʔ³ haŋ⁵³ tɕia³¹ huan²⁴。
我 侬 个 公 期 个 活 动 情 况。
tɔ⁴² dzi⁴² ɗaŋ⁴⁴ au²⁴ ni⁵⁵ dziɔ⁵⁵ kai³¹ ɗi⁵³ phaŋ⁴⁴ ni⁵⁵ ke³³ kɔŋ⁴⁴ hi³¹ ni⁵⁵ ke³³
所 以 东 澳 呢 若 个 地 方 呢 个 公 期 呢 个
uaʔ³ haŋ⁵³ ni⁵⁵ ke³³ heŋ³¹ teʔ⁵ ia³³ ti⁵³⁻³¹ tɕi⁴⁴ tɕiaŋ⁴² tɕi⁴⁴ iɔ⁴⁴ kai³¹。
活 动 呢 个 形 式 亦 是 侪 种 侪 样² 个。

注释：

1. 亲：训读"如"。
2. 侪种侪样：多种多样。

意译：

东澳的公期就是军坡，我们的军坡是五月十三日，农历的五月十三。这天就是东澳的军坡也就是公期日，搞得相当隆重。一般军坡开始前一天这里民间的风俗习惯就是进行了一些紧密的活动，好像过年一样。打球比赛，玩各类球的比赛，乒乓球比赛，象棋比赛，等等。这里三天后到了军坡这天就是发市，发市就是市场上相当的热闹。各种农村人的生活用品都是在军坡这段时间这三天内时间销售量也是最大，卖衣服啦，小孩的玩具啦等，相当热闹。军坡这天一般都是家家户户上午杀鹅起来请亲戚，就是出嫁的姐姐、大姐、姑妈、姑奶奶等，还有请兄弟朋友等回来庆祝。这就是我们的公期的活动情况。所以东澳这个地方公期的活动的形式是多种多样的。

（发音人：刘德高）

（四）黎安口头文化

黎安其一歌谣　白龙歌

ɓe³³ liaŋ²¹ kɔ²²

白　龙　歌（歌谣不标注声调）

ti ɠuei sau uei kua naŋ ia ɗuei ia。

四月　初 喂官 侬 呀转 呀。

laŋ laŋ a lɔ lɔ ia lɔ li laŋ ia li laŋ lɔ。

啷　啷　啊咯咯 呀咯哩啷 呀哩啷 咯。

tai tun hu a ʑiau ia ɓɔ tɔ ʑiau ia,

驶船 去啊绕 呀勃哆绕　呀,

muei ia muei niɔ niɔ, ia muei ia muei niɔ niɔ。
问　呀问　娘 娘，呀问　呀问　娘 娘。
ti guei sau ɓɔi kuan naŋ ziu ɗuei ia,
四 月 初 八 官　侬 又 转　呀,
laŋ laŋ ha lɔ lɔ ia lɔ li laŋ ia li laŋ lɔ ia,
啷 啷 哈 咯咯呀咯哩啷 呀哩啷 咯呀,
muei ia muei niɔ niɔ。
问　呀问　娘 娘。
kuan naŋ ɗuei muei tɕiɔ ɗio ɔ tɕiɔ lɔ,
官　侬 转　门　上 着　哦上咯,
laŋ laŋ a lɔ, lɔ ia lɔ li laŋ ia li laŋ lɔ a,
啷 啷 啊 咯, 咯呀咯哩啷 呀哩啷 咯啊,
muei ia muei niɔ niɔ, ia muei ia muei niɔ niɔ。
问　呀问　娘 娘，呀问　呀问　娘 娘。
suan suei kia tun lai tiɔ a iɔ ia,
全　村　囝 孙 来 烧 啊香呀,
laŋ laŋ a lɔ, lɔ ia lɔ li laŋ ia li laŋ lɔ,
啷 啷 啊 咯, 咯呀咯哩啷 呀哩啷 咯,
a muei ia muei niɔ niɔ。
啊问 呀问　娘 娘。
nau guei sau ŋau, taŋ liaŋ a hu a,
五 月 初 五，送 龙　啊去啊,
laŋ laŋ a lɔ, lɔ ia lɔ li laŋ ia li laŋ lɔ。
啷 啷 啊 咯, 咯呀咯哩啷 呀哩啷 咯。
ia muei ia muei niɔ niɔ。
呀问　呀问　娘 娘。
ia muei ia muei niɔ niɔ。
呀问　呀问　娘 娘。
ɓeŋ iap heŋ uaŋ naŋ heŋ a　an a。
百 业 兴 旺 侬 兴 啊安啊。
laŋ laŋ he lɔ, lɔ ia lɔ li laŋ ia li laŋ lɔ。

嘟 嘟 嗨 咯，咯 呀 咯 哩 嘟 呀 哩 嘟 咯。
a muei ia muei niɔ ciɔ。a muei ia muei niɔ ciɔ。
啊问 呀问 娘 娘，啊问 呀问 娘 娘。
taŋ tun hai tɕiɔ phiŋ phiŋ a an a,
送 船 海 上 平 平 啊 安 啊,
laŋ laŋ ke lɔ，lɔ ia lɔ li laŋ ia li laŋ lɔ。
嘟 嘟 格 咯，咯 呀 咯 哩 嘟 呀 哩 嘟 咯。
a muei ia muei niɔ ciɔ，a muei ia muei niɔ ciɔ。
啊问 呀问 娘 娘，啊问 呀问 娘 娘。
suan suei kam in liaŋ uaŋ a in ia,
全 村 感 恩 龙 王 啊 恩 呀,
laŋ laŋ a lɔ，lɔ ia lɔ li laŋ ia li laŋ lɔ,
嘟 嘟 啊咯，咯 呀 咯 哩 嘟 呀 哩 嘟 咯,
a muei ia muei niɔ ciɔ，a muei ia muei niɔ ciɔ。
啊问 呀问 娘 娘，啊问 呀问 娘 娘。

意译：
四月初啊官人回。
开船去绕啊绕，
问啊问娘娘呀问娘娘。
四月初八，官人又回，
问娘娘。
官人回家了，
问啊问娘娘，问啊问娘娘。
全村子孙来烧香啊，
问啊问娘娘。
五月初五，送龙归去，
问啊问娘娘。
百业兴旺人安宁。
问啊问娘娘，问啊问娘娘。
送船到海上平平安安。

问啊问娘娘，问啊问娘娘。
全村感恩龙王的恩情。
问呀问娘娘，问呀问娘娘。

（发音人：钟华）

黎安其二故事　双女石

bua⁴² tɕiɔ⁵⁵　lai⁴⁴ kaŋ⁴⁴ ɗua⁴⁴ ke⁴⁴ koŋ⁴² ke⁴⁴ kau⁴².
我［即奿］¹ 里共　大　家 讲　个 古。

tɕiu⁴⁴ ti⁴⁴ tiaŋ⁴⁴ ni⁴² tɕiɔ⁵⁵ kai³¹ suan³¹ te⁵⁵。
就　是 双　女 石　个　传　说。

ɗu⁴⁴ uei⁴⁴ kau⁴² kai⁴⁴ ti³¹ hau⁵³, suan³¹ te⁵⁵,
住² 远　古　个　时候 ，传　说，

hi⁴⁴ tɕiɔ⁴⁴ u⁴⁴ ziat³ ɗuei²⁴ koŋ⁴⁴ ni⁴²,
天 上　有 一　对　宫 女，

tɕhin⁵³ ɗɔ³³ uaŋ³¹ mai⁴² ɓɔ³³ tu⁴² i⁵³ ke³¹ ti³¹ au⁵³,
趁　着 王 母 勿 注 意 个 时候，

i⁴⁴ hau⁴⁴ hau⁴⁴ di³¹ lɔ³³ kau²⁴ liau⁴² naŋ³¹ kan⁴⁴。
伊 偷　偷　地 落 遘　了 侬　间。

ɗu⁴⁴ naŋ³¹ kan⁴⁴ ziu³¹ tua⁴⁴ ŋuan⁴⁴ tuei⁴²,
住 侬 间 游 山 玩　水，

tsuei²⁴ ɗau²⁴ au⁵³ ɗu⁴⁴ lɔi³¹ an⁴⁴ a⁴⁴ phin²⁴ ɗua⁴⁴ hai⁴² tɕiɔ⁴⁴。
最　到　后 住 黎 安 一片　大　海 上。

i⁴⁴ mɔ⁴⁴ kau²⁴, tɕiɔ⁵⁵ phin²⁴ ɗua⁴⁴ hai⁴² tiɔ⁴⁴ ɗaŋ⁴⁴ ke⁴⁴ tɕi⁴⁴ muei⁴²,
伊望 遘，［即奿］片　大　海 相 当　个 之美，

tɕiɔ⁵⁵　lai⁴⁴ kai⁴⁴ naŋ³¹ kaŋ⁴⁴ hau⁴² hin³¹ phun⁵³,
［即奿］里 个　侬　艰　苦　勤　奋，

ɗam⁴⁴ ki²⁴ hu³¹ min³¹ mun³¹ ne³³ te⁴⁴ tan⁴² kaŋ⁴⁴ ki⁴⁴ hai⁵³ ɗɔi⁴⁴ lak⁵ au⁵³,
但　见 渔 民　们　呢 生　产　工　具 太 低　落 后，

tɔ⁵⁵ tɕia³¹ kan⁴⁴ hau⁴²。
作 食 艰 苦。
tɔ⁴² ʑi⁴² ne³³，i⁴⁴ nɔ⁴⁴ ke⁴⁴ koŋ⁴⁴ ni⁴² ne³³，
所 以 呢， 伊 两 个 宫 女 呢，
tɕiu⁴⁴ ɗu⁴⁴ tɕiɔ⁵⁵ phin²⁴ hai⁴² tɕiɔ⁴⁴ nan⁴⁴ ɕiɔ²⁴ tiu³¹ tuei⁴² tɔ⁵⁵ taŋ⁴⁴.
就 住［即奸］片 海 上 玩 笑 泅 水 作 弄³。
kit⁵ kuei⁴² ne³³ ti³¹ kan⁴⁴ ʑia³³ man⁴⁴ man⁴⁴ ke⁴⁴ kuei²⁴ hu²⁴ hu²⁴。
结 果 呢 时 间 亦 慢 慢 个 过 去 去。
maŋ²⁴ ɗi⁵⁵ ɗɔ³³ ɗuei⁴² hu²⁴ ɗuei⁴² hi⁴⁴，
忘 得 着 转⁴ 去 转 天，
au⁵³ uaŋ³¹ mai⁴² huat³ in⁵³，
后 王 母 发 现，
huat³ in⁵³ nɔ⁴⁴ ke⁴⁴ koŋ⁴⁴ ni⁴² ti⁴⁴ hau⁴⁴ hau⁴⁴ lɔ³³ naŋ³¹ kan⁴⁴ lɔ³³。
发 现 两 个 宫 女 是 偷 偷 落 侬 间 了。
hin⁴² ʑin³¹ ti⁴⁴ uei⁴² ɓɔi⁵³ ɗɔ³³ hi⁴⁴ kuei⁴⁴ lɔ³³。
显 然 是 违 背 着 天 规 咯。
uaŋ³¹ mai⁴² huat⁵ nu⁴⁴，
王 母 发 怒，
tse⁵⁵ leŋ⁴⁴ luei³¹ koŋ⁴⁴ ɗin⁵⁵ mai⁴² ɗeŋ⁴² hi⁴⁴ tin³¹ ɗua⁴⁴ tɕiɔ⁵³ lɔ³³ lai³¹ ɕin³¹ tɕiau⁴²。
责 令 雷 公 电 母 等 天 神 大 将 落 来 寻 找。
tsuei²⁴ ɗau⁵³ ɗu⁴⁴ ɗu⁴⁴ tɕiɔ⁵⁵ phin²⁴ hai⁴² tɕiɔ⁴⁴ huat⁵ in⁵³ nɔ⁴⁴ kai³¹ koŋ⁴⁴ ni⁴²
最［到后］⁵住 住［即奸］片 海 上 发 现 两 个 宫 女
uan²⁴ tai⁴⁴ nai⁵³ na⁴⁴ lai³¹ tɔi⁴² iak³。
还 在 带⁶ 那 里 洗 浴。
hi⁴⁴ tɕiɔ⁵³ ɗuei⁴² hu²⁴ au⁵³ uei⁴⁴ ɓɔ²⁴ kau²⁴ uaŋ³¹ mai⁴²，
天 将 转 去 后 汇 报 遘 王 母，
uaŋ³¹ mai⁴² lek⁵¹ eŋ⁴⁴ ma³¹ saŋ⁵³ lia³³ ɗuei⁴² lai³¹，
王 母 勒 令 马 上 掠 转 来，
i⁴⁴ koŋ⁴² uei³¹ fan⁴² lɔ³³ hi⁴⁴ kuei⁴⁴ liau⁴²。
伊 讲 违 反 了 天 规 了。
tɔi⁴² nɔ⁴⁴ ke³¹ koŋ⁴⁴ ni⁴² ne³³，

［所以］两个宫女呢，
in⁴⁴ɓei⁴² sɔ²⁴ kuei⁵³ lɔ³³ ɗuei⁴² hi⁴⁴，
因为错过了转天，
i⁴⁴ ɓi⁴⁴ naŋ³¹ kan⁴⁴ tɕi⁵⁵ muei⁴² hɔ⁴² kai³¹ keŋ⁴² tiaŋ⁴⁴ ne³³ ɓi³¹ lin⁵³ lɔ³³，
伊被侬间即美好个景象呢迷恋咯，
tsuei⁵³ au⁵³ hi⁴⁴ tɕiɔ⁴⁴ fai⁵³ ɗɔ⁴² ɗua⁴⁴ tin³¹ luei³¹ koŋ⁴⁴ ɗin⁴⁴ mai⁴²，
最后天上派着大神雷公电母，
ŋe⁴⁴ iau⁴⁴ hua⁴⁴ i⁴⁴ ɗuei⁴² hu²⁴
硬要拖伊转去。
i²⁴ tɕi⁵⁵ nɔ⁴⁴ uei⁴⁴ muei⁴² ni⁴² ne³³，tin⁴⁴ ni⁴² ne³³，
伊即两位美女呢，仙女呢，
i⁴⁴ bɔ³³ kia⁴⁴ hiaŋ³¹ ɓau⁴⁴。
伊勿惊强暴。
i⁴⁴ koŋ⁴² bɔ³³。
伊讲勿。
tɕiɔ⁵⁵ lai⁴⁴ kai⁴⁴ noŋ³¹ min³¹ te⁴⁴ ua³³ kan⁴⁴ hau⁴²，
［即奀］里个农民生活艰苦，
tɕiɔ⁵⁵ lai⁴⁴ kai⁴⁴ tɕiau⁴⁴ tɕiɔ⁴⁴ ɗɔi⁴⁴，
［即奀］里个礁石低
keŋ⁴⁴ tiaŋ³¹ sɔk⁵ tɕiɔ⁴⁴，sɔk⁵ tɕiɔ⁴⁴ tun³¹ ɓaŋ³¹，
经常触礁，触礁船亡，
te⁴⁴ mia⁴⁴ bɔ³³ ɓɔ⁴² tu⁵³，
生命勿保住，
kuei²⁴ te⁴⁴ ua³³ kuei²⁴ ɗik⁵ kan⁴⁴ hau⁴²。
过生活过得艰苦。
bua⁴² iau⁵³ ɗu⁴⁴ tɕiɔ⁵⁵ lai⁴⁴ uei²⁴ tɔ⁵⁵ ziat³ tse⁵⁵ tɕiɔ⁵⁵，
我要住［即奀］里化作一只石，
lai³¹ ziaŋ⁴⁴ i⁴⁴ mun³¹ ɗoŋ⁴² ɗik⁵ lai³¹ hu²⁴ ke³¹ phaŋ⁴⁴ ɦiɔ²⁴。
来让伊们懂得来去个方向。
tɔ⁴² zi⁴² kaŋ⁴⁴ hi⁴⁴ kua⁴⁴ luei³¹ koŋ⁴⁴ ɗin⁵³ mai⁴² ne³³ kia³¹ ɗau⁵³ tse⁴⁴ lɔ³³。
所以共⁷天官雷公电母呢行斗争咯。

tsuei⁵³ au⁵³ luei³¹ koŋ⁴⁴ ɗin⁵³ mai⁴² huat⁵ huei⁴²,
最 后 雷 公 电 母 发 火,
tɕiu⁴⁴ ɓe⁴² i⁴⁴ mun³¹ pha⁵⁵ la。
就 把 伊们 拍 了。
pha⁵⁵ tɕia³¹ liau⁴² a⁴⁴ huei⁵³ tɕiɔ⁵⁵,
拍 成 了 一 块 石,
tɕiu⁴⁴ ɕiaŋ⁴⁴ ti⁴⁴ tɕin⁴⁴ na⁴⁴ tɔ⁴² suan³¹ te⁵⁵ kai⁴⁴ tiaŋ⁴⁴ ni⁴² tɕiɔ⁵⁵。
就 像 是 今 旦 所 传 说 个 双 女 石。
tan⁴⁴ au⁵³ ɓi⁴⁴ ne³³ kin⁴⁴ ɗai⁴⁴ ne³³ tɕiu⁴⁴ ti⁴⁴ ɓe⁴² i⁴⁴ suan³¹ te⁵⁵ uei⁴² tiaŋ⁵⁵ phaŋ³¹ tɕiɔ⁵⁵。
但 后 边 呢 近 代 呢 就 是 把 伊 传 说 为 双 帆 石。
tiaŋ⁴⁴ ni⁴² tɕiɔ⁵⁵ ke⁴⁴ ku⁵³ ɕi⁴⁴ ne³³,
双 女 石 个 故 事 呢,
koŋ⁴² ke³¹ ti⁴⁴ tin⁴⁴ ni⁴² bɔ³³ uei⁵³ hiaŋ³¹ hin³¹,
讲 个 是神 女 勿 畏 强 权,
ɓɔ⁴² u⁴⁴ u³¹ ɗiɔ³¹。
保 护 渔 场。
ɗu⁴⁴ tiaŋ⁴⁴ phaŋ³¹ tɕiɔ³³ kai⁴⁴ suan³¹ te⁵⁵ kai³¹ kia⁵³ i⁵³ ne⁵⁵,
住 双 帆 石 个 传 说 个 寄 意 呢,
i⁴⁴ koŋ⁴² kai³¹ ti⁴⁴ zuan³¹ huei⁵³ tin³¹ huei⁵³ tɔ⁵⁵ tɕiau⁴⁴ tɕiɔ⁵⁵,
伊讲 个 是 原 化 神 化 作 礁 石,
tɔ⁵⁵ uei³¹ ɓiau⁴⁴ tɕi⁵³,
作 为 标 志,
ziaŋ⁴⁴ kan⁴⁴ hau⁴² kai³¹ hu³¹ min³¹ ɗik⁵ tai⁵ lɔ³³ lai³¹ uaŋ⁴² kai⁴⁴ phaŋ⁴⁴ iɔ²⁴,
让 艰 苦 个 渔 民 得 知 咯 来 往 个 方 向,
bɔ³¹ ɓi⁴⁴ tɕiau⁴⁴ tɕiɔ⁵⁵ phoŋ⁵³ uan⁴⁴, tun³¹ uan⁴⁴ naŋ³¹ ɓaŋ³¹。
勿 被 礁 石 碰 翻, 船 翻 侬 亡。
tɕiɔ⁵⁵ ziat³ kai³¹ muei⁴² hɔ⁴² ke⁴⁴ ku⁵³ ɕi⁴⁴, au⁵³ te⁵⁵, au⁵³ suan³¹ te⁵⁵。
[即妿]一 个 美 好 个 故 事, 后 说, 后 传 说,
ɗu⁴⁴ ua⁴² naŋ³¹ lɔi³¹ an⁴⁴ ɗuei²⁴ min⁴⁴ kai⁴⁴ hai⁴² lia⁴² tɕiɔ⁴⁴ u⁵⁵ ziat³ huai⁵³ tɕiɔ⁵⁵
住 我 侬 黎 安 对 面 个 海 岭 上 有 一 块 石,
ua⁴² naŋ³¹ suei⁴⁴ lai⁴⁴² tou⁴⁴ kiɔ²⁴ i⁴⁴ tɔ⁵⁵ hi⁴⁴ koŋ⁴⁴ pha⁵⁵ ɗin⁵³ tɕiɔ⁵⁵

我 侬 村 里 都⁸ 叫 伊 作 天 公 拍 电 石。
hi⁴⁴tit⁴²tɕiu⁴⁴ti⁴⁴tɕiɔ⁵⁵ mɔ⁵⁵ suan³¹te⁵⁵toŋ²⁴ɓi⁵³luei³¹ koŋ⁴⁴ɗin⁵³mai⁴²pha⁵⁵au⁵³,
其实就是［即妚］妚⁹传 说中被雷公电母拍后，
tɕiɔ⁵⁵huai⁵³tɕiɔ⁵⁵ɓuei²⁴tau⁵³lia⁴²tɕiɔ⁴⁴。
［即妚］块石飞 到岭上。
neŋ⁴⁴u⁴⁴ʑiat³huai⁵³ne³³,
另 有 一 块 呢，
tɕiɔ⁴⁴ti⁴⁴hin⁴⁴na⁴⁴tɔ⁴²koŋ⁴²kai³¹ɗu⁴⁴tan⁴⁴a⁴⁴kai⁴⁴nan³¹hi⁴⁴ʑiat³hiau⁴²
就 是 现 旦 所 讲 个 住 三 亚 个 南 天 一 柱。
ɗau⁴⁴kaŋ⁴⁴mɔ⁵⁵ku⁵³ɕi⁴⁴kek³ɗu⁴⁴kuan⁴⁴。
都 共 妚 故事极 有 关。
tse⁵⁵ʑiat³kai⁴⁴, tse⁵⁵ti⁴⁴ʑiat³kai³¹muei⁴²hɔ⁴²kai³¹suan³¹te⁵⁵。
这 一 个， 这 是 一 个 美 好 个 传 说。
tiaŋ⁴⁴phaŋ³¹tɕiɔ⁵⁵ti⁴⁴kin⁴⁴ɗai⁴²ke⁴⁴ɕiaŋ⁵³tɕiŋ²⁴,
双 帆 石 是 近 代 个 象 征，
lu⁴²tiaŋ⁴⁴ni⁴²tɕiɔ³³ti⁴⁴muei⁴²li⁵³kai³¹suan³¹te⁵⁵。
而 双 女 石 是 美 丽个 传 说。
tɔ⁴²ʑi⁴², ua⁴²tɕiɔ⁵³lai⁴⁴kaŋ⁴⁴ɗua⁴⁴ke⁴⁴koŋ⁵³liau⁴²tɕi⁵⁵ke³¹muei⁴²li⁴⁴ku⁵³ɕi⁴⁴。
所以，我［即妚］里共 大 家讲 了 即个美 丽故事。

注释：

1.［即妚］tɕiɔ⁵⁵："即妚"的合音。这，这个的意思。

2. 住 ɗu⁴⁴：在。又读 u⁴⁴，在，有。

3. 作弄 tɔ⁵⁵taŋ⁴⁴：戏耍。

4. 转 ɗuei⁴²：回，回去。

5.［到后］ɗau⁵³：当是"到后"两字的合音。

6. 带 nai⁵³：带，本音ɗe²⁴，表示处所，也可表示这里、那里的意思。此处语流中受前后音节的影响而有变读。

7. 共 kaŋ⁴⁴：和，跟。

8. 都 tou：模仿普通话读音。

9. 妚 mɔ⁵⁵：量词，个。

意译：

我这里和大家讲个故事。就是双女石的传说。

在远古的时候，传说天上有一对宫女，趁着王母娘娘不注意的时候，她们偷偷地下落到了人间。在人间游山玩水，最后在黎安的一片大海上，她看到这片海相当的美，这里的人艰苦勤奋，但看到了渔民们的生产工具太过落后，辛苦工作。所以这两个宫女就在这片海上玩笑、游泳、嬉戏。结果，时间慢慢过去了。忘了回去，回天上去。之后，王母娘娘发现了，发现两位仙女是偷偷下凡的，显然这是违背了天规。王母娘娘发怒，责令雷公电母等天兵天将下来寻找。最后在这片大海上发现两个宫女在那儿洗澡。天将回去后，汇报给王母，王母勒令马上抓回来，说她们违反天规了。所以这两个宫女呢，因为错过了回天宫，她被人间这美好的景象迷恋了，最后天上派着天神雷公电母硬要拖她回去。这两位美女呢，仙女呢，无畏强暴，她说："不，这里的农民生活辛苦，这里的礁石低，（船）经常触礁船翻人亡，生命没有保障，过生活过得辛苦，我要在这里化作一座石头来让他们懂得来去方向。"所以和各位天官雷公电母作斗争。最后雷公电母发火就把她们劈了，劈成了一块石头，就像是现在所传说的双女石。但是后面的，近代呢，就把它传说为双帆石。双女石的故事呢，讲的是神女无畏强权，保护渔场。双帆石传说的寓意呢，它讲的是原神化作礁石，作为标志，让辛苦的农民知道来往的方向，不被礁石碰翻，船翻人亡。这一个美好的故事，后来传说，在我们黎安对面的海岭上，有一块石头，我们村里都管它叫作"天工闪电石"，其实就是这个传说中被雷公电母劈后这块石头飞到海岭上。还有一块呢，就是现在人们所讲的在三亚的南天一柱，都跟这个故事有关。这一个，这是一个美好的传说。双帆石是近代的象征，而双女石是个美丽的传说。所以我在这里和大家讲了这个美丽的故事。

（发音人：钟　华）

黎安其三故事　龙王公

ua⁴² tɕiɔ⁵⁵ lai⁴⁴ koŋ⁴² ʑia³³ kai³¹ kau⁴², ɔ³³ kai³¹ kau⁴²,
我［即妳］¹里讲　一个古，学个古，

ʑia³³ ti⁴⁴ a⁴⁴ kai³¹ muei⁴² li⁵³ kai³¹ tin³¹ hi³¹ kai³¹ suan³¹ te⁵⁵ ku⁵³ ɕi⁴⁴。
亦是一个美　丽个神奇个传　说故事。

hen⁴² ku⁴² ʑi⁴² tai³¹, ua⁴² mun³¹ suei⁴⁴ kai³¹ ɗuei⁵³ min²⁴ tɕi⁵⁵ ɓi²⁴,
很　久　以前，我们　村　个　对　面即边，

lia⁴² kia⁴² suei⁴⁴ u⁴⁴ ʑiat³ kai³¹ lau⁴⁴ naŋ³¹, uei⁴² lɔ³³ te⁴⁴ ua⁵⁵,
岭　囝村　有一个老侬　，为了生活，

i⁴⁴ iɔ³¹ ɗɔ³³ tɔi²⁴ tun³¹ hu²⁴ kaŋ⁴² ua⁴⁴ ɗiɔ²⁴ hu³¹。
伊摇着细船去港　外钓　鱼。

ɗɔi⁴⁴ i⁵⁵ i⁴⁴, i⁴⁴ ɗiɔ²⁴ u³¹, ɗiɔ²⁴ lɔ³³ bɔ³³ u⁴⁴,
第　一天，伊钓　鱼，钓　了勿有，

na⁴⁴ kau²⁴ ɗɔi⁴⁴ ʑi⁴⁴ ɸi⁴⁴ ne⁵⁵, i⁴⁴ ki²⁴ tua³³ sut⁵ hu²⁴ ɗiɔ²⁴ hu³¹。
乃² 遘³ 第　二 天 呢，伊继续 出去 钓　鱼。

ʑiu⁴⁴ ti⁴⁴ tun³¹ niau⁵³, bɔ³³ ɗik⁵ hu²⁴ uei⁴⁴ ɗe²⁴,
又是船挐　，勿得去远带，

i⁴⁴ tɕiu⁴⁴ na⁴⁴ u⁴⁴ kaŋ⁴² ua⁴⁴ han⁴⁴ ki³¹ ne²⁴ ɗiɔ²⁴。
伊就 乃⁴ 有港　外滩　舷⁶带⁷钓。

hut⁵ ʑin³¹ ɗu⁴⁴ kau²⁴ ɓua²⁴ me³¹, zeŋ³¹ ʑin³¹ bɔ³³ mi⁵⁵ hu³¹。
突然　住⁸ 遘 半 暝，仍 然 勿 物⁹鱼，

i⁴⁴ tɕiu⁵³ hia⁴⁴ kau²⁴ liau⁴² huei⁴⁴ huei⁴⁴ hai⁴² ua⁴⁴ u⁴⁴ suan³¹ lai³¹ ʑiat³,
伊就 听 遘 了 远　远　海外 有 传　来 一，

u⁴⁴ naŋ³¹ ɕiɔ²⁴ kua⁴⁴ kai³¹ tia⁴⁴ in⁴⁴。 i⁴⁴ tin⁴⁴ ne⁵⁵ tɕiu⁴⁴ kia⁴⁴ lɔ³³。
有 侬　唱 歌　个 声 音。伊 心 呢 就　惊　咯。

i⁴⁴ tɕiu⁴⁴ ɗɔi⁴⁴ ʑi⁴⁴ ɗɔi⁴⁴ ta⁴⁴ ʑit³ ʑiu⁴⁴ tsai²⁴ hu²⁴。
伊就　第　二第　三日又　再　去。

ɗɔi⁴⁴ ta⁴⁴ ʑit³ ʑiat³ iɔ⁴⁴ ɗiɔ²⁴ bɔ³³ u⁴⁴ hu³¹。
第　三 日一　样钓　勿 有鱼。

na⁴⁴ti⁴⁴ ni⁵⁵, i⁴⁴ʑia⁴⁴un⁴²un⁴²iɔk⁵iɔk⁵kai³¹hia⁴⁴kau²⁴,
乃 是¹⁰ 呢，伊 亦 隐 隐 约 约 个 听 遘，
ɖuei²⁴uei⁴⁴hai⁴²ɓi⁴⁴ki²⁴tua²⁴ti⁴⁴u⁴⁴tɕi⁵⁵mɔ⁵⁵u⁴⁴a⁴⁴kai³¹lau⁴²naŋ³¹,
对 远 海 边 继续 是 有 即 妚¹¹ 有 一 个 老 侬，
tai²⁴ɕiɔ²⁴liaŋ³¹kua⁴⁴ɔ³³。
在 唱 龙 歌 哦。
i⁴⁴ne⁵⁵tin⁴⁴ia⁴⁴kia⁴⁴ɔ³³,
伊 呢 心 亦 惊 哦,
na⁴⁴ti⁴⁴tsuei²⁴au⁵³i⁴⁴tuaŋ²⁴ɖa⁴²i⁴⁴koŋ⁴²,
乃 是 最 后 伊 壮 胆 伊 讲,
ɖe⁴⁴uei⁴⁴tin³¹meŋ³¹a³³,
带 位¹² 神 明 啊,
ɖe³³uei⁴⁴ɖua⁴⁴koŋ⁴⁴koŋ⁴⁴a³³,
带 位 大 公 公 啊,
ɕin⁴⁴koŋ⁴²lu⁴²iau²⁴ti⁴⁴leŋ³¹eŋ²⁴kai³¹uei⁴⁴,
亲¹³ 讲 汝 要 是 灵 应 个 话,
na⁵⁵mɔ⁵⁵lu⁴²tɕiu⁴⁴ɓaŋ⁴⁴a⁴⁴koŋ⁴⁴kia⁴²ʑi³¹ɖiɔ²⁴tuei⁴⁴ti⁵⁵kia⁴²hu³¹ɖuei⁴²hu²⁴。
那么 汝 就 帮 阿公 囝 儿 钓 多 滴 囝 鱼 转¹⁴ 去。
hɔ²⁴kai³¹ua⁴²uei⁴⁴ɓaŋ²⁴tun³¹hu²⁴hiɔ⁴⁴lu⁴²sut⁵le³¹, tai⁴⁴koŋ⁴⁴lu⁴²。
许 个 我 会 放 船 去 抾¹⁵ 汝 出来, 再 供 汝。
ʑiu⁴⁴koŋ⁴², tuan⁴⁴mak³kan⁴⁴ne⁵⁵, kɔ⁴⁴tia⁴⁴bɔ³³u⁴⁴lɔ³³。
又 讲, 转 目 间 呢, 歌声 勿 有 咯。
hut⁵ʑin³¹kan⁴⁴ne⁵⁵, ɖiɔ²⁴ɖɔ³³hɔ⁴²tuei⁴⁴hɔ⁴²tuei⁴⁴ke³¹hu³¹。
突 然 间 呢, 钓 着 好 多 好 多 个 鱼。
i⁴⁴ɖuei⁴²hu²⁴au⁵³, ɖɔi⁴⁴ti²⁴me³¹uei⁴⁴le⁵⁵i⁴⁴ʑiu⁴⁴koŋ⁴²,
伊 转 去 后, 第 四 暝 晖¹⁶ 嘞 伊 又 讲,
ua⁴²kin⁴⁴nua²⁴ʑiat³ɖia⁴⁴bɔ³³hu²⁴ɖiɔ²⁴hu³¹lɔ³³,
我 今 旦 一 定 勿 去 钓 鱼 咯,
ua⁴²ʑiat³ɖia⁴⁴hu²⁴hiɔ³¹tɕi⁵⁵mɔ⁵⁵koŋ²⁴ɖuei⁴²。
我 一 定 去 抾 即 妚 公 转。

in⁴⁴uei⁴² i:⁴⁴hai⁵³leŋ³¹eŋ²⁴lɔ³³。
因 为 伊太 灵 应 咯。
kik⁵kuei⁴²ne³³, i:⁴⁴ti⁴⁴tɔ⁴⁴tɔ⁴⁴ɗɔ³¹ɗɔ³¹lɔ³³,
结果 呢，伊是装装躲躲咯，
ti:⁴⁴tɔ⁴⁴tun³¹ɓi:⁴⁴ɗɔ⁴²,
是装船 边着，
kiɔ⁴⁴, koŋ⁴²hu²⁴lɔ³³tun⁴²ɓi:⁴⁴ti:⁴⁴tuan⁴⁴ɗɔ³³tɕiu⁵³ɓoŋ⁴⁴i:⁴⁴ɗuei⁴²lai³¹。
[个样]¹⁷, 讲 去 咯准 备 是 撞 着 就 捧 伊转 来。
kik⁵kuei⁴²ne⁵⁵i:⁴⁴tun³¹kia⁴²ti:⁴⁴niau⁵⁵,
结果 呢伊船 囝 是挈，
na⁴⁴ti:⁴⁴uei⁴²ɗɔ³³kam⁴²tia⁴⁴tɕiɔ⁵⁵mɔ⁵⁵leŋ³¹eŋ²⁴kai³¹koŋ⁴⁴,
乃 是为 着 感 谢 [即孬] 孬灵 应 个公，
kit⁵i:⁴⁴na⁵⁵mɔ⁵⁵tuei⁴⁴ke³¹hu³¹, te⁴⁴ua⁴⁴kuei²⁴ɗik⁵kik³hɔ⁴²。
给伊那么 多 个鱼，生活过 得极 好。
tɔ⁴²zi:⁴²i:⁴⁴tuan²⁴ɗɔ³³ɗa⁴², iɔ³¹ɗɔ³³tɕia⁵⁵tun³¹hu²⁴,
所以伊壮 着胆，摇着只 船 去，
tɕiu⁴⁴kau²⁴i:⁴⁴hia⁴⁴hia⁴⁴ɗɔ⁴⁴tuei⁴⁴ɗe²⁴,
就 遘 伊听 听 着多 带，
au⁵³tɕin⁴⁴tɕin⁴⁴kai³¹uat⁵hin⁴⁴
后 真 真 个 发现，
a:⁴⁴tai³¹min⁴⁴u⁴⁴tun³¹hau³¹tai³¹min⁴⁴ne³³,
一¹⁸前面 有船 头 前 面呢，
an⁵³an⁵³toŋ²⁴ne⁵⁵sut⁵in⁴⁴ziat³mɔ⁵⁵ha⁵⁵,
暗 暗 中 呢出现 一 孬塔，
ha⁵⁵lai⁴⁴kua⁴²zin³¹tɕiu⁴⁴u⁴⁴tia⁴⁴suan³¹lai³¹。
塔 里果 然 就 有声 传 来。
i:⁴⁴ne⁵⁵, ɓiɔ²⁴tai³¹tai⁴²hu²⁴,
伊呢，向 前 驶去，
kin⁴⁴ɗi⁵⁵mɔ⁴⁴, kua⁴²zin³¹ha⁵⁵lai⁴⁴u⁴⁴ziat³mɔ³³ziat³ɗua⁴⁴koŋ⁴⁴lai⁴⁴。
近 得望，果 然 塔里有一 孬一 大 公里。

五 口头文化 / 275

kik⁵kuei⁴²ne³³, i⁴⁴tɕiu⁴⁴ɓoŋ⁴⁴i⁴⁴tɕiɔ⁴⁴lai³¹, tɔi⁴²he⁵⁵。
结 果 呢，伊就 捧 伊上 来，洗 澈[19]。
tɕiu⁴⁴tai⁴⁴ɗu⁴⁴i⁴⁴kai³¹tun³¹ɓi⁴⁴kai³¹tɕiɔ⁵⁵koŋ⁴⁴ke²⁴tɕiɔ⁴⁴, tɕiu⁴⁴ɗuei⁴²hu²⁴lɔ⁴³³。
就 置 住 伊个 船 边 个 只 公 架 上 ，就 转 去 咯。
ɗuei⁴²ɗik⁵hu²⁴au⁴⁴ne⁵⁵, tɕiu⁴⁴ɕi⁵³seŋ⁴⁴seŋ³¹ɗi⁵⁵phoŋ⁴⁴i⁴⁴ɓaŋ²⁴ɗɔ⁵⁵tɕiɔ⁴⁴tai⁴⁴ɗɔ⁴²,
转 得 去 后 呢，就 赤 诚 诚 的 捧 伊放 桌 上 置着，
muei⁴²ʑi³³lɔ⁴⁴tiɔ⁴⁴i⁴⁴i⁴⁴。
每 日 都 烧 香伊。
na⁴⁴ti⁴⁴ne³³, muei⁴²ʑi³³lɔ⁴⁴hi³¹kuei²⁴ɔ³³,
乃 是 呢，每 日 都 奇 怪 哦，
i⁴⁴tɕiɔ⁵⁵mɔ⁵⁵koŋ⁴⁴ne³³,
伊［即妚］妚公呢，
kuan⁴⁴muei³¹ɗɔ³³ɗan⁴²huei⁴⁴muei³¹i⁴⁴toŋ⁴²ti⁴⁴min⁴⁴iɔ²⁴tɕiɔ⁴⁴,
关 门 着 等 开 门 伊总 是 面 向 上，
min⁴⁴iɔ²⁴ɓɔi⁵³au⁴⁴lɔ⁴⁴bɔ³³min⁴⁴ɦiɔ²⁴muei³¹hau⁵³。
面 向 背 后 都 勿面 向 门 后。
i⁴⁴ʑiu⁴⁴hi³¹kuai²⁴hu²⁴muei⁴⁴lɔ³³hɔ⁴²tuei⁴²naŋ³¹,
伊又 奇怪 去 问 咯许多 侬，
tɔ⁵⁵mi⁵⁵sut⁵in²⁴tɕiɔ⁵⁵tɕiaŋ⁴²tɕia³¹huaŋ²⁴ne³³?
作物[20]出现［即妚］种 情 况 呢？
i⁴⁴naŋ³¹koŋ⁴²tɕi⁵⁵mɔ⁵⁵koŋ⁴⁴hɔ⁴²neŋ³¹a⁴⁴ti⁴⁴mi⁵⁵tiɔ⁴⁴hu²⁴ɗe²⁴kai³¹,
伊 侬 讲 即 妚 公 可 能 阿是[21]密[22]想去 带 个[23],
hɔ³³tse⁴²ti⁴⁴i⁴⁴bɔ³¹tiɔ⁴⁴hia⁴²ɗu⁴⁴tɕiɔ⁵⁵lai⁴⁴,
或 者 是 伊勿 想 徛[24]住［即妚］里，
hɔ⁴²neŋ³¹lu⁴²huei²⁴su²⁴niau⁵³。
可 能 汝 块 宿[25]孥。
ioŋ⁴² ba⁴²bɔ³¹tɕi³¹lɔ³³, na⁴⁴ti⁴⁴ua⁴²tiɔ⁴²ɓan⁴⁴pha⁵⁵,
［伊讲］[26]我勿 钱 咯，乃 是我 想 办 法，
bɔ³³tɔ⁵⁵lau⁴⁴hau⁴⁴kai³¹, ʑiaŋ⁴⁴lu⁴²bɔ³³ak⁵hau⁴⁴bɔ³³ak⁵hau⁴⁴,
勿 作 漏 雨 个 ，让 汝勿 沃 雨[27]勿 沃 雨，

in⁴⁴uei⁴²ua⁴²ɓi⁵⁵ɕiŋ²⁴koŋ⁴⁴phoŋ⁴⁴lu⁴²huan³¹kan⁴²in⁴⁴lu⁴²。
因为 我 毕竟 供奉 汝还 感 恩汝。
kik⁵kuei⁴²kuei²⁴lɔ³³kuei²⁴lɔ³³kuei⁴²kua²⁴,
结果 过 了 过 咯 几 旰²⁸,
tɕi⁵⁵mɔ⁵⁵koŋ⁴⁴zeŋ³¹ʑin³¹ti⁴⁴muei⁴²kua²⁴huei⁴⁴muei³¹hi⁴²lai³¹mi⁵⁵tiɔ⁴⁴iɔ⁴⁴,
即 奀 公 仍 然 是每 旰 开 门 起来密 烧香,
i⁴⁴mɔ⁵⁵koŋ⁴⁴min⁴⁴toŋ⁴²ti⁴⁴iɔ²⁴au⁴⁴tuan³¹。
伊奀 公 面 总 是向 后 转。
au⁴⁴ne⁵⁵i⁴⁴pha⁵⁵hia⁴⁴liau⁴²suei⁴⁴lai⁴⁴lau⁴²ɗua⁴⁴,
后 呢 伊拍 听 了 村 里老 大,
lau⁴²ɗua⁴⁴hia⁴⁴kau²⁴lɔ³³ku²⁴ɕi⁴⁴au⁴⁴ne³³ia⁴⁴kan⁴²kau²⁴hi³¹kuei²⁴。
老 大 听 遘 咯 故事 后 呢 亦 感 遘 奇怪。
tsuei²⁴au⁴⁴u⁴⁴ʑiat³kai³¹ɓi⁴²kiau²⁴soŋ⁴⁴miŋ⁴⁴ti⁵⁵kia⁴²kai³¹naŋ³¹,
最 后有一 个 比较 聪 明 滴囝 个 侬,
i⁴⁴koŋ⁴²ti⁴⁴bɔ³³ti⁴⁴tɕiɔ⁵⁵,
伊讲 是勿 是[即奀],
tɕi⁵⁵mɔ⁵⁵koŋ³¹ti⁴⁴bɔ³¹ti⁴⁴tiɔ⁴⁴ɗuei⁴²hu²⁴lɔi³¹an⁵⁵ni³³?
即 奀 公 是勿 是想 转 去 黎 安呢?
ɔ⁴², ɔ²⁴tuei⁴⁴naŋ³¹tɕiu⁴⁴koŋ⁴², ti⁴⁴a⁴⁴, u⁴⁴ɗau⁴⁴li⁴²a³³,
哦 许多 侬 就 讲 ,是啊,有道 理啊,
i⁴⁴min⁴⁴iɔ²⁴kai³¹tɕiu⁴⁴ti⁴⁴ɗaŋ³¹ɓi³¹a³³, ti⁴⁴u⁴⁴lɔi³¹an³¹suei²⁴。
伊面 向 个 就 是东 边 啊,是有 黎 安村。
kik⁵kuei⁴²tɕiɔ⁵⁵mɔ⁵⁵tuei⁴⁴naŋ³¹ne³³kuan⁴²koŋ⁴⁴biɔ⁴⁴tuei⁴⁴naŋ³¹ni³³hin²⁴i⁴⁴,
结果[即奀]奀多 侬 呢 管 公 庙 多 侬 呢 劝 伊,
tiɔ⁴⁴sua²⁴ɗua⁴⁴ke⁴⁴hu²⁴lɔi³¹an³¹ɓi⁴⁴,
相娶²⁹大 家去黎 安边,
muei⁴⁴hɔ²⁴tuei⁴⁴kuan⁴²koŋ⁴⁴biɔ⁴⁴kai³¹naŋ³¹,
问 许多 管 公 庙 个 侬,
han²⁴i⁴⁴lai³¹mo⁴⁴ʑiat³e⁴⁴ti⁴⁴bɔ³³ti⁴⁴neŋ³¹kou²⁴tɔ⁵⁵a⁴⁴kan⁵⁵su²⁴hu²⁴i⁴⁴,
喊 伊来望 一 下是勿 是能 够 作 一间 宿去伊,

ɗu⁴⁴lu⁴²naŋ³¹lɔi³¹an⁴⁴tɔ⁵⁵a⁵⁵kan⁴⁴su²⁴a⁴⁴kan⁴⁴biɔ⁴⁴tai⁴⁴i⁴⁴toŋ³¹tɔ⁵⁵ɗik⁵bɔ³³。
住³⁰汝侬 黎 安 作 一 间 宿 一 间 庙 置 伊蹲 作 得 勿。
kik⁵kuei⁴²lɔi³¹an⁴⁴tɔ⁵⁵ɗit⁵koŋ⁴⁴biɔ⁴⁴kaŋ⁴⁴i⁴⁴。
结 果 黎 安 作 得 公 庙 共 伊。
suei⁴⁴lai⁴⁴hɔ²⁴tuei⁴⁴koŋ⁴⁴biɔ⁴⁴koŋ⁴⁴tu⁴²ni³³,
村 里 许 多 公 庙 公 祖 呢,
ia⁴⁴tɔ⁴⁴sua⁴⁴ti⁵⁵ɗua⁴⁴ke⁴⁴hau³¹lun⁴⁴。
亦 相 娶 的 大 家 讨 论。
tse²⁴lɔi³¹an⁴⁴naŋ³¹hia⁴⁴koŋ⁴²ki²⁴ʑin³¹liaŋ³¹koŋ⁴⁴ɗau⁴⁴tiɔ⁴²hia⁴²nan⁴²tɕiɔ⁵⁵ɗe⁴⁴,
这 黎 安 侬 听 讲 既 然 龙 公 倒 想 徛 侬³¹[即妳]带,
nan⁴²suan³¹suei⁴⁴naŋ³¹ia⁴⁴u⁴⁴tiu⁴⁴tɕi³¹hi⁴²lai³¹,
侬 全 村 侬 亦 有 收 钱 起 来,
tɔ⁵⁵ʑiat³kan²⁴ɕiaŋ²⁴ti⁵⁵kia⁴²su²⁴hu²⁴i²⁴。
作 一 间 像 滴囝 宿 去 伊。
na⁴⁴ti⁴⁴ne³³, lia⁴²kia⁴²suei⁴⁴min³¹ne³³,
乃 是 呢, 岭囝 村 民 呢,
neŋ⁴⁴u⁴⁴naŋ³¹koŋ⁴²koŋ⁴², bɔ³³tɔ⁵⁵ɗik⁵,
另 有 侬 讲 讲 , 勿 作 得,
lu⁴²hɔ⁴²bɔ³³zoŋ³¹ʑi⁴⁴hiɔ⁵⁵ɗɔ³³tɕi⁵⁵ɗua³¹koŋ³¹, tɕiɔ⁵⁵mɔ⁵⁵leŋ³¹eŋ²⁴,
汝好 勿 容 易 抾 着 即 大 公, [即妳] 妳 灵 应,
lu⁴²tɔ⁵⁵mi⁵⁵ɓun⁴⁴hu²⁴naŋ³¹ni³³?
汝 作 物 分 去 侬 呢?
tsuei⁴⁴au⁴⁴tiɔ⁴²lai³¹tiɔ⁴²hu²⁴,
最 后 想 来 想 去,
lia⁴²kia⁴²huan³¹ti⁴⁴kaŋ⁴⁴lɔi³¹an⁴⁴naŋ³¹hɔi³¹sut⁵,
岭囝 还 是 共 黎 安 侬 提 出,
ɓɔi²⁴ʑiat³ɗua⁴⁴koŋ⁴⁴hu²⁴i³¹, ɓɔ⁵⁵tɕiɔ⁵⁵ɗua⁴⁴koŋ⁴⁴hu²⁴lɔi³¹an⁴⁴tai⁴⁴。
把 一 大 公 去 伊,博³²[即妳] 大公 去 黎 安 置。
hia⁴⁴koŋ⁴²lɔi³¹an⁴⁴, lɔi³¹an⁴⁴naŋ³¹hia⁴⁴koŋ⁴²,
听 讲 黎 安, 黎 安 侬 听 讲,

tɕiɔ⁵⁵ ɗua²⁴ koŋ⁴⁴ na⁴⁴ ku⁴⁴ leŋ³¹ eŋ⁵³, tɔ⁴² ẓi⁴² suei⁴⁴ lai⁴⁴ naŋ³¹ ẓia⁴⁴ ɗaŋ³¹ i²⁴。
[即姝] 大 公 那 个³³ 灵 应，所 以 村 里 侬 亦 同 意。
kik⁵ kuei⁴² ne⁵⁵ tɕiu⁴⁴ ɓe⁴² tuei⁴⁴ kuei³¹ liaŋ⁴⁴、liaŋ⁴⁴ kia⁴² tɕiɔ⁴⁴, iɔk⁵ tse⁴⁴,
结 果 呢 就 把 多³⁴ 悬 梁、梁 团 上，玉 座，
iɔk⁵ tse⁴⁴ zuan³¹ lai³¹ kiɔ²⁴ tɔ⁵⁵, tɕiɔ⁵⁵ ke³¹, kiɔ²⁴ tɔ⁵⁵ tɕiɔ⁵⁵ ke³¹ un³¹ ɕi⁴⁴ koŋ⁴⁴,
玉 座 原 来 叫 作，[即姝] 个，叫 作 [即姝] 个 文 昌 公，
tɕiu⁵³ kaŋ⁴⁴ i⁴⁴ ua⁴⁴ kuei⁵³ lai³¹。
就 共 伊 换 过 来。
kit⁵ kuei⁴² ne³³ suei⁴⁴ lai³¹ naŋ³¹ ti⁴⁴ ua⁴⁴ kin⁴² tiu⁴⁴ tɕi³¹ lɔ³³ tɔ⁵⁵ su²⁴ lɔ³³,
结 果 呢 村 里 侬 是 掫紧 收 钱 咯 作 宿 咯，
kau²⁴ lɔ³³ hɔ²⁴ ẓit³ tua⁴² koŋ²⁴ kai³¹ hɔ²⁴ ẓit³, nɔ⁴⁴ suei⁴⁴ kai⁴⁴ naŋ³¹ ne³³,
遭 咯 许 日 徙 公 个 许 日，两 村 个 侬 呢，
hɔ³³, pha⁵⁵ lɔ³¹ pha⁵⁵ kau⁴², huai⁴⁴ hi⁴² hi⁴⁴ ɗi⁵³,
许，拍 锣 拍 鼓，欢 天 喜 地，
tɔ⁵⁵ lɔ³³ kiau⁴⁴ tɕia⁵⁵ tua⁴² koŋ⁴⁴ kaŋ⁴⁴ tɔ⁵⁵。
作 咯 交 接 徙 公 工 作。
soŋ³¹ ẓiɔ⁴⁴ liaŋ³¹ koŋ⁴⁴ tɕiu⁴⁴ ɗu⁴⁴ lɔi³¹ an⁴⁴ tɕia²⁴ tɕia²⁴ hi²⁴ hai³¹,
从 [以后]³⁴ 龙 公 就 住 黎 安 正 正 戏 台，
ẓiat³ ɓak⁵ foŋ⁴⁴ tuei⁴² ɗi⁴⁴ ne³³ tɕiu⁴⁴ hia⁴² lɔ³³ la³³。
一 幅³⁵ 风 水 地 呢 就 徛 咯 了。
muei⁵³ ẓiat³ i³¹, lau⁴⁴ an²⁴ tɕiau²⁴ i⁴⁴ tɔ⁴² saŋ²⁴ kai³¹ kaŋ⁴⁴ suan³¹ te⁵⁵ kai³¹,
每 一 年，都 按 照 伊 所 唱 个 共 传 说 个，
ɗau⁴⁴ ku⁴² kia³¹ tiɔ⁴⁴ ɗaŋ⁴⁴ loŋ³¹ ɗaŋ⁴⁴ kai³¹ tat⁵ hi³¹ ua⁴⁴ haŋ⁴⁴,
都 举 行 相 当 隆 重 个 节 期 活 动，
ɗan⁴² koŋ⁴⁴ ti²⁴ guei³¹ ɓuei⁵⁵, ŋau⁴⁴ guei⁴⁴ sau⁴⁴ ŋau⁴⁴ tɕiu⁴⁴ taŋ²⁴ i⁴⁴ sut⁵ hu²⁴。
等 公 四 月 八，五 月 初 五 就 送 伊 出 去。
ti³¹ ti³¹ ɓɔ⁴² ẓiu⁴⁴ hai⁴² li⁴⁴ foŋ⁴⁴ teŋ⁵³, ke⁴⁴ ɗia³¹ fe³¹ ɓe³¹ ua⁴⁴。
时 时 保 佑 海 利 风 盛，家 庭 平 平 安。
tɔi⁴² suei⁴⁴ min³¹ ne⁵⁵ tiɔ⁴⁴ ɗaŋ⁴⁴ kai³¹ tun⁴⁴ keŋ²⁴ i⁴⁴, ɕiau³¹ ɓai²⁴ i⁴⁴,
[所以] 村 民 呢 相 当 个 尊 敬 伊，朝 拜 伊，

muei⁴² ʑi³³ muei⁴² kai³¹ sau⁴⁴ i⁵⁵ ta³³ ŋau⁴⁴,
每 日 每 个 初 一 十 五,
suei⁴⁴ min³¹ mun³¹ ɗou⁴⁴ iau²⁴ ɓuei⁴² phoŋ⁵³ tɕiaŋ⁴⁴ ɓuei⁴² hiɔ⁴⁴ ɓuei⁴² tɕiat⁵,
村 民 们 都 要 买 炮 仗 买 香 买 烛,
hu²⁴ tiu⁴⁴ phoŋ⁴⁴ keŋ²⁴ i⁴⁴。
去 受 奉 敬 伊。
tɕiɔ⁵⁵ mɔ⁵⁵ ku²⁴ ɕi⁴⁴ ti⁴⁴ hiɔ⁵⁵ koŋ³¹ kai³¹ ku²⁴ ɕi⁴⁴ na³³,
[即妚] 妚 故 事 是 抾 公 个 故 事 呐,
tɕiɔ⁵⁵ mɔ⁵⁵ ku²⁴ ɕi⁴⁴ kaŋ⁴⁴ liaŋ³¹ uaŋ³¹ kai³¹ suan³¹ te⁵⁵ ʑia³³ ti⁴⁴ ʑiat³ me⁵⁵ tiɔ⁴⁴ teŋ³¹,
[即妚] 妚故事共 龙 王 个 传 说亦是一 脉相承,
ɗou⁴⁴ kik³ u⁴⁴ hi⁴² uat⁵ naŋ³¹,
都 极 有 启 发 侬,
i⁴⁴ ɗau⁴⁴ ti⁴⁴ ka²⁴ naŋ³¹ ʑi⁴²,
伊都 是教 侬 以,
ka²⁴ naŋ³¹ ʑi⁴² ɗet⁵, ʑiaŋ⁴⁴ naŋ³¹ kan⁴² huei²⁴ ɓit³ naŋ³¹。
教 侬 以 德, 让 侬 感 化 别 侬。
tɔ⁴² ʑi⁴² ua⁴² naŋ³¹ suei⁴⁴ le⁴⁴ mɔ⁵⁵ ku²⁴ ɕi⁴⁴ ne³³ ti⁴⁴ tsuei²⁴ ta⁴² ʑiat³ kai³¹。
所以我 侬 村 里妚 故事呢是最 早一 个。
na⁴⁴ ti⁴⁴, u⁴⁴ kuan⁴⁴ liaŋ³¹ uaŋ³¹ kai³¹ tɕin⁴⁴ tik³ ɕi⁴⁴ tɕia⁴³¹,
乃 是, 有关 龙 王 个 真 实事 情,
ti⁴⁴ ʑiu²⁴ heŋ⁴⁴ ku⁴² tai³¹ kai³¹ ɕi⁴⁴ la³³。
是又 很 久 前 个 事啦。
tɔ⁴² ʑi⁴² tɕiɔ⁵⁵ mɔ⁵⁵ ke³¹ ku⁵³ ɕi⁴⁴ tiɔ⁴⁴ ɗaŋ⁴⁴ kai³¹ ɗek³ ɗaŋ²⁴,
所以 [即妚] 妚个 故 事 相 当 个 适 当,
ŋan⁵⁵ ŋan⁵⁵ tɕiu⁴⁴ uat⁵ te³¹ tai⁵³ ɗaŋ³¹ ʑiat³ kin⁴⁴ ɕi⁴⁴ tɕiɔ⁴⁴。
喏 喏 就 发生在同 一 件 事 上。
tɔ⁴² ʑi⁴² keŋ²⁴ hi³¹ liaŋ³¹ uaŋ³¹ koŋ⁴⁴ muei⁴² i³¹ ti⁴⁴ tuei⁴⁴ mɔ⁵⁵ ke³¹ ʑi³³ nau⁴⁴,
所以 敬 期龙 王 公 每 年是多 么 个 热 闹,
kia⁴² tun⁴⁴ tuei⁴⁴ mɔ⁵⁵ kai⁴⁴ ɕiau³¹ keŋ²⁴ ɕiau³¹ ɓai²⁴。
囝 孙多 么 个 朝 敬 朝 拜。

tit³ kau²⁴ tɕin³¹ na²⁴, lɔi³¹ an⁴⁴ suei⁴⁴ lai⁴⁴,
直 遘 今 旦 ，黎 安 村 里，
zeŋ³¹ ʑin³¹ ti⁴⁴ ti⁴⁴ liaŋ³¹ uaŋ³¹ koŋ⁴⁴,
仍 然 是 视 龙 王 公，
tɔ⁵⁵ uei³¹ tsuei²⁴ ɗua⁴⁴ kai³¹ ɗua⁴⁴ ɗua⁴⁴ koŋ⁴⁴ lai³¹ foŋ⁴⁴ keŋ²⁴。
作 为 最 大 个 大 大 公 来 奉 敬。
tat⁵ hi³¹ ɗɔ³³ tɔi⁵⁵, naŋ³¹ tua⁴⁴ naŋ³¹ hai⁴²,
节 期 着 节， 侬 山 侬 海，
ɗua⁴⁴ ɗua⁴⁴ ɗua⁴⁴ iu²⁴ iu²⁴, lau⁴⁴ lau⁴⁴ ɕiau²⁴ ɕiau²⁴,
大 大 大 幼 幼， 老 老 少 少，
ɗau²⁴ iau²⁴ kua⁴² ɗuei⁴² lai³¹ kuei²⁴ ŋau⁴⁴ guei³³ tɔi⁵⁵。
都 要 赶 转 来 过 五 月 节。
mak³ ɗe⁴² tɕiu⁴⁴ ti⁴⁴ tiɔ⁴⁴ ɦiɔ⁴⁴ ɗiam⁴² ɦiaŋ⁴⁴ keŋ²⁴ tin³¹。
目 的 就 是 烧 香 点 香 敬 神。
　tɕiɔ⁵⁵　mɔ⁵⁵ ku²⁴ ɕi⁴⁴ tɕiu⁴⁴ koŋ⁴² kau²⁴ ɗe²⁴。
［即妚］妚 故 事 就 讲 遘 带。

注释：

1. ［即妚］tɕiɔ⁵⁵："即妚"的合音。"这里"的意思。

2. 乃 na⁴⁴：于是。

3. 遘 kau²⁴：到。

4. 乃 na⁴⁴：只好。

5. 有 u⁴⁴：在。

6. 舷 ki³¹：边缘。

7. 带 ɗe²⁴：表示地方，这里，那里。

8. 住 ɗu⁴⁴：在，有。也读 u⁴⁴，参注5。

9. 物 mi⁵⁵：什么，表示疑问，或者任指。

10. 乃是 na⁴⁴ ti⁴⁴：但是。乃，是一个多义的虚词。参上。

11. 即妚 tɕi⁵⁵ mɔ⁵⁵：这个，这样。

12. 带位 ɗe⁴⁴ uei⁴⁴：诸位。

13. 亲 ɕin⁴⁴：训读为"如"，假如。

14. 转 dʱuei⁴²：训读为"回"。
15. 抾 hiɔ⁵⁵：捡。此处是抱，捧。
16. 暝晖 me³¹uei⁴⁴：晚上。
17. ［个样］kiɔ⁴⁴："个样"的合音，这样。
18. 一 a⁴⁴：这，那。
19. 澈 he⁵⁵：干净。
20. 作物 tɔ⁵⁵mi⁵⁵：为什么。
21. 阿是 a³³ti⁴⁴：或者是。
22. 密 mi⁵⁵：想，要。
23. 带个 dʱe²⁴kai⁴⁴：那个地方。
24. 徛 hia⁴²：住。
25. 宿 su²⁴：屋子。俗作"厝"。
26. ［伊讲］ioŋ⁴²："伊讲"的合音。
27. 沃雨 ak⁵hau⁴⁴：淋雨。
28. 旰 kua²⁴：天，日。
29. 娶 sua²⁴：带领。
30. 住 dʱu⁴⁴：在。又读 u⁴⁴。
31. 侬 nan⁴²：咱们。是"侬"的变读。
32. 博：换。
33. 那个 na⁴⁴ku²⁴：非常。俗写"乃顾"。
34. 多 tuei³³：这些，那些。
35. 从［以后］soŋ³¹ciɔ⁴⁴：从此以后。ciɔ⁴⁴可能是"以后"的合音。
36. 一幅 ziat³ɓak⁵：这块，这片。一，可作定指用。

意译：

我在这里讲个故事，也是一个美丽神奇的传说故事。

很久以前，我们村对面有一岭仔村，村里有一个老人，为了生活摇着小船到港外钓鱼。第一天，他没有钓到鱼。到了第二天呢，他继续出去钓鱼。船又小，又不能去远的地方，他就只在港外的浅滩边钓。到了半夜还是没有什么鱼，突然，他就听到远远的海上有人唱歌的声音。他心里就怕了。他第三天又再去。第三天一样没有钓到鱼，但是他还是隐隐约约听到远方的海上有位老人在唱龙歌。他呢，内心还是怕，但是最后他壮着胆说："各位神明，各位大公，如果你要灵验的话，就帮老身我钓些鱼回去吧，那么，我就用船把你捡出来供奉你。"

又说转眼间，歌声没了。突然钓了好多好多的鱼。他回去后，第四晚，他又说："我今晚一定不去钓鱼了，我一定要去把那个神仙捡回来，因为他太灵了。"结果，他就偷偷摸摸地到船边，说着就去了，准备碰到就把（神仙）捧回来。结果呢，他的船太小，但他为了感谢这个灵验的神仙，给他那么多的鱼，（让他）生活过得极好。所以他壮着胆摇着船就去了，到了他听到声音的地方，然后真的发现，船头前暗中出现一个塔，塔里果然就有声音传来。他接着向前摇去，到近看，果然有一尊神在内。结果，他就把神明捧上（船）来，洗干净，放在船边的神龛内，就回去了。

回去了以后，他就诚心地捧着神仙，放在桌上，他每天都烧香，但是呢，每天都很奇怪，这尊神仙，每天开门关门他总是面朝上，面朝里，就是不朝向门。他就奇怪，就去问了那些人，为什么会出现这种情况呢？他们说，这个神仙可能想去别的地方或者是不想在这里了。可能你的屋子太小。他说，"我没有钱，但我去想办法，做一间不漏雨的房子，让你（神仙）不要淋雨，因为我毕竟供奉着你，还感恩你。"结果过了几天，那尊神仙依然是每到烧香的时候脸总向后转。然后呢，他向村里的老人打听，村里的老人听了这个故事后也感到奇怪。最后，有一个比较聪明的人就说："这个神仙是不是想回去黎安呢？""哦。"那些人就说："有道理啊，他面向的就是东边啊，是有个黎安村。"结果这些管宗祠的人呢，就劝他，大家一起去黎安问（他们）那些管宗祠的人，喊他们来看看是不是能够盖一间房子给他（神仙）。"在你们黎安盖一间屋子或者一座庙，把神仙放你们这，可以吗？"结果黎安盖了一间宗祠，将他们村里的公祖也一起供在里头。这些黎安人听说龙王也要住在我们这，我们村就收钱盖一间漂亮的屋子给他。但是呢，岭仔村的村民另有人说："不行，你好不容易捡到这尊神，这么灵验，你为什么要给别人呢？"最后想来想去，岭仔还是和黎安提出，给一尊神给我们，换这个（龙王公）给你们。黎安人听说这个神仙非常灵验，所以村里人也同意了。

结果呢，就把他（龙王公）放在高高梁上的御座上，御座原来供的是文昌公，就给他换了过来。所以村里人就抓紧时间收钱盖房，到了转移神像的那天，两个村的人都敲锣打鼓，欢天喜地，做了交换神像的工作。从此以后，龙王公就在黎安正对着戏台的地方住下了。

每一年，都按照他（龙王公）所唱的和所传说的，举行相当隆重的节日活动。四月八迎接神仙，五月初五就送他出去，时时保佑风调雨顺，合家安宁。所以村民们非常地尊敬他并且朝拜他。每个月初一、十五，村民们都要买鞭炮，买香，买蜡烛去供奉他。

这个故事是捡神仙的故事，这个故事和龙王的传说是一脉相承的，都对人非常有启发。它教会他人美德，让人去感化人，我们村的这个故事是最早的一个。但是，有关龙王的真实事情，又是很久之前的事啦。所以这个故事相当的适合，刚刚好就发生在同一件事上。所以每年龙王节是多么的热闹，子孙们都去朝敬、朝拜，直到今天，黎安村仍然视龙王为最大的神明来供奉。每逢节日，人山人海，大大小小，老老少少，都要赶回来过五月节，目的就是烧香点蜡来敬神，这个故事就讲到这里。

（发音人：钟　华）

黎安其四故事　牛郎和织女

gu³¹laŋ³¹tsek⁵ni⁴²ke⁴⁴ku⁵³ɕi⁴⁴。
牛　郎　织　女　个　故　事。

kai⁴⁴i⁴⁴kai³¹ai⁵³tɕia³¹ku⁵³ɕi⁴⁴，
个¹　伊个　爱情　故　事，

suan³¹toŋ⁴⁴kɔk⁵，ɓau⁴⁴ua⁵⁵muei⁴²ke⁴⁴muei⁴²hau⁴⁴ɗou⁴⁴tiak³tek⁵ʑi⁴²tim⁴⁴。
全　中　国，包　括　每　家　每　户　都²　熟　悉　于　心

i⁴⁴zuaŋ⁴⁴muei⁴²hɔ⁴²kai⁴⁴ku⁵³ɕi⁴⁴heŋ³¹kan⁴²haŋ⁴⁴hie²⁴tɔ⁴²u⁴⁴kai³¹tɕia³¹naŋ³¹。
伊桩　美　好个　故事　很　感　动　向　所有个　情　侬。

suan³¹ te⁵⁵ kau⁴² ti³¹ hau⁴⁴, u⁴⁴ ziat³ kai³¹ ɓaŋ⁵³ gu³¹ kai⁴⁴ niau⁵⁵ kia⁴²,
传　说　古　时候　,　有一　个　放　牛　个　崽³　团,
in⁴⁴ uei⁴² i⁴⁴ ta⁴² ti⁴² ɓe³³ mai⁴²,
因为　伊早死伯　母⁴,
na⁴⁴ neŋ³¹ hau⁵³ sut³ ɓɔi⁴⁴ hi⁴² lak³ kaŋ⁴⁴ ɗi⁴⁴ tu⁴² ɓaŋ⁵³ gu³¹ kuei⁵³ te⁴⁴ ua³³。
乃　能　靠　出　卖　体　力　共　地主　放　牛　过　生活。
çi⁴⁴ san⁴² kai⁴⁴ tai³¹ tin⁴⁴ kaŋ⁴⁴ i⁴⁴ kai⁴⁴ ɓuei⁴⁴ fun⁴⁴ kai⁴⁴ tau⁴⁴ zi⁴⁴,
凄　惨　个　前　身　共⁵　伊个　悲　愤　个　遭遇,
kan⁴² haŋ⁴⁴ liau⁴² mɔ⁵⁵ kin⁴⁴ gu³¹ se⁴⁴。
感　动　了　妚⁶　金　牛星。
kin⁴⁴ gu³¹ se⁴⁴ ki²⁴ ɗu⁴⁴ tim⁴⁴ tçiɔ⁴⁴,
金　牛　星记住　心　上,
heŋ⁴² tiɔ⁴² uei³¹ i⁴⁴ han⁴⁴ ziat³ ɗuei²⁴,
很　想　为　伊　牵　一　对,
tɔ⁵⁵ ziat³ ɗuei²⁴ hɔ⁴² kai⁴⁴ vɔi³¹ naŋ³¹,
作　一　对　好个　媒　侬,
zuan³¹ tçia³¹ ziat³ ɗuei²⁴ muei⁴² hɔ⁴² kai⁴⁴ ai²⁴ tçia³¹ ku⁵³ çi⁴⁴。
完　成　一　对　美　好个　爱情　故　事。
kit⁵ kuei⁴² i⁴⁴ tçiu⁴⁴ hau⁴⁴ hau⁴⁴ ɗi⁴⁴ kaŋ⁴⁴ gu³¹ laŋ³¹ koŋ⁴²:
结果　伊就　偷　偷　地　共　牛　郎　讲:
lu⁴² kau²⁴ mi⁵⁵ hau⁴⁴ mi⁵⁵ au⁵³ kai³¹ ti³¹ hau⁵³ lu⁴² tçiu⁴⁴ hu⁵³ huat⁵ ɗe²⁴,
汝　遘⁷　物　候⁸　物　候　个　时候　汝就　去　幅　带⁹,
hu⁵³ ki⁵³ kau²⁴ u⁴⁴ çit⁵ kai⁴⁴ tin⁴⁴ ni⁴² tɔi⁴² iak³,
去　见　遘　有　七　个　仙　女　洗　浴,
hi³¹ toŋ⁴⁴, i⁴⁴ naŋ³¹ ta⁴⁴ hau²⁴ kua²⁴ ɗu²⁴ siu⁴⁴ tçiɔ⁴⁴,
其　中　,　伊侬　衫　裤　挂　有　树　上,
u⁴⁴ ziat³ kin⁴⁴ ti⁴⁴ hun⁴² aŋ³¹ te⁵⁵ kai⁴⁴, lu⁴¹ ki²⁴ ɗɔ³³,
有一　件　是　粉　红色　个　,　汝见着,
lu⁴² kan⁴² hau⁴⁴ hau⁴⁴ tçiu⁴⁴ neŋ⁵³ ɗuei⁴² su²⁴ hu²⁴,
汝敢　偷　偷　就　拎　转¹⁰　宿¹¹去,

kau²⁴ti³¹ au⁵³uei⁴⁴u⁴⁴naŋ³¹hu²⁴heŋ³¹lu⁴²。
遘　时候　会　有　侬　去　寻　汝。
kit⁵kuei⁴², kua⁴²zen³¹i⁴⁴hau⁴⁴hau⁴⁴ɖi⁴⁴ɓe⁴²hɔ⁴²kin⁴⁴hun⁴²aŋ³¹tek⁵kai³¹ta⁴⁴kun³¹,
结果　，果　然　伊偷　偷　地把许件　粉　红色个　衫裙，
neŋ⁵³liau⁴²ɖuei⁴²su²⁴hu²⁴。
拎　了　转　宿去。
kit⁵kuei⁴², tsek⁵ni⁴²huat⁵hin⁴⁴ta⁴⁴kun³¹bɔ³³ki²⁴,
结果　，织　女　发　现　衫裙　勿见，
ɖu⁴⁴au⁴⁴kua⁴²ɖɔ³³tuei⁴⁴。
住　后赶　着　追。
tɕiu⁴⁴kau²⁴muei³¹hau³¹hiau⁴⁴muei³¹, i⁴⁴naŋ³¹tɕiu⁴⁴tɕin⁵³hu²⁴liau⁴²。
就　遘　门　头　敲　门　，伊侬　就　进　去了。
gu³¹laŋ³¹tsek⁵ni⁴²tɕiu⁴⁴tɕia³¹liau⁴²ʑiat³ɖuei²⁴muei⁴²mua⁴²kai³¹fu⁴⁴çi⁴⁴。
牛郎织女就　成了　一对　美　满　个夫妻。
ɓiŋ⁵³se⁴²te⁴⁴ɖɔ³³nɔ⁴⁴kai⁴⁴niau⁵⁵kia⁴²。
并　且　生着　两个　孥　囝。
i⁴⁴naŋ³¹kai⁴⁴ʑi³³tɕi⁴²ni⁵⁵kuei²⁴ɖik⁵na⁴⁴ku⁵³hɔ⁴²。
伊侬　个　日子呢过　得　那个¹²好。
e³³, huei⁴⁴tim⁴⁴, lɔk³i⁵³。
哎，开　心　，乐意。
na⁴⁴ti⁴⁴, muei⁴²hɔ⁴²kai⁴⁴ʑi³³tɕi⁴²bɔ³³ku⁴²lɔ³³,
乃　是¹³，美　好个　日子勿久了，
uaŋ³¹mai⁴²hut⁵ʑin³¹huat⁵hin⁴⁴, tin⁴⁴ni⁴²çi⁴⁴tɕi⁵³lɔ³³fan³¹kan⁴⁴,
王　母突然　发　现　，仙女私自落凡　间，
sok⁵fan⁴⁴liau⁴²hin⁴⁴kuei⁴⁴, toŋ⁴⁴haŋ⁴⁴liau⁴²uaŋ³¹in⁴⁴, haŋ⁴⁴uaŋ³¹nu⁴⁴,
触犯了　天规　，动动　了　皇恩，动王　怒，
tɔ⁴²ʑi⁴²i⁴⁴haŋ⁴⁴zoŋ⁴⁴liau⁴²hi⁴⁴ɓia⁴⁴ɖi⁴⁴tɕi²⁴kaŋ⁴⁴luei³¹koŋ⁴⁴ɖin⁵³mai⁴²,
所以伊动　用　了　天兵地将　共　雷公　电母，
tuei⁴⁴lɔ³³lai³¹ɓe⁴⁴tsek⁵ni⁴²iau⁵³ɖua²⁴ŋe⁴⁴ti⁴⁴ɖua²⁴ɖuei⁴²hu²⁴。
追　落来把织女要　带　硬是带　转　去。

gu³¹laŋ³¹tseŋ⁴²ʑi³³ti⁴⁴hi²⁴ɔ³³,
牛郎 整 日 是气哦,
hoŋ⁴⁴fa⁴⁴in⁴⁴iaŋ³¹ɓun⁴⁴tɔ⁵⁵nɔ⁴⁴ɓai³¹,
轰 拍鸳鸯 分 作两排,
i⁴⁴tɔ⁴²ʑi⁴²i⁴⁴tseŋ⁴²ʑi³³ti⁴⁴hi²⁴。
伊所以伊整 日 是气。
kit⁵kuei⁴²ze⁴⁴kan⁴²haŋ⁴⁴liau⁴²kin⁴⁴gu³¹se⁴⁴。
结果 也感 动 了 金 牛星。
kin⁴⁴gu³¹se⁴⁴koŋ⁴²：lu⁴²boŋ⁴⁴hi²⁴,
金 牛 星讲：汝［勿用］¹⁴气,
lu⁴²ɓe⁴²nɔ⁴⁴kai⁴⁴kia⁴²ɓaŋ²⁴ua⁴²lɔ³¹, a⁴⁴mɔ⁵⁵nɔ⁴⁴kai⁴⁴lɔ³¹lai⁴⁴,
汝把 两 个 囝 放 我笭,阿妳 两 个 笭里,
ua⁴²ɓe⁴²nɔ⁴⁴kai⁴⁴gu³¹kak⁵hu²⁴ tɕiɔ⁵⁵nɔ⁴⁴kai⁴⁴lɔ³¹,
我 把 两 个 牛角 去［即妳］¹⁵两 个 笭,
lu⁴²tɕiu⁴⁴ɓaŋ²⁴nɔe³¹ kia⁴²nɔ⁴⁴ɓi⁴⁴,
汝就 放［两个］¹⁶囝 两 边,
lu⁴²kua⁴²kin⁴²iɔ⁴⁴ɓun⁵³ɗa⁴⁴lai³¹,
汝赶 紧 要 粪 担¹⁷来,
ɗa⁴⁴hu⁵³kua⁴², kua⁴²tsek⁵ni⁴²。
担去赶 , 赶 织 女。
kit⁵kuei⁴²ne³³, i⁴⁴bɔ³³zoŋ⁴⁴bɔ³³zoŋ⁴⁴tiɔ⁴²,
结果 呢, 伊勿 用 勿 用 想,
tit³tɕiat⁵tɕiu⁴⁴ɗu⁴⁴i⁴⁴kin⁴⁴gu³¹se⁴⁴kai⁴⁴nɔ⁴⁴kai⁴⁴,
直 接 就 住¹⁸伊金 牛星 个 两 个,
tse⁵⁵gu³¹kak⁵ɓin²⁴tɕia³¹kai⁴⁴hɔ²⁴lɔ³¹huaŋ⁴⁴le⁴⁴ɓi⁴⁴,
这 牛角 变 成 个 许笭筐 内边,
ɓaŋ²⁴tɕiɔ⁴⁴hɔ²⁴nɔ⁴⁴kai⁴⁴niau⁵⁵kia⁴²。
放 上 许两 个 挐 囝。
i⁴⁴hiɔ⁴⁴hi⁴²ɓun⁵³ɗa⁴⁴, ʑiat³tun⁴⁴uaŋ⁴⁴ti⁴⁴uaŋ⁴²hi⁴⁴tɕiɔ⁴⁴kua⁴²。
伊挑 起粪 担 ,一阵 风 是往 天 上 赶。

kua⁴²iɔ³³kua⁴²a³³kua⁴²kau²⁴, mɔ⁴⁴mɔ⁴⁴iau²⁴kua⁴²kau²⁴ɖɔ³³,
赶 哟赶 啊赶 遘 ，望 望 要 赶 遘 着，
uaŋ³¹mai⁴²hut⁵ʑin³¹ɖuei⁴²hau³¹lai³¹, ɓe⁴²i⁴⁴hau³¹tɕiɔ⁴⁴kai⁴⁴kin⁴⁴sai⁴⁴,
王 母 突然 转 头 来，把伊头 上 个 金 钗，
ʑiat³e⁴⁴tɕi⁴²ɖeŋ⁵³lɔ³³hu²⁴。
一 下指定 落去。
ɔ³³, ʑiat³ɖiau³¹kun⁴²kun⁴²kai⁴⁴hi⁴⁴hɔ³¹tɕiu⁴⁴tɕiaŋ⁴⁴i⁴⁴nɔ³³naŋ³¹ɓun⁴⁴huei⁴⁴liau³¹。
噢，一 条 滚 滚 个天河就 将 伊两侬分 开 了。
ɖan⁴⁴ti⁴⁴, i⁴⁴naŋ³¹kai⁴⁴ku⁵³ɕi⁴⁴ia⁴⁴kan⁴²haŋ⁴⁴lɔ³³hi⁴⁴tɕiɔ⁴⁴kai⁴²ɕiak⁵,
但 是，伊侬 个 故事亦感 动 咯天上 个 喜鹊，
hi⁴²ɕiak⁵mun³¹ʑiat³tɔi³¹lai³¹,
喜鹊 们 一 齐来，
lu⁴²ka³¹lu⁴²kai⁴⁴buei⁴², bua⁴²ka³¹lu⁴²kai⁴⁴buei⁴²,
汝咬汝个尾 ，我 咬汝个尾，
ɖa⁵⁵tɕia³¹liau⁴²ʑiat³ke²⁴ɕiat⁵kiɔ³¹。
搭 成 了 一 架 鹊 桥。
ɖit⁵tɕiaŋ⁴², gu³¹laŋ³¹tsek⁵ni⁴²,
即种 ，牛郎织 女，
ɖou⁴⁴muei⁴²hi³¹kai⁴⁴ɕit⁵tsek⁵tɕi⁴⁴me³¹neŋ³¹kou⁵³ɖik⁵ʑi⁴²tiɔ⁴⁴uei⁴⁴。
都 每 年 个 七夕 之 瞑 能 够 得 以 相 会。
tɕiɔ⁵⁵kai⁴⁴ku⁵³ɕi⁴⁴heŋ⁴⁴kan⁴²naŋ³¹,
[即妚]个故事很 感 侬，
u⁴⁴min³¹kan⁴⁴u⁴⁴keŋ⁵³tuei⁴⁴kai³¹koŋ⁴²pha⁵⁵,
有民 间 有更 多 个 讲 法，
ɖan⁴⁴ti⁴⁴, ɖau³¹ti⁴⁴a³³tɕiaŋ⁴²ɖuei²⁴a³³tɕiaŋ⁴²muei⁴²hɔ⁴²kai⁴⁴ɕiaŋ⁵³uaŋ⁴²。
但 是，都 是一种 对 一种 美 好 个 向 往。
tɔ⁴²ʑi⁴²ku⁵³ɕi⁴⁴kan⁴²naŋ³¹,
所以故 事感 侬，
kan⁴²sen²⁴uei⁴²kau²⁴, kau²⁴kin⁴⁴hi⁴⁴,
感人远遘 ，遘今 天，

ɗou⁴⁴ ziat³ ɗit³ liu³¹ suan³¹ ɗu⁴⁴ min³¹ kan⁴⁴。
都　一　直　流传　住　民　间。

注释：

1. 个 kai⁴⁴：这个。
2. 都 ɗou⁴⁴：模仿普通话读音。
3. 孥 niau⁵⁵：俗用字，幼小。
4. 伯母 ɓe³³ mai⁴²：父母。
5. 共 kaŋ⁴⁴：和，跟。
6. 妚 mɔ⁵⁵：量词，指示词。
7. 遭：到。
8. 物候：什么时候。
9. 幅带：地方。
10. 转：回。
11. 宿：屋，家。俗作"厝"。
12. 那个：非常。
13. 乃是：只是。
14. ［勿用］boŋ³¹⁴："勿用" bɔ³³ zoŋ⁴⁴ 的合音。
15. ［即妚］tɕiɔ⁵⁵："即妚" 的合音，这个，这。
16. ［两个］nɔe⁴⁴："两个 nɔ⁴⁴ ke⁴⁴" 的合音。
17. 粪担：扁担。
18. 住：在。

意译：

他们的爱情故事，全中国，每家每户都熟悉在心。他们这桩美好的故事对所有的有情人来说那都很感动。传说，古时候，有一个放牛小孩，因为他父母死得早，只能靠出卖体力给地主放牛为生。他凄惨的身世和悲惨的遭遇，感动了金牛星。金牛星记在心上，很想为他牵线搭桥做一个媒人，完成一个美好的爱情故事。结果他就偷偷地和牛郎说：你什么时候去那边，看见七个仙女在洗澡，其中，她们的衣服都挂在树上，有一件粉红色的，你看到，你就大胆偷偷地拿回家去，到时候会有人去找你。果然他偷偷地把那件粉红色的裙子，拿了回家。结果，织女发现衣服不见了，就在后面追。就到门口，敲门以后，她就进去了。牛郎织女就变成了一对美满的夫妻，并且生了两个小孩。他们的日子呢过得非常好。开心快乐。但是，美好的日子没有太久，王母娘娘突然发现仙女们私下凡，触犯了天规，动了皇恩动了王怒，所以她动用了天兵地将和雷公电母，追下来把织女硬是要带回去。牛郎整天很气愤，雷打鸳鸯分作两边，所以他每天都在生气。结果呢，也感动了金牛星。金牛星说：你不用生气，你把两个孩子放进我那两个箩筐里，我把两个牛角变成两个箩筐，你就把两个孩子一边放一个，你赶紧去拿扁担来，挑着去追织女。结果呢，他想都没有想，直接就在金牛星那两个这牛角变成的箩筐里，放上两个孩子。他挑起扁担，[跟着]一阵风就往天上追。追啊追，眼看就要追上了，王母娘娘突然回过头来，把她头上的金钗一下子划了下去。噢，一条滚滚的天河就将两人分开了。但是，他们故事也感动了天上的喜鹊，喜鹊们，一起飞来，你衔着我的尾巴，我衔着你的尾巴，搭成了一座鹊桥。这样，牛郎织女都在每年的七月初七得以相会。这个故事很感人，在民间有更多的说法，但是，都是一种对美好的向往。所以故事感人，感人至深，到今天都一直流传在民间。

(发音人：钟　华)

(五) 感城口头文化

感城其一故事　飞来婆

e^{21}tɕiu^{42}i$^{:44}$koŋ^{22}zuan^{21}lai^{21}ni^{55}suan^{21}θeʔ^{5}van^{22}ʑie^{55}lou^{44}ti^{42}han^{35}tsoʔ^{5}puo^{44}lai^{21}pho^{21}。
唉就　伊讲　原　来呢传　说　我们若　路　是　喊　作　飞　来　婆。

hi^{55}tɕieʔ^{5}puo^{44}lai^{21}pho^{21}ne^{55}va^{22}ku^{22}ki^{35}ni^{55}eŋ^{44}kai^{44}tɕiu^{42}θi^{42}ma^{44}tsou^{22}la^{0}。
许只　飞　来　婆　呢我估　计　呢应　该　就　是妈祖　啦。

taŋ^{42}θi^{21}ni^{55}i$^{:44}$u^{44}ʑiaʔ^{3}kai^{21}suan^{21}θeʔ^{5}tɕiu^{42}ti^{42}koŋ^{22}ho^{55}tsoi^{44}naŋ^{21}vo^{33}paiʔ^{5}miʔ^{5},
当　时呢伊有一　个传　说　就　是讲许侪　侬　勿别　乜，

tu⁴⁴ho⁵⁵pi⁴⁴ni⁵⁵tɕiu⁴²in³⁵ʑiaʔ³kai²¹θe³⁵lin²¹tshu³⁵naŋ²¹tsoʔ⁵a⁴⁴kai²¹tsou²²veŋ²¹ne⁵⁵,
有 许 边 呢 就 印一 个 姓 林 厝 侬 作 一个 祖 坟 呢,
tsou²²mou⁴⁴le⁵⁵。
祖 墓 嘞。
kiʔ⁵kuo²²i·⁴⁴toi⁴⁴ʑi·⁴⁴pe²², hi⁵⁵tɕieʔ⁵puo²¹lai²¹pho²¹ne⁵⁵tɕiu⁴²u⁴⁴a²²kai²¹koŋ⁴⁴kie²²,
结 果 伊第二白, 许只 飞 来 婆 呢就 有一个 公 囝,
hi⁵⁵tɕieʔ⁵lai²¹koŋ²²lai²¹koŋ²²ti⁴²tseiʔ³thau²¹lo⁵⁵,
许只 来讲 来讲 是 石 头 咯,
tɕiu⁴²puo⁴⁴lai²¹ʑie⁵⁵te³⁵。
就 飞 来 若 带。
tsui³⁵au⁴²lai²¹koŋ²²ne⁵⁵tɕiʔ⁵tsoi⁴⁴tsoʔ⁵vui²¹tɕi⁵⁵tsoi⁴⁴taŋ⁴⁴ti⁴²kai²¹naŋ²¹ni⁵⁵,
最 后 来 讲 呢 即 侪 作 为 即 侪 当 地个 侬 呢,
taŋ⁴⁴θi²¹tɕiu⁴²vo³³u⁴⁴huaiʔ⁵hiouʔ⁵,
当 时 就 勿 有 发 觉,
tɕiu⁴²ti⁴²tsoʔ⁵hai²²naŋ²¹,
就 是 作 海 侬,
tsoʔ⁵hai²²ti⁴²pha⁵⁵hu²¹kai²¹lo⁵⁵。
作 海 是 拍 鱼 个 咯。
ho³⁵tsoi⁴⁴tsoʔ⁵hai²²kai²¹ni⁵⁵tɕiu⁴²mui²¹e⁴⁴na⁴⁴ku³⁵lai²¹keŋ³⁵, lai²¹keŋ³⁵
许 侪 作 海 个 呢 就 每 下 乃 顾 来 敬, 来 敬
keŋ³⁵koŋ²²pi²²kiau³⁵leŋ²¹eŋ³⁵le⁵⁵。
敬 讲 比 较 灵 验 嘞。
pi²²kiau³⁵leŋ²¹eŋ³⁵le⁵⁵。
比 较 灵 验 嘞。
i⁴⁴naŋ²¹ho³⁵tsoi⁴⁴tsoʔ⁵hai²²kai²¹ni⁵⁵tsui⁴⁴au⁴⁴tɕiu⁴²pui⁴⁴ʑieʔ³nai³⁵tseiʔ³thau²¹lai²¹ui²¹to²²
伊 侬 许 侪 作 海 个 呢 最 后 就 把 一 口 石 头 来 围 着
tɕiu⁴²teŋ²²ʑi²¹tsoʔ⁵a⁴⁴tɕiaŋ²²vie⁴⁴tshu³⁵tɕiaŋ²²i˧˥ɕi³⁵ne⁵⁵。
就 等 于 作 一 种 庙 宿 种 意 思 呢。
na⁴⁴khi²¹θiʔ³vo³³u⁴⁴mi⁵⁵mi⁴⁴ni⁵⁵。
乃 其 实 勿 有 乜 物 呢。

tɕiu⁴² tsoʔ⁵ liau²² au⁴² ni⁵⁵ ho³⁵ tsoi⁴⁴ tsoʔ⁵ hai²² kai²¹ naŋ²¹ lai²¹ keŋ³⁵ tsou²² veŋ²¹,
就 作 了 后 呢 许 侪 作 海 个 侬 来 敬 祖 坟,
keŋ³⁵ tsou²² veŋ²¹
敬 祖 坟。
θo²² ʑi²² tshoŋ²¹ ʑi⁵⁵ tshuan²¹ θeʔ⁵ tsoŋ⁴⁴ ni⁵⁵,
所 以 从 若 传 说 中 呢,
eŋ⁴⁴ kai⁴⁴ koŋ²² ne⁵⁵ tɕiu⁴² θi⁴² θouʔ³ ʑi²² tɕi⁵⁵ kai²¹ ma⁴⁴ tsou²² lo⁴⁴。
应 该 讲 呢 就 是 属 于 即 个 妈 祖 咯。
tɕiu⁴² θi⁴² θouʔ³ ʑi²² tɕi⁵⁵ kai²¹ la⁴⁴。
就 是 属 于 即 个 啦。
liau²² au⁴² u⁴⁴ tsui³⁵ au⁴² naŋ²¹ lai²¹ koŋ²² ni⁵⁵ tɕiu⁴² tsoʔ⁵ tɕieʔ⁵ ʑieʔ³ kan⁴⁴ vie⁴⁴ tshu³⁵ khiʔ⁵ i⁴⁴,
了 后 有 最 后 侬 来 讲 呢 就 作 成 一 间 庙 厝 乞 伊,
na⁴⁴ θi⁴⁴ suan²¹ θeʔ⁵ taŋ⁴⁴ θi²¹ ni⁵⁵ tɕiu⁴² θi⁴² koŋ²² ʑieʔ⁵ kai²¹ mi⁴⁴ ni⁵⁵,
乃 是 传 说 当 时 呢 就 是 讲 若 个 物 呢,
vo³³ paiʔ⁵ kau⁵³ toi²² u⁴⁴ mi⁵⁵ kai²¹ hi²¹ tai⁴²。
勿 别 遘 底 有 乇 个 年 代。
naŋ²² ia⁴⁴ vo³³ tai⁵⁵ seŋ⁴⁴ tsho²² tsoi⁴⁴ mi⁴⁴ la⁴⁴。
侬 亦 勿 太 清 楚 侪 物 啦。
vo³³ kuo³⁵ lau⁴² naŋ²¹ ia⁴⁴ lu²² tshuan²¹ kau³⁵ va²² va²² tshuan²¹ kau³⁵ lu²²。
勿 过 老 侬 亦 汝 传 遘 我 我 传 遘 汝。
va²² thie⁴⁴ to²² kai²¹ ku³⁵ ɕi⁴⁴ ne⁵⁵ an³⁵ tɕiau³⁵ hin²¹ na⁴⁴ lai²¹ koŋ²² ni⁵⁵,
我 听 着 个 故 事 呢 按 照 现 旦 来 讲 呢,
ia⁴⁴ ti⁴² han³⁵ ki⁴⁴ hu⁴⁴ ne⁵⁵ ʑieʔ³ peʔ⁵ huo³⁵ ʑi²² tɕie⁴⁴ naŋ²¹ lai²¹ oʔ³ kai²¹。
亦 是 趁 几 乎 呢 一 百 岁 以 上 侬 来 学 个。
θo²² ʑi²² ʑiaŋ²² tsoi⁴⁴ koŋ²² phaiʔ⁵ ni⁵⁵ i⁴⁴ koŋ²²,
所 以 仍 侪 讲 法 呢 伊 讲,
tsui³⁵ au⁴² ʑieʔ⁵ tɕieʔ⁵ puo⁴⁴ lai²¹ pho²¹ ni⁵⁵,
最 后 若 只 飞 来 婆 呢,
ʑieʔ⁵ tɕieʔ⁵ puo⁴⁴ lai²¹ pho²¹ ni⁵⁵ suiʔ⁵ hien³⁵ u⁴⁴ ʑieʔ³ ɕi³⁵ ni⁵⁵
若 只 飞 来 婆 呢 出 现 有 一 次 呢

koŋ²²mui²²e⁴⁴naŋ²¹ʑie⁴⁴ki³⁵koŋ²²,
讲　每　下　侬　亦 见 讲,
kuo³⁵hu³⁵va²²naŋ²²ʑie⁵⁵pi⁴⁴ti⁴²kiŋ⁴²hai²²lo⁵⁵ti⁴²vo³³ni⁵⁵?
过　去 我 侬　若 边 是 近　海　咯 是 勿 呢?
kaŋ²²eŋ⁴⁴kuai⁴⁴ʑie⁵⁵pi⁴⁴vo³³ti⁴²u⁴⁴hai²²ki²¹ma⁵⁵?
感　恩 县　若 边 勿 是 有 海　舡 吗?
ʑie⁵⁵pi⁴⁴tɕiu⁴²u⁴⁴hai²²ni⁵⁵keŋ⁴⁴ɕiaŋ²¹hu³⁵hai²²tshaiʔ³,
若　边 就 有 海　呢 经　常　去 海 贼,
hai²²tshaiʔ³tɕiu⁴²ti⁴²hai²²tau⁵⁵,
海 贼　就　是 海 盗,
ho³⁵tsoi⁴⁴hai²²tshaiʔ³ni⁵⁵tɕiu⁴²lai²¹kiaiʔ⁵ni⁵⁵,
许 侪　海 贼　呢 就　来 劫　呢,
kiaiʔ⁵liau²²ʑi²²au⁴²θi⁴²tsai²¹ɕi³⁵o³⁵tu⁴⁴te³⁵,
劫　了　以 后 是 前　次 望 有 带,
han³⁵va²²naŋ²¹ho³⁵pi⁴⁴kaŋ²²ni⁵⁵hin²¹na⁴⁴u⁴⁴a⁴⁴kai²¹mie²¹,
趁　我 侬　许 边 港　呢 现　旦 有 一 个　名,
tɕiu⁴²kie³⁵tsoʔ⁵pie⁴⁴tsun²¹,
就 叫 作 飞 船,
pie⁴⁴tsun²¹ni⁵⁵tɕiu⁴²thaŋ³⁵ʑie⁵⁵pi⁴⁴ni⁵⁵ʑieʔ³e⁴⁴ʑieʔ³puo⁴⁴kuo³⁵hu³⁵。
飞　船　呢 就　趁　若 边 呢 一　下 一　飞　过　去。
kaŋ⁴⁴naŋ²¹puo⁴⁴ki⁴⁴a⁴⁴ie⁴⁴puo⁴⁴kuo³⁵hu³⁵kai²¹,
共　侬　飞　机 阿 样 飞　过　去 个,
na⁴⁴ku³⁵θie⁴⁴taŋ⁴⁴leŋ²¹eŋ³⁵ʑieʔ⁵kien⁴²ɕi⁴⁴。
乃 顾 相　当　灵 验 若　件　事。
na⁴⁴i⁴⁴u⁴⁴ʑieʔ³kai²¹vou⁴⁴naŋ²¹ni⁵⁵tɕiu⁴²ti⁴²ŋaŋ⁵⁵ho²²u⁴⁴ɕi³⁵ni⁵⁵,
乃 伊 有 伊　个 姥　侬　呢 就　是 啱　好 有 次 呢,
tɕieʔ⁵vou⁴⁴naŋ²¹ni⁵⁵,　kau⁴⁴vou²²naŋ²¹ne⁵⁵,
只　姥 侬　呢,　姑 姥 侬　呢,
tɕiu⁴²u⁴⁴θi³⁵tsaiʔ³huo³⁵tso²²ʑiu⁴⁴tɕi⁵⁵tɕiaŋ²²naŋ²¹ne⁵⁵tɕiu⁴²kie³⁵tsoʔ⁵vou⁴⁴naŋ²¹lo⁵⁵。
就　有 四 十　岁　左　右 即 种　侬　呢 就　叫 作 姥 侬　咯。

五　口头文化 / 293

kuo³⁵ hu³⁵ muo²² naŋ²¹ vo³³ ti⁴²　tuo³⁵　tɕiaŋ²² mi⁴⁴ han³⁵ tsoʔ⁵ tou²² paʔ⁵。
过　去　每　侬　无 是［有许］　种　物　喊　作　肚　幅。
va²² naŋ²¹ ʑie⁵⁵ pi⁴⁴ ti⁴² kie³⁵ tsoʔ⁵ tou²² paʔ⁵。
我　侬　若　边 是 叫　作　肚　幅。
i⁴⁴ tuo³⁵ to²² tou²² paʔ⁵ lau²¹ vi⁴⁴ kau³⁵ lou⁴⁴ i⁴⁴ vi⁴⁴ khaŋ²² tsha²¹。
伊 带 着 肚　幅　了　□²遶　路　伊□² 砍　柴。
taŋ⁴⁴ θi²¹ ho⁵⁵ lou⁴⁴ θi⁴² tie⁴⁴ taŋ⁴⁴ tsoi⁴⁴ tsha²¹ lai²¹ khaŋ²²。
当　时 许 路　是　相　当　侪　柴　来　砍。
khaŋ²² tsha²² tui²² lai²¹ ie²¹ huo²² tsu²² muo²¹ le⁵⁵。
砍　柴　转　来　□³火　煮　糜　嘞。
tɕiu⁴² tui²² le²¹ tsu²² muo²² ni⁵⁵ vi⁴⁴ tui²² kau³⁵ lou⁴⁴ vi⁴⁴ hieʔ⁵ lo⁴⁴ lai²¹,
就　转　来 煮　糜　呢 □²转　遶　路　□²歇　落 来,
ki³⁵ tɕieʔ⁵ koŋ⁴⁴ mo⁴⁴ to²² vi⁴⁴ lau²¹ ʑieʔ³ θin⁴⁴ kuo⁴⁴,
见 只　公　望　这 □²流　一　身　汗,
tseŋ²² kai²¹ min⁴⁴ tɕiu⁴² suan²¹ pu⁴² lau⁴⁴ kuo⁴⁴ u⁴⁴ tɕie⁴²,
整 个 面 就　全　部 流 汗 有 上,
ho³⁵ tɕieʔ⁵ ka⁴⁴ vou²² ni⁵⁵ paŋ³⁵ a⁵⁵ tou²² paʔ³ tshuoʔ⁵ tɕieʔ⁵ min⁴⁴ e⁴⁴,
许 只　个 姞　呢 放 阿 肚　幅　擦　只　面　下,
tshuoʔ⁵ tɕieʔ⁵ min⁴⁴ e⁴⁴ liau²² au⁴²,
擦　只　面　下 了　后,
ʑieʔ³ e⁴⁴ thui⁵⁵ e⁴⁴ vo³³ paiʔ⁵ mi⁵⁵ tɕiaŋ²² tɕie²¹ khuaŋ³⁵,
一　下 退　下 勿 别　乜　种　情　况,
tɕieʔ⁵ vou²² naŋ²¹ tɕieʔ⁵ ka⁴⁴ vou²² naŋ²¹ ʑieʔ³ e⁴⁴ ɕia⁵⁵ suiʔ⁵ kau³⁵ vuo⁴⁴ pi⁴⁴,
只　姞　侬　只　个　姞　侬　一　下 吓 出 遶　外　边,
ʑie⁵⁵ kai²¹ θi⁴² tɕin⁴⁴ ɕi⁴⁴ thie⁴⁴ lo⁵⁵ tɕieʔ⁵ lau⁴² naŋ²¹ ka³⁵ nan²²。
若　个　是 真　事 听　落 只　老　侬　教 □⁴。
tɕiu⁴² ɕia⁵⁵ kau³⁵ vuo⁴⁴ pi⁴⁴。
就　吓 遶　外　面。
ho²² tshuiʔ⁵ tɕi⁵⁵ tɕiaŋ²² i³⁵ ɕi³⁵ ti⁴² koŋ⁵⁵ ho²² tshuiʔ⁵ koŋ²² ho³⁵ ɕi⁵⁵ liau²² ʑi²² au⁴²,
好 出　即 种　意 思 是 讲　好 出　讲　许 次 了　以 后,

tɕieʔ⁵ puo⁴⁴ lai²¹ pho²¹ theiʔ⁵ i⁴⁴ ɕia⁵⁵,
只　飞　来　婆　踢　伊吓,
ẓieʔ³ kha⁴⁴ pui⁴⁴ i⁴⁴ theʔ⁵ ɕia⁵⁵ han³⁵ lou⁴⁴ ni⁵⁵,
一　骸　把　伊踢　吓　趁　路　呢,
tiʔ⁵ tɕiʔ⁵ pui⁴⁴ i⁴⁴ theʔ⁵ tshui?⁵ liau²² ẓi²² au⁴²,
直　接　把　伊踢　出　了　以后,
thaŋ³⁵ ẓie⁵⁵ lou⁴⁴ hi³⁵ tɕieʔ⁵ puo⁴⁴ lai²¹ pho²¹ ni⁵⁵ tɕiu⁴² θiau⁴⁴ ui²¹ u⁴⁴ nai⁵⁵ kie²²,
趁　若　路　许　只　飞　来　婆　呢就　稍　微　有□¹ 团,
ho²² tshuiʔ⁵ vo³³ thai³⁵ leŋ³⁵ ioŋ⁴⁴ ni⁵⁵。
好　出　勿　太　灵　样　呢。
vo³³ kuo³⁵ tu⁴⁴ tɕiʔ⁵ kien⁴² ɕi⁴² tɕie⁴² tuo⁴⁴ ke⁴⁴ liau²² liau²² tui³⁵ i⁴⁴ ne⁵⁵,
勿　过　有　即　件　事上　大　家　了　了　对　伊呢,
tɕiu⁴² θie⁴⁴ taŋ⁴⁴ θiŋ³⁵ ẓiaŋ²² i⁴⁴。
就　相　当　信　仰　伊。
tsui³⁵ au⁴² a³⁵ tshui⁴⁴ lai⁴² naŋ²¹ tiʔ³ tɕiʔ⁵ na⁵⁵ thou²¹ tɕi²¹ kaŋ⁴⁴ tsoʔ⁵ hai²² naŋ²¹ lai²¹ tsoʔ⁵
最　后阿村　内　侬　直　接　乃投　钱共　作　海　侬　来　作
kaŋ⁴⁴ vie⁴⁴ tshu³⁵ khiʔ⁵ i⁴⁴。
间　庙　厝　乞　伊。
θo²² ẓi²² tɕieʔ³ se⁴⁴ ni⁵⁵ ẓieʔ³ tiʔ³ lou⁴⁴ ti⁴² lu²² tshuan²¹ va²² va²² tshuan²¹ lu²² kau³⁵ hi²¹ na⁴⁴。
所　以　只　事　呢一　直　都　是汝传　我我传　汝遘　现　旦。

注释：

1. □nai³⁵："一些"，本字未详。
2. □vi⁴⁴：连词，"就"，本字未详。
3. □ie²¹：意为动词"扇"，本字未详。
4. □nan²²：人称代词，相当于北京话的"咱"。

意译：

就讲说原来我们这里是叫作"飞来婆"。那个"飞来婆"我估计就是妈祖了。

当时有一个传说是说那些人啥也不知道，在那边有个姓林的人修了一座祖坟，就是祖墓。结果第二天早上，那个飞来婆就有一个人偶，那个就是个石头做的，就飞来这里。作为当地人来说，当时没有发觉，就是渔民，那些渔民就每次来敬拜，比较灵验才敬拜。他们那些渔民最后就拿一些石头来围住（飞来婆），就等于盖了一座庙。但其实没有什么的。做了以后那些渔民来祭祖，敬祖坟。所以从这个传说呢，应该就是属于妈祖。

后来人们就做了一座庙给它。但是当时传说就是说这个东西呢，不知道到底哪个年代，人们也不太清楚了。不过老人也你传我我传你。我听的这个故事呢按照现在来说也几乎是从百岁老人那学来的，所以有很多说法。最后这个飞来婆呢，这个飞来婆每次都听到人说，感恩县这边不是海边吗？这海边就经常有海贼，海贼就是海盗，那些海贼就来抢劫，抢劫了以后是看在哪里，我们这边港有一个名称，就叫作飞船。飞船就是从这里一下子飞过去像飞机那样飞过去的。这件事非常灵验。有一个女人呢就是刚好有一次呢，这个女人呢，我们这边叫作"婼侬"，就是四十岁左右的女人就是"婼侬"。过去的人有一种东西叫作肚兜，她穿着肚兜就去那边砍柴，当时那边有很多柴。砍柴回来烧火煮饭，就回到这里歇下来，见到那尊神像流一身汗，整个脸流得全是汗，那个女人就拿肚兜擦了一下神像的脸。擦了脸后，不知道什么情况一下子退出去，这个女人一下就吓到外面去。好像那次以后，那个飞来婆踢她吓到了，一脚把她踢吓一跳，直接把她踢出了以后，从这时起那个飞来婆就稍微有一点好像不太灵验的样子。不过这件事上大家都对飞来婆呢，就很信仰它。最后那个村里的人才拿钱和渔民一起造一座庙给它。这件事就一直你传我我传你到现在。

（发音人：杨光吉）

感城其二故事　感城古井

ʑie⁵⁵ khau²² tse²² ne⁵⁵ hin²¹ na⁴⁴ huan²¹ θi⁴² tshun²¹,
若　口　井　呢　现　旦　还　是　存，

vo^{33} kuo^{35} ʑie^{55} khau^{22} tse^{22} ne^{55} i^{44} u^{44} ʑie^{55} khau^{22} tse^{22} ne^{55},
勿过 若 口 井 呢 伊有若 口 井 呢,
an^{35} tɕiau^{35} va^{22} tu^{44} tuo^{44} khai^{35} ti^{42} tsai?^{3} hi^{21} tsai^{21} pa^{21},
按照 我有大 概 是十 年前 吧,
va^{22} ki^{35} ti^{42} ki^{35} a^{44} kai^{21} muo^{21} heŋ^{21},
我 见是见 一个 模 型,
va^{22} tso?^{5} niou^{55} kie^{22} kai^{21} θi^{21} hau^{44} ni^{55},
我 作 孥 囝 个 时候 呢,
tɕiu^{42} ki^{35} khau^{22} tse^{22} lai^{42} pi^{44} u^{44} tsui^{42} lu^{44}。
就 见口 井 内边 有水 噜。
in^{44} vui^{22} ʑie^{55} khau^{22} tse^{22} hin^{21} na^{44} kai^{21} vui^{44} tɕi^{35} u^{44} te^{35} lou^{44} va^{22} ia^{44} pai?^{5},
因为 若 口 井 现旦 个 位 置有带路 我亦别,
na^{44} vo^{33} pai?^{5} hin^{21} na^{44} naŋ^{21} tso?^{5} kai^{21} tshu^{35} thin^{21} tui^{22} vo^{33} thin^{21} tui^{22},
乃勿别 现旦依 作 个厝 填 转勿填 转,
ʑie^{55} kai^{21} va^{22} tɕiu^{42} vo^{33} thai^{35} tsheŋ^{44} tsho^{22} la^{21}。
若个我 就 勿太 清 楚啦。
in^{44} ui^{21} taŋ^{44} θi^{21} tɕiu^{42} θi^{42} koŋ^{22} tshuan^{21} θe?^{5} le^{55},
因为 当 时就 是讲 传 说嘞,
tɕi^{55} kai^{21} ti^{42} va^{22} naŋ^{21} thie^{44} koŋ^{22} ni^{55},
即个 是我侬 听 讲 呢,
i^{44} pun^{44} ɕie^{21} lai^{42} kaŋ^{44} ɕie^{21} vuo^{44} lo^{55},
伊分 城 内共 城 外 咯,
kaŋ^{22} θie^{21} naŋ^{21} kuo^{35} hu^{35} kie^{35} tso?^{5} kaŋ^{22} eŋ^{44},
感 城 侬 过 去 叫作 感 恩,
kaŋ^{22} eŋ^{44} kuai^{44} θie^{21} kai^{21} naŋ^{21} ne^{55},
感 恩县 城 个 侬 呢,
vo^{33} kuan^{22} ti^{42} θie^{21} lai^{42} θie^{21} vuo^{44},
勿管 是城 内 城 外,
ɕiaŋ^{35} va^{22} naŋ^{21} ʑie^{55} lou^{44} θi^{42} θou?^{3} ʑi^{22} θie^{21} vuo^{44} lo^{55},
像 我 侬 若 路 是属 于城 外 咯,

suan²¹pu⁴²θi⁴²lo⁴⁴khoi⁴⁴ta⁴⁴tsui²²。
全　部　是落溪　担水。
khoi⁴⁴tɕiu⁴²θi⁴²tɕi²²lo⁴⁴hin²¹na⁴⁴kaŋ²²eŋ⁴⁴ho²¹。
溪　就　是指落现　旦感　恩河。
lo⁴⁴kaŋ²²eŋ⁴⁴ho²¹lai⁴²ta⁴⁴tsui²²,
落感　恩河内担水,
zoŋ⁴²thaŋ²²hu³⁵ta⁴⁴tsui²²tui²²lai²¹tɕieʔ³。
用　桶　去担水　转来食。
na⁴⁴ti⁴²u⁴⁴a²¹ɕi³⁵ni⁵⁵tɕiu⁴²vo³³paiʔ⁵kau³⁵toi²²ti⁴²koŋ²²tɕi⁵⁵a⁴⁴kai²¹hi²¹tai⁴²ne⁵⁵,
乃　是有一次呢就　勿别　遘　底是讲　即一个　年代呢,
va²²ia⁴⁴vo³³mi⁵⁵khau²²tiʔ⁵tsheŋ⁴⁴tsho²²,
我亦勿乜考　得清　楚,
na⁴⁴phan²²tɕie³⁵kuo³⁵hu³⁵naŋ²¹tu⁴⁴ui²¹θie²¹。
乃反　正过　去侬　有围城。
ui²¹θie²¹i⁴⁴kai²¹i³⁵ɕi³⁵tiʔ²koŋ⁴⁴pha⁵⁵kaŋ²²eŋ⁴⁴θie²¹。
围城　伊个　意思是攻　拍　感　恩城。
kieʔ⁵kuo²²θo²²u⁴⁴θie²¹lai⁴²pi⁴⁴kai²¹naŋ²¹,
结　果　所有城　内边个　侬,
suan²¹pu⁴²vo³³tshuiʔ⁵lai²¹vo³³ka²²lo⁴⁴khoi⁴⁴ta⁴⁴tsui²²。
全　部勿出　来勿敢落溪　担水。
na⁴⁴u⁴⁴ɕiaŋ³⁵va²²naŋ²¹ʑie²²tsoi⁴⁴θie²¹vuo⁴⁴kai²¹ni⁵⁵tɕiu⁴²khoʔ²ʑi²¹lo⁴⁴khoi⁴⁴ta⁴⁴tsui²²。
乃有像　我侬若　侪城　外个　呢就可以落溪　担水。
θie²¹lai⁴²kai²¹naŋ²¹tɕiu⁴²vo³³ta²²lo⁴⁴khoi⁴⁴la⁰。
城内个　侬　就勿胆落溪　啦。
taŋ⁴⁴ʑiʔ³ma²²saŋ⁵⁵uaiʔ⁵ho²²ʑie⁵⁵khau²²tse²²,
当日马　上挖好若口　井,
ʑie⁵⁵khau²²tseθiʔ³tɕi³⁵tɕiu⁴²koŋ²²eŋ³⁵θie²¹lai⁴²pi⁴⁴kai²¹naŋ²¹tɕieʔ³tsui²²。
若口　井实际就　供　应城　内边个　侬食　水。
θie²¹lai⁴²tɕi²²kai²¹tɕiu⁴²ti⁴²tsoʔ⁵kuo⁴⁴kai²¹lo⁴⁴ma²²,
城内指个　就　是作　官个　咯嘛,

kaŋ⁴⁴ho²²tsoi⁴⁴naŋ²¹miŋ²¹peʔ⁵θe³⁵tsoʔ⁵e⁴⁴tu⁴⁴lai⁴²ma²²。
共 好 侪 侬 民 百 姓 作 下 有 内 嘛。
tɕiu⁴²koŋ²²eŋ³⁵khiʔ⁵naŋ²¹tɕieʔ³tsui²²，
就 供 应 乞 侬 食 水，
taŋ⁴⁴ziʔ³uaiʔ⁵liau²²ʑie⁵⁵khau²²tse²²。
当 日 挖 了 若 口 井。
ʑie⁵⁵khau²²tse²²tsui³⁵au⁴²lai²¹koŋ²²le⁵⁵u⁴⁴a⁴⁴kai²¹θiŋ²¹ie⁴⁴，
若 口 井 最 后 来 讲 嘞有一个 神 话，
hi³⁵kai²¹θiŋ²¹ie⁴⁴ni⁵⁵，
许 个 神 话 呢，
i⁴⁴khie⁴⁴ʑie⁵⁵pi⁴⁴kaŋ⁴⁴tshu³⁵，
伊倚 若 边 间 宿，
kuo³⁵hu³⁵va²²a⁵⁵tsou²²koŋ⁴⁴tshu³⁵le⁵⁵tɕiu⁴²ti⁴²u⁴⁴ho³⁵pi⁴⁴，
过 去 我 阿祖 公 宿 嘞就 是有许边，
i⁴⁴khie⁴⁴kaŋ⁴⁴paŋ²¹a⁴²θi⁴²u⁴⁴ho³⁵pi⁴⁴。
伊倚 间 房 亦是有许边。
i⁴⁴tɕieʔ⁵naŋ²¹le⁵⁵，tɕieʔ⁵ma⁴⁴le⁵⁵，
伊只 侬 嘞，只 嫲 嘞，
aŋ³⁵i⁴⁴hin²¹ta⁴⁴kai²¹hi²¹leŋ²¹ia⁴⁴ti⁴²han³⁵peʔ⁵laŋ²¹huo³⁵la⁰。
按 伊现 旦 个 年 龄 亦是趁 百 零 岁 啦。
i⁴⁴tshu³⁵vuo⁴⁴ke⁴⁴tɕie³⁵ho²²ti⁴²tu⁴⁴hin²¹na²¹ʑie⁵⁵mo⁵⁵ui⁴⁴tɕi³⁵，
伊厝 外 家 正 好 是有现 旦若 奻 位 置，
i⁴⁴tshu³⁵vuo⁴⁴ke⁴⁴tɕiu⁴²tu⁴⁴ʑie⁵⁵mo⁵⁵ui⁴⁴tɕi³⁵。
伊厝 外 家 就 有 若 奻 位 置。
i⁴⁴tɕiu⁴²ke³⁵lai²¹va²²naŋ²¹ʑie⁵⁵lou⁴⁴，
伊就 嫁 来 我侬 若 路，
i⁴⁴taŋ⁴⁴θi²¹tɕiu⁴²oʔ³a²¹kai²¹ku³⁵ɕi⁴²ni⁵⁵。
伊当 时 就 学 一 个 故 事 呢。
ʑie⁵⁵kai²¹ku³⁵ɕi⁴²ieʔ⁵lu²²kaŋ²²khieʔ⁵ʑie⁵⁵khau²²tse²²na⁴⁴ku³⁵θiŋ²¹ie⁴⁴。
若 个 故 事 要汝 感 觉 若 口 井 乃 顾 神 话。

ʑie⁵⁵khau²²tse²²na⁴⁴ku³⁵θie⁴⁴taŋ⁴⁴θiŋ²¹ie⁴⁴。
若 口 井 乃 顾 相 当 神 话。
i⁴⁴koŋ²²i⁴⁴u⁴⁴a²¹hi²¹i⁴⁴hau⁴⁴tsheŋ⁴⁴hi²¹kai²¹θi²¹hau⁴⁴，
伊讲 伊有一年 伊候 青 年个 时候，
i⁴⁴tsheŋ⁴⁴hi²¹kai²¹θi²¹hau⁴⁴ne⁵⁵，
伊青 年个 时候 呢，
tɕiu⁴²u⁴⁴a⁴⁴kai²¹θoi³⁵kie²²ni⁵⁵tu⁴⁴ɕiʔ⁵vuo⁴⁴tseiʔ⁵，
就 有一个 细 囝 呢有七月 节，
va²²naŋ²¹ʑie⁵⁵pi⁴⁴ɕiʔ⁵vuo⁴⁴tseiʔ⁵vo³³θi⁴⁴tsoʔ⁵puo²²lai²¹tɕieʔ³ma⁵⁵？
我 侬 若边七月 节 勿 是 作 粑 来 食 嘛？
ɕiʔ⁵vuo⁴⁴tseiʔ³θi⁴²ɕiʔ⁵vuo⁴⁴tsaiʔ³θi⁵⁵ɕiʔ⁵vuo⁴⁴tsaiʔ⁵ŋou⁴⁴tsoʔ⁵puo²²lai²¹tɕieʔ³lo⁵⁵。
七 月 节 是 七 月 十 四七月 十 五作 粑 来 食 咯。
koŋ²²mo⁵⁵niau⁵⁵kie²²tiʔ³tɕi³⁵laʔ⁵⁵lo⁴⁴tse²²lai⁴²la⁴⁴au⁴²，
讲 妖孽 囝 实际落落井 内 了后，
vo³³thiaŋ²¹o⁴⁴，
勿 沉 哦，
ka²¹to²²tɕi⁵⁵mo⁵⁵puo²²ti⁴²khiu⁴²thi²¹tɕi⁵⁵mo⁵⁵tse²²lai⁴²。
衔[1]着即 妖粑 是哭 啼即 妖井 内。
na⁴⁴ku³⁵θie⁴⁴taŋ⁴⁴θiŋ²¹khi²¹ke²¹。
乃 顾 相 当 神 奇个。
ka²¹to²²ʑie⁵⁵mo⁵⁵puo²²thi²¹tu⁴⁴tse²²toi²²。
衔 着若 妖粑 啼有井 底。
phu²¹ho³⁵tsui²²min⁴⁴kun²²le²¹kun²²hu³⁵，
浮 许 水 面 滚 来滚 去，
taŋ²²nan²²lou⁴⁴kiou³⁵i⁴⁴tɕie⁴²。
等 口[2] 路 救 伊上。
θo²²ʑi²²ʑie⁵⁵khau²²tse²²tu⁴⁴θiŋ²¹ie⁴⁴tu⁴⁴θiŋ²¹ie⁴⁴ʑie⁵⁵lai⁴²pi⁴⁴lo⁴⁴。
所以若 口 井 有神 话有神 话若 内 边咯。

注释：

1. 衔 ka²¹：拿、抱。

2. □nan[22]：人称代词，相当于北京话的"咱"。

意译：

这口井现在还是存在的，不过这口井呢它有按我说大概十年前吧，我是看见一个模型。我小的时候，就看见井里还有水呢。因为这口井现在在哪里我也知道，但不知道现在人盖房子填住了没，这个我就不太清楚啦。因为当时就是传说，这个是我们听说的，感城分城内和城外，感城过去被称为"感恩"，感恩县城的人呢，不管是城内城外，像我们这里是属于城外，全部下河挑水。河就是现在的感恩河。去感恩河挑水，用桶去挑水回来喝。但是有一次就不知道是哪一个年代，我也不怎么考察得清楚，反正过去有人围城，围城的意思就是攻打感恩城。结果所有城内的人，全部不敢出来去河里挑水。只有像我们城外的可以去河里挑水，城内的人就不敢去河里了。（城内的人）当天就马上挖好了这口井，这口井就供应城内的人喝水。城内指的就是做官的了，和很多老百姓在里面，就供应给人喝水，当天挖了这口井。

这口井有一个神话，哪个神话呢，有个人她住那边的房子，过去我那祖屋就在那边，她住那间房也是在那边。她这个人呢，这个老太婆，按她现在的年龄也有一百多岁了，她的娘家正好是在现在这个位置，她就嫁来我们这边，她当时就讲了一个故事，这个故事让你感到这口井很神奇，这口井非常神奇。她说她年轻的时候，七月节，有一个小孩，我们这边七月节不是做糍粑来吃吗？七月节就是七月十四或者七月十五做糍粑来吃。说到这个小孩掉进井里以后，不沉下去，拿着这个糍粑在井里哭，等我们这里的人去救他上来。所以这口井里有神话。

（发音人：杨光吉）

感城其三故事　关公庙前两棵树

hin[21] na[44] koŋ[22] ka[35] kuan[44] koŋ[44] miau[55] khi?[5] lu[22] thie[44]。
现　 旦　 讲　教　关　 公　 庙　 乞　汝　听。

in⁴⁴ui²²kuan⁴⁴koŋ⁴⁴miau⁵⁵u⁴⁴kaŋ²²eŋ⁴⁴kuai⁴⁴, i⁴⁴tɕiu⁴²θi⁴²
因为关 公 庙 有 感 恩 县, 伊就 是
tu⁴⁴kaŋ²²eŋ⁴⁴kuai⁴⁴θie²¹ŋe²¹mui²¹kai²¹nan²¹pi⁴⁴。
有感 恩县 城 衙门 个 南 边。
θo²²ȥi²²naŋ²¹vi⁴⁴khiʔ⁵i⁴⁴a⁴⁴kai²¹mie²¹kie³⁵tsoʔ⁵nan²¹mui²¹kuan⁴⁴koŋ⁴⁴。
所以依 □¹乞 伊一个 名 叫作 南 门 关 公。
in⁴⁴ui²²taŋ⁴⁴θi²¹kaŋ²²eŋ⁴⁴θie²¹ne⁵⁵u⁴⁴θi³⁵kai²¹mui²¹,
因为当时感 恩城 呢有四个 门,
taŋ⁴⁴mui²¹sai⁴⁴mui²¹nan²¹mui²¹paʔ⁵mui²¹,
东 门 西 门 南 门 北门,
tɕiu⁴²u⁴⁴tɕie⁵⁵θi³⁵kai²¹mui²¹。
就 有若 四个 门。
i⁴⁴ŋaŋ³⁵ho²²tɕiu⁴²tsoʔ⁵tu⁴⁴kaŋ²²eŋ⁴⁴kuai⁴⁴θie²¹kuai⁴⁴ŋe²¹kai²¹nan²¹mui²¹
伊啱 好就 作有感 恩县 城县 衙个 南 门
tui³⁵min⁴⁴, ȥie⁵⁵piʔ⁴⁴tɕiu⁴⁴han³⁵tsoʔ⁵nan²¹mui²¹kuan⁴⁴koŋ⁴⁴。
对 面, 若 边就 喊 作南 门 关 公。
hi³⁵tɕieʔ⁵kuan⁴⁴koŋ⁴⁴vie⁴⁴ni⁵⁵i⁴⁴taŋ⁴⁴θi²¹
许只 关 公 庙 呢伊当 时
tɕi⁵⁵kai²¹θi⁴²va²²ɕin⁴⁴maʔ³mo⁴⁴to²²kai²¹mi⁴⁴,
即个是我 亲目 望 着个物,
va²²ki³⁵kuo³⁵kai²¹mi⁴⁴la⁰。
我 见 过 个物啦。
i⁴⁴laiʔ⁴²piʔ⁴⁴θi⁴²u⁴⁴no⁴²tɕiaŋ²²ɕiou⁴⁴,
伊内边是有两种 树,
ȥiaʔ³tɕiaŋ²²θi⁴²tui⁴⁴tau⁴⁴ɕiou⁴⁴, kaŋ²²θie²¹naŋ²¹θi⁴²kie³⁵tsoʔ⁵θui⁴⁴vuo²¹ɕiou⁴⁴。
一 种 是酸豆树, 感 城 依 是叫作 酸梅 树。
kaŋ⁴⁴u⁴⁴a⁴⁴tɕiaŋ²²θiaŋ⁴⁴ɕiou⁴⁴。
共 有一种 怅 树。
ɕiaŋ²¹ɕiou⁴⁴tsu⁴⁴tɕie⁴²θi⁴²kie³⁵tsoʔ⁵ȥioŋ²¹ɕiou⁴⁴。
怅 树 书 上 是叫作 榕 树。

ʑi⁵⁵ tɕiaŋ²² θiaŋ²² ɕiou⁴⁴，
若 种 桄 树，
va²² hin²¹ na⁴⁴ koŋ²¹ ke²¹ tɕiu³⁵ ka³⁵ tɕi⁵⁵ tsaŋ²¹ θiaŋ²¹ ɕiou⁴⁴ tɕiu⁴⁴ tu⁴⁴ a²¹ kai²¹ θie⁴⁴ taŋ⁴⁴ θiŋ²¹ khi²¹。
我 现 旦 讲 个 就 共 即 丛 桄 树 就 有一个 相 当 神 奇。
ho³⁵ θi²¹ hau⁴⁴ va²² naŋ²¹ θoi³⁵ kie²² huan²¹ θi⁴² hu³⁵ tho²² θui⁴⁴ vuo²¹ kie²² tɕieʔ³，
许 时 候 我 侬 细 囝 还 是 去 讨 酸 梅 囝 食，
kau³⁵ ʑi⁵⁵ tsaŋ²¹ θiaŋ²¹ ɕiou⁴⁴ θiaŋ²¹ tɕi²² va²² naŋ²¹ ia⁴⁴ tho²² tɕieʔ³。
遘 若 丛 桄 树 桄 籽 我 侬 亦 讨 食。
ʑie⁵⁵ θi⁴² va²² tho²² kuo³⁵ lai²¹ tɕieʔ³ kai²¹ mi⁴⁴ kai²¹，
若 是 我 讨 过 来 食 个 物 个，
va²² hin²¹ na⁴⁴ lu²² na⁴⁴ koŋ²² khi²¹ ne⁵⁵
我 现 旦 汝 乃 讲 起 呢
tu⁴⁴ va²² nau²² lai⁴² tɕiu⁴² iʔ⁵ tie⁴⁴ tsaŋ²¹ θiaŋ²¹ ɕiou⁴⁴ kaŋ⁴⁴ tsaŋ²¹ θui⁴⁴ vuo²¹ ɕiou⁴⁴ lu⁴⁴。
有 我 脑 内 就 忆着 丛 桄 树 共 丛 酸 梅 树 噜。
na⁴⁴ va²² hin²¹ na⁴⁴ koŋ²² θiŋ²¹ kai²¹ ni⁵⁵ tɕiu²¹ θi⁴⁴ θiŋ²¹ khi²¹ kai²¹ ʑie⁵⁵ tsaŋ²¹ θiaŋ²¹ ɕiou⁴⁴。
乃 我 现 旦 讲 神 个 呢 就 是 神 奇 个 若 丛 桄 树。
i⁴⁴ tsaŋ²¹ θiaŋ²¹ ɕiou⁴⁴ taŋ⁴⁴ θi²¹ θi⁴² tuo⁴⁴ ɕiou⁴⁴ la⁰，
伊 丛 桄 树 当 时 是 大 树 啦，
u⁴⁴ a²² pha³⁵ ɕiou⁴⁴ ni⁵⁵ tiʔ³ tɕi³⁵ tshun⁴⁴ hu⁴⁴ naŋ²¹ tɕiu⁴² phie²¹。
有 一 □² 树 呢 直 接 伸 去 侬 就 爬。
ʑi⁵⁵ tsoi⁴⁴ ɕiou⁴⁴ ti⁴² va²² mo⁴⁴ to²² keʔ¹ leʔ⁵⁵
若 侪 树 是 我 望 着 个 嘞。
ɕiaŋ³⁵ va²² ti⁴² mo⁴⁴ to²² kai²¹ la⁰。
像 我 是 望 着 个 啦。
sun⁴⁴ θie²¹ θie²¹ hu³⁵，
伸 斜 斜 去，
na⁴⁴ i⁴⁴ ʑio⁵⁵ pha³⁵ ɕiou⁴⁴ ni⁵⁵ tɕiu⁴² i⁴⁴ tu⁴⁴ a²¹ tɕiaŋ²² ʑi³⁵ tɕiau⁴²，
乃 伊 若 □² 树 呢 就 伊有一种 预 兆，
u⁴⁴ a²¹ kai²¹ ʑi³⁵ tɕiau⁴² kai²¹。
有 一 个 预 兆 个。

ʑie⁵⁵ pha³⁵ ɕiou⁴⁴ ni⁵⁵ keŋ⁴⁴ θiaŋ²¹
若 □² 树 呢 经 常

va²² naŋ²¹ tsoʔ⁵ θoi³⁵ kie²² pheʔ²¹ tɕie⁴² tho²² ʑie⁵⁵ tɕiaŋ²² tɕi²² lai²¹ tɕieʔ³ ma²¹,
我 侬 作 细 囝 爬 上 讨 若 种 籽 来 食 嘛,

na⁴⁴ taŋ⁴⁴ θi²¹ tuʔ⁴⁴ laʔ³ laʔ³ hi²¹ kai²¹ θi²¹ hau⁴⁴,
乃 当 时 有 六 六 年 个 时 候,

koŋ²² u⁴⁴ a²¹ kai²¹ niou⁵⁵ kie²² ni⁵⁵ hu³⁵ ho³⁵ tɕie⁴² tho²² θiaŋ²¹ tɕi²²,
讲 有一个 崽 囝 呢 去 许 上 讨 桱 籽,

ʑi⁵⁵ tɕieʔ⁵ niou⁵⁵ kie²² tu⁴⁴ tɕieʔ⁵ pha³⁵ ɕiou⁴⁴ tɕie⁴²,
若 只 崽 囝 有 只 □² 树 上,

tɕieʔ⁵ pha³⁵ ɕiou⁴⁴ a²² e⁴⁴ tui⁴⁴ tshuiʔ⁵,
只 □² 树 一下 断 坠,

tuo⁴⁴ ɕiou⁴⁴ a⁴⁴,
大 树 啊,

lu²² ɕiaŋ³⁵ a²² kai²¹ niau³⁵ kie²² lu²² vo³³ kho²² neŋ²¹ tse⁴² tiʔ⁵ a³⁵ pha³⁵ ɕiou⁴⁴ tɕi⁴².
汝 像 一个 崽 囝 汝 勿 可 能 坐 得 阿□² 树 折.

ʑi⁵⁵ kai²¹ ɕiou⁴⁴ taŋ³⁵ tuo⁴⁴ ɕiou⁴⁴ pha³⁵ naŋ²¹ a³⁵ tuo⁴⁴ ne⁴⁴ lu²² ʑiu⁴² tsoʔ⁵ tɕi⁵⁵ tio⁵⁵?
若个 树 底样 大 树 □² 侬 阿大 呢 汝 又 作 即 是 勿?

aŋ³⁵ koŋ²² i⁴⁴ kai²¹ tiʔ³ keŋ⁵⁵ koŋ²² tu⁴⁴ saʔ⁴⁴ tsaiʔ³ koŋ⁴⁴ huŋ⁴⁴ tiʔ³ keŋ⁵⁵,
按 讲 伊个 直径 讲 有 三 十 公 分 直径,

ʑie⁵⁵ pha³⁵ ɕiou⁴⁴ kai²¹ tiʔ³ keŋ⁵⁵ koŋ²² tu⁴⁴ saʔ⁴⁴ tsaiʔ³ koŋ⁴⁴ huŋ⁴⁴ tiʔ³ keŋ⁵⁵.
若 □² 树 个 直径 讲 有 三 十 公 分 直径.

va²² tɕiu⁴² suan³⁵ vo³³ saʔ⁴⁴ tsaiʔ³ koŋ⁴⁴ huŋ⁴⁴ ʑi⁴⁴ tsaiʔ³ koŋ⁴⁴ huŋ⁴⁴ ia⁴⁴ kho²² ʑi²² tsoʔ⁵ tiʔ⁵.
我 就 算 勿 三 十 公 分 二 十 公 分 亦 可 以 作 得.

ʑi⁴⁴ tsaiʔ³ koŋ⁴⁴ huŋ⁴⁴ kai²¹ tiʔ³ keŋ⁵⁵.
二 十 公 分 个 直径.

lu²² niau³⁵ kie²² vo³³ kho²² neŋ²¹ tse⁴² tiʔ⁵ pha³⁵ ɕiou⁴⁴ tɕi⁴² lo⁴⁴ kai²¹.
汝 崽 囝 勿 可 能 坐 得 □² 树 折 落个.

i⁴⁴ ia⁴⁴ vo³³ huaŋ⁴⁴, ʑiu⁴⁴ vo³³ θi⁴² thai²¹ huaŋ⁴⁴.
伊 亦 勿 风, 又 勿 是 台 风.

ɕiaŋ³⁵ nan²² hin²¹ na⁴⁴ tɕi⁵⁵ tɕiaŋ²² pheŋ²¹ pheŋ²¹ tseŋ⁴² tseŋ⁴² kai²¹ θi²¹ hau⁴⁴。
像 □³ 现 旦 即 种 平 平 静 静 个 时 候。
ʑie⁵⁵ mo⁵⁵ niau³⁵ kie²¹ tse⁴² tu⁴⁴ ho³⁵ pha³⁵ ɕiou⁴⁴，
若 孬 孥 团 坐 有 许 □² 树，
tiʔ³ tɕiʔ⁵ ʑieʔ³ e⁴⁴ θiaʔ⁵ tɕiaŋ²² pha³⁵ ɕiou⁴⁴ ʑieʔ³ e⁴⁴ laʔ⁵ tɕiu⁴² loʔ³，
直 接 一 下 削 种 □² 树 一 下 啦 就 落，
tɕiaŋ⁴⁴ naŋ²¹ tɕieʔ³ pha³⁵ ɕiou⁴⁴ kaŋ⁴⁴ nan²¹ tse⁴² puo⁴⁴ ki⁴⁴ ho³⁵ tɕiaŋ²²，
将 侬 只 □² 树 共 □² 坐 飞 机 许 种，
kaŋ⁴⁴ kai²¹ kiaŋ³⁵ laʔ⁵ θuo³⁵ ʑieʔ³ ie⁴⁴，
共 个 降 落 伞 一 样，
tiʔ³ tɕi³⁵ taŋ²¹ ie⁴⁴ maŋ⁴⁴ maŋ⁴⁴ laʔ⁵ loʔ³。
实 际 同 样 慢 慢 落 落。
laʔ⁵ loʔ³ liau²² au⁴² ne⁵⁵ hi³⁵ tɕieʔ⁵ niau⁵⁵ kie²² miʔ⁵⁵ ɕi⁴² lou⁴⁴ vo³³ u⁴⁴，
落 落 了 后 呢 许 只 孥 团 乜 事 都 勿 有，
θo²² ʑi²² ho³⁵ tsoi⁴⁴ naŋ²¹ tɕiu⁴² koŋ²² ʑie⁵⁵ kai²¹ ɕiou⁴⁴ u⁴⁴ aʔ²¹ tɕiaŋ²² ʑi³⁵ kaŋ²² le⁵⁵。
所 以 许 侪 侬 就 讲 若 个 树 有 一 种 预 感 嘞。
ʑieʔ³ tɕiaŋ²² ʑi³⁵ tɕiau⁴² le⁵⁵。
一 种 预 兆 嘞。
θo²² ʑi²² ʑi⁵⁵ kai²¹ ia⁴⁴ θi⁴² a⁴⁴ kai²¹ θiŋ²¹ ie⁴⁴。
所 以 若 个 亦 是 一 个 神 话。

注释：

1. □vi⁴⁴：连词"就"；
2. □pha³⁵：树枝、树杈，本字未详。
3. □nan²²：人称代词，相当于北京话的"咱"。

意译：

现在讲关公庙给你听。因为关公庙在感恩县就是在感恩县城的南边，所以人们就给它起一个名叫作"南门关公"。因为当时感恩城有四个门，东门、西门、南门、北门，就有这四个门，它刚好就在感恩县衙的南门对面就叫作南门关公。那个关公庙当时，这是我亲眼所见的事情，我见过的事啦。

关公庙里面有两种树，一种是酸豆树，感城人叫作酸梅树，另一种是"桭树"，桭树书上写的就是榕树。我现在讲的就和这棵榕树有关的一个相当神奇（的故事）。

那时候我们这些小孩都是摘酸梅籽吃，我们也摘这棵榕树籽来吃。这是我摘来吃过的，现在你说起来呢，在我脑子里面还记得这棵榕树和那棵酸梅树。我现在说的神奇的就在这棵榕树。它这棵榕树当时是大树，有一树枝直接伸出去人们就爬，（树枝）伸出来斜斜的。它这棵树是有一种预兆，这棵树我们小时候爬上去摘树籽来吃。当时1966年的时候，说有一个小孩上去摘榕树籽，这个小孩在树枝上，这根树枝一下子断了掉下来，大树啊，你想一个小孩不可能把那树枝坐断。这样大的树枝，它的直径有30厘米，我就算没有30厘米也有20厘米。小孩是不可能把这树枝坐断的，又不刮风，也没台风，像我们现在这样平平静静的时候。这个小孩坐在树枝上，一下子把树枝就削掉了，将这树枝像我们坐飞机一样，像个降落伞一样，实际上是慢慢下降，降落了以后这小孩什么事也没有，所以那些人就说这棵树有一种预感，所以这也是一个神话。

（发音人：杨光吉）

感城其四故事　苏桂新

va²²koŋ²²ʑie⁵⁵mo⁵⁵naŋ²¹ni⁵⁵i⁴⁴kai²¹mie²¹θi⁴²kie³⁵tsoʔ⁵θou⁴⁴kui³⁵θin⁴⁴。
我　讲　若　奻　侬　呢　伊个　名　是　叫　作　苏　桂　新。

θou⁴⁴kui³⁵θin⁴⁴i⁴⁴taŋ⁴⁴θi²¹tu⁴⁴pun²²ti⁴²ni⁵⁵θi⁴²min²¹suan²²kuai⁴⁴tɕiaŋ²²kai²¹,
苏　桂　新　伊当　时　有　本　地呢　是　民　选　县　长　个，

i⁴⁴θi⁴²min²¹suan²²kuai⁴⁴tɕiaŋ²²。
伊是　民　选　县　长。

phan²²tɕie³⁵lu²²han³⁵ti⁴⁴tiou⁴⁴naŋ²¹lai²¹kau³⁵lou⁴⁴lu²²ki⁴⁴pun²²tɕie⁴²lu²²theŋ³⁵
反　正　汝趁　底底路侬　来　遭　路　汝基本　上　汝欠[1]

hu³⁵ kaŋ⁴⁴ i⁴⁴ pha⁵⁵ kai²¹ tɕiau⁴⁴ hu⁴⁴ tɕi⁵⁵ tɕiaŋ²² i³⁵ ɕi³⁵ le⁵⁵。
去 共 伊 拍 个 招 呼 即 种 意 思 嘞。
na⁴⁴ i⁴⁴ tu⁴⁴ kaŋ²² θie²¹ sui⁴⁴ khiʔ⁵ naŋ²¹ pheŋ²¹ ke³⁵ tsui³⁵ kuai²¹ kai²¹ ni⁵⁵ tɕiu⁴² θi⁴²
乃 伊 有 感 城 村 乞 侬 评 价 最 悬 个 呢 就 是
keiʔ⁵ phu³⁵ tɕi³⁵ kiaŋ²¹。
劫 富 济 穷。
i⁴⁴ phan²¹ θi⁴² lu²² u⁴⁴ tɕi²¹ kai²¹ naŋ²¹ ne⁵⁵,
伊 凡 是 汝 有 钱 个 侬 呢,
pun²² ti⁴² in⁴⁴ ui²² kaŋ²² θie²¹ kaŋ²² eŋ⁴⁴ kuai⁴⁴ θie²¹ lai⁴² pi⁴⁴ ne⁵⁵,
本 是 因 为 感 城 感 恩 县 城 内 边 呢,
kheŋ²² tie⁴⁴ khie⁴⁴ tu⁴⁴ a⁴⁴ nai⁵⁵ tu⁴⁴ tɕi²¹ kai²¹ naŋ²¹。
肯 定 徛 有 一 乃² 有 钱 个 侬。
tɕiu⁴² ti⁴² koŋ²² vo³³ kaŋ⁴⁴ vuo⁴⁴ pi⁴⁴ pi²² la⁰,
就 是 讲 勿³ 共 外 边 比 啦,
na⁴⁴ tu⁴⁴ taŋ⁴⁴ ti²¹ ne⁵⁵ eŋ³⁵ kai⁴² θi⁴² han³⁵ tu⁴⁴ a⁴⁴ kai²¹ u⁴⁴ tɕi²¹ kai²¹ naŋ²¹,
乃 有 当 时 呢 应 该 是 趁 有 一 个 有 钱 个 侬,
ʑieʔ³ kai²¹ θie⁴⁴ taŋ⁴⁴ u⁴⁴ tɕi²¹ kai²¹ naŋ²¹。
一 个 相 当 有 钱 个 侬。
i⁴⁴ mui²² kau³⁵ tshun⁴⁴ tsaiʔ⁵,
伊 每 遘 春 节,
tshun⁴⁴ tsaiʔ⁵ khi²¹ kaŋ⁴⁴ nan²² ʑie⁵⁵ pi⁴⁴ θi⁴² han³⁵ tsoʔ⁵ hi²¹ kuan⁴⁴ kau³⁵ hi²¹ lo⁴⁴ ma²¹。
春 节 期 间 □⁴ 若 边 是 喊 作 年 关 遘 年 咯 嘛。
kau³⁵ hi²¹ kuan⁴⁴ kai²¹ θi²¹ hau⁴⁴ le⁵⁵ zei²¹ kui²², zei²¹ kau²² sa⁴⁴ tsaiʔ³ ʑie⁵⁵ kai²¹
遘 年 关 个 时 候 呢 [二十] 几, [二十] 九 三 十 若 个
θi²¹ hau⁴⁴ le⁵⁵。ke²² ɕiŋ⁴⁴ lu²² tu⁴⁴ tshu³⁵ ni⁵⁵,
时 候 呢。假 亲 汝 有 厝 呢,
lu²² tɕiŋ⁴⁴ tɕiŋ⁴⁴ vo³³ u⁴⁴ tɕi²¹ voi²² hu²¹ hiaʔ³ voi²² te³⁵ hiaʔ³ kien⁴² ɕi⁴² liau²² ni⁵⁵,
汝 真 真 勿 有 钱 买 鱼 肉 买 带 肉 件 事 了 呢,
hu³⁵ theŋ²¹ i⁴⁴。
去 寻 伊。

i⁴⁴thaŋ³⁵tɕieʔ⁵te⁴⁴lai⁴²tɕiu⁴²pui⁴⁴tɕi²¹tshuiʔ⁵lai²¹khiʔ⁵lu²²lo⁴⁴。
伊趁 只 袋内就 把 钱出 来乞 汝咯。
i⁴⁴ɕiŋ⁴⁴kuo²²khiʔ⁵kau³⁵liau²²ʑi²²au⁴²i⁴⁴tɕiu⁴²khui⁴⁴a²¹tɕiaŋ⁴⁴tiau²¹ki⁴²khiʔ⁵lu²²，
伊亲 果 乞 遘 了 以后伊就 开 一张 条 据乞 汝，
ɕiaŋ³⁵koŋ²²tu⁴⁴kaŋ²²θie²¹lu²²hin²¹na⁴⁴tɕiaŋ⁴⁴sa⁴⁴u⁴⁴tɕi²¹，li²²θi³⁵u⁴⁴tɕi²¹，
像 讲 有感 城 汝现旦张 三 有 钱，李四有钱，
ui²¹ŋou⁴²u⁴⁴tɕi²¹，
王 五 有钱，
lu²²ho³⁵tsoi⁴⁴θi⁴²phu³⁵naŋ²¹lo⁵⁵，phu³⁵hou⁴⁴lo⁴⁴，i⁴⁴hin²¹na⁴⁴khui⁴⁴a²¹tɕiaŋ⁴⁴tiau²¹lu²²。
汝许侪是富 侬 咯，富户 咯，伊现旦开 一张 条汝。
lu²²hu³⁵theŋ²¹tɕiaŋ⁴⁴sa⁴⁴he⁴⁴ŋou⁴²kai²¹kuaŋ⁴⁴ŋin²¹，
汝去寻 张 三 □⁵五个 光 银，
tɕiaŋ⁴⁴sa⁴⁴pun²²θin⁴⁴θi⁴²phu³⁵hou⁴²kau³⁵lou⁴⁴mo⁴⁴to²²hi³⁵tɕiaŋ⁴⁴tiau²¹ki⁴²，
张 三本 身是富户遘路望着许张 条 据，
mo⁴⁴to²²i⁴⁴ho³⁵tsu⁴⁴phaiʔ⁵liau²²ʑi²²au⁴²，
望 着伊许书法 了 以后，
lu²²vo³³ka²²vo³³khiʔ⁵。
汝勿 敢勿 乞。
lu²²ʑieʔ³tie⁴⁴hiaŋ³⁵khiʔ⁵tɕi²¹ʑie⁵⁵mo⁵⁵kiaŋ²¹kai²¹ka²¹tui²²hu³⁵kai²¹。
汝一 定欠 乞 钱若 妚穷 个衔⁶转去个。
hu³⁵theŋ²¹li²²θi³⁵，
去寻 李四，
li²²θi³⁵taŋ²¹ie⁴⁴vo³³ka²²thui³⁵sui³⁵。
李四同 样勿敢转 喙。
ʑieʔ³tie⁴⁴lu²²ʑieʔ³tie⁴⁴hiaŋ³⁵khiʔ⁵tɕi²¹tsoi⁴⁴kiaŋ²¹kai²¹。
一 定汝一 定欠 乞 钱侪穷 个。
θo²²ʑi²²ʑi⁵⁵mo⁵⁵naŋ²¹ni⁵⁵u⁴⁴kaŋ²²θie²¹
所以若妚侬 呢有感 城
tɕiu⁴²khiʔ⁵naŋ²¹kai²¹tɕi⁴²na⁴⁴ku³⁵θie⁴⁴taŋ⁴⁴ho²²。
就 乞 侬 个钱是乃顾相 当 好。

i⁴⁴tsui³⁵au⁴²lai²¹koŋ²²ne⁵⁵i⁴⁴taŋ⁴⁴θi²¹ne⁵⁵tɕiu⁴²θi⁴²koŋ²²
伊最 后来讲 呢伊当 时呢就 是讲
khaŋ⁴⁴ʑieʔ³kai²¹,
共 一 个,
eŋ³⁵kai⁴⁴koŋ²²zoŋ⁴⁴kaŋ²²θie²²ie⁴⁴lai²¹koŋ²²θi⁴²i⁴⁴kai²¹tɕhiŋ⁴⁴tɕhieiʔ⁵le⁵⁵,
应该 讲 用 感 城 话来讲 是伊个 亲 戚 嘞,
ɕin⁴⁴tɕie²¹le⁵⁵。
亲 情 嘞。
khaŋ⁴⁴i⁴⁴tɕieʔ⁵ɕin⁴⁴tɕie²¹kaŋ⁴⁴tsoʔ⁵le⁵⁵。
牵 伊只 亲 情 工 作 嘞。
ʑio⁵⁵mo⁵⁵ni⁵⁵taŋ⁴⁴θi²¹θouʔ³ʑi²²kuaŋ²²ke⁴⁴tɕiaŋ²²lui⁴²hiŋ²¹。
若 妚呢当 时属 于管 家种 类型。
ʑie⁵⁵mo⁵⁵kha⁴⁴θiau³⁵tɕiu⁴²θi⁴²huai⁴⁴。
若 妚骸数 就 是坏。
θo²²ʑi²²koŋ²²naŋ²¹ne⁵⁵,
所以讲 侬 呢,
tsoʔ⁵naŋ²¹kai²¹mi²²ne⁵⁵,
作 侬 个 物 呢,
seŋ⁴²u⁴⁴seŋ⁴²po³⁵,ouʔ⁵u⁴⁴ouʔ⁵po³⁵tɕiu⁴²ʑie⁵⁵tɕiaŋ²²zuan²¹in⁴⁴la⁰。
善 有善 报,恶 有恶 报就 若种 原 因 啦。
han³⁵ʑie⁵⁵mo⁵⁵naŋ²¹hu³⁵ni⁵⁵,
喊 若 妚侬 去呢,
ʑie⁵⁵mo⁵⁵naŋ²¹mo⁵⁵kha⁴⁴θiau³⁵ni⁵⁵i⁴⁴tso⁵⁵kau³⁵,
若 妚侬 妚骸数 呢伊作 遘,
i⁴⁴taŋ⁴⁴θi²¹tu⁴⁴ho³⁵lai⁴²tsoʔ⁵kuaŋ²²ke⁴⁴kau³⁵ʑieʔ³tie⁴⁴θi²¹kaŋ⁴⁴liau²²ni⁵⁵,
伊当 时有许内作 管 家遘 一 定 时间 了 呢,
i⁴⁴kai²¹naŋ²¹ho²²tshuiʔ⁵kaŋ⁴⁴tuo⁴⁴kai³⁵tsu²²ie⁴⁴lo⁵⁵,
伊个 侬 好出 功 大盖 主样 咯,
ʑi⁵⁵tɕiaŋ²²i³⁵θi³⁵i⁴⁴tɕiu⁴²vo³³pan⁴⁴phaiʔ⁵。
若种 意思伊就 勿办 法。

五　口头文化 / 309

i⁴⁴ tɕiu⁴² ɕiaŋ²² keiʔ⁵ θou⁴⁴ kui³⁵ θin⁴⁴ ʑie⁵⁵ mo⁵⁵ lie²¹ tɕieʔ³。
伊就 抢 劫 苏 桂 新 若 奸 粮食。
in⁴⁴ ui²¹ naŋ²¹ taŋ⁴⁴ θi²¹ i⁴⁴ tsoʔ⁵ kuai⁴⁴ tɕiaŋ²² ne⁵⁵,
因为 侬 当 时伊作 县 长 呢,
i⁴⁴ ʑieʔ³ kaiʔ¹ lai²¹ koŋ²² ne⁵⁵ tɕiu⁴² tiʔ⁵ min²¹ θin⁴⁴ liau⁴² a⁴⁴ lo⁵⁵。
伊一 个 来 讲 呢就 失 民 心 了 啊咯。
naŋ²¹ tɕiu⁴² pun⁴⁴ a²¹ paʔ⁵ ti⁴² khiʔ⁵ i⁴⁴ ma²¹。
侬 就 分 一幅 地乞 伊嘛。
kuo³⁵ hu³⁵ i⁴⁴ vo³³ u⁴⁴ kaŋ⁴⁴ ɕi⁴⁴, kouʔ⁵ ke⁴⁴ vo³³ u⁴⁴ kaŋ⁴⁴ ɕi⁴⁴ lu²²,
过 去 伊勿有工 资,国 家勿有工 资噜,
pun⁴⁴ a²¹ khuai³⁵ ti⁴² khiʔ⁵ lu⁴⁴ kho²² ʑi²² keŋ⁴⁴ zoŋ²¹ ho³⁵ khuai³⁵ ti⁴²,
分 一块 地乞 汝可 以经 营 许块 地,
houʔ³ tse²² ti⁴² ho³⁵ khuai³⁵ ti⁴² kiau⁴⁴ khiʔ⁵ ho⁵⁵ tsoi⁴⁴ kun²¹ tɕiaŋ³⁵ tsoʔ⁵,
或 者 是许块 地交 乞 许侪 群 众 作,
lu²² neŋ³⁵ kiau⁴⁴ lie²¹ khiʔ⁵ i⁴⁴ lo⁵⁵。
汝另 交 粮乞 伊咯。
ʑie⁵⁵ kai²¹ θi⁴² kuo³⁵ hu³⁵ kai²¹ ʑieʔ³ tɕiaŋ²² tsoʔ⁵ phaiʔ⁵ liau²² ma²¹。
若 个 是过 去 个 一 种 作法 了 嘛。
θo²² ʑi²² i⁴⁴ mo⁴⁴ ki³⁵ naŋ²¹ ho³⁵ khuai³⁵ ti⁴² ni⁵⁵ lie²¹ tɕieʔ³ phoŋ⁴⁴ θiou⁴⁴,
所 以伊奸 见侬 许块 地呢粮食 丰 收,
naŋ²¹ vo³³ θi⁴² keŋ⁴⁴ tiaŋ²¹ ta⁴⁴ lie²¹ ta⁴⁴ mi⁵⁵ naŋ²¹?
侬 勿是经 常 担粮担物侬?
na⁴⁴ lu²² kau³⁵ ta⁴⁴ lie²¹ lai²¹ tɕi⁵⁵ mo⁵⁵ naŋ²¹,
乃 汝遘 担粮来 即奸 侬,
i⁴⁴ tɕiu⁴² ie⁴² tshuiʔ⁵ pun⁴⁴ khiʔ⁵ kiaŋ²¹ kiaŋ²¹ tsoi⁴⁴ naŋ²¹ tɕieʔ³ lu⁴⁴ ke²¹ a⁴⁴,
伊就 要出 分 乞 穷 穷 侪 侬 食噜个啊,
pun⁴⁴ ho³⁵ kiaŋ²¹ kiaŋ²¹ tsoi⁴⁴ naŋ²¹。
分 许穷 穷 侪 侬。
tshui⁴⁴ lai⁴² naŋ²¹ kiaŋ²¹ kiaŋ²¹ i⁴⁴ lou⁵⁵ theŋ²¹ ti⁵⁵ lai²¹ tɕieʔ³ lu⁴⁴ a⁴⁴。
村 内侬 穷 穷 伊都寻 滴来 食噜啊。

ho³⁵ mo⁵⁵ vi⁴⁴ han³⁵ lou⁴⁴ ɕiaŋ²² keʔ⁵ naŋ²¹ kai²¹ mi⁴⁴,
许奸 □⁷ 趁 路 抢 劫 侬 个 物,
ɕiaŋ²² keʔ⁵ vi⁴⁴ tɕi³⁵ tsau⁴² kau³⁵ tsui³⁵ au⁴² liau²² ni⁵⁵ θiaŋ⁴⁴ phaŋ⁴⁴ tou³⁵ vu²².
抢 劫 □⁷ 制 造 遘 最 后 了 呢 双 方 斗 武。
θiaŋ⁴⁴ phaŋ⁴⁴ tou³⁵ liau²² au⁵³ ne⁵⁵,
双 方 斗 了 后 呢,
tou³⁵ liau²² au⁵³ i⁴⁴ naŋ²¹ taŋ⁴⁴ θi²¹ tɕiu⁴²,
斗 了 后 伊侬 当 时 就,
pun⁴⁴ tɕie⁴² pai²¹ tshui⁴⁴ kaŋ⁴⁴ e⁴² pai²¹ tshui⁴⁴,
分 上 ㄚ村 共 下 ㄚ村,
tɕiŋ⁴⁴ tɕie³⁵ huai⁴⁴ huai⁴⁴ ʑie⁵⁵ mo⁵⁵ mi⁴⁴ le⁵⁵ tɕiu⁴² θi²¹ tu⁴⁴ va²² naŋ²¹ e⁴² pai²¹ tshui⁴⁴。
真 正 坏 坏 若 奸 物 嘞就 是 有 我 侬 下 ㄚ 村。
tu⁴⁴ hin²¹ na⁴⁴ ʑie⁵⁵ pi⁴⁴,
有 现 旦 若 边,
va²² lou⁴⁴ paiʔ⁵ i⁴⁴ mo⁵⁵ tshu³⁵ tu⁴⁴ te³⁵。
我 都 别 伊奸 厝 有 带。
ɕiaŋ³⁵ va²² hin²¹ na⁴⁴ tu⁴⁴ kai²¹ ʑie⁵⁵ mo⁵⁵ ui⁴⁴ tɕi³⁵,
像 我 现 旦 有 个 若 奸 位 置,
va²² tshu³⁵ ʑie⁵⁵ mo⁵⁵ ui⁴⁴ tɕi³⁵ ne⁵⁵ θouʔ³ ʑi²² e⁴² pai²¹ tshui⁴⁴。
我 厝 若 奸 位 置 呢 属 于 下 ㄚ 村。
taŋ⁴⁴ θi²¹ tɕiu⁴²
当 时 就
lu²² lou⁴⁴ vo³³ ti⁴² ʑi²¹ a⁴⁴, lu²² han³⁵ khau³⁵ kin⁴² haui⁴⁴ huai⁴⁴ ʑie⁵⁵ mo⁵⁵ a⁴⁴。
汝 都 勿 地 移 啊, 汝 趁 靠 近 坏 坏 作 奸 啊。
tsui³⁵ au⁴² tɕiu⁴² pui⁴⁴ ʑie⁵⁵ mo⁵⁵ ni⁵⁵ tɕiu⁴² pha⁵⁵ pai⁴⁴,
最 后 就 把 若 奸 呢 就 拍 败,
θe³⁵ θou⁴⁴ ʑie⁵⁵ mo⁵⁵ ni⁵⁵, θou⁴⁴ kui³⁵ θin⁴⁴ ni⁵⁵,
姓 苏 若 奸 呢, 苏 桂 新 呢,
θou⁴⁴ kui³⁵ θin⁴⁴ taŋ⁴⁴ θi²¹ tu⁴⁴ kaŋ²² θie²¹ ti⁴² khi⁴⁴ ni⁵⁵ tɕiu⁴² tsau⁴² tɕi²¹,
苏 桂 新 当 时 有 感 城 地 区 呢 就 召 集,

i⁴⁴kai²¹θiʔ⁵laiʔ³tuo⁴⁴tɕiu⁴²pha⁵⁵naŋ²¹kie²²pai⁴⁴hu³⁵。
伊个 势力 大 就 拍 侬 团 败 去。
pha⁵⁵pai⁴⁴liau²²ʑi²²au⁴²ni⁵⁵i⁴⁴ʑiu⁴²tsau²²hu³⁵ʑie⁵⁵kai²¹nan²¹pai²¹,
拍 败 了 以 后 呢 伊 有 走 去 若 个 南 爿,
θo²²ui³⁵nan²¹pai²¹nan²¹kaŋ²²θie⁴⁴naŋ²¹koŋ²²kai²¹nan²¹pai²¹θi⁴²
所谓 南 爿 □⁴ 感 城 侬 讲 个 南 爿 是
tsau²²hu³⁵puiʔ³loʔ²¹hoʔ³⁵pi⁴⁴hu³⁵ɕie²²pie⁴⁴tui²²lai²¹tsoʔ⁵ʑieʔ³khi²²tshaŋ⁴⁴ʑi²²pha⁵⁵。
走 去 佛 罗 许 边 去 请 兵 转 来 作 一 起 参 与 拍。
tshaŋ⁴⁴ʑi²²pha⁵⁵pha⁵⁵kau³⁵tsui³⁵au⁴²taŋ²¹ie⁴⁴θi⁴²pha⁵⁵vo³³kuo³⁵。
参 与 拍 拍 遘 最 后 同 样 是 拍 勿 过。
pha⁵⁵vo³³kuo³⁵i⁴⁴ʑiu⁴²tsau²²hu³⁵mouʔ⁵
拍 勿 过 伊 又 走 去 □⁸
ʑieʔ³e⁴⁴vo³³tsau²²tiʔ³tshuiʔ⁵vi⁴⁴tsau²²hu³⁵mouʔ⁵khi²²。
若 下 勿 走 得 出 □⁷走 去 □⁸ 起。
tsau²²hu³⁵mouʔ⁵khi²²hin²¹na⁴⁴kai²¹vui⁴⁴tɕi²²ni⁵⁵tɕiu⁴²kaŋ²²θie²¹tsau⁴⁴oʔ³
走 去 □⁸ 起 现 旦 个 位 置 呢 就 是 感 城 中 学
kai²¹taŋ⁴⁴paʔ⁵kaʔ⁵。
个 东 北 角。
tu⁴⁴kaŋ²²θie²¹tsoŋ⁴⁴oʔ³kai²¹taŋ⁴⁴paʔ⁵kaʔ⁵ʑie⁵⁵mo⁵⁵vui⁴⁴tɕi³⁵。
有 感 城 中 学 个 东 北 角 若 妳 位 置。
ʑie⁵⁵mo⁵⁵vui⁴⁴tɕi³⁵taŋ⁴⁴θi²¹tɕiu⁴²u⁴⁴ho²²tsoi⁴⁴ho³⁵tsoi⁴⁴tsha²¹le⁵⁵,
若 妳 位 置 当 时 就 有 许 侪 许 侪 柴 嘞,
ɕiaŋ³⁵nan²²koŋ²²tɕiu⁴²θi⁴²koŋ²²ho³⁵tsoi⁴⁴niau⁵⁵niau⁵⁵kai²¹tsha²¹le⁵⁵,
像 □⁴ 讲 就 是 讲 许 侪 拏 拏 个 柴 嘞,
ɕiaŋ³⁵kai²¹tiaʔ⁵ʑieʔ³ie⁴⁴ni⁵⁵。
像 个 竹 一 样 呢。
i⁴⁴tɕiu⁴²nui³⁵lo⁴⁴lai⁴²min⁴⁴ni⁵⁵,
伊 就 □⁹ 落 内 面 呢,
nui³⁵lo⁴⁴lai⁴²min⁴⁴kiʔ⁵kuo²²hin²¹na⁴⁴huai⁴⁴huai⁴⁴ʑie⁵⁵mo⁵⁵ʑie⁵⁵mo⁵⁵ni⁵⁵,
□⁹ 落 内 面 结 果 现 旦 坏 坏 若 妳 若 妳 呢,

ʑie⁵⁵ mo⁵⁵ ho³⁵ pi⁴⁴ ni⁵⁵ tɕiu⁴² mo⁴⁴ lai²¹ tsau²² lo⁴⁴ hu³⁵,
若 奵 许 边 呢 就 望 来 走 落 去,
θi⁴² tsun²² pi⁴² θi⁴² hu³⁵ tshoŋ²¹ θi²² i⁴⁴ lo⁴⁴,
是 准 备 是 去 劙 死 伊 咯,
ho³⁵ θi²¹ hau⁴⁴ pha⁵⁵ vo³³ θi⁴² ka²¹ tɕi⁵ ka²¹ ho³⁵ tsoi⁴⁴ mi⁵⁵ te²¹ va²² vo³³ pai⁵ kie³⁵ mau²¹ le⁵⁵,
许 时 候 拍 勿 是 衔 箭 衔 许 侪 乜 屎 我 勿 别 叫 矛 嘞,
tsoi⁴⁴ mi⁴⁴ lo⁴⁴ ma²¹ ka²¹ hu³⁵ tshoŋ²¹。
侪 物 落 嘛 衔 去 劙。
tiʔ³ tɕiʔ⁵ tshoŋ²¹ lo⁴⁴ hu³⁵ lai⁴² min⁴⁴ ho³⁵ tsoi⁴⁴ ka⁴⁴ to⁴⁴ vo³³ ni⁵⁵ tshoŋ²¹ lo⁴⁴ lai⁴² min⁴⁴,
直 接 劙 落 去 内 面 许 侪 个 脏 仆 呢 劙 落 内 面,
tshoŋ²¹ tshoŋ²¹ u⁴⁴ a⁴⁴ kai²¹ tu⁴⁴ mai²² le⁵⁵,
劙 劙 有 伊 个 猪 母 嘞,
a²¹ kai²¹ tu⁴⁴ mai²² tiʔ³ tɕiʔ⁵ han³⁵ lai⁴² pi⁴⁴ tsau²¹ tshuiʔ⁵,
一 个 猪 母 直 接 趁 内 边 走 出,
tɕiu⁴² ho³⁵ tu⁴⁴ mai²², ho³⁵ mi⁴⁴ θie⁴⁴ taŋ⁴⁴ θiŋ²¹ kai²¹ a⁴⁴。
就 许 猪 母, 许 物 相 当 神 个 啊。
tsoʔ⁵ ho²² u⁴⁴ ho²² po³⁵ le⁵⁵。
作 好 有 好 报 嘞。
ʑie⁵⁵ mo⁵⁵ tu⁴⁴ mai²² tɕiu⁴² han³⁵ lai⁴² pi⁴⁴ tsau²² tshuiʔ⁵,
若 奵 猪 母 就 趁 内 边 走 出,
tsau²¹ tshuiʔ⁵ liau²² ʑi²² au⁴² i⁴⁴ kui²¹ kai²¹ pie⁴⁴ lo⁵⁵,
走 出 嘞 以 后 伊 几 个 兵 咯,
i⁴⁴ tɕiu⁴² mo⁴⁴ to²² koŋ²² lu²² ʑie⁵⁵ tɕiaŋ²² lu²² ho⁵⁵ maʔ³ θi⁴² tshe⁴⁴ me²¹ a⁴⁴?
伊就 望 着 讲 汝 若 种 汝 许 目 是 青 暝 啊?
a⁵⁵ tu⁴⁴ tsau²² lai⁴² la⁴⁴ lu²² koŋ²² naŋ²¹,
阿 猪 走 内 啦 汝 讲 侬,
i⁴⁴ koŋ²² lu²² θi⁴² tshe⁴⁴ me²¹。
伊讲 汝 是 青 暝。
tu⁴⁴ tsau²² lai⁴² lu²² koŋ²² naŋ²¹ ʑiou²¹ te²¹ lai²¹ θiau³⁵ ie⁴⁴,
猪 走 内 汝 讲 侬 由 屎 来 数[10] 话,

kui²²kai²¹pie⁴⁴lu²²me⁴⁴va²²va²²me⁴⁴lu²²lo⁴⁴ma²¹。
几　个　兵　汝骂　我　我　骂　你　了嘛。
kau³⁵tsui³⁵au⁴²ki³⁵ʑie⁵⁵tu⁴⁴koŋ²²ho²²la⁴⁴tu⁴⁴ke²¹，
遘　最　后　见若　猪　讲　好啦猪个，
vo³³veiʔ⁵tsha²¹ni⁵⁵la²¹。
勿勿　查　呢啦。
tsui³⁵au⁴²kui²²naŋ²¹tsau²²，tɕi⁵⁵kui²²naŋ²¹tɕiu⁴²tsau²²，
最　后　几　侬　走　，即　几　侬　就　走，
tsau²²liau²²ʑi²²au⁴²θeŋ⁴²i⁴⁴aŋ³⁵tɕiau³⁵tiʔ⁵mi⁴⁴mouʔ⁵kau³⁵an³⁵tɕie⁴²。
走　了　以后　剩　伊按照　滴物¹¹□⁸　遘晏上。
tɕiu⁴²tiʔ³tɕi³⁵tsau²²hu³⁵kiaŋ⁴⁴kiaŋ⁴⁴koŋ²²ʑie⁵⁵kai²¹tsau²²hu³⁵puiʔ³lo²¹pi⁴⁴lo⁴⁴ma²¹。
就　实际走　去　将　将　讲若个　走　去　佛　罗边了嘛。
tsui³⁵au⁴²tɕi⁵⁵mo⁵⁵naŋ²¹ne⁵⁵tɕiu⁴⁴θi²²tu⁴⁴puiʔ⁵lo²¹，
最　后　即妤　侬　呢就　死有佛　罗，
puiʔ³lo²¹θi²²liau²²kuo³⁵liau²²kui²²hi²¹au⁴²，
佛　罗死了　过　了　几　年　后，
na⁵⁵than³⁵puiʔ³lo²¹θuo²²mo⁵⁵θi⁴⁴thi²²tui²²lai²¹tsaŋ³⁵，
乃　趁　佛　罗移　妤　尸体转来葬，
θuo²²mo⁵⁵θi⁴⁴thi²²tui²²lai²¹ʑie⁵⁵pi⁴⁴tsaŋ³⁵。
移　妤　尸体转来若　边葬。
ʑie⁵⁵mo⁵⁵mou⁴⁴ni⁵⁵va²²tɕiu⁴²tsa²²hi²¹ni⁵⁵，
若　妤墓　呢我　就　早年呢，
va²²tɕiu⁴²thie⁴⁴naŋ²¹oʔ³ʑie⁵⁵mo⁵⁵ku³⁵ɕi⁴²ni⁵⁵，
我　就　听　侬　学若　妤故事呢，
va²²ho³⁵ɕi³⁵tsuan⁴⁴tsheŋ²¹tsau²²hu³⁵tshau⁴⁴i⁴⁴tɕieʔ⁵poi⁴⁴vun²¹lo⁴⁴lai²¹。
我　许次专　程　走去　抄　伊只　碑文　落来。
na⁴⁴ti⁴²u⁴⁴ʑie⁵⁵mo⁵⁵mui⁴⁴toi²¹tɕie⁵⁵lai²¹koŋ²²ni⁵⁵，
乃　是有若　妤问　题者　内讲　呢，
ʑie⁵⁵mo⁵⁵naŋ²¹ni⁵⁵θui⁴⁴zaŋ²¹θi⁴²i⁴⁴θi⁴²zoŋ⁴²hin²¹na⁴⁴lai²¹koŋ²²，
若　妤侬　呢虽　然　是伊是用　现　旦来讲，

θi⁴² θouʔ³ ʑi²² a⁴⁴ kai²¹ tɕin⁴² pai⁴² le⁵⁵,
是　属　于　阿个　战　败　嘞，
vo³³ kuo³⁵ i˙⁴⁴ a⁴⁴ tɕiaŋ²² tɕin⁴⁴ pai⁴⁴ lai²¹ koŋ²² ni˙⁵⁵ i˙⁴⁴ tsoi⁴⁴ tɕie²² a⁴⁴ θi⁴⁴ u⁴⁴ kie²² u⁴⁴ θuŋ⁴⁴,
勿　过　伊一种　战　败　来　讲　呢伊侪　少　亦是　有囝　有孙，
kau³⁵ mo⁵⁵ huai⁴⁴ huai⁴⁴ mo⁵⁵ ni˙⁵⁵,
遘　奀　坏　坏　奀呢，
mo⁵⁵ kie²² θuŋ⁴⁴ tshuan²¹ pu⁴² vo³³ u⁴⁴。
奀　囝　孙　全　部勿有。
θo²² ʑi²² koŋ²² tsoʔ⁵ naŋ²¹ kai²¹ mi⁴⁴ tsoʔ⁵ ho²² tiʔ⁵ ho³⁵ tɕiaŋ²² i˙³⁵ ɕi³⁵ le⁵⁵。
所　以　讲　作　侬　个　物¹¹作　好　滴　许　种　意思　嘞。

注释：

1. 欠：动词，相当于"要"，下文有自由变体［hiaŋ³⁵］。

2. 乃 nai⁵⁵：一些，本字未详。

3. 勿：否定词"勿"存在 v-和 p-的自由变体，读 p - 是学习普通话所致。

4. □ nan²²：人称代词，相当于北京话的"咱"。

5. □he⁴⁴：拿、放，本字未详。

6. 衔 ka²¹：拿、抱，本字未详。

7. □vi⁴⁴：连词，就，本字未详。

8. □mouʔ⁵：意为"躲藏"，本字未详。

9. □nui³⁵：动词，"钻~进去"，本字未详。

10. 数：意为"说"，黄流方言"数话［tiau²⁴ uə⁴⁴］"意为"聊天"。《海口方言词典》第 164 页记"数念"意为"絮絮叨叨、挂念、说起"。

11. 物 mi⁴⁴：要，就。和注 7□iv⁴⁴是异读。

意译：

我说的这个人名字叫苏桂新。苏桂新是当时的民选县长。反正你从哪里来的人到这里基本上你要去和他打个招呼这样的意思。他在感城村给人的评价最高的就是劫富济贫。凡是有钱的人呢，因为感恩县城里面呢，肯定住着一些有钱人，就说别和外边比了。在当时呢应该有一个有钱的人,一个相当有钱的人,他每到春节,春节期间我们这边是叫作年关了。到年关的时候就是二十几三十这个时候。假设你家呢,真的没有钱买鱼肉,去找他(苏桂新)。他从口袋里把钱拿出来给你了,给够了以后他就开一张字据给你,像说在感城你现在张三有钱,李四有钱,王五有钱,你那些是富人,富家人,他现在开一张条给你。你去找张三拿五个银元。张三本是富家人看着这张字据,看到他的书法以后,不敢不给。苏桂新一定要给钱给那个穷人拿回去的。去找李四,李四同样不敢回嘴,一定要给钱给穷人。所以这个人在感城就给别人钱(这件事)是非常好的。

  他当时就是和一个,用感城话来说是他的亲戚,带他的亲戚工作,当时属于管家这类的。这个家伙就是坏。所以说人呢,做人呢,善有善报,恶有恶报就是这样了。叫这个人去呢,这个家伙做到,做管家到了一定时间呢,他这个人好像功高盖主那样,这样他(苏桂新)就没办法。他就抢劫苏桂新的粮食。因为他当时当县长呢,他失去民心了,别人就分给他一块地。过去他没有工资,国家没有工资,分一块地给你可以经营那块地,或者是那块地交给农民耕作,农民另外交粮食给他,这个是过去的一种做法了。所以他(管家)看到别人粮食丰收,人家不是经常挑粮食挑别的东西给人嘛?然后到挑粮食的这个人,他就要拿出分给穷的那些人吃,分给那些穷人。村里人很穷他都去找一点来吃。那个人就从那儿抢劫别人的东西,抢劫就制造了双方的武斗。双方斗了以后,分上边村和下边村,真正的坏人就在我们下边村。在现在这里,我都知道他那间房子在哪里,像我现在在的这个位置,我家这个位置属于下边村。当时就你都没地去,你还靠近这个坏人,最后就把这个(苏桂新)打败。姓苏这个苏桂新呢,苏桂新当时在感城地区召集,他的势力太大就把人家(苏桂新)打败了。打败了以后他就跑到南边,感城人说的南边是跑到佛罗(乐东地名)那边去请救兵来一起作战。打到最后也是没打过。打不过他又跑去躲起来,这下跑不了就跑去躲起来。跑去躲起来现在的位置就是感城中学,在感城中学的东北角的位置。当时那个位置有很多木柴,像我们说的就是那些小小的木柴,像竹子一样。他就钻进去,钻进里面,结果这个坏人呢,这个人就看着走进去,是准备去刺死他,那时候打不是拿箭拿那些矛吗?那些家伙就进去刺。直接刺进里面,刺到一只母猪，一只母猪直接从里面走出来，这个母猪就从里面跑出来，跑出来以后呢他那几个兵，就看着说"你那只眼是瞎的吗？猪跑里面你说是人。"说他是瞎的，猪跑进去你说人乱说话。几个兵你骂我我骂你，到最后见到猪说是猪来着，不管了。最后几人走了，走了以后剩苏桂新躲到晚上，就跑到刚刚说的佛罗那边了。最后这个人就死在佛罗，死在佛罗几年后，才从佛罗把尸体拿回来葬。早年间我就听别人说这个故事，我那次专程去抄他的碑文下来，但是在这个问题上说呢，这个人用现在来说，是属于战败了，不过他这种战败也是有子有孙，那个坏人呢，子孙全无。所以说做人要做好的人。

（发音人：杨光吉）

感城其五故事　杨名章

va^{22} hi^{21} na^{44} koŋ^{22} a^{44} kai^{21} ku^{35} ɕi^{42} lu^{22} thie^{44}，
我　现　旦　讲　一个　故事　汝听，

ʑie^{55} kai^{21} θi^{42} va^{22} naŋ^{21} lau^{42} ie^{21} tshu^{35} kai^{21} tsou^{22} sai^{44}，
若　个　是我　侬　老杨厝　个祖　先，

toi^{44} peiʔ^{5} tai^{42} koŋ^{44}。
第　八　代　公。

ʑie^{55} mo^{44} naŋ^{21} kai^{21} mie^{21} tsu^{44} ti^{42} kie^{35} tsoʔ^{5} meŋ^{21} tɕiaŋ^{44}，
若　妳侬　个　名　书　是　叫作　名　章，

meŋ^{21} i^{44} tɕi^{22} kai^{21} ti^{42} mie^{21} tsu^{44} kai^{21} mie^{21}，
名　伊指个是名书个名，

kau^{35} tɕiaŋ^{44} tɕiu^{42} ti^{42} veŋ^{21} tɕiaŋ^{44} kai^{21} tɕiaŋ^{44}。
遘　章　就是文章个章。

ʑie^{55} mo^{55} naŋ^{21} ne^{55} tɕiu^{42} ti^{42} ke^{44} tie^{21} pei^{35} keŋ^{22} na^{44} ku^{35} kiaŋ^{21}，
若　妳侬呢就是家庭背景乃顾穷，

in^{44} ui^{22} va^{22} naŋ^{21} pun^{22} ti^{42} ni^{55} tɕiu^{42} u^{44} tɕiaŋ^{22} phoŋ^{21} θoʔ^{3} tɕiʔ^{3} kuan^{35} ne^{55}，
因为我侬本是呢就有种风俗习惯呢，

tɕiu⁴²ti⁴²koŋ²²lu²²θiaŋ²²hu³⁵la⁵⁵koi⁵⁵le⁵⁵tɕiu⁴²θi⁴²va²²ie⁴⁴la⁵⁵koi⁵⁵le⁵⁵,
就 是 讲 汝 想 去 拉 鸡[1] 嘞就 是 我 样 拉 鸡 嘞,
kuo³⁵hu³⁵ti⁴²koŋ²²hu³⁵lo²²hau⁴²θe⁴⁴le⁵⁵。
过 去 是 讲 去 落 后 生 嘞。
tɕiu⁴²ti⁴²koŋ⁴⁴te⁴⁴kie²²hu³⁵theŋ²¹ka⁴⁴vou²²kie⁴⁴lai²¹laŋ³⁵tɕi⁵⁵tɕiaŋ²²i³⁵ɕi³⁵ni⁵⁵,
就 是 公 爹 团 去 寻 个 姞[2] 团 来 浪[3] 即种 意思 呢,
lu²²hu³⁵toi³⁵ka⁴⁴vou²²lai²¹laŋ³⁵ti⁴²
汝 去 □[4] 个 姞 来 浪 是
lu²²ʑieʔ³puo⁴⁴lou⁴⁴ti⁴²koŋ⁴⁴te⁴⁴kie²²hu³⁵ka⁴⁴vou²²kie²²kai²¹tshu³⁵lo⁵⁵,
汝 一 般 都 是 公 爹 团 去 个 姞 团 个 厝 咯,
hu³⁵ke⁴⁴tshu³⁵lo⁵⁵。
去 家 厝 咯。
θo²²ʑi²²i⁴⁴kai²¹ke⁴⁴tie²¹pei³⁵keŋ²²va²²naŋ²¹ʑie⁵⁵mo⁵⁵ni⁵⁵,
所 以 伊个 家 庭 背 景 我 侬 若 奸 呢,
meŋ²¹tɕiaŋ⁴⁴koŋ⁴⁴ʑie⁵⁵mo⁵⁵naŋ²¹ne⁵⁵i⁴⁴kai²¹ke⁴⁴tie²¹pei³⁵keŋ²²ti⁴²θiaŋ⁴⁴taŋ⁴⁴tsha⁴⁴。
名 章 公 若 奸 侬 呢 伊个 家 庭 背 景 是 相 当 差。
ke⁴⁴tɕie⁴²i⁴⁴ʑiu⁴⁴vo³³paiʔ⁵tsu⁴⁴,
加 上 伊又 勿 别 书,
tsui³⁵au⁴²ʑieʔ³khi²²hu³⁵laŋ³⁵kai²¹θi²¹hau³⁵ho³⁵tsoi⁴⁴ka⁴⁴vou²²tɕiu⁴⁴mo⁴⁴vo³³khi²²i⁴⁴,
最 后 一 起 去 浪 个 时 候 许 侪 个 姞 就 望 勿 起 伊,
vo³³kuo³⁵nan²²hai²²nan²²ni⁵⁵mo⁴⁴vo³³khi²²i⁴⁴kai²¹phaŋ⁴⁴phaiʔ⁵ni⁵⁵θi⁴²han²¹tie⁴⁴?
勿 过 咱 海 南 呢望 勿 起 伊个 方 法 呢 是 □ 底样[5]?
nan²²hai²²nan²²vo³³ti⁴²u⁴⁴a⁴⁴kai²¹tɕieʔ³pun⁴⁴lo²¹kai²¹phoŋ⁴⁴θoʔ³tɕiʔ³kuan³⁵a⁵⁵?
咱 海 南 勿 是 有一 个 食 槟 榔 个 风 俗 习 惯 啊?
lu²²kaŋ⁴⁴va²²ʑieʔ³khi²²hu³⁵,
汝 共 我 一 起 去,
hu³⁵kau³⁵lou⁴⁴ʑi²²au⁴²,
去 遘 路 以 后,
tsoi⁴⁴ka⁴⁴vou²²kie²²ki³⁵lu²²paiʔ⁵tsu⁴⁴a⁴⁴hoʔ³tse²²ti⁴²lu²²ke⁴⁴tie²¹phu³⁵zuiʔ³a⁴⁴,
侪 个 姞 团 见汝 别 书 啊或 者 是 汝 家 庭 富 裕 啊,

i⁴⁴tɕiu⁴² pun⁴⁴ pun⁴⁴ lo²¹ khiʔ⁵ lu²² tɕie ʔ³,
伊就　分　槟　榔 乞　汝食，
ka²¹tiŋ³⁵khiʔ⁵lu²²tse⁴²。
衔⁶凳乞　汝坐。
na⁴⁴kau³⁵van⁴⁴meŋ²¹tɕiaŋ⁴⁴koŋ⁴⁴lai²¹koŋ²²ni⁵⁵，
乃　遘　我们名　章　公　来 讲　呢，
ke³⁵tie²¹pei³⁵keŋ²²tsha⁴⁴o⁴⁴，
家　庭 背 景　差　哦，
hu³⁵kau³⁵lou⁴⁴pun⁴⁴lo²¹vo³³khiʔ⁵lu²²，tiŋ³⁵lou⁴⁴vo³³θiaŋ²²ka²¹khiʔ⁵lu²²tse⁴²。
去 遘　路　槟　榔 勿 乞　汝，凳 都 勿 想　 衔 乞　汝坐。
tɕi⁵⁵mo⁵⁵naŋ²¹tɕiu⁴²khi³⁵te²¹huo²²lo⁴⁴，
即　奀　侬　就　气 屎 火　咯，
khi³⁵te²¹huo²²lo⁴⁴tui²²lai²¹khiŋ²¹phun³⁵thaʔ³tsu⁴⁴。
气 屎 火　咯 转 来 勤　奋　读 书。
khiŋ²¹phun³⁵thaʔ³tsu⁴⁴tu⁴⁴kheŋ²¹loŋ²¹hi²¹kaŋ⁴⁴
勤　奋　读 书 有 乾　　隆　年 间
i⁴⁴tɕiu⁴²khau²²tɕie⁴²koŋ³⁵se⁴²。
伊就　考　 上 贡　士。
ʑie⁵⁵kau³⁵au⁴²li⁴⁴hai⁴⁴la⁵⁵，
若　遘　后 厉 害　啦，
i⁴⁴khiŋ²¹phun³⁵thaʔ³tsu⁴⁴θie⁴⁴taŋ⁴⁴kaŋ²²thaŋ⁴⁴va²²naŋ²¹lau⁴²ie²¹tshu³⁵naŋ²¹，
伊勤　奋　读 书 相　当　感　动　我 侬　老 杨 厝 侬，
kuo³⁵hu³⁵zoŋ⁴²ʑieʔ³kai²¹ho³⁵tɕiaŋ²²kai²¹kie³⁵tsoʔ⁵
过　去 用　一　　个 许　种　个 叫 作
va²²naŋ²¹ʑie⁵⁵pi⁴⁴ti⁴²kie³⁵tsoʔ⁵kau⁴⁴i⁴²，
我 侬　若 边 是 叫 作 高　椅，
kau⁴⁴i⁴²hin⁴⁴na⁴⁴lai²¹koŋ²²ni⁵⁵tɕiaŋ⁴²ti⁴²koŋ²²tsu⁴⁴tɕie⁴²va²²mo⁴⁴to²²kie³⁵tsoʔ⁵
高　椅 现 旦 来 讲　呢 就　是 讲 书 上　我 望　着 叫 作
kuo³⁵mau³⁵i²²。
官　帽　椅。

i⁴⁴tu⁴⁴tɕi⁵⁵tie⁴⁴kau⁴⁴i²²tɕie⁴²ni⁵⁵tiʔ³tɕi³⁵sai²¹tsoŋ²¹,
伊有即张高　椅上　呢实际是蹲,
vo³³tse⁴²kai²¹,
勿坐个,
zoŋ⁴²kha⁴⁴tɕi⁵⁵tɕiaŋ²²tsoŋ²¹tɕi⁵⁵tɕie⁴²,
用骰即种　蹲即上,
tsoŋ²¹kau³⁵tɕi⁵⁵tie⁴⁴i²²tɕie⁴²u⁴⁴no⁴²kai²¹kha⁴⁴in³⁵。
蹲遘即张椅上有两个骰印。
i⁴⁴tsoŋ²¹θi⁴²tsoŋ²¹,
伊蹲是蹲,
tu⁴⁴i⁴⁴oʔ³tɕiʔ³kai²¹tɕi⁵⁵tɕieʔ⁵tsho²¹tɕie⁴²ni⁵⁵huan²¹paŋ³⁵a²¹ki⁴⁴tɕiaŋ⁴⁴a⁵⁵lou⁴⁴,
有伊学习个即只床　上　呢还　放一支针阿路,
i⁴⁴a⁴⁴kau²¹ŋeiʔ³, tɕi⁵⁵heŋ³⁵ne⁵⁵ma²¹,
伊一糊颚　, 即□⁷带嘛,
tɕi⁵⁵heŋ³⁵ni⁵⁵kau²¹ŋeiʔ³ni⁵⁵a⁵⁵tɕiaŋ⁴⁴vo³³ti⁴²tsoŋ²¹tɕie⁴²?
即□⁷呢糊颚呢阿针勿是劁　上?
i⁴⁴khiŋ²¹pheŋ³⁵kau²⁴tɕi⁵⁵tɕiaŋ²²kai²¹ti⁴²pou⁴⁴。
伊勤奋遘即种　个地步。
tsui³⁵au⁴²tɕiu⁴²khau²²tɕie⁴²a²¹kai²¹koŋ³⁵se⁴⁴,
最后就考　上一个贡士,
ʑie⁵⁵kai²¹θi⁴²θie⁴⁴taŋ⁴⁴li²¹hai⁴⁴。
若个是相　当厉害。
i⁴⁴tsoŋ²¹tsoŋ²¹to²²tɕi⁵⁵tie⁴⁴i²²le⁵⁵,
伊蹲　蹲着即张椅嘞,
i⁴⁴noŋ³⁵to²²tɕi⁵⁵tie⁴⁴i²²se⁴⁴i⁴⁴no⁴²kai²¹kha⁴⁴in³⁵,
伊□⁸着即张椅盛伊两个骰　印,
tiʔ⁵tɕi³⁵tshoŋ²¹maŋ²²tsheŋ⁴⁴θi²¹hau⁴⁴tshoŋ²¹kheŋ²¹loŋ²¹hi²¹kaŋ⁴⁴,
实际从　满清时候从乾　隆年间,
tɕi⁵⁵tie⁴⁴i²²he⁴⁴kau³⁵ɕiʔ⁵tsaiʔ³hi²¹tai⁴⁴tshoi⁴⁴。
即张椅□⁹遘七十　年代初。

in⁴⁴ui²²ɕiʔ⁵tsaiʔ³hi²¹tai⁴⁴tshoi⁴⁴phuo³⁵ku⁴⁴liʔ³θiŋ⁴⁴。
因 为 七 十 年 代 初 破 旧 立 新。
tsau²²kau³⁵tsui³⁵au⁴²,
走 遘 最 后,
va²²naŋ²¹tsouʔ³lai⁴²ʑie⁵⁵tie⁴⁴i²²,
我 侬 族 内 若 张 椅,
in⁴⁴ui⁴²va²²ia⁴⁴ti⁴²tshaŋ⁴⁴ʑi²²kuo³⁵va²²naŋ²¹tsouʔ³lai⁴⁴θiou⁴⁴tsouʔ³phu²²,
因 为 我 亦 是 参 与 过 我 侬 族 内 修 族 谱,
va²²tui³⁵ʑie⁵⁵kou²²tiaŋ²²veŋ²¹huo³⁵tie⁴⁴taŋ⁴⁴taŋ⁴⁴θi⁵⁵,
我 对 若 古 典 文 化 相 当 重 视,
θo²²ʑi²²ʑie⁵⁵tie⁴⁴i²²voʔ³ki³⁵va²²θin⁴⁴lai⁴⁴θie⁴⁴taŋ⁴⁴voʔ³ɕi²¹tsai⁴²。
所 以 若 张 椅 勿 见 我 心 内 相 当 勿 自 在。
van²²peʔ⁵keŋ⁴⁴θiaŋ²¹koŋ²²va²²thie⁴⁴,
我们伯 经 常 讲 我 听,
phaŋ²²tɕie³⁵hin²¹na⁴⁴u⁴⁴peiʔ⁵tsaiʔ³laŋ²¹huo³⁵ʑiʔ³tɕie⁴²tɕi⁵⁵tsoi⁴⁴lau⁴²naŋ²¹,
反 正 现 旦 有 八 十 零 岁 以 上 即 侪 老 侬,
va²²a³⁵tsouʔ³lai⁴²naŋ²¹tsoŋ²²paiʔ⁵,
我 阿 族 内 侬 总 别,
teiʔ³paiʔ³θi⁴²tɕieʔ⁵naŋ²¹va²²hin²¹na⁴⁴huan²¹u⁴⁴veŋ²¹tsu⁴⁴ki³⁵tsai⁵⁵,
特 别 是 只 侬 我 现 旦 还 有 文 书 记 载,
tu⁴⁴va²²tsouʔ³phu²²tɕie⁴²u⁴⁴veŋ²¹tsu⁴⁴ki⁵⁵tsai⁵⁵tɕie⁴²pi⁴⁴。
有 我 族 谱 上 有 文 字 记 载 上 边。
va²²he⁴⁴lo⁴⁴lai²¹va²²naŋ²²θi⁴²tshun²¹paŋ³⁵i⁴⁴hoʔ³⁵tɕieʔ⁵naŋ²¹kai²¹veŋ²¹tsu⁴⁴ki³⁵tsai⁵⁵
我 □⁹ 落 来 我 侬 是 存 放 伊 许 只 侬 个 文 书 记 载,
θo²²ʑi²²ʑie⁵⁵kien⁴²ɕi⁴²va²²naŋ²¹θie⁴²θie⁴⁴taŋ⁴⁴taŋ⁴²θi⁵⁵。
所 以 若 件 事 我 侬 是 相 当 重 视。
tui³⁵ʑi²¹ʑie⁵⁵tɕieʔ⁵naŋ²¹va²²naŋ²¹ku²²liʔ⁵lau⁴²ie²¹tshu³⁵naŋ²¹thaʔ³tsu⁴⁴。
对 于 若 只 侬 我 侬 鼓 励 老 杨 厝 侬 读 书。

注释:

1. 拉鸡:海南闽语中对女子的蔑称为"鸡[koi⁵⁵]",这里的高调是小称表亲昵的结果。

2. 个姑：海南西部闽语对女性的称呼，相似的还有"姑姑［kou⁴⁴ vou²²］"。

3. 浪：意为"玩"。

4. □toi³⁵：意为"寻找"，本字不详。

5. □底样：意为"怎样"，［tie⁴⁴］是"底样"的合音，［han²¹］本字不详。

6. 衔 ka²¹："拿、抱"本字未详。

7. □heŋ³⁵：人的腮帮子，本字不详。

8. □noŋ³⁵：意为"蹲"，本字不详。

9. □he⁴⁴："拿、放"，本字未详。

意译：

我现在讲一个故事给你听，这个是我们老杨家的祖先，第八代公。这个人的名字是叫作"名章"，"名"就是"名字"的"名"，到"章"就是"文章"的"章"。这个人就是家庭背景很穷，因为我们本来就有一种风俗习惯，就是说去找对象就是现在这样找对象，过去是叫作"下后生"。就是男孩去找女孩玩这样的意思，去找女孩一起玩，一般都是男孩子去女孩子家，去家里。所以我们这位的家庭背景差，名章公的家庭背景是相当差，加上他又不识字，后来一起去的时候那些女孩就看不起他，不过我们海南看不起别人的方法是怎样的呢？我们海南不是有一个吃槟榔的风俗习惯吗？你和我一起去，去到那里以后，那些女孩子看你识字或者家庭富裕，她就给槟榔给你吃，拿凳子给你坐。到了我们名章公这，家庭背景差，去到那里槟榔不给你吃，凳子也不拿给你坐。这个人（名章公）就很生气，生气回来勤奋读书。

勤奋读书在乾隆年间，他就考上了贡士。这到后来就厉害了，他勤奋读书相当感动我们老杨家人，过去用一个我们这边是叫作"高椅"，"高椅"现在我看到书上是叫作"官帽椅"。他在这张高椅上实际是蹲着的，不坐的，蹲在上面，蹲到这张椅子上有两个脚印。他蹲是蹲，在他学习的桌子上还放着一支针，他一打瞌睡，这个腮帮子那里，这个腮帮子呢一打瞌睡那支针不就刺进去了吗？他勤奋到这种地步。就考上了贡士，这个是相当厉害的。他蹲着的这张椅子呢，有两个脚印，实际从乾隆年间，这张椅子放到70年代初。因为70年代初破旧立新。到了最后，我们家族里的这张椅子，因为我也是参与过我们族内修族谱的，我对古典文化相当重视，所以这张椅子不见我心里非常不舒服。

我父亲经常说给我听这个故事，反正现在八十多岁以上的这些老人，我们那家族的人都知道，特别是这个人我现在还有文字记载，在我族谱里有文字记载，我存下来我们是做一个文字的记载，所以这件事我们是相当重视。所以我（以此）鼓励我们老杨家人读书。

（发音人：杨光吉）

（六）昌江口头文化

昌江故事　关于我和昌化的故事

va⁴² naŋ³¹ tɕi⁵⁵ lɔu⁴⁴ le⁵⁵ ti⁴⁴ saŋ⁴⁴ huei²⁴ naŋ³¹，
我　侬　即　路¹　嘞是　昌　化　侬，
saŋ⁴⁴ huei²⁴ naŋ³¹ ne⁵⁵ koŋ⁴² han²⁴ se⁴² ti⁴⁴ koŋ⁴² ti⁴⁴ tai⁴⁴ ho³¹ kai³³。
昌　化　侬　呢讲　趁²　始是讲　是先河³个。
ti³⁵ ɕit⁵ ɦi³¹ ni⁵⁵ ti⁴⁴ ɓuo⁴⁴ lai³¹ saŋ⁴⁴ huei²⁴ kaŋ⁴² khie⁴²。
四七年　呢是搬　来昌　化　港　倚⁴。
e³¹ ɓuo⁴⁴ lai³¹ saŋ⁴⁴ huei²⁴ kaŋ⁴² khie⁴²。
唉搬　来昌　化　港　倚。
khie⁴² tau⁵³ ɗuo⁴⁴ liau⁴² au⁴⁴ ne⁵⁵ hie⁴⁴ ki²⁴ naŋ³¹ ne⁵⁵
倚　到大　了　后呢听　见侬　呢
kuei²⁴ hu²⁴ ke³³ sɿ⁵³ ne⁵⁵，
过　去个事呢，
kuei²⁴ hu²⁴ ke³³ sɿ⁵³ ti⁴⁴ tɕi⁵⁵ kai³³ naŋ³¹ kit⁵ hun⁴⁴ kai³³ li⁴² iu³¹ ne⁵⁵，
过　去个事是即个侬　结婚　个理由呢，

ti⁴⁴ɕie⁴²ni⁵⁵tɕi³¹ti⁴⁴koŋ⁴⁴ɗe⁴⁴kie⁴²kou⁴⁴vou⁴²kie⁴²,
是少 滴 钱 是公 爹 囝⁵ 姒 媂 囝⁶,
u⁴⁴koŋ⁴⁴ɗe⁴⁴kie⁴²u⁴⁴phu²⁴, kou⁴⁴vou⁴⁴kie⁴²kiaŋ³¹,
有公 爹 囝 有富 , 姒 媂 囝 穷,
ʑiu⁴⁴iʔ⁵ke⁴⁴ti⁵⁵tɕi³¹。
又 要 加 滴钱。
kou⁴⁴kou⁴⁴vou⁴²kie⁴²ɕiaŋ⁴⁴, ɗua³⁵hu³⁵koŋ⁴⁴ɗe⁴⁴kie⁴²su³⁵iʔ⁵lu⁴²ke⁴⁴ni⁵⁵tɕi³¹。
遘⁷ 姒 媂 囝 像⁸,带 去公 爹 囝 宿⁹要汝加滴钱。
iʔ⁵tsɿ³¹hu³⁵voi⁴²kai³³。
要钱 去买 个。
u⁴⁴sa⁴⁴ɓe⁵⁵ŋin³¹la⁴⁴, no⁴⁴ɓe⁵⁵ŋin³¹la⁴⁴,
有三 百 银 啦,两 百 银 啦,
na⁴⁴u⁴⁴sa⁴⁴ɓe⁵⁵no⁴⁴ɓe⁵⁵kai³³sɿ³¹sɿ⁵³tuo⁴⁴o⁴⁴。
乃¹⁰有三 百 两 百 个 钱是大 哦,
han²⁴tai³¹min⁴⁴koŋ⁴²suo⁴⁴。
趁 前 面 讲 [是哦]¹¹。
io⁵⁵liau⁴²le⁵⁵tɕi⁵⁵kai³³, iu⁵⁵le⁵⁵, vo³³naŋ³¹kit⁵hun⁴⁴kai³³。
要了 嘞即个 ,要去嘞,勿¹²侬 结婚 个。
an³⁵tɕiau³⁵va⁴²kai³³ɓun⁴²sɿ⁴⁴ne⁵⁵
按照 我 个 本 事呢
tɕiu⁴⁴va⁴²ka⁴⁴ki⁴⁴tɕiau⁴²kau²⁴va⁴²te⁵⁵tin⁴⁴naŋ³¹。
就 我 家 己¹³找 遘 我 的 新 侬。
kuei²⁴khu²⁴kai³³naŋ³¹ti⁴⁴u⁴⁴kai²⁴tsau⁴⁴naŋ³¹ne⁵⁵。
过 去 个 侬 是有 介绍 侬 呢。
kie²⁴to⁵⁵kai²⁴tsau⁴⁴naŋ³¹ne⁵⁵。
叫 作介绍 侬 呢。
kai²⁴sau⁴⁴naŋ³¹va⁴²kai⁴⁴lu⁴²hu⁴⁴ke²⁴i⁴⁴, kai²⁴lu⁴²lai³¹ie⁵⁵i⁴⁴,
介绍 侬 我介 汝去 嫁 伊,介 汝来要伊,
ti⁴⁴tɕi⁵⁵tɕiaŋ⁴²le⁵⁵, kie²⁴to⁵⁵vuei³¹naŋ³¹。
是即种 嘞,叫 作媒 侬。

kuei²⁴hu²⁴ke³³sɿ⁴⁴, naŋ³¹to⁵⁵kie⁴⁴lai⁴⁴ko⁴⁴kai³³,
过　去　个事，侬　作　轿　来 扛¹⁴个，
sɿ⁵³kai³³naŋ³¹ko⁴⁴, sɿ⁵³kai³³naŋ³¹ko⁴⁴le⁵⁵sɿ⁴⁴,
四　个　侬　扛¹⁴，四　个　侬　扛 嘞是，
sɿ⁵³naŋ³¹ko⁴⁴sɿ⁴⁴ziat³kai³³sɿ⁴⁴iaŋ⁴⁴tsheŋ³¹ɓe⁵⁵, ziat³kai³³sɿ⁴⁴ke⁴⁴ŋan⁴⁴koŋ⁴⁴,
四 侬　扛 是　一 个　是　襄　城　伯，一　个 是 家 安 公，
ziat³kai³³tshe⁴⁴me³¹koŋ⁴⁴, ziat³kai³³sɿ⁴⁴kio³⁵to⁵⁵（后面是普通话）
一　个　青　瞑　公　，一　个　是　叫　作……
ko⁴⁴kie⁴⁴ne⁵⁵ko⁴⁴ɗuei⁴²lai³¹。
扛　轿　呢 扛 转　来。
ko⁴⁴le⁵⁵, ku²⁴ke³³sɿ³¹hou⁴⁴ne⁵⁵sɿ⁴⁴ɕin⁴⁴nie³¹le⁵⁵sɿ⁴⁴u⁴⁴lau⁵³i³¹a⁴⁴
扛　嘞，［过去］个 时　候　呢 是 新　娘　嘞是 有 老夷¹⁵啊
tɕiu⁴⁴ku⁴⁴te⁴⁴a⁵⁵tse⁴⁴a⁵⁵kie⁴⁴tɕie⁴⁴。
就　姑　爹¹⁶啊坐 阿¹⁷轿　上。
no⁴⁴kai³³naŋ³¹ne⁵⁵, ɕin⁴⁴nie³¹kun⁴⁴ku⁴⁴te⁴⁴kie⁴²lo⁵⁵no⁴⁴naŋ³¹lo⁵⁵,
两　个　侬　呢，新　娘　跟　姑　爹 团　咯 两 侬　咯，
tse⁴⁴kai³³kie⁴⁴tɕiu⁴⁴saŋ³⁵lai³¹, saŋ⁴⁴lai³¹ke⁴⁴tshu²⁴,
坐 个　轿　就　上　来，上　来 家 宿，
saŋ³⁵lai³¹tɕi⁵⁵koŋ⁴⁴te⁴⁴kai³³tshu²⁴, lau⁵³ke⁴⁴。
上　来 即 公　爹 个 宿　，老　家。
tai⁴²ɕi⁵³ua⁵³hi⁴⁴ne⁵⁵, huei⁵³lou⁴⁴,
前次［有一］天　呢，远　路，
o⁴⁴ho⁵⁵kai³³huei⁵³lɔu⁴⁴le⁵⁵sɿ⁴⁴kuo⁴²kau²⁴va⁴²naŋ³¹ka⁴⁴la³³tshan³¹saŋ⁵³,
哦 许 个 远　路 嘞是 赶　遭 我 侬　个 落 塍¹⁸上，
a⁵⁵kai³³tshan³¹lo³³le³¹, a⁵⁵kai³³teŋ⁴⁴tshut⁵lai³¹, a⁵⁵kai³³ɕin⁴⁴nie³¹le⁵⁵,
阿 个 塍　落 来，阿 个 蹬　出　来，阿 个 新　娘 嘞，
teŋ⁴⁴tshu⁵⁵lai³¹thiau²⁴thiau²⁴a⁵⁵kha⁴⁴, thiau²⁴thiau²⁴a⁵⁵kha⁴⁴le⁵⁵。
蹬　出　来 跳　跳　阿 骸¹⁹，跳　跳　阿 骸 嘞，
sɿ⁵³ko⁵⁵zən³¹kaŋ⁴⁴tsoŋ⁵³a⁵³, sɿ³⁵kai³¹naŋ³¹ko⁴⁴taŋ⁵³lo⁵⁵。
四 个 人　扛　重　啊，四　个　侬　扛 重 咯。

a⁵⁵mo⁵⁵u⁴⁴a⁴⁴kai³³ko⁴⁴kai³³mo⁵⁵ɕi⁴⁴ki⁴⁴koŋ⁴²khuei²⁴khuei²⁴, phau⁴²hu²⁴,
阿㚢 有阿个 扛个 㚢司机讲 气   气   ，跑 去，
te³¹vo³³ko⁴⁴, lak⁵kak³。
屌勿扛 ，落甲²⁰。
lak⁵kak³liau⁴²au⁴⁴a⁵⁵tsoi⁴⁴phoi³¹laŋ³¹le⁵⁵kaŋ⁴⁴a⁵⁵tsoi⁴⁴ɕin⁴⁴tɕie³¹mai⁴²noŋ⁴²
落 甲 了 后阿多 陪 郎 嘞共 阿多 亲 情 母 侬
thuo⁴⁴mo⁵⁵ko⁴⁴kie⁴⁴ko⁴⁴kie⁴⁴mo⁵⁵lai³¹ko⁴⁴。
拖 㚢 扛 轿 扛 轿 㚢 来 扛。
ko⁴⁴kha⁴⁴ʑi²⁴mai⁴²a⁴⁴, kha⁴⁴ʑi²⁴mai⁴²ko⁴⁴hu²⁴khan⁵³a⁵⁵ɓai³¹a⁴⁴
扛 骸   □ 母²¹ 啊，骸 □ 母 扛 去 坎 阿爿 啊
hai⁴²kun⁴⁴lie⁴²a⁵⁵lou⁴⁴a⁴⁴, han²⁴ku⁴⁴kuai⁴⁴ko⁴⁴hu³⁵ke³³a⁴⁴。
海 军 岭 阿 路 啊， 趁   旧 县   扛 去 个啊。
ku⁴⁴kuai⁴⁴ko⁴⁴hu²⁴no⁴⁴phɔu²⁴lan³¹sa⁴⁴phɔu²⁴lou⁴⁴a⁴⁴。
旧 县   扛 去 两 铺   零 三 铺   路 啊。
kaŋ⁴⁴tɕi⁵⁵ko⁴⁴kiau⁴⁴a⁴⁴, ko⁴⁴hu³⁵hɔ⁵⁵lou⁴⁴。
扛 即 个 轿 啊，扛 去 许 路。
hu³⁵ɗaŋ⁴²tshan⁵³lou⁴⁴ne⁵⁵, a⁵⁵mo⁵⁵naŋ³¹vo³³ko⁴⁴ɗit⁵liau⁴²i⁴⁴sɿ⁵³
去 □ □²² 路 呢，阿㚢²³ 侬勿扛 得 了 伊是
the²⁴ko⁴⁴tshut⁵lai³¹a⁵⁵kai³³ɕin⁴⁴nie³¹le⁵⁵, ɓue⁴²kai³³ɕiu⁴²phe²⁴le⁵⁵,
替 扛 出 来 阿个 新 娘 嘞，把 个 手 帕 嘞，
aŋ³¹aŋ³¹kai³³le⁵⁵ʑiau³¹³le⁵⁵, ʑiau³¹thi⁴⁴koŋ⁴²tɕi⁵⁵kai³³va⁴²han²⁴a⁵⁵tsoi⁴⁴
红 红 个 嘞摇   嘞，摇 天 讲 即 个 我 喊 阿多
tsɿ⁴²moi⁴⁴kie⁴²a⁴⁴liau⁴²liau⁴²nen²⁴i⁴⁴hu²⁴lo⁵⁵。
姊 妹 团 啊 了   了²⁴ 黏²⁵伊去 咯。
ʑiau⁴⁴han³⁵naŋ³¹nen³¹i⁴⁴hu³⁵lo⁵⁵。
摇   喊 侬 黏 伊去 咯。
to⁵⁵tɕi⁵⁵io⁴⁴ʑiau³¹ʑiau³¹teŋ⁴⁴a⁴⁴kai³³kie⁴⁴lai³¹, a⁵⁵kai³³a⁵⁵kai³³kha⁴⁴le⁵⁵
作 即 样 摇   摇   蹬 阿个 轿 来，阿个 阿个 骸 嘞
no⁴⁴kai³³kha⁴⁴ɗeŋ⁴⁴ɗo⁴²lo⁵⁵, naŋ³¹no⁴⁴ɓai³¹kha⁴⁴,
两 个 骸 蹬 着 咯， 侬 两 爿 骸，

teŋ⁴⁴ẓiat³ɓai³¹kha⁴⁴，teŋ⁴⁴ẓiat³ɓai³¹kha⁴⁴，tɕiaŋ⁴²。
蹬　一　爿　骸，蹬　一　爿　骸，[即种]。
e³¹mi⁵⁵i⁴⁴mi⁵⁵teŋ⁴⁴suai⁴²suai⁴²huei⁴⁴，naŋ³¹mo⁵⁵ko⁴⁴kie⁴⁴ko⁴⁴kie⁴⁴naŋ³¹mo⁵⁵
唉密²⁶伊密　蹬　甩　甩　火　，侬　妠²⁷扛　轿　扛　轿　侬　妠
khuei²⁴khuei²⁴tsou⁴²lak⁵kak³io⁴⁴，vo³³ko⁴⁴lo³³。
气　　气　　走　落　甲　哦，勿　扛　咯。
a⁵⁵tsoi⁴⁴phoi³¹laŋ³¹na⁵⁵thuei⁴⁴i⁴⁴lai³¹lo⁵⁵，thuei⁴⁴i⁴⁴lai³¹na⁵⁵ko⁴⁴hu²⁴。
阿　多　陪　郎　乃　推　伊来　咯，推　　伊来　乃　扛　去。
liau⁴²tɕi⁵⁵sɿ⁵³kit⁵hun⁴⁴kai³³sɿ⁴⁴tɕia³¹。
了²⁷　即　是　结　婚　　个　事　情。

iʔ⁵tsɿ³¹iʔ⁵mi⁴⁴ne⁵⁵i⁴⁴sɿ⁴⁴ẓiu³¹ẓiu³¹ie⁵⁵kai³¹，
要　钱　要物　呢　伊是　由　由²⁸要个，
u⁴⁴ti⁵⁵naŋ³¹ti⁴⁴ie⁵⁵ta⁴⁴hau³¹kuei⁴²ɓe⁵⁵kai³³，
有　滴　侬　是要　三　好　几　　百　个，
u⁴⁴ti⁵⁵a⁴⁴vo³³u⁴⁴koŋ⁴²tshai⁴⁴le⁵⁵，koŋ⁴²ɓe⁵⁵ɕiau²⁴le⁵⁵，
有滴阿勿有讲　千　　嘞，讲　百　数　　嘞，
kuei⁴²tat³la⁰，ti³⁵ŋou⁴⁴tat³la⁰。
几　　十啦，四五　十　啦。
u⁴⁴ti⁵⁵u⁴⁴tɕi³¹ie⁵⁵ke⁴⁴ti⁵⁵kie⁴²，vo³³u⁴⁴tɕi³¹tɕiu⁴⁴vo³³ie⁵⁵。
有　滴　有钱　要　加　滴团　，勿　有钱　就　　勿要。
an²⁴tɕiau²⁴va⁴²kun⁴⁴i⁴⁴，kun⁴⁴i⁴⁴ɕiu³⁵ma⁵⁵kit⁵hun⁴⁴ne⁵⁵，
按　照　　我　跟　伊，跟　伊宿　妈　结　婚　呢，
va⁴²kun⁴⁴i⁴⁴ɕiu³⁵ma⁵⁵kit⁵hun⁴⁴ne⁵⁵ti⁴⁴ka⁴⁴ki⁴⁴tɕiau⁴²ai³⁵kai³¹，
我　跟　伊宿　妈　结婚　　呢是　家　己　找　　爱个，
ɓun⁴²lai³¹ti⁴⁴va⁴²kiaŋ³¹ke⁴⁴naŋ³¹，vo³³ɓat⁵tsu⁴⁴，i⁴⁴mai⁴²ia⁴⁴vo³³ɓat⁵tsu⁴⁴，
本　来　是我穷　　个　侬　，勿　别²⁹书，伊母　亦勿别　书，
i⁴⁴ɕiu²⁴ɓa⁵⁵ia⁴⁴vo³³ɓat⁵tsu⁴⁴，va⁴²ia⁴⁴vo³³ɓat⁵tsu⁴⁴kai³³naŋ³¹，
伊宿　爸　亦勿别　书　，我亦勿别　书　个　侬，
ŋaŋ⁴⁴naŋ³¹kai³³naŋ³¹。
戆　　侬　个　侬。

sɿ⁴⁴ke⁴⁴kiaŋ³¹vo³³u⁴⁴mi⁵⁵kai³³。
是家穷 勿有物个³⁰。
i⁴⁴ɕiu³⁵ma⁵⁵ne⁵⁵ɗu⁴⁴huan⁴⁴maŋ⁴²ɗie³⁵，ɗu⁴⁴huan⁴⁴mi³¹thai⁴⁴，
伊宿妈呢有番³¹蠓帐³²，有番棉胎，
ɗu⁴⁴huan⁴⁴tshau⁴²tɕhie⁵⁵，pha⁵⁵kɔu⁴²pha⁵⁵lo³¹，
有番草席，拍鼓拍锣，
pha⁵⁵kɔu⁴²hu²⁴tɕit⁵i⁴⁴。
拍鼓去接伊。
han²⁴phoi³¹laŋ³¹hu²⁴tua²⁴i⁴⁴ɕiu²⁴ma⁵⁵lai³¹va⁴²naŋ³¹ɕiu²⁴。
喊陪郎去□³³伊宿妈来我侬宿。
kit⁵lai³¹kit⁵hun⁴⁴，ia⁴⁴u⁴⁴thai³¹vu³¹tɕie⁴⁴thai³¹mi⁴⁴。
结来结婚，亦有刣³⁴牛食刣物。
i⁴⁴ɕiu²⁴ma⁵⁵ke³³tsɿ³¹ni⁵⁵vo³³ie⁵⁵va⁴²kai³³，
伊宿妈个钱呢勿要我个，
mi⁵⁵lɔu⁴⁴vo³³io⁵⁵khaŋ⁴⁴khaŋ⁴⁴lai³¹ni⁵⁵。
物³⁵都勿要空空来呢。
i⁴⁴saŋ³⁵mi⁴⁴lai³¹tuo²⁴，va⁴²lɔu⁴⁴vo³³mi⁵⁵io⁵⁵。
伊送物来带，我都勿物要。
va⁴²mo⁵⁵mai⁴²su³¹va⁴²ka⁴⁴ki⁴²，ɗuo²⁴va⁴²ka⁴⁴ki⁴⁴ɗo⁴²mi⁵⁵kiaŋ³¹ke⁴⁴naŋ³¹lo⁵⁵
我孬母除我家己，带我家己着物穷家侬咯
vo³³mi⁵⁵，ta⁴⁴hui³⁵va⁴²ɕiu²⁴ɓe⁴⁴mi⁴⁴ti⁴⁴a⁴⁴lo⁵⁵，
勿物，三岁我宿伯密死啊咯，
va⁴²ɕiu²⁴ɓe⁴⁴ta⁴⁴huei²⁴ti⁴²hu³⁵liau⁴²seŋ⁵³va⁴²ɕiu²⁴mai⁴²ka⁴⁴ki⁴⁴suo⁴⁴va⁴²tuo⁴⁴，
我宿伯三岁死去了剩我宿母家己娶³⁶我大，
vo³³ɓat⁵mi⁵⁵ke³³lo⁴⁴。
勿别物个咯。
liau⁴²i⁴⁴ɕiu²⁴ma⁵⁵na⁵⁵ke²⁴va⁴²lo⁵⁵。
了伊宿妈乃嫁我咯。
kit⁵hun⁴⁴suan³¹ɕie³¹ʑiat³kai³¹tau⁵³li⁴²a⁴⁴lo⁵⁵。
结婚传承一个道理啊咯。

ni⁴²phaŋ⁴⁴an²⁴tɕie⁴⁴lo⁵⁵, tham⁴⁴tsui⁴²ti⁴⁴kio²⁴seŋ³¹min⁴⁴,
女方　暗上咯，探³⁷　水　是叫　澄　面，
ho⁵⁵kai³³ti⁴⁴ʑiat³tiau³¹min⁴⁴phe³⁵lo⁵⁵,
许个是一　条　面　帕　咯，
ʑiat³tiau³¹min⁴⁴phe²⁴, lu⁴²u⁴⁴tɕi³¹tɕiu⁴⁴ɓaŋ²⁴tat³kai³³ŋin³¹lo³³lo⁵⁵,
一　条　面　帕，汝有钱就　放　十个银落咯，
vo³³u⁴⁴tɕi³¹tɕiu⁴⁴ɓaŋ²⁴no⁴⁴kai³³lo⁵⁵,
勿有钱就　放　两个　咯，
ɓaŋ³⁵lo³³min⁴⁴thaŋ⁴²ke³³tsui⁴²le⁵⁵, tɕi⁵⁵kai³¹ti⁴⁴min⁴⁴thaŋ⁴²la⁴⁴,
放　落面桶　个水　嘞，即个是面桶　啦，
u⁴⁴ti⁵⁵phoŋ⁴²tsui⁴²hu²⁴lo⁵⁵, tia⁵³, ɕin⁴⁴nie³¹ti⁴⁴phoŋ⁴²tsuei⁴²hu²⁴lo⁵⁵,
有滴捧　水去咯，[是啊]，新娘　是捧　水　去咯，
hu²⁴liau⁴²au⁴⁴le⁵⁵, a⁵⁵kai³³ke⁴⁴pho⁵⁵le⁵⁵,
去了　后嘞，阿个家婆　嘞，
va⁴²naŋ³¹sŋ⁵³vo³³u⁴⁴mi⁵⁵naŋ³¹kai³¹, va⁴²mo⁵⁵mai⁴²ka⁴⁴ki⁴⁴ke⁴⁴pho³¹ne⁵⁵
我侬　是勿有物侬　个，我奴母家己家婆　呢
ɓoi⁴⁴no⁴⁴kai³³ŋin³¹pha⁴⁴lo³³min⁴⁴thaŋ⁴²hu²⁴。
把　两个　银抛　落面　桶去。
i⁴⁴meŋ³¹meŋ³¹ke³³ɗu⁴⁴lu⁴²le⁵⁵ɓaŋ²⁴mo⁵⁵tɕi³¹lo³³tuei⁴²hu²⁴,
伊明　明　个有汝嘞放　奴钱落水　去，
lu⁴²khie⁵⁵kak³, ɕin⁴⁴nie³¹khie⁵⁵ɗuei⁴²hu²⁴le⁵⁵, tɕi⁵⁵tɕiaŋ⁴²le⁵⁵。
汝拑　甲³⁸，新　娘　拑　转　去嘞，即种　嘞。
mi⁵⁵kai³³khiau²⁴lɔu⁴⁴u⁴⁴。
物个窍　都有。
kuei²⁴hu²⁴saŋ⁴⁴huei²⁴kai³³naŋ³¹kit⁵hun⁴⁴ne⁵⁵mi⁵⁵khiau²⁴mi⁵⁵tɕiaŋ⁴²
过　去昌　化个侬结婚　呢物窍　物种
u⁴⁴ti⁵⁵kie⁴²to⁵⁵le⁴⁴。
有滴团　作嘞。
thai³¹ɗu⁴⁴a⁴⁴thai³¹ie³¹a⁴⁴, va⁴²koŋ⁴²ia⁵⁵hiak³khi⁵⁵i⁴⁴ɕiu³⁵ma⁵⁵vo³³,
刮　猪啊刮　羊啊，我讲　要肉乞伊宿妈勿，

五　口头文化 / 329

i⁴⁴ɕiu²⁴pho³¹koŋ⁴²vo³³ia⁵⁵lo⁴⁴, lu⁴²naŋ³¹tɕi⁵⁵kiaŋ³¹ke⁴⁴naŋ³¹。
伊宿　婆　讲　勿　要　咯，汝　侬　即　穷　家　侬。
naŋ³¹kai³³ɕiu²⁴a⁵⁵, tu⁴²iau³⁵naŋ³¹u⁴⁴tɕi³¹le⁵⁵, ke⁴⁴ɕiu²⁴naŋ³¹u⁴⁴tɕi³¹le⁵⁵,
侬　个　宿　啊，主　要　侬　有　钱　嘞，家　宿　侬　有　钱　嘞，
naŋ³¹ia⁵⁵tu⁴⁴, ia⁵⁵ie³¹hu²⁴　tau⁴⁴　kie⁴²ɕiu²⁴。
侬　要　猪，要　羊　去［炸姼］团　宿。
ti⁴⁴va⁴²naŋ³¹va⁴²kai³³ɓun⁴²ɕi⁴⁴ti⁴⁴vo³³ia⁵⁵。
是我侬　我　个　本　事是勿要。
va⁴²a⁵⁵hau⁴⁴va⁴²ki²⁴naŋ³¹ie⁵⁵le⁵⁵, naŋ³¹kie³⁵naŋ³¹ta⁴⁴hu²⁴, ta⁴⁴ie³¹
我　阿候　我　见　侬　要　嘞，侬　叫　侬　担去，担　羊
thuo⁴⁴ie³¹thuo⁴⁴ku³¹, saŋ⁴⁴khi⁵⁵tɕi⁵⁵kai³³vou³¹ke⁴⁴,
拖　羊　拖　牛，送　乞　即　个　姼　家，
na⁴⁴vou³¹ke⁴⁴u⁴⁴min⁴⁴phoi³¹o³³, naŋ³¹ɕie⁴²naŋ³¹tɕie³³tɕiu⁴²tɕie³³mi⁵⁵o³³,
乃　姼　家　有　面　皮　哦，侬　请　侬　食　酒　食　物　哦，
tio³¹, kau²⁴va⁴²naŋ³¹tɕi⁵⁵toi⁴⁴ti⁴⁴vo³³u⁴⁴mi⁵⁵ke³³lo⁴⁴, tio³¹。
［是勿］，遘我　侬　即　多　是勿　有　物　个　咯，［是勿］。
ɖie⁴⁴hun⁴⁴hau⁴⁴ti⁴⁴saŋ²⁴vi⁴²lo⁵⁵, saŋ⁴⁴vi⁴²saŋ⁴⁴ie³¹lo⁵⁵, saŋ²⁴ɖu⁴⁴hiak³lo⁵⁵,
订　婚　候　是　送　米　咯，送　米　送　羊　咯，送　猪　肉　咯，
e³¹, tɕiaŋ⁵³, saŋ²⁴tsɿ³¹lo⁵⁵。
唉，［即种］，送　钱　咯。
a⁴⁴tsɿ³¹ie⁵⁵aŋ³¹tsuo³²lai³¹ɓau⁴⁴ɖo³³lo⁵⁵,
阿　钱　要　红纸　来　包　着　咯，
ie⁵⁵aŋ³¹tsua⁴²lai³¹ɓau⁴⁴ɖo⁴²ho⁵⁵tsɿ³¹,
要　红纸　来　包　着　许　钱，
ɓau⁴⁴no⁴⁴thiet⁵a⁴⁴, ʑiat³ɓe⁵⁵ŋin³¹ʑiat³thiet⁵, no⁴⁴ɓe⁵⁵ŋin³¹ʑiat³thiet⁵,
包　两　帖　啊，一　百　银　一　帖，两　百　银　一　帖，
liau⁴²ʑi⁴⁴tat³ŋin³¹ʑiat³kai³³ɓaŋ⁴⁴lo⁵⁵, to⁵⁵no⁴⁴kai³³ɓaŋ⁴⁴lo⁵⁵,
了　二十　银　一　个　封　咯，作　两　个　封　咯，
ɕiaŋ⁴⁴ɕiaŋ⁴⁴ke³¹le⁵⁵, ʑiat³tuei²⁴tuei²⁴ɕiaŋ⁴⁴ɓaŋ⁴⁴le⁵⁵, no⁴⁴kai³³ɓaŋ⁴⁴le⁵⁵。
像　像　个　嘞，一　对　对　像　封　嘞，两　个　封　嘞。

tso⁵⁵ɓaŋ⁴⁴hu²⁴，ta⁴⁴hu²⁴，ta⁴⁴hu²⁴lo⁵⁵。
作 封 去，担去，担去 咯。
ta⁴⁴hu²⁴a⁵⁵kai³³vuo⁴⁴ke⁴⁴mai⁴²le⁵⁵，ho⁵⁵kai³³ɓun⁴⁴，tho⁴²tshut⁵lai³¹mo⁴⁴lo⁵⁵，
担去 阿个 外 家 母 嘞，许个 分 ，敲出 来望 咯，
ɓun⁴⁴ti⁵⁵kie⁴²khi⁵⁵vuei³¹naŋ³¹le⁵⁵，a⁴⁴vo³³naŋ³¹ɗuo²⁴ɗuei⁴²lai³¹le⁵⁵。
分 滴囝 乞 媒 侬 嘞，阿勿侬 带 转 来 嘞。
vo³³naŋ³¹tuo²⁴ɗuei⁴²ɕiu²⁴ti⁴⁴vo³³naŋ³¹tit⁵lo⁴⁴，
勿 侬 带 转 宿 是勿 侬 得咯，
va⁴²kaŋ⁴⁴lu⁴²ta⁴⁴tsʅ³¹ta⁴⁴vi⁴²hu²⁴khi⁵⁵naŋ³¹vou⁴²ke⁴⁴，
我 共 汝担钱 担米去 乞 侬 姼 家，
na⁴⁴vou³¹ke⁴⁴thuei³⁵kai³³tsʅ³¹sʅ³⁵i⁴⁴ka⁴⁴ki⁴⁴ɗit⁵lo⁴⁴。
乃 姼 家 退 个 钱 是 伊家 己 得 咯。
e³¹ti⁴⁴tso⁵⁵ɕin⁴⁴khɔu⁴²kai³³，vo³³u⁴⁴vuo³¹naŋ³¹ti⁴⁴ɓun⁴⁴ti⁵⁵kia⁴²khit⁵lu⁴²，
唉是作 辛 苦 个 ，勿有媒 侬 是 分 滴囝 乞 汝，
khi⁵lu⁴²sai⁴²zoŋ⁵³，khit⁵lu⁴²tɕia?³ɗe³¹，tɕiaŋ⁴²le⁵⁵。
乞 汝使 用 ，乞 汝食 茶，[即种] 嘞。
tɕiaŋ⁴² kit⁵hun⁴⁴kai³³sʅ⁴⁴tɕie³¹。
[即种] 结 婚 个 事 情。
ɓoi⁴⁴a⁴⁴kai³³ɗuei⁴²lai³¹ɓoi⁴⁴kai³³hia⁵⁵，
把 一个 转 来 把 个 帖，
i⁴⁴naŋ³¹na⁴⁴vuo⁴⁴ke⁴⁴mai⁴²saŋ⁴⁴khi⁵⁴i⁴⁴ho⁵⁵kai³³ɓun⁴²su⁴⁴a⁴⁴，
伊侬 乃 外 家 母 送 乞 伊许个 本 事啊，
tho⁴²nai⁵⁵kie4²saŋ²⁴khi⁵⁵lu⁴²a⁴⁴，
敲乃囝 送 乞 汝啊，
tho⁴²zi⁴⁴sa⁴⁴tsa⁵⁵lak³ti⁴⁴tho⁴²tsat³kai³¹a⁴⁴saŋ²⁴khi⁵⁵lu⁴²ɗuei⁴²a⁴⁴。
敲 二三 扎 落 是 敲 十 个 啊送 乞 汝转 啊。
na⁵⁵lu⁴²tso⁵⁵no⁴⁴kai³³ɓaŋ⁴⁴，tso⁵⁵no⁴⁴kai³³ɓaŋ⁴⁴vo³³sʅ⁴⁴ie⁵⁵a⁴⁴kai³³
乃 汝作 两 个 封 ，作 两 个 封 勿是要一个
ɗuei⁴²hu²⁴vuo⁴⁴ke⁴⁴tia⁵³，ie⁵⁵vo³³？
转 去外 家 [是啊]，要勿？

ie⁵⁵ a⁴⁴ kai³³ ɗeui⁴² vuo⁴⁴ ke⁴⁴ lo⁵⁵，saŋ⁴⁴ a⁴⁴ kai³³ ɗuei⁴² lai³¹ lo⁵⁵。
要 一 个 转 外 家 咯，送 一 个 转 来 咯。
vuo⁴⁴ ke⁴⁴ mai⁴² mi⁴⁴ tho⁴² ni⁵⁵ kie⁴² ɓun⁴⁴ khi⁵⁵ lu⁴²。
外 家 母 密 敨 滴 囝 分 乞 汝。
vuo⁴⁴ ke⁴⁴ mai⁴² na⁵⁵ tho⁴² ni⁵⁵ kie⁴² tshut⁵ lai³¹ ie⁵⁵ vuei³¹ naŋ³¹。
外 家 母 乃 敨 滴 囝 出 来 要 媒 侬。
lu⁴² mai⁴² kaŋ⁴⁴ naŋ³¹ tso⁵⁵ lɔu⁴⁴ ɗit⁵ la⁴⁴。lu⁴² mai⁴² tso⁵⁵ a⁴⁴ ɗit⁵ la⁴⁴，
汝 母 共 侬 作 都 得 啦。汝 母 作 亦 得 啦，
kaŋ⁴⁴ naŋ⁴⁴ tso⁵⁵ ɗit⁵ ho⁴² tsoi⁴⁴ tsɿ³¹ a⁴⁴。
共 侬 作 得 好 多 钱 啊。
na⁵⁵ hau⁴⁴ va⁴² naŋ³¹ saŋ⁴⁴ huei²⁴ naŋ³¹ ne⁵⁵，saŋ⁴⁴ huei²⁴ kaŋ⁴² ne⁵⁵，
那 候 我 侬 昌 化 侬 呢，昌 化 港 呢，
saŋ⁴⁴ huei²⁴ kaŋ⁴² tat³ hua⁴⁴ ɦi³¹ tɕiu⁴⁴ ti⁴⁴ tɕi⁵⁵ kuei⁴² kan⁴⁴ ɕiu²⁴ ni⁵⁵，
昌 化 港 十 偌 年 就 是 即 几 间 宿 呢，
ʑi⁴⁴ tat³ kuei⁴² kan⁴⁴ ɕiu²⁴，kuei²⁴ hu²⁴ ke³³ le⁵⁵，kok⁵ min³¹ ɗaŋ⁴² ke³³ ɕio³¹ le⁵⁵
二 十 几 间 宿，过 去 个 嘞，国 民 党 个 [时候] 嘞
ti³⁵ ɕit⁵ ɦi³¹ kai³³ ti³¹ hou⁴⁴ le⁵⁵。
四 七 年 个 时 候 嘞。
ɗu⁴⁴ ti²⁴ ɕit⁵ ɦi³¹ va⁴² naŋ³¹ ɓua⁴⁴ han²⁴ tai⁴⁴ ho³¹ lo³³ saŋ⁴⁴ huei³⁵ khie⁴² lo⁵⁵。
有 四 七 年 我 侬 搬 趁 先 河 落⁴⁰ 昌 化 徛⁴¹ 咯。
va⁴² naŋ³¹ saŋ⁴⁴ huei²⁴ ho⁴² ti³¹ hau⁴⁴ ʑi⁴² tai⁴⁴ ti⁴⁴ saŋ⁴⁴ huei²⁴ naŋ³¹ ti⁴⁴ hua⁴⁴ ɗi⁵³ khi⁴⁴
我 侬 昌 化 许 时候 以 前 是 昌 化 侬 是 外 地 区
kai³³ naŋ³¹ lai³¹ toi⁴⁴ a⁴⁴，mi⁵⁵ tɕiaŋ⁴² naŋ³¹ lɔu⁴⁴ u⁴⁴ a⁴⁴，mi⁵⁵ tɕiaŋ⁴² se²⁴，
个 侬 来 多 啊，物 种 侬 都 有 啊，物 种 姓，
mi⁵⁵ tɕiaŋ⁴² kai³³ uei⁴⁴ ɗou⁴⁴ ɓat⁵ koŋ⁴² a⁴⁴。
物 种 个 话 都 别 讲 啊。
ti⁴⁴ va⁴² naŋ³¹ ti⁴⁴ ɓun⁴² naŋ³¹ a⁵⁵ kai³³ ɕin⁴⁴ to³¹ ŋaŋ⁴⁴ khie⁵⁵ vo³³ ɗo³³ uei⁴⁴，
是 我 侬 是 分 侬 阿 个 心 肠 戆 拰 勿 着 话，
vo³³ ɓat⁵ koŋ⁴²。
勿 别 讲。

naŋ³¹leŋ³¹uo³³kai³³naŋ³¹khie⁵⁵ɗo³³ho⁴²tsoi⁴⁴leŋ³¹ko⁴⁴uei⁴⁴a⁵⁵,
侬　灵活　个　侬　拄　着　好　多　临　高　话　啊,
tan⁴⁴tɕiu⁴⁴uei⁴⁴a⁵⁵, tshuei⁴⁴uei⁴⁴a⁵⁵, kuaŋ⁴⁴uei⁴⁴a⁵⁵, ho⁴²mat⁵toi⁴⁴uei⁴⁴kai³³
儋州　话　啊, 村　　话　啊, 广　　话　啊, 好　□⁴²多　话　个。
ti⁴⁴va⁴²naŋ³¹vun³¹huei²⁴vo³³mi⁵⁵ɓat⁵koŋ⁴²vo³³ɕin⁴⁴naŋ³¹ti⁴⁴vo³³khie⁵⁵ɗit⁵ɗo³³。
是　我　侬　文　化　勿　物　别　讲　勿　亲　侬　是　勿　拄　得　着。
saŋ⁴⁴huei²⁴naŋ³¹ne⁵⁵, han²⁴kau²⁴ŋɔu⁴²ŋɔu⁴²fiu³¹le⁵⁵tɕiu⁴⁴huat⁵la⁰, ŋɔu⁴²ɕit⁵,
昌　化　侬　呢, 趁　遘　五　五　年　嘞就　发　啦, 五　七,
ŋɔu⁴²ɓoi⁵⁵ɕit⁵kuei⁴²fiu³¹, uei³³, huat⁵lo⁴⁴。
五　八　七　几　年, 喂, 发　咯。
a⁵⁵kai³³tsan⁵³kiaŋ⁴⁴, ɓa⁵⁵hai⁴², kuaŋ⁴²sai⁴⁴, kheŋ³¹suo⁴⁴, vun³¹ɕie⁴⁴naŋ³¹lo³³
阿　个　湛　江, 北　海, 广　西, 琼　山, 文　昌　侬　落
saŋ⁴⁴huei³⁵to⁵⁵hai⁴²。
昌　化　作　海。
saŋ⁴⁴huei²⁴mo⁵⁵ɗi⁵³phaŋ⁴⁴le⁵⁵mo⁵⁵hai⁴²le⁵⁵ti⁴⁴ho⁴²。
昌　化　孬　地方　嘞孬　海　嘞是　好。
i⁴⁴lo³³hu²⁴ne²⁴to⁵⁵au⁴²le⁴⁴,
伊　落去　带　作　后　嘞,
va⁴²naŋ³¹a⁵⁵ɕi³¹hau⁴⁴lo³³saŋ⁴⁴huei²⁴khie⁴⁴kai³³ti³¹hau⁵³i⁴⁴a⁴⁴lai³¹va⁴²naŋ³¹
我　侬　阿时候　落昌　化　徛　个　时候　伊阿来　我　侬
saŋ⁴⁴huei²⁴khie⁴²。
昌　化　徛。
va⁴²naŋ³¹suei⁴⁴khia⁴⁴a⁵⁵toi⁴⁴fiu³¹tun³¹naŋ³¹ne⁵⁵, ta⁴²kui³⁵va⁴²naŋ³¹,
我　侬　村　徛　阿多　渔　船　侬　呢, 早　过　我　侬,
i⁴⁴koŋ⁴²va⁴²naŋ³¹khie⁴²va⁴²naŋ³¹ɕiu⁴⁴i⁴⁴hu³⁵hai⁷²ɗuei⁴²lai³¹ti⁴⁴ɓoi⁴²fiu³¹
伊　讲　我　侬　徛　我　侬　宿　伊去　海　转　来　是把　鱼
ɓoi⁴²va⁴²naŋ³¹tɕit³kuei²⁴。
把　我　侬　食过。
na⁴⁴zi³¹tsai³¹nau⁴⁴zua⁴⁴naŋ3¹to⁵⁵hi²⁴a⁰, e³¹tɕi⁵⁵kai³³ak⁵kiaŋ⁴⁴a⁵⁵hau⁵³le⁵⁵,
那　以前　闹　热　侬　作戏　啊, 唉即　个　沃宫⁴³阿候　嘞,

hai⁴²nan³¹naŋ³¹ɕi⁴⁴naŋ³¹to⁵⁵ɕiu²⁴lo⁴⁴，ak⁵kiaŋ⁴⁴hau⁵³hu²⁴naŋ³¹ti⁴⁴koŋ⁴²to⁵⁵，
海 南 侬 私 侬 作 宿 咯，沃宫 候 去 侬 是 讲 作，
u⁴⁴kai³³mi⁵⁵tat⁵ʑit³la³，a⁴⁴ti⁴⁴kheŋ³¹hi²⁴a⁴⁴，
有 个 密 十 日 啦，阿 是 琼 戏 啊，
vun³¹ɕie⁴⁴a⁴⁴，kheŋ³¹tuo⁴⁴a⁴⁴，ɗeŋ⁴⁴mai⁵³naŋ³¹kai³³hi²⁴ɓan⁴⁴le⁵⁵，
文 昌 啊，琼 山 啊，澄 迈 侬 个 戏 班 嘞，
tso⁵⁵hi³⁵iʔ⁵tɕi³¹lo³³。
作 戏 要 钱 咯。
au⁵³to⁵⁵hi²⁴ti⁴⁴ɓe⁵⁵phie⁴⁴，hu²⁴mo⁴⁴hi³⁵ɗit⁵tɕi³¹kai³³。
后 作 戏 是 擘 票 ，去 望 戏 得 钱 个。
hau³¹tai³¹to⁵⁵ʑiat³ɕi²⁴ti⁴⁴hu²⁴khi³¹kha⁴⁴ɗi⁵³phaŋ⁴⁴to⁵⁵，
头 前 作 一 次 是 去 其 他 地 方 作，
i⁴²tai³¹ti⁴⁴ie⁵⁵ɓɔu²⁴lai³¹uei³¹，uei³¹thuan³¹thuan³¹，kia²⁴tɕi⁵⁵seŋ⁴⁴hi⁴⁴a⁴⁴
以 前 是 要 布 来 围 ，围 团 团 ，架 即 青 天 啊
min³¹ɓi⁴⁴a⁴⁴hu²⁴ɓaŋ⁴⁴mo⁴⁴le⁵⁵。
棉 被 啊 去 帮 望 嘞。
hu²⁴ɓoi⁴²tse⁵⁵kaŋ⁴⁴lau³¹sɿ³¹hu²⁴va⁴²naŋ³¹ia⁴⁴hu²⁴mo⁴⁴kuei²⁴，
去 把 这 功 劳 钱 去 我 侬 亦 去 望 过，
ia³³ɓun⁴⁴tse⁵⁵kaŋ⁴⁴lau³¹sɿ³¹lu⁴²。
亦 分 这 功 劳 钱 汝。
khi⁵⁵lu⁴²tɕit³me³¹huei⁴⁴ia⁴⁴tɕit³ta⁴²san⁴⁴。
乞 汝 食 暝 晖 亦 食 早 餐。
i⁴⁴vo³³khi⁵⁵naŋ³¹tau⁴²lo³³lo³³，kan⁴²hu²⁴tɕie³⁵naŋ³¹hu³⁵vuei⁴⁴phie²⁴liau⁴²hu³⁵
伊 勿 乞 侬 走 落 咯，赶 去 这 侬 去 买 票 了 去
lo³³hu²⁴mo⁴⁴lo⁵⁵。
落 去 望 咯。
ho⁵⁵tiau⁴⁴mi⁵⁵hi²⁴ɓan⁴⁴lou⁴⁴u⁴⁴，ho⁵⁵tiau⁴⁴saŋ⁴⁴huei²⁴tsuei²⁴nau⁴⁴zuo³³kai³³la³³。
许[时候]物 戏 班 都 有，许[时候]昌 化 最 闹 热 个 啦。
kau²⁴han³¹na⁴⁴ni⁵⁵ti⁴⁴huat⁵tɕin⁴²，han³¹na⁴⁴huat⁵tɕin⁴²ti⁴⁴vo³³nau⁴⁴zuo³³ti⁴⁴to⁵⁵ɕiu²⁴。
遭 现 旦 呢 是 发 展 ，现 旦 发 展 是 勿 闹 热 是 作 宿。

han³¹ na⁴⁴ kai³³ niau⁵⁵ kie⁴² ɗua⁴⁴ liau⁴² hu²⁴ liau⁴² au⁵³ ne⁵⁵,
现 且 个 孥 团 大 了 去 了 后 呢,
ɓun⁵ sut⁵ hua⁴⁴ pha⁵⁵ kaŋ⁴⁴ liau⁴² ɗu⁵⁴ sı⁲⁴ ɗuei⁴² lai³¹ to⁵⁵ kin²⁴ sek⁵ tse⁵⁵ u⁴⁴ lak³。
分 出 外 拍 工 了 有 钱 转 来 作 建 设 这 有 力。
ʑi⁴² tai³¹ ti²⁴ ɕit⁵ ti²⁴ kuei⁴² ɦi³¹ ho⁵⁵ hau⁴⁴ ne⁵⁵, ti²⁴ ɕit⁵ ɦi³¹ ti²⁴ ɓoi⁵⁵ ɦi³¹ au⁵³ ne⁵⁵。
以 前 四 七 四 几 年 许 候 呢, 四 七 年 四 八 年 候 呢。
na⁴⁴ u⁴⁴ no⁴⁴ ŋan⁴² mo⁴² ɕiu²⁴ a⁴⁴ ɕi⁴⁴ va⁴² naŋ³¹ se²⁴ su⁴⁴ kai³³,
乃 有 两 眼⁴⁴ 瓦 宿 阿 是 我 侬 姓 苏 个,
a⁵⁵ mo⁵⁵ i⁴⁴ ti⁴⁴ su⁴⁴ kin⁴⁴ ŋan⁵³ u⁴⁴ no⁴⁴ kan⁴⁴ muo⁴² ɕiu²⁴。
阿 妚 伊 是 苏 金 岸⁴⁵ 有 两 间 瓦 宿。
ʑi⁴² tsai³¹ ɕi⁴⁴ tshau⁴² ɕiu²⁴ kai³³ a⁴⁴, saŋ⁴⁴ huei²⁴ naŋ³¹ khie⁴⁴ kai³³ ɕiu²⁴ ti⁴⁴
以 前 是 草 宿 个 啊, 昌 化 侬 倚 个 宿 是
ʑi⁴² tsai³¹ han²⁴ ɗu⁵⁴ sı⁲⁴ min⁴⁴ ɓoi⁵⁵ phaŋ⁴⁴ kai³³ ɗi⁵³ phaŋ⁴⁴ ɗɔu⁴⁴ lai³¹ a⁴⁴ lai³¹ khie⁴²
以 前 趁 有 四 面 八 方 个 地方 都 来 啊 来 倚
to⁵⁵ tshau⁴² ɕiu²⁴ kie⁴², toi⁴⁴ min⁵⁴ tok³ naŋ³¹ ne⁵⁵ to⁵⁵ toi⁴⁴ tshau⁴² ɕiu²⁴ khi⁴² khie⁴²。
作 草 宿 囝, 多 民 族 侬 呢 作 多 草 宿 起 倚。
tshau⁴² ɕiu²⁴ khi⁴² khie⁴² nan³¹ huaŋ⁴⁴ kau²⁴ le⁵⁵,
草 宿 起 倚 南 风 遘 嘞,
i⁴⁴ ki⁴⁴ huaŋ⁴⁴ ak⁵ kai³³ ɕit⁵ huei⁴² lo⁵⁵, tit⁵ huei⁴² kai³³ tie⁴⁴ le⁵⁵,
一 给 风 沃 个 失 火 咯, 失 火 个 烧 嘞,
ti⁴⁴ ɕie⁴⁴ liau⁴² liau⁴² lo⁴⁴, i⁴⁴ kai³³ ɕiu²⁴ ti⁴⁴ ʑiat³ o³¹ ʑiat³ o³¹,
是 烧 了 了 咯, 伊 个 宿 是 一 行 一 行,
naŋ³¹ saŋ⁴⁴ huei²⁴ naŋ³¹ to⁵⁵ kai³³ ɕiu²⁴ ti⁴⁴ ʑiat³ o³¹ ʑiat³ o³¹,
侬 昌 化 侬 作 个 宿 是 一 行 一 行,
ʑiat³ ɕie⁴⁴ khi⁴² tɕi⁵⁵ kan⁴⁴ ia³³ ɕie⁴⁴ khi⁴², tɕi⁵⁵ kan⁴⁴……
一 烧 起 即 间 亦 烧 起, 即 间……
suan³¹ ɓu⁴⁴ ɕie⁴⁴ khi⁴² a⁵⁵ huaŋ⁴⁴ ɗuo⁴⁴ ɕie⁴⁴ a³¹ ɕie⁴⁴ kuei²⁴ a³³ ɕi⁴⁴ kuei²⁴。
全 部 烧 起 阿 风 大 烧 啊 烧 过 一 次 过。
ɕie⁴⁴ kau²⁴ a³³ ɕi²⁴ va⁴⁴ naŋ³¹ lai³¹ kiu²⁴ huei⁴²,
烧 遘 一 次 我 侬 来 救 火,

au⁵³ tɕiu⁴⁴ va⁴² naŋ³¹ hu²⁴ saŋ⁴⁴ huei²⁴ kaŋ⁴² khie⁴² lo⁴⁴。
后 就 我 侬 去 昌 化 港 倚 咯。
e³¹ ɕie⁴⁴ kuei²⁴ a³³ ɕi²⁴ kuei²⁴， ɕie⁴⁴ ɖo³³ tɕi⁵⁵ kai³³ phuei³¹ ki⁴⁴ ɓe⁵⁵，
唉 烧 过 一 次 过 ，烧 着 即 个 □ □⁴⁶伯，
ho⁵⁵ kai³³ khim⁴⁴ huei⁴⁴ khim⁴⁴ huei³¹ ɓe⁴⁴ ke³³ le⁵⁵，
许 个 □ □ □ □⁴⁶ 伯 个 嘞，
ɕie⁴⁴ ɖo³³ e³¹， a⁵⁵ naŋ³¹ soi⁴⁴ kiu³⁵ ɖo³³。
烧 着 唉, 阿 侬［娶伊］救 着。
vo³³ kuei²⁴ va⁴² naŋ³¹ saŋ⁴⁴ huei²⁴ naŋ³¹ to⁵⁵ ke³¹ su³⁵ ne⁵⁵ ze⁴² tso⁵⁵ ɖo³³ han²⁴
勿 过 我 侬 昌 化 侬 作家宿 呢 也 作 着 喊
to⁵⁵ ua⁴⁴ toi⁴⁴ kan⁴⁴ su²⁴ to⁵⁵ kai³³ han²⁴, to⁵⁵ kai³³ han²⁴, o³¹, tau⁴² hu²⁴,
作偌多间 宿作个 喊 ，作个 喊 ，哦，走 去,
tau⁴² sut⁵ huat⁵ haŋ⁴⁴ naŋ³¹ ɕit⁵ huei⁴² a⁵⁵ to⁵⁵ mi⁵⁵ a⁵⁵， kiu²⁴ huei⁴² lo⁴⁴,
走 出 发 动 侬 失 火 啊作物啊, 救 火 咯,
kiu²⁴ huei⁴² lo³³， va⁴² naŋ³¹ ziat³ lit³ tau⁴² hu²⁴ kiu⁴²⁴ uei⁴²。
救 火 了, 我 侬 一 直 走 去 救 火。
a⁵⁵ ɕi³¹ hau⁵³ ti⁴⁴ kio²⁴ to⁵⁵ kok⁵ min³¹ ɖaŋ⁴² ziat³ kai³³ kai³³ ɕiu⁴² khak⁵ ka³¹ tsu⁴⁴ thou³¹
阿时候 是叫 作国 民 党 一 个 个 ……（不明意思）
tat³ ua⁴⁴ zi⁴⁴ tat³ kan⁴⁴ ɕiu²⁴ ti⁴⁴ saŋ⁴⁴ huei²⁴ naŋ³¹ ne⁵⁵。
十偌 二 十 间 宿 是 昌 化 侬 呢。
saŋ⁴⁴ huei²⁴ naŋ³¹ a³³ ti⁴⁴ han²⁴ tan³³ tɕiu⁴⁴ leŋ³¹ ko⁴⁴ kheŋ³¹ hai³¹ vun³¹ ɕie⁴⁴ ɓi⁴⁴ lai³¹ ke³³ naŋ³¹。
昌 化 侬 亦是趁 儋 州 临 高 琼 海 文 昌边来 个 侬。
va⁴² naŋ³¹ ti⁴⁴ sai⁴⁴ ho⁴⁴ naŋ³¹ ɓua⁴⁴ lo³³ saŋ⁴⁴ huei²⁴ khi⁵⁵ khie⁴² kai³³。
我 侬 是先河 侬 搬 落昌化 乞倚 个。
va⁴² naŋ³¹ ti²⁴ ɕit⁵ ɦi³¹ ɓua⁴⁴ lo³³ kai³³ ti³¹ hau⁵³ ne⁵⁵ u⁴⁴ zi⁴⁴ tat³ kan⁴⁴ ɕiu²⁴,
我 侬 四七年搬 落个 时候 呢有二十间 宿,
u⁴⁴ zi⁴⁴ tat³ kan⁴⁴ ɕiu²⁴ le⁵⁵ ti⁴⁴ naŋ³¹ moi⁴² ke³³ to⁵⁵ mo⁴² ɕiu²⁴,
有二十间 宿嘞是侬 每 个 作瓦宿,
va⁴² ɕiu²⁴ mai⁴² suo⁴⁴ va⁴² ka⁴⁴ ki⁴⁴ ne⁵⁵ to⁵⁵ kai³³ tshau⁴² ɕiu²⁴ khie⁴²,
我宿 母 娶 我家 己 呢作个 草 宿倚,

kau²⁴ti²⁴kau⁴²ɦi³¹le⁵⁵, naŋ³¹koi⁵²ɓaŋ²⁴saŋ⁴⁴huei²⁴kaŋ⁴²le⁵⁵, ku²⁴liau⁴²au⁵³
遘　四　九　年　嘞，侬　解　放　昌　化　港　嘞，［过去］了后
ŋɔu⁴²kuei⁴²ɦi³¹nan⁴⁴na⁵⁵han²⁴san³¹ɗi⁵³tɕie⁴⁴ɓua³³lai³¹khie⁴⁴。
五　几　年　咱⁴⁷乃从　塍　地　上　搬　落来　徛。
kan⁴⁴ɕiu²⁴to⁵⁵ho⁴²ɗi⁴⁴phaŋ⁴⁴la⁴⁴, ti⁴⁴na⁵⁵lo³³saŋ⁴⁴huei²⁴lai³¹khie⁴⁴le⁵⁵。
间　宿　作好地　方　啦，是乃落昌　化　来　徛　嘞。
tɕiaŋ⁴² ti⁴⁴saŋ⁴⁴huei²⁴kai³³kuei²⁴hu²⁴ti⁴⁴tɕiaŋ⁴²。
［即样］是昌　化　个　过　去　是［即样］。
han⁴⁴na⁴⁴ti⁴⁴to⁵⁵tsoi⁴⁴ɕiu⁴⁴lo⁴⁴, ʑi⁴⁴tai³¹ti⁴⁴vo³³u⁴⁴ɕiu²⁴,
现　旦　是作多　宿　咯，以前　是勿有宿，
hi³¹na⁴⁴to⁵⁵ɕiu²⁴kuai³¹ta⁴⁴eŋ³¹lau³¹la⁴⁴no⁴⁴eŋ³¹la⁴⁴ta⁴⁴eŋ³¹la⁴⁴。
现旦作宿　悬　三檐楼　啦两层啦三层　啦。
ʑi⁴²tai³¹to⁵⁵kai³³ɕiu²⁴kie⁴²ti⁴⁴niau⁵⁵niau⁵⁵oi⁴²oi⁴²ke³³,
以前作个宿　囝　是孬　孬　矮矮个，
a⁵⁵tsoi⁴⁴hia⁴⁴ɕiu²⁴kie⁴²ti⁴⁴oi⁴²oi⁴²ke³³,
阿多　瓦宿　囝　是矮矮个，
lu⁴²ki²⁴kin⁴⁴san³¹lɔu⁴⁴u⁴⁴ua⁴⁴tsoi⁴⁴kan⁴⁴lu⁴⁴vo³³,
汝见近　塍　路　有偌多　间　噜勿，
lu⁴²ki²⁴lau⁴⁴sun⁴⁴kai³³su²⁴vo³³le⁵⁵,
汝见老孙　个　宿勿嘞，
a⁵⁵kan⁴⁴ɕiu²⁴oi⁴²oi⁴²ka⁵⁵,
阿间　宿　矮矮个，
naŋ³¹u⁴⁴tsɿ³¹na⁴⁴tso⁵⁵kuai³¹kai³³, vo³³tsɿ³¹vo³³tso⁵⁵kuai³¹kai³³lo⁴⁴。
侬　有钱乃作悬　个　勿钱勿作悬　个　咯。
e³¹saŋ⁴⁴huei²⁴kaŋ⁴²kai³³min⁴⁴mau⁴⁴tɕiu⁴⁴ti⁴⁴tɕi⁵⁵tɕiaŋ²。
诶昌　化　港　个　面　貌　就　是即种。
han⁴⁴na⁴⁴sɿ⁴⁴koi⁴²ɓin²⁴ti⁴⁴koi⁴²ɓin²⁴, tso⁵⁵ɕiu²⁴ho⁴²,
现　旦是改变是改变，作宿　好，
a⁵⁵tsoi⁴⁴seŋ⁴⁴ɦi³¹naŋ³¹sut⁵hua⁴⁴pha⁵⁵kaŋ⁴⁴, to⁵⁵to⁵⁵lau⁴⁴ɓan⁴²liau⁴²hu²⁴,
阿多　青　年　侬　出外拍工，作作作老板了去，

nan⁴²lau⁴²naŋ³¹ka⁴⁴ki⁴⁴ɗu⁴⁴saŋ⁴⁴huei²⁴ia⁴⁴vo³³mi⁵⁵vi⁴⁴,
咱⁴⁷老 侬 个 已 有 昌 化 亦 勿 物 味，
u⁴⁴ti⁵⁵kie⁴²ɓua²⁴kai³³ti⁴⁴ɕit⁵ɓie⁵⁵tat³huei²⁴kai³³,
有 滴 囝 半 个 是 七 八 十 岁 个，
naŋ³¹a⁵⁵tsoi⁴⁴ti²⁴ŋou⁴²tat³huei²⁴kai³³ti4⁴sut⁵hu²⁴hua⁴⁴liau⁴²。
侬 阿 多 四 五 十 岁 个 是 出 去 外 了。
u⁴⁴ni⁵⁵kie⁴²sut⁵lai³¹nin³¹kie⁴²mi⁵⁵hu²⁴,
有 滴 囝 出 来 黏 囝 密 去，
an²⁴tɕiau²⁴va⁴²sut⁵lai³¹nin³¹va⁴²kie⁴²tɕio⁴⁴。
按 照 我 出 来 黏 我 囝 [即样]。
va⁴²ti²⁴sut⁵lai⁴²kaŋ⁴⁴kie⁴²mun³¹khie⁴⁴, lak³kai³³niau⁵⁵kie⁴²ɗou⁴⁴sut⁵。
我 是 出 来 共 囝 们 徛 ， 六 个 挈 囝 都 出。
va⁴²naŋ³¹saŋ⁴⁴huei²⁴naŋ³¹tun⁴²ɓi⁴⁴kuei²⁴fii³¹ne⁵⁵, kau²⁴sun⁴⁴tat⁵le⁵⁵,
我 侬 昌 化 侬 准 备 过 年 呢，遘 春 节 嘞，
kau²⁴sun⁴⁴tat⁵kai³³ti³¹hau⁴⁴le⁵⁵, ti⁴⁴u⁴⁴tɕi⁵iu⁴⁴ti⁴⁴thai³¹ɗu⁴⁴thai³¹ie³¹lo⁵⁵,
遘 春 节 个 时 候 嘞，是 有 钱 又 是 刣 猪 刣 羊 咯，
thai³¹koi⁴⁴lo⁵⁵, an²⁴tɕiau²⁴va⁴²va⁴²ki²⁴naŋ³¹hai³¹le⁵⁵,
刣 鸡 咯，按 照 我 我 见 侬 刣 嘞，
va⁴²naŋ³¹ɓun⁴²ɕin⁴⁴vo³³u⁴⁴。
我 侬 本 身 勿 有。
ɗuo⁴⁴tɕiaŋ²⁴kai³³naŋ³¹ti⁴⁴hai³¹ie³¹tɕhi⁴⁴ɗu⁴⁴,
大 众 个 侬 是 刣 羊 饲 猪，
lu⁴²u⁴⁴tɕi³¹va⁴²vo³³u⁴⁴tɕi³¹voi⁴²ɗu⁴⁴, va⁴²tɕiu⁴⁴voi⁴²khi⁵⁵lu⁴²ɕi⁴⁴,
汝 有 钱 我 勿 有 钱 买 猪，我 就 买 乞 汝 饲，
ɕi⁴⁴kau²⁴a⁵⁵ɗu⁴⁴tua⁴⁴, o³⁵ziat³ɓe⁵⁵kin⁴⁴no⁴⁴ɓe⁵⁵kin⁴⁴liau⁴²,
饲 遘 阿 猪 大 ，望 一 百 斤 两 百 斤 了，
kua⁵⁵mo⁵⁵ɗu⁴⁴thau³¹khi⁵⁵tɕi⁵⁵kai³¹a⁵⁵ɕi⁴⁴ɕi⁴⁴tu⁴⁴kai³³,
割 妳 猪 头 乞 即 个 阿 饲 饲 猪 个，
səŋ⁴⁴zi³¹kai³³hiak³na⁴⁴ia⁵⁵lai³¹ɓun⁴⁴ɓe³¹。
剩 余 个 肉 乃 要 来 分 平。

a⁵⁵ɕi⁴⁴ɗu⁴⁴kai³³ti⁴⁴ɗit⁵ɗu⁴⁴thau³¹kaŋ⁴⁴ɗit⁵tu⁴⁴kha⁴⁴ŋau⁵⁵，ɗu⁴⁴vuei⁴²ɓa⁴⁴，
阿 饲 猪 个 是 得 猪 头 共 得 猪 骸 钩⁴⁸，猪 尾 巴，
ɗit⁵tu⁴⁴kha⁴⁴ŋau⁵⁵ɓat⁵tso⁵⁵min⁴⁴phoi³¹lo⁵⁵。
得 猪 骸 钩 别 作 面 皮 咯。
lu⁴²a³³vo³³ɕi⁴⁴kai³³mi⁵⁵ti⁴⁴ɓun⁴⁴a³³ɓuo⁴⁴hu²⁴lu⁴²，
汝 阿 勿 饲 个 密 是 分 一半 去 汝，
va⁴²ɗit⁵a³³ɓuo²⁴tɕi⁵⁵kai³³ɗu⁴⁴thau³¹lo⁵⁵，
我 得 一半 即 个 猪 头 咯，
ɗit⁵ɗu⁴⁴kha⁴⁴ŋau⁵⁵kuei³⁵ɦi³¹lo⁵⁵。
得 猪 骸 钩 过 年 咯。
ɗu⁴⁴ti⁵⁵kie⁴²thai³¹koi⁴⁴，thai³¹ie³¹，a⁴⁴ti⁴⁴u⁴⁴tɕi³¹naŋ³¹kai³³la⁴⁴，
有 滴 囝 刐 鸡，刐 羊，阿 是 有 钱 侬 个 啦，
hai³¹ku³¹，ia³³hai³¹ku³¹hau⁵³a⁴⁴。
刐 牛，亦 刐 牛 头 啊。
saŋ⁴⁴huei²⁴kuei²⁴hu⁴⁴ti⁴⁴tɕi⁵⁵tɕiaŋ⁴²a⁴⁴。
昌 化 过 去 是 即 种 啊。
kau²⁴va⁴²naŋ³¹lo³³se⁴⁴san⁴²ɗuei⁵³au⁴⁴le⁵⁵，
遘 我 侬 落 生 产 队 后 嘞，
ɗuei⁴²lai⁴⁴kau²⁴sun⁴⁴tat⁵la⁴⁴。
转 来 遘 春 节 啦。
ɗuei⁴²lai³¹le⁵⁵，ɗuei⁴²lai³¹naŋ³¹u⁴⁴naŋ³¹ɕiaŋ⁴⁴ɕiaŋ⁴⁴mo⁴⁴ku³¹kai³³，
转 来 嘞，转 来 侬 有 侬 像 像 望 牛 个，
u⁴⁴ɕiaŋ⁴⁴ɕiaŋ⁴⁴mo⁴⁴ie³¹kai³³，ɕi⁴⁴ɗu⁴⁴kai³³。
有 像 像 望 羊 个，饲 猪 个。
naŋ³¹tɕiu⁴⁴huat⁵thaŋ⁴⁴thai³¹ku³¹lai³¹hu²⁴ɓun⁴⁴khi⁵⁵se⁴⁴zuan³¹。
侬 就 发 动 刐 牛 来 去 分 乞 社 员。
thai³¹ku³¹ɓun⁴⁴se⁴⁴zuan³¹，suei⁴⁴naŋ³¹khau⁴²lai³¹ɓun⁴⁴，
刐 牛 分 社 员，村 侬 口 来 分，
ziat³kai³³naŋ³¹khau⁴²ɗit⁵ua⁴⁴toi⁴⁴，no⁴⁴kai³³naŋ³¹khau⁴²ɗit⁵ua⁴⁴toi⁴⁴，
一 个 侬 口 得 偌 多，两 个 侬 口 得 偌 多，

sa⁴⁴kai³³naŋ³¹khau⁴²ɗit⁵ua⁴⁴toi⁴⁴tɕiu⁴⁴tɕi⁵⁵tɕiaŋ⁴²ɓun⁴⁴。
三　个　侬　口　得　偌　多　就　即　种　分。

ɓun⁴⁴kuo⁵⁵suei²⁴ʑiat³khoi²⁴khoi²⁴lai³¹ɓun⁴⁴，ɓun⁴⁴khi⁵⁵se⁴⁴zuan³¹kuei³⁵sun⁴⁴tat⁵。
分　割　碎　一　块　块　来　分　分　乞　社　员　过　春　节。

u⁴⁴tɕi³¹kai³³lu⁴²vi⁴⁴hu²⁴voi⁴²ɕi⁴⁴kin⁴²，hu²⁴voi⁴²sɿ⁴²hun⁴²，voi⁴²phu³¹tiak⁵，
有　钱　个　汝　密　去　买　□□⁴⁹，去　买　细　粉，买　腐　竹，

voi⁴²kin⁴⁴tɕin⁴⁴，voi⁴²koi⁴⁴hai³¹lo⁵⁵。
买　金　针，买　鸡　刣　咯。

a³³kai³³sɿ⁴⁴ɕi⁴⁴khi⁴²……，thai³¹ie³¹thai³¹ku³¹khi⁵⁵ti⁵⁵ɓun⁴⁴lu⁴²lo⁵⁵。
阿　个　是　自　己（听不明），刣　羊　刣　牛　乞　滴　分　汝　咯。

a³³kai³³sɿ⁴⁴se⁴⁴san⁴²ɗuei⁵³hoŋ⁴²it⁵sɿ⁴⁴tɕhi³¹ku³¹lo⁵⁵，tɕhi³¹ie³¹lo⁵⁵，tɕhi⁴²ɗu⁴⁴lo⁵⁵。
阿　个　是　生　产　队　统　一　是　饲　牛　咯，饲　羊　咯，饲　猪　咯。

tau²⁴ho²⁴kai³³sɿ⁴⁴koi⁴⁴kun⁴⁴tɕi⁵⁵kai³³mi⁴⁴ti⁴⁴ka⁴⁴ki⁴²ɕi⁴⁴naŋ³¹sau²⁴ɕi⁴⁴naŋ³¹voi⁴²lo⁵⁵。
到　许　个　是　鸡　跟　即　个　物　是　家　己　私　侬　凑⁵⁰　私　侬　买　咯。

vo³³tɕi³¹kai³³vi⁴⁴tɕit³ti⁵⁵kie³¹hiak³liau⁴²tɕiu⁴⁴kuei³⁵ɦi³¹lo⁵⁵。
勿　钱　个　密　食　滴　囝　肉　了　就　过　年　咯。

sun⁴⁴tat⁵kai³³sɿ⁴⁴tɕiu⁴⁴tɕi⁵⁵tɕiaŋ⁴²lo⁵⁵。
春　节　个　事　就　即　种　咯。

注释：

1. 即路：这里。

2. 趁：从。

3. 先河：地名。

4. 徛：住。

5. 公爹囝：男孩子。

6. 姅婍囝：女孩子。

7. 遭：到，此指如果遇到。

8. 像：像样，漂亮。

9. 宿：家，房屋。俗写作"厝"。

10. 乃：多义虚词。此指若，如果。

11. □suo⁴⁴：[是哦]的合音。加方括号者表示合音。

12. 勿：不；没。此处为没。

13. 家己：自己。

14. 扛：两人用扁担一起在肩上抬。

15. 老夷：未详。

16. 姑爹：新郎。

17. 阿：用作指示，这，那。

18. 塍：田。

19. 骸：脚。

20. 落甲：掉下。

21. 扛骸□zi^{24}母：未详。

22. □□ɗaŋ^{42}tshan^{53}：地名。未详。

23. 妚：量词，也作定指。阿妚：那个。

24. 了了：全部，所有。

25. 黏：跟着。

26. 密：要，想，就。

27. 了（句首）：接着，然后。

28. 由由：随意。

29. 别：懂得，识别。俗写作"八"。

30. 物个：什么。

31. 番：量词。用于棉被、席子、蚊帐等。

32. 蠓帐：蚊帐。

33. □tua^{24}：大声叫喊的意思。

34. 刣：宰杀。

35. 物：东西。

36. 娶：带领，养育。

37. 探：舀。

38. 抾甲：捡去。

39. 敆：打开，抖落开。

40. 落：在。

41. 徛：住。

42. □mat^{5}：一般用在形容词前，前加"好"，表示程度深，如好

□mat⁵多。
43. 沃宫：昌江镇上的庙宇名。
44. 眼 ŋan⁴²：量词，此用于房屋前。吴语崇明话用于灶。
45. 苏金岸：音译人名。
46. □phuei³¹ki⁴⁴，khim⁴⁴huei⁴⁴khim⁴⁴huei³¹：人名未详。
47. 咱 nan⁴²：是"侬侬"的紧缩。
48. 猪骰钩：猪脚，猪蹄。
49. □□ɕi⁴⁴kin⁴²：未详。
50. 凑：和。

意译：

我们是昌化人，刚开始是先河的，1947年搬来昌化港住。住到大了以后听见别人说过去的事情，过去的事是别人结婚的事情，那时候男孩女孩都没什么钱，有男的富一点，女的穷一点，多要点钱。女孩子漂亮的话，带到男方家就要你多点钱。拿钱来买的。有两百三百块的，要是有两三百块的钱是很多的哦。从前面讲起。要了（钱），没人结婚的。按我的本事呢，就我自己找我的新人。过去的人是有介绍人的。介绍人就是我介绍你去嫁他，介绍你来娶她，这种叫作媒人。

过去的事，人家坐轿子来抬的，四个人抬，四个人抬一个是襄城伯，一个是家安公，一个是瞎子公，一个是叫作……抬轿子回来。抬呢，过去的时候呢是新娘有老夷啊，就是新郎坐在轿子上。两个人就是新郎和新娘两个人，坐个轿子上来，上来家里，上来这个男方老家。有一天路比较远，远路就是到那个我们那个角落的田上，那个田那里下来，那新娘就跳起来，跳起来就甩甩脚，甩甩脚呢，四个人抬重啊，四个人抬着重。那边有个抬轿的人就说很生气，然后跑了，不抬了，放掉。放掉后那些伴郎和亲戚朋友们拖那个抬轿的人来（继续）抬。抬脚□母，抬脚□母去山坡那边啊海军岭那边啊，从旧县村抬去的啊。旧县村抬去十到十五公里的路啊。抬这个轿子啊，抬去那边。去□□那边呢，那个人抬不了了，他是替抬出来的那个新娘，拿个手绢，红红的（手绢）拿来摇，对着天摇说我叫那些姐妹都跟着他去。摇着（手绢）喊人跟他去了。做这样摇来摇去又跳轿子，那个脚呢两只脚跳着，人两边脚跳一边脚又跳一边脚这样。她就一边跳一边甩把抬轿的人弄火了生气就放下（轿子）走了，不抬了。那些伴郎就来推他，推他来才去抬。然后这就是结婚的事情。要钱要物呢他是随便要的，有些人是要三好几百的，有的也没有说上千块，说百数的，几十，四五十。有些钱就要多点，没有钱就不要。

  按照我和孩子妈妈结婚呢，我和孩子妈妈结婚呢是自己谈恋爱的，本来我是个穷人，不识字，老婆妈妈也不识字，老婆爸爸也不识字，我也是不识字的人，傻的人。家里穷没什么的。她妈妈有张蚊帐，有张棉被，有张草席，敲锣打鼓去接她。叫伴郎去喊她妈妈来我们家。来结婚，也有杀牛和杀其他的来吃。她妈妈的钱是没给我的，什么都没要空手来的。她送东西来，我都没什么给的。我妈妈除我自己，带我自己是穷人家没什么的，我三岁爸爸就死了剩我妈妈自己带我大，什么都不懂的啦。然后她妈妈才嫁给我。结婚传承一样的道理。

  女方晚上呢，舀水来洗脸，那就是一条面巾，一条毛巾，你有钱就放十块钱进去，没钱就放两块钱，放进面盆的水里，这个面盆，有些捧着水，去了以后，那个家婆呢，我们是没有什么的人，我妈妈自己是家婆把两块钱抛入面盆。他明明有给你的，把钱你捡走，新娘又捡回来这样。什么窍门都有。过去昌化人结婚什么样的窍门都有，有一些这样做的。杀猪啊杀羊啊，我说要不要给她妈妈一些肉，她外婆说不要了，你们家那么穷。人家的家，主要人家有钱啊，家里人有钱，人家要猪、要羊去女方家。我那时看到人要，叫人挑过去，拖着羊拖着牛，送给女方家，那女方家就有面子啊，人家请人喝酒吃东西，是吧。到我们这些是没有什么的了。

  订婚的时候是送米咯，送羊咯，送猪肉咯，就是这样，送钱了。那钱要红纸来包着，要红纸来包住那些钱，包两帖，一百块一帖，两百块一帖，然后二十块一个红包，做两个红包咯，很漂亮的，一对对漂亮的红包，两个红包。包红包去，挑着去。挑去那个亲家母，分出来，拆开来看咯，分一些给媒人，也没人带回来。没人带回家就没人得了，我给你挑钱挑米去给人女方家，那女方家退的钱是他自己得咯。是做苦力的，没有媒人就分点给你，给你花，给你喝茶这样。这样结婚的事情。拿一个回来，拿个帖回来，他们就是亲家母送给他是本事啊，拆开一些送给你啊，拆开两三个或者拆开十个送给你回去啊。但你做两个红包，做两个红包不是拿一个回去外家吗？要一个回外家，送一个回来。外家母就拆开一些分给你。外家母还会拆一些出来给媒人。你妈妈给人做（媒人）都有啊。你妈妈给人做也有，给别人做得好多钱啊。

那时候我们昌化人呢，昌化港呢，昌化港十几年就是这几间房子，二十几间房，过去的时候，国民党的时期，1947年的时候呢。在1947年我们从先河到昌化住咯。以前昌化人都是从外地的人来的多啊，什么人都有，什么姓氏的都有，什么话都会讲。我们是比较笨学不到话，不会说。人家灵活的人会学好多话，临高话啊，儋州话啊，村话啊，广州话啊，好多种话的。是我们没什么文化不会讲，不像别人学得到。昌化人呢，到1955年就发达了。五七年，五八、七几年，哎哟，发达啦。那个湛江、北海、广西、琼山、文昌人下来昌化捕鱼。昌化这个地方的海是好。他下去做（打渔）后呢，我们那时候下昌化住的时候他才来我们昌化住。我们村住那些渔船人，早过我们，他说住我们屋子他去捕鱼回来是会拿鱼给我们吃。那以前热闹有唱戏啊，这个建庙的时候嘞，海南人私人盖房子呢，建沃宫庙的时候就讲做有个十天的琼剧啊，文昌、琼山、澄迈的戏班子呢，唱戏要钱咯。后来唱戏要卖票，去看戏是得钱的。以前唱戏是去其他地方唱，是用布来围成一团，架起这青天啊棉被啊去帮着看场子。去拿这些功劳钱我们也去看过，也分这功劳钱给你。给你吃晚饭和吃早餐。他不让人进去，赶这些人去买票进去看咯。那时候什么戏班都有，那时候昌化最热闹的啦。到现在呢是发展，现在发展是不热闹建房。是现在的小孩长大了以后呢，都外出打工了有钱回来大力做建设。

以前四七年四几年那时候呢，四七年四八年的时候呢，只有两间瓦房是我们姓苏的。那个他是苏金岸有两间瓦房。以前是草屋的啊，昌化人住的房子是以前从四面八方的地方都来住盖小草房，那些民族人呢盖那些草房来住。草房子起南风的时候，一给风吹就失火了，失火就烧起来了，是烧完完嘞，他的屋子是一行一行的，人昌化人造的房子是一行一行的，一烧起来这间也烧起来，这间也烧起来……全部烧起来那风大的烧过一次。烧到我们来救火，然后我们就去昌化港住了。烧过一次，烧了这个……那个……的啊，烧到啊，那人带他救到了。不过我们昌化人在家的也来喊很多间房子（的人都）来喊，来喊，哦，跑走了，跑出去发动人们救火啊做什么的啊，救火啊，救火了，我们一直走去救火。

那时候是叫作国民党一个……昌化人的十几二十间屋子呢。昌化人也是从儋州、临高、琼海、文昌那边来的人。

我们是先河村人搬到昌化来住的。我们1947年搬下来的时候有二十间房子，有二十间房是人每个盖瓦房，我妈妈带着我自己盖草屋来住，到1949年呢，人家解放了昌化港呢，过去了以后五几年我们才从田地上搬下来住。房子盖好了才下来昌化住的。昌化的过去就是这样。现在是盖了些房子了，以前是没有房子，现在盖房子都盖两三层楼啦。以前盖的房子是小小矮矮的，那些瓦房子是矮矮的，你看到靠近田边那几间没？你看见老孙的屋子不呢？那间房矮矮的，人家有钱才盖高的，没钱就不盖高的咯。昌化港的面貌就是这样。

现在改变是改变了，盖的房子好，那些青年人外出打工，当老板去了，咱老人自己在昌化也没意思，有些是七八十岁的，人那些四五十岁的是外出了。有些出来跟着孩子就去，按照我出来跟着我的孩子这样。我是出来跟着孩子们，六个孩子都出来了。

我们昌化人准备过年呢，到春节的时候，有钱的又是杀猪、杀羊咯，杀鸡咯，我看别人杀过，我们本身没有。大家都是杀羊喂猪，你有钱我没钱买猪，我就买给你养，养到那只猪大，看看到一二百斤嘞割下猪头给这个养猪的，剩余的肉就拿来平分。那个养猪的是得到猪头和猪蹄子，猪尾巴，得到猪蹄子就有面子了。你那不养的就是分一半给你，我得到一半猪头咯，得到猪蹄子过年咯。有些杀鸡杀羊，或者有钱的人啊，杀牛，也杀牛啊。昌化过去是这样的啊。到我们进生产队后呢，回来到春节啦。回来呢，回来人家有看牛的，有看羊的，养猪的。人家就发动杀牛来分给社员。杀牛分给社员，（按）村人口来分，一个人口得多少，两个人口的多少，三个人口得多少就这样分。分隔碎碎的一块块分给社员过春节。有钱的你就去买□□ɕi⁴⁴kin⁴²（注49），去买粉丝，买腐竹，买金针，买鸡来杀。那个是自己……杀羊杀牛给点分你咯。那个是生产队统一养牛咯，养羊咯，养猪咯。到那个是鸡跟其他东西是自己私人跟私人买咯。没钱的就吃点肉过年了。春节的事情就是这样的。

（发音人：苏汉位）